Susan Arndt

SEXISMUS

Susan Arndt

SEXISMUS

Geschichte einer Unterdrückung

C.H.BECK

www.chbeck.de
Umschlaggestaltung: geviert.com, Christian Otto
Satz: C.H.Beck.Media.Solutions, Nördlingen
Druck und Bindung: GGP Media GmbH, Pößneck
Gedruckt auf säurefreiem und alterungsbeständigem Papier
(hergestellt aus chlorfrei gebleichtem Zellstoff)
Printed in Germany
ISBN 978 3 406 75797 6

klimaneutral produziert
www.chbeck.de/nachhaltig

Dieses Buch widme ich meiner Mama.
Dir dankend, weine und wüte ich.
Du warst genügsam,
statt zu träumen.
Sexismus raubte dir
Räume
für dich.
Doch Tränen und Wut
und deren Mut
bauten diese
für mich.

Inhalt

Wie ein Vorwort.
Mein Leben hat mich auf dieses Buch vorbereitet

Es fühlt sich so an, als hätte ich mich mein ganzes Leben darauf vorbereitet, dieses Buch zu schreiben. Genauer noch: Es fühlt sich so an, als hätte mein ganzes Leben mich darauf vorbereitet, dieses Buch zu schreiben. Manche Themen, manche Kämpfe, manche Hoffnungen suchen wir uns nicht freiwillig aus. Sie kommen zu uns. Werden uns buchstäblich in die Wiege gelegt. Eine meiner frühesten so gelernten Wahrnehmungen war es, dass es einen erheblichen Unterschied ausmache, ein Junge* oder ein Mädchen* zu sein – und dass ich so sehr daran verzweifelte. (Zur Verwendung des Asterisks siehe S. 56.)

Ich habe nur sehr wenige Erinnerungen an meinen Großvater. Am eindrücklichsten erinnere ich mich an Folgendes: Mein Cousin und ich, sieben- und achtjährig, saßen auf dem großväterlichen Sofa. Mein Opa saß auf dem Sessel links neben uns. Wir schauten das (in der DDR unerwünschte) ZDF-Werbefernsehen. Unvermittelt fragte unser Opa uns nach den Namen der Mainzelmännchen. Sein bohrender Blick, der bereits wusste, wie der Test ausgehen würde, lastet noch heute auf mir: Mein Cousin kannte sie alle, ich keinen. Mein Opa lachte und sagte etwas wie, dass Jungen eben klüger seien als Mädchen. Das war weder das erste noch das letzte Mal, dass er so etwas sagte. Ich fand das ungerecht. Meine kindliche Empörung beschränkte sich auf den Gedanken, dass mein Cousin (anders als ich) alle diese possierlichen Figuren kannte, weil er sie (dank Westverwandter, die ich nicht hatte) als Spielzeugfiguren besaß. Das zu sagen, traute ich mich nicht. Stattdessen lernte ich noch am selben Tag die Namen der Mainzelmännchen auswendig, mit Hilfe meines Cousins. Was mir als Kind nicht aufgefallen war, ist, dass mein Opa als Mann* natürlich ein grundlegendes Selbstinteresse an der vermeintlichen Wahrheit des Satzes hatte, dass «Jungen klüger seien als Mädchen». Diese Weltsicht zementierte ihm seine Thronrolle innerhalb der Familie – etwa gegenüber seiner Frau*, die ganz klassisch nach der Hochzeit zur Hausfrau geworden war, um für die gemeinsame Familie zu sorgen und in seinem mittelständischen Betrieb mitzuarbeiten. Anerkennung erfuhr sie dafür nicht. Alles lief unter dem Stichwort «helfen», obwohl sie kochte und die Buchführung machte. Auch ich rang vergeblich um die Anerkennung meines Großvaters. Ich arbeitete etwa hart daran, ein besseres Zeugnis als mein Cousin zu bekommen. Doch das blieb Sisyphusarbeit. Denn obwohl ich (anders als er) in der Schule überwiegend Einsen bekam, blieb mein Großvater dabei, dass ich weniger klug sei, mir weniger zutrauen dürfe und mir weniger zugetraut und gestattet werden könne. Ich wurde also ebenso wenig von meinem Opa respektiert, wie ich von seinem Wertesystem (und den Mainzelmännchen; allesamt Männer*) repräsentiert wurde. Solche Zusammenhänge verstand ich allerdings damals noch nicht. Heute scheint es mir folgerichtig, dass ich als Kind davon träumte, ein Junge* zu sein. Nicht Freuds «Penisneid» löste das in mir aus, sondern der Wunsch, anerkannt und repräsentiert zu werden. Ich kam nicht auf die Idee, Erzählungen über unterlegene Mädchen* oder die fehlende Repräsentation mutiger, starker Mädchen* zu ändern; ich wollte *mich* ändern. Meine Tochter ist da weitaus smarter. Schon mit sechs Jahren stellte sie erzürnt fest, dass viele der Geschichten, die sie liebt, nur von Jungen* erzählen (und Mädchen* kaum das Fantasieland von Prinzessinnen oder Pferdeflüsterinnen verlassen). Gäbe es auch mal eine Drachin? Wir beschlossen, die Charaktere einfach nach Belieben zu ändern. Aus Adeus wurde Adea. Und das Lied, das ich als Kind beim Eintauchen in kaltes Seewasser sang («Adam und Eva saßen auf dem Sofa, Sofa krachte, Adam lachte, Eva schrie, Kikeriki»), wurde bei ihr kurzerhand zu: «Eva und Adam saßen auf dem Sofa, Sofa krachte, Eva lachte, Adam schrie, Kikeriki.» Eva wird zuerst genannt, und sie ist es, die lacht, statt wegen der Kälte des Wassers aufzujaulen. So wie ich mich damit eingerichtet hatte, mich mit Jungen* als Helden zu identifizieren, hatte ich die mich als Mädchen* angeblich repräsentierende Eva immer ängstlich sein lassen. Bei meiner Tochter läuft das entgegengesetzt. Die Umkehrung der Codes ist keine Lösung, aber sie ist ein Schritt, die bestehende Ordnung herauszufordern. Zum Glück für mich gab es Pippi Langstrumpf, und ich liebte sie, weil sie kein stereotypes Mädchen war wie ihre Freundin Annika. Den Rassismus im Roman übersah ich damals allerdings.

Die Pubertät erlebte ich als Dauerschock. Und zwar nicht nur, weil es nicht mehr ausreichte, mit Matchbox, Fußball oder Hass auf Puppen als Junge* zu posieren. Ich erschrak, als ich zum ersten Mal eine Schattensilhouette von mir sah, auf der sich Brüste abzeichneten. Ich drehte und wendete mich, dachte, es wäre ein Schattenfehler. Aber es war ein Fehler meines Körpers, so nahm ich es zumindest wahr. Auch die erste Menstruation kam mir so vor. Ich fühlte mich unvorbereitet, hatte keine Vokabeln für meine Körperteile und die neuen körperlichen Entwicklungen. Ich hatte zwar *Denkst du schon an Liebe?*, die Aufklärungs-Bibel der DDR, aus der Bibliothek entliehen, doch ich war sogar zu «prüde» gemacht worden, um sie gründlich zu lesen.[1] Von Verstehen oder Einprägen konnte gar keine Rede sein. Am Tag, als die Menstruation begann, versuchte ich von zu Hause abzuhauen. Ich schämte mich. Es ging schief, weil ein Nachbar mich sah und fragte, was ich so spätabends noch draußen machte. Als ich nach Hause kam, suchte meine Mutter (die es selbst nie besser kannte) riesige Einlagen und Gummihosen heraus, und das Einzige, was sie zu mir sagte, war: «Lass es nie Vati sehen!» Das passte dazu, dass er sich immer darüber empörte, wenn während seines Abendessens Werbung für Monatsbinden im Fernsehen lief. Ich war also dreckig, was mich nicht gerade motivierte, mich in meinem neuen Körper wohlzufühlen. Doch es kam noch schlimmer. Mit dem Wachsen meiner Brüste begann die ewige Tortur, dass irgendwelche Jungen*, Männer* oder Frauen* sich berechtigt fühlten, meine Brüste zu kommentieren oder zu berühren. Ich liebte es zu joggen, lief jeden Tag denselben Weg, zur selben Zeit. Nun tauchten auf der mir wohlbekannten Route plötzlich lachende Männer* an den Toren ihrer Schrebergärten auf. Schleichend gestand ich mir ein, dass sie sich miteinander derb amüsierten, weil sie meine wackelnden Brüste kommentierten. Ich hörte auf zu joggen. Doch zur Schule musste ich gehen, und da wartete nicht nur der ewige Sportlehrer, der beim Bockspringen grapschte. Dem Biolehrer, der während des Abiturs den Mädchen* an die Brüste fasste, dem entkam ich zum Glück. Sein Handeln hatte sich wie ein Lauffeuer verbreitet, und ich gehörte zu den Glücklichen, die sich rechtzeitig für eine andere (viel schwerere) Wahlaufgabe entscheiden konnten, um ihm zu entgehen. Ihm passierte nichts, weil er SED-Parteisekretär der DDR-Schule war. Jahre zuvor sperrten mich Jungen* ein. Sie forderten mich auf, sie zu küssen. Viel härter aber hatte es meine beste

Freundin getroffen. In einer Baracke der Schule zogen sie drei Jungen* aus, banden sie halbnackt an einen Stuhl und begrapschten sie. Die Täter kamen mit einer lächerlich harmlosen Schulstrafe glimpflich davon, weil der Anführende der Sohn eines Magdeburger Fußballstars war. Meine Freundin aber musste umziehen. So entschieden das ihre Eltern in weiser Voraussicht. Das war der Beginn meines Lebens in Angst vor Jungen* und Männern* und des Versuchs, mit Vermeidungsstrategien Vergewaltigung und sexueller Nötigung zu entgehen. Doch dieser systematischen Gewalt konnte ich nicht entgehen. Bis heute nicht.

Die #MeToo-Debatte (2017) und noch mehr #aufschrei (2013) haben mich verwundert. Die eigentliche Nachricht wäre doch gewesen herauszufinden, ob überhaupt eine Frau* an einem Hashtag #MeeNot, mir ist es nicht passiert, oder #no_aufschrei, ich muss nicht aufschreien, hätte teilnehmen können. Ich glaube, dass es davon nur sehr wenige Frauen* auf diesem Planeten und der Geschichte seiner Welten gibt. Ich wurde zwar rein formell gesehen in eine Zeit und Gesellschaft hineingeboren, in der ich durch Gesetze geschützt werden sollte; doch wer schützte mich vor den Gesetzeshüter*innen? Als 14-Jährige wurde ich sexuell belästigt, auf dem Weg zum Gitarrenunterricht. Meine Mutter ging mit mir zur zuständigen Polizeistation, und dort geschah die nächste sexuelle Nötigung. Zwei Polizisten, Männer*, saßen vor einem Nacktbild einer Frau* und forderten mich wieder und wieder auf, den Tathergang zu beschreiben. Das ging sogar so weit, dass ich wiederholt die Größe und Form des Penis beschreiben sollte, der mir hingehalten worden war. Ich ging nie wieder zur Polizei, um eine sexuelle Straftat anzuzeigen, die an meinem Körper begangen wurde. Erst wurde meine Freundin Opfer sexueller Gewalt und (mit Wegzug aus dem vertrauten Umfeld) bestraft; dann ich. In Kombination mit dem Fehlen von Wörtern für intime Körperteile und Vorgänge meines Körpers verfestigte sich in mir eine Unfähigkeit, meinen Körper vor gewaltvollen Übergriffen zu beschützen. Ich lernte nicht, «Nein!» sagen zu können.

Mit achtzehn schlief ich auf einer Party ein. Ich wachte davon auf, dass ein Kommilitone mich am ganzen Körper betatschte. Ich hatte fürchterliche Panik, wollte ihn aber nicht «verletzen» und tat so, als würde ich nichts mitbekommen. Mit neunzehn stand ich unter der Dusche einer Turnhalle, ein älterer Mann* kam dazu und onanierte neben mir, fasste dabei meine Brust an. Ich tat so, als wäre ich nicht anwesend. Mit zwanzig versuchte ein Mann*, mich in einer S-Bahn-Unterführung zu vergewaltigen. Ich entkam der unmittelbaren Gefahr mit der Lüge, dass ich es auch wolle und er mit mir nach Hause kommen könne. Zum Glück lebte er wohl auch in dieser «Nein gibt es nicht»-Lüge und glaubte mir. Nach einer gefühlten Ewigkeit Fußmarsch im nächtlichen Berlin-Marzahn sah ich einen Passanten und bat ihn, mir zu helfen. Er aber sagte, er sei dafür nicht zuständig, sondern die Polizei. Handys aber gab es 1987 noch nicht. Da rannte ich los, weg vor beiden Männern*. Mit einundzwanzig wanderte ich mit einem «Freund» durch das bulgarische Pirin-Gebirge. Es dämmerte, und wir hatten uns jenseits des Gebirgspfades verlaufen; im Freien ohne Zelt zu schlafen war aber nicht ungefährlich. Plötzlich stand vor uns ein Mann* mit einem Esel, den wir nach dem Weg fragen konnten. Er willigte ein zu helfen, jedoch unter der Bedingung, dass ich ihm beim Onanieren zuschauen müsse. Ich schaute meinen «Freund» hilfesuchend an, der aber willigte ein. Ja, er schrie mich sogar an, dass ich mich nicht so haben und hypersensibel sein solle, als ich verängstigt meinen Blick abwenden wollte. So ging das weiter und weiter. Mir geschah auch noch Schlimmeres. Ich ging nie zur Polizei.

Auf eine verstörende Weise fühlte sich das alles so «normal» an und so, als könne mir ohnehin niemand helfen. Das betrifft auch die vielen Blicke und Worte, die, wie Kombinationen mit dem F-Wort (und vor allem «Du F.!»), verletzen. Vermeintliche Komplimente über meinen Körper machten das nie besser, nur als Dauerstresspaket schlimmer.

Mein steigendes Alter hat mir einen gewissen Schutzpuffer geschaffen, ohne dass ich behaupten möchte, dass sexuelle Straftäter, denen es ja um Gewalt geht, ältere Frauen* aussparen würden. Es gibt jedoch immer größer werdende Auszeiten von körperlichen Übergriffen auf oder sexistischen Kommentaren über mich. Aber die Angst, die ist geblieben. Keine Sportstätte, keine Straßenunterführung, keinen Gebirgspfad betrete ich ohne Angst. Mit Erinnerungen der Furcht kontaminiert sind auch ihnen analoge Orte. Kein Betreten eines Parkhauses ohne hektische Blicke, die mir (scheinbare) Sicherheit vermitteln sollen. Jedes gewaltvolle oder meinen Körper sexistisch beschreibende Wort und jeder entsprechende Blick schneidet sich ein in meine vom Sexismus verstörte Seele.

All diese Erfahrungen sammelte ich fast ausschließlich mit *weißen*[2] deutschen jugendlichen und erwachsenen Männern*. Aus den Reihen ebendieser *weißen* Männergesellschaft wird jüngst Kritik am Sexismus laut – jedoch zumeist nicht am eigenen, sondern an dem «des Islams». Dabei werden sexistisches Unrecht und feministische Diskussionen für rassistische Argumentationen aufbereitet. Dieses Muster ist in weiten Teilen der Gesellschaft verbreitet und findet seinen Höhepunkt etwa auf Wahlplakaten, in denen sich die sexistische AfD als feministischer Schutzpatron für blonde Frauen* bzw. gegen Geflüchtete generiert. Ein anderes Beispiel ist die NAFRI-Lüge, die in der Interpretation der Kölner Silvesternächte von 2017 und 2018 allen «Nordafrikanischen Männern» (samt denen, die so aussehen, als könnten sie dazugehören) attestiert, dass sie Gefährder für Frauen*körper seien. Hier wird aus rassistischer Perspektive sexistische Übergriffigkeit nur einer Gruppe von Männern* zugeschrieben: Männern* of Colour. Dieser Fingerzeig auf «Andere» macht deutlich: Bis in die letzten Zipfel der *weißen* deutschen Männer*gesellschaft hinein wissen die meisten offensichtlich sehr wohl, dass es sich nicht gehört, Frauen* anzugrapschen oder verbal übergriffig zu werden. Dennoch tun dies viel zu viele im Windschatten der sexistischen Sozialisation und der sie tragenden Institutionen und Strukturen, Wissensparadigmen und moralischen Grundsätze. Und die Scheinheiligkeit, Sexismus als Problem der «Anderen» abzutun, macht das alles nur umso empörender.

Ja, es fühlt sich so an, als hätte ich mich mein ganzes Leben auf dieses Buch vorbereitet; nein, als hätte mich mein Leben darauf vorbereitet, dieses Buch zu schreiben. Es geht mir darin aber nicht einfach darum, Erfahrungen sexueller Gewalt zu teilen, damit Diskriminierte sagen: «Ja, genau, das kenne ich auch»; das Buch will auch mehr erreichen als jene, die privilegiert genug waren, keine sexistische Diskriminierung zu erfahren, erkennen zu lassen: «Oje, in dieser Dimension war mir das nicht bewusst.» Es geht viel grundsätzlicher darum herauszuarbeiten, was Sexismus als System in seiner vollen Bandbreite, historischen Beständigkeit und globalen Reichweite ausmacht – und wie sich kollektiv gerahmte individuelle Erfahrungen darin einfügen.

Das ist kein Wissen, über das ich automatisch oder freiwillig verfüge. Ich habe es mir angeeignet, aneignen müssen. Zunächst einfach nur, um zu überleben. Dass ich irgendwann das Wissen hatte, diese verbalen und physischen Übergriffe als systemisch zu verstehen, machte es individuell in den einzelnen Situationen nicht leichter, mit den psychischen Dellen, die sie mir verpassten, zu leben. Doch das Wissen hilft mir zu verstehen, dass es nicht an mir lag oder daran, dass ich Dinge, die mich verletzten, zu hypersensibel wahrnahm. Nein: Ich erfuhr Gewalt, die mir wehtat, weil sie gewaltvoll war. Eine solche Erkenntnis ist eine wichtige Grundlage dafür, sich besser schützen, wehren und widersetzen zu können. Bislang habe ich keine Strategie gefunden, nicht verletzt zu sein. Aber vielleicht geht es auch nicht darum, «nicht-verletzt» zu sein, denn meine Gefühle haben eine reelle Berechtigung, und im Versuch, sie zu beschwichtigen oder gar auszuschalten, würde ich mein eigenes emotionales Wissen einschränken oder sogar negieren. Es ist ein Kreis der Unterdrückung, der nicht bei einem Blick, einem Wort oder einer Handlung anfängt und bei dem Nicht-reagieren-können oder -wollen der Betroffenen, der Polizei oder der Justiz aufhört. Die Mechanismen von Sexismus als System sind ebenso komplex wie tief greifend – und genau davon wird dieses Buch erzählen.

Denn letztendlich hat mich dann eben doch keine meiner Erfahrungen wirklich darauf vorbereitet, dieses Buch zu schreiben. Zwar habe ich lebenslangen Kontakt mit vielen Facetten des Sexismus; doch nichts davon hat mir beigebracht, wie Sexismus tatsächlich funktioniert – oder wie ihm widerstanden werden kann. Erst die kulturwissenschaftliche Auseinandersetzung mit Sexismus und der Frage, was ihn ausmacht, wie er sich historisch entwickelte und warum er so wirkmächtig ist, vervollständigte, fundierte und systematisierte mein zunächst eher intuitives, assoziatives, emotionales Wissen über Sexismus. Es ist dieses Spektrum, das mich letztlich auf dieses Buch vorbereitet hat und das dessen Argumentationen trägt. Denn am Ende umfasst Sexismus viel mehr als nur sexuelle Gewalt; und kann daher letztlich auch nur in seinem Fluss gestört werden, wenn Sexismus als Gesamtpaket, als Gesamtsystem angegangen und entsprechend Schicht um Schicht ausgepackt wird.

Zum Anliegen und Aufbau des Buches

Zwar ist Sexismus spätestens seit #aufschrei und #MeToo wieder in aller Munde. Doch die Debatten laufen oft viel zu hitzig und aneinander vorbei. Dass der Schlagabtausch dabei wechselseitig Kopfschütteln auslöst, hat viel damit zu tun, dass oft von unklaren Prämissen ausgegangen wird und gegenläufige Schlussfolgerungen gezogen werden. Manche müssen sich dem Vorwurf stellen, dass sie Sexismus nicht sehen oder verharmlosen wollen; andere gelten als zu moralisch oder politisch hyperaktiv. Manche denken, dass Frauen* einzelne Erlebnisse einfach hypersensibel überbewerten und sehen in «Frauenförderung» des Rätsels Lösung, als sei damit alles gesagt und getan. Viele ruhen sich auf diesen Alibi-Maßnahmen aus. Sie sehen darin gewissermaßen den einzigen Strohhalm und halten so borniert daran fest, dass die dahinterstehenden Konzepte und Probleme nur umso schwerer diskutiert werden können. Andere halten ebendeswegen dies für ein Beispiel von «Gut gemeint und voll daneben», gerade auch unter dem Gesichtspunkt, dass Sexismus (wie dieses Buch argumentieren wird) sich nicht nur gegen Frauen* richtet. Zum Gesamtbild solcher Debatten gehört es dann, dass viele so genervt oder abgeschreckt oder gleichgültig gemacht werden, dass sie sich der Diskussion verschließen wollen und es vorziehen, sich gar nicht dazu zu äußern. Es gibt aber keine neutrale Position im Sexismus, auch sich rauszuhalten ist eine politische Positionierung. So oder so: Sexismus ist ein sehr altes Problem, das Menschen entzweit. BeSchweigen ist daher keine Option. Stattdessen bedarf es einer Befähigung zur kritischen Debatte und einer wissensgeschulten Streitkultur, die bereit ist, Verantwortung für Geschichte, Gegenwart und Zukunft und vor allem füreinander zu übernehmen. Hier will das Buch ansetzen.

Dem Buch geht es darum, Sexismus als etwas Systemisches zu verstehen und entsprechend zu fragen, was ihn im Kern zusammenhält. Im Zentrum steht dabei die These, dass Sexismus an Macht gebunden ist, die auf dem Postulat der binären Zweigeschlechtlichkeit aufbaut und dadurch patriarchalische Herrschaft ermöglicht. Sexismus diskriminiert Frauen*; und er diskriminiert homosexuelle, inter*sexuelle und trans*geschlechtliche Personen.[1] Dabei stattet er Männer* und heterosexuelle Menschen, kollektiv und strukturell gesehen, mit Macht und Herrschaft aus. Das heißt nicht, dass heterosexuelle Männer* individuell nicht auch normiert und gebrochen oder missbraucht werden können. Jedoch wäre es unzutreffend, das als Sexismus zu bezeichnen. Denn jene, die im Machtsystem des Sexismus mit Macht ausgestattet werden, haben per se eine andere soziale Position als jene, die vom Machtsystem des Sexismus von Macht systematisch ferngehalten und diskriminiert werden. Dennoch betrifft Sexismus alle Geschlechter und kann gerade deswegen nur durch einen ganzheitlichen Blick auf alle Geschlechter verstanden werden.

Geführt von dieser Grundthese, führt das Buch durch vier Denkschritte. Kapitel I setzt mit der Kernfrage ein: Was ist Sexismus? Dafür ist es unverzichtbar, Sexismus als System zu verstehen, welches mit anderen Diskriminierungsformen verwandt und verschränkt ist. Deswegen muss Sexismus zunächst einmal als komplexes Paket und in seiner Verschränkung mit komplementären Begriffen gedacht werden, die sich mit Sexismus teilweise überlappen oder ihn bedingen, teilweise aber auch andere Felder aufmachen. Deswegen wird Sexismus als Wissenssystem und Ideologie (heterosexueller Zweigeschlechtlichkeit), als Macht und Herrschaft des Patriarchats, im Kontext von Diskriminierung und Privilegien diskutiert und entsprechend in eine Sexismusdefinition überführt. Zudem steht Sexismus in Wechselwirkung mit Patriarchat, Chauvinismus, Machoismus sowie Marianismus. Daraus leite ich dann Überlegungen dazu ab, was sich als «Essenz» in die Konzepte «Frau» und «Mann» eingeschrieben hat, und begründe, warum ich (um dieser Essenzialisierung zu widersprechen) in der Regel von Frauen* und Männern*, also mit Asterisk, spreche.

Im zweiten Kapitel geht es um das Drei-Säulen-Fundament des Sexismus: Wie wird das binäre Geschlechtersystem, das Modell der Zweigeschlechtlichkeit, biologisch erklärt? Welche sozialen Schlussfolgerungen werden gezogen? Wie wirkt und wirkte sich dies auf moralische Normvorstellungen und die Rechtsprechung aus? Mit diesen Fragen wird die Grundformel des Sexismus historisch betrachtet, die postuliert: Es sei «natürlich» und so gesehen «normal», dass es «Männer *und* Frauen» gibt; es sei «naturgegeben» und so gesehen «normal», dass die Frau anders sei als der Mann; kurzum: Es sei nun mal so, also «normal», dass der Mann dazu befähigt und deswegen bestimmt sei, über Frauen zu herrschen.

Das dritte Kapitel betrachtet die Konsequenzen dieses Postulats. Trotz zeit- und gesellschaftsübergreifender Strahlkraft wirkt Sexismus individuell verschieden in einzelne Lebenswege und Alltage hinein. Das wird (jeweils in historischer Perspektive und mit Blick auf aktuelle Manifestationen) an Beispielen von sexistischer und sexueller Gewalt, von Bildung und Erwerbsarbeit (wie Mutterschaft und Prostitution), (fehlender und stereotyper) Repräsentation, Sprache und Kommunikation sowie Schönheit und Kleidung ausgelotet. Zudem wird Diskriminierung von Homosexualität, Inter*sexualität und Trans*geschlechtlichkeit als Grundanliegen des Sexismus beleuchtet.

Im vierten Kapitel wird diskutiert, wie Feminismus Sexismus widerstand und worin seine Schwachstellen und Zukunftschancen liegen. Darauf aufbauend, werden politische, juristische und sozialbewegte Strategien thematisiert, die Sexismus aktuell entgegengestellt werden: Gesetzgebung zum Schutz von Frauen*; Gender-Mainstreaming und Frauenbeauftragte sowie Strategien zur Schaffung von *Awareness* (also einer Bewusstmachung von Sexismus), *Empowerment* (als Überlebens- und Widerstandsstrategie), *affirmative action* (als Nachteilsausgleich) und geschützten Räumen sowie widerständige Sprache.

Im abschließenden fünften Kapitel werden Ideen dazu formuliert, wie es weitergehen kann im Umgang mit Sexismus: Diesen als historisch gewordenes System mit kollektivem Wiederholungscharakter zu erkennen, ist kein Ruhekissen, sondern eine Herausforderung an jede*n Einzelnen im gesamtgesellschaftlichen Dialog.

Im Zuge dieser Ausführungen lehne ich mich vor allem an drei Forschungs- und Publikationsstränge an. Zum einen sind das Forschungen aus der Frauen*(rechts)- und Feminismusgeschichte. In diesem Feld sind zahlreiche regional und zeitlich fokussierte Studien erschienen. Überblicke finden sich in Standardwerken etwa von Ute Gerhard, Jutta Menschik-Bendele oder Jane Rendall.[2] Zweitens arbeite ich mit theoretischen Erkundungen von Konzepten wie Macht, Herrschaft, Diskriminierung, sozialer Position. Dabei gehe ich von Standardwerken von Michel Foucault oder Hannah Ahrendt aus und arbeite insbesondere mit Theoretiker*innen der Geschlechter-, Intersektionalitäts- und Kritischen Kultur- und Geisteswissenschaften wie etwa Judith Butler oder Kimberlé Crenshaw.[3] Drittens schließlich baut dieses Werk auf Büchern zu alltäglichen Sexismuserfahrungen auf, etwa von Laura Bates, Carol Rambo Ronai oder Rebecca Solnit.[4] Diese thematisieren alltägliche Manifestationen des Sexismus.

Tendenziell interagieren diese drei Forschungs- und Publikationsfelder wenig miteinander. In der Frauen*rechtsgeschichtsschreibung wird kaum mit der These gearbeitet, dass Geschlecht ein Konstrukt sei; und aktueller Alltagssexismus bleibt tendenziell unberücksichtigt. Studien, welche die Konstruiertheit von Geschlecht thematisieren, arbeiten hingegen vornehmlich theoretisch-abstrahierend. Die Thematisierung des Alltagssexismus hält sich wiederum von Theoretisierungs- und Historisierungsdebatten fern. Das vorliegende Buch ist bestrebt, diese drei Felder zusammenzubringen. Die Konstruktion von Geschlecht wird theoretisch beleuchtet, wobei dessen Manifestationen und Auswirkungen sowohl anhand der Geschichte des Sexismus und des feministischen Kampfes dagegen als auch mit Blick auf Alltagserfahrungen der Gegenwart betrachtet werden, die als «dichte Beschreibungen» in die systemische Beschaffenheit sich wiederholender Macht- und Herrschaftskonstellation des Sexismus eindringen.

Dabei werde ich immer wieder auch essay- und episodenhaft auf persönliche Erfahrungen und Reflexionen eingehen. So entsteht ein Cocktail aus theoretischen und empirischen, abstrahierenden und persönlichen, akademischen und aktivistischen, historischen und aktuellen Ausführungen, ein Essay im Wortsinne also, ein Versuch, Ordnung ins Gestrüpp zu bekommen. Nicht alle Nester können dabei entdeckt, nicht alle Lichtungen und Höhlen betreten werden. Schon gar nicht können alle ihre Komplexitäten ausgelotet werden. Es geht eher um den Wald als Ganzen und um Strategien, ihn durchforsten zu können.

Obwohl Sexismus weltweit nach analogen Paradigmen funktioniert, gibt es letztlich erhebliche Unterschiede zwischen verschiedenen historischen, sozialen und geographischen Räumen. Meiner eigenen Expertise gemäß werde ich Sexismus in der westlichen Welt und Deutschland bzw. den deutschsprachigen Raum im Besonderen in ihrer kulturgeschichtlichen Prägung ins Zentrum stellen, ohne dabei den globalen Zusammenhang aus dem Blick zu verlieren. Zur historischen Herleitung moralischer Leitideen, politischer Debatten, kollektiver Erzählungen und juristischer Regulierungen zu Geschlecht, patriarchalischer Herrschaft und Sexismus richtet sich der Blick daher vornehmlich auf das Alte und Neue Testament und (andere) tragende Texte aus Antike, westlichem Humanismus, Renaissance, Aufklärung und Moderne; und auch bei der Betrachtung von Prozessen seit dem Ende des Ersten Weltkrieges stehen der deutschsprachige Raum und Europa im Zentrum. Zum Anliegen des Buches zählt es zudem, Sexismus in gegebenen Verschränkungen mit anderen Diskriminierungsformen wie etwa Rassismus zu diskutieren. Dabei ist es mir wichtig, über Diskriminierung zu sprechen, ohne deren Muster, Codes oder Vokabular zu reproduzieren. Jedes Mal, wenn ich ein sexistisches oder anderweitig diskriminierendes Wort benutze, und sei es auch nur im (indirekten) Zitat, reproduziere ich die Gewalt, die in ihm steckt. Deswegen reize ich die Grenzen des Sagbaren aus, um der Unsäglichkeit etablierter Sprachnormen zu entkommen – ohne das auf Kosten der Verständlichkeit zu tun. So komponiert, möchte dieses Buch dazu beitragen und einladen, Sexismus zu verstehen und auf dieser Basis so weit es geht zu verlernen – koste es auch, Gewohntes oder gar Privilegien aufzugeben –, damit die Grundfesten sexistischer Ideologie, Macht und Herrschaft nachhaltig erschüttert werden können.

1. Von Sexismus und anderen Begriffen

Sexismus ist ebenso alt wie komplex und nur schwer in Worte zu fassen. Das Verständnis darüber, was mit Sexismus gemeint sei, ist kontextabhängig: Zu verschiedenen Zeiten, an verschiedenen geographischen Orten und in verschiedenen sozialen Räumen meint(e) der Begriff Unterschiedliches, weil es neben Parallelen und Kontinuitäten immer auch Brüche und Divergenzen gibt. Dabei spielen geltende Gesetze eine entscheidende Rolle, aber auch kollektiv geprägte und persönliche Interessen, Erfahrungshorizonte und Wissensarchive sowie Moralvorstellungen. Interessen, Erfahrungen und Moral wiederum werden von normierenden ethischen Grundsätzen und juristischen Regelungen geprägt, die in und durch Macht- und Herrschaftskonstellationen konturiert sind. Macht ergibt sich dabei, wie später zu diskutieren sein wird, aus jener sozialen Position innerhalb sozialer Ordnungen (etwa von Klasse, Geschlecht, rassistischer Positionierung, Gesundheit), die Norm/alität und Privilegien garantiert – auf Kosten derer, denen als jeweils «Andere» Zugriff auf Privilegien verweigert bleibt. Macht produziert Herrschaft und umgekehrt, wobei Herrschaft auf Gesetze und Gewalt aufbauen muss und dabei Änderungen unterzogen werden kann – welche jedoch nie losgelöst von Macht und ihren Interessen sowie Möglichkeiten geschehen können.

Sexismus wird häufig fälschlich auf die individuelle Erlebniswelt Einzelner reduziert, um diese dann als «hypersensible Erfahrung» abzutun. Zwar äußert sich Sexismus über Handlungen Einzelner und zeigt individuelle Auswirkungen. Doch durch seine Etablierung in und durch Macht und Herrschaft, Recht und Ethik, Wissen und Bildung entstehen nachhaltige Wiederholungen als ein System – das Sexismus zu einer wirkmächtigen kollektiven Erfahrung macht, in der Erlebnisse Einzelner Symptome und Schneeflöckchen des Eismassivs sind. Sofern es bei Sexismus nicht primär um Einzelfälle, sondern um systemisch bedingte Wiederholungen geht, die durch Macht, Recht, Ethik und Wissen fortgeschrieben werden, reichen weder individuelle Erfahrungen noch eine abstrakte Beschäftigung allein aus, um zum Kern des Sexismus vorzudringen. Das System kann nicht verstanden werden, ohne subjektive Erfahrungen ernst zu nehmen. Umgekehrt ist es ebenso verkürzend, individuelle Erzählungen nicht zu systematisieren.

Und genau aus dieser Wechselwirkug von subjektiv Erlebtem und Sexismus als Diskriminierungssystem, das lokal geprägte und temporal gebundene Strukturen ausbildet, ergeben sich häufig zwei weitere Irrtümer: Erstens ist Sexismus nicht nur dann am Werk, wenn dies individuell erkannt wird, und er besteht auch dann, wenn er geleugnet wird. Zweitens muss nicht jede subjektive Einschätzung, dass etwas sexistisch sei, stimmen. Diese subjektive Einschätzung muss mit dem Grundprinzip von Sexismus als machtkodierter sozialer Ordnung, die von kollektiven Erfahrungen und Wiederholungen lebt und ebendadurch systemisch wird, korrelieren: Es gibt immer wieder Cis-Männer, die für sich in Anspruch nehmen, sexistisch diskriminiert zu werden («Ich kenne aber eine Frau, die …»). «Cis» markiert, dass sich eine Person mit dem Geschlecht, das ihr bei der Geburt entlang des binären Mann-oder-Frau-Modells zugeschrieben wurde, identifizieren kann und möchte. Ja, Cis-Männer können übergriffige und/oder sexuell gemeinte Komplimente oder Offerten erfahren. Aber nein, das fällt nicht unter Sexismus. Heterosexuelle Cis-Männer können (anders als etwa queere Männer*) nicht sexistisch diskriminiert werden. Deren «Ich kenne aber eine Frau, die …»-Erfahrungen sind weder kompatibel mit dem systemischen Prinzip des Sexismus – noch können sie Letzteres widerlegen. Denn Sexismus ist an Macht und systemisch garantierte Privilegien gebunden, die Cis-Männlichkeit und Heterosexualität besitzen – und zwar im Unterschied zu Frauen* sowie homosexuellen, inter*sexuellen und trans*geschlechtlichen Menschen. Deren systemisch bedingte Erfahrungen sind von einer viel zu langen und viel zu gewaltvollen Geschichte von Unterdrückung und Diskriminierung geprägt. Wenn Cis-Männer diesen Begriff für eigene Erfahrungen in Anspruch nehmen, ist das eine Aneignung des Begriffes «Sexismus», der dessen gewaltvolle Geschichte und (Omni)Präsenz verharmlost.

Ebenso irreführend ist es, wenn statt von Sexismus von Frauenfeind lichkeit oder auch Misogynie, Frauenhass, gesprochen wird: Der Fokus auf «Frauen» stellt jene aufs Plateau, die Diskriminierung erfahren, nicht aber diejenigen, die (machtlogisch und systemisch gesehen) diskriminieren. «Frauenfeindlichkeit oder -hass» ist auch deswegen eine begriffliche Falle, weil auch scheinbare «Nettigkeiten» und «Komplimente» auf sexistische Weise ebenso toxisch sein können wie direkter oder gewalttätiger Hass. Formulierungen wie etwa «Wow, die hat aber tolle Brüste!» (meist fallen dabei andere Vokabeln) wirken stereotypisch sexistisch, weil Frauen* auf den Körper reduziert, ja über diesen bewertet werden. Wird *Mann* ja noch sagen dürfen? Oder schon Sexismus? Und wie steht es um Erwartungen, etwa dass die Frau* die Küchenarbeit zu erledigen habe? Ist ja doch die übliche Praxis, also normal? Wird *Mann* ja noch denken dürfen? Oder doch Sexismus? Schließlich greifen Begriffe wie «Frauenhass» oder «Frauenfeindlichkeit» insofern zu kurz, als sie sexistische Diskriminierungserfahrungen von homosexuellen Männern* oder auch inter* und trans*geschlechtlichen Menschen nicht integrieren.

Weit verbreitet ist auch die Auffassung, dass Sexismus allein strafrechtlich relevante Übergriffe sexueller Gewalt meine. Doch selbst Gesetzgebungen sind letztlich ein unzuverlässiges Kriterium, um Sexismus in seinem Wesenskern zu erfassen. Zum einen sind Gesetzgebungen und Strafrecht Änderungen unterworfen – und zwar in Aushandlungsprozessen mit Machtinteressen, Herrschaftskonstellationen und entsprechend geprägten ethischen Codes. Zum anderen gehört es eben nachgerade zu dieser Geschichte der durch Macht und Herrschaft sowie deren Ethik konturierten Rechtsprechung, dass gleiche Taten ungleich geahndet wurden und werden – etwa abhängig vom Geschlecht, vom Einkommensstatus oder auch aufgrund von Rassismus. Es reicht also bei Weitem nicht aus, allein die Rechtsprechung zum Gradmesser darüber zu erheben, ob etwas sexistisch sei oder nicht. Das Verständnis von Sexismus muss losgelöst von der Rechtsprechung definiert werden, zumal selbst rechtskräftige Verurteilungen von körperlichen Schädigungen sich nicht zum Tatbestand des Sexismus äußern. Hinzu kommt, dass Sexismus auch insgesamt mehr umfasst als sexuelle Gewalt, ob nun justiziabel oder nicht.

Das Minister*innenkomitee des Europarates formulierte im Rahmen einer «Recommendation of the Committee of Ministers to Member States on Preventing and Combating Sexism» am 29. März 2019 eine Sexismus-Definition.[1] Betont wird ein kausaler Zusammenhang zwischen sexistischer Gewalt und Sexismus «in allen Sektoren aller Gesellschaften» wie etwa Werbung, Medien, Beschäftigung, Rechtsprechung, Bildung und Sport. Dabei werden explizit auch Geschlechterstereotypen angesprochen. Es gibt immer einen Zusammenhang zwischen (strafrechtlich verfolgbarer) sexistischer physischer Gewalt und sexistischen Deutungen der Welt wie etwa der Erwartung, dass Frauen* (allein) die Hausarbeit verrichten müssen. Es handelt sich um mehrere Seiten der gleichen Medaille. Jahrtausendealte Erzählungen sind stur. Bei Sexismus handele es sich, so das Minister*innenkomitee des Europarates, um ein «Kontinuum von Gewalt», das ein «Klima der Einschüchterung, Furcht, Diskriminierung, Ausgrenzung und Unsicherheit hervorrufe, welches Handlungsmöglichkeiten und Freiheiten begrenze». Hier geht es um das gesamte Spektrum von körperlicher Gewalt bis zu nonverbalen Übergriffen (Blicken, Beleidigungen, Erwartungen etc.), wobei alles davon wiederum soziale, psychische, sexuelle sowie wirtschaftliche Auswirkungen habe. Dabei sei Sexismus bestimmt von «historisch gewachsenen Machtverhältnissen der Ungleichheit» – welche Männer privilegierten und Frauen diskriminierten. In dieser Definition wird Sexismus also als Diskriminierung von Männern* gegenüber Frauen* verstanden. Zwar wird dies an einer Stelle aufgebrochen, wenn es heißt, Sexismus würde durch Genderstereotype getragen, die Männer und Frauen prägen. Diese Erweiterung bleibt aber vage und schließt die Diskriminierung von Inter*sexualität, Trans*geschlechtlichkeit und Homosexualität nicht explizit mit ein.

Deswegen muss eine Definition von Sexismus letztlich noch komplexer angegangen werden, ohne dabei den Blick für Nuancen, Dimensionen und Schweregrade zu verlieren. Es macht einerseits einen großen Unterschied, ob ein Mensch einen anderen Menschen vergewaltigt bzw. ob ein Mensch eine Vergewaltigungserfahrung überlebt (Vergewaltigte werden oft als «Überlebende» bezeichnet)[2] – oder ob ich «nur» auf jemanden treffe, der denkt, Frauen* seien von Natur aus anders als Männer* und gehörten deswegen in die Küche, nicht aber an eine Universität. Andererseits funktioniert jedes dieser Segmente, weil sie systemisch zusammenwirken.

Dieses Spektrum an Segmenten zu erfassen, ohne in ein inflationäres «Alles ist Sexismus» zu verfallen (Sexismus also beliebig auf heterosexuelle Cis-Männer auszuweiten), erfordert daher, Sexismus als System zu verstehen, in dem sich Wissen und Ideologie, Moral und Ethik sowie

Macht und Herrschaft (samt betreffender Strukturen und Institutionen) wechselseitig erschaffen und legitimieren – und dadurch Diskriminierung und Privilegien im Kontext von Unterdrückung und sozialer Ungleichheit erzeugen. Im Folgenden möchte ich Schritt für Schritt über diese Aspekte reflektieren, die im und durch Sexismus wirken, und diesbezüglich zentrale Begriffe einführen – und erst dann formulieren, welches Verständnis von Sexismus diesem Band zugrunde liegt.

1.1. Sexismus als Ideologie von heterosexueller Zweigeschlechtlichkeit

Wir sind, was wir uns erzählen; wir erzählen uns, was wir kennen; wir kennen, was wir uns erzählen. In der Wissenschaft wird dieser «Fluss von Wissen durch die Zeit»[3] *Diskurs* genannt. Dieses zeit- und raumübergreifend präsente Wissen informiert und prägt Ethik und Gesetz und umgekehrt. Dabei gibt es neben Kontinuitäten auch Windungen und Wendungen, in denen individuelle Handlungsfreiheit gegeben ist. Denn Bekanntes muss sich immer auch individuellen und kollektiven Erwartungen und Visionen stellen, die Handlungen neu justieren können. Diese Handlungsspielräume sind jedoch umso begrenzter und die Neuausrichtungen umso schwieriger, je mehr sich das betreffende Wissen und moralische Denken einer einzigen Grundidee verpflichtet, sich also ideologisiert.

Mein Buch geht von der These aus, dass Sexismus als System eine solche *Ideologie* benötigt, hervorbringt und in sich trägt. Sexismus verbreitet also Ideen und Wissen, die eine sexistische Weltanschauung formen, welche in enger Verzahnung mit Macht und Herrschaft Normen setzt und verteidigt. Dabei ist *nomen omen*, denn seinen ideologischen Kern trägt Sexismus im Namen: «Sexismus» geht etymologisch auf das lateinische Wort «sexus» = Geschlecht zurück, ist aber in seinem aktuellen Gebrauch als Bezeichnung einer Diskriminierungs- und Unterdrückungsstruktur ein Lehnwort aus dem Englischen, ebenso wie der Anglizismus «Sex» für «Geschlechtsverkehr». Letzteres kann auf beides abheben: Wie hat eine Person Sex (Sexualität/Geschlechtsverkehr), bzw. welche Rolle kommt ihr dabei zu? Dabei ist genau genommen die Rolle bei der «Reproduktion» gemeint. Geschlechtsverkehr und Reproduktion der (menschlichen) Spezies gleichzusetzen, ist tatsächlich ein Grundmolekül der sexistischen Ideologie. Dies geschieht, obwohl die meisten Sexualakte nicht in einer Schwangerschaft münden (sollen) und weil die Gleichsetzung von Sexualität und Reproduktion ein handhabbares Kriterium ist, um Menschen antithetisch zu kategorisieren. Über Jahrtausende hinweg hat sich aus diesem Denkansatz heraus eine Erzählung etabliert, in der Homosexualität als Abweichung von der Reproduktionssexualität der Hetero-Norm(alität) abgesetzt wird. Letztere zwängt Menschen in zwei Schubladen: Gebärende/Stillende/Nährende (familienintern/privat) versus Erzeuger/Beschützer/Entscheider/Ernährer (familienextern/öffentlich). Auch wenn dieses Muster in der heutigen Zeit an Wirkmacht verloren hat, das binäre Koordinatensystem «Mann» und «Frau» bleibt intakt.

Die Kategorien «Frau» und «Mann» sind so verzahnt, dass vielen das Begriffspaar so plausibel scheint, dass es als *MannundFrau* gesprochen wird, wobei es zugleich *MannversusFrau* meint. In den Worten von Immanuel Kant, dem wichtigsten deutschen Aufklärer, klingt das etwa so: «Denn es ist hier nicht genug, sich vorzustellen, daß man Menschen vor sich habe; man muß zugleich nicht aus der Acht lassen, daß diese Menschen nicht von einerlei Art sind.»[4] Dieses duale Muster ist ein antithetisches, das wertend nichts anderes meint, als dass Männer die Norm/alität und Frauen «Anders» seien: *FrauistnichtMann.* Dieses Muster entspricht der Heteronormativität, also der Normsetzung von Heterosexualität und Cis-Geschlechtlichkeit in Absetzung zu Homosexualität, Inter*sexualität und Trans*geschlechtlichkeit als «Anderem».

In der Forschung werden solche dualen Modelle als Ergebnis des Othering oder der Alterisierung angesehen. Dabei geht es darum, etwas als Norm/alität (es wird auch das «Eigene» oder «Self» genannt) zu setzen und alles, was nicht in diese Norm passt, als das «Andere» oder «Other» daraus auszuschließen.[5]

Dieses Othering baut auf dem Prinzip der Differenz auf und setzt dabei häufig damit ein, körperliche Unterschiede zu erfinden («Menschenrassen» etwa gibt es nicht) oder zu einem Bündel zu schnüren (wie bei Geschlecht). Wie Unterschiede erfunden oder gebündelt werden, ist weder evident noch zufällig, vielmehr werden bestimmte körperliche Merkmale als bedeutsam eingestuft. Das aber folge, wie Mary Douglas in ihrem 1970 veröffentlichten Buch *Natural Symbols* schreibt, letztlich nicht biologischen Konstellationen, sondern dem Streben, sie sozial zu instrumentalisieren und mit politischer Bedeutung aufzuladen: «Es gibt keine natürliche Weise, den Körper zu betrachten, der nicht zugleich eine soziale Dimension haben würde ... Ohne Wunsch nach sozialen Grenzen würde ich nicht erwarten, Interesse an körperlichen zu finden.»[6] Wenn also bestimmte Unterschiede gezielt ausgewählt werden, um sie mit Bedeutung aufzuladen, wird ihnen Bedeutung zugeschrieben, wobei andere Unterschiede wie auch gegebene Gemeinsamkeiten als «unwichtig» markiert werden.

In der Biologie und Medizin wird zur Unterscheidung von *Fraund-Mann* ein Bündel aus äußeren und inneren Geschlechtsmerkmalen, Genen, Hormonen, Keimdrüsen oder Gameten (Keimzellen) geschnürt; aber auch sekundäre Geschlechtsmerkmale wie Gesichtszüge, Haareigenschaften, Körperbau (Größe, Knochen und Muskulatur) oder der Klang der Stimme werden dabei eingebunden. Doch was für viele menschliche Körper und auf sie gerichtete menschliche Blicke aussagekräftig sein mag, funktioniert nicht für alle. In der Gesamtheit aller Körper sind die Grenzen, und zwar in jedem der oben genannten Bereiche, zwischen Mann* und Frau* nicht klar antithetisch, sondern fluide. Das gilt für Hormone und deren Bärte ebenso wie mit Blick auf primäre und sekundäre Geschlechtsorgane (und deren Größe und Form).[7]

«Frauen» und «Männer» werden als gegensätzlich gesehen, weil Sexismus genau das vermittelt. Das Kerninteresse war und ist dabei nicht die biologische Unterscheidung der Körper, sondern die hierauf aufbauende soziale Hierarchisierung. Es geht darum, die biologisch als gegensätzlich konturierten Kategorien mit Bedeutung jenseits des Biologischen aufzuladen, also mit mentalen, kulturellen, psychischen, intellektuellen Kompetenzen und Fähigkeiten zusammenzuführen. Diese werden verallgemeinert, verabsolutiert und gewertet.[8]

Das ist es, was Roland Barthes «Mythos» nennt: Zuerst wird eine naturgegebene Differenz konstruiert und dann als von Natur aus relevant postuliert. Sofort wird sie auch mit Bedeutung aufgeladen, die Wertungen beinhaltet – und Macht, Herrschaft und Gewalt legitimieren. Sobald das angelaufen ist, kann die betreffende (Vor)Geschichte verleugnet werden. Barthes nennt dies *la privation d'Histoire*, «Verleugnung der Geschichte».[9] Und während verleugnet wird, dass eine Frau nicht als Frau geboren, sondern erst dazu gemacht wird (um den berühmtesten Satz aus Simone de Beauvoirs *Das andere Geschlecht* aus dem Jahr 1949 zu referieren),[10] wird die Gegenwart gewordene Geschichte «tautologisch» reproduziert: «Un sou est un sou.» Oder: «Es ist so, weil es so ist.»[11] Die Frau ist eine Frau und dadurch dem Mann unterlegen, weil das schon immer (so) war.

Bei der mentalen Interpretation körperlicher Paradigmen spielte im westlichen Geschlechternarrativ das naturphilosophische Konzept der «Chain of Being» eine entscheidende Rolle. Auf der niedersten Stufe der skalierenden Treppe stehen Mineralien (die nochmals binnendifferenziert werden), gefolgt von Pflanzen, dann Tieren. Der Mensch im Allgemeinen folgt vor Aristokratie und König als Vorstufe zum Himmlischen und schließlich Gott.[12] Dabei wirkt das Muster, dass die Kultur der Natur überlegen ist. Natur, also Mineralien, Pflanzen, Tiere, stehen ganz unten; Kultur darüber. Je mehr Natur, desto mehr der Kultur unterlegen; und je mehr Kultur, umso überlegener. Dabei steht Kultur für Vernunft, Verstand, Rationalität und Fortschrittskraft und Natur für die Abwesenheit davon.

So konturiert, beinhaltet die «chain of being»-Hierarchie eine Mensch-versus-Aristokratie/König-Unterscheidung weitere Binnendifferenzierungen, v. a. entlang den Konstrukten Zweigeschlechtlichkeit und «Menschenrassen» (in wechselseitiger Überlagerung). Der Mann und Weiße seien dichter am Königlichen/Göttlichen dran und daher mehr Kultur. Mann/Weißer als Kultur sei Gehirn; Frau/Schwarzer als Natur hingegen Körper; Mann/Weißer als Kultur sei Rationalität; Frau/Schwarzer als naturnah hingegen Emotion – und umgekehrt: weil Frauen/Schwarze der Emotion nah seien, liege ihnen Vernunft fern. Die Rede, dass Frauen oder Schwarze das kleinere Gehirn hätten und dass dies auf mindere Intelligenz schließen lasse, ist gar nicht so ferne Vergangenheit. Mir wurde dieses Wissen noch in den frühen 1980er Jahren im Biologie-Unterricht ins Gehirn gekippt und auf dem Schulhof von Jungen «aufs Butterbrot» geschmiert. Bei dem Autor der *Kritik der reinen Vernunft* klingt das mit Blick auf Frauen in *Beobachtungen über das Gefühl des Schönen und Erhabenen* so: «Der Inhalt der großen Wissenschaft des Frauenzimmers ist vielmehr der Mensch und unter den Menschen der Mann. Ihre Weltweisheit ist nicht Vernünfteln sondern Empfinden.» (53) Ähnliches sagt er in diesem Text über Schwarze: «… kurz um, dieser Kerl war vom Kopf bis auf die Füße ganz schwarz, ein deutlicher Beweis, daß das[,] was er sagte, dumm war.» (106-107)

Eine erschreckende Logik: Körperliche Eigenschaften werden als Träger von (fehlendem) Verstand, Vernunft und Kultur konstruiert, wobei postuliert wurde: je weniger Verstand, desto mehr Natur und weniger Mensch. Hier kommt es zu einer Entmenschlichung. Diese kann sich bis zur Dingwerdung (z. B. Frau als Objekt) oder aber Animalisierung (etwa von Schwarzen) auswachsen und dient dazu, den betreffenden Menschen das Menschsein und die entsprechenden Rechte und Privilegien abzusprechen.

Dieses Über- und Unterlegenheitsparadigma geht in einer gewissen Paradoxie sogar zu der These über, dass Frau zwar Körperlichkeit repräsentiere – ihre Körperlichkeit jedoch letztlich dennoch der des Mannes unterlegen sei. Körperlichkeit von Frauen* und (allen) People of Colour sei an Emotionalität gebunden, was nichts anderes meine, als dass sie bar jeder Vernunft seien. Denn schließlich sei der Körper der Frau im Vergleich schwächer, kleiner und langsamer als der des Mannes und bedürfe daher seines Schutzes, den sie durch Schönheit (hier geht es um körperliche Attraktivität, die Zierlichkeit einschließt, und dabei gleichsam aporetisch um die Körper gewordene Akzeptanz ihrer Unterlegenheit) zu erlangen mag. Das rundet sich insgesamt darin ab, dass *weiße* Männer in jeder Beziehung (vom Verstand wie vom Körper her) der Inbegriff von Kraft, Stärke, Größe, kurzum Überlegenheit seien (die körperliche Stärke von Männern of Colour wird hingegen als bedrohlich erzählt, weil die Erzählung der Schutzbedürftigkeit auf den Verstand rekurrierte und dieser allen People of Colour abgesprochen wird).[13]

Weil aber (*weiße*) Männer «von der Natur aus» allen «Anderen» überlegen seien, wären sie ebenso befähigt wie befugt, ja beauftragt, alle «Anderen» zu «beschützen» – also zu zähmen und zu bevormunden. Somit sei der *weiße* Mann dazu auserkoren, in öffentlichen Positionen, die Be*herr*schtheit erfordern (schon das Wort verortet diese Befähigung als Metier des *weißen* Mannes), politische Verantwortung zu übernehmen und den öffentlichen Raum allein zu gestalten. Mit Blick auf People of Colour werden so die europäische Versklavung von Afrikaner*innen und Kolonialismus legitimiert, hinsichtlich von Frauen* meint dies männliche Vormundschaft, die durch patriarchalische Herrschaft und deren

Etablierung männlicher Vorherrschaft getragen wird. Die Ideologie der Zweigeschlechtlichkeit generiert also das Wissen, das Männer* ermächtigt und herrschen lässt.

Letztlich gibt es Frauen und Männer weder *biologisch gesehen* noch in der darauf aufbauenden mentalen Zuschreibung und schon gar nicht starr in der klassischen antithetischen Setzung Mann versus Frau. Geschlechter sind ein biologisches Kontinuum, in denen Trans*- und Inter*personen kein Versehen, sondern eine Normalität sind. Manche Frau* hat kleinere Brüste als ein Mann*, und Frauen* leben ohne Uterus, so wie Männer* ohne Penis und/oder Hoden leben. Doch obgleich das zweigeschlechtliche *MannundFrau*-Modell ein biologisches Konstrukt ist, ist die binäre Unterteilung in Mann versus Frau bzw. Männlichkeit versus Fraulichkeit ökonomisch, politisch und juristisch ebenso praktisch wie praktikabel; und indem diesem Modell der Zweigeschlechtlichkeit aus Macht- und Herrschaftskontexten heraus ideologisch ebenso wie juristisch, politisch und ökonomisch Bedeutung eingeräumt wurde, erhielt es diese auch.

So wird aus Geschlecht als Epistemologie, als erlerntem Wissen, eine Ontologie: ein Sein, das Ideen und Wissen setzt und verfestigt, um Normalitäten zu generieren und Moralitäten zu manipulieren. Eine Ideologie also, die Kollektive und Individuen verortet und bewertet, um Handlungsspielräume und entsprechende Handlungen zu ermöglichen, zu begrenzen oder zu bestrafen – und somit insgesamt im Sinne der eigenen Ideologie zu normieren. Auf diese Weise präsentiert Sexismus ein ideologisch verfestigtes Wissen darüber, wie Geschlechterordnungen funktionieren sollten, weil sie so und nicht anders funktioniert haben. Zwar gibt es nicht nur biologisch, sondern auch sozial eine Geschlechterpluralität jenseits von zwei (oder neu: drei) Geschlechtern. Doch diese wird gebändigt und in das Korsett der normierenden Zweigeschlechtlichkeit gepresst (das durch die «Divers»-Option bisher nicht in Frage gestellt wird). Alternative Modelle werden dabei unterdrückt und sanktioniert.

Ebendeswegen ist die Zweigeschlechtlichkeit samt ihrer Heteronormativität zwar ein biologisches Konstrukt; jedoch insofern auch eine Realität, als sie Menschen im Differenzsystem Mann versus Frau verortet. Differenz geht dabei in sozialer Ungleichheit auf. So werden soziale Positionen geprägt, auf die Identitäten eine mögliche Antwort sind. Vor diesem Hintergrund bezeichnet die US-amerikanische Juristin Catherine MacKinnon Differenz als «Samthandschuh», der die «eiserne Faust der Herrschaft» tarnt.[14] So wie Zweigeschlechtlichkeit als Samthandschuh des Patriarchats erscheint, ist sie auch das Elixier der Macht, die getarnte Faust, die den Sexismus ebenso bedingt wie braucht.

1.2. Sexismus, Macht und die Herrschaft des Patriarchats

Wissen ist immer machtkodiert; dies umso mehr, wenn es sich zu einer Ideologie verdichtet. Je ideologisierter Wissen ist, umso mehr schützt es die Macht und Herrschaft, von der sie mit Mitteln der Gewalt getragen wird. Dabei befinden sich auch Macht, Herrschaft und Gewalt in einem dynamischen Verhältnis wechselseitiger Aushandlung und Stärkung. Das klingt nach abstrakten Prozessen – und um diese geht es in diesem Kapitel. Jedoch sind diese überaus relevant, für jede einzelne Person, die je lebte und leben wird. Macht und Herrschaft wirken sehr individuell und spezifisch in jedes Leben hinein.

1.2.1. Über die Wechselwirkung von Macht, Herrschaft und Gewalt

Macht, Herrschaft und Gewalt kommen zusammen, weil sie einander bedingen und prägen, gegenseitig stärken und/oder schwächen können. Doch gleichzeitig können sie eigenständig und unabhängig voneinander wirken.[15] Das Verhältnis von Macht, Gewalt und Herrschaft diskutiert Hannah Arendt in *Macht und Gewalt* (1970). Ihr zufolge entspricht Macht «der menschlichen Fähigkeit, nicht nur zu handeln oder etwas zu tun, sondern sich mit anderen zusammenzuschließen und im Einvernehmen mit ihnen zu handeln.»[16] Das sei Aushandlungsprozessen unterworfen, die weder statisch-stabil noch unendlich unantastbar seien. Das klingt dynamischer und demokratischer als es ist. Jedenfalls, was den Sexismus angeht: Männer* und Frauen* werden in die Machtverhältnisse hineingeboren, die durch das «Geschlecht» bestimmt sind. Wer auf Homers Olymp, also dem metaphorischen Wohnort der Gött*innen, geboren wird, lebt in den Machtmöglichkeiten, die er offeriert. Und si*er tut es auf

Kosten derer, die den Olymp tragen, ohne eine gleichberechtigte Teilhabe zu haben.[17] Machtgefüge existieren zwar durch individuelle Handlungen und Entscheidungen, doch entziehen sie sich diesen auch. «In der hierarchisierten Überwachung der Disziplinen ist die Macht keine Sache, die man innehat, kein Eigentum, das man überträgt; sondern eine Maschinerie, die funktioniert»,[18] schreibt Michel Foucault. Machtstrukturen sind eine Maschinerie, weil sie durch Gesetze, Wissen und Moral unterfüttert werden und institutionell und strukturell verankert sind. Das ist eine sehr stabile Ordnung. Die Macht der Zweigeschlechtlichkeit ist stabil, weil jene, die durch sie ermächtigt und privilegiert werden, Männer* also, diese Räume männlich* halten – und zwar in Berufung darauf, dass es schon immer so war. Die Legitimität von Macht, schreibt Hannah Arendt, «beruht nicht auf den Zielen und Zwecken, die eine Gruppe sich jeweils setzt; sie stammt aus dem Machtursprung, der mit der Gründung der Gruppe zusammenfällt. Ein Machtanspruch legitimiert sich durch Berufung auf die Vergangenheit.»[19] Innerhalb von Machtstrukturen kann es Veränderungen geben, aber die Struktur als solche bleibt bestehen. Davon zeugen etwa jene Revolutionen, die Monarchien ablösten. Zwar wurde die Macht der Aristokratie durch die des Bürgertums ersetzt, das Prinzip «Macht durch Klasse» blieb aber ebenso erhalten wie das Prinzip «Macht durch Zweigeschlechtlichkeit».

Macht ist dynamisch, weil es verschiedene Machtstränge gibt, die sich überlagern und dabei wechselseitig verstärken oder schwächen können. Geschlechtsspezifische Machtstrukturen interagieren mit denen von Sexualität, Klasse, Nation, Religion, Alter, Gesundheit oder Rassismus. Das wirkt sich nicht auf die jeweilige Machtebene an sich aus, wohl aber auf die Konstellationen und Kombinationen, die sich für Kollektive und deren Individuen daraus ergeben.

Ich saß vor einiger Zeit in einem Café, als ein Roma musizierte und um Spenden dafür bat. In diesem Moment kam ein Verkäufer einer Obdachlosenzeitung ins Lokal und vertrieb den Musiker mit der Begründung, dass er hier nichts zu suchen habe. Denn er, der Obdachlose, sei *weiß*. Das hat der ca. 55-jährige Mann* so gesagt: «Ich bin weiß und du nicht!» Zwei durch Armut fragmentierte Männlichkeiten* stehen sich gegenüber, und Weißsein wird zur Trumpfkarte, welche die eine Männlichkeit* über die andere erheben sollte. Es funktionierte. Der Roma-Musiker verließ das Lokal. Männlichkeit* ist also insofern eine dynamische Machtkategorie, als es divergierende Facetten von ihr gibt.

Je mehr Strukturkategorien eine Person vom Zugang zur Macht ausschließen, desto schwächer und fragiler ist deren soziale Position – das ist es, was Kimberlé Crenshaw mit «Intersektionalität» meint.[20] Andersherum gilt, je mehr Strukturkategorien eine Person als überlegenes Subjekt der Norm/alität positionieren, umso stabiler und nachhaltiger ist die Macht. Als Frau* habe ich niemals Macht, *weil* ich eine Frau* bin, sondern *obwohl.* Ich kann aber Macht haben, weil ich *weiß* und Professorin bin und einen deutschen Pass besitze. Aber ein *weißer* heterosexueller Professor mit einem deutschen Pass hat (systemisch gesehen) mehr Macht als ich. In verschiedenen sozialen Konstellationen sind unterschiedliche Machtkonstellationen wichtiger als andere. *Weiße* Männer* mit einem deutschen Pass stehen in dieser Skalierung gut da, Schwarze Frauen* werden in allen Hierarchien immer und von allen nach unten gedrückt. Es gibt zwar Machtkategorien wie Alter oder Gesundheit, die im Laufe desselben Lebens erst Macht verleihen und dann verweigern können (oder umgekehrt). Bei vielen gibt es auch Handlungsspielräume und die Möglichkeit aktiver Gestaltung (Religion). Es gibt aber auch Machtstrukturen, die von Einzelnen in ihrer Lebenszeit kaum (Nation, Geschlecht) bis gar nicht verändert werden. Zu Letzteren zählen die des Rassismus und Sexismus.

Im Kontext dieser Komplexitäten kommt es dann auch zu einer Skalierung von Männlichkeiten*: Manche gelten als gleicher, als männlicher* als andere. Schwarze Männer* (durch Rassismus), aber eben auch homosexuelle, inter*sexuelle und trans*geschlechtliche Personen (durch Sexismus) bleiben aus dem Inner Circle der Männlichkeit* ausgegrenzt. «Männer* halten männliche* Räume männlich*» muss daher genau genommen heißen «*weiße* heterosexuelle Männer* halten Räume männlich*, weiß und heterosexuell», wobei letztere Ausgrenzung in den letzten Dekaden (von *weißen* schwulen Männern*) im Kontext westlicher Gesellschaften mehr und mehr ausgebremst wird. Spitzenpolitiker wie Guido Westerwelle, Klaus Wowereit und Jens Spahn stehen in der Öffentlichkeit und machen Karriere, das wäre noch in den 1980er Jahren kaum möglich gewesen – und doch bleibt Homosexualität bei ihnen und anderen ebenso Thema wie Hindernis.

Macht erzeugt Herrschaft und die Gewalt, samt der Strukturen, Institutionen und Ideologien, die es ermöglichen, diese Herrschaft auszuüben. Herrschaft etabliert sich prinzipiell nicht gegen, sondern mit Macht; und umgekehrt wird Macht keine Herrschaft errichten, die sich gegen ihre Interessen richtet. Herrschaft kann sich nur aus Machtstrukturen heraus etablieren und wird dabei so entworfen, dass sie diese reproduziert.

Dafür benötigt Herrschaft wiederum Instrumentarien der Gewalt. Auch Gewalt kann nur mit der Macht, nicht aber gegen diese (jedenfalls nicht, solange sie stark ist) geschaffen werden. Gewalt ist «gänzlich außerstande, Macht zu erzeugen», schreibt Hannah Arendt in *Macht und Gewalt*. Aber zugleich gilt: «Gewalt tritt auf den Plan, wo Macht in Gefahr ist ... Gewalt kann Macht vernichten» (57). Doch da Gewalt keine Macht entstehen lassen könne, hänge in diesem Kreislauf schließlich dennoch alles «von der Macht ab ..., die hinter der Gewalt steht» (50), und nicht umgekehrt, schreibt Arendt. Physische (Waffen)Gewalt ist nur eine Art von Instrumentarium, aber eine entscheidende, vor allem in Monarchien, totalitären Regimen und Diktaturen. Es gibt auch ein Gewaltmonopol, das auf der Legislative und der Exekutive aufbaut. Gemeint sind hier etwa die Gesetzgebung und deren staatliche Umsetzung, wobei Gesetze wiederum herrschende Wissenssysteme und Moralvorstellungen ebenso prägen, wie sie auf diese reagieren. Es sind Machtstrukturen, die maßgeblich darüber entscheiden, wer warum Gesetze formulieren kann, schreibt Arendt (42). Durch solche und andere Instrumentarien wird die jeweils dominierende Machtstruktur durch Herrschaft gestützt. Andere Machtstrukturen aber enden nicht zwangsläufig. Sie bleiben bestehen, warten, wirken.

Die Macht *weißer* heterosexueller Männlichkeit* ist es, die Herrschaft in Europa über Jahrhunderte hinweg prägte. Um es genauer zu sagen: Die Geschlechter-Macht *weißer* heterosexueller Männlichkeit* errichtete ihren Palast patriarchalischer Herrschaft. Das heißt aber nicht, dass das die einzige Herrschaftsform oder Machtkonstellation war, die Europa je sah. Verschiedene Herrschaftsformen und multiple Machtstrukturen können mit- und nebeneinander bestehen und in verschiedenen Zeiten und Räumen verschieden stark wirken. Der Nationalsozialismus und die Apartheid stützten ihre diktatorische Herrschaft auf das Machtprinzip von Rassismus/‹Rasse›, der Kommunismus auf das von Klasse. In allen diesen

Systemen aber wirkte auch die patriarchalische Herrschaft und die Macht des Mannes*. Ein konkreter Herrschaftskontext kann also verschiedene Herrschaftsformen integrieren und auch mehr als nur einer Machtachse entspringen, vorausgesetzt, sie sind kompatibel und stark genug, sich durchzusetzen.[21] So haben etwa Rassismus und Sexismus im Nationalsozialismus Herrschaft maßgeblich konstitutiert. Zwar wird dies seit 1945 zunehmend juristisch unterbunden, Macht aber haben Sexismus und Rassismus immer noch; und sie könnten auch wieder vordergründiger in Herrschaft und ihren Instrumentarien wie Gesetzen und Verboten auftrumpfen. Heute ist das angesichts des hohen Zulaufs zum Rassemblement National, FPÖ oder AfD erschreckend virulent.

Wie Macht und Herrschaft im Kontext des Sexismus interagieren, möchte ich anhand einer Szene aus der TV-Serie *Game of Thrones* zeigen – denn George R. R. Martins *A Song of Ice and Fire* (1996 bis bisher 2011) und die darauf aufbauende Serie sind ein Lehrstück darüber, wie Macht und Herrschaft im Wechselspiel funktionieren; und wie im ewigen Kampf darum die Welt zugrunde gerichtet wird. In «The North Remembers» (Staffel 2, Episode 1, 2012) erteilt Cersei Lannister, die aus einer der reichsten und mächtigsten Familien der fiktiven Welt stammt und zu diesem Zeitpunkt mit dem König verheiratet ist, Lord Petyr Baelish, der sich aus ärmlichen Verhältnissen bis in den Kleinen Rat des Königs emporarbeitete, eine Lektion in Sachen Macht. Baelishs Erfolgsrezept ist es, aus Wissen Kapital zu schlagen. Auch gegenüber Cersei versucht er es. Er will sie als Mutter diskreditieren und mit seinem Wissen erpressen, dass ihre Kinder nicht vom König, sondern ihrem Zwillingsbruder stammen. *Knowledge is power* sagt er, Wissen ist Macht, wohl nicht zuletzt in Anlehnung an das gleichlautende bekannte geflügelte Wort. Cersei befiehlt den sie begleitenden bewaffneten Wachen, Littlefinger, wie Baelish auch genannt wird, zu erfassen und ihm die Kehle durchzuschneiden. Kurz bevor dies jedoch tatsächlich geschieht, sagt sie «Stopp!» und gebietet den Wachen, zurückzutreten, sich umzudrehen, die Augen zu schließen, gesichtslos zu werden. Ziel ihrer Machtdemonstration: *Power is power*, Macht ist Macht.

Letztlich aber geht es hier gar nicht allein um Macht, sondern um das Wechselspiel von Macht und Herrschaft – wobei ins Gewicht fällt, dass das englische Wort «power» nicht die gleiche strenge Abgrenzung zu

«Herrschaft» («rule»/«dominion») zieht wie das deutsche Wort «Macht». Cersei entscheidet das Duell mit Littlefinger für sich – jedoch nicht als Mutter und *obwohl* sie als Frau* keine Macht (gegenüber Littlefinger) innehat. Wäre Littlefinger König, hätte Cersei keine Chance gegen ihn; käme er aus einer adligen Famlie, hätte sie es schwer. Doch weil Cersei auf der Ebene von Klasse/soziale Schicht/Reichtum gegenüber Littlefinger in einer Machtposition ist und weil sie deswegen Frau des Königs werden konnte, hat sie (trotz ihrer fehlenden Machtposition als Frau*) auch Zugang zu Herrschaft. Als Königin kann sie ebendiese soziale Position benutzen, um in dieser konkreten Situation Herrschaft über einen Mann* auszuüben.

Nach Max Webers *Wirtschaft und Gesellschaft* (1922) setzt Herrschaft Gehorsam bzw. die Möglichkeit und Erwartung voraus, dass einem Befehl Folge geleistet wird. Cersei kann dies erwarten, weil ihr Mann Herrscher über die Sieben Königslande ist. Diese Herrschaftsposition ist jedoch nur eine mittelbare, patrilinear vermittelt über Ehe und Mutterschaft: zunächst über den König, später ihren Sohn. Zur Herrscherin der Sieben Königslande wird Cercei erst dann (eigenständig), nachdem alle Männer tot sind (woran sie aktiven Anteil hat).

In der Begegnung mit Littlefinger ist Cerseis Herrschaftsstatus als Königin entscheidender als das Machtsystem «Geschlecht». Als sie später in «Mother's Mercy» (Staffel 5, Episode 10, 2015) von dem religiösen Anführer «High Sparrow» (den sie in ihrer Funktion als Königin selbst als gleichberechtigt zur Krone mit Herrschaft ausgestattet hat) für Inzest bestraft wird, erfolgt die Bestrafung ihrer sozialen Position als Frau (und nicht dem Herrscherinnenstatus als Königin) angepasst: Sie muss sich (bedroht von kirchlicher Gewalt) einem «Walk of Shame» unterziehen, bei dem sie nackt durch King's Landing getrieben wird. Menschen jedes Standes dürfen sie demütigen, und Männer* jedes Standes schleudern ihr sexistische Vokabeln und übergriffige Fantasien ins Gesicht. Das dürfen sie, weil die neue Gesetzeslage diese Bestrafung unterstützt. So weiß eben der machttheoretisch reflektierteste Berater des Königs, Lord Varys: «Manche sagen, Wissen ist Macht. Andere leiten sie aus Gesetzen her.»[22]

Dieses Beispiel zeigt, dass Macht, Herrschaft und Gewalt unabhängig voneinander bestehen und sich dabei verbinden können. Es veranschaulicht zudem, dass verschiedene Herrschaftsformen koexistieren oder konkurrieren können. In dem gegebenen Beispiel kooperiert die kirchliche Herrschaft des High Sparrows mit der des Patriarchats, während sie gemeinsam die weltliche Monarchie Cersei Lennisters unterwandern. Dass die Herrschaft der Kirche sich hier der patriarchalischen Herrschaft bedient, um zu strafen, steht beispielhaft dafür, dass das Patriarchat sich parasitär wie eine Zecke in gesellschaftliche Ordnungen und ihre Herrschaftssysteme eingenistet hat. Es ist nicht eine Frage des Ob, sondern nur des «wie tief».

1.2.2. Patriarchalische Herrschaft: Mythos und Politik

Vielen einflussreichen historischen Abhandlungen zufolge begannen die geschlechtsspezifische Macht des Mannes und die Herrschaft des Patriarchats mit der urmenschlichen Arbeitsteilung. Der Übergang zum aufrechten Gang veränderte die Anatomie des Menschen (Gehirne wurden größer, Hüften schmaler), was dazu führte, dass Kinder früher geboren wurden und auf die Welt kamen, ohne eigenständig lebensfähig zu sein. Sie mussten gestillt werden, und zwar von Frauen – und weil Frauen nun mal stillten, trugen sie die Kinder auch. Das wiederum schränkte Frauen in ihrer Mobilität ein. Deswegen seien es die Männer gewesen, die auszogen, um zu jagen oder zu fischen, während die Frauen die erlegten Tiere verarbeiteten und für die Früchte-, Getreide- und Gemüsekammer zuständig waren. Als weiterer Grund wird angeführt, dass Männer als nichtschwangere und nicht-stillende Menschen schneller, kräftiger, belastbarer waren. Auch wird erwähnt, dass im Gebären der Kinder die Zukunft lag und der Selbsterhaltungstrieb die Gefahrenzulage (des Umherziehens und Jagens) an die Männer vergab. So weit, so gut.[23] Doch zum einen waren ja nicht alle Frauen* Mütter; und ganz sicher gab es immer auch Frauen*, die schneller und kräftiger waren als manche Männer*. Zum anderen aber stellt sich die Frage, wieso sich aus all dem zwangsläufig ableitet, dass die wandernden Fleischversorger, nicht aber die gebärende Kohlenhydrate-Fraktion, einen Anspruch auf Macht und Herrschaft erheben konnten. Wieso nicht etwa die effektivsten oder klügsten Fleischjagenden und die effektivsten und schlausten Getreidesammlerinnen? Plausibler scheint als Argument, dass männliche* Körper im durchschnittlichen Vergleich immer etwas stärker gebaut sind als die von Frauen* – und

Männer* ebendies auch zur Erlangung und Verteidigung von Macht und Herrschaft nutzten. Es geht also nicht ums Stillen, auch waren Männer weder intelligenter noch vernünftiger, um auf das oben Gesagte zurückzukommen. Es war (körperliche) Gewalt, der sich patriarchalische Herrschaft als Vorherrschaft des Mannes maßgeblich verdankt.[24]

Etymologisch und mythologisch wird patriarchalische Herrschaft, noch einmal anders dargestellt, an die Zeugungskraft des Mannes gebunden. Der Ausdruck «Patriarchat» leitet sich ab vom altgriechischen Wort πατριάρχης (patriárches). Es wird gebildet aus griechisch πατήρ (patér), «Vater», und dem Verb ἀρχεῖν (archein), «vorangehen, herrschen» oder auch «anfangen, beginnen», bzw. den Substantiven αρχη (arché) oder ἄρχων (archon), «der Anführer». «Arché» bedeutet sowohl «Macht, Herrschaft» als auch «Beginn, Anfang». So gesehen, heißt Patriarchat sinngemäß übersetzt «Herrschaft des (beginnenden) Vaters», wobei der «erste Vater» auf jenen rekurriert, auf den ein gesellschaftliches oder familiäres Kollektiv zurückgeht.[25]

Diese Idee der «Herrschaft des beginnenden Vaters» findet sich in Ansätzen schon in der ersten schriftlich nachweisbaren Religion Mesopotamiens, der sumerischen Religion: Himmel und Erde nehmen hier Gestalt an, die Götter werden verteilt und müssen dann für ihren Lebensunterhalt sorgen. Namma/Ninmaḫ bittet ihren Sohn Enki, einen «Ersatz» zu schaffen, der die Arbeit verrichten kann. Daraufhin erschafft Enki sieben Muttergöttinnen und beauftragt seine Mutter mit der Erschaffung von Lehm, den die Muttergöttinnen formen, während Namma Gliedmaßen ergänzt. Daraufhin entbrennt eine Art Wettstreit der Gottheiten Enki und Namma darüber, wer die eigentliche Schöpfungskraft innehabe. Namma hat zwar die handwerklichen Kompetenzen. Das eigentliche Know-how wird aber Enki zugeschrieben. So entscheidet Enki den Wettstreit für sich. Dazu gehört es, dass er allen Menschen eine entsprechende Aufgabe zuzuweisen und selbst (anders als seine Mutter) ein Kind mit einer Frau zu zeugen vermag. So wird er dann zum Herrscher, wobei sein Penis gelobpreist und seine Ejakulation zum Ursprung allen Wassers wird:

> Vater Enki hob seine Augen und blickte über den Euphrat, wie ein zügelloser Bulle stand er auf, erhob seinen Penis, ejakulierte und füllte den Tigris mit fließendem Wasser ... er setzte sich die gute Krone als

Zeichen seiner königlichen Herrschaft auf, den Boden zu seiner Linken berührend. Die Erde schenkte ihm daraufhin im Überfluss.[26]

Auch der christliche Gott ist Vater und Herrscher: «Vater unser, der du bist im Himmel … Dein Reich komme.»[27] «Vater» rekurriert dabei auf beides: die Schöpfungskraft Gottes und den ihn auf Erden repräsentierenden Mann. Dabei weist Psalm 139 der Bibel («Denn du», also Gott, «hast meine Nieren bereitet und hast mich gebildet im Mutterleibe»), exemplarisch auf die Logik hin, dass Vater (Gott/Mann*) der Schöpfer (Kultur) und die Frau* dessen (Mutter)Gefäß und Gebärerin ist (Natur). Hier wird die oft postulierte (wenn auch ursprünglich nicht unbedingt gemeinte) physische Jungfräulichkeit Mutter Marias plausibel, die zwar Auserwählte Gottes, jedoch, anders als ihr Sohn, ohne göttliche Anteile ist.

Der Status «erster Vater» wird von Gott («Vater unser») auf dessen irdischen Repräsentanten, den (heterosexuellen) Mann, übertragen. Er wird Vormund, Entscheider («dein Wille geschehe») und Herrscher. Im Koran ist umstritten, ob «qawwāmūna ʿalā» (Q 4,34) nun meint, dass Männer über den Frauen stünden (siehe die Übersetzung von Rudi Paret)[28] oder aber für Frauen einstehen müssten (wie Hartmut Bobzin übersetzt).[29] Dieser Übersetzungsstreit spiegelt den generellen Dissens der Exegese von Sure 4.34. Und doch wurde und wird sie herangezogen, um die Herrschaft von Männern über Frauen zu legitimieren.[30]

An diese Logik männlicher Herrschaft schließen sich Patrilinearität (etwa die männliche Erbfolge samt Familiennamen) oder Patrilokalität (der Wohnort des Mannes wird zu dem der Familie) an.[31] Dies gilt im Kleinen wie im Großen. Konzeptualisierungen von «Vater» im familiären Kontext werden auf den öffentlichen Raum übertragen, weswegen gesellschaftliche Ordnungen nicht losgelöst von der Institution Familie und deren Strukturen zu denken sind. So aufgestellt, übt Patriarchat Androzentrismus aus, die Normsetzung «des Mannes». Patriarchat reguliert sämtliche sozialen, politischen, religiösen, kulturellen und ökonomischen Prozesse – und das wirkt sich auf individuelle Handlungen und Interaktionen aus. Das passiert völlig unabhängig davon, ob dies entsprechend wahrgenommen oder reflektiert wird – ja sogar, ohne dass dies in jedem Fall bewusst gewollt wird. Dabei gibt es zu verschiedenen Zeiten und an verschiedenen Orten divergierende Manifestationen von Patriarchat.

In Antike, Mittelalter und der Frühen Neuzeit wurden männliche Herrscher, wie etwa die Stammväter der Israeliten, gelegentlich als Patriarchen bezeichnet. Aristoteles findet es plausibel, dass der griechische Mann AlleinHerrscher über Frau, Kind, Versklavte sein müsse, weil er der Einzige sei, der «mit Verstand vorauszuschauen» vermöge.[32] In christlichen Schriften wiederum fand «Vater als Anfang» für Gott – und seine irdischen Repräsentanten, also geistliche Würdenträger – Verwendung, wobei diese Vateridee auch auf familiäre Kontexte übertragen wurde. Die Aufklärung ging mit einer Säkularisierung einher, wollte aber (als maskuline Bewegung) nicht von der Macht und Privilegierung (heterosexueller) Männlichkeit lassen. Das Streben, Patriarchat in eine säkulare Logik einzubetten, musste dabei in eine Argumentation gekleidet werden, die Freiheit, Gleichheit und Brüderlichkeit auf ein Anrecht (*weißer*, christlicher, heterosexueller) Männer* limitierte. Unter Rückgriff auf die griechische Antike wurde dabei das angebliche Naturrecht des Mannes auf Herrschaft, die sich aus seiner von Natur aus gegebenen Überlegenheit (in Bezug auf Vernunft, Rationalität, Fortschritt, Körperlichkeit) ergebe, als Argument stark gemacht. Dieses Paradigma des zum HERRschen auserkorenen Herren erhielt durch den Sozialdarwinismus des ausgehenden 19. Jahrhunderts eine pseudowissenschaftliche Fundierung und durch den Nationalismus eine national-ideologische Struktur.[33] Patriarchalische Herrschaft bedingt also patriarchalische Vorherrschaft, wobei beides intrinsisch verzahnt ist mit männlicher Vormundschaft. Letzteres beschreibt das Prinzip, dass Belange der Frau* dem Mann* überantwortet, ja als Rechtsgeschäft zwischen Männern* angesehen werden. Darauf komme ich im Kapitel 2.3.2. zurück.

Herrschaft kann überwunden werden, wenn deren Strukturen und deren Institutionen und Instrumentarien destabilisiert oder ausgetauscht werden können – etwa im Kontext von Revolutionen. Doch selbst Revolutionen vollziehen nie einen vollständigen Bruch mit bekannten Strukturen. Meist ändern sich Herrschaftsstrukturen nur im Laufe mehrerer Generationen oder punktuell, beispielsweise durch Modifikationen politischer Strukturen – etwa auch der Gesetzgebung. Die Herrschaft des Patriarchats wurde zwar seit der zweiten Hälfte des 20. Jahrhunderts in

Deutschland und anderswo in Westeuropa sukzessive unterwandert und transformiert, jedoch wirken viele patriarchalische Grundsätze fort.

1.3. Sexismus: Diskriminierung und Privilegien

«Diskriminierung» wird im heutigen Sprachgebrauch gemeinhin als «jemanden … herabsetzen, benachteiligen, zurücksetzen»[34] definiert. Wie sich dies konkret vollzieht, darüber spricht bereits der etymologische Kern des Wortes: Diskriminierung leitet sich aus dem lateinischen Verb *discriminare* ab und heißt so viel wie «trennen, absondern, abgrenzen, unterscheiden». Seit dem 16. Jahrhundert wird es in der deutschen Sprache verwendet, wobei es zunächst die Tätigkeiten «unterscheiden» und «trennen» beschrieb. Und ebendies passiert bei Diskriminierung: Macht- und Herrschaftskonstellationen haben Interessen, und aus denen heraus werden Unterschiede konstruiert, die auf Bewertungen abzielen und entsprechend mit Ideologien und Moralvorstellungen interagieren. So wird eine Norm/alität postuliert, aus der heraus ein jeweils «Anderes» konstruiert wird. Dies ist die Basis, um Machthabende mit sozialen, ökonomischen und politischen Rechten, Ressourcen und Privilegien auszustatten, die den «Anderen» verwehrt bleiben. Das ermöglicht eine soziale Ordnung, die soziale Ungleichheit beinhaltet, welche jenen Macht- und Herrschaftskonstellationen dient, die sie erschufen.

Im Falle des Sexismus funktioniert Diskriminierung im Zusammenwirken mit patriarchalischer Herrschaft und der Macht von heterosexueller Männlichkeit darüber, dass menschliche Körper kartiert und in eine soziale Konstruktion von Zweigeschlechtlichkeit überführt werden. Der so generierte biologische Unterschied setzt heterosexuelle Männlichkeit* als Norm/alität, und zwar in Absetzung zu Frauen* und LGBTIQ-Personen als den unterlegenen «Anderen». Dies ist die Basis, um heterosexuelle Männlichkeit mit sozialen, ökonomischen und politischen Ressourcen und Privilegien auszustatten, die Frauen* und LGBTIQ-Personen verwehrt bleiben. Ihre Diskriminierung erzeugt eine soziale Ungleichheit, welche patriarchalischer Herrschaft und der Macht von heterosexueller Männlichkeit dienlich ist.

Die Juristin MacKinnon bringt diesen Teufelskreis sowie den Zusammenhang zwischen der etymologischen Bedeutung von Diskriminierung als «Unterscheidung» einerseits und Diskriminierung in seiner aktuellen Bedeutung von «Herabsetzung und Benachteiligung» andererseits wie folgt auf den Punkt: Bei Ungleichheit handele es sich nicht um «eine Frage von Gleichheit und Differenz». Vielmehr gehe es um «Herrschaft und Unterwerfung», um «Macht ... und ihre ... ungleiche ... Verteilung».[35] Das aber zeigt auch, dass die Bedeutungsebene von Diskriminierung als «jemanden herabzusetzen oder zu benachteiligen» nur eine Seite der Medaille ist. Denn zugleich werden jene, welche herabsetzend und benachteiligend handeln, privilegiert. Genau genommen ist es sogar diese Privilegierung, um die es im Kern von Diskriminierung ursächlich geht. Ohne den Wunsch nach einer sozialen Ordnung, die einige Menschen mit einem privilegierten Zugriff auf Rechte und andere Ressourcen ausstattet, gäbe es keine Diskriminierung. Beide Facetten – Diskriminierung und Privilegierung – werden im Folgenden betrachtet.

Ein wesentliches Segment von Diskriminierung ist Unterdrückung, welche die ungleiche Verteilung von (z. B. ökonomischen und politischen) Ressourcen bewirkt und soziale Ungleichheit bedingt, während Diskriminierung noch umfänglicher zudem auch die Gesamtheit der daraus erwachsenden menschlichen Interaktionen von Gewalt bis zu abwertender BlickSprache meint. Dieser Omnipräsenz gemäß dringt Diskriminierung bis in die letzte Pore des Seins – ja sogar bis zu dem Ausmaß, dass die diskriminierenden Zuschreibungen als Selbstwahrnehmung verinnerlicht werden und ein entsprechendes Schamgefühl entwickelt wird. In *Gesellschaft als Urteil* (2013) schreibt der französische Philosoph Didier Eribon darüber, dass er seine Redeweise und Gestik «überwache», sobald er sich im öffentlichen Raum bewege.[36] Der postkoloniale Theoretiker Frantz Fanon beschreibt in *Peau Noir, Masques Blancs*, dass diese Selbstkontrolle auch den privaten Raum und intimste Entscheidungen bestimme.[37] Es bedarf enormer Kraftanstrengungen, sich im Diskriminierungsalltag zu behaupten und sich von den diskriminierenden Zuschreibungen zu emanzipieren. Nur wenigen Diskriminierten ist es möglich, die biologisch hergestellten (visuellen) Aufhänger der Diskriminierung zu verbergen. So oder so, letztlich haben Diskriminierte nicht die Option, Diskriminierung nicht zu erleben.

So prägt sich, wie Eribon ausführt, eine Verwundbarkeit und ein entsprechendes Bedürfnis nach Schutz aus, was wiederum Sensibilität und Vorsicht erzeugt. Am Ende kann sich die Suche nach Schutz derart zu Angst auswachsen, dass sich die Wahrnehmung von Diskriminierung so verfeinert, dass sie in noch so kleinen Dosen so laut wie ein Presslufthammer wahrgenommen wird – und die Verwundbarkeit nur noch verwundbarer macht.

Schwul zu sein (und das Gleiche gilt für andere inferiorisierte «Kategorien»: Lesben, Transgender, Schwarze, Juden usw.) bedeutet, jederzeit verwundbar, jederzeit Beleidigungen oder Aggressionen ausgesetzt zu sein. Mehr noch, es heißt, in seinem tiefsten Inneren von einer geradezu ontologischen Verletzbarkeit bestimmt zu sein … Man muss dieses Gefühl um ein weiteres ergänzen: die Angst. Manchmal ergreift sie die stigmatisierten oder stigmatisierbaren Individuen mit der Intensität einer unüberwindbaren Panik, meistens jedoch als dumpfes Gefühl der Unruhe, das immerzu zur Wachsamkeit gegenüber der Umwelt aufruft. Die Möglichkeit der Beleidigung oder körperlichen Aggression kann sich jederzeit aktualisieren und zu einer realen Geste oder einer realen Aussage werden (weil man in ständiger Furcht vor ihr lebt, zeitigt sie ihre Effekte schon vor jeder Aktualisierung). (48)

Diese Angst sei kaum zu überwinden: «Für diejenigen, die sie … empfinden, wird die Angst zur Struktur des In-der-Welt-Seins selbst.» (49) Diskriminerte erleiden «diese Angst … (oder wissen, dass sie sie erleiden können)». Jene, «die diese Angst einsetzen oder verstetigen (oder auch einfach nur diejenigen, die, weil sie ‹auf der richtigen Seite› stehen und deshalb keiner Gefahr ausgesetzt sind)» (49), können diese Angst weder wahrnehmen noch sie sich vorstellen. Und das ist ein Beispiel dafür, warum und wie Diskriminierung vor der inflationären Übertragung auf alles und jeden abzugrenzen ist.

Nur wenige würden wohl offen heraus sagen, dass Diskriminierung gut ist, weil sie Menschen benachteiligt. Dennoch ist sie allgegenwärtig. Das ist sie nicht, weil sie Menschen herabsetzen will; sie ist es, weil sie einem bestimmten Personenkreis etwas bieten möchte, nämlich Macht und Herrschaft und auf diese Weise offerierte Privilegien (samt dem Instrumentarium, diese strukturell und institutionell abzusichern und moralisch und durch geteiltes Wissen zu legitimieren). Würde Diskriminierung nur als negativ empfunden werden, würden sich die betreffenden

Strukturen, Institutionen und Diskurse nicht behaupten können. Weil Diskriminierung aber jenen Kreis von Personen, die Macht haben und diese in Herrschaftsstrukturen einspeisen, mit Privilegien ausstattet, hat sie Bestand und systemisch zur Folge, dass (heterosexuelle) Männer* patriarchalische Räume patriarchalisch halten, weil sie sie privilegieren.

So wie dies im Sinne des oben hergeleiteten Verständnisses von Macht und Herrschaft systemisch unvermeidbar ist, ist es eine patriarchalische Gesetzmäßigkeit, dass Gegenbeispiele vorgebracht werden, um das Systemische zu widerlegen: Das könne ja gar nicht stimmen – immerhin habe Deutschland ja eine Kanzlerin, und die USA hätten mit Condoleezza Rice von 2005–2009 auch eine Schwarze Außenministerin gehabt. Solche Gegenbeispiele gibt es, ja. Sie bilden aber, quantitativ gesehen, eine seltene Ausnahme. Dennoch werden sie so überproportional häufig angeführt, dass auch darin System steckt. Ich nenne dieses das Rice-Obama-Merkel-Syndrom (ROMS).

Charakteristisch für Privilegien ist, dass sie selbst ohne aktives Handeln zur Verfügung stehen – ja dass sie meist nicht einmal bemerkt werden und nicht einmal leicht ausgeschlagen werden können. Weil das System (samt der Privilegien, die es verteilt) weithin als ‹normal› und ‹richtig› angesehen wird, bietet es eine Struktur, sich von individueller Schuld und Verantwortung loszulösen. Es ist selbstverständlich sehr viel komfortabler, in der Annahme zu leben, dass die Welt so geschaffen sei, dass es mir besser gehen *müsse* als anderen und dass ich dazu be*recht*igt sei, Privilegien zu genießen – als mich deswegen schlecht fühlen zu müssen. Deswegen stören sich vom Sexismus als männlich einsortierte Personen erst einmal tendenziell weniger an patriarchalischen Machtstrukturen als Frauen* – und stören sich heterosexuelle Menschen tendenziell nicht an Heteronormativität.

Männlichkeit* ist seit jeher eine der weltweit mächtigsten Währungen; *weiße*, heterosexuelle Männlichkeit* rangiert dabei in der Hierarchie ganz oben. Privilegiert zu sein bedeutet, dass die Strukturen Zugang zu ökonomischer, sozialer oder politischer Macht erleichtern und dass entsprechende Diskurse dies legitimieren und so gebaute Institutionen dies absichern. Noch immer ist es etwa eine sozial anerkannte Freiwilligkeit, dass ein Mann* in Elternzeit geht und ein abwesender Vater weitgehend unaufgeregt zur Kenntnis genommen wird, während es umgekehrt einer enormen sozialen Rechtfertigung bedarf, wenn eine Frau* ihre soziale Mutterschaft teilen oder gar abgeben möchte. Dieses Paradigma lässt sich auf viele andere Bereiche übertragen. Männer* haben Privilegien, was sich in Führungspositionen wie Aufsichtsräten, Universitäten oder Ministerien beharrlich zeigt.[38] Darauf werden Männer* von Kindheit an vorbereitet, während sich Frauen* Selbstsicherheit in öffentlichen Räumen und damit auch Zugang zu Führungspositionen in kraftzehrender Unterwanderung ihrer Sozialisationsmuster erarbeiten müssen.

Natürlich gibt es durchaus heterosexuelle Cis-Männer*, die patriarchalische und heteronormative systemische Strukturen kritisch sehen, sich ihnen widersetzen und patriarchalische Muster und Privilegien ausschlagen möchten. Am Ende aber bleiben dies begrenzte Versuche – nicht nur quantitativ gesehen, sondern auch, weil das System am Ende immer mehr als ein Wörtchen mitredet. Das Problem könnte sich etwa bei einem Vortrag von Studierenden an der Uni so stellen: Die Gruppe der Vortragenden besteht aus 6 Personen, darunter ein Mann*. Der Mann* möchte sich zurücknehmen, wird aber von der Gruppe demokratisch als Sprecher bestimmt – was sehr viel mit Sozialisationsmustern zu tun haben kann, dass sich Frauen* selbst weniger zutrauen, als sie zu leisten vermögen. Nimmt er die «Ängste» ernst und die Wahl an, ist das System hergestellt – typisch: fünf Frauen* und ein Mann*, und ER spricht. Oder aber: Ein Mann* kritisiert, dass in seiner Institution nur Männer in den Leitungsstrukturen tätig sind; dann wird er befördert und konkret sogar gegenüber einer Mitbewerberin bevorzugt. Nimmt er an, stärkt er das System. Verweigert er sich der Beförderung, könnte ein anderer Mann seinen Platz einnehmen, und am Ende gewinnt und stärkt sich das System dennoch. Jede vom System der binären Zweigeschlechtlichkeit als Mann* eingeordnete Person stützt daher in vielen Situationen ein patriarchalisches System, auch ohne es explizit zu wollen.

Dennoch ist die systemische Herkunft von Privilegien kein Freifahrtschein, sich tatsächlich von Verantwortung freizumachen. Sich systemisch bedingte Privilegien bewusst zu machen, sie zu adressieren und zu teilen, statt sie zu verleugnen, ist ein Handlungsraum inmitten von Privilegien. Ein Mann* kann etwa proaktiv anbieten, sich eine neue Stelle oder Leitungsfunktion mit einer gleichberechtigten Mitbewerberin* zu teilen, oder beim Vortrag Energie investieren, um eine Kommilitonin zu empowern,

Sprecherin der Gruppe zu sein. Durch solche Handlungen können sich Wiederholungen manifestieren, die das System zu verändern vermögen.

Das Wechselspiel von Diskriminierung und Privilegierung zeigt deutlich: Nicht nur Diskriminierte, sondern auch Diskriminierende sind auf jeweils spezifische Weisen mit Sexismus verbandelt. Alle sind von den WissensDiskursen gleichermaßen geprägt, bewohnen die gleichen Strukturen und müssen sich den gleichen Institutionen stellen – die einen werden dabei von diesen privilegiert, die anderen diskriminiert; und zwar weil die Norm auf der Seite der Macht der Herrschenden und Privilegierten ist, und umgekehrt. Allerdings laufen diese Diskriminierungs- versus Privilegierungsprozesse alles andere als eindimensional. So kann es etwa inmitten patriarchalischer Herrschaft auf seiner Achse von Heteronormativität zu Konstellationen kommen, in denen etwa eine heterosexuelle Frau* Macht und Privilegien gegenüber einem homosexuellen Mann* hat. Allerdings betrifft dies diese Personengrupen in Abhängigkeit von ihren Zugehörigkeiten zu Generationen, Sexualität, Religionen, Nationen, Sexualitäten oder ihren Positionen im Rassismus auf verschiedene Weise. Im Kontakt mit anderen Machtachsen etwa von Klasse oder Gesundheit kann eine Frau* Privilegien haben, die einem Mann unzugänglich sind. Das hebt die Mann*-Frau*-Machtachse nicht auf, krümmt sie aber.

Zwar werden nur alle Frauen* und LGBTIQ-Männer* vom Sexismus diskriminiert. Normierend aber wirken sich patriarchalische Erwartungen auf *jede* Person aus – unterschiedlich zwar, doch unvermeidlich. Der patriarchalisch gesetzten Norm/ierung sind alle Menschen ausgesetzt, und alle müssen Konsequenzen (etwa juristische Gewalt oder Mobbing) fürchten, wenn sie ihr nicht entsprechen.[39] Auch alle Männer* und männlichen Lebensentwürfe sind dem Diktat der sexistischen Grammatik, konkret der Erfindung von heterosexueller Männlichkeit und dessen Sozialisationsmustern und Erwartungen, ausgesetzt – und werden diesen entsprechend gemaßregelt, normiert oder gar gebrochen.[40] Jede Generation wird von den älteren geprägt und kann sich nur in Verhandlung mit dieser und daher graduell neu erfinden.Viele haben deswegen noch immer viel zu tradierte Vorstellungen davon, was «Jungen» und «Männer» ausmache – und was nicht dazugehören dürfe: Schwäche oder Tränen zeigen etwa, langsamer sein als Mädchen, mit Puppen spielen. Aus den gesellschaftlichen Erwartungen ergeben sich kontaminierende Verstörungen und Friktionen, die sich auf alle Bereiche männlichen* Seins und Verhaltens auswirken – einschließlich seiner Interaktion mit Frauen*. Wenn ein (heranwachsender) Mann* in sich selbst etwas unterdrücken muss, um gesellschaftlichen Erwartungen an Männlichkeit zu entsprechen, kann er gerade deswegen auf die Privilegien bestehen, auf die er dann immerhin noch zugreifen kann. Gerade weil er sich in seine Männlichkeit* zwingen musste, die er ohne sozialen Zwang für sich nicht hätte wählen wollen, wird er von einer Frau* erwarten, dass auch sie ihre soziale Rolle akzeptiert und erfüllt – denn hier gibt es für «ihn» immerhin noch Privilegien (als Kompensation) zu erwarten.[41]

1.4. Sexismus: Eine Definition

Vor dem Hintergrund der drei herausgearbeiteten Aspekte favorisiere ich das folgende Verständnis: Sexismus gründet auf einer Ideologie, die heterosexuelle Zweigeschlechtlichkeit erfindet und dabei (ein enges Konzept von) «Männlichkeit», Cis-Geschlechtlichkeit und Heterosexualität (in gegebener Verschränkung) als Norm setzt. Diese Ideologie existiert durch und in patriarchalischer Herrschaft und diese kodierenden Machtkonstellationen, die sich aus Ungleichheit nähren – so wie sie ebendiese generieren. So entstehen soziale Ordnungen, die im Laufe historischer Aushandlungsprozesse und mit Hilfe von Strukturen und Institutionen Gesellschaften politisch, juristisch, ökonomisch, religiös, moralisch und kulturell prägen. Dieses Ensemble kodiert (mehr oder weniger tief gehend und unvermeidbar) individuelle und kollektive Moralvorstellungen und die Ethik, die diese Moralvorstellungen justiert, sowie auch Gesetze, Wissen, Erwartungen und Handlungen – in gegebenen Interaktionen. Als machtvolles Ungleichheitsparadigma und getragen von patriarchalischer Herrschaft (und seinen Prinzipien der männlichen Vorherrschaft im Allgemeinen und männlicher Vormundschaft im Besonderen) gewährt oder verweigert Sexismus Privilegien, während er andererseits verursacht, dass Diskriminierung und seine Ausformung der Unterdrückung ausgeübt oder erfahren wird. Sexismus beschreibt letztlich den gesamten Aufwand, welchen menschliche Gesellschaften ökonomisch, sozial, politisch, kulturell, religiös und ethisch betreiben, um Männer, Heterosexualität und Cis-Geschlechtlichkeit mit Macht, Herrschaft und Privilegien auszustatten, was sich dann als Diskriminierung und Unterdrückung von Frauen* und homosexuellen, inter*sexuellen und trans*geschlechtlichen Menschen äußert – und nachhaltig soziale Identitäten und Positionierungen generiert. Dabei geht es nicht um individuelle Wahrnehmungen und (bagatellisierende oder verleugnende) Einschätzungen (etwa durch einen Blumenstrauß aus Ausnahmefällen), ob etwas sexistisch sei oder nicht; es geht (mit einem theoretisch fundierten Blick auf das sich Wiederholende) darum, Sexismus als durch Herrschaft, Macht und Gewalt sowie Wissen und Moral durch die Jahrhunderte getragenes und global wirkmächtiges System ernst zu nehmen. Bestehende Gemeinsamkeiten, aber eben auch Unterschiede und Abgrenzungen zu anderen Normierungs- und Diskriminierungsparadigmen spielen dabei eine tragende Rolle.

Frauen* geraten in andere Strudel des Sexismus als Männer*. Letztere werden normiert und dafür mit Macht und Privilegien ausgestattet (jedenfalls solange sie sich im Heteronormativitäts-Modus bewegen), die Frauen unzugänglich bleiben – egal, ob und wie sie sich zur Normierung individuell verhalten. Deswegen sind, systemisch gesehen, Frauen*, nicht aber heterosexuelle Cis-Männer*, den Folgen von Sexismus ausgesetzt; und jene, die das Zwei-Geschlechter-Modell nicht repräsentieren kann, werden in anderen sexistischen Facetten diskriminiert und unterdrückt als heterosexuelle Cis-Frauen*.

Sexismus ist ebenso vielschichtig, wie er intersektionell mit anderen Macht- und Diskriminierungsformen verwoben ist, die sich etwa aus ökonomischen Positionen, religiöser oder nationaler Zugehörigkeit, Gesundheit oder Alter speisen – und aus Rassismus. Rassismus hat Weißsein zur global mächtigsten Währung gemacht, was eben auch zur Folge hat, dass *weiße* westliche und christliche Modelle von Heteronormativität und Geschlecht von immenser Wirkkraft sind. Entsprechend erfahren Schwarze Frauen oder Frauen* of Colour[42] rassistischen Sexismus oder sexistischen Rassismus, was die intersektionelle Verwobenheit von verschiedenen Facetten von Diskriminierung und Privilegierung verdeutlicht.

1.5. Chauvinismus, Machoismus, Marianismo

Während Sexismus unabhängig vom Wollen individueller Vertreter*innen sozialer Ordnungen existiert, gibt es Individuen und soziale Bewegungen, die ihn bewusst vertreten. Dazu gehört der sogenannte Chauvinismus. Der Begriff leitet sich vom Namen eines französischen Soldaten namens Nicolas Chauvin ab. Er soll mit allergrößtem patriotischen Eifer in der Armee Napoleon Bonapartes gedient haben und wurde so zur Vorlage für einen Charakter im Lustspiel «La Cocarde tricolore» (1831, Paris) der Brüder Charles-Theodor und Jean-Hippolyte Cogniare. So konturiert, meinte Chauvinismus erst einmal eine besonders aggressive Verhaltensweise, bei der sich Angehörige einer «Nation» aufgrund ihrer Zugehörigkeit zu dieser gegenüber Menschen anderer «Nationen» überlegen fühlen und sie auf dieser Basis abwerten. Allgemeiner gefasst, geht es um Gruppenzugehörigkeiten und darum, die eigene Gruppe anderen Gruppen gegenüber als überlegen zu behaupten. Im Zuge des 20. Jahrhunderts wurde der Begriff auf spezifische soziale Prozesse übertragen. Wladimir Iljitsch Lenin sprach von «Sozialchauvinismus» und benutzte ihn für jene sozialdemokratischen Teile der Arbeiterschaft, die sich im Ersten Weltkrieg nicht den bolschewistischen Ideologien beugen wollten.[43] Auch Begriffe wie «religiöser» oder «Sprachchauvinismus» sind negativ konnotiert. Das gilt auch für den Begriff des männlichen Chauvinismus, der sich aus der Frauenbewegung der 1970er Jahre heraus etablierte und sich von dort aus auch in das Schimpfwort MCP (*male chauvinist pig*, männliches Chauvinistenschwein) auswuchs. Er bezeichnet Männer*, die offen(siv) die Meinung vertreten, dass sie aufgrund ihrer Männlichkeit allen Frauen* überlegen seien – und sich dementsprechend äußern und in diesem Sinne handeln. So gesehen, ist männlicher Chauvinismus eine Unterform von Chauvinismus als Glaube an die Überlegenheit der eigenen Gruppe; und indem Patriarchat von der Herrschaft und Überlegenheit des Mannes* in (Familie wie) der Nation ausgeht, überlagern sich beide Formen.[44] Denn dem Chauvinismus des Chauvin (und Bonaparte) liegt ein Verständnis von «Nation» als männlichem Raum zugrunde, der von «Männern» zu verteidigen sei. Dies drückt sich in «Vaterland» als Synonym für «Nation» aus.

Im alltäglichen Sprachgebrauch hat sich «männlicher Chauvinismus» auf «Chauvinismus» verschlankt, sodass Chauvinismus weithin auch ohne Attribuierung meint, dass Männer* der Meinung seien, sie seien Frauen* überlegen und es gebe soziale Räume, in denen Frauen* nichts zu suchen hätten (und umgekehrt). Entsprechend findet auch das Kopfwort «Chauvi» Verwendung, um Männer* mit solchen Ansichten zu bezeichnen. Zumeist kritisch gemeint, gibt es durchaus Männer*, deren Chauvinismus so weit geht, dass sie sich mit diesem Begriff identifizieren.

Komplementär zu «Chauvi» wird auch oft «Macho» verwendet, ein Lehnwort aus dem Spanischen «männlich, Männchen». Der Glaube an die Überlegenheit des Mannes ist dem Begriff implizit wesenseigen. Primär wird aber adressiert, dass sich ein Mann* in seinem Handeln von Stereotypen von Männlichkeit wie Überlegenheit gegenüber Frauen oder körperlicher Stärke leiten lässt und daraus sein Recht (konstruiert als göttliche Pflicht) schlussfolgert, über Frauen* zu herrschen und zu bestimmen. Das umfasst auch die Herrschaft über Frauenkörper – und etwa das Recht, diesen uneingeschränkt kommentieren zu dürfen.

Analog zu Chauvinismus ist mit Blick auf die dieses Handeln leitende Grundidee auch von Machoismus bzw. Machismus die Rede. Im Sinne einer Rollenfestschreibung und der Stabilisierung gesellschaftlicher Schichtung entwickelte sich komplementär zum Machismus der «Marianismus». Orientiert am Idealbild der Jungfrau Maria, wird hiermit die freiwillige und «gottgewollte» Unterordnung unter den «Macho» verkörpert. Damit einher geht die Absetzung vom Idealbild der Jungfrauen versus dessen negativem Pendant, das unter dem abwertenden Dachbegriff «Huren» zusammengefasst ist.

Während Chauvinismus und Machismus bzw. Chauvi und Macho (sowie auch Marianismo) dem Glauben an die Überlegenheit des Mannes* zustimmen, gibt es Personen und soziale Bewegungen, die sich ihm widersetzen. Die Rede ist vom Feminismus. Von der Wortbildung her rückt er zwar die Idee von Frau oder auch Frau* ins Zentrum. Doch den meisten seiner Strömungen und Repräsentant*innen geht es nicht um eine Umkehrung des Patriarchats und seines Sexismus im Sinne einer Privilegierung von Frauen auf der Basis der Diskriminierung von Männern – oder gar, im Sinne des Chauvinismus oder Machoismus, den Glauben an die Überlegenheit von Frauen. Vielmehr geht es um Gleichberechtigung. Nahm Feminismus zunächst nur die Interessen *weißer* europäischer

Frauen aus Oberschichten in den Blick, stellt er sich in Reaktion auf seit den 1980er Jahren anhaltenden Interventionen von Frauen* of Colour und queeren Sozialbewegungen zunehmend intersektionell auf. Darauf komme ich im IV. Kapitel zurück.

1.6. «Strategischer Essentialismus» (Spivak) und warum von Frauen* und Männern* die Rede ist

Die Philosophin Jami Weinstein fragte, warum politische Bewegungen wie der Feminismus auf der Stelle treten.[45] Wurden die falschen Fragen gestellt? Ging es um falsche Ansätze, Theorien, Methoden? Oder aber wartet nicht immer eine Sackgasse am Ende des Weges, sobald nicht von diesem abgewichen wird? Mit anderen Worten: Sobald etwa von «Frau» oder «Weiblichkeit» bzw. «Schwarze» gesprochen wird, ist das jahrtausendealte Minenfeld der patriarchalisierten, rassistischen Sprache und allem, was Frauen* oder Schwarze angeblich alles sind (oder eben nicht), betreten worden: etwa emotional statt rational und deswegen unterlegen statt überlegen... Doch wie über Frauen* oder Frauen sprechen, ohne das Wort zu benutzen? Weil das biologische Konstrukt *MannversusFrau* sozial, juristisch, politisch und ökonomisch bedeutsam geworden ist, und zwar irreversibel, wurden sie zu sozialen Kategorien, ohne die sich dieses Buch nicht schreiben ließe. Egal, wie erfunden das alles ist, es gibt sie. Darauf muss adäquat reagiert werden – und zwar mit einer Strategie, welche die postkoloniale Feministin Gayatri Spivak «strategischen Essentialismus» nennt:[46] Dabei geht es darum, die Essenz, den Kern, einer Sache zu benennen. Es geht darum, eine Art Bedeutungskern zu finden, damit alle wissen, was gemeint sind. Ein Apfel kann gelb, rot oder grün sein, doch meist ist er eher vielfarbig koloriert. Dennoch würde ich an der Obsttheke sagen, ich nehme den grünen und würde den bekommen, bei dem die grüne Farbe dominiert. Der vorwiegend rote Apfel würde liegen bleiben, auch wenn er grüne Fleckchen hätte. Doch Spivaks «strategischer Essentialismus» meint noch mehr. In einem Universum, in dem alle grünen Äpfel Macht hätten und alle roten keine Rechte, ist es wichtig, rot und grün beim Namen zu nennen. Denn nur so können die betreffende Herrschafts- und Machtstruktur und die entsprechende soziale Ungleichheit,

Diskriminierung und Privilegierung artikuliert werden. Würde ich sagen, egal, Apfel ist Apfel, würde ich auch die Diskriminierungserfahrung des roten Apfels verschweigen. Dadurch würde die Macht des grünen Apfels letztlich nur geschützt und dadurch bestärkt werden.

Insofern alle gesellschaftlichen Ordnungen, die dieser Planet je kannte, die Mann-Frau-Unterscheidung praktizier(t)en, ist es nicht nur unverzichtbar, sondern sogar wichtig, mit diesen Vokabeln (Frau und Mann) zu operieren. Sie sind erforderlich, um patriarchalische Herrschaft und deren Konsequenzen beim Namen nennen zu können. Die Herausforderung besteht dabei jedoch zugleich darin, sich der Essentialisierung von Frau und/oder Mann zu entziehen – nicht nur der biologisierenden, auch der sozialen, denn es gibt eine Vielzahl biologischer und sozialer Geschlechter.

Spivaks Vorschlag greift ebendies auf: Zum einen sollen die standardisierten, normierenden Kategorien und die von ihnen verkörperten Diskurse und Strukturen benutzt, zum anderen aber auch problematisiert werden. Es geht darum, das Gegensatzpaar um seiner Konstruktion willen so zu benennen, gleichzeitig aber keinen Zweifel daran zu lassen, dass es ein Kontinuum fließender Übergänge gibt.

Die Anerkennung des sogenannten «Dritten Geschlechtes» geht einen wichtigen Schritt zur Überwindung der dualen *Frau-oder-Mann*-Logik. Letztlich aber ist dies ein begrenzter Schritt, der sich nicht im Vakuum vollzieht, sondern im Gravitationsfeld des Sexismus. Indem einfach nur *ein* drittes Geschlecht ergänzt wird, bleibt nämlich die Grundthese unangefochten, dass es *MannundFrau* gäbe und dass diese beiden Geschlechter eindeutig unterscheidbar wären. Das wird dadurch potenziert, dass das dritte Geschlecht «Divers» oder «X» genannt wird, im Sinne von «irgendwas Gemischtes» oder «Unbekanntes» zwischen Mann und Frau.[47] Diverse Geschlechter werden also in eine Vokabel gepresst – und zwar so, dass die alte Formel *FrauistnichtMann* unangetastet bleibt. Letztlich wird sie nur zu einer *FrauistnichtDiversistnichtMann*-Formel, welche die Normsetzung von Heteronormativität und des Mannes fortschreibt.

Zur kritischen Unterminierung dieser Dynamik vertraut dieses Buch auf den Asterisk: Um über die binäre Setzung von Mann versus Frau hinauszudenken und zu sprechen, ist von Mann*, Männlichkeit*, männlich*, Frau*, fraulich* (auf Weiblichkeit verzichte ich ob der abwertenden Kraft des Wortkerns «Weib» vollständig) oder Divers* die Rede. Auf diese Weise wird markiert, dass es sich bei Mann* und Frau* um ein biologisches Konstrukt und eine sich daraus ergebende soziale Position handelt. Auch ein patriarchalisch denkender Cis-Mann* wird dementsprechend als Mann* bezeichnet, weil auch seine soziale Position und entsprechendes gesellschaftliches Auftreten durch die Ideologie, Macht und Herrschaft des Sexismus mitgeprägt wurde.

Dass «Mann» ebenso wie «Frau» durch den Asterisk aufgebrochen wird, stößt gerade in der feministischen Theorie auf Widerstand.[48] Viele plädieren dafür, Frau* und Mann zu sagen, wobei der Asterisk dann Widerstand von Frauen gegen Sexismus und Patriarchat und die entsprechende Verortung als «Frau» markiert. Das ist eine wichtige Agenda. Aber da ein wichtiges Argument dieses Buch lautet, dass Sexismus mehr umfasst als die Diskriminierung von Frauen* und dass Sexismus, auf der Ideologie der Zweigeschlechtlichkeit beruhend, auch homo-, inter*sexuelle und trans*geschlechtliche Personen diskriminiert, wären homosexuelle, inter*sexuelle und trans*sexuelle Männer* in analoger Logik mit dem Widerstandsasterisk zu versehen. In jedem Fall zu entscheiden, ob ein Mann* diesen sozialen Raum einnimmt, ist jedoch unmöglich. Meiner Argumentationslogik ist es letztlich am entsprechendsten, den Asterisk die Fluidität aller Geschlechter repräsentieren zu lassen.

Aus exakt diesem Grund aber wird wiederum nicht jedes «Mann», «Männlichkeit» oder «Frau» mit dem Asterisk aufgebrochen. «Frau» und «Mann» bleibt «Frau» und «Mann», wenn es sich um direkte oder indirekte Zitate handelt. Das betrifft vor allem historische Schriften und Äußerungen, die explizit die zweigeschlechtliche Unterscheidung von Frau und Mann vertreten bzw. unkritisch verwenden; wobei biologische und soziale Unterschiede essentialisierend als eins gesetzt werden. Das ist besonders evident, wenn ich über Personen (wie etwa Immanuel Kant) oder Debatten spreche, die offensiv die Mann-Frau-Hierarchie vertreten. Mit Blick auf Quellentexte (und deren direkte oder indirekte Wiedergabe) gibt es aber auch kompliziertere Sachlagen. Denn auch Feminist*innen des 18. Jahrhunderts (wie etwa Mary Wollstonecraft) etwa brechen nicht aus der essentialisierenden Mann-Frau-Gegenüberstellung (sondern nur aus einigen so gebauten patriarchalischen Schlussfolgerungen) aus. Um ihrem Werk gerecht zu werden, lasse ich auch im Sprechen über ihre

Texte daher den Asterisk weg. Schließlich wird immer dann kein Asterisk verwendet, wenn das betreffende Mann oder Frau in einem konkreten Darstellungskontext direkt aus dem Diskurs über Geschlechterbinarität entspringt; das mag dann kein indirektes Zitat im engeren Sinne sein, wohl aber paraphrasierender Ausdruck des zweigeschlechtlichen Diskurses. Der fehlende Asterisk zeigt also auf, dass hier nicht meine Stimme und reflexive Verwendung von Frau* oder Mann* zum Tragen kommt, sondern ein sich ebendieser Reflexivität entziehender Gebrauch.

In der Logik meines Gebrauchs des Asterisks zeigt dieser zudem an, dass Geschlechterkonstruktionen immer mit anderen Machtkonstellationen wie etwa der des Rassismus oder der ökonomischen Lebenssituation verschränkt sind. Frauen*, Männer*, Divers*innen leb(t)en in verschiedenen historischen Kontexten, geopolitischen Räumen, nationalen Konstellationen, religiösen Facetten, unterschiedlichen Altersgruppen, unterschiedlichen sozialen Schichten/Klassen und variierenden gesundheitlichen Kapazitäten. Auch als soziale Kategorie gibt Frau*, Mann*, Divers* bestenfalls her, was Édouard Glissant «Einheit in der Vielheit»[49] nennt.

Letztlich aber bin ich doch inkonsequent, aus strategischen Gründen. Eigentlich müsste ich viel mehr Nomen, Adjektive, Pronomen oder weitere sprachliche Wendungen mit einem Asterisk versehen, also von Lehrer*, Richterin* oder Vater* sprechen. Dann aber würde der Asterisk so präsent sein, dass es manchen das Lesen verleiden würde. Das aber möchte ich nicht, denn ich möchte ja, dass viele das Buch lesen; und zwar aufgeschlossen und nicht verärgert – und aktuell macht der Asterisk das ja noch bei vielen: verärgern.[50] Deswegen wähle ich, ganz nach dem Motto «weniger ist mehr», nur besagte Begriffe, die wie Haydns «Symphonie mit dem Paukenschlag» (1791) daran erinnern: Frau und Mann gibt es nur, weil Sexismus uns das so lehrte, es sind aber genau genommen Frau*, Mann*, Divers* in pluralen Ausprägungen.

2. Das Drei-Säulen-Fundament des Sexismus: *FrauistnichtMann*. Erfindungen des biologischen und sozialen Geschlechts und deren juristische Verankerung

Die Durchschlagskraft des Sexismus hat viele Ursachen. Zunächst einmal weiß Sexismus sowohl als Machtgeber als auch als Herrschaftsform den Rückenwind einer viel zu langen Geschichte hinter sich. In deren Verlauf hat sich ein ideologisiertes Wissen etabliert, das sich als enorm wirkmächtig und resistent gegen alternative Ideen erwiesen hat. So aufgestellt, repräsentiert Sexismus ein System, das – und das ist fast das Perfideste daran – in sich kohärent und logisch ist, weil das eine (etwa Mann ist der Frau überlegen) nahezu kausal zwangsläufig aus dem zuvor Postulierten (allein der Mann verfüge über Verstand und sei folgerichtig alleiniges Rechtssubjekt) folgt. Vor diesem Hintergrund unternimmt dieses Kapitel eine historische Betrachtung der Wechselwirkung von Macht, Wissen (als Grundlage der Ideologie und der sich daraus ergebenden Moralitäten) und Rechtsprechung (als Grundlage der patriarchalischen Herrschaft). Dazu werde ich in drei Denkschritten aufzeigen, 1) wie Männer und Frauen biologisch durch die Jahrhunderte hinweg erfunden und konstruiert wurden; wie diese biologischen Unterscheidungen sich mit 2) Stereotypen, Erwartungen und Moralitäten verbanden (welche die biologische Unterscheidung nicht nur bestärkten, sondern ermöglichten) und wie diese sich wiederum auf 3) Rechtsprechungen auswirkten, wobei ich auf Gesetzestexte und die betreffenden theologischen und juristischen Begründungen schaue. Diese drei Ebenen sind so intrinsisch miteinander verschränkt, dass sich die drei Unterkapitel überschneiden müssen und werden.

2.1. Biologische und soziale Erzählungen über Geschlecht

Neulich konnte ich im Bioladen nicht überhören, wie eine ältere Frau* das Gespräch mit einem Mann* suchte, der ein Baby auf dem Arm hielt. Als er ihr (endlich) den Blick zuwandte, sprudelte es unvermittelt aus ihr heraus: «Ist es (sic!) ein Junge oder ein Mädchen?» («es» im Sinne von das Baby als «das» Mensch, in etwa wie: solange es «ohne» Geschlecht ist, sei es ein Neutrum, als habe es keine Individualität, als sei es kein Subjekt). «Ein Mädchen, ja?» Als der Vater sagte: «Nein, ein Junge!», juchzte sie so laut auf, dass sie auch die Aufmerksamkeit des restlichen Ladens auf sich zog. Ich fragte mich, warum ihr diese Information so wichtig war? Tatsächlich ist es ja für die meisten *die* Frage aller Fragen, wenn ein Kind geboren wird; zwar sagen viele: Hauptsache gesund; und doch ist es fast immer das Erste, was wir über einen Neuankömmling wissen wollen oder erfahren. Doch warum war sie angesichts der gegebenen Information so außer sich? Sie hatte etwas nicht sehen können, deswegen fragte sie; und sie hatte dennoch geglaubt, etwas gesehen zu haben – ein Mädchen* (denn der Junge* trug eine rosa Mütze). Deswegen schrak sie ob der gegenteiligen Information so lautstark auf. Dass ihr das Geschlecht eines ihr völlig fremden Menschen so viele Gefühle entlockte, steht stellvertretend für die Bedeutung, die dieser Kategorisierung gemeinhin geschenkt wird. Diese Zweigeschlechtlichkeit aber wurde erfunden, biologisch wie sozial (wobei beides miteinander verwoben ist). Das Wissen darüber, ob der Mensch vor uns ein Junge* oder Mädchen* ist, bestimmt sofort vieles: wie wir sprechen, welche Kleidung und Geschenke wir kaufen, was wir ihm wünschen, was wir erwarten. Das ist nicht nur deswegen falsch, weil es Individualitäten manipuliert; es ist ganz basal deswegen nicht korrekt, weil es gar keinen starren *FrauistnichtMann*-Gegensatz gibt. Es gibt eine Vielzahl biologischer und sozialer Geschlechter. Doch wann immer ich auch diese These aufstelle, lässt ein «Aber sie wollen mir doch nicht sagen, dass es keine Unterschiede gibt?» nicht auf sich warten. Die Rede ist natürlich von der Penis-Vagina-Trennlinie – doch selbst diese ist vor allem ein Stück Kulturgeschichte, und auf diese möchte ich im Folgenden eingehen.

In den meisten Schöpfungsgeschichten ist es ein männlicher Gott, der allein oder maßgeblich die Menschen erschuf. Die biblische Schöpfungsgeschichte verläuft asexuell: Adam leitet sich ab aus Hebräisch מדָא / ādām, was «Mensch» (in Abgrenzung von Tieren) bedeutet, wobei eben auch das hebräische Wort המָדָא / ădāmāh etymologisch für «Erde, Erdboden» steht und dies semantisch mitklingt. Gott erschuf den ersten Menschen aus Erde, aus Lehm. Belebt wurde er durch Gottes Atem. In der ersten schriftlich nachweisbaren Religion Mesopotamiens, der sumerischen Religion, werden, wie oben erwähnt, die Menschen von Enki und seiner Mutter (mit Unterstützung der von Enki geschaffenen Muttergöttinnen) auch aus Lehm geschaffen. Allerdings zeugt Gott Enki mit einer Frau ebenfalls ein Kind. Zudem ist seine Ejakulation Quelle des Wassers, welches wiederum Quelle allen Lebens ist.[1] In der *Neunheit von Heliopolis*, die auf über 4000 Jahre zurückdatiert ist, erschuf Attum alle anderen Gött*innen. Zwar ist Attum zweigeschlechtlich, doch ist die Schöpfung unmittelbar an seine masturbierende Ejakulation gebunden (wodurch er sich über den Mund selbst befruchtet), woraus sich das Selbstverständnis ableitet, alleiniger Schöpfer des Lebens und seines Wassers zu sein.[2]

Enki und Attum verkörpern den Phallus als Herrschaftssymbol: Der Phallus ist der erigierte Penis plus die ihm einverleibte Kraft und Fruchtbarkeit sowie die sich daraus ableitende Macht und Herrschaft. Den Penis als phallisches Herrschaftssymbol zu etablieren, ist wiederum daran gebunden, Frauen* als biologisch «anders», ohne Penis, und folglich sozial als unterlegen zu positionieren. Wie das konkret erzählt wurde, zeigt ein Blick in die Differenzgeschichte von Penis/Hoden versus Vulva/Vagina.

Von der Antike bis mindestens in die Frühe Neuzeit hinein (Thomas Laqueur sieht diese Linie bis ins 17. Jahrhundert reichend) [3] wurde das Ein-Geschlecht-Modell verfolgt und ab dem 17. Jahrhundert zunehmend durch das Zwei-Geschlechter-Modell ersetzt.[4] Seit dem ausgehenden 20. Jahrhundert wird wiederum beiden durch das Poly*Trans-Geschlechter-Modell widersprochen. Letzteres stimmt mit dem Ein-Geschlecht-Modell insofern überein, als beide eine Kontinuitätsthese vertreten. Das Poly*Trans-Geschlechter-Modell beschreibt die hormonelle, anatomische und genetische Fluidität zwischen den Reproduktionsorganen von Männern* und Frauen*. Das Ein-Geschlecht-Modell aber postuliert, dass die männlichen und weiblichen Geschlechtsorgane zwar verschiedene Größen, Farben und Ausrichtungen hätten, jedoch homologe anatomische Strukturen aufweisen würden. Der griechische Mediziner Galen von Pergamon sagt, dass es letztlich nur einen Unterschied gebe, nämlich jenen, dass sich die betreffenden Körperteile bei den Frauen im Körper und die bei den Männern hingegen draußen befinden würden: «Wenn du die Teile der Frau nach innen wendest, sozusagen, und die des Mannes doppelt faltest, findest du in jeder Hinsicht das gleiche.»[5]

Die Vagina sei also der nach innen gerichtete Penis, Schamlippen entsprächen der Vorhaut, der Uterus dem Hodensack und die Eileiter wiederum dem Hoden. Wie auch Hippokrates geht Galen davon aus, dass Männer und Frauen Samen besäßen, die einander ergänzten.[6] In ebendieser Analogielogik hielt Aristoteles in *Über die Zeugung der Geschöpfe* (4. Jahrhundert v. u. Z.) Samen und Menstruationsblut für analoge Flüssigkeiten.[7]

Diese Analogien hätten zum Anlass genommen werden können, Männer* und Frauen* als gleich zu verstehen. Doch das hätte aus der patriarchalischen Herrschaftslogik heraus keinen Sinn gemacht. Deswegen hielten sich die Ein-Geschlecht-Modellierer an dem Nach-außen-versus-nach-innen-Gegensatz fest, wobei sie die Körperlichkeit des Mannes als Norm setzten. Weil es normal sei, dass die Körperteile nach außen gerichtet sind, sei es eben unnormal, dass sie im Inneren des Körpers sind. Dabei werden die Vulva (Venushügel, Schamlippen, Klitoris) und Vagina als Kontinuum angesehen, die Vulva als eine Art «Ausläufer». Aristoteles spricht gar von «Deformation», nicht nur mit Blick auf die Vulva, auch prinzipiell auf andere «Teile» und den gesamten Körper der Frau. Die Frau sei also, körperlich gesehen, ein unvollkommener Mann, ja Mensch; und das gelte dann eben auch sozial (Buch IV, v. a. 178). Ein in sich geschlossener Kreis von Herrschaft, Macht und ideologischer Erfindung des Körpers.

So wie Aristoteles, wie bereits erwähnt, in seinem Werk zu Politik (4. Jahrhundert v. u. Z.) postuliert, dass der Mann der Frau sozial überlegen sei,[8] sucht er dies auch biologisch zu begründen. So geht er in *Über die Zeugung der Geschöpfe* davon aus, dass die männliche Anatomie die Norm sei und der Frauenkörper eine Entwicklung zur Norm anstrebe. Dabei operiert er mit einem «Warm und aktiv (Mann) versus kalt und starr/passiv (Frau)»-Paradigma. «Das Gegenteil zum Männlichen ist aber das Weibliche, und weiblich ist etwas aus Mangel an reifender Kraft und durch Kälte der Blutnahrung» (Buch IV.1.: 178). So seien etwa die Organe der Frau kleiner und das Menstruationsblut im Unterschied zum Samen kalt und unrein. Das korreliert damit, dass der Mann bzw. sein Samen in der Reproduktion die fruchtbare, aktiv formende Kraft sei, während die Frau lediglich den zu formenden, also passiven Stoff zur Verfügung stelle (und den Samen einsauge mit der «Rute der Weiber» [9], der Klitoris): «Der Samen des Männchens ist nun dadurch ausgezeichnet, dass er den Lebensquell in sich hat, und zwar einen solchen, der in dem Geschöpf die Entwicklung einleiten und die letzte Nahrungsstufe reifen lassen kann, während der des Weibchens nur Stoff bietet.» (Buch IV.1.: 178) David M. Friedman vergleicht diesen Vorgang mit einem Siegel, der in Wachs gedrückt wird und diesem dadurch eine Bedeutung und Form gebe. Aristoteles selbst benutzt das Bild, dass das Männliche der Tischler bzw. dessen Werkzeug sei, der feminine Körper sei sein Holz und das Embryo das bearbeitete Holz.[10] Nur im Negativen habe der Frauenkörper Aristoteles zufolge Handlungsanteil. Denn es gibt die Möglichkeit, dass der Stoff (etwa das kalte, unreine Menstruationsblut, das morsche Holz), also die Frau, die immaterielle Kraft des männlichen Samens überwältige. Dann «schlägt er ins Gegenteil um oder verdirbt».[11] In Aischlyos' *Eumeniden* (458 v. u. Zt.) klingt das aus den Worten Apollos so: «Nicht ist die Mutter ihres Kindes Zeugerin,/Sie hegt und trägt den eingesäten Samen nur;/Es zeugt der Vater, aber sie bewahrt das Pfand.»[12] Dabei wird das Wärme-Kälte-Paradigma konsistent als Erklärung der Zweigeschlechtlichkeit herangezogen, einschließlich des Postulats, dass der Mann das höherwertige Geschlecht sei. Überwiegt die Wärme, wird ein Junge geboren; dominiert die Kälte, kann er sich nicht durchsetzen. So schreibt etwa Censorinus (3. Jahrhundert):

> Wenn der Samen beider Elternteile Wärme gleichen Grades aufwies, werde ein dem Vater ähnlicher Knabe gezeugt; bei Kälte gleichen Grades entstehe ein der Mutter ähnliches Mädchen. Wenn aber der Samen des Vaters relativ wärmer, der der Mutter relativ kälter war, werde das einen Knaben ergeben, der die Züge der Mutter widerspiegelt. War aber der Samen der Mutter relativ wärmer, der des Vaters relativ kälter, werde es ein Mädchen sein, das dem Vater ähnlich sieht.[13]

Augustinus von Hippo, ein einflussreicher frühchristlicher Theologe aus Numidien, wiederum operiert damit, dass es bei der Zeugung des künftigen Geschlechtes um die Konsistenz des Spermas gehe. Je weniger flüssig es sei, desto stärker sei es auch in der Lage, sich gegen den Baustoff der Frau, der Mädchen entstehen lässt, durchzusetzen.[14] In ebendieser Logik ist dann der im Inneren geborgene Uterus das Gefäß, während dem männlichen Samen die aktive Erzeugerrolle zugeschrieben wird. Penis und Samen als gebende, agierende Körperlichkeit auf der einen und die im Inneren tragende Vagina und Uterus als empfangende Körperteile auf der anderen Seite – so wurden Männer als Schöpfer und Frauen als Behältnisse dieser Schöpfungen erzählt. Das Wort «Gebärmutter» beinhaltet diese Idee, dass der Uterus eine von der Frau unabhängige Gebärerin, also biologische Mutter, sei. Interessanterweise findet sich dieses Paradigma selbst in dem zweigeschlechtlichen ägyptischen Gründungsgott Attum: Sein männlicher Teil, der Penis, ist die schaffende Kraft und sein Mund, als Symbol der inneren Geschlechtsorgane der Frau, die empfangende.

Diesem von Aristoteles vertretenen Ansatz widerspricht Hippokrates. Er attestiert dem Körper der Frau insofern Aktivität, als dieser den Samen und die Nahrung erzeuge, von dem sich der Embryo nähre. Das bedeutet bei ihm aber nicht, dass der Penis inaktiv sei. Ganz im Gegenteil schreibt auch Hippokrates dem Penis die Hauptrolle zu – zwar produzieren Frauen wie Männer nach Hippokrates Samen, aber entscheidend sei, dass jene Samen, die zum männlichen Geschlecht führten, «stärker» seien und am Ende nicht die Frau über das Geschlecht eines Kindes entscheide, sondern ob der Mann «starken» oder «schwachen» Samen beitrage. So bleibt letztlich der Körper von Frauen die Ausnahme, jener von Männern das «Normale».[15]

Nachdem der Penis als überlegendes Organ postiert wurde, scheint es auf den ersten Blick zunächst paradox bis widersinnig, dass in der griechischen Antike ein großer (erigierter) Penis für barbarische Unkultiviertheit, mangelnde Intelligenz, mangelnde Beherrschung und Maßlosigkeit stand, während ein kleiner (nicht erigierter) Penis als Sinnbild für ideale Männlichkeit und männliche Schönheit galt. Davon zeugen etwa poetische oder bildhauerische Repräsentation: Götter, Helden und Athleten wurden mit kleinen Penissen, Satyrn, ein Mischwesen aus der griechischen Mythologie (halb Mensch, halb Tier), wurden hingegen mit riesigen Penissen dargestellt. Dieses «Feindbild» wurde auch auf politische Feinde, etwa die Ägypter, übertragen.[16]

Letztlich aber ist es logisch. Denn trotz der postulierten Überlegenheit des Penis und insbesondere des Phallus, also des erigierten Penis, steht er für Lust und Emotion. Emotion aber ist als Antipode zur Vernunft nicht mit der aristotelischen Lehre zu vereinbaren, die den griechischen Mann als einzig vernunftbegabten Menschen positioniert und ihn dazu auch von der Emotion absetzt. Die Zeugung (durch den Phallus symbolisiert) kann und darf in diesem Gebilde nur eine Seite der Medaille sein, und sie muss kombinierbar sein, mit der Fähigkeit, diesen Phallus zu zähmen. Nur wer ihn beherrscht, kann Anspruch erheben auf soziale Vaterschaft für Familie und den öffentlichen Raum (im Sinne des Patriarchats) als andere Seite der Medaille: «Potenz kam vom Intellekt, welcher benötigt wurde, um die Verantwortung des Mannes zu ermächtigen, Kinder zu zeugen, die Familienlinie und den *oikos* fortzuführen und den Stadtstaat, die *polis*, zu erhalten.»[17]

Deswegen unterschied sich ebender griechische Mann auch vom «Barbaren» (entlehnt aus Griechisch Brr-Brr-Sager, also alle, die kein Griechisch sprechen, meint «Barbar» alle Nicht-Griech*innen) darin, dass er über Intellekt, Rationalität, Mäßigung, Logik und Selbstkontrolle verfüge – was wiederum auf die Perser, Araber, Ägypter, Äthiopier angeblich nicht zutreffe. Das kann eben nicht der erigierte Penis (als Trieb und Emotion), wie er etwa in rassistischen Stereotypen bis heute mit Schwarzen assoziiert wird, sondern der gezähmte (und daher symbolisch kleine) Penis des griechischen Mannes verkörpern.

Genau vor diesem Hintergrund imaginiert Aristophanes in *Die Wolken* (erstmals 423 v. u. Zt.) einen kleinen Penis als göttliche Belohnung und einen großen wiederum als Strafe dafür, seine Gelüste nicht vernunftgeleitet zu kontrollieren – die er etwa den Persern und anderen Asiaten («bleichsüchtig und gelb») zuschreibt:

> Wenn du also wirst tun, wie mein Wort es dich lehrt,
> …
> Dann wird dir zum Lohn eine kräftige Brust,
> Ein blühend Gesicht, breitschultriger Wuchs,

> Und die Zunge hübsch kurz, und ein mächtig Gesäß,
> Und ein mäßig Gemächt!
> Doch wenn du es treibst nach der Mode von heut,
> Dann wird dein Gesicht bleichsüchtig und gelb,
> … Und groß dein Gemächt, und klein dein Gesäß![18]

Teil dieses Paradigmas ist es dann auch, die Erigierbarkeit des Penis als eigentliche Achillesferse männlicher Überlegenheit und Herrschaft anzusehen. Augustinus von Hippo beschreibt, wie der Penis bzw. die Macht, die die Frau über ihn hat, die größte Schwäche des Mannes sei. Die Frau könne dieses Körperteil wie durch Magie in Bewegung setzen, wobei er dies an Evas Macht über Adam und die durch den Sündenfall bewirkte Emotionalität (Scham als Zeichen der erwachten Lust) koppelt.

> Aber selbst auch wer Freude hat an solchem Genuß, fühlt sich dazu nicht gerade immer dann angeregt, wann er will, gleichviel ob es sich um eheliche Beiwohnung oder um unlautere Schandtaten handelt; vielmehr stellt sich diese Regung mitunter ungestüm ein, ohne daß ihrer jemand begehrte, zuweilen läßt sie den danach Schmachtenden im Stich und bleibt die Begierde im Körper kalt, während sie im Gemüte heiß entbrannt ist; und so versagt merkwürdigerweise nicht nur dem Zeugungswillen, sondern selbst der geilen Lust die Lust den Dienst, und während sie sich dem zügelnden Geist in ihrer Ganzheit meist widersetzt, teilt sie sich in der Richtung auf sich zuweilen selbst und bringt zwar das Gemüt in Erregung, wird aber sich selber untreu, wenn es sich um die körperliche Erregung handelt.[19]

Für Augustinus stellte also der Verlust über die Kontrolle eines seiner Körperteile den Verlust von Macht dar, Macht, die an Frauen abgegeben wurde.[20] Dieser Denkansatz wiederum legt in gewisser Weise den Grundstein für die Legitimation von Verschleierungen von Frauen oder der notwendigen Straffreiheit von Vergewaltigungen (der Mann folgt nur den Lüsten/Trieben seines Köpers).

In der vermutlich von Moses niedergeschriebenen Schöpfungsgeschichte wird beschrieben, dass Adams Rippe der Grundbaustein seiner Frau gewesen sei. In der direkten Übersetzung aus dem Hebräischen könnte das aber auch offener als «von seiner Seite genommen» übersetzt werden.[21] Jedenfalls baute Gott aus einem Körperteil Adams *iššāh*. Nicht nur als zweiter Mensch, auch weil sie nicht direkt aus Lehm, sondern aus Adam geschaffen wurde, ist *iššāh* (sie heißt hier noch nicht Eva) ihm untergeordnet. Diese Hierarchisierung steht in direktem Zusammenhang mit der Erschaffung der Zweigeschlechtlichkeit. Adam ist zunächst einmal nicht Mann, sondern Mensch und damit geschlechtsneutral. Durch die Schaffung der *iššāh*, was hebräisch «Frau» bedeutet, wird Adam analog dazu zum *īš*, Mann. Dass sich *iššāh* aus *īš* (als Wortstamm) ableitet (und nicht umgekehrt), verfestigt die Idee von *iššāh* als sekundärer, untergeordneter Schöpfung. Im Lauf von Raum und Zeit haben sich in Islam, Judentum und Christentum daraus verschiedene Interpretationen zu Geschlechterrollen entwickelt, wobei auch die Schuldfrage verschieden bewertet wird.

In der christlichen Auslegung wird Eva die alleinige Schuld am Sündenfall und damit der Vertreibung aus dem Paradies gegeben, was mit ihrer Zweitrangigkeit korreliert. In dieser Lesart besteht ihre Schuld darin, dass sie sich von der Schlange (als Metapher für den Teufel) dazu verführen lässt, gegen Gottes Gebot zu handeln; sie tut es, weil sie sein will wie Gott, also zumindest über Gut und Böse so gut Bescheid wissen will, wie allein Gott es vermag.

Die Frucht, von der beide kosten, könnte Sexualverkehr symbolisieren. Dieser löste aus, dass sie erkennen, dass sie nackt sind. Und ob ihrer Nacktheit schämen sie sich nunmehr, weswegen sie sich mit einem Schurz bedecken. Vermutlich geht es darum, die Geschlechtsorgane zu bedecken. Das aber wird nicht explizit gesagt; also auch nicht, ob sie sie bedecken, weil sich ihre Geschlechtsorgane unterscheiden. Allerdings straft Gott beide verschieden. Evas Strafe ist es, künftig (unter Schmerzen) zu gebären. Dazu gehört es, dass sie ihren Mann begehren muss. Dies kann dahingehend ausgelegt werden, dass Gott stellvertretend über den Mann handele und er durch den irdischen Mann Erzeuger des Lebens werde, wobei Eva nur sein/das Gefäß wäre. Dazu passt das bereits aus Psalm 139 zitierte «Denn du hast meine Nieren bereitet und hast mich gebildet im Mutterleibe», das die Frau als Gefäß von Gottes Schöpfung preist. Der Kreis zu früheren patriarchalischen Herrschaftstheorien schließt sich, indem Adam (dem die beschwerliche Ernährungsarbeit auf dem Ackerboden als sein Teil der Bestrafung zufällt) von Gott zum Herrscher (über die Frau) ernannt wird.

Nicht zuletzt unter dem Erstarken des Christentums und Islam wurden Fragen um Sexualität und Moral im Mittelalter ebenso intensiv diskutiert wie tabuisiert. Prinzipien der Lust wurden dem Dogma untergeordnet, dass Geschlechtsverkehr allein der Fortpflanzung dienen dürfe. In der Logik, die den Mann als «alleinigen Schöpfer» ansah, galt männliche heterosexuelle Lust als wichtig (bevorzugt in der reproduktiv «sicheren» «Missionarsstellung»). Und obwohl ja Eva zu Lust (wenn auch in der Kombination mit Gebärschmerzen) verurteilt wurde, etablierte sich, erstaunlicherweise gegenläufig, die Erfindung, dass Frauen keine sexuelle Lust kennen würden. Denn nur diese Erzählung war kompatibel mit Optionen für Männer, die Frauen unzugänglich blieben, etwa polygyn zu leben oder Prostitution legal nachgehen zu können. Gleichzeitig wurde Lust außerhalb von Fortpflanzung als Sünde erzählt. Das betraf wiederum weniger die Möglichkeit heterosexueller Ausschweifungen von Männern, sondern insbesondere die Verurteilung von Onanie und Bestrafung von gleichgeschlechtlichen Kontakten: eben weil diese per se nicht der Reproduktion dienten. Insofern Frauen als der Lust unzugänglich galten, waren lesbische Liebeskonstellationen hierbei wiederum zunächst nicht einmal auf dem Radar der betreffenden Ausführungen.

Die Frage nach der anatomischen Umsetzung der Fortpflanzung aber blieb virulent. Dabei blieben Aristoteles und Galen wichtige Referenzpersonen. Zum einen wird an der Spiegeltheorie festgehalten. Für die Fortführung der These, dass die Vagina der nach innen gekehrte Penis sei, steht insbesondere der Begründer des morphologischen Denkens in der Medizin, Andreas Vesalius, der unter anderem erklärte: «Es hatt anfänglich der Schöpffer des menschlichen cörpers / zu mehrung vnnd behaltung es selbigen / zwey menschen also geschaffen / das der man den kind sein ersten saamen gebe / das weib aber den selbigen fügklichen empfienge.»[22] Alessandro Benedetti führt 1497 als ergänzenden Beweis an, dass Männer ohne Hoden in vielerlei Hinsicht weibliche Charakteristika annehmen. So würden sie etwa ihre Kraft, ihren Mut und ihren Bart verlieren.[23] Dabei wird zwar auch das Postulat weitergeführt, dass die Geschlechtsorgane der Frau kleiner als die des Mannes (vgl. etwa Nikolas von Salerno) seien und männliche Spermien die eigentliche

Schöpfungskraft hätten. Der islamische Medizinphilosoph Avicenna übersetzt im *Kanon der Medizin* (Anfang des 11. Jahrhunderts) Aristoteles' Tischler-Gleichnis in das der Käserei so: Weibliche Spermien, also das Menstruationsblut, seien die Milch, und die des Mannes zeichnen für deren Gerinnung verantwortlich, seien also die eigentlichen Erzeuger des Käses.[24]

Allerdings verfeinerte sich das Interesse und das Wissen über den Uterus. Das begründet sich daraus, dass er als Ursache des Todes von Kind und Mutter erkannt und zunehmend eben auch die Entstehung des Lebens mit diesem verbunden wurde.[25] Parallel dazu kamen vereinzelt Zweifel an der Bedeutung der männlichen Spermien auf. So schreibt etwa Alessandro Benedetti, dass der Samen überflüssig sei und sich von den für die Fortpflanzung notwendigen Substanzen unterscheide.[26]

Die biologische Zweigeschlechtlichkeit begründete weiterhin die soziale, und zwar wertend. Dafür steht etwa exemplarisch der französische Arzt Ambroise Paré. In *Tiere, Monster und Missgeburten* (1585) definiert er Kriterien, wie inter*sexuelle oder trans*geschlechtliche Personen (er operiert mit dem Begriff «Hermaphroditen») zu identifizieren seien, denen wiederum das Verständnis von körperlichen und sozialen Spezifika von Mann und Frau zugrunde liegt. Neben Genitalien und Brustwarzen würden Gesicht und Haar Aufschluss über das Geschlecht geben – fein bei Frauen, grob bei Männern; der Körperbau sei robust oder verweiblicht im Sinne von verweichlicht; und die Stimme sei viril – im positiven Sinne von männlich – oder schrill, was typisch weiblich und eher negativ konnotiert ist. Schon diese biologischen Unterscheidungskriterien wirken wertend, und dies setzt sich fort in der Mentalitätszuschreibung von mutig versus ängstlich, die wiederum (und Paré setzt hier auf gefestigtes Kollektivwissen, das er nicht ausführt) andere Handlungen von Männern und Frauen bedingen würden.[27] Im Kern bleibt die Aussage, dieses Mal in den Worten Thomas von Aquins, dieselbe: «Die Frau ist ein verfehlter Mann.»[28]

Nicht zuletzt dank der Erfindung des Mikroskops im 16. Jahrhundert verfeinerten sich die anatomischen Kenntnisse.[29] Das Interesse am Uterus stieg proportional zum verfeinerten gynäkologischen Wissen darüber, sodass sie immer weniger als dem Hodensack äquivalent verstanden werden konnte. Als Matteo Realdo Colombo in *De Re Anatomica Li-*

bri XV (1559) über die Klitoris schrieb, stellte dies zudem Galens These der Vagina als nach Innen gekehrter Penis in Frage[30] – wobei es auch Interpretationen gab, die Klitoris und Vagina zusammen als deformierten Penis zu denken.[31] Auch Eileiter wurden in ihrer Spezifik untersucht und zunehmend von der Überzeugung entkoppelt, dass sie nach innen gekehrte Hoden seien. Ab dem 17. Jahrhundert etablierte sich zunehmend ein Verständnis, das die Anatomie der Frauen von der des Mannes entkoppelte – was sich nicht zuletzt darin manifestierte, dass separate Terminologien verwendet und Neologismen wie Eierstock/Ovar eingeführt wurden.[32] Dafür steht etwa Reinier de Graafs *On the Human Reproductive Organs* (1672).[33] Dieses Wissen öffnete sich zunehmend auch dem Gedanken, dass die Rolle der Frauen bei der Reproduktion über das passive Zur-Verfügung-Stellen des Stoffes hinausgeht – ohne allerdings die aktive Rolle männlicher Spermien in Frage oder die Möglichkeit weiblicher Lust zur Disposition zu stellen.

Ab dem 18. Jahrhundert beginnt sich die moderne Frauenheilkunde zu etablieren – und es reifen Erkenntnisse insbesondere im gynäkologischen Wissen. Es entbrennen verschiedene Dispute. So wird etwa darüber debattiert, ob an Aristoteles Lehre vom «weiblichen Samen» festgehalten werden könne.[34]

Der Arzt und Philosoph Pierre Roussel beschreibt 1775 den Körper der Frau als von Natur aus so gebaut, dass er bestimmten Funktionen entspreche, wobei er organische als auch soziale Strukturen als Einheit denkt: «Die Frau ist nicht nur an einer Stelle Frau, sondern in allen Aspekten, unter denen man sie betrachten kann.»[35] Zunächst einmal sei sie anatomisch so gebaut, dass sie zur Mutterschaft befähigt sei – er nennt es Berufung und leitet daraus ab, dass es auch von Natur aus so gewollt sei, dass sie eine häusliche, keine öffentliche Existenz führe. Deswegen verweist er nicht nur auf das breite Becken und das weiche Gewebe, die diesen Zusammenhang allein vielleicht nicht ausreichend belegen würden. Zudem behauptet er, dass ihr Gehirn kleiner sei als das des Mannes. Sobald sie dieser Natur entgegenlebe, beeinträchtige das den Körper und den Geist – es komme etwa zu Hysterie.[36]

Auch Philosophen ohne Medizinkenntnisse wie Jean-Jacques Rousseau und Immanuel Kant, die bis heute zu den einflussreichsten Denker*innen seit Beginn der modernen Philosophie gezählt werden, schreiben nicht nur mit großer Akribie und Leidenschaft über Vernunft und politische Theorie, sondern auch über den Unterschied zwischen Mann und Frau. Das ist keine Fußnote ihrer Arbeit, sondern zentral für sie; in verschiedenen Texten und in immer wieder neuen inhaltlichen Kontexten. Zwar äußern sie sich nicht konkret zu Phallus oder Vagina, doch die Zweigeschlechtlichkeitsthesen, die ihnen als Grundlage für ihr Ungleichheitspostulat dienen, fallen nicht weniger binär-rigide aus – mit Blick auf Intellekt und Mentalität ebenso wie hinsichtlich der Körper. Es solle nicht «aus der Acht» gelassen werden, schreibt Kant, «daß diese Menschen nicht von einerlei Art sind.»[37] Rousseau räumt zwar ein, dass Mann und Frau die gleichen Organe und zumindest eine ähnliche Gestalt teilten:[38] «In dem, was sie gemeinsam haben, sind sie gleich; in dem, was sie voneinander unterscheidet, sind sie vergleichbar.» Diese Unterschiede aber seien bedeutsam: Neben vielen Ähnlichkeiten gebe es «so viele Verschiedenheiten, daß es vielleicht eines der größten Wunder der Natur ist, zwei so ähnliche Wesen hervorgebracht zu haben, indem sie sie so verschieden gemacht hat.» Das wiederum aber wiege schwer, vor allem weil diese Unterschiede die Moral kolorieren würden. «Diese Ähnlichkeiten und diese Verschiedenheiten müssen auch die Moral beeinflussen. Diese Folgerung ist einleuchtend und entspricht der Erfahrung.» Dies zeige «zugleich, wie töricht es ist, über den Vorrang oder die Gleichberechtigung der Geschlechter zu streiten.» Denn nur wenn diese Unterschiede akzeptiert würden, dann gebe es Vollkommenheit: «Als ob nicht jedes von beiden, wenn es nach seiner Sonderveranlagung die naturbedingten Ziele anstrebt, vollkommener wäre, als wenn es dem andern ähnlicher zu sein trachtete!» (386) In Anlehnung an Augustinus von Hippo warnt er vor der Verführungsmacht der Frau:

> Bei der Leichtigkeit, mit der Frauen die Sinne der Männer erregen und fast erloschene Liebe wieder erwecken, ein unglückliches Land gäbe, wo solche Sitten herrschten, besonders in den heißen Ländern, in denen mehr Frauen als Männer geboren werden, so würden die Männer von den Frauen tyrannisiert und schließlich ihre Opfer werden; sie sähen sich dem Tode überliefert, ohne sich jemals verteidigen zu können. (387)

Auf diese Weise neu aufgestellt, etabliert sich, wenn auch noch zögerlich, die These vom dualen Geschlecht im Laufe des 17. Jahrhunderts zunehmend auch die Zwei-Geschlechter-Theorie. Die weibliche Anatomie wird jetzt losgelöst von den männlichen Genitalien betrachtet und akribisch und vokabelreich benannt und beschrieben.[39] Dabei kann jetzt umso manifester argumentiert werden, dass sich, so wie sich die Genitalien unterscheiden würden, Männer und Frauen in jeder körperlichen oder moralischen Hinsicht unterscheiden würden. Nicht nur die Körper, auch die Seelen seien verschieden. So stellte sich etwa dem Mediziner Louis-Jacques Moreau das Verhältnis von Mann und Frau ganz prinzipiell allein als «Reihe von Gegensätzen und Kontrasten dar».[40]

Mit dem Entstehen der Psychologie als anerkannte Wissenschaft im 19. Jahrhundert wird diese Zweigeschlechtlichkeit und das Zwei-Geschlechter-Modell zunehmend auch psychologisiert. Dafür steht das «Penisneid»-Konstrukt von Sigmund Freud, insbesondere sein Aufsatz *Über infantile Sexualtheorien* (1908) und, noch ausbuchstabierter, sein Werk *Drei Abhandlungen zur Sexualtheorie* (1905).[41] Er kehrt nicht zur akribischen Beschreibung der Genitalien zurück, wie sie in der Zeit vor der Aufklärung praktiziert wurde, sondern denkt auf neue Weise von der Psyche (der Frau) aus. Mit dem «Penisneid» (den er als Pendant zur Kastrationsangst des Mannes verortet) definiert er Männer über den Penis und Frauen antithetisch darüber, dass sie keinen Penis besitzen und deswegen auf Männer als Penisträger neidisch seien. Freud verortet den Beginn des Penisneids in der phallischen Phase, also wenn Mädchen zwischen drei und fünf Jahre alt sind. Das Mädchen nehme wahr, dass sie keinen Penis besitze, und entwickele unbewusst die Fantasie, dass sie kastriert sei – also entmännlicht und beschädigt, wenn nicht gar entmenschlicht. Zumindest fühle sie sich deswegen als minderwertiger Mensch, weswegen sie Neid entwickele. Dieser habe diverse Manifestationen etwa ein an den Vater gerichtetes inzestuöses Verlangen und den Wunsch nach heterosexuellem Geschlechtsverkehr, beides quasi als Penisersatz. So würden Mädchen den «Mangel» verleugnen, was wiederum mit der Ablehnung der («kastrierten») Mutter einhergehe. Dies etwa führe zu starker Eifersucht, Hysterie und der Internalisierung männlicher Verhaltensweisen.[42] Diese These zieht er aus den Träumen, von denen ihm Patient*innen berichteten. Dabei erwägt er weder die Möglichkeit, dass es sich um inter*sexuelle oder trans*geschlechtliche Träume oder Empfindungen handeln könne, noch dass der vermeintlich biologische Neid aus einer Frustration über die Diskriminierungserfahrungen im Angesicht der Privilegierung von Jungen* und Männern* gelesen werden könnte. Zwar lassen sich diese Ebenen nicht rasierklingenscharf voneinander trennen. Doch bleibt es ein entscheidender Unterschied, ob ein Körperteil oder eine soziale Machtposition begehrt wird und ob ich über etwas traurig, enttäuscht oder wütend – oder eben neidisch bin. Freuds These wurde seither perpetuiert und vor allem im späten 19. und frühen 20. Jahrhundert zu einem ideologischen Schwert gegen Frauen. So legte Karl Abraham den «Penisneid» etwa dahingehend aus, dass Frauen Männer sein wollen.[43]

Zu jenen, die widersprochen haben, zählt etwa Karen Horney. 1922 charakterisierte sie Freuds Theorie als «männlichen Narzissmus». Zwar könne es Fälle von Penisneid geben, doch könnten sich Frauen durchaus mit ihrem Körper identifizieren, was etwa in einer Identifikation mit der Mutter Ausdruck finde. Männer hätten dagegen einen Gebär(mutter-)neid, der aber in einer patriarchalischen Herrschaftsideologie leicht zu verdrängen sei.[44] So streitbar dieser Ansatz auch sein mag (und sosehr er auch das Postulat der Zweigeschlechtlichkeit stärkt), er öffnete neue Perspektiven auf die Interpretation weiblicher Sexualität. Zwar ist die Klitoris (als Ort der Lust) bis heute ein tabuisiertes Körperteil, jedoch werden weibliche Lust und das Recht auf Orgasmus zunehmend offener diskutiert. In diesem Zusammenhang wird jeder Theorie von der Vulva als geschrumpftem, verschwundenem bzw. kastriertem Penis ein Fragezeichen verpasst, einschließlich der Psychologie des Freud'schen Penisneides. Das stellt gleich noch die Idee mit auf den Prüfstand, dass die Größe des Phallus Virilität, Potenz und Macht des Mannes symbolisiere – eine Idee, die die Moderne prägte. Statt des Mannes, der seine Zeugungskraft zügelt und daher einen kleinen Penis als Zeichen seines Intellekts haben sollte, wie in der Antike, verstetigte und vertiefte sich in der Moderne das Ideal eines von Natur aus «starken» männlichen Körpers, der zum Herrschen geboren sei – was eben zunehmend auch durch die Größe des Penis verkörpert wurde. Dieses Paradigma ist insofern wirkmächtig (mit z. T. verheerenden Auswirkungen auf heranwachsende Männer*), als kein Teeniefilm und keine Sitcom (und auch kein Dieter Bohlen) je auf diese Witze verzichten würden, die suggerieren, dass Männer* mit kleineren

Penissen angeblich weniger Mann* und (vermeintlich in den Augen von Frauen*) weniger wert seien. Von hier ist es dann nur noch ein kleiner Schritt zur Normsetzung des Penis und zur Aussage, dass das Fehlen des Penis in einem minimierten, ja, minderwertigen Menschsein resultiere.[45] Die Vulva als Nicht-Penis zu lesen, gehört zu dem von Simone de Beauvoir in *Das andere Geschlecht* (1949) identifizierten Muster des Patriarchats, das Frauen als Abwesenheit, ja Negation des männlichen Standards verortet und liest.

Das Ein-Geschlecht-Modell begründet die Zweigeschlechtlichkeitsthese samt dem Postulat, dass Frau nicht Mann und daher nicht vollwertig Mensch sei, daraus, dass die nach innen gekehrten weiblichen Genitalien eben kleiner, passiver, kurzum nicht vollkommen seien. Die Zwei-Geschlecht-These sieht weibliche Sexualität zwar in ihren Spezifika und räumt ihr mehr aktives Mitwirken bei der Erzeugung von Kindern ein. Insgesamt kompensiert das aber nicht den Effekt der konträren Setzung von *FrauistnichtMann*. Weder das Ein- noch das Zwei-Geschlechter-Modell zweifelt an der Zweigeschlechtlichkeit und der biologisch bedingten sozialen Überlegenheit des Mannes samt der ihr einverleibten Heteronormativität; ganz im Gegenteil, sie postuliert diese.

Das Trans*Polygeschlechter-Modell setzt hier neu an. Geschlechter werden als Kontinuitäten verstanden, sowohl biologisch als auch sozial. Anders als beim Ein-Geschlecht-Modell geht es bei der biologischen Kontinuität nicht um die Spiegelung männlicher versus weiblicher Genitalien, sondern um die fluide Grenze biologischer und identitärer Unterschiede im Sinne einer vielfältigen Einheit. Im Zentrum des Trans*-Polygeschlechter-Modells steht dabei zudem die Infragestellung jeglicher Möglichkeit, von inneren und äußeren Sexualorganen (oder auch Chromosomen, Genen, Keimzellen, Keimdrüsen oder Hormonen) auf kollektiv geprägte Mentalitäten, Moralitäten oder intellektuelle oder emotionale Kapazitäten zu schließen. Nicht, dass Hormone nicht mal eine Stimmung von Tagen oder auch Monaten prägen könnten; es geht um die Unmöglichkeit, sexuelle Biologie mental – und überhaupt – zu kartieren. Für diesen Ansatz steht maßgeblich die Philosophin und Geschlechtertheoretikerin Judith Butler. In *Gender Trouble* (1990) entwickelt sie eine komplexe Argumentation, welche vorführt, dass und wie das soziale Frau*- oder Mann*-Geschlecht historisch und diskursiv konstruiert wird. In *Bodies that Matter* (1993) knüpft sie hier an und geht komplementär darüber hinaus: Auch das biologische, sexuelle Geschlecht ist ein Konstrukt. Es ist richtig, es gibt diverse biologische Charakteristika, die Männer* und Frauen* unterscheidbar machen, wenn sie idealtypisch voneinander abgegrenzt werden; und es gibt Menschen, die sich wohl damit fühlen, sozial entsprechend der Zweigeschlechtlichkeitsthese als entweder Mann oder Frau positioniert zu werden. Die Rede ist von Cis-Männern und Cis-Frauen. Es gibt aber auch Menschen, die werden inter*-sexuell oder transsexuell bzw. trans*geschlechtlich geboren. Je mehr sich das Trans*Polysexualitäts-Modell gesellschaftlich verankern lässt, umso mehr werden Menschen befähigt, so bleiben zu können, wie sie geboren wurden und/oder wie sie sein möchten. Darauf komme ich in dem abschließenden Abschnitt des dritten Kapitels zurück. Dieses wird sich der Diskriminierung von Homo-, Inter*- und Trans*sexualität respektive Trans*geschlechtlichkeit zuwenden und dabei auch die betreffende (Rechts)Geschichte beleuchten.

Im weiteren Verlauf dieses und des nächsten Kapitels werde ich hingegen die Konstruktion der *FrauistnichtMann*-Erzählung historisch nachzeichnen – und zwar mit Blick auf betreffende Diskurse und Gesetze. Zwar sind heteronormative Diskriminierungsfacetten gegen inter*-, trans*- und homosexuelle Personen und die Zweigeschlechtlichkeit samt ihrem *FrauistnichtMann*-Postulat, verschränkte und sich wechselseitig bedingende Kernelemente des Sexismus. Dennoch werden diese Aspekte argumentativ-strategisch getrennt. Dies ergibt sich daraus, dass die Rechts- und Philosophiegeschichte ausführlich «begründet» und so «legitimiert», dass der Mann* über die Frau* herrsche. Dabei wird dominant mit dem Begriffspaar Frau/Mann operiert, während Trans*-geschlechtlichkeit, Inter*sexualität und Homosexualität eher peripher untergeordnet behandelt, unter dem diskriminierenden Begriff «Sodomie» subsumiert und zeitweilig komplett beschwiegen werden. Da bis ins ausgehende 20. Jahrhundert hinein gar nicht über Zweigeschlechtlichkeit hinausgedacht wurde, bleiben sexistische wie Sexismus widersprechende Texte zumeist auch in dieser *MannundFrau*-Logik verhaftet. Deswegen werde ich sexistische Diskriminierung gegenüber Frauen* und die gegenüber von inter*-, trans*- und homosexuellen Personen aus Gründen der besseren Darstellbarkeit methodisch separieren.

2.2. *MannundFrau* ist *FrauistnichtMann* – meint was genau?

Ich betrete ungern männliche* Räume. Sie machen mir Angst, sei es nun die Philosophieklasse, in der ich 1990 die einzige Studierende war, die Chefetage meiner Uni oder der Baumarkt. Ich bin eingeschüchtert und rutsche in den Eingeschüchtert-Modus, spreche piepsend und bestätige damit die Erwartung über mich, die diesen Raum längst vor mir beherrschte – und/oder die Erwartung, die ich selber über den Raum und die Situation in meinem Kopf habe. Im Baumarkt etwa widerfährt mir das ewige Déjà-vu, dass der Fachverkäufer erwartet, dass ich keine Ahnung habe, was ich da eigentlich kaufen will. Ich fürchte mich vor dem genervten Blick, der mich viel zu häufig trifft, sobald ich an der Reihe bin. Viel zu oft verliere ich die Fähigkeit, gezielt nach dem von mir gesuchten Artikel zu fragen; ja, häufig kann ich nicht einmal mehr grammatikalisch korrekte Sätze sprechen – spätestens dann jedenfalls, wenn sein Blick einen in der Nähe stehenden Mann* sucht und findet (fast so, als wäre jeder Mann* ein Fach«Mann» – das Wort allein spricht mir diese Kompetenz ab). In manchen Fällen gehe ich mit leeren Händen weg. Oder aber die ersehnte Ware ist mir so wichtig, dass ich das Trottelchen spiele, mich selber (und alle Frauen*, die ich unfreiwillig repräsentiere) schlechtrede und mich piepsend entschuldigend für seine wertvolle Zeit und Expertise bedanke. Es war wohl auch dieses Muster, das mich davon abhielt, zu werden, was ich eigentlich wollte: Paläontologin. Obwohl ich ein 1,0er Abi hatte, fanden alle, auf deren Meinung ich damals Wert legte, dass ich Lehrerin werden solle, damit ich eine gute Mutter und Ehefrau werden könne – natürlich nicht für Biologie, Geologie oder Mathematik, sondern Deutsch und Englisch. Und obwohl ich mir eigentlich sicher war, dass Lehrerin nicht zu mir passt, wählte ich diesen Weg. Warum? Gemäß dem mich prägenden Sozialisationsmuster war es mir wichtig, dass ich für bescheiden und gehorsam gehalten wurde – gehorsam auch im Sinne einer Berufswahl, die mit Mutterschaft und Ehe vereinbar wäre. So inhalierte und realisierte ich meine Unfähigkeit, Naturwissenschaften zu studieren.

«Du hast gelernt zu schauen, was die andern brauchen/Ihre Bedürfnisse zu kennen, alle ihre Launen»,[46] singt das Lyrische Ich in «Gelernt» (2017) von «Käptn Peng (Robert Gwisdek) und die Tentakel von Delphi»:

Wir sind, was wir gelernt haben zu sein, weil ebendies von uns erwartet wird. Was wir erwarten, entspricht dem, wer wir geworden sind. Dabei sind wir *eigentlich* gar nicht so, wie es von uns erwartet wird. Jedenfalls nicht komplett. Wir tun so, weil die Erwartungen so mächtig sind wie der berühmt-berüchtigte Kaiser von Hans Christian Andersen mit seinen «neuen Kleidern». Natürlich gibt es immer jene, die rufen: «Aber der Kaiser ist doch nackt.» Die meisten Charaktere in «Des Kaisers neue Kleider» (1837) aber denken es nur. Wer ausbricht, ist mutig genug, sich zu widersetzen – und oftmals wächst der Mut des Widerstandes aus einer Verzweiflung, gar keine andere Wahl zu haben, weil die normierenden Erwartungen viel zu tief und toxisch ins eigene Werden eingreifen.

Viele dieser Erwartungen, die Leben justieren, sind sexistischer Natur, wobei es immer Überlagerungen mit anderen mächtigen Konventionen gibt, wie etwa dem Rassismus oder was mensch sich finanziell leisten kann (oder eben nicht). Viele dieser Zuschreibungen haben einen uralten Bart, der seit der Antike und ihrer Erfindung von *FrauistnichtMann* zu wachsen geruht – jeweils angepasst an aktuelle Kontexte. Auch wenn solche Stereotype zuweilen disparat, ja sogar gegensätzlich wirken (Stichwort «Jungfrau Maria»: wie kann eine Frau* jungfräulich und Mutter sein, wie kann es eine «unbefleckte Empfängnis» geben; und wieso heißt Schwangerschaft, sich zu beflecken?), im Kern bedingen sie einander logisch und sind insofern kohärent, als sie vor allem eines tun: die patriarchalische Herrschaft entlang der Logik von antithetischer Zweigeschlechtlichkeit, also *FrauistnichtMann*, legitimieren und die Frau* in dieses Modell als dem Mann* unterlegene, dienende Person einpassen – sexuell, als Mutter, als kostenlose Arbeitskraft. Bei Demosthenes läuft das folgendermaßen ab: Er unterteilt Frauen in Hetären (anerkannte frauliche* Prostituierte), Huren sowie Ehefrauen, die «für das rechtmäßige Kinderzeugen» zuständig sind und dafür, «eine verlässliche Wächterin der Dinge im Haus zu haben.» [47] Im Zuge der nachfolgenden Jahrhunderte sollte eine (Ehe)Frau alle drei Funktionen übernehmen. Das aber führte zu paradoxen Erwartungen. Frauen sollten jungfräulich und doch Mutter, keusch und fruchtbar zugleich, sein. Sie sollten (um einen der gängigsten Poesiesprüche zu zitieren) «sittsam, bescheiden und rein» sein wie das «Veilchen im Mose» statt stolz und eitel («wie die Rose, die immer bewundert will sein») – und doch eben attraktiv, begehrenswert und verführerisch. Das jedoch wiederum, ohne selbst Anspruch auf Lust zu erheben (oder diese zu empfinden).

Niemand verkörpert diese Paradoxie prominenter als die Jungfrau Maria, Mutter Gottes (wobei ihr allein die Attraktivität als Auflage «erlassen» wird). Zwar ist strittig, ob die richtige Übersetzung des hebräischen Wortes *almah* «Jungfrau» oder «junge Frau» ist – wortgeschichtlich ist beides möglich.[48] Die Auslegungsgeschichte allerdings favorisiert die physische Jungfräulichkeit Marias. Zwar darf Jungfräulichkeit in der Ehe zu Keuschheit oder auch Asexualität werden, welche mit Mutterschaft und selbst sexueller Verfügbarkeit für den Ehemann vereinbar ist – sexuelle Bedürfnisse der Frau* sind dafür nicht vonnöten. Dazu passt dann auch, dass Maria nichts von der eigentlichen Zeugung bemerkt, sondern diese einer Engelsverkündung direkt folgt und zunächst kaum geglaubt wird. Frauen*, die Lust empfinden, gelten hingegen nicht als ehrbar, sondern emotionsgeleitet, ja triebhaft und werden nicht nur im Bild der «Hure» gesellschaftlich ausgegrenzt.

Das ist es, was Kant in *Beobachtungen über das Gefühl des Schönen und Erhabenen* in Absetzung zur «edelen Tugend» des Mannes als «schönes Gemüt» bezeichnet. Es gebe einen «natürlichen Geschlechtscharakter», der Frauen bestens für die Rolle der Ehefrau und Mutter ausstattete – und damit für das Haus, den privaten Raum. Das wird durch den Begriff «Frauenzimmer» repräsentiert. Dabei geht es aber nicht um Virginia Woolfs *Room of One's Own* (1929), also FreiRaum für Frauen*,[49] sondern, ganz im Gegenteil, darum, dass «Frauenzimmer» nicht für den öffentlichen Raum beschaffen seien. Diese Auffassung blendet komplett aus, dass versklavte Frauen* Arbeitsleistungen außerhalb der «häuslichen Zimmer» verbringen mussten. In vielen Bereichen waren sie der gleichen Arbeitsbelastung wie Männer* ausgesetzt, wobei sie zusätzlich Haushalt und Mutterschaft bewältigen mussten. Dass hier keinerlei Rücksicht auf ihr «Gemüt» genommen wurde, zeigt, dass dies kein Postulat zum Schutz von Frauen*, sondern allein *weißer* Männlichkeit* dienlich ist.

Kants Sicht auf den «natürlichen Geschlechtscharakter» der «Frauenzimmer» wird in folgender Aussage deutlich:

> Das Frauenzimmer hat ein angebornes stärkeres Gefühl für Alles, was schön, zierlich und geschmückt ist. Schon in der Kindheit sind sie gern

> geputzt und gefallen sich, wenn sie geziert sind. Sie sind reinlich und sehr zärtlich in Ansehung Alles dessen, was Ekel verursacht. (406)

Frauen und «schön» meint bei Kant zum einen körperliche Schönheit, die etwa über eine zierliche Gestalt definiert wird. Hier gibt es einen unmittelbaren Bezug zu männlicher Vormundschaft: Die Zierlichkeit der Frau untermauert die körperliche Stärke des Mannes, die seine Legitimität, «Beschützer», will sagen, «Herrscher» zu sein, untermauert. Frauen und «schön» rekurriert zum anderen aber auch auf ein gepflegtes (geputztes, geziertes) allgemeines Erscheinungsbild, das dem Mann attraktiv erscheint. Diese Attraktivität ist etwa an «Reinlichkeit» gebunden, die wiederum dem Ideal der Jungfräulichkeit als Metapher für Keuschheit und Sittlichkeit gerecht wird. So wie diese Schönheit also einerseits begründet, dass Frauen* männlicher Vormundschaft bedürfen – soll sie andererseits garantieren, dass Männer auch bereit sind, diese zu geben. Folglich werde die Schönheit der Frau mit jedem Streben, in männliche Räume einzudringen, geschmälert. Das würde männliche Autorität untergraben und gleichzeitig verschrecken.

Genau deswegen gehört zum «schön» nach Kant auch, dass Frauen «sehr früh ein sittsames Wesen» haben und «sich einen feinen Anstand zu geben» wissen (vgl. 406–407). Die «schöne Tugend» bewirke Folgendes:

> Sie werden das Böse vermeiden, nicht weil es unrecht, sondern weil es häßlich ist, und tugendhafte Handlungen bedeuten bei ihnen solche, die sittlich schön sind. Nichts von Sollen, nichts von Müssen, nichts von Schuldigkeit. Das Frauenzimmer ist aller Befehle und alles mürrischen Zwanges unleidlich. Sie thun etwas nur darum, weil es ihnen so beliebt, und die Kunst besteht darin, zu machen, daß ihnen nur dasjenige beliebe, was gut ist. Ich glaube schwerlich, daß das schöne Geschlecht der Grundsätze fähig sei, und ich hoffe dadurch nicht zu beleidigen, denn diese sind auch äußerst selten beim männlichen. Dafür aber hat die Vorsehung in ihrem Busen gütige und wohlwollende Empfindungen, ein feines Gefühl für Anständigkeit und eine gefällige Seele gegeben. (409–410)

Diese «schöne Tugend» als «gefällige Seele» äußert sich etwa im Erröten als Metapher für die Fähigkeit zur Scham. Die Literaturgeschichte ist voll von errötenden Frauen. So wird etwa Fanny Price in *Mansfield Park* (1814) von Jane Austen leitmotivisch als errötend beschrieben.[50] Dies korreliert damit, dass sie (ebendadurch) zur moralischen Instanz des Romans erhoben wird. Mit Sittsamkeit und feinem Anstand ist also das gesamte Repertoire von Genügsamkeit, Enthaltsamkeit, Selbstlosigkeit und vor allem Gehorsam gemeint, das Treue und Loyalität dem Mann gegenüber unbedingt einschließt (will sagen: ihn nicht in seiner Herrscherrolle untergräbt). So sagt etwa Rousseau:

> In der Vereinigung der Geschlechter tragen beide gleichmäßig zum gemeinsamen Zweck bei, aber nicht auf die gleiche Weise. Daraus ergibt sich der erste bestimmbare Unterschied in ihren gegenseitigen moralischen Beziehungen. Der eine muß aktiv und stark sein, der andere passiv und schwach: notwendigerweise muß der eine wollen und können; es genügt, wenn der andere wenig Widerstand leistet.
> Steht dieser Grundsatz fest, so folgt daraus, daß die Frau eigens geschaffen ist, um dem Mann zu gefallen.[51]

Mit «steht dieser Grundsatz fest» bietet Rousseau eine verschwiegene Ausstiegsklausel aus seiner Argumentation an, immerhin.

Ohne eine solche kleine Ausstiegsklausel läuft das bei Kants *Beobachtungen über das Gefühl des Schönen und Erhabenen*: Was nett gemeint zu sein scheint, ist nichts als ein patriarchalischer Herrschaftsanspruch: «Sie ... ziehen das Schöne dem Nützlichen vor» (406), schreibt er und meint damit vor allem, dass Männer das eigentlich Nützliche, Erhabene machen. Deswegen verkörpern sie nicht, wie Frauen, eine «schöne Tugend», sondern eine «edele Tugend».

> Kurz, sie enthalten in der menschlichen Natur den Hauptgrund der Abstechung der schönen Eigenschaften mit den edelen, und verfeinern selbst das männliche Geschlecht. ... Das schöne Geschlecht hat ebensowohl Verstand, als das männliche; es ist nur ein schöner Verstand, der *unsrige* [meine Hervorhebung: Kant spricht «natürlich» nur zu Männern, SuA] soll ein tiefer Verstand sein, welches ein Ausdruck ist, der einerlei mit dem Erhabenen bedeutet. (406–407)

Was leitet sich daraus für den Mann* ab? Außer Herrschaft und Privilegien? Denn als Besitzer der tiefen Vernunft und Erhabenheit ist der Mann befähigt, ja verpflichtet, den öffentlichen Raum zu gestalten. Doch was schließt das ein? «Man wird mir», schreibt Kant, «hoffentlich die Herzählung der männlichen Eigenschaften, in sofern sie jenen parallel sind, schenken und sich befriedigen, beide nur in der Gegeneinanderhaltung zu betrachten.» (406) Kurzum, nach Kant sind Männer das Gegenteil dessen, was Frauen ausmacht: In dieser Logik können Männer etwa weder «durch Kleinigkeiten, wenn sie nur munter und lachend sein, unterhalten werden», noch dürfen sie «theilnehmende Empfindungen, Gutherzigkeit und Mitleiden» (406) zeigen. Frauen sind leicht zu amüsieren und emotional zu manipulieren. Weil sie sensibel und empathisch sind, sind sie es, die weinen, Männer aber nicht. Denn sie sind nicht emotional, sondern vernünftig. Deswegen sind sie es, die herrschen dürfen – und müssen.

So und nicht anders werden «Männer», singt Herbert Grönemeyer 1984, «auf Mann geeicht».[52] Dies hat natürlich Sonnenseiten, etwa nicht schön sein zu müssen. Das jedenfalls meint Rousseau: Anders als die Frau, die «eigens geschaffen ist, um dem Mann zu gefallen», damit er sie beschützt, ist es für den aktiven Mann «weniger zwingend notwendig, dass er ihr … auch seinerseits gefällt: sein Vorzug liegt in der Kraft; er gefällt allein dadurch, daß er stark ist. Ich gebe zu, daß das noch nicht das Gesetz der Liebe ist; aber es ist das Gesetz der Natur, das älter ist als die Liebe selbst.»[53] So weit, so gut. Was aber, wenn ein Mann* nicht aktiv, stark, Beschützer oder gar Herrscher sein will? Da dennoch mit aller SozialisierungsMacht hineingepresst zu werden, macht es nicht gerade wahrscheinlicher, die eigenen Privilegien aufzugeben und es den Anderen durchgehen zu lassen, aus dem Teufelskreis sexistischer Erzählungen auszusteigen.

Dieser lautet etwa so: *Männer herrschen, sind aktiv, gestalten den öffentlichen Raum, denn sie haben institutionelle Bildung genossen, weil sie intelligent und vernünftig sind. Anders als Frauen, die, damit sie nicht herrschen und in öffentliche Räume kommen, passiv, zurückhaltend, zu emotional und dümmer sein müssen. Frauen an Schulen oder Universitäten zu schicken, bringt daher nichts. Sie können es nicht, und als nur Ehefrauen und Mütter brauchen sie es auch gar nicht. Wer aber nicht entsprechend gebildet ist, kann auch nicht politisch, juristisch oder ökonomisch handlungsfähig sein. Deswegen obliegt es ebendem rationalen, intelligenten, gebildeten*

Mann, die Verantwortung der Vormundschaft für Nation und Familie, natürlich auch über die Frau und gemeinsame Kinder zu übernehmen. Selbst über deren Körper und Sexualität. Sei als Frau also attraktiv und schön, für deinen Mann, und reize nicht das Interesse anderer Männer. Verschönere dich auf der einen und verhülle dich auf der anderen Seite. Erkenne durch deine Schönheit an, dass der Mann stärker ist und du ihn für den Schutz, den er daher zu geben vermag, mit deiner Schönheit bezahlen musst, dann beschützt er dich, da du es nicht selbst kannst. Ansonsten bist du verloren. Denn Frauen sind das «schwache Geschlecht» und als solches ängstlich und nicht in der Lage zu beschützen; Männer aber sind tapfer, mental und körperlich stark, dominant eben. Deswegen dürfen sie zwar nicht weinen, müssen sie aber herrschen, den öffentlichen Raum gestalten, denn sie haben institutionelle Bildung genossen, weil sie …

Diese Erzählungen und Erwartungen sind mehr als einfach nur Lebensgewohnheiten. Sie sind Symptome von Macht und Herrschaft und münden in sozialer Ungleichheit, die Privilegien für die einen und Diskriminierung für die anderen beinhaltet. Doch warum ließ und lässt sich eigentlich die Hälfte der Menschheit diesen ganzen Quatsch gefallen? Ja, warum gelingt es Männern, allen voran *weißen* Männern, die Menschheit zu dominieren – heute kaum ungebremster als jeher? Immerhin sind sie ja quantitativ in der Minderheit, und Frauen* of Colour (und deren Kinder), welche am stärksten Diskriminierung ausgesetzt sind, sind zahlenmäßig klar überlegen. Aber genau das ist eben der Punkt: Quantitäten haben gar nichts mit sozialer Ungleichheit zu tun. Bei sozialer Ungleichheit geht es um Macht, Herrschaft und Gewalt – und die so kodierte Wechselwirkung von biologischen Erfindungen von Unterschieden, diskriminierenden Erzählungen über die so begründete Semantik von Zweigeschlechtlichkeit, Moral und Ungleichheit vor dem Gesetz.

2.3. Frau* und Recht(losigkeit)

Bis zur Moderne waren Frauen* in Europa und den USA als Rechtssubjekte unsichtbar – das bedeutet, dass sie nicht mit Rechten ausgestattet waren, wohl aber juristisch belangt werden konnten. Das gilt analog auch für homosexuelle, inter*sexuelle und trans*geschlechtliche Personen, die vom Gesetz nicht geschützt, wohl aber reguliert und kriminalisiert wurden. Im frühen 20. Jahrhunderts formierten sich Gesetze, die Frauen* sukzessive Zugriff auf bürgerliche Rechte (wie etwa das Wahlrecht) ermöglichten, und seit der zweiten Jahrhunderthälfte formieren sich Gesetzgebungen, die Frauen* und homosexuelle, inter*sexuelle und trans*-geschlechtliche Personen mit einem Anspruch auf Gleichheit und schließlich auch mit einem Anspruch auf Schutz vor Diskriminierung ausstatteten. Dennoch sind Frauen* im Allgemeinen und insbesondere Frauen* of Colour sowie auch LGBTIQ*-Personen bis heute vergleichsweise unsichtbare Rechtssubjekte im Vergleich zu der Hypersichtbarkeit *weißer*, heterosexueller Männer*. Davon wird dieses Kapitel erzählen, wobei es mit einer Reflexion des Zusammenwirkens von Moral, Ethik und Gesetz einsetzt und sich auf Rechte von und Gesetzgebung bezüglich von Frauen* konzentriert. Eine Rechtsgeschichte zu Homosexualität, Inter*sexualität und Trans*geschlechtlichkeit wird Gegenstand des Kapitels 3.6. «Diskriminierung von Homosexualität, Inter*sexualität und Trans*geschlechtlichkeit» sein.

2.3.1. Moral, Ethik und Recht

«Recht garantiert für gewöhnlich nicht, was es nicht schon gibt» (9), schreibt die feministische Rechtswissenschaftlerin Catherine A. MacKinnon in ihrem Aufsatz «Auf dem Weg zu einer feministischen Jurisprudenz» (1993). Recht sei daher eine «besonders potente Quelle für Legitimität», wobei Recht umgekehrt auch bestimmt, was legitim sei. Dabei wird «gesellschaftliche Herrschaft unsichtbar» (4) – im Sinne einer «unsichtbar herrschenden Normalität».[54] So wie Herrschaft durch (ihr) geltendes Recht legitim wird, prägt Recht samt seiner Regulierungs-, Überwachungs- und Bestrafungspraktiken die Herrschaft.

Dieses Recht-Legitimität-Herrschaft-Ambiente interagiert zudem mit Moral und Ethik: Moralvorstellungen prägen Individuen und Kollektive. Dabei können Moralvorstellungen geteilt werden, aber auch unterschiedlich ausfallen. Auf einer eher übergeordneten Ebene bewegt sich Ethik. Ethik reflektiert Moral und normiert dabei moralische Trends einer Gesellschaft. So wie Recht Vorstellungen von Moral und gesellschaftliche Ethik prägt, erwirken (sich wandelnde) Moralvorstellungen und deren ethische Fundierung wiederum Umbrüche in Recht – und (dadurch) auch Herrschaft.

Justitia ist also ebenso wenig blind, wie Gesetze und deren juristische Anwendung objektiv oder Ethik und Moralvorstellungen unparteiisch sind. Vielmehr drücken sie eine Perspektive aus, die aus Macht- und Herrschaftsstrukturen generiert wird, die ebendadurch Entstehung und Stärkung erfahren.

Im Angesicht dieser engen Wechselwirkung von Moral, Recht, Legitimität und Herrschaft wird Widerstand gegen Herrschaft, geltendes Recht und deren Ethik oft aus der Perspektive der in Macht situierten Personen als «moralisch verwerflich» oder «moralischer Überschuss» abgetan (wobei beides im Kern das Gleiche meint und auf eine Abwertung dieses Widerstandes hinausläuft) – so als seien Macht- und Herrschaftsposition moralisch (legitimiert) und als wäre jede andere Moral ein zu viel an Moral. Genau genommen aber geht es bei dem Vorwurf des «moralischen Überschusses» also nicht um ein quantitatives «zu viel», sondern um ein qualitatives «richtig» und «falsch»: Es wird also postuliert, dass eine Moral nicht mit der Mainstream-Moral und dem entsprechenden ethischen Paradigma vereinbar wäre. Das ändert sich erst, wenn die widerständige Moral sich gesellschaftlich breit zu etablieren vermag, wobei der Gesetzgebung eine entscheidende Rolle zukommt.

Politische Ordnungen, juristisch garantierte Rechte, deren Auslegung und Umsetzung sowie kollektiv justierte Vorstellungen von Moral und Gerechtigkeit sowie die entsprechende Ethik schärfen sich also aneinander. Während Moralvorstellungen individueller gestaltet (und geltende Grundsätze leichter ignoriert) werden können und juristische Regelungen Spielräume ausreizen können, ist deren Kanonisierung durch Ethik und Gesetze träger. Andererseits aber vollziehen erst neue Gesetze und ethische Zäsuren eine breitenwirksame Modifizierung von Moralvorstellungen. So wie der stete Tropfen den Stein höhlt, lassen sich solche individuellen Empörungen nie gänzlich aufhalten. Ausbremsen, ja stoppen aber: Nein. Je mehr Menschen sich etwa über eine Ungerechtigkeit der Gesetzgebung und deren Umsetzung empören und dies entsprechend (moralisch) kundtun, umso größer und lauter wird auch der Kreis derer, die beginnen, Zweifel an dominanten Moralvorstellungen und der dazugehörigen Ethik zu hegen. Je mehr diese Zweifel wachsen und eine dominante Ethik zu wanken beginnt, umso mehr geraten auch die betreffenden Gesetze ins Visier von Zweifel und Kritik. Und ändern sie sich, dann zweifeln noch mehr Menschen – bis dann der Zweifel durch Recht legitim wird.

Über Jahrhunderte, ja Jahrtausende hinweg etwa widersprach es zum Beispiel nur dem Gerechtigkeitsempfinden weniger, dass Frauen kein Recht auf politische Teilhabe genossen. Ja, vielen galt es als schlichtweg unmoralisch, dass Frauen* auch nur den Gedanken hegten, eine Wahlkabine von innen sehen zu wollen. Aus der Perspektive der Suffragetten (Kämpfer*innen für das Frauenwahlrecht) allerdings war die Rechtsauffassung, dass Frauen aus dem passiven und aktiven Wahlrecht ausgeschlossen blieben, ihrer Zeit hinterher – und als sie beharrlich genug blieben, gesetzliche Regelungen zu erwirken, vermochten es diese, die moralische Einschätzung der Mehrheitsgesellschaft mehr und mehr und zunehmend breit so zu korrigieren, dass eine neue Wahlethik nachhaltig Raum greifen konnte. Erst nachdem die Suffragetten und andere Bewegungen das Frauenwahlrecht erstritten hatten (in Deutschland etwa trat im November 1918 das Reichswahlgesetz in Kraft, das ab Januar 1919 dann auch sukzessive praktisch umgesetzt wurde), stieg auch der gesellschaftliche Rückhalt dafür. Dass juristischer und ethischer Wandel wiederum niemals alle Individuen und Moralvorstellungen einzubinden vermögen, zeigt das Schweizer Beispiel. Zwar wurde das Frauenwahlrecht hier 1971 eingeführt. Allerdings dauerte dessen Umsetzung im Kanton Appenzell Innerrhoden noch bis zum 27. November 1990 – noch immer gegen den Protest einiger: Am 29. April 1990 gab es einen Mehrheitsentscheid der wahlberechtigten Männer*, das Wahlrecht für Frauen* zu verhindern. Dies lässt sich nur historisch erklären und hat viel mit dem viel zu langlebigen Prinzip «männlicher Vormundschaft» zu tun.

2.3.2. Männliche Vormundschaft und Frauen* ohne Rechte

Das Wechselspiel von Gesetz und Rechtsprechung sowie Ethik und Moral prägt auch das Prinzip männlicher Vormundschaft als Anker patriarchalischer Herrschaft. Unter deren Bedingungen, so MacKinnon in «Auf dem Weg zu einer feministischen Jurisprudenz» (1993), «dominiert der männliche Standpunkt die bürgerliche Gesellschaft in Form eines objektiven Standards. Dieser Standpunkt sieht so aus, als würde er, gerade weil er die Welt dominiert, nicht wie ein Standpunkt funktionieren.» Auf diese Weise entwerfen jene, die Macht haben, «ihre eigenen Normen und Institutionen, die dann zum Status quo werden». Sie schreiben «Verfassungen, die zum höchsten Standard des Rechts selbst werden». Unter dieser «Ägide beherrschen Männer Frauen und Kinder: drei Viertel der Welt. Regeln über Familien und Verwandtschaftsbeziehungen garantieren ebenso wie sexuelle Sitten Männern als Gruppe reproduktiven Besitz und sexuellen Zugriff und Kontrolle.» (4) Mit Blick auf Rassismus und Heteronormativität wird das eigentliche Kontrollzentrum noch überschaubarer, denn es verschlankt sich auf den heterosexuellen *weißen* Mann.

Die Geschichte des Frauen*Rechts ist also unmittelbar an die Bedingung männlicher Vormundschaft gebunden – und damit mittelbar auch an die Erfindung, was die Frau sei und was sie daher nicht sei(n könne) oder dürfe – weil der Mann dies bereits sei bzw. dürfe.

Das seit der Antike tradierte Narrativ erzählt, dass Männer Frauen biologisch (mental wie körperlich) überlegen seien und sie diejenigen wären, die aktiv zeugten. Die daraus scheinbar resultierende Überlegenheit des Mannes macht es plausibel und kausal, Kinder unter die Vormundschaft des Mannes zu stellen. Und insofern diese Überlegenheit des Mannes gleich noch mit beinhaltet, dass Frauen ihnen in jeder Hinsicht unterlegen seien, scheint es im erstaunlichen Zirkelschluss gleich noch mit plausibel, Frauen ebenfalls dieser Vormundschaft zu überantworten.

Männliche Vormundschaft bedeutete in Europa und auch in Deutschland bis weit ins 20. Jahrhundert hinein, dass Belange der Frau (vollumfänglich oder partiell) als Rechtsgeschäft zwischen Männern angesehen wurden. Zum einen kolorierte Vormundschaft diverse Ecken des Familienrechtes in Deutschland und Mittel- und Westeuropa. Ein weltweites Phänomen dabei ist etwa die sogenannte Patrilokalität (Neuvermählte lassen sich am Wohnort des Vaters des Ehemannes nieder) und Patrilinearität (ausschließlich männliche Erbfolge). Vormundschaft betrifft etwa auch Eheschließung oder deren Scheidung. Davon abgesehen, dass die allgemeine Mitsprachemöglichkeit bei der Anbahnung von Hochzeiten für die zu Vermählenden in Deutschland, Europa und anderswo bis weit ins 19. Jahrhundert oftmals gering waren, oblagen entsprechende Verhandlungen allgemein männlichen* Vormündern (und nie Frauen*) und hatten Männer* eher die Möglichkeit, alternative Wege zu beschreiten. Zudem waren Männer* häufig schon in einem reiferen Lebensalter als die (oft noch minderjährigen) Frauen*. Hierzu gehört dann auch, dass Frauen* bis ins 20. Jahrhundert hinein kaum Mitsprache in familiären Entscheidungen hatten, es sei denn, kleinere Belange der Kinder betreffende.

Es gibt Stimmen, die hierbei den Mann als benachteiligt sehen. Vormundschaft heiße auch, dem Unterhaltsanspruch der Frau entsprechen zu *müssen*. Insofern sei der Mann* zu unentgeltlicher Arbeit für die Familie verpflichtet. Individuell gesehen, kann dies ein Männer*leben belastend prägen. Strukturell gesehen aber, ziehen Frauen* in jedem Fall das schlechtere Los. Denn auch sie haben eine Fürsorge- und Bringpflicht: Das gesamte Repertoire der Hausarbeit etwa wird ebenso unentgeltlich geleistet. Doch daraus ergeben sich für die Frau*, anders als beim Mann*, weder Privilegien noch Rechte. Ganz im Gegenteil: Das patriarchalische Vormundschaftsprinzip weist Männern* Rechte und Privilegien zu, die Frauen* system(at)isch vorenthalten bleiben.

Das betrifft nicht nur den Mikrokosmos der Familie, sondern erst recht den auf ihm fußenden Makrokosmos des öffentlichen Raumes. Dieses Modell schuf Privilegien und Räume für Männer, die Frauen unzugänglich blieben – etwa politische Teilhabe, juristische Eigenständigkeit, ökonomische Handlungsfreiheit, Bildungsmöglichkeiten, freie Berufswahl, körperliche Autonomie, ja das Recht auf Selbstbestimmtheit im Allgemeinen. Frauen durften weder Besitz noch aktives oder passives Wahlrecht innehaben, vor Gericht durften sie nicht klagen, Zeuginnen oder Geschworene sein (wohl aber angeklagt werden), sie durften nicht bürgen, keine Kredite aufnehmen, keinen eigenen Reisepass besitzen, Geschäfte gründen oder Arbeitsverträge autonom unterzeichnen. Die autodidaktisch gebildete und von Montaigne geförderte französische Schriftstellerin und Philosophin Marie Le Jars de Gournay brachte diese Ganzheitlichkeit auf den Punkt:

> Glücklich bist du Leser, wenn du nicht dem weiblichen Geschlecht angehörst, dem man alle Güter verbietet, indem man ihm alle Aufgaben, alle Rechte und Pflichten und öffentlichen Ämter verwehrt: in einem

> Wort, indem man es von der Macht ausschließt, in deren maßvoller Anwendung sich die Mehrzahl der Tugenden herausbilden.

Auf diese Weise bleibe Frauen «als einziges Glück, als höchste und ausschließliche Tugenden ...: die Unwissenheit, die Unterwürfigkeit und die Gabe, sich als Törin darzustellen, wenn sie dieses Spiel mitmacht.»[55] Alle verweigerten Einzelrechte ergaben, in Wechselwirkung mit ideologisierten Ungleichheitserzählungen und deren gesellschaftlicher Omnipräsenz, das Gesamtpaket der Rechtlosigkeit.

Recht bringe Frauen «nicht ausdrücklich zum Schweigen», schreibt Catherine MacKinnon – mit Blick auf die Geschichte der Gesetzgebung sowie (unzulängliche) Gesetzgebungen bezüglich sexistischer Gewalt gegen Frauen (etwa häuslicher Gewalt oder Prostitutionsgewalt):

> Dafür besteht keine Notwendigkeit, weil Frauen schon vorher innerhalb der Gesellschaft zum Schweigen gebracht werden... Kein Gesetz garantiert, dass Frauen auf ewig die Ungleichen gegenüber Männern bleiben. Dafür besteht keine Notwendigkeit, da die herrschende Interpretation des Gleichheitsrechtes es in einer ungleichen Gesellschaft erforderlich macht, gesellschaftlich gleich zu sein, bevor rechtliche Gleichheit gewährt werden kann.[56]

MacKinnon hat recht. Der Zusammenhang von Gesetzgebung und (fehlender) Geschlechtergerechtigkeit in der Gesellschaft ist tragend. Das verliert nicht einmal an Richtigkeit vor dem Hintergrund, dass in Deutschland seit 1919 die Gleichbehandlung von Frau und Mann ein deklariertes Grundrecht ist (wobei das erst 1994 durch Art. 3 Abs. 2 Satz 2 des Grundgesetzes um einen entsprechenden Verbindlichkeitsauftrag an den Staat erweitert und in voller Konsequenz durch das BGB und andere Gesetzeswerke umgesetzt wurde).

Historisch ist das umso virulenter. Je weiter wir in die Geschichte zurückschauen, umso ungleicher war die Geschlechtergesellschaft aufgestellt und die Unsichtbarkeit von Frauen als Rechtssubjekten ehernes Gesetz – und zwar bis hin dazu, dass Frauen die Rechte, über die Männer verfügten, verwehrt wurden, ohne dass dies thematisiert oder auch nur benannt worden wäre. Vieles war Frauen nicht einmal verboten, jedenfalls nicht explizit in den Gesetzestexten selbst, jedenfalls in vielen langen Jahrhunderten nicht. Es war eben noch viel prinzipieller: Bis ins ausgehende 19. Jahrhundert hinein sprachen die entsprechenden Gesetze zumeist gar nicht erst darüber, ob Frauen dieses oder jenes dürfen oder nicht. «[W]eil Frauen schon vorher innerhalb der Gesellschaft zum Schweigen gebracht» wurden, wurden sie beschwiegen. Mit anderen Worten: Sie wurden entrechtet, also ihrer Rechte beraubt – und dann wurde so getan, als hätten sie gar kein Recht auf Rechte. So aufgestellt, meinte die patriarchalische Gesetzgebung ausschließlich Männer, es sei denn, die Gesetze betrafen explizit das Fehlverhalten von Frauen in ehelichen oder anderen Angelegenheiten. Es gab also in der Regel nicht einmal einen ersten eröffnenden allgemeinen Vormundschaftsparagraphen wie etwa im römischen Zwölftafelgesetz (ca. 450 v. u. Zt.), in dem der erste Paragraph festlegt, dass sich jede Frau unter einer Vormundschaft befindet.[57] Weil Frauen* wie ganz selbstverständlich (korrelierend zur gesellschaftlichen Ungleichheit) unter der Vormundschaft von Männern* als den eigentlich Herrschenden standen, wurde diese oft nicht einmal weiter geregelt.

Die Zehn Gebote stehen exemplarisch dafür, dass Frauen in Ge- und Verbotstextkörpern zunächst nicht eingeschlossen waren. Davon zeugt am stärksten das sechste Gebot, das zunächst verfügte, dass ein Mann nicht die Frau eines anderen Mannes begehren solle. Entweder Frauen war das Ehebrechen erlaubt (was aber der Tatsache widerspricht, dass die sonstigen dokumentierten Gesetze dieser Zeit Frauen dafür z. T. zum Tode verurteilten) – oder aber dieses Gebot funktionierte nach der sonstigen Praxis der männlichen Vormundschaft, Frauen gar nicht erst einer Erwähnung wert zu befinden – also nur Männer als Rechtsperson anzuerkennen. Letzteres wurde modern schlichtweg oft überschrieben, indem in zeitgenössischen Übersetzungen von einem genderneutralen «Du sollst nicht ehebrechen» gesprochen wird. Der Dekalog zeigt noch eines exemplarisch: Gesetzestexte prägten einander über Zeiten und Räume hinweg. Der Dekalog etwa entstammt zumindest zwei verschiedenen Schreibphasen. Die Entstehung der Gebote vier bis zehn wird zwischen 1500 / 1000 v. u. Zt. und dem 8. Jh. v. u. Zt. verortet, die drei ersten entstanden wohl im 8. Jahrhundert v. u. Zt. Ihre heutige Fassung wiederum entstand im ersten Jahrhundert n. u. Zt. Bis heute sind sie von prägender Bedeutung für die theologische Ethik im Christen- und Judentum und als solche kultur- und rechtsgeschichtlich einflussreich. Konkret etwa zeigen sich Einflüsse auf das *Collatio legum Mosaicarum et Romanorum* (um 390), welches Dekaloggebote und römische Rechtssätze verband. Aber auch die mittelalterlichen Gesetze Alfreds des Großen sind hier zu nennen, da sie sich am Dekalog orientieren und jeweils zu Beginn ein Gebot paraphrasieren. Auch die Verfassungstheorie der Französischen Revolution von dem Theologen Emmanuel Joseph Sieyès zeigt Einflüsse dieses biblischen Gebots- und Verbotsrepertoires.[58]

Aus dem systematischen Verneinen, ein Rechtssubjekt zu sein, wurde also quasi ein Gewohnheitsrecht, das erst ab dem 19. Jahrhundert vereinheitlicht in Gesetze gegossen wurde, bevor es im 20. Jahrhundert sukzessive bekämpft und abgeschafft wurde. Und obgleich männliche Vormundschaft und das Fehlen von Frauen* als Rechtssubjekt ein Gesamtpaket darstellen – erkämpft werden mussten die Rechte einzeln: Recht auf Scheidung; passives Wahlrecht, aktives Wahlrecht; Recht darauf, einen Kredit oder einen Arbeitsvertrag abzuschließen; Recht auf einen Reisepass, Recht auf ökonomische Eigenständigkeit, Recht auf Zeug*innenschaft, Recht auf Abtreibung usw. Bis ins frühe 20. Jahrhundert hinein stritten Frauenrechtler*innen um Gesetze, die sie beachten und ihnen die gleichen Rechte wie Männern* oder Autonomie über ihren Körper geben sollten. Diese Geschichte des Zusammenwirkens von patriarchalischer Herrschaft und männlicher Vorherrschaft einerseits sowie der Rechtlosigkeit von Frauen* andererseits wird in dem nachfolgenden Kapitel nachgezeichnet, wobei das konkrete Prinzip männlicher Vormundschaft im Mittelpunkt steht. Dabei wird auch auf die Wechselwirkung von Moral und Ethik, Un/Gleichheit und Recht eingegangen.

2.3.3. RechtsGeschichte in Zeiten männlicher Vormundschaft

Das älteste bekannte mittelbare Gesetz ist der mesopotamische *Codex Urnammu* (um 2100 v. u. Zt.). Einzelne Paragraphen zeigen, dass es allein die Gerichtsbarkeit von Männern regelt. So lässt § 1 etwa Frauen unbenannt: «Wenn ein Mann einen Mord begeht, muss dieser Mann getötet werden.»[59] «Mann» könnte natürlich im generischen Sinne alle Menschen meinen. Dies kann aber ausgeschlossen werden, denn an anderer Stelle werden Frauen explizit erwähnt. Allerdings wird die Frau nicht als Rechtsperson im eigentlichen Sinne erwähnt, sondern nur im Verhältnis zu ihrem Mann – als Eigentum des Mannes. So heißt es etwa in § 6: «Wenn sich jemand von seiner Hauptfrau scheidet, zahlt er ihr eine Mine Silber.» Die Frau fungiert als Besitz (Frauen wurden von Vätern gegen einen «Brautpreis» verkauft). Frauen ist es nicht möglich, sich scheiden zu lassen. Sie können aber des Ehebruchs beschuldigt werden, da sie Besitzgegenstand des Mannes sind. Das macht deutlich, dass der Mann, und nur der Mann, eine Rechtsperson ist – und die Frau nur als Besitz des Mannes,[60] nicht aber als Rechtsperson im *Codex Urnammu* Erwähnung findet.

Der *Codex Hammurabi* (1760 v. u. Zt.), die keilschriftlich überlieferte babylonische Rechtsordnung, funktioniert ähnlich. Es heißt fast durchgängig «Wenn ein Mann ...» – und meint dabei Mann im biologisch-sozialen Sinne. Frauen sind keine Rechtspersonen und werden nur in ihrer Rolle als Eigentum des Mannes erwähnt, wenn es um Sexualität, Fruchtbarkeit, Scheidung und innerfamiliäre Eigentumsregelungen geht (sowie als Hierodule, die freiwillig oder gezwungenermaßen als Priestergehilf*innen in das patriarchalische System eingebunden sind). Neu ist, dass die Frau für Ehebruch hingerichtet wird, es sei denn, ihr gelingt es nachzuweisen, dass sie (reproduktiv gesehen) vernachlässigt wurde (§ 142). In diesem Fall kann ihr eine Scheidung gewährt werden. Prinzipiell bleiben Frauen patriarchalischer Besitz in ihrer Funktion als Ehe- und Hausfrau sowie Mutter: «§ 143 Gesetzt, sie hat sich nicht in Acht genommen, geht aus, ruiniert ihr Haus, vernachlässigt ihren Gatten, so wird man selbige Frau ins Wasser werfen ... § 163 Stirbt die Frau kinderlos, so hat der Schwiegervater dem Manne den Brautpreis zurückzugeben und dieser dem Schwiegervater die Mitgift.» Als Besitztum des Mannes orientiert sich das Strafmaß an ihrem «Wert», der sich wiederum allein aus der sozial-ökonomischen Stellung des Mannes ableitet:

> § 209 Gesetzt, ein Mann hat eine Freigeborene geschlagen und hat bei ihr eine Fehlgeburt veranlasst, so wird er zehn Seqel Silber für den Fötus zahlen. § 210 Gesetzt, selbige Frau ist gestorben, so wird man seine Tochter töten. § 211 Gesetzt, er hat bei der Tochter eines muškēnu (d. i. eine Person ohne Wohlstand, SuA) durch Schlagen eine Fehlgeburt veranlasst, so wird er fünf Seqel Silber zahlen. § 212 Gesetzt, sel-

> bige Frau ist gestorben, so wird er eine halbe Mine Silber zahlen. § 213 Gesetzt, er hat die Sklavin eines Mannes geschlagen, eine Fehlgeburt bei ihr veranlasst, so wird er zwei Seqel Silber zahlen. § 214 Gesetzt, jene Sklavin ist gestorben, so wird er eine drittel Mine zahlen.

Im antiken Griechenland und Athen lassen sich seit 600 v. u. Zt. Gesetze nachweisen, wobei die Todesstrafe der gängigste, aber nicht schlimmste Schuldspruch in der von Drakon (621 v. u. Zt.) und Solon (594 v. u. Zt.) verfassten Rechtsprechung waren. Die familiäre Haus- und Wirtschaftsgemeinschaft (*oikos*) war eine Art Mikrokosmos des athenischen Stadtstaates (*polis*). Beides wurde von Männern* beherrscht. Es galt die rechtliche Gewalt der *kyrios* (κυρία kyría, «Vollmacht»). Jeder Haushalt hatte einen *kurios* (κύριος kýrios, «Herr»), der alle vertrat, die keine Rechtsfähigkeit besaßen: Kinder, Versklavte, Frauen. Er stand auch über allen anderen Männern* seines Haushaltes, jedoch waren diese rechtlich unabhängig von ihm und teilweise (insbesondere ältere Männer*) die Eigentümer des Familienbesitzes. Frauen* konnten zwar erben, aber ihr Besitz stand unter männlicher Vormundschaft. Die Eheschließung war eine ökonomische Angelegenheit von Vater (oder dem nächsten männlichen Verwandten) und künftigem Ehemann/Schwiegervater. Bürgerliche griechische Frauen* verbrachten ihr Leben vorrangig im Haus – mal abgesehen von Festlichkeiten oder Begräbnissen. Ihnen kam allein eine reproduktive Rolle als Mutter und Ehefrau zu. In gespiegelter Logik ergab sich daraus, dass Frauen* kein Teil der *polis*, des öffentlichen Lebens, waren und sein konnten; dieser Raum blieb allein Männern* vorbehalten. So waren Frauen* auch nicht befugt, Geschäfte zu führen, im Gericht Zeugnis abzulegen oder politische Teilhabe auszuüben.[61] Aristoteles rechtfertigt dies, wie Sklaverei, in seinem Werk zur Politik, indem er einen «herrschenden» und einen «beherrschten» Teil in Gemeinschaften aller Größenordnungen als naturgemäß, ja als «universale Natur» postuliert (35: 1260 a). Weil, wie bereits erläutert, der griechische Mann der Einzige sei, der «mit Verstand vorauszuschauen» vermöge, sei er von Natur aus der Herrscher. Dabei macht er eine Binnendifferenzierung auf: «Denn auf eine andere Weise herrscht der Freie über den Sklaven und das Männliche über das Weibliche und der Vater über das Kind, und in jedem sind die genannten Seelenteile vorhanden, aber sie sind in verschiedener

Weise vorhanden» (35: 1260 a). Freie Frauen besäßen zwar «praktische Vernunft», doch fehle es ihnen an Entscheidungskraft. Beim Kind sei beides vorhanden, doch «noch nicht voll entwickelt». Dies korrespondiert damit, dass es selbst noch «nicht in seiner Entwicklung abgeschlossen ist», sich aber zum Herrscher entwickeln werde – wobei Aristoteles hier allein auf Söhne rekurriert. Töchter der Freien bleiben in seinem Kategoriensystem unberücksichtigt. Sklaven hingegen (auch hier bleiben Frauen* ausgeblendet) besäßen «die Fähigkeit zu praktischer Vernunft überhaupt nicht». Doch als «beseelte Werkzeuge» seien sie in der Lage, die «praktische Vernunft» ihres Herrn zu vernehmen und dadurch das von ihm Vorgesehene auszuführen (vgl. 16–37: 1254 a-1260a). Seine Argumentation ist insofern in sich logisch, als er behauptet: «Bei den Barbaren nehmen dagegen Frau und Sklave den gleichen Rang ein. Der Grund dafür ist folgender: Sie besitzen nicht das, was von Natur aus die Herrschaft ausübt, sondern bei ihnen wird die eheliche Gemeinschaft zwischen Sklavin und Sklaven geschlossen.» (10: 1252 b) So konsistent dieses Argument aus Sicht Aristotelischer Logik auch erscheint, so weist es doch insofern eine interessante Wendung auf, als der Mann* (sobald er «Barbar», also kein Grieche, sei) nun doch nicht mehr von Natur aus der Frau* überlegen sei – was an seiner Behauptung rüttelt, dies sei «universaler Natur» (16: 1254 a). Zudem deckt sich diese Aussage nicht mit der Tatsache, dass das Modell der patriarchalischen Herrschaft auch die gesellschaftlichen und politischen Organisationsformen der Skyth*innen, Perser*innen oder Ägypter*innen prägte. Allerdings war die patriarchalische Herrschaft im Alten Ägypten (ca. 4000 bis 1070 v. u. Zt. sowie 332 v. bis 395 n. u. Zt.) liberaler. Eheverträge etwa wurden zwar zwischen dem nächsten männlichen Verwandten der Frau* und dem künftigen Schwiegersohn abgeschlossen, doch konnten diese ein Recht auf Scheidung auf beiden Seiten vereinbaren. Zudem galten Frauen* zumindest partiell als rechts- und geschäftsfähig. Frauen* hatten das Recht, als Zeug*innen (etwa bei der Unterzeichnung von Urkunden) zu fungieren, sie konnten Prozesse führen und Verträge abschließen. Es gab zudem Frauen*, die dem obersten rechtsprechenden Organ, dem Kenbet, angehörten. Das blieb allerdings ebenso eine Ausnahme, wie Pharaon*innen es waren.

Im römischen Recht waren Ehe und Familie die tragenden Säulen der *res publica* und beide Ebenen strukturell ähnlich. Männer* waren als *pater familias* für die Ordnung in der Familie zuständig. Dies leitete sich daraus ab, wie Marcus Porcius Cato der Ältere und Cicero analog zu Aristoteles argumentierten, dass Männer deswegen von Natur aus zum Herrschen geboren seien, weil Frauen ihnen unterlegen seien – und zwar mit Blick auf Verstand (*Imbecillitas Mentis*), Charakter/Mentalität (*Levitas Animi*) und Körper (*Infirmitas Sexus*).[62] Um diese Defizite zu kompensieren, bedurften Frauen einer Vormundschaft durch den *pater familias*. Daraus ergab sich dann kausal, dass sie weder öffentliche Pflichten noch Aufgaben in den Strukturen der *res publica* ausüben konnten, betreffe es etwa das Wahlrecht, eine Handlungsbefugnis vor Gericht oder auch «nur» das Recht, Kinder zu adoptieren.[63] Der *Lex Voconia* (169 v. u. Zt.) gemäß durften Frauen nicht erben oder vererben bzw. eingeschränkt nur unter männlicher Kontrolle.[64] Tatsächlich gab es sogar ein Gesetz über Sexualstraftaten. Dieses aber schützte nicht vor sexueller Gewalt, sondern vor Untreue – die noch immer nur ein Delikt von Frauen war; bei Männern war dies zulässig. Vielmehr galt es noch immer analog zu Demosthenes' Logik als üblich, sexuelle Lust des Mannes und deren Befriedigung aus dem Eheleben, das vornehmlich der Zeugung von Kindern diente, auszulagern. In ebendieser Logik galt Ehebruch als Vergehen, das nur von einer Frau begangen werden konnte: Sie hatte kein Verlangen und diente nur zur Reproduktion.

Dieser Duktus männlicher Vorherrschaft schreibt sich dann auch in die vermutlich von Moses niedergeschriebene Schöpfungsgeschichte ein, die sich in Praxen von Christentum, Judentum und Islam gleichermaßen, wenn auch auf unterschiedliche Art und Weise, einschreibt. Gott bestimmt den Mann zum Herrscher über die Frau. Dahinter klingt mit, dass Männer Frauen kontrollieren müssen, weil Frauen ebenso leicht vom Teufel verführbar wie manipulativ seien – also damit sie nicht weiteres Unheil anrichten. Daran gab es in den vielen folgenden Auslegungen in der Geschichte des Christentums schon allein deswegen nichts zu rütteln, weil es Gottes Gebot sei. Frauen müssen (patriarchalisch) beherrscht werden, männliche Vormundschaft rettet die Welt. Diesen Tenor etwa enthält der erste Brief des Paulus an Timotheus:

> 12 Einer Frau gestatte ich nicht, … dass sie über den Mann herrsche, sondern sie sei still. 13 Denn Adam wurde zuerst gemacht, danach Eva.

> 14 Und Adam wurde nicht verführt, die Frau aber wurde verführt und übertrat das Gebot. 15 Sie wird aber gerettet werden dadurch, dass sie Kinder zur Welt bringt, wenn sie bleiben mit Besonnenheit im Glauben und in der Liebe und in der Heiligung. (1. Tim 2,1–15: 12–15)

Der in der Bibel Wort gewordene christliche Glaube war für das sogenannte «Gewohnheitsrecht» ausschlaggebend, das im europäischen Mittelalter ebenso wirkmächtig wie lokal ausdifferenziert war – und weltliche ebenso wie kirchliche Rechtsprechungen beeinflusste. Weil Frauen mit einer körperlichen und seelischen Schwäche (*defectus naturalis*) ausgestattet seien, mussten sie der «Schutzgewalt» männlicher Vormundschaft und Kontrolle untergeordnet werden. Dabei unterschied sich der Rechtsstatus nach familiärem Stand. Frauen durften auch hier selbst keine Verträge abschließen oder Zeug*innen sein; sie wurden vor Gericht prinzipiell von Männern vertreten – das galt auch für das Abschließen von Geschäften und den Besitz von Eigentum. Umgekehrt aber konnten sie verurteilt werden – was genau genommen inkonsequent ist: Warum attestiert das Gesetz Schuldfähigkeit, nicht aber Mündigkeit?[65]

Im Mittelalter existierte eine Gesetzesvielfalt, die allerdings nicht auf eine Rechtspluralität mit Blick auf Rechte für Frauen* hinauslief. Fürsten konnten eigene Gesetze erlassen, solange sie dem kaiserlichen Rahmen nicht widersprachen. Gleichzeitig gab es auch Königreiche, die nach rechtlicher Vereinheitlichung innerhalb der jeweils eigenen Grenzen strebten. Dafür steht etwa die *Domboc* genannte Gesetzessammlung von Alfred dem Großen im 9. Jahrhundert. Insgesamt galt bei all diesen Rechtsprechungen die Rechtslogik der gottgewollten «Natur»-Ordnung, darunter etwa die Erbfolgelogik sowie das Prinzip männlicher Vormundschaft[66] samt der entsprechenden Verweigerung von Rechten für Frauen. Diese fasst der wichtigste französische Staatstheoretiker Jean Bodin am Beginn der Frühen Neuzeit 1576 zusammen:

> Was die Frauen anbelangt, so sei nur das eine gesagt: Ich bin der Meinung, sie sollten von allen Magistratsämtern, Befehlsfunktionen, Richterstellen und öffentlichen Ratsversammlungen *so weit wie möglich* ferngehalten werden, damit sie sich mit Hingabe ihren Aufgaben als Gattinnen und Hausfrauen widmen.[67]

Am meisten lässt hier das «so weit wie möglich» aufhorchen, denn es zeigt, dass manches nicht strikt unmöglich war und offenbar in der sozialen Praxis Ausnahmen von der Regel existierten.

Parallel dazu wirkte ab dem 13. Jahrhundert die Inquisition. Deren Repräsentant*innen waren durchweg Männer* und die Inquisition durchweg patriarchalisch. Delinquent*innen wurden als «Ketzer*innen» oder «Häretiker*innen» (vom christlichen Dogma Abweichende) bezeichnet. Ausgehend von Luzern, etabliert sich etwa 100 Jahre später, etwa zwischen 1402 und 1419, in der deutschen Sprache der Begriff «Hexe» als Kernwort des «Hexenverbrennung» genannten Femizids. Dass wir es bei «Hexe» ausnahmsweise nicht mit einem generischen Maskulinum, sondern einem generischen Femininum zu tun haben, korrespondiert damit, dass etwa 75–80 Prozent der Opfer Frauen* waren. Bis ins 18. Jahrhundert hinein fielen diesem Femizid europaweit zwischen 40 000 und 60 000 Menschen zum Opfer, wobei die Kernzeit von 1550 bis 1650 andauerte.[68]

Den als «Hexe» diffamierten Menschen wurde vorgeworfen, dass sie als «schwarze Magie» bezeichnete magische Kräfte besäßen, die aus einem Bündnis mit dem Teufel herrührten und das Gemeinwohl gefährdeten. Damit wurde nicht selten auf Frauen*Wissen rekurriert oder auf einen Anspruch auf Autonomie. Jede noch so kleine Zuwiderhandlung gegenüber Paradigmen der patriarchalischen Herrschaft konnte (nicht nur) von der katholischen Kirche als Gefährdung des Gemeinwohls eingestuft werden. Natürlich war nicht jede der als Hexe verbrannten Frauen* darauf aus, patriarchalische Herrschaft zu unterwandern; andersherum aber ist die Zahl derer, die dies taten, überdurchschnittlich hoch unter den zu «Hexen» inquisitorisch verurteilten Menschen. Insbesondere bis zum Ende des 16. Jahrhunderts wurden v. a. Frauen* hingerichtet, die sich patriarchalischen Regelungen und Institutionen und damit der direkten patriarchalischen Kontrolle entzogen. Ein Beispiel dafür ist auch die Verbrennung der 19-jährigen Jeanne d'Arc am 30. Mai 1431 in Rouen. Ihr wurden diverse Vergehen vorgeworfen, doch die Tatsache, dass sie sich, als Mann* verkleidet, in militärische Gefilde vorwagte, und zwar erfolgreich, ist hierbei bedeutsam. Auch sozial schwache (etwa bäuerliche) und/oder allein lebende Frauen*, darunter Witwen, wurden überproportional oft Opfer der Hexenverfolgungen. Insgesamt profilierte sich dieser Femizid in einem Klima der Angst und Denunziation zu einem Instrumentarium, um Frauen*, die sich patriarchalischen Herrschaftsansprüchen entzogen, exemplarisch einzuschüchtern, zu foltern und umzubringen.

Eine erste Gleichstellungsmaßnahme erwirkte die Reformation. Dabei ging es aber nicht um mehr Rechte für Frauen*. Vielmehr wurden an Männer* strengere Maßstäbe gelegt, die deren Rechte einschränkten und damit jenen von Frauen* anglichen. Die postulierte Enthaltsamkeit des Puritanismus beinhaltete etwa eine rigide Bestrafung außerehelichen Geschlechtsverkehrs, auch von Männern*. Protestantisch verstanden, war die Ehe kein Sakrament mehr, und damit konnte sie aufgelöst werden. Ein entsprechendes Recht auf Scheidung hatten dabei Frau wie Mann, was sich auch auf eine partielle Liberalisierung der Erb- und Handelsrechte für Frauen* auswirkte. Doch bedurfte es einer Begründung, die geschlechtsspezifisch ausfiel. Frauen verwiesen dabei auf «unchristliches» Fehlverhalten ihrer Ehemänner – Alkoholkonsum oder Ehebruch – und hatten in protestantischen Gebieten damit Erfolg. Männer* bezogen sich zumeist auf Fragen der Fortpflanzung, die wegen der Frau* scheitere, aber auch auf Ehebruch.[69] Nicht immer erfolgte eine Scheidung (sofort). Meist ging es (zumindest zunächst) um eine temporäre Trennung von «Tisch und Bett» und eine Beobachtung etwa durch eine christliche Vertrauensperson. Insgesamt war das kein Klima, das an dem Verständnis der (biologischen) und sozialen Ungleichheit von Mann und Frau rüttelte.

Im Zuge der zunehmenden Trennung von Recht und Religion im 18. Jahrhundert dünnte sich die Macht der Inquisition ebenso aus wie das Primat der mittelalterlichen Rechtslogik von der gottgewollten Ordnung. Das schloss auch die Erbfolge ein. Friedrich II. von Preußen wandelte rasch nach Thronbesteigung das «Gottesgnadentum» zum weltlichen Erbprinzip des «ersten Diener des Staates» – im Sinne des aufgeklärten Absolutismus, das aber trotz populärer Gegenbeispiele (etwa die Habsburgerin Maria Theresia von Österreich) an der patrilinearen Thronfolge im Großen und Ganzen nichts änderte. Diese Säkularisierung führte jedoch dazu, dass der monarchische Herrschaftsanspruch (z. T. mit dem Zwischenschritt über die parlamentarische Monarchie) schließlich in die parlamentarische Demokratie überführt wurde. Diese Säkularisierung und Modernisierung der Gesellschaftsordnungen brachten einen neuen Typus von Gesetzgebung hervor: die Verfassung.

Diese Prozesse setzten bereits um 1500 in Polen ein und fanden mit

Oliver Cromwell und der Bill of Rights (1689) in England einen ersten Höhepunkt. Ohne die Erblast der monarchischen Strukturen im eigenen Land war die Unabhängigkeitserklärung der USA von 1776 und deren Verfassung und Demokratie am konsequentesten – und eben auch konsequenter als die Französische Revolution 1789. Sie führte zwar sofort zur Abschaffung der Monarchie, schuf aber phasenweise einen autokratisch beherrschten Parlamentarismus, der aber schließlich zuerst in den neuen Absolutismus «Kaiser Napoleons» und dann in die Restauration, der Epoche der Wiederherstellung der Bourbonenmonarchie (1815–1830), mündete. Endgültig abgeschafft wurde aber das Feudalsystem (die Leibeigenschaft war schon 1779 gefallen). Das schloss auch ein, dass Bäuer*innen künftig weder Frondienste leisten noch Kirchensteuer zahlen mussten. Das Patriarchat aber ging nicht nur unbeschadet aus dieser Revolution hervor. Es führte bei der neuen Rechtsprechung und den Verfassungen, die trotz autokratischer oder monarchischer Herrschaft ab dem späten 18. Jahrhundert entstanden (und sich bis ins 20. Jahrhundert entwickelten), die Feder.

Konzeptionell werden dieser neue Zeitgeist, der keinesfalls überall gleichermaßen prägend war oder sein konnte und bald viele Rückschläge in der praktischen Umsetzung verzeichnete, und die mit ihm korrelierende Aufklärung oft in der US-amerikanischen Formel *life, liberty and the pursuit of happiness* bzw. der französischen Formel *liberté, égalité, fraternité* zusammengefasst. Dabei bringt gerade dieses letztgenannte Konzept das Problem treffend auf den Punkt. Visionen von Freiheit wurden an die Idee von «Brüderlichkeit» gebunden – also an Männer, *weiße* Männer. Rechtsphilosophen wie Thomas Hobbes, Jean-Jacques Rousseau oder Immanuel Kant stellen sich in einem pan-europäischen Schulterschluss die Frage, ob dies mit dem Gedanken der «Gleichheit» vereinbar sei, und kommen, auf den Schultern der Geschichte des Patriarchats stehend, zu dem Schluss: Ja, das geht. Ganz im Stil von Barthes' «Verleugnung der Geschichte» verweisen sie, die sich der göttlichen Erbfolgeformel der Monarchie widersetzten, auf den Naturzustand des Menschen. Dazu benutzen sie die ebenso simple wie fatale Formel der Tautologie: Es ist so, weil es so ist, es ist so, weil es so war. Vor diesem Hintergrund spricht Rousseau davon, «wie töricht es ist, über den Vorrang oder die Gleichberechtigung der Geschlechter zu streiten.» Es gebe nun einmal

«Verschiedenheiten» – und diese «müssen auch die Moral beeinflussen … [,] diese Folgerung [sei] … einleuchtend», denn sie «entspricht der Erfahrung».[70] Ebendies spiegelten die Verfassungen: Sie halten an dem Prinzip der männlichen Vormundschaft fest und schließen Frauen aus allen Rechten und ihren Institutionen aus – ohne das explizit regeln zu müssen.

Rousseau verfasst bereits 1762 einen Gesellschaftsvertrag, einen *contrat social*. Zwar ist dies eine Theorie und kein Vertrag im Sinne einer Gesetzgebung, und doch ist es diese Geisteshaltung, die sich in die revolutionären Verfassungen einschreiben wird. Rousseaus Gesellschaftsvertrag spricht nicht von Frauen*; er erwähnt sie nicht bzw. nur einmal, indirekt, (als Mutter) im Abschnitt zur Familie: «Die Autorität darf zwischen Vater und Mutter nicht gleich sein. Es darf nur eine Befehlsgewalt geben, die entscheidet.»[71] Diese Befehlsgewalt obliegt dem Mann.

Deutschlands wichtigster Aufklärer Kant sieht das genauso:

> Wenn daher die Frage ist: ob es auch der Gleichheit der Verehelichten, als solcher widerstreite, wenn das Gesetz von dem Manne in Verhältnis auf das Weib sagt: Er soll dein Herr (er der befehlende, sie der gehorchende Theil) sein, so kann dieses nicht als der natürlichen Gleichheit eines Menschenpaares widerstreitend angesehen werden, wenn dieser Herrschaft nur über die natürliche Ueberlegenheit des Vermögens des Mannes über das weibliche, in Bewirkung des gemeinschaftlichen Interesses des Hauswesens und des darauf gegründeten Rechts zum Befehl zum Grunde liegt, welches daher selbst aus der Pflicht der Einheit und Gleichheit in Ansehung des Zwecks abgeleitet werden kann.[72]

Mit anderen Worten: Es sei natürlich, will sagen gerecht, dass der Mann über die Frau herrsche, weil der Mann der Frau natürlich, will sagen von Natur aus, überlegen sei. Oder andersherum: Weil der Mann der Frau von Natur aus überlegen sei, müsse das Gesetz ebendiese Überlegenheit auch respektieren und die Herrschaft des Mannes sichern. Alles andere wäre nicht mit Gerechtigkeit zu vereinbaren, ja es wäre ungerecht, weil unnatürlich. Nur auf der Basis der Herrschaft (und Vormundschaft) des Mannes sei die Einheit von Mann und Frau gewährleistet. Gerechtigkeit könne es nicht dadurch geben, dass beide gleiche Rechte hätten, sondern nur dadurch, dass jede*r die ihm von Natur und Gesetz aus zugeschriebene Rolle einnimmt. Es wäre, andersherum gedacht, ungerecht, wenn eine Frau über einen Mann herrschen würde, weil sie ja gar nicht von der Natur dafür vorgesehen wurde; würde sie aber die ihr von Natur aus zugeschriebene Rolle verlassen, so wäre das ungerecht. Und was ist mit Gleichheit? Das funktioniert ähnlich. Weil Mann und Frau ungleich sind, könne allein in der Ungleichheit Gleichheit liegen. Wenn eine Frau mehr einfordern würde, als ihr gerechterweise von Natur aus zustehe, wäre sie im Vorteil gegenüber dem Mann, ergo würde das Prinzip der Gleichheit verletzt werden. Menschen seien allgemein von Natur aus so unterschiedlich, dass Gleichheit nichts anderes meinen könne, als die Menschen entsprechend ungleich mit Zugang zu politischen, sozialen, ökonomischen Rechten auszustatten. Genau aus diesem Denken heraus hält Kant auch Sklaverei für gerecht: «Alle racen werden ausgerottet werden (Amerikaner und N. können sich nicht selbst regieren. Dienen also nur zum Sclaven), nur nicht die Weißen» (1798).[73] So gebürstet, spricht Kant in seiner «Rechtslehre» nicht nur den Frauen die bürgerliche Persönlichkeit ab:

> Der Geselle bei einem Kaufmann, oder bei einem Handwerker; der Dienstbote (nicht der im Dienste des Staates steht); der Unmündige (naturaliter vel civiliter); alles Frauenzimmer, und überhaupt jedermann, der nicht nach eigenem Betrieb, sondern nach der Verfügung Anderer (außer der des Staats) genöthigt ist, seine Existenz (Nahrung und Schutz) zu erhalten, entbehrt der bürgerlichen Persönlichkeit, und seine Existenz ist gleichsam nur Inhärenz.[74]

Für Revolutionäre und Aufklärer ist diese Fokussierung auf nur eine Befehlsgewalt ziemlich stark an der monarchischen Lösung orientiert – eben ganz wie es den neuen «Herren Demokraten», die an *(weißer)* patriarchalischer Herrschaft festhalten wollen, zweckdienlich war.

Am 9. Juli 1789 konstituiert sich in Frankreich die Verfassunggebende Nationalversammlung ständeübergreifend. Sie schafft zwar die Privilegien der Monarchie, des Adels und der Kirche ab – jedoch nicht die des Mannes und des Eigentums: Jeder Stand wird nur von *weißen* Männern* repräsentiert. In siebzehn Artikeln definiert die Nationalversammlung ihr Verständnis von Menschen- und Bürgerrechten. Im Artikel I heißt es:

«Die Menschen sind und bleiben von Geburt frei und gleich an Rechten. Soziale Unterschiede dürfen nur im gemeinen Nutzen begründet sein.»[75] Der allgemeine Nutzen allerdings ist das Schlupfloch, das den «Naturstand» der Herrschaft des Mannes legitimiert. Natürlich ließe sich «les hommes» als Menschen übersetzen. Tatsächlich aber waren nur Männer gemeint – und nicht mal alle.

Die «natürlichen Rechte» des Mannes schließen männliche Vormundschaft ein. So heißt es etwa im Art. 213 im *Code civil* von 1804 entsprechend: «Le mari doit protection à sa femme, la femme obéissance à son mari» (= Der Mann schuldet seiner Frau Schutz, die Frau ihm Gehorsam).[76] Analog dazu heißt es in den gesetzlichen Verankerungen im Preußischen Allgemeinen Landrecht (ALR) von 1794, der, wie der französische *Code civil* von 1804, als Naturrechtskodifikation gilt, im Abschnitt «Von der Ehe» bzw. genauer unter «Rechte und Pflichten des Mannes» im § 184: «Der Mann ist das Haupt der ehelichen Gesellschaft; und sein Entschluß giebt in gemeinschaftlichen Angelegenheiten den Ausschlag.» (§ 184 II 1 ALR)

Da Frauen dieser Vormundschaft unterstanden und keinen eigenständigen Besitz hatten, konnten sie keine aktive Staatsbürger*innenschaft ausüben. Die Logik war simpel und effektiv: Jeder Mensch könne nur einen Herren haben; Männer unterstanden der neuen Herrschaftsform; da aber Frauen bereits Männern unterstanden, konnten sie nicht Teil der neuen Herrschaftsform werden. So einfach haben sich das die patriarchalischen Herrscher machen können.

Die Artikel I und IV der Nationalversammlung werden, zusammen mit den fünfzehn anderen, gut zwei Jahre später, am 3. September 1792, der ersten französischen Verfassung vorangestellt. Diese etablierte ein Zensuswahlrecht, das nur Männern über fünfundzwanzig Jahren mit einer Steuerleistung von mindestens drei Arbeitstagen das Wahlrecht erteilt. Abgeordnete wurden wiederum von Wahlmännern gewählt, die eine noch höhere Steuerleistung vorweisen mussten.[77] Das uralte Paradigma blieb unangefochten: Frauen waren rechtlos, weil sie entrechtet wurden. Dass Frauen weder das passive noch aktive Wahlrecht erhielten, war dabei wiederum nicht einmal einen Passus wert. Auch die drei Verfassungs-Novellen bis 1800 änderten nichts daran. Allerdings regte sich Widerstand dagegen – wie etwa in Texten wie Olympe de Gouges' *Décla-*

ration des Droits de la femme et de la citoyenne (1791) und Mary Wollstonecrafts *Vindication of the Rights of Women* (1792).

In direkter kritischer Replik auf Rousseau fordert Wollstonecraft eine «Revolution in den Sitten der Frauen» ein, «um ihnen ihre verlorene Würde wiederzugeben».[78] Damit meint sie, dass Frauen als Teil der menschlichen Spezies, also als vollwertige Menschen, anerkannt werden sollen. Weder seien Frauen den Tieren nah, noch seien Männer (halb) göttlich. Deswegen gebührt auch Frauen Freiheit («liberty»). Im Kern aber zielt ihr Freiheitsbegriff auf ein Verständnis von Gleichheit ab, welches das tradierte und von Kant oder Rousseau vertretene Unterschiedlichkeitspostulat noch weitgehend unangetastet lässt. Zwar äußert sie Gedanken in Richtung Wahlrecht für Frauen, allerdings fokussiert sie mehr auf das Recht auf Bildung. Dabei argumentiert sie aus der Logik heraus, dass die Gesellschaft insgesamt davon profitieren würde, wenn Ehefrauen und Mütter über eine grundständige Bildung verfügten.[79] Olympe de Gouges tritt noch unumwundender für Gleichheit und ein gleichberechtigtes Wahlrecht ein: «Das Gesetz muss Ausdruck des allgemeinen Willens sein; alle Bürgerinnen und Bürger müssen an der Gesetzgebung persönlich oder durch ihre Vertretung mitwirken.»[80] Sie spricht tatsächlich von *citoyennes et citoyens* (sic!) und klagt damit das Bürger*innenrecht terminologisch ein – sehr zur Empörung vieler Bürger*innen. Zur Zeit der Terrorherrschaft wurde sie 1793 verhaftet und nach einem kurzen Schauprozess im Herbst hingerichtet.

Die innereuropäischen Kriege und der weiter brodelnde revolutionäre Gedanke (siehe etwa Julirevolution von 1830) führte zu einer weiterwachsenden Politisierung der Gesellschaften bei gleichzeitiger Ausdifferenzierung der politischen Landschaften. Es bildeten sich konservative, sozialistische, demokratische, liberale und katholische Gruppen. Diese fanden sich in Vereinen zusammen, wobei insbesondere auch die Beteiligung von Frauen von bis zu 40 Prozent deren Politisierung abbildet.[81] 1843 formulierte Louise Otto-Peters ihre Vision dieser neuen Stellung der Frau so: «Die Teilnahme der Frau an den Interessen des Staates ist nicht ein Recht, sondern eine Pflicht.»[82] Der Widerstand gegen diese Rechtlosigkeit der Frau wurde aber nicht nur reger und lauter, sondern auch grundsätzlicher. Es ging mehr und mehr prinzipiell darum, mit der Erzählung zu brechen, dass Frauen und Männer von Natur aus ungleich und daher nur in Ungleichheit gleich seien. Diese Grundidee fasste Hedwig Dohm treffend zusammen:

> Es gibt keine Freiheit der Männer, wenn es nicht eine Freiheit der Frauen gibt. Wenn eine Frau ihren Willen nicht zur Geltung bringen darf, warum soll es der Mann dürfen? Hat jede Frau gesetzmäßig einen Tyrannen, so läßt mich die Tyrannei kalt, die Männer von ihresgleichen erfahren. Einen Tyrannen für den andern.[83]

Zunächst aber hatte dieser neue Tenor wenig Einfluss auf die Realpolitik. In Deutschland mündete die 1848/49er-Revolution in der Frankfurter Nationalversammlung, einer reinen Männerversammlung, Frauen waren nur auf den Zuschauer*innentribünen zugelassen. Ab 1871 ging mit der Gründung des Deutschen Reiches auch das Streben einher, das deutsche Privatrecht zu vereinheitlichen. Das Strafrecht fand bereits 1871/72 mit dem Erlass des Reichsstrafgesetzbuchs, welches bis heute als Strafgesetzbuch (StGB) fortbesteht, seine Kodifikation.[84] Mit dem Inkraftreten des Bürgerlichen Gesetzbuches (BGB) 1900 (Verabschiedung 1896) fand dann auch das Privatrecht seine Einheit. Allen Protesten der Frauenbewegung zum Trotz hielten die Reichsgesetze am Ungleichheitspostulat sowie dem Vormundschaftsrecht des Mannes fest.[85] So wurde beispielsweise mit § 1356 BGB (1900) implementiert, dass die Frau «berechtigt und verpflichtet» sei, «das gemeinschaftliche Hauswesen zu leiten. Zu Arbeiten im Hauswesen und im Geschäfte des Mannes ist die Frau verpflichtet, so weit eine solche Tätigkeit nach den Verhältnisse, in denen die Ehegatten leben, üblich ist.» Ein Recht also, das zu unentgeltlicher Arbeit für den Mann verpflichtete. Dem entgegen stand eine Verpflichtung des Mannes, seine Frau und Familie durch seine Erwerbsarbeit zu ernähren – eine Verpflichtung, die Frauen* nicht hatten. Dazu ist anzumerken, dass nichtsdestotrotz Frauen in einkommensschwachen Schichten oftmals auch außerhalb des Hauses arbeiten mussten, da das Erwerbseinkommen von Männern nicht reichte, neben der alleinigen Verpflichtung der Haushaltsführung, oder sie eben neben dem Haushalt noch im Geschäft des Mannes arbeiteten. Somit hatten in einer Ehe Frau und Mann gesetzlich festgeschrieben Verpflichtungen einander gegenüber, allerdings auch klare Rollen, die Frauen Männern unterordneten. Passend dazu wurde im selben Jahr, 1900, im Bürgerlichen Gesetzbuch der sogenannte Gehorsamsparagraph § 1354 eingeführt. Dieser setzte männliche Vormundschaft nunmehr nicht nur als Gewohnheitsrecht voraus. Er buchstabierte es (weiter) aus. Dem Mann wurde das Entscheidungsrecht in allen Eheangelegenheiten zugesprochen. «Dem Manne steht die Entscheidung in allen das gemeinschaftliche eheliche Leben betreffenden Angelegenheiten zu; er bestimmt insbesondere Wohnort und Wohnung.» Der nachfolgende Zusatz klingt gut, kam aber in der Regel nur zum Tragen, wenn dem Mann kriminelles Handeln nachgewiesen werden konnte: «Die Frau ist nicht verpflichtet, der Entscheidung des Mannes Folge zu leisten, wenn sich die Entscheidung als Mißbrauch seines Rechts darstellt.» Das Recht zur Vormundschaft schloss noch die Kontrolle des Mannes über das Vermögen der Frau sowie das Recht ein, alle relevanten Entscheidungen zu treffen – etwa Kredite, Gewerbezulassungen, Zinsen ererbten Geldes oder Auslandsreisen betreffend. Insbesondere die Entscheidungshoheit über den Lohn, Kinder, den Wohnort der Familie, Arbeitsverträge (§ 1358) und das Absprechen des Rechtes auf juristisches Handeln betraf Frauen* aller sozialen Gruppen. Scheidungen waren kompliziert bis unmöglich (etwa in Frankreich), wobei in Deutschland diesbezüglich bis 1874 die Kirche die Hoheit hatte. Für Frauen* unter den Arbeiter*innen ging es eher umgekehrt darum, dass sie oft ohne Trauschein zusammenleben mussten, weil das Einkommen zu gering war, um die bürokratischen Auflagen zu erfüllen, und sie dadurch rechtlos waren. Immerhin nahm das Streben der Überwindung der *cura sexus,* also der Geschlechtsvormundschaft bezüglich der ledigen Frau, nun mehr und mehr Fahrt auf. Er hatte in Europa im ausgehenden 18. Jahrhundert eingesetzt, und seine letzten Bastionen fielen 1875 in Wismar und Hohenzollern-Hechingen.[86]

Verhütung und Abtreibung sind ebenso alt wie entsprechende Verbote durch religiöse Gebote und bürgerliche Gesetzgebung. Dennoch nutz(t)en Frauen und Paare sich wandelnde medizinische Möglichkeiten, um Schwangerschaften zu beenden – wobei die Frauen* und den Schwangerschaftsabbruch vornehmende Personen Strafen von einer Exkommunikation, über Monate oder Jahre im Gefängnis bis zu Verurteilung zum Tod vieles riskierten und die aus der Illegalität heraus praktizierte Abtreibungspraktiken für Frauen* lebensgefährlich waren.

Im Mittelalter und in der Folgezeit geschah dies zunächst mit Blick darauf, ob das ungeborene Kind bereits als beseelt anzusehen sei – dies wurde unterschiedlich terminiert, circa mit drei Monaten. Bei einer Abtreibung vorher lag Sünde vor, die Buße verlangte, mehr aber nicht; nach der Beseelung wurde der Schwangerschaftsabbruch als Mord bewertet und mit der Todesstrafe geahndet. Nach der Gerichtsordnung von Karl V. wurde diese Einteilung – Todesstrafe für Abtreibungen nach drei Monaten – festgeschrieben. Das Preußische Landrecht von 1794 schaffte die Todesstrafe für Abtreibungen ab, behielt aber eine Bestrafung je nach Alter des Fötus bei, ausdrücklich wurde der Moment der Befruchtung dabei mit jenem der Beseelung gleichgesetzt. Dies wurde 1869 allgemeines Kirchenrecht. Damit war eine Abtreibung immer eine Straftat, wurde aber höchst unterschiedlich bestraft. Die Landesregelungen wurden ab 1872 im Reichsstrafgesetzbuch vereinheitlicht. Nach §§ 218 und 219 StGB wurden Frauen, die eine Schwangerschaft beendeten, (bei mildernden Umständen) mit mindestens sechs Monaten, allgemein mit bis zu fünf Jahren Zuchthaus bestraft. Letzeres galt auch für die Personen, die dies umgesetzt hatten oder die «Mittel» dazu «verschafften». Taten sie dies gegen Bezahlung, drohten bis zu zehn Jahre Haft.[87]

Der brutale Erste Weltkrieg zeigte eine gesellschaftliche Banalität in Extremform: Frauen* waren ein unverzichtbarer Teil der Gesellschaft und in allen Bereichen kompetent – natürlich auch in den vermeintlich männlichen Metiers. Nicht zuletzt unter dem Eindruck dieses gestärkten (Selbst)Bewusstseins und ebender entsprechenden Erstarkung der Frauenrechtsbewegung öffnete sich die Weimarer Verfassung Rechten von und für Frauen*. Im November 1918, kurz nach dem Sturz der Monarchie, wurde das Gesetz über die Wahlen zur verfassunggebenden Nationalversammlung verabschiedet. Es führte kurz nach Österreich (1918) sowie sechzehn Jahre nach Australien das passive und aktive Wahlrecht für Frauen* ab einundzwanzig ein (sowie das Verhältniswahlrecht). Die Wahlbeteiligung der Frauen* bei der Wahl zur Nationalversammlung 1919 lag bei 90 Prozent. Zudem waren bei der Wahl zur verfassunggebenden Nationalversammlung 8,7 Prozent und beim ersten Reichstag 1920 8 Prozent der Abgeordneten Frauen*. Zwischen 1920 und 1932 gab es insgesamt einhundertelf Frauen*, die Reichstagsabgeordnete wurden.[88] Nunmehr war es Frauen* möglich, sich aus den Strukturen und Institutionen der Herrschaft heraus für die prinzipielle Gleichstellung der Frau einzusetzen. So wurden etwa Gesetze zur Zulassung von Frauen* als Rechtsanwält*innen und Richter*innen (1922), für Mindestlöhne und Sozialversicherung für Heimarbeiter*innen (1924) und die Erweiterung des Mutterschutzes (1927) errungen.[89] Über die damaligen §§ 218 und 219 StGB wurde diskutiert, mit Forderungen von deren Abschaffung bis lediglich zur Straflosigkeit eines Schwangerschaftsabbruchs. Es kam aber nur zu geringfügigen Liberalisierungen wie der Streichung des Mindeststrafmaßes.[90]

Am grundsätzlichsten aber war Artikel 109 der Weimarer Reichsverfassung (1919): «Männer und Frauen haben grundsätzlich dieselben staatsbürgerlichen Rechte und Pflichten.»[91] Mit diesem bedeutungsschweren «grundsätzlich», das ein «Ja, aber» ausdrückte, gaben sich insbesondere die SPD-Politikerin Elisabeth Selbert sowie die erste deutsche Richterin Marie Munk nicht zufrieden. Sie rangen um nichts Geringeres als einen Gleichheitsparagraphen, der unmissverständlich genug war, um die Vormundschaft des Mannes beenden und Mann und Frau vor dem Gesetz gleichstellen zu können. Konkret unterbreiteten sie Vorstöße zum Nichtehelichen-, Scheidungs- und Eherecht und (zusammen mit Margarete Berent) zur Reform des ehelichen Güterrechts. 1924 wurden der Gleichheitsparagraph im Allgemeinen und das Eherecht im Speziellen erstmalig im Rahmen des 33. Deutschen Juristentages in einem dafür zuständigen Gremium verhandelt[92] – und Ergebnisse schrieben sich in das Grundgesetz (GG) von 1949 und daraus resultierende Gesetze wie etwa zur Zugewinngemeinschaft von 1957 ein.

Dieser spürbare Aufwind aber fand zunächst ein jähes Ende, als Adolf Hitler am 30. Januar 1933 zum Reichskanzler ernannt wurde. Die nationalsozialistische Gleichschaltung schloss eine Abschaffung demokratischer Grundprinzipien (z. B. Gewaltenteilung, Pluralität, Menschenwürde, Meinungs-, Presse-, Versammlungs- und Vereinigungsfreiheit) ein. Das offizielle Leitbild des Rassismus, welcher im eliminatorischen Antisemitismus der Shoah mündete, ging mit offenem Sexismus Hand in Hand. Das zeigte sich in der Gesetzgebung ebenso wie in der strukturellen Organisation der nationalsozialistischen Diktatur.

So wie die NSDAP seit ihrer Gründung im Jahr 1920 deklariert hatte, dass Frauen keine leitenden Funktionen übernehmen dürften (zwischen

1930 bis 1933 waren 5,9 bis 7,4 Prozent der Mitglieder Frauen*), wurde ihnen jetzt, da die NSDAP an der Macht war, das passive Wahlrecht abgesprochen.[93] Schon gar nicht hatten sie leitende Funktionen im Führungsstab inne – nur in ausgelagerten Strukturen für Frauen*, die sich die bestehende Frauenbewegung aneigneten, um sie zu beenden. Frauenrechtliche Verbände und Vereine wurden verboten oder zwangsaufgelöst – oft verbunden mit der Unterstellung, sie seien jüdischen oder marxistischen Einflüssen ausgesetzt. Während viele jüdische Frauenrechtler*innen der Shoah zum Opfer fielen oder ins Exil gezwungen wurden, gründeten sich nationalsozialistische Frauenverbände wie die nationalsozialistische «Frauenfront» unter «Führerin» Lydia Gottschewski und, unter der Leitung von Gertrud Scholtz-Klink, die NS-Frauenschaft und das Deutsche Frauenwerk (als Dachverband aller Frauenorganisationen) – mit vier Millionen Personen sowie weiteren vier Millionen inkorporierten Teilnehmenden. Scholtz-Klink wurde zudem die Leitung des Frauenamtes der Deutschen Arbeitsfront (April 1934) sowie des Reichsfrauenbundes des Deutschen Roten Kreuzes (August 1934) übertragen. Diese Vereine verstanden sich als «neue Frauenbewegung», verteidigten aber nicht die Rechte der Frau – im Gegenteil: Sie folgten den frauenpolitischen Leitlinien der NSDAP und lehnten die Ziele der Frauenbewegung weitgehend ab. Sie vertraten Familienmodelle, die Frauen auf die Rolle als Mutter und Frau im Haus(halt) reduzierten.

Dabei folgten sie einem dualen Geschlechtermodell, das der Tradition verbunden blieb, Gleichwertigkeit auf der Basis von Unterschieden anzuerkennen – also der Rechtfertigung für männliche Vormundschaft und des Recht des Mannes auf Entscheidungshoheit im öffentlichen wie privaten Raum.[94] Im § 20 des Reichserbhofgesetzes wurde etwa explizit geregelt, dass Söhne, Vater und Brüder vor Töchtern, Schwestern und anderen verwandten Frauen erbten, wobei auch zunächst die Söhne und Sohnessöhne der Tochter vor der Schwester erbten usw.[95] Frauen seien allein für Mutterschaft und Hauswirtschaft geschaffen. Bei Hitler klingt das so: «Die Welt der Frau ist, wenn sie glücklich ist, die Familie, ihr Mann, ihre Kinder, ihr Heim.»[96]

Während rassistisch oder anderweitig eugenisch markierte Personen sterilisiert oder zur Abtreibung gezwungen wurden, sind mit der *Verordnung zum Schutz von Ehe, Familie und Mutterschaft* von 1943 die Strafen für Schwangerschaftsabbrüche erhöht worden. In dieser Fassung von 1943/1953 sah § 218 StGB für eine «Frau, die ihre Leibesfrucht abtötet oder die Abtötung durch einen anderen zuläßt», Gefängnis oder Zuchthaus vor. Die Todesstrafe galt bis 1945 auch für die Bestrafung von Personen, die die Abtreibung wiederholt ausübten, weil «der Täter dadurch die Lebenskraft des deutschen Volkes fortgesetzt beeinträchtigt».

Zudem wurde die Kampagne gegen Doppelverdiener*innen eingeführt und strukturell umgesetzt. War die Frau* vor der Eheschließung berufstätig und gab sie diesen Beruf auf, so wurde dem Mann* (ab 1933) ein Ehestandsdarlehen ausgezahlt. Mit jedem geborenen Kind verringerte sich die Rückzahlungsgebühr um ein Viertel. Vier Kinder waren das erklärte familiäre Mindestziel und hatte die Verleihung des nationalsozialistischen «Ehrenkreuzes der Deutschen Mutter» (Mutterkreuzes) in der dritten Stufe zur Folge (ab acht Kindern erhielt eine Frau* das Goldene Mutterkreuz). Zudem gab es Kinderbeihilfe (zehn Reichsmark) und Wohlfahrtsmaßnahmen für Familien, die Kinder wünschten oder hatten, während die Steuern für kinderlose Paare erhöht wurden. In der Praxis bedeutete dies auch, dass Frauen* aus dem Berufsleben und insbesondere aus sozial höher gestellten Berufen ausscheiden mussten. Diese Strategie musste allerdings aufgegeben werden, nachdem Deutschland den Krieg eröffnet hatte. Die «Einsicht in die Notwendigkeit»[97] hielt fest: Staatlicherseits bedurfte es schlichtweg Frauen* als Arbeitskraft, und die Propaganda wie Politik reagierten entsprechend. Das bedingte wiederum, dass das (Selbst)Bewusstsein darüber, dass Frauen* sich privat und öffentlich behaupten können, wieder wuchs.

Der Zweite Weltkrieg und die Grauen der NS-Diktatur hatten ganz Europa erschüttert und verändert. Gleichzeitig formierten sich die antikolonialen Befreiungsbewegungen zu neuer Kraft. Es entsprach diesem sich ändernden Zeitgeist, dass die UN am 10. Dezember 1948 die «Allgemeine Erklärung der Menschenrechte» erließen, in dessen erstem Artikel es heißt: «Alle Menschen sind frei und gleich an Würde und Rechten geboren.»[98] Artikel 2 nennt dabei explizit auch die Diskriminierung auf der Basis von «Geschlecht» als gegen die Konvention verstoßend.[99] Das war und ist keine im Sinne eines Völkerrechts einklagbare Gesetzgebung; dennoch hatte dieses Credo eine Wirkung. Auch in Deutschland war dies nachhaltig zu spüren. Dabei wurden auch tradierte Glaubensgrundsätze und das Männlichkeits-Narrativ erschüttert. In der Nachkriegsära stritten sich zwei Tendenzen: die versuchte Re-Maskulinisierung der Gesellschaft auf der einen Seite und die Transformation des neuen Selbstbewusstseins in strukturell nachhaltige und eben auch juristisch sichtbare Schritte in Richtung einer prinzipiellen Gleichstellung von Mann und Frau auf der anderen Seite. Von der Politik der kleinen Schritte hatten viele genug – es ging um eine grundsätzliche Gleichberechtigung, die das Privatrecht und das Ende der männlichen Vormundschaft einschloss.

Bereits die erste DDR-Verfassung proklamierte 1949 in Artikel 7 und die von 1968 und 1974 in Art. 20 (2): «Mann und Frau sind gleichberechtigt.»[100] Zugleich sind die §§ 1354, 1356 und 1358 BGB zum Letztentscheidungsrecht des Mannes sowie das Güterrecht nach § 1363 ff. im Jahr 1949 nichtig erklärt worden.[101] In Artikel 30 Abs. 2 der DDR-Verfassung hieß es dazu: «Gesetze und Bestimmungen, die die Gleichberechtigung von Mann und Frau in der Familie beeinträchtigen, sind aufgehoben.»[102] Allerdings dauerte es viele Jahre, bis tatsächlich alle Paragraphen und Gesetze sich danach ausrichteten, und auch dann noch gab es massive Unterschiede zwischen De-jure-Bestimmungen und De-facto-Praktiken.

Es gab aber zunächst nur wenige Schutzgesetze für Mütter, was auch dem Ideal der werktätigen Frau geschuldet war. Gleichheit hieß so vor allem gleiche Pflichten, auch nachdem 1966 gleiche Pflichten in der Kindererziehung juristisch verankert worden waren. Dazu kam, dass die Gesetzesdurchsetzung kaum erfolgte und sich im Privaten an der «Arbeitsteilung» ohnehin durch Gesetze kaum etwas ändern ließ. Propaganda und Realität waren weit voneinander entfernt.[103] Die massive Belastung von Frauen* führte zwar in gewissem Maße zu einer wirtschaftlichen Selbstständigkeit, nicht aber zu Autonomie oder mehr Freiheit. Ab Mitte der 1960er Jahre kam es zu neuen «Familiengesetzen», die vor allem die Frauen «entlasten» sollten. In den siebziger und achtziger Jahren beförderte eine sozialpolitische Strategie junge Ehen und vor allem in Ehen geborene Kinder, aber die SED konnte den Grundwiderspruch zwischen patriarchalischer Gesellschaftsstruktur und tradierten Moralvorstellungen einerseits und der von ihr beförderten «Frauenpolitik» andererseits nie aufheben. Frauen* waren formal, ökonomisch und juristisch in der DDR Männern* gleichgestellt, zugleich blieben sie in Staat und Gesellschaft in allen Hinsichten strukturell und in sämtlichen Führungspositionen geradezu dramatisch unterrepräsentiert und waren durch die Dreifachbelastung (Arbeit, gesellschaftliche Verpflichtungen, Familie) keineswegs bessergestellt. Gleichwohl beförderte die DDR-Gesetzgebung durch ein vereinfachtes Scheidungsrecht oder die wirtschaftliche Gleichstellung von Frauen* ein seit 1989/90 oft konstatiertes Selbstbewusstsein, das sich angeblich durch mehr Unabhängigkeit vom Mann* auszeichnete. Die höhere Scheidungsquote in der DDR wird dafür als ein Beleg herangezogen. Dass allerdings in der DDR weitaus früher geheiratet wurde, um zum Beispiel eine Wohnung erhalten zu können, wird in dieser Rechnung gern und häufig ausgeklammert.

Unter den fünfundsechzig Mitgliedern des Parlamentarischen Rates, der zwischen September 1948 bis Mai/Juni 1949 das bundesrepublikanische Grundgesetz erarbeitete, waren nur vier Frauen – darunter die SPD-Politikerinnen Friederike Nadig und Elisabeth Selbert sowie Helene Weber (zuvor Zentrum; dann CDU) und Helene Wessel (damals Zentrum; dann SPD). Unter ihrer Federführung wurde der (bereits seit 1924 diskutierte) Passus «Männer und Frauen sind gleichberechtigt»[104] ins Grundgesetz als Artikel 3 Abs. 2 aufgenommen. Viele andere Paragraphen und Gesetze etwa des BGB, StGB und der Höfeordnung (Bundesgesetz zur Erbschaftsregelung eines Bauernhofs) entsprachen diesem Artikel nicht. Unter anderem im BGB wurden ab 1954 sukzessive entsprechende Reformulierungen durchgesetzt, in der Höfeordnung ab 1964. So lange galt etwa die ab 1947 gültige Höfeordnung, von kleinen Änderungen abgesehen, die dem § 20 des nationalsozialistischen Reichserbhofgesetzes vergleichbar blieb.[105]

Bis 1958 galt in allen Bereichen trotz des Gleichberechtigungsgrundsatzes des Grundgesetzes, dass im Falle von Uneinigkeit der Mann das Letztentscheidungsrecht innehatte, auch in der Paarbeziehung. Damit wirkte das tradierte Rechtsprinzip fort, dass es entgegen der Natur der Frau sei, in Konfliktsituationen dem Mann nicht zu gehorchen. Dies ist in zwei Schritten überwunden worden. Am 18. Juni 1957 wurde in einer knappen Abstimmung im Bundestag der Letztentscheid des Mannes* im gemeinschaftlichen (Ehe-)Leben abgeschafft, und am 1. Juli 1958 trat es in Kraft. Fortan durften Frauen ohne Erlaubnis des Vormunds, des Mannes, eine Fahrerlaubnis erwerben, ab 1961 die Pille nehmen, ab 1962 selbstständig ein Konto eröffnen. Ab 1969 wurde nunmehr auch eine verheiratete Frau als eigenständig geschäftsfähig angesehen, wobei es noch Einschränkungen gab.[106] So konnten Frauen etwa erst ab 1977 Arbeitsverträge abschließen, ohne dass der Ehemann sein Einverständnis gegeben hatte.

Für den in der Gesetzesnovelle von 1958 zunächst noch ausgesparten Bereich der elterlichen Sorge bedurfte es einer Klage vor dem Bundesverfassungsgericht 1959. Noch im gleichen Jahr verfügte das Bundesverfassungsgericht, dass es dem GG widerspreche, dass im Bereich der elterlichen Sorge der Mann* eine Letzt- und damit Alleinentscheidung hatte, und forderte eine Gesetzesreform vom Bundestag. Durch eine Novelle des § 1629 BGB wurde 1959 neu geregelt, dass beide Eltern im Regelfall gleichermaßen berechtigt sind, die Vertretung des Kindes innezuhaben (Urteil zum Stichentscheid des Vaters).

Entscheidungen über das Sorgerecht traf bis 1976 das Vormundschaftsgericht. Danach wurde das Sorgerecht auf das Familiengericht übertragen. Durch diesen Verwaltungsakt wurde fortan über Ehe- und Sorgerecht gemeinsam entschieden. Zudem wurde zu Einzelfallentscheidungen in Bezug auf die elterliche Sorge übergegangen, wodurch das vermeintliche «Naturrecht» der Unterordnung von Frauen überwunden wurde. Zudem kam es ab 1970 zur schrittweisen Gleichstellung der nicht in einer Ehe geborenen Kinder (bis 1998 gab es allerdings stets einen beigestellten Amtspfleger für Vaterschaftsfragen, Erbrecht etc.).

Selberts Ideen zur Reform des ehelichen Güterrechts, welche auf Berents und Monks Arbeit aufbauten, fanden 1957 Niederschlag in dem Erlass der Zugewinngemeinschaft (1958 in Kraft getreten). Dabei mussten jedoch einige Kompromisse geschlossen werden. So gehörte zwar der Familienbesitz Mann und Frau, jedoch durften Frauen weiterhin nur arbeiten, wenn dies mit ihren «ehelichen Verpflichtungen» vereinbar war, und in der Erziehung blieb bis 1959 der Letztentscheid des Mannes bestehen. So hielt etwa dieses Gleichberechtigungsgesetz am Leitbild der sogenannten «Hausfrauenehe» fest und damit an der geschlechtsspezifischen Arbeitsteilung. Konkret etwa regelte § 1356 BGB von 1958–1977 die Arbeitsteilung unter Eheleuten wie folgt:

> Die Frau führt den Haushalt in eigener Verantwortung. Sie ist berechtigt, erwerbstätig zu sein, so weit dies mit ihren Pflichten in Ehe und Familie vereinbar ist. Jeder Ehegatte ist verpflichtet, im Beruf oder

> Geschäft des anderen Ehegatten mitzuarbeiten, so weit dies nach den Verhältnissen, in denen die Ehegatten leben, üblich ist.

Die Frau hat die Verantwortung im Haushalt, aber eben nur im Haushalt und nicht außerhalb; vor allem aber geht es um die Verpflichtung zur Hausarbeit und darum, das Recht, berufstätig zu sein, einzuschränken. Diese Einschränkung bedeutete de facto, dass die Mitarbeitsregelung im Betrieb des Ehepartners als Pflicht der Frau gilt.

Die Eherechtsreform von 1976 führte auch zur Neuregelung des Scheidungsrechtes: Nicht mehr nur bei Ehebruch, sondern auch bei Zerrüttung der Ehe (also unabhängig von der Schuldfrage) konnte diese nunmehr geschieden werden. Zudem ist es seit 1976 erlaubt, dass auch der Nachname der Frau als Familienname fungieren kann. Seit 1977 ist das «egalitäre Ehemodell» endgültig juristisch verankert. Im BGB heißt es im § 1356 heute: «1) [1]Die Ehegatten regeln die Haushaltsführung im gegenseitigen Einvernehmen… (2) [1]Beide Ehegatten sind berechtigt, erwerbstätig zu sein. [2]Bei der Wahl und Ausübung einer Erwerbstätigkeit haben sie auf die Belange des anderen Ehegatten und der Familie die gebotene Rücksicht zu nehmen.»

Es mutet anachronistisch an, dass noch heute gesetzlich geregelt wird, dass verheiratete Frauen (und ebendarum geht es) erwerbstätig sein dürfen und Hausarbeit nicht allein ihr Metier sein muss. Das wird noch dadurch potenziert, dass der Gesetzestext das generische Maskulinum «Ehegatten» bemüht, wodurch die tradierte Normsetzung des Mannes wie ein Palimpsest weiter durchschimmert und fortwirkt.

In der DDR regelten die §§ 153 ff. StGB-DDR die Bedingungen zum Schwangerschaftsabbruch. Die DDR erlaubte ab 1950 Schwangerschaftsabbrüche unter medizinischer, 1965 auch unter sozialer Indikation. 1972 wurde schließlich das «Gesetz über die Unterbrechung der Schwangerschaft» beschlossen, welches eine Straffreiheit bei Schwangerschaftsabbrüchen in den ersten drei Monaten und nach Einholung einer Beratung (diese war obligatorisch, wurde aber auch unverbindlicher gehandhabt) garantieren sollte.

In der Bundesrepublik blieb § 218 StGB für die strafrechtlichen Regelungen des Schwangerschaftsabbruchs zuständig. Der nationalsozialistisch gewendete § 218 galt noch bis 1953 fort und wurde dann geringfügig geändert. Die Todesstrafe als Strafmaß für den Wiederholungsfall, also § 218 Abs. 3 S. 2 StGB, wurde entsprechend GG Art. 102 gestrichen. Alles andere blieb jedoch zunächst wortgetreu gleich: Es gab bis 1974 im § 218 StGB (und anderswo bis ins 21. Jahrhundert hinein)[107] immer noch die Formulierung «Leibesfrucht», welche Frauen* auf die Rolle des Reproduktionsgefäßes reduzierte; und bis 1969 gab es in der BRD Zuchthausstrafen, inklusive des Verlustes von bürgerlichen Ehrenrechten. Anfang der 1960er Jahre wurde in Ost wie West die Anti-Baby-Pille zugelassen. Sie verbreitete sich allerdings erst ab den 1970er Jahren deutlich. 1974 verabschiedete der Deutsche Bundestag ebenfalls eine Fristenlösung, diese erhielt aber keine Gesetzeskraft und wurde 1975 vom Bundesverfassungsgericht rückgängig gemacht. Ab 1976 galt die Indikationsregelung; es mussten etwa bis zur zwölften Schwangerschaftswoche bestimmte Auflagen wie etwa ein Beratungsgespräch mit einer medizinischen, sozialen oder kirchlichen Einrichtung erfüllt werden, die eine Abtreibung «bewilligten». Danach galten nur medizinische oder kriminologische Ausnahmeregelungen.

Nach heftigen gesamtdeutschen Protesten wurde im Einigungsvertrag eine Übergangslösung für die damals «neuen Bundesländer» formuliert; seit 1993 gilt bundesweit die Fristenlösung (Abtreibung ist innerhalb der ersten vierzehn Wochen nach der letzten Menstruation zwar rechtswidrig, aber nicht strafbar – danach jedoch schon, es sei denn, es liegen medizinische Indikatoren vor). Das war mit Blick auf die DDR ein Rückschritt. Für die «alten Bundesländer» aber bedeutete das einen Fortschritt, weil damit die seit 1976 geltende Indikationsregel aufgehoben wurde.[108] Bis heute wird um Gesetze gerungen, gerade in Bezug auf Schwangerschaftsabbrüche – v. a. § 219 a StGB, der zunächst grundsätzlich in Abs. 1 besagt:

> Wer öffentlich, in einer Versammlung oder durch Verbreiten von Schriften … seines Vermögensvorteils wegen oder in grob anstößiger Weise
> 1. eigene oder fremde Dienste zur Vornahme oder Förderung eines Schwangerschaftsabbruchs oder
> 2. Mittel, Gegenstände oder Verfahren, die zum Abbruch der Schwangerschaft geeignet sind, unter Hinweis auf diese Eignung
> anbietet, ankündigt, anpreist oder Erklärungen solchen Inhalts bekannt gibt, wird mit Freiheitsstrafe bis zu zwei Jahren oder mit Geldstrafe bestraft.

Dabei wurden im Frühjahr 2019 weitere Einschränkungen der Bestimmung hinzugefügt, die am allgemeinen Verbot, für Schwangerschaftsabbrüche zu «werben», jedoch nichts ändern.

In Österreich wurde 1975 eine Fristenregelung eingeführt, unabhängig von Indikationen. In der Schweiz hingegen wurde ein Schwangerschaftsabbruch bei einer medizinischen Indikation ab 1942 straffrei gestellt. Die Regelung wurde je nach Kanton zunehmend weit gefasst. Außerhalb dieser Modelle ist der Schwangerschaftsabbruch in der Schweiz nach wie vor eine Straftat, aber straffrei bei bestimmten Indikationen und Auflagen, ähnlich wie in Deutschland. Die Fristenregelung gilt hier allerdings erst seit 2002.[109]

Bis heute wird um Gesetze und betreffende Formulierungen gerungen, die Frauen* in Gesellschaft und Familie dem Manne gleichstellen. Dieser Kampf des langen 20. Jahrhunderts gegen männliche Vorherrschaft und Vormundschaft, für Sichtbarkeit und Gleichheit vor dem Gesetz und in der Gesellschaft – alles miteinander verschränkt – nimmt insofern seit dem ausgehenden 20. Jahrhundert neue Formen an, als es zunehmend darum geht, diese Gleichstellung gerichtlich herzustellen und schützbar zu machen. Es geht um eine Implementierung von Gesetzen, die vor Diskriminierung (etwa vor sexistischer Gewalt bis zu sexistischem Mobbing) zu schützen suchen und eine Gleichstellung juristisch einklagbar machen können. So wurde etwa 1994 im wiedervereinigten Deutschland das «Zweite Gleichberechtigungsgesetz»[110] verabschiedet.[111] Im gleichen Jahr wurde im Art. 3 (2) des Grundgesetzes ergänzt: «Der Staat fördert die tatsächliche Durchsetzung der Gleichberechtigung von Frauen und Männern und wirkt auf die Beseitigung bestehender Nachteile hin.»[112] Damit verbindet sich ein Auftrag an den Staat, sämtliche Gesetzestexte verbindlich und nachhaltig diesem Grundrecht anzupassen.

Diese Verankerung von Gleichheit vor dem Gesetz ist kein Geschenk, sondern eine Errungenschaft, die feministisch erstritten wurde – und zwar gegen massiven Widerstand. «Wenn Männer etwas von ihrer Macht verlieren, fühlen sie sich, als würden sie Rechte verlieren», schreibt MacKinnon in «Auf dem Weg zu einer feministischen Jurisprudenz» (1993) und fügt hinzu: «Oft liegen sie damit gar nicht so falsch.» (9) Denn natürlich geht ein Mehr an Rechten von Frauen* mit einem Weniger am gewohnten Monopol an Privilegien für Männer* einher. Das wird oft als

Schritt in «die andere Richtung» abgetan – im Sinne eines: «Langsam reicht es aber auch …» Doch nein, es reicht nicht, denn: Gleichheit in der Gesellschaft ist noch immer nicht umfänglich verfügbar. Dabei sind ungleicher Lohn, die Hyperpräsenz von Frauen* im Niedriglohnsektor und gesellschaftlich geringer respektierten Berufen (z. B. Krankenschwester vs. Arzt), sexuelle Belästigung und häusliche Gewalt, Prostitution und Pornografie Diskriminierungsfelder, in denen auch Rechtsfragen berührt sind.

Umgekehrt existieren Gesetze und darauf aufbauende Rechtsprechungen nicht in einem Vakuum, sondern immer im Kontext gesellschaftlicher Strukturen und Diskurse. Deswegen können sie nicht neutral und schon gar nicht objektiv sein, sondern sind im Sinne Donna Haraways «situiert»[113] und von Interessen, moralischen Prinzipien, Wissensspielräumen und Perspektiven geprägt, die sich ursächlich aus aktuellen Macht- und Herrschaftskonstellationen ergeben. Rechtsprechung ist immer politisch. Recht begründet die Idee des Rechtsstaates, und das ist ein ehernes Ideal. Doch ebenso wenig wie Justitia sind Richter*innen letztlich blind. Vielmehr schauen sie in Regelwerke, die aus menschlichen Federn stammen und den Prinzipien geltender sozialer Ordnungen entsprechen müssen – und dabei blicken sie durch Brillen gesellschaftlicher Sozialisierungsmuster und deren Wissen und Moralitäten. Weil aber soziale Ungleichheit als gesellschaftliches Prinzip fortwirkt, kann sich die konkrete Auslegung von Gesetzen und Rechtsprechungen gar nicht dagegen immunisieren. «Das Patriarchat ist ein Richter», heißt es im Protestsong «Un violador en tu camino» (Ein Vergewaltiger auf deinem Weg),[114] der vielen zur Hymne geworden ist. Das Phänomen «Richter als Patriarch/at» äußert sich im 21. Jahrhundert anders als im 16. Jahrhundert, und eine rechtsstaatliche Verbindlichkeit, die Recht ohne Ansehen der Person garantiert, unterscheidet sich von einer Diktatur, in der die Monopolisierung der Gewalt(en) mit dysfunktionalen Grundrechten einhergeht. Dennoch kann jede aktuelle Rechtstaatlichkeit nur daran wachsen, Justitia als wissende und wollende Perspektive zu verstehen, die an kritischen Herausforderungen wachsen kann, statt an ihnen vorbeizuschauen, ohne sie sehen zu wollen.

3. Manifestationen des Sexismus

Sexismus ist vielgesichtig. Davon zeugt die in Kapitel 2 diskutierte enge Verzahnung der biologischen Erfindung der Zweigeschlechtlichkeit mit ihrer Ermächtigung des heterosexuellen Mannes* im Patriarchat mit allen dazugehörigen Institutionen und Konventionen. Sexismus privilegiert Männer* und ermöglicht es diesen, Frauen* über ihren Körper zu definieren, sie als Besitz zu behandeln und zu diskriminieren. Zudem privilegiert Sexismus heterosexuelle Zweigeschlechtlichkeit und bewirkt, dass von ihr abweichende Geschlechter beschwiegen und diskriminiert werden. Das wirkt in alle gesellschaftlichen Bereiche und menschlichen Beziehungen hinein. Solche Manifestationen des Sexismus werden in diesem Kapitel anhand von Fallbeispielen diskutiert. Obgleich sie miteinander verschränkt sind, werden sie hier, wie bereits im zweiten Kapitel praktiziert und begründet, aus argumentativ-strategischen Gründen separat betrachtet. Ich konzentriere mich zunächst vornehmlich auf die Diskriminierung von Frauen* (innerhalb der zweigeschlechtlichen *Frauistnicht-Mann*-Setzung) in den Abschnitten zu sexueller Gewalt, zu Ausgrenzung aus Bildung und Erwerbstätigkeit am Beispiel von Mutterschaft und Prostitution, zu Repräsentation, zu Sprache und Kommunikation sowie zu Konstruktionen von Schönheit und Kleidung. Das letzte Unterkapitel erörtert wiederum die Diskriminierung von Homosexualität, Inter*-sexualität und Trans*geschlechtlichkeit. Dabei werden die Ausführungen des zweiten Kapitels um die die Homosexualität, Inter*sexualität und Trans*geschlechtlichkeit betreffende Rechts- und Ideologiegeschichte ergänzt.

3.1. Sexistische, sexuelle Gewalt

Sexistische Gewalt richtet sich vor allem gegen Frauen* und Mädchen* sowie auch gegen queere Personen. Sie kann folglich nicht losgelöst von der Zweigeschlechtlichkeits-Ideologie gedacht werden. Ganz im Gegenteil: (Sexuelle) Gewalt ist ihrem Wesen nach mit patriarchalischer Herrschaft und Sexismus verschränkt. Dabei kann sich sexistische Gewalt physisch und psychisch, verbal und nonverbal, individuell und kollektiv äußern, und zwar strukturell und institutionell in allen Wirtschafts-, Gesellschafts-und Staatsbereichen. Die Facetten körperlicher und sexueller Gewalt reichen von Femizid, Vergewaltigung und sexueller Belästigung, Tritten und Schlägen, über Zwangsheirat, Zwangsabtreibung, Zwangssterilisierung bis zu Einschüchterung und Stalking, wobei häusliche Gewalt und Gewalt unter sich zuvor unbekannten Personen zwei Seiten der gleichen Medaille sind.

Das Vormundschaftsprinzip schließt ein, dass Töchter und (Ehe-) Frauen als Besitztum (des Mannes) gelten, entsprechend (sexuell) besessen und verfügbar gemacht werden oder auch körperlich gezüchtigt, also geschlagen, werden können. So heißt es in Sure 4,34 des Korans etwa: «[W]a-ḍribū-hunna», was als «und schlagt sie», also ungehorsame Frauen, zu übersetzen ist.[1] Und auch in Tora und Bibel finden sich Passagen, die männliche Vormundschaft als Ermächtigung ansehen, («ihre») Frauen körperlicher Gewalt auszusetzen. Zwar hat es immer auch islamische, christliche und jüdische Gelehrte und gesellschaftliche Debatten gegeben, die Gewalt an (Ehe-)Frauen und Töchtern kritisch debatier(t)en und vernein(t)en – und umgekehrt bejahten. Ein hartes Faktum aber ist, dass Frauen* bis ins 20. Jahrhundert hinein der (juristischen) Handhabe entbehrten, sich vor Gewalt in der Ehe schützen zu können. In Frankreich steht es etwa erst seit 1975 und in Deutschland seit 1928 explizit unter Strafe, wenn Männer* ihre Frauen* schlagen – Vergewaltigung in der Ehe ist gar erst seit 1997 ein eigenständiger Straftatbestand. Diese Gesetzgebungen garantieren aber längst noch nicht das Ende häuslicher Gewalt. Laut einer Studie von 2014 hat in Europa knapp jede vierte Frau* (22 Prozent) Erfahrung mit häuslicher Gewalt.[2] In Deutschland wurde zwischen 1995 und 2005 eine Verdreifachung aller Fälle mit verwandtschaftlichen

Täter*innen registriert. Somit nahmen die Fälle nach 1997 und auch heute eher noch zu. Allerdings ist eher davon auszugehen, dass die Sichtbarkeit durch die Reform des StGB zunahm.[3] Einen verlässlichen präventiven Schutz vor häuslicher Gewalt aber vermag sie nicht zu bieten. Diese wiederum geht fließend in Gewalt in Konflikten und öffentlichen Räumen über: Gewalt männlicher Vormundschaft ist der Mikrokosmos von Gewalt patriarchalischer Herrschaft. Die Geschichte und (Omni)Präsenz dieser Gewalt wird auf den nachfolgenden Seiten anhand von Femizid und Vergewaltigung exemplifiziert.

3.1.1. Femizid und gezielte Tötungen von Frauen*/Mädchen*

Femizid oder auch Feminizid ist ein aus dem Englischen entlehnter Begriff, der von Homozid, Tötung eines Menschen, abgeleitet ist. Als die Soziologin Diane Russell 1976 den Begriff «Femizid» vor dem «Internationalen Tribunal zu Gewalt gegen Frauen» in Brüssel im Kontext von Tötungen von Frauen durch Männer verwendete,[4] begann er sich zu etablieren und zu popularisieren. Erst 1992 aber hat sie ihn zusammen mit Jill Radford als «mysogynous killing of women by men» [frauenfeindliche Tötung von Frauen durch Männer] systematisch eingeführt.[5] Sie benennen also «Frauenfeindlichkeit» als Kriterium für Femizid. 2011 spricht Russel von Femizid als «Tötung von Frauen durch Männer, *weil* sie Frauen sind».[6] Noch weitgehender definierte die UN-Frauensektion, die aus den UN-Weltfrauenkonferenzen und anderen UN-Initiativen zur Geschlechtergleichstellung und Empowerment hervorging, im Januar 2013 Femizid als Fälle, in denen Menschen aufgrund ihrer sozialen Position als Frau* getötet werden. Durch diese begriffliche Zuspitzung trägt der Begriff «Femizid» dazu bei, sexistisch motivierte und patriarchalisch fundierte Tatmotive, männliche* Täterschaft und patriarchalische Macht- und Herrschaftskonstellationen als verantwortlich für Morde an Frauen* im privaten oder öffentlichen Raum zu benennen.[7]

In den USA werden jährlich 2800–3000 Morde von Männern* an Frauen* registriert. MacKinnon spricht diesbezüglich nicht von Femizid, sondern von einem «war on women», einem Krieg gegen Frauen. In diesem werden jährlich allein in den USA so viele getötet, wie am 11. September 2001 beim Anschlag auf die World Trade Center ums Leben gebracht wurden.[8] MacKinnon wählt diesen Vergleich, um auf die fehlende mediale und gesellschaftliche Auseinandersetzung damit aufmerksam zu machen, dass Tötungen von Frauen* durch Männer* keine «Einzelfälle», sondern systembedingte Symptome des Sexismus sind.[9]

Tötungen von queeren Frauen*, Frauenrechtsaktivist*innen oder auch Frauen*, die sich (wie etwa die Wissenschaftlerin Hypatia oder auch viele der Inquisition zum Opfer gefallene Frauen*) gegen Manifestationen des Sexismus zur Wehr setzen, zählen zu Femiziden.

Während solche Taten auch von der Frau* unbekannten Männern* begangen werden, handelt es sich beim absoluten Gros von Femiziden um Männer* aus der Herkunftsfamilie (Väter, Brüder, Cousins) und (ehemalige) Partner*innen, die Frauen* töteten. Solche Morde haben häufig ursächlich etwas damit zu tun, dass Männer* ihre Töchter, Schwestern, Frauen als ihren Besitz ansehen (exemplarisch etwa daran zu erkennen, wenn solche Morde im Namen der «Familienehre» begangen werden oder aus Eifersucht oder Nichtakzeptanz einer Trennung heraus). Solche Tötungsdelikte werden oft als «Familiendramen» und «Tragödien» abgetan. In Gegenwehr dazu werden solche Tötungen als «intime Femizide» bezeichnet.[10] Einige zählen alle Tötungen von Frauen*, die auf männliche Familienmitglieder zurückgehen, als «intimen Femizid». Andere fassen darunter nur, wenn eine Frau* von einem Partner oder Ex-Partner getötet wird. Weltweit werden jährlich 50 000 Frauen* von einem männlichen* Familienmitglied getötet. Das sind in etwa 137 täglich, wobei 30 000 von ihrem (Ex)Partner ermordet wurden.[11] In Europa waren es 2017 3000 Frauen*, die von männlichen* Familienmitgliedern getötet wurden.[12]

Zu intimen Femiziden gehören aber letztlich auch «Sati» und Mitgiftmorde. Letztere basieren auf dem rein ökonomischen Interesse eines Mannes*, eine Frau* zu heiraten (weil er dafür eine Mitgift bekommt), und dem Entschluss, dass er aber nicht das Leben mit ihr verbringen will. Bei Sati, der sogenannten Witwenverbrennung, wiederum, die es in Teilen Nord- und Zentralindiens bis ins 19. Jahrhundert und vereinzelt noch danach gab und gibt, wird im Todesfall des Mannes* seine Ehefrau an seinem Grab verbrannt und mit ihm beerdigt.

Einem Femizid geht oftmals sexistische Gewalt voraus – etwa häusliche Gewalt oder Vergewaltigungen (durch der Frau* bekannte oder unbekannte Männer*): Frauen* werden zur Vertuschung der Tat ermordet, sterben an den Folgen der Gewaltausübung oder aber werden von Familienmitgliedern getötet, weil sie sexistisch behaupten, dass die vergewaltigte Frau* die Ehre der Familie beschädige.

Zu Tötungen, die Frauen* widerfahren, weil sie Frauen* (in patriarchalischen Kontexten) sind, gehören auch gezielte Abtreibungen von Mädchen*. Letzteres geschah zwischen 1980 und 2015 in China als Reaktion auf die Ein-Kind-Politik. Doch noch heute ist alarmierend, dass in China weiterhin, wie auch zum Beispiel in Albanien, Armenien, Aserbaidschan, Georgien, Indien, Südkorea, Montenegro, Taiwan, Tunesien oder Vietnam, auffällig mehr Jungen* als Mädchen* geboren werden.[13]

Durch Vorsorgeuntersuchungen und noch mehr durch In-vitro-Befruchtungen ist es Eltern möglich, sich sehr frühzeitig über das Geschlecht ihres Kindes zu informieren – und daraus Entscheidungen abzuleiten. Insbesondere in Indien ist ein drastischer Rückgang der Geburten von Mädchen* (relational gesehen) zu verzeichnen – darauf hatte der indische Wissenschaftler und Philosoph, der Nobelpreisträger Amartya Kumar Sen schon 1986 hingewiesen und dies später immer wieder betont. 2006 gründete Rita Banerji die Kampagne *50 Million Missing*. Ihrer Schätzung nach sind es 50 Millionen Mädchen* und Frauen*, die aus geschlechtsspezifischer Gewalt ermordet, entführt und vor allem gezielt abgetrieben wurden – und zwar, weil Mädchen* in der patriarchalischen Logik als unterlegen und in der patrilinearen Logik ökonomisch nachteilig sind (Stichwort: Mitgift).[14] Solche Tendenzen können sich durch die Gentechnologie verstärken.

Im Juli 2019 gestattete die japanische Regierung dem Stammzellenforscher Hiromitsu Nakauchi die Züchtung eines Tierembryos, dem menschliche Zellen eingepflanzt werden. Zwar wird das Embryo noch nicht geboren werden, sondern als Organspender missbraucht. Die Züchtung des «neuen Menschen» aber hat begonnen. Dies kann schnell in einem Genmenü enden, das künftige Eltern bestellen können. Gleiche Gefahren bietet die ständige Verfeinerung der Reproduktivmedizin. Schon jetzt gibt es Früherkennungsverfahren, die körperliche Beeinträchtigungen an Embryos identifizieren. In der Reproduktionsmedizin und insbesondere in der In-vitro-Fertilisation (IVF) ist es bereits Usus, deutlich mehr Eizellen zu befruchten, als letztendlich eingepflanzt und erst recht geboren werden können. Die Vorauswahl wird aufgrund von Untersuchungen getroffen, die das stärkste, vielversprechendste befruchtete Ei identifizieren können. Alle anderen werden eingefroren und letztlich vernichtet. *Survival of the Fittest* à la 21. Jahrhundert. Als es möglich wurde, Inter*sexualität medizinisch in das Zweigeschlechtermodell einzupassen, wurde die (juristische) Option gestrichen, den Geburtskörper zu behalten, und die Betroffenen wurden unmittelbar nach Geburt in die Zweigeschlechterbinarität hineinoperiert. In Analogie zu dem Umgang mit Inter*sexualität öffnet die Gentechnologie nicht nur die Option, nur gesunde Kinder zu gebären. Sie läutet auch eine Ära ein, in der Menschen, die mit Beeinträchtigungen geboren werden, noch krasser diskriminiert werden – unter dem Motto: «Das wäre doch nun aber wirklich vermeidbar gewesen». Inter*sexuelle Menschen würden in solch einer Zeit nur noch hoffen können, dass sie als Embryos auf Mediziner*innen und Eltern treffen, die sich der ideologischen Rede von der Normalität der Zweigeschlechtlichkeit zu entziehen vermögen. Apropos: Die jahrhundertealte Logik, dass Frauen die Gefäße der Reproduktion und Männer die überlegenen Menschen seien, macht hier eine Tür sehr weit auf: Wenn jede*r Retortenbabys haben kann, dann beendet das auch die Gebärfunktion der Frau*. Das könnte für manche eine Befreiung sein und sogar alte Erzählungen nachhaltig beenden. Wenn aber gleichzeitig an der Logik festgehalten wird, dass Männer* überlegener sind und deswegen berechtigter, auf ökonomische Ressourcen zuzugreifen, könnte dies in Verbindung mit der Möglichkeit epigenetischer Beeinflussungen (etwa des Geschlechts) in eine völlig neue dystopische Dimension der globalen Frauen*unterdrückung oder systematischen Tötung von künftigen Frauen* umschlagen.

3.1.2. Vergewaltigung

Vergewaltigungen passieren nicht einfach so. Sie wiederholen sich systematisch mit Sexismus im Rückenwind. Dass 99 Prozent der Täter*innen Männer* sind und es zu 91 Prozent Frauen* und Mädchen*[15] sind, die vergewaltigt werden, zeigt, dass diese Kausalkette funktioniert.[16] Vergewaltigungen sind insofern im Sexismus verwurzelt, als dass dieser als Machtstruktur zur Verfügung steht, um sich über moralische Skrupel und zum Teil auch schwerwiegende Konsequenzen hinwegsetzen zu können.

3.1.2.1. Vergewaltigung als sexistische Macht und Gewalt

Zwar gebe es «kein Gesetz», schreibt MacKinnon, «das Männern* das Recht gibt, Frauen* zu vergewaltigen. Dafür besteht keine Notwendigkeit, da kein Gesetz gegen Vergewaltigung jemals ernsthaft die Bedingungen unterminiert, die Männern* einen Anspruch auf sexuellen Zugang zu Frauen* geben.»[17] MacKinnons Betonung legt hier auf «Anspruch» und «Zugang» als vermeintlichem Recht darauf, mit (s)einer Frau Sex ohne Einvernehmen haben zu dürfen. Die feministische Juristin rekurriert hier darauf, dass Prostitution und Pornographie «legale» Wege bieten, sich Sex und (sexualisierte Blicke auf) Frauenkörper zu erkaufen. Sexualität als «Anspruch auf Zugang» eröffnet sich aber (historisch) auch aus dem Vormundschaftsprinzip und dem ihm einverleibten vermeintlichen Recht des Mannes*, den Körper der Frau* definieren, nutzen und schlagen zu können. Von hier ist es kein Riesenschritt mehr bis zu der sexistischen Annahme und Praxis, dass es das Recht des Mannes* oder zumindest nicht verwerflich oder gar ‹normal› sei, seine Ehefrau zum Geschlechtsverkehr zu zwingen – mit sich selbst (Vergewaltigung in der Ehe) oder anderen. In diesem Sinne wird in der Bibel in Richter 19,22–29 zur Diskussion gestellt, ob ein Mann das Recht habe, seine Frau oder Tochter Feinden zur Vergewaltigung freizugeben, um Gewalt gegenüber sich selbst (oder verbündeten Männern*) zu verhindern. Zudem ist Straffreiheit bei Vergewaltigungen in Kriegskontexten gängig. Wo aber Vergewaltigung in bestimmten Kontexten und Räumen offen gebilligt wird oder auch nur unter dem Mantel der Verschwiegenheit alltägliche Praxis ist, da ist es nur ein schmaler Grat zu Vergewaltigung in anderen, in allen anderen Kontexten.

So wie Vergewaltigungen von Sexismus getragen werden, tragen Vergewaltigungen umgekehrt dazu bei, die gesellschaftliche Ordnung herzustellen, die den heterosexuellen Mann* als Norm und Machtzentrum setzt. Bei Ver*gewalt*igung geht es immer (und der Wortkern benennt es) um Gewalt – und zwar Gewalt, die über «abgenötigte Sexualität» ausgeübt wird, wie MacKinnons Alternativbegriff zu Vergewaltigung es auf den Punkt bringt.[18] Vergewaltigung ist ein extremer «Macht- und Aggressionsakt» und immer eine Demonstration und «Kommunikation patriarchalischer Macht», [19] schreibt Pumla Gqola.

Exemplarisch zeigt sich das etwa in den eben schon erwähnten Konflikt- und Kriegskontexten, in denen sexueller Zugriff auf Frauen* ein Kriegsmittel ist. Dass die Frau* (unter männlicher Vormundschaft stehend) zu dessen «Eigentum» zählt, führt dazu, dass sie zum Schlachtfeld kriegerischer Konflikte wird. Im Buch Mose wird Vergewaltigung sogar unmissverständlich als ein legitimes Kriegsmittel benannt: «Warum habt ihr alle Frauen leben lassen? (...) und alle Frauen, die schon einen Mann erkannt und bei ihm gelegen haben; aber alle Mädchen, die noch nicht bei einem Mann gelegen haben, die lasst für euch leben.» (4. Mose. 31,15 & 17–18). Der Verweis auf die «Jungfräulichkeit» lässt Parallelen zum «Raub der Sabinerinnen» erkennen – die Motivlage mag also neben Vergewaltigung als Gewaltakt auch die Kontrolle über die Fortpflanzung bekämpfter/unterworfener Völker beinhalten (und den Frauenkörper als zu regulierende Gebärmaschine) –, das ändert aber nichts daran, dass es sich hier um einen christlichen Aufruf zu Massenvergewaltigungen handelt. In solchen Kriegs- und Konfliktkonstellationen fungiert Vergewaltigung als Waffe, um Männer* (ihre Familie, ihr Dorf, ihre Nation) zu demütigen, zu demotivieren, zu schwächen. Gerade weil die Frau* als Besitztum des Mannes* gilt, wird durch ihre Vergewaltigung die Herrschaft des Mannes* angegriffen. Die Vergewaltigung ist in diesem Fall eine Machtdemonstration, die zeigen soll, dass der Mann* «versage», denn er könne ja seiner «natürlichen» Schutzfunktion nicht nachkommen.[20]

Durch Vergewaltigung als patriarchalische Machtdemonstration wird aber auch den betreffenden Personen das Recht streitig gemacht, über den eigenen Körper frei zu verfügen – also Autonomie über diesen und sich selbst zu haben.[21] Wem die Kontrolle über den eigenen Körper genommen wird, hat auch keine andere Autonomie mehr. Und wo ohnehin davon ausgegangen wird, dass Frauen* kein Anrecht auf Autonomie haben, da gibt es gar keine Nein-Option für Frauen*. Das spiegeln etwa Märchen, in denen (künftige) Prinzessinnen wie Dornröschen oder Schneewittchen schlafend von einem ihr absolut unbekannten Mann geküsst werden. Sie erwachen, schlagen die Augen auf und sind mehr als einverstanden mit dem Kuss: Sie heiraten den Küssenden dann auch noch, happily ever after.

Diese Männerfantasie ist nicht nur falsch, sondern vor allem gefährlich – auch weil sie eben voraussetzt, dass der Mann* über den Körper einer Frau* verfügen darf und sie nicht nur keine Option zum Nein-Sagen hat, sie empfinde nicht mal ein «Nein!». Andersherum betrachtet, kommt im Wertesystem vieler Männer* ein «Nein!» einer Frau* gar nicht vor. Nicht wenige glauben, «sie ziere sich nur» oder sage «Nein» und meine «Ja!». Viele solcher Alltagssprüche gehören seit Jahrhunderten zum Sozialisationshintergrund von Jungen*. Rousseau hat das philosophisch und kulturapologetisch noch begründet, wenn er sagt: Der «eine muß ... wollen und können»; es genüge, «wenn der andere wenig Widerstand leistet».[22] Grenzen zwischen vermeintlich romantischen Fantasien wie den Märchen, philosophischen Postulaten über das rechtmäßige Fehlen von Autonomie (auch hinsichtlich von Sexualität) von Frauen*, verbalen Übergriffen und tatsächlichen Übergriffen lösen sich so gewaltvoll auf.

Von dem Zusammenhang zwischen Vergewaltigung und Autonomie erzählt auch Geoffrey Chaucers «The Wife of Bath Tale» (ca. 1400): Ein Ritter vergewaltigt eine «Jungfrau», die er am Flussufer sieht. Der König überträgt seiner Ehefrau das Recht, ihn zu richten. Sie beschließt: Der Ritter möge ausziehen und Kunde einholen, was Frauen am meisten ersehnen (*desire*) würden. Brächte er nicht die richtige Antwort, stürbe er. Nach dem Ultimatum von einem Jahr kehrt der Ritter zurück. Er ist verzweifelt, dann jede Frau hat ihm etwas anderes erzählt, und er ahnt, dass nichts davon die Antwort sei, die die Königin dazu bewegen würde, ihn zu begnadigen. Als er eine alte Frau sieht, beschließt er, einen letzten Versuch zu wagen. Sie sagt, sie kenne des Rätsels Lösung, verlange aber als Gegenleistung, dass er sie heirate. Der Gedanke erschreckt den Ritter, doch im Angesicht seines ansonsten drohenden Todes willigt er ein. Er erfährt, dass das, was sich Frauen am meisten ersehnten, Autonomie, Gleichberechtigung, ja Herrschaft über den Mann sei.[23] Tatsächlich ist dies genau diese Antwort, die die Königin dem Vergewaltiger (und Männern* im Allgemeinen) als Lehre erteilen wollte. Er wird also begnadigt und will seines Weges ziehen. Doch da taucht die alte Frau auf und fordert das Heiratsversprechen ein. Der Mann ist widerwillig, denn er findet sie abstoßend. Jedoch hat er angesichts des Drängens der Königin keine andere Wahl, als sie zu heiraten. Diese feministische anmutende Moral von der Geschichte wird allerdings durch dreierlei gemildert. Zum einen klingt die Botschaft so, als würden Frauen*, die Autonomie wollen, zugleich auch Männer* beherrschen wollen – wodurch die Idee des Selbstbestimmungsrechtes von Frauen* in ein Bedrohungsszenario für Männer* übertragen wird. Dieses Bedrohungsszenario wird dadurch verstärkt, dass diese Forderung das Gesicht einer alten, angsteinflößend aussehenden Frau hat – und diese ihren Willen bekommt. Hier kommt dann der zweite Wermutstropfen ins Spiel: In der Hochzeitsnacht verwandelt sie sich in eine wunderschöne Frau. Die alte Frau war also eine «Hexe», mehr noch, die Schönheit einer Frau wird letztlich als gewichtiger als Weisheit eingestuft. Und was die Autonomie angeht: Zwar ist es der autonome Wunsch der Frau, ihn zu ehelichen, aber es handelt sich um eine Autonomie, die nach Ehe verlangt. Drittens schließlich findet die eigentlich vergewaltigte Frau weder Erwähnung noch ein Happy End.

Vergewaltigung macht jedoch nicht nur Frauen* das Recht auf Autonomie streitig. Vergewaltigung als Instrumentarium, das «dazu dient, Unterwerfung zu erzwingen und Abweichungen zu bestrafen»,[24] wird auch gegen Menschen aller Geschlechter eingesetzt, die sich dualen und heteronormativen Geschlechtlichkeitsdogmen entziehen.[25] Diese Formen von Vergewaltigung werden gemeinhin als «corrective rape», also korrigierende Vergewaltigung, bezeichnet. Das aber ist problematisch, denn der Begriff macht nicht klar, dass es gar nichts zu korrigieren gibt. Im Gegenteil setzt er die «Korrektur» als normal und steht damit selbst in der Geschichte der juristischen und medizinischen Gewalt, etwa den Verurteilungen zu Konversionstherapien, denen inter*-, trans*- und homosexuelle Menschen unterzogen wurden und werden.

3.1.2.2. Gesellschaftlicher und rechtlicher Umgang mit Vergewaltigung

Falsche Uhrzeit, falscher Ort, falsche Signale, falsche Kleidung. Davor habe ich dich doch immer gewarnt. Ein Schreckgespenst, dem sich viele vergewaltigte Frauen* gegenübersehen. Und selbst wenn Schuldzuweisungen ausbleiben, kann viel falsch gemacht werden. Menschen, die wissen, dass eine ihnen bekannte Person vergewaltigt wurde, denken oft bei jeder Begegnung sofort daran. Das kann sich in Blicken oder Tonfall ausdrücken und als Stigmatisierung empfunden werden. Selbst ausgedrücktes Mitleid kann Salz in der Wunde sein. Bei polizeilichen Ermittlungen und, wenn es dazu kommt, Gerichtsverhandlungen spielt all das eine Rolle. Umso herausfordernder ist es, dass die Situation noch einmal durchlebt und durch die Verbalisierung sogar noch konkreter gemacht werden muss, als die schützend-selektive Erinnerung das tun würde.[26] Rechtsstaatliche Vernehmungen erfordern Feingefühl und Kompetenzen, die oft fehlen. Laetitia Ohnonas Dokumentation «Vergewaltigt» (2018) etwa zeigt, wie der eine Strafanzeige zur Vergewaltigung aufnehmende Polizeibeamte hinter sich an der Wand ein *50 Shades of Grey*-Poster hängen hat, während er die Frau* alles im Detail erzählen lässt.[27] Die Angst vor Retraumatisierung nährt die Furcht, die traumatische Situation vor patriarchalisch geprägten Institutionen wie Polizei oder Justiz erzählend wiederzugeben, und ist eine Ursache dafür, dass es Vergewaltigten schwer fällt, über die Vergewaltigung zu reden.

Ein solches Verschweigen von Vergewaltigung kann aber noch andere Gründe haben. Auch Angst vor dem Täter kann eine Rolle spielen, insbesondere wenn die betroffene Person ihn persönlich kennt. Entgegen landläufiger Annahmen finden Vergewaltigungen bei Weitem nicht nur an leeren Orten zu später Stunde oder durch unbekannte Personen statt. Ganz im Gegenteil. Auch bekannte Räume werden zu Tatorten, auch bekannte Personen sind gängige Täter*innen. Nahezu die Hälfte aller in der EU bzw. in Deutschland vergewaltigten Frauen* wurde von Partner*innen (v. a. sind das Männer*) vergewaltigt; 77 Prozent geben an, den oder die Täter*in gekannt zu haben.[28]

Zudem beschweigen viele Frauen* ihre Vergewaltigungserfahrung aus einem Gefühl der Scham und Schuld heraus (eben nicht zuletzt befördert von der Praxis, vergewaltigten Frauen* Mitverantwortung zu geben oder zu misstrauen). Viele der schätzungsweise zwei Millionen Frauen*, die von Soldaten der sowjetischen Armee 1945 vergewaltigt wurden, erzählten nie, was ihnen widerfuhr.[29] Das ist leider eine traurige Regel. In Yvonne Veras *Without a Name* (1994; dt: *Eine Frau ohne Namen*) findet die von einem Soldaten vergewaltigte Protagonistin Mazvita allein in Schweigen, Stille und der Hoffnung, die Tat verdrängen zu können, ihre Überlebensstrategie:

> Das Schweigen reinigte sie … Das Schweigen war eine Kostbarkeit … Sie begrüßte die Stille, die das Schweigen ihrem Körper gab. Die Stille ordnete ihre Gedanken, beruhigte ihr Gesicht … Sie kämpfte noch lange nach diesem Morgen um das Schweigen.[30]

Doch im Schweigen, Vergessen und Verdrängen liegt eine Leere.

> Mazvita akzeptierte die Zeit der Leere als ihr ureigenes Schicksal. Sie wuchs aus der Leere … Mazvita brauchte die Leere ihres Körpers. Später gab es für sie keine Verbindung zwischen dieser Leere und dem Mann … Die Stille ist tief, hohl und einsam. (35–36, 109)

Die Stille ist einsam. Sie ist es, weil sie ein Schutzraum ist, zu dem es oft keine Alternative gibt.

Gerade weil es ansteht, Gefühle wie Scham und Schuld von vergewaltigten Frauen* fernzuhalten, ist es auch eine relevante künstlerische Entscheidung, wie eine Vergewaltigung etwa im Film dargestellt wird. In Jonathan Kaplans *The Accused* (1988) wird Sarah Tobias in einer Bar von drei Männern* vergewaltigt. Die Kamera schaut aus der Perspektive der Männer* mit einer Totale auf das Gesicht der Protagonistin. Mich hat diese Szene geärgert. Indem die Kameraführung die Zuschauenden durch die Augen der Vergewaltigenden auf die Frau* schauen lässt, werden die Zuschauenden in die emotionale Welt des wehrlosen «Opfers» gezogen. Entsetzen mischt sich mit Angst und Mitleid. Mir wäre es lieber gewesen, wenn sich der Spotlight-Blick auf die Gesichter der Männer* gerichtet hätte, was, statt den Fokus auf Angst und Mitleid zu legen, den Schwerpunkt auf Wut und Abscheu gerichtet hätte. Naturalistische Wiedergaben, die aus der Perspektive der Gepeinigten erlebbar sind, reproduzieren Gewalt und letztlich (durch die mitgefühlte Angst) die an sie gebundene Machtposition des Mannes*. Yvonne Veras *Without a Name* ist ein feministisches Gegenstück. Das Vergewaltigungsszenario wird durch Mazvitas inneres Trauma betreten. Sie entfremdet sich von ihrem Körper, schwebt durch Nebel. Das ist, was sie später erzählen kann: «Ich hatte nur meine Arme, meine Beine waren im Nebel begraben, doch ich fühlte, wie der Nebel aufstieg in mein Gesicht.» (28) Die präsente Gewalt wird metaphorisch erzählt: Die Erzählperspektive richtet den Blick wortreich darauf, wie Mazvita in dieser Situation einen Pilz zerquetscht. Damit richtet sich der Fokus auf den Pilz, ich visualisiere nicht eine gedemütigte Frau, sondern kann ihre Gefühle metaphorisch dadurch wahrnehmen, dass sie ihren Schmerz in den Pilz weiterleitet.

Noch entscheidender im Umgang mit Vergewaltigung sind juristische Maßnahmen, die Vergewaltigende konsequent kriminalisieren, bestrafen und abschrecken (auch als Prävention), um Vergewaltigte (bzw. vor Vergewaltigung) konsequent und umfassend zu schützen. Das aber war jahrhundertelang nicht gegeben.

Lange Zeit etwa gab es ganz im Gegenteil sogar Gesetzgebungen, die vergewaltigte Frauen bestraften. Tacitus etwa berichtet davon, dass vergewaltigte Frauen wie Ehebrecherinnen behandelt und vom Ehemann körperlicher Gewalt ausgesetzt werden durften und sollten.[31] Auch Moses Regelungen zu Vergewaltigung folgen dieser Idee einer vermeintlichen Nähe von Vergewaltigung und Ehebruch und bestrafen die Frau*: Findet eine Vergewaltigung in der Stadt statt, so wird über die vergewaltigte Frau das Todesurteil verhängt, «weil sie nicht geschrien hat» (5. Mose 22:22–24). Ihr wird also Einwilligung unterstellt, was eine Nähe zu Ehebruch herstellt. Die gleiche patriarchalische Logik schlägt zu Buche, wenn die Todesstrafe für den Täter damit begründet wird, dass «er seines Nächsten Braut geschändet hat» (5. Mose 22:24). Im Zentrum steht also das Prinzip männlicher Vormundschaft, in der die Frau* Eigentum des Mannes ist und so entmenschlicht, dass es weder um ihre Rechte noch ihre Befindlichkeit geht. Ebendieser Ansatz führt auch die Feder, wenn der Vergewaltiger auf dem Land wiederum gezwungen wird, die Frau zu heiraten, wenn sie eine «Jungfrau» und nicht verlobt war, was finanziell gesehen eine Strafe für den Mann sein soll (vgl. 5. Mose 22:25–29). Aktuell gibt es in der Türkei unter der AKP Vorstöße zur Reimplementierung solcher Gesetze zur Vermählung der vergewaltigten Frau* mit dem Mann*, der ihr Gewalt antat. Auch in den sogenannten «Ehrenmorden» findet sich die auch von Moses formulierte Logik wieder: Vergewaltigung beschädige die Ehre des männlichen Vormundes, und mit der Ermordung der Vergewaltigten (also der Auslöschung ihres Körpers) soll die Schande (die der Vormund-Mann deswegen empfindet) aufgehoben werden. Bei Moses klingt diese Logik wie folgt: so (eben auch durch die Ermordung der vergewaltigten Frau) «sollst du das Böse aus deiner Mitte wegtun» (5. Mose 22:24). Die Vergewaltigte ist mit dem Tode zu bestrafen.

Ab der Frühen Neuzeit wird Vergewaltigung in Gesetzestexten rigide bestraft. Die *Constitutio criminalis Carolina* (kurz: Carolina) regelte ab 1532 in Art. 119, dass ein Vergewaltiger «eynem rauber gleich mit dem schwert vom leben zum todt gericht werden»[32] solle. In der Zeit zuvor fiel die Todesstrafe teilweise noch drakonischer aus: Vergewaltiger wurden etwa lebendig begraben.[33] *Im Lehrbuch des gemeinen in Deutschland gültigen Peinlichen Rechts* von Anselm Ritter von Feuerbach wird laut § 269 der Mann ebenfalls «einem Räuber gleich bestraft».[34] Das Strafmaß am «Raub» zu messen, denkt Vergewaltigung von einer Perspektive aus, welche die Frau* als Besitztum (des Mannes) ansieht. Dieser Perspektive (Frau als Eigentum und «Reproduktionsgefäß» des Mannes) gemäß fasst von Feuerbach Vergewaltigung sehr eng: «Der mit Gewalt erzwungene Beischlaf muss vollendet sein. Blosse Vereinigung der Geschlechtstheile ist daher ebenso wenig hinreichend, als blosse emissio seminis [der Samenausstoß, SuA] …»[35] Diese Logik nimmt nicht die erfahrene Verletzung der Frau zum Maßstab, sondern die Fortpflanzung.[36] Bei von Feuerbach reicht dabei das Strafmaß von der Todesstrafe bis zu schweren Freiheitsstrafen, erörtert aber auch die Heirat der vergewaltigten Frau* als Option. Zwar hatte Feuerbachs Lehrbuch keine Rechtsverbindlichkeit, einflussreich aber war seine Position unter anderem, weil er als Begründer der deutschen Strafrechtslehre gilt. Als ebendieser hatte er auch an Gesetzestexten mitgewirkt. So entwarf er etwa das neue *Strafgesetzbuch für das Königreich Bayern* (1813).[37]

Im Verlaufe des 19. Jahrhunderts wurde zunehmend auf Freiheits- und weniger auf Todesstrafen gesetzt, während Vergewaltigung zugleich breiter (also nicht mehr nur als «vollendet»), aber auch differenzierter (verschiedene Facetten, wie Schweregrade und Umstände, wurden erfasst) behandelt wurde. Dabei wurde Vergewaltigung aber häufig nicht als separater Straftatbestand behandelt: Im Strafgesetzbuch für das Deutsche Reich aus dem Jahr 1872 (verabschiedet 1871) wird Vergewaltigung etwa in einem Paragraphen mit Kindesmissbrauch und dem Missbrauch einer «geisteskranke[n] Frauensperson» verhandelt, dem § 176, wobei das Strafmaß «bis zu zehn Jahre» Zuchthaus lautet. Diese Regelung erfuhr 1876 nochmals eine geringfügige Änderung mit Bezug auf die Strafverfolgung, danach blieben die zugehörigen §§ 176 und 177 bis 1953 in Kraft, überdauerten also die Weimarer Republik, den Nationalsozialismus und die Gründung der Bundesrepublik. In der DDR löste 1968 ein eigenes Strafgesetzbuch das bis dahin in Deutschland geltende ab. Es hatte bereits 1957 Ergänzungen gegeben, die vor allem politische Strafrechtsparagraphen betrafen. In dem neuen StGB-DDR von 1968 befassten sich im Abschnitt «Straftaten gegen Freiheit und Würde des Menschen» gleich die ersten

Paragraphen (§ 121) mit «Vergewaltigung» (bis zehn Jahre Haft), (§ 122) «Nötigung und Mißbrauch zu sexuellen Handlungen» (bis zehn Jahre Haft), (§ 123) «Ausnutzung und Förderung Prostitution» (bis fünf Jahre Haft) und (§ 125) «Verbreitung pornografischer Schriften» (bis zwei Jahre Haft). Damit war dieses StGB deutlich progressiver als das bisherige. Allerdings wurde der Tatbestand der Vergewaltigung in der Ehe ausdrücklich als nicht strafbewehrt gekennzeichnet. In der Rechtspraxis blieb umstritten, wann eine «Vergewaltigung» und wann «sexuelle Nötigung» vorliege. Öffentlich gehörten sexuelle Straftaten zu den vielen Tabuthemen in der SED-Diktatur. Hinzu kam, dass immer wieder Männer* wegen sexueller Straftaten nicht angeklagt wurden, weil sie mittlere oder hochrangige Funktionäre des Regimes waren. Das Ministerium für Staatssicherheit hat überdies § 123 StGB-DDR als Erpressungsartikel benutzt und dutzende Frauen, die als Prostituierte tätig waren, zur Tätigkeit als Inoffizielle Mitarbeiter*innen erpresst. Das MfS setzte sie zielgerichtet zum Beispiel auf Besucher*innen aus dem Westen an, um diese dann mittels Fotos oder Filmaufnahme zu erpressen. Insofern zeigten auch diese Paragraphen im realen DDR-Sozialismus ihre Janusköpfigkeit. Die sexistische Realität unterschied sich ohnehin nicht von anderen Gesellschaften.

1953 gab es im StGB in der Bundesrepublik zunächst nur eine kleine redaktionelle Änderung: «Frauenperson» wurde zu «Frau». Ab 1973 erfolgten weitere Änderungen in mehreren Schritten. So wurden etwa 1973 die strafrechtlichen Regelungen zum Kindesmissbrauch, Missbrauch von «geisteskranke Frau[en]» und «anderen» im Allgemeinen voneinander getrennt. In § 176 wurde fortan nur noch Kindesmissbrauch verhandelt, im § 177 die Vergewaltigung einer Frau. Von November 1973 bis Juli 1997 war daraufhin Folgendes im § 177 Abs. 1 des deutschen Strafgesetzbuches zu lesen: «Wer eine Frau mit Gewalt (…) zum außerehelichen Beischlaf mit ihm oder einem Dritten nötigt, wird mit Freiheitsstrafe nicht unter zwei Jahren bestraft.» Erst 1997 wurde «eine Frau» durch «eine andere Person» und der «außereheliche Beischlaf» durch «sexuelle Handlungen» ersetzt.

Hier deutet sich bereits an, dass die Rechtsgeschichte bezüglich der Vergewaltigung in der Ehe ganz anders verlief: Seit dem antiken Rom war in den meisten Rechtsprechungen im europäischen Raum bis weit ins 20. Jahrhundert hinein der Ansatz prägend, Vergewaltigung in der Ehe als nicht strafrechtlich relevant, weil nicht existent anzusehen. Begründet wurde dies damit, dass die Frau* durch die Eheschließung einen unwiderruflichen Vertrag zum Geschlechtsverkehr mit ihrem Mann* eingehe. Das gilt etwa für das germanische Strafrecht.[38]

Im katholischen Kanonischen Recht (can. 1141 & 1142) spielt dabei eine entscheidende Rolle, dass Ehe ohne Geschlechtsverkehr als nicht vollzogen und annullierbar gilt. Das betrifft zwar zunächst einmal Männer wie Frauen, und dieses *ratum sed non consummatum* (geschlossen, aber nicht vollzogen), das bis heute gilt (weiterhin kann der Papst eine nicht-vollzogene Ehe scheiden), dient auch vor allem dazu sicherzustellen, dass Kinder gezeugt werden. Dennoch spielte diese Regelung auch der Vergewaltigung in der Ehe in die Hände.

Für die Moderne und Gegenwart ist das *Common Law* ein Beispiel – eine Rechtsprechung, die sich in Großbritannien und Ländern des ehemaligen britischen Empire einschließlich der USA und Kanada neben Gesetzen auch auf Präzedenzfälle, also vorherige richterliche Urteile, bezieht. Bis nachweislich 1977 (in den USA) wurde nach dem Hale-Diktum aus den 1670er Jahren, der «marital rape exemption»,[39] einer «Ehevergewaltigungsbefreiung», gerichtet. Nach der Rechtsprechung des englischen Richters Lord Matthew Hale heißt es: «Der Mann kann sich nicht der Vergewaltigung seiner rechtmäßigen Ehefrau strafbar machen, denn durch ihr beidseitiges Eheversprechen und den betreffenden Vertrag hat sich die Ehefrau diesbezüglich ihren Ehemann überantwortet, und sie kann dies nicht zurücknehmen.»[40]

Paul Johann Anselm Ritter von Feuerbach schrieb 1826 in seinem *Lehrbuch des gemeinen in Deutschland gültigen Peinlichen Rechts* in § 268: «III. Die Gewalt zur Unterwerfung unter die Begierde muss rechtswidrig sein. Wer, wie der Ehemann, auf den Beischlaf ein vollkommenes Recht hat, macht sich durch Erzwingung desselben keiner Nothzucht schuldig, obgleich er wegen des Excesses strafbar werden kann …»[41] Vergewaltigung in der Ehe erfülle demnach also per se noch keinen Straftatbestand. Es könne aber unter die Kategorie *crimen vis* (Gewaltverbrechen) fallen, welche seit der Antike als Generalklausel verschiedener Verbrechen (die von gewaltsamer «politischer Erpressung mit Geiselnahme» bis hin zu «erzwungenem Überholen im Straßenverkehr» reicht[42]) fungiert. Vergewaltigung in der Ehe wurde also weder in einem spezifischen Strafgesetz geregelt noch als eigener Straftatbestand angesehen. Strafbar ist aber eine mögliche «Nebenwirkung», etwa Körperverletzung. So sieht das auch Herausgeber Carl Joseph Anton Mittermeier in seinem Kommentar der Ausgabe von Feuerbachs Lehrbuch von 1847: «Mit Recht wird die Richtigkeit» der «Ansicht bezweifelt», dass «der Ehemann an seiner Frau» Nothzucht begehen könne. Dies sei «aber unter Umständen vis».[43] Grundsätzlich blieb also «bezweifelt», dass eine Ehefrau* (und das schließt auch Scheidungskontexte ein) vergewaltigt werden könne. Eine Vergewaltigung wurde nur dann als Straftat gewertet, wenn noch eine zusätzliche Form der Gewaltanwendung vorlag, die unter den Straftatbestand eines Gewaltverbrechens bzw. unter *crimen vis* subsumiert wurde. Eine solche (strafrechtliche) Befürwortung von Zweifeln daran, dass im Kontext einer Ehe Vergewaltigung stattfinden könne, lädt nicht wirklich dazu ein, sich juristisch Hilfe zu suchen, um Vergewaltigung in der Ehe zu bestrafen oder zu verhindern.

Nur spät und zögerlich setzte sich «Vergewaltigung in der Ehe» als autonomer Straftatbestand in der Rechtsprechung fest.[44] In Deutschland wurde «Vergewaltigung in der Ehe» erst 1997 (!) durch Modifikationen (zunächst wurde das Wort «außerehelich» gestrichen, dann wurde die Regelung konkretisiert) im § 177 StGB gleichfalls als Straftatbestand erfasst. Bis heute ist Vergewaltigung in der Ehe, z. T. trotz anderslautender Gesetze, in einigen Ländern weiterhin eine Tabuzone, in Europa beispielsweise in Bosnien und Herzegowina, der Ukraine oder Bulgarien.

Seit 2016 gilt allgemein laut § 177 StGB der Einheitstatbestand von sexuellem Übergriff, sexueller Nötigung und Vergewaltigung.[45] Dabei wird nach verschiedenen Schweregraden unterschieden – und zwar auf der Basis fließender Grenzen und sich überlappender Elemente. Vergewaltigung erfüllt laut § 177 Abs. 6 Nr. 1 das Kriterium des besonders schweren Falls. In der Einstufung von sexueller Nötigung/sexuellem Übergriff als Vergewaltigung besteht das Kriterium darin, ob vaginal, anal oder oral in den Körper einer Person eingedrungen wird. Diese Grenzziehung aber ist fließend, etwa mit Blick auf die Frage, ob auch das Eindringen von Gegenständen oder Fingern als Vergewaltigung bewertet wird (die Istanbul-Konvention als Übereinkommen des Europarats zur Verhütung und Bekämpfung von Gewalt gegen Frauen und häuslicher Gewalt aus dem Jahr 2011 etwa schließt das nicht mit ein). Der Unterschied zwischen sexuellem Übergriff und sexueller Nötigung besteht darin, ob nur der Täter handelt, er also eine sexuelle Handlung an einem anderen Menschen ausübt, oder aber ob der Täter die andere Person zu einer Handlung zwingt. Beides kann zusammenfallen, und auch ansonsten sind die Grenzen schwer zu ziehen.

Das tragende Kriterium für sexuellen Übergriff, sexuelle Nötigung und Vergewaltigung liegt im Fehlen des Einverständnisses. Fehlt dieses, wird aus Sexualität Gewalt. Romantische Liebe, Zärtlichkeit und Sexualität bilden häufig eine Einheit. Sexualität und Gewalt sind jedoch nicht zwangsläufig gegenläufig. In SM-Sexualitäten sind sie vereinbar, wenn ein wechselseitiges Einvernehmen besteht. Umgekehrt bedeutet das Fehlen von Einverständnis, dass es sich nicht um Sexualität, sondern um (sexuelle) Gewalt handelt – und zwar unabhängig davon, ob es zur sexuellen Befriedigung einer Person kommt.[46]

Das Strafgesetzbuch definiert das «fehlende Einverständnis» über die Formulierung «gegen den *erkennbaren* Willen» einer Person. Das Attribut «erkennbar» lässt offen, wer den Willen wie erkennen können muss. Anders als bei der standesamtlichen Eheschließung gibt es keine standardisierte verbale Äußerung à la «Ja, ich will» beim Geschlechtsverkehr. Ganz im Gegenteil: Oft können Opfer in Gewaltsituationen, ob in der Ehe, in anderen Beziehungskonstellationen oder im Kontakt mit Unbekannten, nicht lautstark «Nein, ich bin nicht einverstanden» rufen und schon gar nicht so, dass unabhängige Zeugen das vernehmen und später bezeugen können. Zudem können intime einvernehmliche Situationen auch in Vergewaltigungen umschlagen. So gibt es etwa auch Konstellationen, in denen das Opfer (nur) scheinbar zustimmt, wie etwa wenn, wie vom StGB selbst erkannt und benannt, «der Täter eine Lage ausnutzt, in der dem Opfer bei Widerstand ein empfindliches Übel droht» (§ 177 Abs. 2 Nr. 4). In einer solchen Konstellation könnte eine Art Einvernehmen sogar verbalisiert worden sein.

Eine Gratwanderung zwischen nur scheinbarer Zustimmung und fehlendem Einverständnis möchte ich am Beispiel von J. M. Coetzees Roman *Disgrace* (1999) aufzeigen. In dem in den Umbruchjahren nach dem Ende der Apartheid angesiedelten Roman hat der *weiße* Englischprofessor David Lurie regelmäßig Sex mit einer Prostituierten of Colour. Als er die zur Geschäftsbeziehung gehörende Illusion romantischer Liebe zum

Anlass nimmt, sich in Sorayas Privatleben einzudrängen, beendet diese die einvernehmliche Geschäftsbeziehung. Kurz darauf hat David Lurie Sex mit Melanie, einer Studentin of Colour. Zwar betritt sie freiwillig sein Haus, doch dem Geschlechtsverkehr mit dem Professor stimmt sie nicht zu. Sie ist jung, unerfahren, abhängig und traut sich nicht, das auszusprechen, was sie fühlt und andeutet: «Nein!» Da die Erzählperspektive nicht über ihre Gedanken spricht, wissen wir das aber nicht genau. Schon gar nicht wird klar, ob und warum sie «empfindliches Übel» befürchtet. Es ist eine hierarchische Beziehung, in der eine Autorität auf eine Schutzbefohlene trifft.[47] Die Erzählperspektive macht dagegen klar, dass David Lurie sich dieser Konstellation bewusst ist, denn es wird erzählt, dass er denkt: «Not rape, not quite that, but undesired nevertheless», also «Vergewaltigung war es nicht, nicht ganz, aber zumindest unerwünscht». (25) Doch weil Melanie nicht eineindeutig «Nein» sagt, hat Lurie den Spielraum, das «unerwünscht» in eine Einvernehmlichkeit umzudeuten. Dadurch, dass der Roman allein in Luries Gedankenwelt einsteigt und die von Melanie beschweigt, wird ersichtlich, wie die Täterperspektive dieses Nein (beinahe) komplett ausblenden kann.

Melanie wird, unterstützt durch ihre Eltern und ihren Freund, später von Vergewaltigung sprechen und die Suspendierung David Luries erwirken. Seiner früheren Intuition widersprechend, wird er den Vorwurf einer sexuellen Nötigung oder Vergewaltigung von sich weisen und sich als Opfer einer Verleumdung darstellen. Lurie zieht sich zu seiner Tochter Lucie aufs Land zurück. Dort erlebt er, wie drei Schwarze Männer auf das Grundstück eindringen, ihn verletzen und Lucie vergewaltigen. Diese akzeptiert die Vergewaltigung als Sühne für die *weiße* Schuld der Apartheid und bringt sie deswegen nicht zur Anzeige. Während Lurie im Falle seines eigenen Handelns darüber empört ist, dass er zur Verantwortung gezogen wird, ist er nunmehr entrüstet, dass die Vergewaltiger straffrei bleiben. Seiner Ansicht nach muss also ein Trennstrich gezogen werden zwischen «gegen den Willen» Lucies und dem «fehlenden Einverständnis» Melanies. Die Machtkonstellation Professor versus Studentin, welche Melanies Willen manipuliert, würde den im § 177 Abs. 2 Nr. 4 StGB formulierten Tatbestand erfüllen, dass «der Täter eine Lage ausnutzt, in der dem Opfer bei Widerstand ein empfindliches Übel droht».

Doch was, wenn das empfindliche Übel die Angst ist, sich in einem so kompetitiven Unterfangen wie dem Filmgeschäft nicht durchsetzen zu können? Was, wenn eine Frau bei The Weinstein Company oder Miramax arbeitet und der Chef sie erpresst und dabei sexuell belästigt, sexuell nötigt, vergewaltigt? Jodi Kantor und Megan Twohey legten 2017 in der «New York Times» offen, was möglich ist, wenn einer oder zwei «eine Lage» ausnutzen können: Über Jahrzehnte hinweg hat der Filmproduzent Harvey Weinstein Schauspieler*innen, Produktionsassistent*innen, Zeitarbeiter*innen und andere Angestellte systematisch sexuell belästigt und genötigt, einschließlich mehrerer Vergewaltigungen.[48] Über Jahrzehnte hinweg haben Hunderte von Menschen geschwiegen, weggeschaut, sich zu Mittäter*innen gemacht.

Das fiktive Beispiel David Luries zeigt, dass es sich bei Vergewaltigung und sexueller Nötigung um Verbrechen handelt, die sich im Privaten und daher ohne Zeug*innen der geschädigten Person vollziehen und «Einvernehmlichkeit» ein unzulängliches Kriterium ist. Denn die Beweispflicht, dass diese nicht gegeben war, liegt bei der vergewaltigten Person und macht es schwer, einem der Vergewaltigung Angeklagten eine Tat nachzuweisen, selbst wenn seine DNA im Körper der Frau* gefunden wird. Deswegen sei es wichtig, die Möglichkeit zu erleichtern, das Fehlen von «Einvernehmlichkeit» nachzuweisen. Mit Blick darauf wurde in Schweden ein neues Gesetz verabschiedet, welches festlegt, dass es vor jeder sexuellen Handlung einer ausdrücklichen Zustimmung bedarf, alles andere gilt nun als «unachtsame Vergewaltigung» («Oaktsam våldtäkt»). Es ist ein fragiler Schutz, denn natürlich kann auch eine solche Unterschrift manipuliert werden. Vor diesem Hintergrund problematisiert MacKinnon das Konzept der «Einvernehmlichkeit» an sich. Gerade weil «Einvernehmen» eine ebenso subjektive wie änderungsanfällige Einschätzung ist und es mehr oder minder legale Wege gibt, fehlendes «Einvernehmen» als «Einvernehmen» zu simulieren (z. B. ich gebe einem Zuhälter Geld und erkaufe mir damit das Einvernehmen einer Prostituierten), ist es letztlich nicht geeignet, um über Vergewaltigungen zu urteilen. Dabei geht es nicht darum, dem Angeklagten weniger Rechte zuzusprechen, sondern darum, dem Kriterium der Einvernehmlichkeit mehr Nuanciertheit und insgesamt weniger Relevanz einzuräumen. So könnten eben andere Beweise und Indizien höher ins Gewicht fallen als die Frage der Einvernehmlichkeit.

Das Mildern von Einvernehmlichkeit als Kriterium hebelt Rechtsstaatlichkeit nicht aus, sondern fordert sie zu größerer Tiefenschärfe heraus. Analog gilt das auch für andere Kriterien – allem voran das Verfahren, dass polizeiliche und juristische Ermittlungen die Glaubwürdigkeit der Aussagen und Plausibilität (die Ereignisse und Umstände müssen zusammen Sinn ergeben) ausloten sollen. Beides ist von Moralvorstellungen ebenso abhängig wie von stereotypisierenden Kartierungen der geschädigten oder tatverdächtigenden Personen. Das Beispiel der 18-jährigen Marie (wie auch in der Netflix-Serie «Unbelieveable» 2019 verfilmt)[49] zeigt auf, welche Ausmaße es haben kann, wenn ein Polizist einer Frau* fehlende Glaubwürdigkeit attestiert. Die Polizei unterzieht Marie einer unglaublich schwierigen Gegenüberstellung und detaillierten Darstellung des Geschehens – und glaubt ihr nicht, weil sie aus der Traumatisierung heraus Erinnerungslücken hat. Marie wird schließlich der Falschaussage angeklagt und entsprechend bestraft. Erst Jahre später, nachdem der Mann viele andere Frauen vergewaltigt hatte, fanden sich Beweise, die belegten, dass auch Marie vergewaltigt worden war.[50] Dass die Polizisten Marie nicht glaubten, hing eng damit zusammen, dass sie als Person, die in Heimen aufwuchs, in ihren Augen keine verlässliche Stimme besaß.

Hier ist der Punkt angesprochen, dass gleiche Taten ungleich geahndet werden, was auch daran liegt, dass es bei Prozessen um Vergewaltigung (ebenso wie in anderen Zusammenhängen) noch immer regelmäßig einen Unterschied macht, wo Prozessbeteiligte in der sozialen Hierarchie stehen und welche Stereotype sie bedienen. Über Jahrhunderte hinweg wurde in juristischen Regelungen explizit davon gesprochen, dass Vergewaltigungen daran zu messen seien, ob die geschädigte Person eine «unbescholtene Frauensperson»[51] sei oder nicht, wobei das «unbescholten» «Ehefrau, Witwe oder Jungfrau» meinte. Als «bescholtene Personen» hingegen galten zum Beispiel Prostituierte.[52]

Auch die direkte soziale Beziehung zwischen Vergewaltiger und der Frau* spielt bei der ungleichen Bewertung von Taten einer Rolle. So führte etwa der soziale Status und der daran gebundene «ökonomische Besitzanspruch», «Besitzer» einer Frau* zu sein, in einigen Rechtsprechungen dazu, dass bestimmte Personen in bestimmten Rechtsprechungen als «nicht vergewaltigbar» galten, was eine Vergewaltigung zumindest indirekt juristisch legitimierte.

In kolonialen und rassistischen Strukturen galt Vergewaltigung einer Schwarzen Frau durch einen *weißen* Mann beispielsweise nicht als strafrechtlich relevant. Das war etwa in der US-amerikanischen Plantagensklaverei im 17. bis 19. Jahrhundert so oder während der südafrikanischen Apartheiddiktatur. Frauen galten als Eigentum, und wenn ein *weißer* Mann «Eigentümer» einer Schwarzen Frau* war, hatte sie keinerlei Rechtsanspruch auf Schutz vor ihm. In der Apartheid gab es zwar keine solchen Eigentumskonstellationen, aber das Regime entrechtete Schwarze systematisch und gewährte ihnen auch keine Autonomie über ihren Körper. In diesem Kontext war es für Schwarze Frauen* riskant, zu einer rassistischen Institution zu gehen, um einen *weißen* Mann* anzuzeigen.[53]

In diesem Ambiente konnte es andersherum (ähnlich wie in der Jim-Crow-Ära der USA) schon fatale Konsequenzen haben, wenn ein Schwarzer* eine *weiße* Frau* auch nur anschaute (denn dem Schwarzen Mann* wird per se das Potenzial zur Vergewaltigung einverleibt) – was ein sehr zündender Beleg dafür ist, dass auch *weiße* Männer* der Macht eines Blickes durchaus gewahr sind.[54]

Bis heute wirkt sich die soziale Position eines Vergewaltigers auf Rechtsprozesse aus. So macht es etwa einen Unterschied, ob die einer Vergewaltigung angeklagte Person durch diskriminierende Stereotype vorverurteilt ist und/oder ob er durch eine*n Pflichtverteidiger*in vertreten wird oder er sich eine teure und einflussreiche Anwaltskanzlei leisten kann. Die Anklagen gegen Dominique Strauss-Kahn, u. a. wegen versuchter Vergewaltigung, wurden fallen gelassen, und in einem weiteren Fall wurde er freigesprochen, erst 2016 erfolgte eine Verurteilung zu einer Geldstrafe wegen Zuhälterei; Cristiano Ronaldo wiederum kam durch einen Vergleich ohne Haftstrafe davon.[55] Das sind nur zwei Beispiele aus einer schier endlosen Kette solcher Skandale, die wenig ermutigend wirken, Vergewaltigungen auch nur anzuzeigen.

Einer Studie der European Union Agency for Fundamental Rights aus dem Jahr 2014 zufolge gehen 23 Prozent der Opfer nicht zur Polizei, weil sie befürchten, dass ihnen nicht geglaubt werden würde.[56] Selbst wenn Anzeige erstattet wird, kann diese versanden, weil gesetzlich vorgeschriebene Beweisführungen nicht vorgelegt werden können oder die nötige Gesetzesschärfe fehlt.

Das Gesagte macht deutlich, warum es schwer ist, verlässliche oder auch nur vergleichbare Statistiken zu erarbeiten. Sie können immer nur Richtwerte sein, weil ihnen Vorannahmen und Kriterien zugrunde liegen, die historisch und regional divergieren. Eben etwa weil Vergewaltigungen Schwarzer Frauen oder Prostituierter in bestimmten Kontexten gar nicht als solche anzeigbar sind oder auch weil Vergewaltigungen von Männern* und gleichgeschlechtliche Vergewaltigungen nicht konsequent angezeigt werden können. Vergewaltigungen werden auch dann nicht registriert, wenn sie anderweitig erfasst werden (etwa als Körperverletzung statt als Vergewaltigung). Das galt früher mehr als heute und ist außerhalb Europas virulenter als hierzulande. Dennoch zeigt ein Blick in die Zahlen, dass Vergewaltigung weltweit noch immer ein gesamtgesellschaftliches Problem darstellt.

2009 wurden in Südafrika mit der weltweit höchsten Vergewaltigungsrate, 68 332 Vergewaltigungen registriert, wobei davon ausgegangen wird, dass nur jedes sechste Verbrechen zur Anzeige gebracht wird.[57] In Indien wurden 2012 24 923 und 2015 34 651 Vergewaltigungen zur Anzeige gebracht, respektive gab es dort 2018 insgesamt 50 108 angezeigte Sexualstraftaten (dabei gilt Vergewaltigung in der Ehe nicht als Straftatbestand).[58] In England und Wales wurden im Jahre 2016 64 500 Fälle von Sexualstraftaten registriert, davon waren 55 Prozent Vergewaltigungen.[59] In Deutschland gab es von 2000 bis 2015 jährlich ca. 7000 Anzeigen wegen Vergewaltigung oder sexueller Nötigung. 2016 stieg die Zahl auf 8102, 2017 auf 11 444, und 2018 lag sie bei 9324, wobei in Deutschland, anders als in Indien und Südafrika, auch Übergriffe gegenüber Männern registriert werden.[60]

Sämtliche Zahlenangaben liegen deutlich, sehr deutlich, unter der von Expert*innen angenommenen tatsächlichen Höhe von Vergewaltigungen – was sich etwa aus flächendeckenden Mikrostudien für einen bestimmten Bevölkerungsraum (und aus ihnen ableitenden Hochrechnungen) und daraus schlussfolgern lässt, dass sich sprunghafte Erhöhungen ergeben, sobald zuverlässigere Kriterien der Messbarkeit zugrunde gelegt werden können.[61] Gerade bei sexistischer Gewalt und aus den hergeleiteten Gründen erfassen Statistiken nur einen Bruchteil dessen, was in der «gewöhnlichen Vergewaltigungskultur» global – Deutschland eingeschlossen – alltäglich geschieht. In Ohnonas Dokumentation «Vergewaltigt! Der lange Weg zur Gerechtigkeit» aus dem Jahr 2018 etwa wird davon gesprochen, dass es in Frankreich jedes Jahr 250 000 Vergewaltigungen oder versuchte Vergewaltigungen gibt, von denen nur ca. 16 000 angezeigt werden.[62] Ihr zufolge werden in Frankreich etwa nur ein Zehntel der angezeigten Vergewaltigungen nach durchschnittlich vier Jahren vor Gericht gebracht.[63]

Noch dramatischer fällt die Zahl nicht angezeigter Vergewaltigung von GBTIQ-Männern* aus – gerade auch, weil nur die wenigsten Länder diese Verbrechenskategorie überhaupt in die Vergewaltigungsparagraphen aufnehmen. So ist in der Schweiz nach wie vor nur die Vergewaltigung einer Person «weiblichen Geschlechts» rechtlich relevant, auch wenn eine entsprechende Änderung diskutiert wird.

In der feministischen Widerstandskultur wird davon gesprochen, dass Opfer sexueller Gewalt und insbesondere Vergewaltigte Überlebende sind, weil sich ein biographischer Bruch einstellt, der das Nachher vom Vorher abgrenzt. In Veras *Without a Name* berichtet die Erzählstimme, wie Mazvita fühlt, dass das Leben «von ihr zu ihm ging» – und dass es «nicht gegeben, sondern genommen wurde».[64] Dieses «Überleben» adressiert den Umgang mit langfristigen Folgen, die sich zusätzlich zu akuten Verletzungen einstellen. «Mazvita hatte ihre weiblichen Gezeiten verloren» (35), heißt es in *Without a Name.* Vergewaltigte Menschen entwickeln Angstzustände, die sich psychologisch in Zwangsstörungen oder psychosomatisch etwa als Ausbleiben der Menstruation oder Vaginismus (Verkrampfung bis zur Verschließung der Vagina) äußern können. Solche Symptome wirken sich in alle Bereiche der Sozialbeziehungen und Lebensqualität aus. Natürlich macht Vergewaltigung auch nachhaltig etwas mit den Täter*innen. Mag sogar sein, dass sie geschockt sind über sich selbst, mag sein, dass sie Reue empfinden, mag sein, dass sie sich durch die ausgeübte Gewalt weiter radikalisieren. Doch viele erfahren vor allem, dass ihnen nichts passiert. Das bestätigt sie in ihrer Machtinszenierung durch Gewalt. Auch wenn die Regelungen und Möglichkeiten, Vergewaltiger zur Verantwortung zu ziehen, weltweit sehr unterschiedlich sind, dies ist und bleibt ein globales Problem. Deswegen formieren sich immer wieder globale Proteste – jüngst etwa im Rahmen der sich seit Sommer 2015 aus Chile heraus formierenden Protestbewegung «Ni Una Menos», die mit Performances auf Vergewaltigungen und Femizide und diese Verbrechen deckende Macht- und Herrschaftsstrukturen aufmerksam machen.[65]

3.1.3. Sexuelle Belästigung

Blicke können tödlich sein, heißt es. Sie handeln und üben Macht aus. Wir alle kennen das Wort «glotzen» und wissen, wie wütend es uns macht, wenn uns jemand «anglotzt». Dem Sexismus ist das Glotzen immer ein tatkräftiges Instrument. Männer glotzen auf Beine, Gesäß oder Brüste von Frauen*; es handelt sich um ein Glotzen, weil der Blick fordernd, gierig, lüstern, übergriffig ist und nichts versteckt wird. Sie schauen offensiv, immer auch getragen vom Impetus der Macht, dass sie dazu berechtigt seien. Viele würden vermutlich gar nicht begründen können, warum sie mit dieser Selbstverständlichkeit auf ihnen fremde Personen, Körper, Privatsphären schauen, aber natürlich ist das jahrtausendealte (Gewohnheits)Recht des Mannes, Eigentümer, Vormund, Bestimmer über Frauenleben und deren Körper zu sein, hierbei ein relevanter Selbstverständnisanker. Solches Glotzen ist eben etwas anderes als ein flüchtiger Blick, mit dem etwa anwesende Menschen gescannt werden. Um diesen Unterschied weiß jede Person, die angeglotzt wird – und in der Regel kennt den auch jeder Glotzende.

Dieser Blick kann auch indirekt ausgeübt werden, etwa durch eine Kamera. Diese können Frauen* inszenieren, heranzoomen, auf bestimmte Körperteile reduzieren oder bloßstellen. Deswegen ist es auch im besten Falle unbedarft, dass bei der Leichtathletik-WM 2019 Kameras an den Startblöcken montiert wurden, welche Sportler*innen von unten und durch den Schritt hindurch filmen. Auch wenn sie das Gesicht fokussieren, der Blick streift sehr private Bereiche und ist dabei nicht kontrollierbar.[66]

Ein glotzender Blick aber kommt selten allein. So wie dieses BlickGlotzen typisch sexistisch ist, so ist es keine singuläre, sondern eine dauerhafte Erfahrung, angeglotzt zu werden. Und solche Blicke gehen oft mit Worten oder Berührungen einher. Zumindest ist die Grenze hier fließend. Nicht nur, weil auch Blicke und Wörter den Körper berühren. Männer*, die so glotzen oder sprechen, grabschen häufig auch. Oder sie lassen es tun.

Vor Jahren kam mir ein Mann* entgegen, mit einem Hund. Er lief mir so in den Weg, dass ich stoppen musste. Sofort fing der Hund an, in meinem Schritt zu schnuppern – gefolgt vom Blick des Mannes*. Ich stand da, versteinert. Ich versuchte mir einzureden, dass ich überreagieren würde. Der Hund wisse ja nicht, was er mache. Doch der Blick des Mannes* wusste es. Als ich es schließlich schaffte, ihn zu bitten, den Hund wegzuziehen, sagte er etwas Verletzendes, «zickige Pussy» oder so ähnlich. Ich war gerade auf dem Weg zur Akupunktur. Dort angekommen, begrüßte mich der Mann* der mich sonst behandelnden Ärztin. Sie sei krank. Er begann seine Behandlung, und anders als sonst sollte ich auch den Oberkörper entkleiden. Dann begann er, meine Brüste «abzutasten», was – wie ich laienhaft wusste – für die Akupunktur nicht nötig war. Ich wehrte mich nicht. Nicht nur, weil der Hunde-Schreck mir noch in den Knochen saß. Ich fühlte mich wehrlos. Wie schon Jahre zuvor, als ich halb sediert in den OP-Raum geschoben wurde. Da stand der Chirurg und machte einen Kommentar über meine Beine. Das war kein Kompliment (auch wenn er es so meinte), das war übergriffig, und ich bekam Panik und frage mich seither, ob sein Blick und sein Kommentar auch in Anfassen übergingen. Ein paar Jahre später wurde mir an meiner Brust ein Leberfleck entfernt. Während der Arzt daran herumschnippelte, machte er mit einem dabeistehenden Arzt dumme Witze über die Matschigkeit meiner Brüste, so als wäre ich sediert. Auch das zeigt, dass Komplimente letztlich am gleichen Strang ziehen wie abwertende BlickKommentare.

Sexuelle Belästigung umfasst also ein breites Spektrum von Handlungen. Physische Übergriffe und diskriminierende Vokabeln sind dabei nur die Spitze des Eisberges. Auch verbale Übergriffe wie Witze, Kommentare, Erzählungen über Sexualität oder (vermeintliche) Komplimente gehören zum Gesamtbild. Am Ende ist es egal, ob eine Gruppe Männer* ein sexistisches Wort sagt oder vermeintlich anerkennend pfeift. Sie sind übergriffig, reduzieren Frauen* auf ihren Körper und greifen auf diesen zu. «Du hast aber einen knackigen …» (meist nehmen sie üble Vokabeln dafür) ist so ein übergriffiger, gewaltvoller Satz mit Wiederholungscharakter, Geschichte und System. Genau deswegen ist auch ein «Joke nicht einfach Joke». Ein Witz, der auf Kosten einer beteiligten Person geht, ist immer eine Gratwanderung. Auch wenn die betroffene Person lacht, muss das keinesfalls zwangsläufig die bereits problematisierte «Einvernehmlichkeit» ausdrücken oder gar eine diskriminierende Intention oder Wirkung ausschließen oder aufheben. Das gilt ebenso für Witze, die direkt oder indirekt auf Stereotype von Frauen oder Homosexualität anspielen und dadurch diskriminierende Bilder und Narrative perpetuieren. Alles im Duktus von «Das war doch nur ein Witz, du bist aber spaßfrei, bleib mal locker ...» ist eine Verharmlosung der Macht, die in allen Worten steckt – egal, ob witzig gemeint oder nicht. Es geht nicht darum, was jemand meint – sondern darum, welche Machtgeschichten und Gewalttraditionen sich in etwas (vermeintlich witzig) Gesagtes einschreiben.

Sexuelle Belästigung ereignet sich in anonymen Kontexten (wie bei dem Hundebesitzer oder einer Gruppe pfeifender Männer*) oder aber in einer Konstellation von Autorität, in der Vertrauen oder Macht zum Tragen kommen. Dazu gehören medizinische Räume und Arzt-Patientin-Konstellationen oder aber Abhängigkeitsverhältnisse, wie sie etwa in Beruf oder Ausbildung gegeben sind. Solche Konstellationen bezeichnet MacKinnon als «institutionellen Verrat».[67] Laut der NGO Students and Youth Working on Sexual and Reproductive Health Action Team (SAYWHAT) sind mindestens 70 Prozent der Studierenden simbabwischer Universitäten von Lehrenden sexuell belästigt worden.[68] Eine Studie der Antidiskriminierungsstelle des Bundes von 2019 zeigt, dass 9 Prozent aller deutschen Arbeitnehmer*innen (zumeist wiederholt) sexuelle Belästigung erfahren haben, wobei Frauen* mehr als doppelt so häufig wie Männer* betroffen sind. 80 Prozent der betroffenen Personen geben Männer* als Täter*innen an. 43 Prozent der belästigenden Personen waren (gleichgestellte) Kolleg*innen, «bei einem Fünftel waren es Vorgesetzte oder höhergestellte Personen».[69]

Bislang gibt es keinen ausreichenden juristischen Schutz vor sexueller Belästigung. Eher im Gegenteil wird sie systematisch unterschätzt und heruntergespielt. Das geht eigentlich schon mit dem deutschen Begriff selbst los. «‹Belästigung› klingt ... eher nach einem Ärgernis als nach Diskriminierung», sagt Verfassungsrichterin Susanne Baer. Daraus ergebe sich die «wirkmächtige Alltagsüberzeugung, sexuelle Belästigung als belanglos abzutun, gern auch als mehr oder weniger unbeholfenen Versuch eines Flirts.»[70] Tatsächlich ist sexuelle Belästigung nicht Teil des im § 177 StGB geregelten Einheitstatbestandes von sexuellem Übergriff, sexueller Nötigung und Vergewaltigung. Der entscheidende Unterschied zwischen sexuellem Übergriff, sexueller Nötigung und Vergewaltigung einerseits und sexueller Belästigung andererseits liegt laut §§ 177 und 184 i StGB in dem Grad, in dem Körperlichkeit involviert ist: Sexuelle Handlung gegen erkennbaren Willen (§ 177) vs. Belästigung durch sexuell bestimmte Berührung (§ 184 i). Umgekehrt heißt das, dass ohne Berührung der Strafttatbestand der Belästigung nicht gegeben ist. Allerdings gibt es mit § 185 StGB einen Paragraphen, mit dem Beleidigung anzeigbar und bestrafbar ist – was eben auch sexistische Beleidigungen einschließt, nicht andere Formen der sexuellen Belästigung (etwa ein sexistischer Joke, eine Konfrontation mit Äußerungen über sexuelle Handlungen etc.). Mit Bezug auf Kinder gibt es mit § 176 Abs. 4 Nr. 4 StGB einen Paragraphen zu sexuellem Missbrauch, der zusätzlich zu sexuellen Handlungen die Konfrontation mit pornografischen Bildern oder gewisse verbale Übergriffe einschließt.

Von 1994–2006 regelte das deutsche Beschäftigtenschutzgesetz den Schutz vor sexueller Belästigung, jedoch beschränkte sich das auf den arbeitsrechtlichen Kontext, welches ja ein wichtiger, jedoch nicht der einzige Schauplatz sexueller Nötigung ist. Durch § 1 des Allgemeinen Gleichbehandlungsgesetzes (AGG) von 2006 kann sexuelle Belästigung nunmehr im Zusammenhang mit arbeitsrechtlichen oder zivilrechtlichen Konsequenzen angezeigt werden, wobei auch Hassrede als strafrechtlich relevanter Tatbestand behandelt werden kann – sofern diese eindeutig einer Person zuzuordnen ist –, was eben in der Anonymität des Internets oft nicht gewährleistet ist und zu schwierigen Einzelfallprüfungen führt.

Ein weiterer rechtsfreier Raum ist das «Upskirting»: Weil es erlaubt ist, Menschen an öffentlichen Orten zu fotografieren, ist es bislang nicht verboten, Frauen unter dem Rock zu fotografieren – so dies an öffentlichen Orten wie einer Kaufhausrolltreppe oder einem Konzert stattfindet.[71] Umgekehrt ließ eine in Simbabwe zur Verhinderung sexueller Belästigung eingesetzte Kommission verlautbaren, dass Frauen* sich so kleiden müssten, dass sie keine Blicke oder Kommentare provozieren würden. Zu dieser staatlichen Praxis gehört auch der systematische Einsatz sexualisierter Gewalt gegen Feminist*innen, bei der Demütigungen (etwa durch Entkleidung) in Vergewaltigung münden.[72]

Das simbabwische Beispiel zeigt wesentlich prinzipieller, dass die Grenzen zwischen der staatlichen Verweigerung von Rechtssicherheit von Frauen* und staatlicher Ausübung sexualisierter Gewalt ebenso fließend sind wie die von sexueller Belästigung zu sexueller Gewalt.

3.2. Frau*, Bildung(slosigkeit) und Erwerbsarbeit

Es gehört zur Geschichte der Menschheit, Wissen geschlechterspezifisch zu vermitteln und Frauen* einen (gleichberechtigten) Zugang zu institutioneller Bildung zu verweigern. Das ist fast schon eine Konstante in der Geschichte der Menschheit. Bevor ich auf die diesbezügliche Rhetorik eingehe, eine kurze Überlegung zum Zusammenhang von Wissen(svermittlung) und (institutioneller) Bildung.

Es gibt verschiedene Wissensformen und deren Vermittlung an Kollektive oder Individuen. Jede Gesellschaft lebt davon, ihren Mitgliedern Wissen über basale Lebensprozesse zu vermitteln. Dazu gehören etwa Informationen über Ernährung(sbeschaffung), Schutz vor Gefahren und (moralische) Verhaltensregeln. Solches Wissen wird informell (etwa über Familienstrukturen oder kollektiv geteilte mündliche Erzählungen) und formell (etwa über Bildungsinstitutionen) vermittelt. Kollektive Wissensvermittlung erfolgt dabei in der Regel ausdifferenziert. Nicht alle lernen alles, sondern Wissensvermittlungen werden verschiedenen sozialen Positionen und Funktionen in der gesellschaftlichen Ordnung und deren Norm/alität angepasst.

Dabei spielt die Geschlechterteilung eine tragende Rolle. Im Kern geht es um zwei miteinander verschränkte Argumente. Zum einen setze institutionelle Bildung Vernunft und Rationalität voraus, weswegen auch nur die vermeintlich einzigen vernunftbegabten, rationalen Menschen institutionelle Bildung erhalten sollten. Männer also. Frauen seien als bar jeder Vernunft und als von Natur aus emotionsgeleitete Wesen für institutionelle Bildungsprozesse ungeeignet. Zum anderen, und damit verbunden, wurde die Logik bemüht, dass allein Männer für den öffentlichen Raum verantwortlich und Frauen für ein Leben als Mutter und Ehefrau geboren seien. Deswegen sei es nicht nur überflüssig bis unvernünftig, Frauen mit Bildung zu behelligen, es rentiere sich einfach nicht, (Aus)Bildung in Mädchen/Frauen zu investieren. Diese Ideologie wurde umgesetzt, indem Bildungsinstitutionen Frauen* lange gar nicht zugänglich waren.

Informelle Bildung war daher für Frauen* Teil ihres Lebens. Sie folgte inhaltlich dem Postulat der Zweigeschlechtlichkeit. Ihnen wurde vermittelt, was sie für ihre Rolle als Hüterin des Hauses oder der Kinder «benötigten». Zwar gab es auch Frauen*, die sich darüber hinaus Wissen aneigneten. Es mussten dafür jedoch gesellschaftliche oder zumindest familiäre Voraussetzungen gegeben sein, also öffentliche Bildungsstrukturen, die dies überhaupt ermöglichten, oder wenigstens ein Vater, der dies im Privaten unterstützte. Insgesamt war es ein langer, steiniger Weg, bis Mädchen* und Frauen* von Rechts wegen und systematisch Zugang zu offiziellen Bildungsinstitutionen erhielten. Nur allmählich führte dieser von elementarer institutioneller Bildung (wie Mädchenschulen) zu höherer Bildung. Noch heute gibt es die berühmt-berüchtigte Bildungspyramide in Deutschland: Der Sockel manifestiert Geschlechterparitäten, auf der Spitze thronen (fast) nur noch Männer*.

Der Ausschluss aus institutioneller Bildung zeitigte enorme Konsequenzen in der Berufswelt: Ohne eine entsprechende Bildung konnten Frauen* keine höheren Berufshierarchien erreichen oder hoch qualifizierte Erwerbstätigkeiten ausüben. Insbesondere in Agrarstrukturen standen Frauen* neben Männern* von frühester Kindheit an von morgens bis abends auf dem Feld – zusätzlich zur Arbeit im Haus. Auch in fremden Haushalten waren Frauen* etwa als Köchinnen, Ammen, Kinderbetreuerinnen oder Bedienstete integriert, bis weit ins 19. Jahrhundert hinein jedoch auf der Basis von Kost und Logis statt frei verfügbarer Einkünfte. Es war ein langer Kampf, bis Frauen* sich in Erwerbsarbeit, insbesondere in (gut)bezahlter, etablieren konnten. Nicht nur dass Frauen* viele lange Jahrhunderte lang die entsprechende Ausbildung verweigert wurde; das patriarchalische Herrschaftsprinzip verweigerte ihnen zudem Führungs- und Spitzenpositionen bis weit ins 20. Jahrhundert hinein – und das wurde auch nur durch entsprechende staatliche Vorgaben in einigen westlichen Ländern in den letzten Jahrzehnten allmählich aufgebrochen. Es war sogar bis weit ins 19. Jahrhundert hinein ein Politikum, also unerwünscht, dass Frauen* sich öffentlich als Künstlerinnen betätigten. Und wenn sie es taten, trauten sie sich zum Teil nicht hinter männlichen Pseudonymen hervor oder über Genres hinaus, die Frauen* zugebilligt wurden: Briefromane etwa.

Das alles führt zu einer paradoxen Konstellation: Einerseits hinderte die sexistische Gesellschaftsordnung Frauen* am Zugang zu Bildung, Erwerbsarbeit, Leitungspositionen oder öffentlicher Kunstarbeit, andererseits wird genau diese Abwesenheit von Frauen* seit der Antike immer wieder als «Beweis» dafür herangezogen, dass Frauen* all dies nicht vermögen würden. So schreibt Kant etwa:

> Der schöne Verstand wählt zu seinen Gegenständen Alles, was mit dem feineren Gefühle nahe verwandt ist, und überläßt abstracte Speculationen oder Kenntnisse, die nützlich, aber trocken sind, dem emsigen, gründlichen und tiefen Verstande. Das Frauenzimmer wird demnach keine Geometrie lernen; es wird vom Satze des zureichenden Grundes oder den Monaden nur so viel wissen, als nöthig ist, um das Salz in den Spottgedichten zu vernehmen, welche die seichten Grübler unseres Geschlechtes durchgezogen haben.[73]

Um die Geschichte dieses Teufelskreises geht es im folgenden Kapitel.

3.2.1. Bildung und Arbeit für Frauen* in historischer Perspektive

Erste Belege für die Existenz von Schulen lassen sich auf das 4. Jahrtausend v. u. Zt. zurückverfolgen. Die Existenz von sumerischen Schulgebäuden und -utensilien sind belegt. Im alten Ägypten waren Schulen den Wohlhabenden vorbehalten, aber diese schickten auch Mädchen* dorthin. Im antiken Griechenland wurde Unterricht Zuhause von privat eingestellten Lehrern erteilt, was nur wohlhabenden Familien möglich war. Dabei gab es geschlechtsspezifische Nuancen, Mädchen* waren aber nicht prinzipiell ausgeschlossen. In der Römischen Republik wurde Privatunterricht häufig von den Eltern ausgerichtet. In der Römischen Kaiserzeit gab es wieder öffentliche Schulen.[74] Je höher die Bildung ausfiel, desto mehr dünnte sich die Präsenz von Frauen* in den antiken Gesellschaften aus. Frauen* arbeiteten im eigenen Haus oder in fremden Haushalten in Berufen, die in das Profil Haushalt, Fürsorge und Sexualität fielen. Nur wenigen Frauen* war es möglich, sich Gefilden wie Lyrik, Mathematik, Astronomie oder Philosophie zuzuwenden. Das waren Frauen* aus der Oberschicht, so wie insgesamt nur die Oberschicht systematisch Bildung erfuhr. Dazu gehören etwa Aspasia, die einen Literatursalon betrieb und als zweite Frau des Perikles, der die erste griechische Demokratie federführend begründete, auch politisch Einfluss nahm, die Dichterin Sappho sowie die Philosophin, Mathematikerin, Astronomin Hypatia in Alexandria. Hochgradig gebildet (ihr Vater Theon war Mathematiker und unterstützte sie dabei), verfasste Hypatia viele Schriften, von denen keine überliefert sind. Bis zu ihrer brutalen Ermordung durch Mönche lehrte sie (unter großem Anklang) Mathematik und Philosophie im Stil der neuplatonischen Schule, inoffiziell sowie vermutlich auch im Museion, dem «führenden Forschungsinstitut zu jener Zeit».[75] Doch diese Frauen* waren eine Ausnahme und ein Dorn im Auge des Patriarchats und seiner ideologisierten Behauptung, dass Frauen* für Vernunft unzugänglich seien und im öffentlichen Raum nichts zu suchen hätten. In einer Begräbnisrede, die Perikles auf die Gefallenen des Peloponnesischen Krieges hielt, heißt es in der Überlieferung durch Thukydides entsprechend:

> Soll ich aber auch noch kurz erwähnen, was den Frauen wohl anstehen wird, die nunmehr im Witwenstand leben werden, so kann ich alles in eine kurze Ermahnung zusammenfassen. Es ist für euch schon ein großes Lob, nicht schwächer zu sein, als die weibliche Natur es mit sich bringt, und wenn unter Männern im Guten wie im Schlechten von einer Frau so wenig wie möglich die Rede ist.[76]

Mit anderen Worten: «Die beste Frau ist die, von der man am wenigsten spricht.»[77]

Auch im Mittelalter war die Arbeit von Frauen* vor allem familienintern geregelt, ob nun im Haus, auf dem Hof oder Feld. Viele verdingten sich in diesen Arbeitsfeldern in reicheren Familien. Aber das Arbeitsprofil als solches blieb überwiegend bildungsfern. Mit der Erstarkung des Christentums und seit dem Mittelalter wurde zunehmend der Sündenfall der Genesis als Begründungsparadigma herangezogen: Eva und Adam lebten im Paradies, bis Eva dem Rat der Schlange folgte, die berühmt berüchtigte Frucht kosten zu wollen. Dass diese am Baum der Erkenntnis/des Wissens (über Gut und Böse) wuchs, wurde als Beleg dafür herangezogen, dass Frauen* nicht geeignet seien, Wissen zu akquirieren oder gar zu vermitteln. So leitete etwa Paulus in seinem Brief an Timotheus (64–65 n. u. Zt.) aus dem Sündenfall ab: «11 Eine Frau lerne in der Stille mit aller Unterordnung. 12 Einer Frau gestatte ich nicht, dass sie lehre, … sie sei still.» (1. Tim 2,1–15: 11–12) Analog dazu schrieb Johannes von Nikiu über die griechische Philosophin und Astrologin Hypatia:

> Und in diesen Tagen erschien in Alexandria eine Philosophin, eine Heidin namens Hypatia; und sie widmete sich unablässig Magie, Astrolaboren und Musikinstrumenten; und mit ihren satanischen Tücken täuschte sie viele Menschen. Der Gouverneur der Stadt ehrte sie übermäßig, denn auch ihn hatte sie durch ihre Magie verzaubert. So brach er auch mit seiner früheren Routine, zur Kirche zu gehen … Und er tat nicht nur dies, er trieb auch viele Gläubige in ihre Fittiche und empfing die Ungläubigen bei sich zu Hause.[78]

Wissen bei Frauen* wurde also Ablenkung und Gefährdung des Gelehrten und Machthabenden unterstellt, ja als «schwarze Magie» betrachtet, wobei Lehren noch verpönter war als Lernen. Bildung bei Frauen* stand unter Generalverdacht und oft auch vor der Inquisition – es sei denn, sie war an Klöster gebunden. Das aber setzte die Verpflichtung voraus, das Leben als Novizin zu verbringen und sich innerhalb des patriarchalischen Korsetts der katholischen Kirche zu bewegen. Aristokratische Familien wiederum boten Nischen, in denen Mädchen* privat unterrichtet wurden. Zwar ging es vor allem darum, sie auf ihre Rolle als Ehefrau und Mutter vorzubereiten. Doch wurde in der Regel auch alphabetisiert, es wurden Grundkenntnisse im Rechnen und im historischen und geographischen Wissen vermittelt sowie das Erlernen von Fremdsprachen ermöglicht.[79]

Erst ab dem 13. Jahrhundert wurden langsam öffentliche Schulen eingerichtet. So gab es vereinzelt auch Dorf- oder Schlossschulen, an denen freilich (wie auch in den Klöstern) nur Männer* unterrichten durften. Die Mehrheit bäuerlicher Familien konnte sich Schulbesuche für ihre Kinder nicht leisten – und wenn, dann wurden Jungen* bevorzugt. Es war letztlich nicht nur eine Geld-, sondern vor allem eine Glaubens- und Nützlichkeitsfrage, wie dieses Zitat von Paolo da Certaldo exemplarisch zeigt:

> Sorge dafür, daß er (der Junge) mit sechs oder sieben lesen lernt, und laß ihn entweder studieren oder das Gewerbe erlernen, das ihm die

> meiste Freude macht. Handelt es sich um ein Mädchen, so setze sie in die Küche und nicht hinter das Lesebuch, denn es schickt sich nicht für Mädchen, Lesen zu lernen, es sei denn, du willst, daß sie eine Nonne wird.[80]

Klöster boten in der Tat Nischen für gebildete Frauen*. Dazu gehört etwa die Äbtissin Hildegard von Bingen. Aber es gab auch Ausnahmen außerhalb von Klöstern. Exemplarisch sei Guglielma von Mailand genannt, die für sich in Anspruch nahm, über Visionen und mythische Einsichten einen direkten Zugang zu Gott zu haben. Ab dem 13. Jahrhundert begannen Frauen* sich außerhalb von patriarchalisch kontrollierten Institutionen wie Ehe oder Klöstern zusammenzufinden. Das berühmteste Beispiel dafür sind Beginen, die sich – wie die männlichen* Pendants, die Begarden – über medizinische, handwerkliche oder händlerische Arbeit subsistenzwirtschaftlich finanzierten.[81]

Ab dem 9. Jahrhundert kam es zu ersten vor-universitären Gründungen mit Schwerpunktsetzungen auf Medizin, Recht und/oder Kunst etwa in Salerno, Parma und Bologna. Daraus entstanden auch die ersten Universitäten, im 11. oder 12. Jahrhundert, vermutlich zuerst in Bologna. Anfang des 13. Jahrhunderts kam es zu einer ersten universitären Gründungswelle. Dazu gehören noch heute bestehende namhafte Universitäten in Oxford, Cambridge, Paris, Salamanca, Padua, Montpellier und Neapel. Die ersten «deutschen» (Lehrsprache überall war jahrhundertelang Latein) Universitäten wurden in Prag 1348, Wien 1365 und in Heidelberg 1386 gegründet. Die Säulen der Universitäten bildeten Theologie, Medizin und Philosophie (in einem sehr umfassenden Sinne gemeint, also alles miteinbeziehend, woraus sich später die Naturwissenschaften entwickelten). Frauen* waren nicht zugelassen. Die theologisch und philosophisch tradierte Geschlechterlogik begründete diesen Ausschluss.

Trotz allem gab es Ausnahmen, Nischen, die es einzelnen Frauen* ermöglichten zu studieren, vor allem Medizin. Für die Medizinhochschule Salerno ist das bereits aus dem 11. Jahrhundert überliefert. Vielleicht war sogar Papst Johannes VIII. (wie einige Überlieferungen nahelegen) im 9. Jahrhundert eine sich als Mann* ausgebende Frau*, manche vermuten sogar eine Inter*- oder Trans*Frau. Dies lässt sich nicht verlässlich nachweisen.

Auch im 16., 17. und 18. Jahrhundert blieben Schulen sowie Universitäten Orte, die maßgeblich Männern* vorbehalten waren. Die sich aus Universitätsstudien ergebenden Berufe standen Frauen* ohnehin kaum offen. Insofern Bibliotheken kirchlichen oder universitären Strukturen unterstellt waren, hätten Frauen* auch zu diesen nur begrenzt Zugang gehabt. Das galt auch für die Akzeptanz in Gewerben, Zünften oder der Kunst. Die Männer*-Gesellschaft war sich einig, dass Frauen* dafür nicht geeignet und auch nicht vonnöten seien. Ökonomischer Nutzen für Familie und Gesellschaft ließ sich am besten von ihrer Arbeitskraft im häuslichen Bereich ziehen.[82]

In ihrem berühmten Essay *A Room of One's Own* (1929) stellt Virginia Woolf das Gedankenexperiment an, was gewesen wäre, wenn William Shakespeare eine Schwester Judith gehabt hätte, die ebenso begabt wie er gewesen wäre. Sie hätte lesen, schreiben und die Welt erkunden wollen, wie er. Doch ihr wäre nichts davon möglich gewesen. Stattdessen wäre sie verheiratet geworden. Widerstand hätte sie gezeigt, wäre nach London geflüchtet, doch als Frau* hätte sie dort kein Theater gefunden, das sie aufgenommen oder gar hätte spielen oder schreiben lassen. Nicht nur durften Frauen* nicht publizieren, sie durften auch nicht auf der Bühne stehen – alle Frauen*rollen wurden von Männern* gespielt. Als sie herausfindet, dass sie schwanger ist, bringt sich Woolfs fiktionale Judith Shakespeare um.

Nur wenige Mädchen* konnten in der Frühen Neuzeit Schulen besuchen, das waren v. a. Kloster- und Lateinschulen, die eigentlich Jungen* vorbehalten waren. Es gab allerdings auch Ausnahmen wie das Herzogtum Pfalz-Zweibrücken oder die Stadt Straßburg, die bereits 1592 eine allgemeine Schulpflicht für Jungen und Mädchen eingeführt hatte. Das blieb eine Ausnahme in deutschsprachigen Regionen, bis im 18. Jahrhundert mehr und mehr Landesfürsten Schulordnungen einführten: 1717 etwa Friedrich Wilhelm I. in Preußen für Jungen* und Mädchen* zwischen fünf und zwölf Jahren. Bis 1919 und in den wenigen Schulpflichtfällen zuvor bedeutete dies jedoch nicht, dass Eltern, die ihre Kinder nicht in die Schule schickten, sanktioniert worden wären. Viele sahen es als Eingriff in die männliche Vormundschaft an, und in diesem Sinne wurde dieses Gesetz auch offen formuliert. Kinder mussten nur dann zur Schule geschickt werden, wenn sie nicht Zuhause unterrichtet werden konnten. Realität war häufig, dass Eltern, welche sich die Schulgebühren nicht leisten konnten und/oder die Arbeitskraft ihrer Kinder benötigten, ihre Kinder weder Zuhause unterrichteten noch in die Schule schickten (und wenn, dann eher in die Bildung von Söhnen investierten, weil diese potentiell zukunftsträchtig war). Wohlhabende Familien wiederum vertrauten ihre Kinder nicht staatlichen, sondern privaten Schulen an (und weiterhin fiel das bessere Los bei finanziellen Engpässen zumeist auf Jungen*). So «lag die Einschulungsquote noch am Ende des 18. Jahrhunderts in den meisten deutschen Ländern deutlich unter 50 Prozent.»[83]

Alle höheren Bildungsschritte und erst recht die Universitätsausbildung blieben Frauen* weitgehend verschlossen. Letzteres war, wenn überhaupt, nur räumlich separiert möglich, und meist wurde das Studium nicht abgeschlossen. Solche Optionen gab es wiederum meist nur für Verwandte von Professoren (siehe etwa die Promotion im Fach Philosophie 1787 von Dorothea Schlözer, 1770–1825) oder Frauen* aus aristokratischen Kreisen. Als erste Frau* wurde 1678 Elena Lucrezia Cornaro Piscopia, die Tochter eines Prokurators in Venedig war, im Fach Philosophie promoviert. Im deutschsprachigen Raum gilt Dorothea Christiane Erxleben als erste Frau* mit Doktortitel. Sie wurde 1754 in Halle im Fach Medizin promoviert, und sie konnte sogar, ebenfalls ungewöhnlich, anschließend als Ärztin arbeiten. Obwohl Frauen* in der Regel um ein Vielfaches besser sein mussten als Männer*, um dasselbe zu erreichen, vermochten es diese Frauen* nicht, das allgemeine Postulat zu wenden, Mädchen/Frauen seien für Bildung und Wissenschaft ungeeignet. Sie galten als Ausnahme von der Regel und ernteten Ablehnung und Häme. Das Paradoxon, Frauen* (von Universitäten) auszuschließen und ihre so erzeugte Abwesenheit als Beweis ihrer Unfähigkeit dazu zu lesen, führte etwa dazu, dass die Universität Dorothea Schlözer in einem sonst ungewöhnlichen (ergo einem einer Frau angepassten, «vereinfachten») Verfahren promovierte. Das wiederum nahm Friedrich Schiller zum Anlass, über die Erlangung der «Doktorwürde» Schlözers zu spötteln: «Schlözers Farce mit seiner Tochter, die doch ganz erbärmlich ist.»[84]

Für diese Abwertung steht niemand so einflussreich wie Jean-Jacques Rousseau, der mit *Emile* (1762) den Klassiker der Pädagogik in der Aufklärung schrieb. Dass er sämtliche Überlegungen zu Pädagogik und Antipädagogik am Beispiel eines Jungen durchexerziert, ist kein Zufall, sondern programmatisch.[85] Wenn Rousseau Junge sagt, meint er auch nur Jungen. Für Mädchen/Frauen stellte sich Bildung und Erziehung für ihn nämlich gänzlich anders dar. «Die Erforschung der abstrakten und spekulativen Wahrheiten, die Prinzipien und Axiome der Wissenschaften, alles, was auf die Verallgemeinerung der Begriffe abzielt, ist nicht Sache der Frauen. Ihre Studien müssen sich auf das Praktische beziehen.»[86] In diesem Sinne argumentierte auch Denis Diderot dafür, dass Frauen* das Denken so leicht und schmackhaft wie möglich gemacht werden müsse, damit sie etwas verstünden. Er schloss nicht aus, dass Frauen eine Art «Genie» haben könnten, aber es sei nicht das männliche, sondern präge sich «ursprünglicher als bei uns»[87] aus.

Da Frauen von Natur aus allein dazu bestimmt seien, Mütter zu werden, sollte ihre *education*, also Aus/Bildung, ebendiesem Zwecke sowie dazu dienen, dem Rationalen des Mannes nützlich und unterstützend zu sein:

> Die ganze Erziehung der Frauen muß daher auf die Männer Bezug nehmen. Ihnen gefallen und nützlich sein, ihnen liebens- und achtenswert sein, sie in der Jugend erziehen und im Alter umsorgen, sie beraten, trösten und ihnen das Leben angenehm machen und versüßen: das sind zu allen Zeiten die Pflichten der Frau, das müssen sie von ihrer Kindheit an lernen.[88]

(Diese) Bildung durfte wiederum nur privat (nicht an Schulen oder Universitäten) vermittelt und sollte auch nur innerhalb des Hauses genutzt werden – so war etwa Lesen als privater Akt erlaubt, nicht aber Schreiben, was als öffentliches Denken galt. Zudem durfte Bildung Frauen* nicht von ihren «eigentlichen» Aufgaben abhalten (Mutterschaft, Haushalt, Ehe) – und es war ein ungeschriebenes Gesetz, dass Frauen* sich nicht über den Bildungsstand ihres Mannes* hinaus qualifizieren oder ihrer Bildung gemäß beruflich tätig sein durften. Kant fand es nahezu unschicklich für eine Frau, gebildet zu sein:

> Ein Frauenzimmer, das den Kopf voll Griechisch hat, wie die Frau Dacier, oder über die Mechanik gründliche Streitigkeiten führt, wie die Marquisin von Chastelet, mag nur immerhin noch einen Bart dazu ha-

> ben; denn dieser würde vielleicht die Miene des Tiefsinnes noch kenntlicher ausdrücken, um welchen sie sich bewerben.[89]

Zwar war es im 18. Jahrhundert aristokratischen und zunehmend auch bürgerlichen Frauen* möglich, eine über die Alphabetisierung hinausgehende höhere Bildung zu erlangen. Allerdings nur innerhalb benannter Grundsätze und gegen enorme patriarchalisch kodierte gesellschaftliche Widerstände. Aufklärer*innen, insbesondere jene, die als Pionier*innen des Feminismus gelten, setzten sich kritisch mit Rousseau und dem von ihm repräsentierten Bildungsverständnis auseinander und für das Recht von Mädchen und Frauen auf Bildung ein. Wollstonecraft etwa fasste in ihrer Pariser Zeit in ihrem bahnbrechenden Plädoyer *Vindication of the Rights of Women* (1792) (dt.: *Eine Verteidigung der Rechte der Frau,* 1989) Jean-Jacques Rosseaus Position wie folgt zusammen:

> Rousseau erklärt, daß sich eine Frau keinen Augenblick unabhängig fühlen sollte. Sie sollte durch Furcht beherrscht werden, um ihre natürliche Schlauheit zu üben und zur koketten Sklavin werden, um sie zum begehrenswerteren Objekt der Begierde, zur süßeren Gefährtin des Mannes zu machen, wann immer dieser Erholung sucht. (62)

Wollstonecraft setzt folgendes Argument dagegen: So wie es nur einen Gott gebe, gebe es auch nur eine Schöpfung und eine Form des Menschseins, also folglich auch nur eine Tugend und eine ihr gerecht werdende Bildung (62–63). Vernunft würde Menschen vom Tiere absetzen, nicht aber den Mann von der Frau. Beide Geschlechter müssten «im Geiste der Denkart und Bräuche der Gesellschaft, in der sie leben, erzogen werden» (56). Erst Wissen über diese Moral könne garantieren, dass Gutes getan (und ein Sündenfall verhindert) werde. Die Bildung beider Geschlechter würde also der Tugend der Gesellschaft als Ganzes nutzen und nicht schaden. Nur wer gebildet ist, könne für eigenes Handeln verantwortlich gemacht werden, was eben auch heißt, dass ungebildete Frauen Männer korrumpieren würden und nur gebildete Frauen Männern gute Gefährtinnen zu sein vermögen. Eine gebildete Frau könne integer sein und der Nation moralisch integre und gebildete Kinder garantieren. So wie eine ungebildete Frau den Mann korrumpieren könne, sei eine gebildete Frau das richtige Umfeld für den aufgeklärten Mann. Kurzum: Frauen sollten Bildung erwerben, auch weil sie gebildet sein müssten, um ihrem Mann würdige Partnerinnen und ihren Kindern tugendhafte Mütter sein zu können (99–135). Frauen* sollten außerdem ihren Glauben eigenständig und unter eigenem Zugriff auf heilige Texte praktizieren können: Im islamischen Kontext etwa engagierte sich Nana Asma'u, Tochter des Gründers des Königreichs von Sokoto, dafür. Sie zog durch Hausalande und lehrte Frauen* ihre Gedichte, die einen eigenständigen und emanzipativen Zugriff auf den Koran ermöglichten.

In Deutschland trat Theodor Gottlieb von Hippels «Über die bürgerliche Verbesserung der Weiber» (1792) für Bildung für Mädchen und eine prinzipielle Gleichstellung beider Geschlechter ein. Es handelt sich um eine aufklärerische Schrift, die die Verweigerung von Bürger- und Menschenrechten für Frauen kritisiert. Dabei ist sein finales Argument, dass die Unterdrückung von Frauen am Ende den Männern selbst schade.[90] Hippel stellt dabei radikaler und grundlegender als Wollstonecraft das Postulat der Unterschiedlichkeit selbst in Frage: «Hat Gott bei dem anderen Geschlecht etwas versehen? Oder sind es die Männer, die sich an diesem Geschlechte wider den Willen des Schöpfers versündigen! Warum sollen die Weiber keine Person sein?» (207) Zudem thematisiert er, dass Bäuer*innen und die Arbeiter*innenschaft sehr wohl Arbeitsleistungen außerhalb des Hauses erbringen müssten, bei denen keinerlei Rücksicht auf ihr «Gemüt» genommen werde. In vielen Bereichen seien sie der gleichen Arbeitsbelastung wie Männer* ausgesetzt, wobei sie zusätzlich Haushalt und Mutterschaft bewältigen müssten: «Die arbeitende Klasse kennt keine besonderen Weiberkrankheiten.» (48) Versklavte Frauen* nimmt er dabei nicht mit in den Blick, wohl aber, dass sich Lohnarbeit mit zunehmender Urbanisierung und Industrialisierung verstärkt (vgl. 81–99).

Wie etwa bei Mägden in ländlichen Gebieten, die schwere körperliche Arbeit leisten mussten, zahlte sich die «Frauen dürfen nicht arbeiten»-Logik auch in der Arbeiter*innenschaft des urbanen Raums nicht aus. Im Kontext der Industrialisierung im 19. Jahrhundert wurde jede Arbeitskraft gebraucht. Es gab zwar angestammte Arbeiterberufe, allen voran die Minenarbeiter, die Männern* vorbehalten blieben. Doch selbst in Bergwerken (allerdings nur in der Oberetage) und im Bauhandwerk wurden

Frauen* eingestellt, etwa als Lastenträger*innen oder Erdarbeiter*innen. Insbesondere in neu etablierten Arbeitsfeldern wie etwa in der Tabak- oder Textilindustrie eröffneten sich für Frauen* völlig neue Tätigkeitsfelder. Bei Entlassungen traf es jedoch meist zuerst Frauen*. Zudem erhielten Frauen*, die als Arbeiter*innen tätig waren, je nach Branche und Ort ein Drittel bis maximal die Hälfte des Gehaltes ihrer männlichen* Kollegen.[91] Damit ist zugleich wiederum eine Motivation für die Unternehmen genannt, Frauen* einzustellen: Sie leisteten das Gleiche und waren weitaus billiger abzuspeisen.

Im Bildungssektor trafen es Mädchen*/Frauen* aus armen Familien nach wie vor am schlechtesten. Zwar gab es im 19. Jahrhundert im gesamten Gebiet des Deutschen Bundes einzelne Erlässe zur Schulpflicht, doch waren diese weder verbindlich noch (bei Ausbleiben) sanktionierbar. Es blieb wie gehabt: Wenn überhaupt, dann schickten sozial diskriminierte Familien Jungen* zur Schule. Bildungsstrukturen jenseits der grundstämmigen Volksschulzeit von vier bis acht Jahren blieben Frauen* aus ärmeren Familien nahezu konsequent verwehrt.

Für bürgerliche Frauen* stellte sich das Problem anders dar. Es galt als Statussymbol, patriarchalische Vormundschaft dahingehend auszustrahlen, dass die Töchter, Schwestern und Ehefrauen bürgerlicher Familien nicht arbeiteten – sondern tendenziell sogar Hausarbeit an Ammen, Kindermädchen, Dienstmädchen, Köchinnen und Wäscherinnen abgaben. Folgerichtig wurde ihnen Erwerbsarbeit verwehrt, wobei sie selbst auch sozial höher gestellte Professionen anstrebten, die höhere Bildung voraussetzten.[92]

Mädchen aus reichen Familien konnten eine «höhere Töchterschule» absolvieren. Inhaltlich war dieses Schulsystem um die Mitte des 19. Jahrhunderts darauf ausgerichtet, den Schülerinnen die notwendige Bildung für die spätere Funktion als Hausfrau und Mutter zu vermitteln. Allein über den Besuch des Lehrerinnenseminars konnte eine höhere Berufsbildung erlangt werden.[93] Das gegen Ende des 18. Jahrhunderts (so z. B. 1788 in Preußen) eingeführte Abitur blieb ihnen unzugänglich. Insofern dieses aber zur Immatrikulationsvoraussetzung wurde, erschwerte es Frauen*, die studieren wollten, den Eintritt in die Universitäten: So gab es jetzt doch auch eine gesetzliche Handhabe, Frauen* von den Universitäten auszuschließen.

Der 1865 von Henriette Goldschmidt, Louise Otto-Peters, Auguste Schmidt und Ottilie von Steyber gegründete Allgemeine Deutsche Frauenverein (ADF) setzte sich für Bildung für Mädchen nach der Schule ein. Dabei ging es auch ihnen zunächst um Hauswirtschaftslehre. Das aber wurde bald ausgeweitet, und es wurde etwa gefordert, Industrie- und Handelsschulen für Mädchen einzurichten. Hier wurden Berufszweige befördert, die mit konventionellen Geschlechterrollen noch vereinbar waren, etwa die Erwerbstätigkeit als Sekretärin (mit dem Aufkommen der Schreibmaschine ab 1868 bzw. deren industrieller Produktion ab 1876), Stenographin (mit Einführung von Telegrammen ab 1844), Telefonistin (seit Erfindung des Telefons ab 1876) oder Verkäuferin. Frauen* agierten hier in der patriarchalischen Sicht als Automaten-Hilfen der von ihnen (den Männern) entwickelten und eingeführten neuen Technik. Der Beruf des Sekretärs war bis zur Einführung der mechanischen Schreibmaschine ein reiner Männer*beruf gewesen.

Insbesondere Helene Lange trat außerdem dafür ein, dass Mädchen dreizehn Jahre zur Schule gehen und das Abitur ablegen konnten. Nachdem sie ab 1893 «Realkurse für Frauen» in vierjährige Gymnasialkurse umgewandelt hatte, wurde 1894 schließlich der erste Gymnasialkurs für Frauen und Mädchen in Leipzig eröffnet. Zwei Jahre später legten erstmals sechs junge Frauen in Berlin die Reifeprüfung ab. Das machte auch in anderen Teilen Deutschlands buchstäblich Schule.[94] Die Ausbildung für medizinische Berufe, etwa als Krankenschwester oder Hebamme, wurden von staatlichen wie kirchlichen Institutionen eingefordert, wobei das Studium der Medizin noch allein Männern* vorbehalten blieb.

Studieren konnten Frauen* in Deutschland bis zum Ende des 19. Jahrhunderts nur auf der Basis von Ausnahmeregelungen – und nicht alle erhielten auch automatisch einen Abschluss. Allerdings waren es ebensolche Ausnahmemodelle, die peu à peu aus der Ausnahme eine Regel werden ließen. Zunehmend gab es Universitäten, die das Frauenstudium prinzipiell erlaubten. Modelle für ein Frauenstudium, das Strukturen anbot, in denen Frauen* immatrikuliert werden konnten, gab es ab 1833 in den USA, in der Schweiz ab 1840, in Frankreich ab den 1860er Jahren und in England ab 1869. In Deutschland wurden auf dieser Basis Gasthörer*innen in Leipzig ab 1876 zugelassen (dort machte die erste Frau* 1880 als Gasthörerin einen Abschluss), ab 1896 auch in Preußen. Zunächst galt diese Zulassung meist nur für ausgewählte Fächer wie Medizin und im Kontext der akademischen Ausbildung als Lehrerin.

Unter dem Druck zunehmender Proteste kam es 1900 zur Einführung des ersten Frauenstudiums in Baden: Die Universitäten Heidelberg und Freiburg gewährten Frauen* den vollen Zugang.[95] Durch den Einfluss von Frauen* entstanden an den Universitäten neue Forschungsfelder; so bereitete Alice Salomon der Sozialen Arbeit den Weg als Wissenschaft und Berufsprofil.

Die nicht berufstätige Ehefrau und Mutter (also die «nur» im Haushalt oder Betrieb des Ehemannes arbeitende Frau*) blieb auch in der Weimarer Republik das verbreitete gesellschaftliche Ideal, was sich unter anderem an der immer wieder aufflammenden Debatte über Doppelverdiener*innen ablesen lässt. Dennoch unterschied sich die Lebenswelt dieser Generation von Frauen* beträchtlich von der ihrer proletarischen oder bürgerlichen Mütter und Großmütter, nicht zuletzt weil sie sich ohne Korsett oder komplizierte Haartracht freier bewegen und geben konnten. Zusammen mit dem aktiven und passiven Wahlrecht (1918/1919), wachsender finanzieller Unabhängigkeit und neuen Konsum- und Kulturangeboten war es diese «neue Freiheit», die in der Weimarer Republik den «Durchbruch» von Frauen* «zur Moderne» markierte. Die Anzahl von Frauen* als Erwerbstätige stieg deutlich auf 11,5 Millionen an. Fast ein Drittel aller verheirateten Frauen* ging einer Erwerbstätigkeit nach, darunter überproportional viele Arbeiterfrauen* und einige wenige hoch qualifizierte Frauen* in akademischen Berufen – 4,8 Millionen der 11,5 Millionen erwerbstätigen Frauen* waren Arbeiter*innen. Auch der Anteil der Frauen* unter den Angestellten stieg von einer halben Million 1907 auf fast anderthalb Millionen 1925 an.[96] Der Großteil der anderen erwerbstätigen Frauen* war in der Landwirtschaft beschäftigt.

1919 wurde mit der Weimarer Verfassung die allgemeine Schulpflicht für ganz Deutschland obligatorisch verankert. Das war ein Meilenstein in der Ausbildung von Mädchen*, auch wenn es bis weit in die 1950er Jahre hinein Usus blieb, die Kinder nach Jungen- und Mädchenschulen zu separieren. Auch die universitäre Präsenz von Frauen* erhöhte sich.[97]

> Nach bescheidenen Anfängen – im Zeitraum von 1909 bis 1914 stellten die Frauen 3 bis 6% aller Studierenden an den deutschen Universitä-

> ten – breitete sich das Frauenstudium seit Beginn der zwanziger Jahre rasch aus und erreichte am Ende der Weimarer Republik einen ersten Höchstwert mit einem Anteil von knapp 19% (fast 20 000 Studentinnen gegen rund 84 500 männlichen Studierenden.[98]

Viele der Studentinnen kamen aus Russland, jedenfalls bis sie 1914 aus Westeuropa zurückbeordert wurden. Während des Ersten Weltkrieges minimierte sich die Zahl der studierenden Männer*, weswegen studierende Frauen* erstmals auch in die Situation gerieten, als Assistentinnen und Hilfskräfte arbeiten zu können. Dagegen gab es dann in der Weimarer Republik einen Rückfall. Die finanziell angespannte Lage im Krisenland wirkte sich zuerst für Frauen* auf die Möglichkeit aus, sich ein Studium finanzieren und in einem akademischen Beruf arbeiten zu können. Gleichzeitig liberalisierte sich die Gesetzeslage in vielen Fächern. 1922 ließ das Reichsjustizministerium Frauen* als Jurastudent*innen zu beiden juristischen Staatsexamen zu. Theologie wurde hingegen weiterhin von so gut wie keinen Frauen* studiert, da sich nach dem Studium keine Berufsmöglichkeiten anboten. Als erste Frauen* einer deutschen Universität wurden 1919 Margarete Bieber im Fach Klassische Archäologie (Gießen) und Emmy Noether in Mathematik (Göttingen) habilitiert. Bis 1933 habilitierten 71 wissenschaftlich arbeitende Frauen*, wobei sie zum Teil anschließend auch den Status einer (außerordentlichen) Professorin erhielten – Emmy Noether 1922 als Erste.[99] Ab 1923 bekam sie einen bezahlten Lehrauftrag, aber trotz ihrer außergewöhnlichen Forschungsleistung erhielt sie nie eine ordentliche Professur. Die erste ordentliche Professorin an einer deutschsprachigen Hochschule war 1923 die Agrikulturchemikerin Margarete von Wrangell an der Hochschule Hohenheim. Der Professorin für Pflanzenernährungslehre wurde übrigens eine besondere «Ehre» zuteil: Sie durfte 1928 mit einer Sondergenehmigung heiraten. Das war Beamtinnen nämlich sonst verboten – das «Lehrerinnenzölibat» wurde 1880 im Deutschen Reich eingeführt, ist von 1919 bis 1923 kurzzeitig abgeschafft, dann wieder eingeführt und schließlich erst in der Bundesrepublik 1957 endgültig abgeschafft worden (in der SBZ ist im September 1945 das Beamtentum abgeschafft worden).

Zum Leitbild des Nationalsozialismus gehörte es, dass Frauen* weder studierten (es galt, den Anteil von Studentinnen auf unter zehn Prozent zu senken) noch arbeiteten (außer im Haushalt und Betrieb des Mannes). Die intensive Propagandakampagne gegen Doppelverdiener*innen erwirkte, Frauen* aus dem Berufsleben zu verdrängen – insbesondere aus akademischen Berufen. Die ohnehin wenigen Frauen*, die sich als Schulleiter*innen und Gymnasiallehrer*innen durchgesetzt hatten, wurden zunehmend durch Männer* ersetzt, die Zahl von Neuimmatrikulationen an Universitäten wurde begrenzt. Frauen* wurden auch als Anwälte nicht mehr zugelassen.[100] Das regelte das Gesetz zur Änderung der Rechtsanwaltsordnung von 1934. Der federführende Akteur Otto Palandt brachte das so auf den Punkt: Es sei «Sache des Mannes, das Recht zu wahren».[101] Das wirkte sich auch darauf aus, dass Frauen* gar nicht mehr studieren durften (väterliches Verdikt) oder demotiviert davon Abstand nahmen.

Nach Ausbruch des Zweiten Weltkrieges mussten Frauen* (wie schon im Ersten Weltkrieg) allerdings die nun entstandenen Lücken füllen. So wurden die Kampagne gegen Doppelverdiener*innen und deren Umsetzung eingestellt. Bereits die Kriegsvorbereitungen verlangten, Frauen*, entgegen der Propaganda mehr in das Arbeitsleben einzubeziehen. Zwischen 1935 und 1939 stieg der Anteil beschäftigter Frauen*.

Kriegs- und Nachkriegszeit verlangten den Frauen* völlig neue Rollen ab – und den Männern* nach Rückkehr aus Krieg und Gefangenschaft eine neue Akzeptanz dieser neuen Rollen. Ersteres klappte beinahe reibungslos, Letzteres beinahe gar nicht. Schnell wurden die Frauen* wieder in ihre tradierten Funktionen und Rollenzuschreibungen zurückgedrängt. Allerdings in Ost und West ganz unterschiedlich.

In der Bundesrepublik, Österreich und der Schweiz galt insbesondere noch in den 1950er und 1960er Jahren Mutterschaft als unvereinbar mit Berufstätigkeit. Kinder in Tagesstätten abzugeben, war umstritten bis sozial missachtet. In der DDR gab es seit Mitte der 1950er Jahre Vollbeschäftigung, und die meisten Frauen* waren berufstätig; 1989 dann sogar zu 83 Prozent.[102] Das mit einer Befreiung der Frau* gleichzusetzen, schösse aber am Ziel vorbei. Zunächst einmal musste die Erwerbsarbeit zusätzlich zu dem geleistet werden, was Frauen* schon immer im Rucksack hatten: Hausarbeit rundum. Daran änderte auch nichts, dass 1966 gleiche Pflichten in der Kindererziehung juristisch verankert wurden. 1969 arbeiteten voll berufstätige Mütter im Zusammenwirken von Erwerbs- und Familienarbeit in der Woche etwa 93 Stunden, Männer* dagegen knapp 59 Stunden. Damit blieben den Männern* für Freizeit etwa 50 Stunden, den Frauen* nur 27 Stunden.[103] Zwar erleichterte es die Sozialpolitik Frauen, selbstständig zu leben: Ein umfassendes Netz der Kinderbetreuung von Krippe über Kindergarten bis zu Schule und Hort stand zur Verfügung. Allerdings folgte dies nicht einer Befreiungs-, sondern der restlosen Verfügbarkeitslogik der kommunistischen Diktatur. Zudem gab es zwar ab 1952 für verheiratete und ab 1965 auch für unverheiratete Frauen* mit Kindern den sogenannten Haushaltstag, jedoch spiegelte der nur, dass die Haus- und Familienarbeit komplett asymmetrisch in den Händen der Frauen* lag. Daran ändert auch nichts, dass ab 1977 auch alleinstehende Männer* mit Kindern diesen Tag wahrnehmen konnten – sie taten es de facto kaum. Der Haushaltstag half letztlich also kaum weiter, konnte aber umgekehrt im Zusammenspiel mit anderen drohenden Arbeitsausfällen einer Mutter bedeuten, dass Männer* eher einen kompetitiven Job bekamen. Zwar war Parteimitgliedschaft in allen Branchen ein wichtiges Karriereticket, jedoch waren Frauen* in der Partei- und Staatsführung auf zentraler und bezirklicher Ebene deutlich unterrepräsentiert.[104] Im ZK der SED etwa waren nie mehr als 15 Prozent Frauen*. Auch in anderen Elitepositionen in Staat, Wirtschaft, Ökonomie und Gesellschaft bildeten Frauen seltene Ausnahmen – nur nicht im Bildungssektor, wobei selbst hier die wenigen Männer unter den Lehrer*innen vergleichsweise häufig als Direktor*innen tätig waren. Wie auch in der Bundesrepublik waren Frauen* in sogenannten Frauenberufen (im sozialen, medizinischen und pädagogischen Bereich) tätig.[105] Zudem hieß es in Artikel 18 der DDR-Verfassung zwar «(4) Mann und Frau, Erwachsener und Jugendlicher haben bei gleicher Arbeit das Recht auf gleichen Lohn». Dennoch wurden Frauen* systematisch geringer bezahlt als Männer*.[106]

In der Bundesrepublik wurde 1980 im § 611 a BGB verankert, dass Männer* und Frauen* am Arbeitsplatz ein Recht auf Gleichbehandlung haben respektive nicht wegen ihres Geschlechts benachteiligt werden dürfen.[107] 1994 wurde das Beschäftigtenschutzgesetz (1994–2006) erlassen, das aber insbesondere dem Schutz vor sexueller Belästigung diente. Geregelt wurden dabei sowohl Schutzmaßnahmen wie Beschwerdevorgänge und dienstrechtliche Reaktionen. Diese umfassen die Prüfung des Sachverhalts bis hin zu unterschiedlichen disziplinarischen Eingriffen. Allerdings blieben für bestimmte Berufsgruppen andere Gesetze grundlegend und unberührt, so für Soldat*innen.[108]

3.2.2. Gleicher, doch nicht gleich

Nahm jeder Schritt in Richtung einer rechtlichen Gleichstellung von Frauen* zunächst Jahrhunderte in Anspruch, verlaufen seit den 1990er Jahren solche Entwicklungen vergleichsweise rasant. In Deutschland, Österreich und der Schweiz gibt es im Zugriff auf (höhere) Schulbildung kaum geschlechtsspezifische Scheren mehr, das aber ist, global gesehen, noch keine Selbstverständlichkeit. So haben etwa 15 Millionen Mädchen* keine Chance, Lesen und Schreiben zu lernen, im Vergleich zu 10 Millionen Jungen*.[109] Das wird umso eklatanter, umso höher die Bildungsstufen tragen.

Was (Erwerbs)Arbeit angeht, so ist in vielerlei Hinsicht noch immer eine geschlechtsspezifische Ausdifferenzierung samt Diskriminierungsstrukturen zu verzeichnen. Ich finde es selbst immer erschütternd, diesbezüglich statistisch ermittelte Zahlen zu lesen. Ich denke immer, das ist ja nichts Neues, leider bekannt, konkret kann ich mir das sowieso nicht merken. Andererseits sind die Zahlen so erdrückend, weil sie so unglaublich ausfallen, ja, sogar ausfallend sind – und deswegen müssen sie genannt werden, wieder und wieder. Das sage ich eingedenk der Tatsache, dass keine Statistik als Wahrheit missverstanden werden sollte, weil sie letztlich auch nur ein Konglomerat von aus bestimmten Kriterien, Parametern und Perspektiven heraus formulierten Vorannahmen und Fragen sind und daher auch ihre machtvolle Aussagekraft mit Vorsicht zu genießen ist. Dennoch können sie in diesem und anderen Fällen eine Tendenz benennen.

Weltweit sind 4,4 Millionen Frauen* mehr von Hunger und Armut bedroht als Männer*.[110] Frauen* leisten zwar zwei Drittel des gesamten globalen Arbeitsaufkommens, erhalten aber nur zehn Prozent des weltweiten Einkommens.[111] Das erklärt sich daraus, dass die Reproduktions- und Haushaltsarbeit vor allem von Frauen* geleistet wird – und zwar weitgehend unentgeltlich, während die weltweite Erwerbstätigenquote von Frauen* zwischen 25 und 54 Jahren bei 63 Prozent, die von Männern* aber bei 94 Prozent liegt.[112] Es gibt aktuell 18 Länder (z.B. Kamerun,

Iran), in denen Männer* ihren Ehefrauen verbieten können, erwerbstätig zu sein. In Saudi-Arabien können Frauen* nach wie vor prinzipiell nur mit der Erlaubnis eines männlichen* Vormunds erwerbstätig sein.[113] So sind etwa in Nordafrika und Westasien, der MENA (Middle East & North Africa)-Region, nur ein Fünftel der Erwerbstätigen Frauen*, die niedrigste Quote weltweit.[114] In Deutschland lag die Beschäftigungsrate von Frauen* 2017 bei rund 71,5 Prozent (im Vergleich zu 78,9 Prozent bei Männern),[115] in Österreich bei 72,3 Prozent bei Frauen (im Vergleich zu 81,8 Prozent bei Männern)[116] und in der Schweiz bei 59,4 Prozent (Frauen) im Vergleich zu 71,1 Prozent bei Männern.[117]

Selbst wenn Frauen* erwerbstätig sind, werden sie systematisch schlechter bezahlt als Männer*. Das wird im Konzept des Gender Pay Gaps (GPG), der geschlechtsspezifischen Lohnlücke, zusammengefasst. Dabei wird zwischen dem bereinigten und unbereinigten GPG unterschieden. Der unbereinigte GPG bildet die Differenz der durchschnittlichen Bruttoverdienste von Frauen* und Männern* ab. Was also verdienen Frauen* im Vergleich zu Männern* ganz allgemein – ohne Ansehen möglicher Gründe etwa von Voll- oder Teilzeitarbeit, Berufswahl und karrierebedingten Lohndifferenzen. Diese wiederum berücksichtigt der bereinigte GPG. Er versucht, bei der Berechnung von Lohnunterschieden vergleichbare Eigenschaften zugrunde zu legen: In seiner engsten Auslegung geht es um «ungleichen Lohn bei gleicher Arbeit». Der Berechnung werden etwa analoge Stellenbezeichnungen, regionale Übereinstimmung, ja sogar der gleiche Arbeitgebende sowie Vergleichbarkeit hinsichtlich Alter, Ausbildung und Berufserfahrung zugrunde gelegt. Zuweilen wird der bereinigte GPG aber breiter gefasst. Dann bezieht der GPG Divergenzen bei Ausbildungs- und Qualifikationsgraden, Arbeitserfahrung und Beförderungen innerhalb vergleichbarer Tätigkeiten mit ein (etwa ob ein*e Metallarbeiter*in als Bandarbeiter*in oder Vorarbeiter*in eingestellt wird). Dadurch wird die Grenze zwischen bereinigtem und unbereinigtem Gender Pay Gap letztlich fließend. Sie wirken auch insofern ineinander, als sie durch ähnliche Mechanismen der geschlechtsspezifischen Gestaltung von Erwerbstätigkeit bestimmt werden.

Was das Bruttoeinkommen angeht, so verdienen Frauen*, weltweit gesehen, nach Berechnung des Weltwirtschaftsforums im Schnitt nur ca. 63 Prozent des Lohns von Männern*.[118] Das begründet sich etwa aus

Teilzeitarbeit, dem begrenzten Zugang zu Führungspositionen oder einer prinzipiell geringeren Entlohnung von Berufen, in denen vornehmlich Frauen* arbeiten. Selbst gemessen an vergleichbaren beruflichen Positionen, also am bereinigten GPG, verdienen Frauen* laut ILO nur 81,2 Prozent im Vergleich zu Männern*, das wären also 18,8 Prozent weniger.[119]

In der Bundesrepublik wurde 1980 das Gesetz über die Gleichbehandlung von Männern und Frauen am Arbeitsplatz erlassen, das auch der geschlechtsspezifischen Lohnlücke Einhalt gebieten sollte.[120] Dennoch blieb Papier geduldig. Die «Progress on the Gender Pay Gap: 2019»-Studie von Glassdoor attestiert Deutschland auf der Basis von Stichproben (4794 in Deutschland) für 2019 einen bereinigten Gender Pay Gap von 6,4 Prozent und ein unbereinigtes Lohngefälle von 22,3 Prozent.[121] Eine Frau* verdient hierzulande damit für jeden Euro, den ein Mann als Einkommen hat, im Durchschnitt nur 78 Cent.[122] Gemessen am Bruttodurchschnittsverdienst 2019 ist die Schere etwas geringer: Pro Stunde verdienen Frauen* durchschnittlich 20 Prozent weniger als Männer*.

Diese klaffende Lücke mahnt der Equal Pay Day (EPD) als Datum an, bis zu welchem Frauen* über den Jahreswechsel hinaus arbeiten müssen, um das Gleiche verdient zu haben wie Männer* – als statistische Gruppen gesehen und gemessen am Bruttoverdienst.[123] Der EPD nimmt den Bruttoverdienst als Grundlage, weil dieser nicht nur geschlechtsspezifische soziale Ungleichheiten innerhalb von Strukturen und Institutionen in den Blick nimmt, sondern auch die geschlechtsspezifischen sozialen Ungleichheiten, die solche Strukturen und Institutionen an sich bereits prägen. 2020 lag der Berechnung des Equal Pay Day dabei ein gerundeter Wert von 21 Prozent[124] und damit knapp 77 unbezahlten Tagen zugrunde, was den 18. März zum *Equal Pay Day* machte.

Zudem, und das schlägt eben beim unbereinigten GPG zu Buche, sind die verschiedenen Berufsgruppen geschlechtsspezifisch koloriert – und zwar aufgrund von sexistisch kodierten Erwartungen –, wobei tradierte «Männerberufe» besser bezahlt werden als die von Frauen*. Zunächst einmal finden sich Frauen* häufiger als Männer* in illegalen Beschäftigungsverhältnissen ohne Sozial-, Kranken- und Rentenversicherung. Weiterhin fällt es Frauen* gemeinhin leichter, in Berufsfelder einzusteigen, die sich am leichtesten mit tradierten Erzählungen von vermeintlichen Fähigkeiten, die immer vor allem auch Grenzen definieren sollen, vereinbaren lassen: Kindererziehung, Pflege, Gesundheit (heute auch von Lehrerin bis Ärztin) oder eben Sinnlichkeit und Feingeistigkeit (also eher Literaturwissenschaft denn Paläontologie oder Informatik). Je weiter ein Metier ins angebliche Kerngeschäft des Mannes* fällt, desto höher die Hemmschwelle. Während Frauen* mit 1,5 Prozent am niedrigsten in Hoch- und Tiefbauberufen vertreten sind, liegt der Beschäftigungsanteil mit 83,8 Prozent am höchsten in den sozialen, hauswirtschaftlichen und erzieherischen Berufen. Auch stellen Frauen* mehr als drei Viertel aller Beschäftigten in medizinischen Berufen (83 Prozent), nichtmedizinischen Gesundheits-, Körperpflege- und Wellness- sowie Medizintechnikberufen (81 Prozent) und Reinigungsberufen (72 Prozent). Während 63 Prozent aller akademischen Berufe in den Geistes-, Gesellschafts- und Wirtschaftswissenschaften von Frauen* ausgeübt werden (mit deutlich mehr Anteilen in den Geistes- als in den Wirtschaftswissenschaften), liegt der Frauen*anteil bei Informatik und anderen Informations- und Kommunikationstechnik-Berufen bei mageren 16 Prozent und sind Frauen* in den sogenannten MINT-Fächern (Mathe-, Ingenieur-, Natur- und Technikwissenschaften) sowohl an Universitäten als auch in akademischen Berufen jenseits der Universitäten unterrepräsentiert.[125] Allerdings tragen entsprechende Ermunterungsprogramme erste Früchte: Insgesamt nahm die Zahl der studierenden Frauen* in den MINT-Fächern von 1998 zu 2019 um fast 140 Prozent zu – wenn auch von einem niedrigen Anfangsniveau aus.[126] Lag der prozentuale Anteil der MINT-Studienanfänger*innen unter den Frauen* an deutschen Hochschulen im Studienjahr 1993/1994 bei 22,4 Prozent, so waren es 2018/2019 31,5 Prozent, wobei die Zahl der das Studium vollendenden Frauen* darunter absank.[127] Insgesamt, also auch unabhängig von der Art des Abschlusses, waren 2017 nur 34 Prozent aller in Mathematik-, Biologie-, Chemie und Physikberufen Beschäftigten Frauen*.[128]

Eine weitere Dimension von beruflicher Diskriminierung von Frauen* manifestiert sich mit Blick auf Aufstiegsmöglichkeiten und Karriereverläufe. Karriereströme tragen Männer* systematisch höher als Frauen*, und Letztere werden von Karrierebrüchen systematisch ausgebremst. Je attraktiver im Sinne von Macht, Geld und Ruhm eine Branche erscheint, desto höher hängt das Eintrittsticket für Frauen*.

Dafür sind patriarchalische Herrschaftsstrukturen, die berufliche

Strukturen männlich* halten, verantwortlich – sowie spezifische Symptome dieses Systems: So spielen hier etwa Erziehungszeiten mit hinein, die auch noch immer maßgeblich von Frauen* geleistet werden, die sich als weniger Berufspraxis und -erfahrung negativ bemerkbar machen – aber auch Sozialisierungsmuster: Von den einen, den Männern*, wird erwartet, dass sie erfolgreich sind. Das heißt auch, dass es ihnen zugetraut wird. Deswegen stehen ihnen die Türen erst einmal offen(er), und das männliche* Selbstvertrauen kann sich eben daran stählen. Von den anderen, den Frauen*, aber wird etwas anderes erwartet, etwa dass sie Mutter sein «wollen». Da verschließen sich nicht nur Türen und Optionen, sondern auch Erwartungen, Hoffnungen und ganze Traumfabriken. Zudem: Viele Frauen* scheuen das Peter-Prinzip (dem zufolge Menschen dazu neigen, ein Stufe höher aufzusteigen, als sie an sich geeignet sind) – und trauen sich lieber weniger als zu viel zu, vor allem dann, wenn sie Kinder haben. Aber umgekehrt wird ihnen auch weniger zugetraut, und sie werden weniger befördert, vor allem, wenn sie Mütter sind. Im Ergebnis halten Männer* männliche* Räume männlich*, und Frauen* müssen deswegen häufig mehr leisten, ausgewiesener sein, sich als klüger und kompetenter erweisen, um dasselbe zu erreichen. Dieser Blick auf Karriereverläufe zeigt die Schwächen des bereinigten GPG auf. Zeigt er doch, dass das sich aus diesem ergebende «Wir haben ja fast gleichen Lohn für gleiche Arbeit»-Postulat bestehende Ungleichheitsstrukturen vernebelt.

Während seit Ende der 1970er Jahre (in der Bundesrepublik) immer mehr als 50 Prozent, inzwischen mehr als 60 Prozent aller Abiturient*innen junge Frauen* sind und sie durchschnittlich bessere Noten bei Schulabschlüssen bekommen als junge Männer*,[129] dünnt sich die Präsenz von Frauen* in höheren Karrierestufen immer mehr aus.[130] Mit zunehmenden Berufsjahren fehlen Frauen* auf der Karriereleiter und in den Chefetagen.

Besonders massiv zeigt sich dies in der freien Wirtschaft. 2004 wurde mit der Niederländerin Karin Dorrepaal erstmalig eine Frau* Mitglied im Vorstand des Pharmakonzerns Schering, und damit überhaupt in einem der dreißig im DAX börsennotierten Unternehmen. 2010 gab es hier vier Frauen*, die es auf diese Fallhöhe geschafft haben. Bis August 2019 stieg die Zahl auf 28 Frauen* unter 199 DAX-Vorstandsmitgliedern.[131]

Ein anderes Beispiel ist die Karrierepyramide der Universitäten. 2016 stellten Frauen* in Berlin 49 Prozent aller Studierenden und 51 Prozent der Erstimmatrikulierten. Auch 48,7 Prozent aller Promovierten waren Frauen*, jedoch nur noch 34,5 Prozent aller Habilitierten.[132] Dieser Prozentsatz sinkt nochmals auf der Ebene der Professuren und Lehrstühle. 2005 waren unter insgesamt 37 865 Professoren 5412 Frauen*, also 14 Prozent. 2015 waren 23 Prozent aller Professor*innen Frauen*. 2017 lag der Frauen*anteil bei 24 Prozent,[133] 2018 bei 32 Prozent.[134] Diese absolute Steigerung um mehr als 100 Prozent (2005 5412 vs. 2018 11 838 Frauen* als Professor*innen) ist ein beachtlicher Zwischenerfolg. Dieser macht sich, in relationalen Zahlen gesehen, auch in den MINT-Fächern bemerkbar. Zwar bleibt es ein Problem, dass die MINT-Präsenz von Frauen* in höheren Qualifizierungsstufen nach wie vor geringer ist als unter den Studienabsolvent*innen. 1999 waren in Mathematik und Naturwissenschaften nur 5 Prozent der Professuren mit Frauen* besetzt, in den Ingenieurswissenschaften ebenfalls. Der Anteil stieg bis 2009 auf 12 Prozent respektive 9 Prozent.[135] 2016 erhöhte sich dieser auf 18,8 Prozent respektive 12,6 Prozent.[136] Der Zuwachs von Frauen* unter Professor*innen ist maßgeblich der staatlichen Zuckerbrot-Politik zu verdanken, etwa den Professor*innenprogrammen I, II und III. Diese laufen seit 2008 und stellen Hochschulen für die Berufung von Frauen* als Professor*innen auf Grundlage eines Gleichstellungskonzeptes zusätzliche finanzielle Mittel und andere Anreize zur Verfügung.[137]

«Karriere» kann dabei auch andere Gesichter annehmen: Den Nobelpreis, egal welcher Sparte, erhielten wie viele Frauen*? Zwischen 1901 und 2019 ist der Preis gerade einmal 52 Mal bei 866 Preisverleihungen an Frauen gegangen (Marie Curie erhielt den Preis 1903 für Physik und 1911 für Chemie; nur zwei andere Frauen erhielten ihn für Physik, nur vier andere für Chemie, darunter ihre Tochter Irène Joliot-Curie).[138] Im Museum Frieder Burda in Baden-Baden werden 63 männliche* Künstler und nur acht Künstlerinnen ausgestellt.[139] Auch stand etwa noch nie eine Frau* an der Spitze des Dachverbandes der Gewerkschaften; und auch in berufsspezifischen Gewerkschaften ist das tendenziell noch immer eine Ausnahme.[140]

Ähnlich läuft das in Hollywood. Nur vier Prozent der beliebtesten bzw. erfolgreichsten 1100 Filme, die in den Jahren 2007 bis 2018 in US-amerikanischen Kinos liefen, wurden von Frauen* gedreht.[141] 2015 lag der Anteil an Frauen*, die bei den 250 größten Hollywood-Produktionen Regie geführt haben, bei neun Prozent. 2013 und 2014 waren es laut einer Untersuchung der University of Southern California nur je 1,9 Prozent, 2015 7,5 Prozent, 2016 4,2 Prozent und 2017 wiederum 7,3 Prozent. Diese wenigen Frauen* drehen Nischen- und Independent-Filme oder auch Komödien und Dramen – und zwar obwohl 40 Prozent der Regisseurinnen gern einmal einen Actionfilm oder einen Blockbuster drehen würden.[142] Auch in den anderen Bereichen der Filmbranche sind Frauen* unterrepräsentiert: Insgesamt waren 2016 bei den 250 größten Produktionen nur 35 Prozent der Produzent*innen, Drehbuchautor*innen, Cutter*innen oder Kameraleuten Frauen*.[143] Im deutschsprachigen Raum sieht es nicht wesentlich besser aus. Obwohl an den staatlichen Filmhochschulen seit den Neunzigerjahren mehr als 40 Prozent der Studierenden Frauen* sind, stammten etwa 2015 nur 15,7 Prozent der Kinofilme von Frauen*.[144] Und wie viele Regisseurinnen haben bislang einen Oscar für die beste Regie gewonnen? Genau eine – Kathryn Ann Bigelow im Jahr 2010. In Cannes waren es bisher ganze zwei Gewinner*innen: Julija Solnzewa (1961) und Sofia Coppola (2017).

In der Politik lassen sich ähnliche Aufwinde mit Gegenwind beobachten. Nachdem Frauen* von und in Institutionen patriarchalischer Herrschaft bis ins frühe 20. Jahrhundert hinein politisch komplett unsichtbar gehalten wurden, beginnen sich seit der zweiten Hälfte des 20. Jahrhunderts diese Gefälle zaghaft zu wenden. 1959 wurde Sirimavo Bandaranaike in Sri Lanka die weltweit erste frei gewählte Regierungschefin einer Demokratie. In Deutschland war Annemarie Renger von 1972 bis 1976 erste Präsidentin des Deutschen Bundestages und fungierte damit – so wie Rita Süssmuth (CDU) von 1988 bis 1998 – formell im zweithöchsten Staatsamt der Bundesrepublik. 1961 wurde mit Elisabeth Schwarzhaupt (SPD) erstmals eine Frau Bundesministerin – und zwar für Gesundheit. 1986 wurde, federführend eingeklagt von den Grünen, ein Frauenministerium gebildet, dem Rita Süssmuth vorstand – es handelte sich um das Bundesministerium für Jugend, Familie, Frauen und Gesundheit. 1991 wurde daraus das Bundesministerium für Frauen und Jugend, 1994 das Bundesministerium für Familie, Senioren, Frauen und Jugend. Seit 1986 wurde es ausschließlich von Frauen* geleitet. Immerhin gibt es zunehmend auch in anderen Ressorts Frauen als Minister*innen. Durch die bewusste Politik von Bündnis 90/Die Grünen sprang die Idee, Listen und

Fraktionen geschlechtsproportional(er) zu besetzen, auch auf andere Parteien (v. a. SPD und Die Linke) über. Im Jahr 2005 wurde mit Angela Merkel (CDU) die erste Frau* Bundeskanzlerin in Deutschland. Unter ihrer Ägide reifte das Kabinett erstmalig zu nahezu paritätischen Besetzungen heran.[145] Mit Ursula von der Leyen und Annegret Kramp-Karrenbauer übernahmen Frauen* das heiligste aller Männer*ressorts: das Verteidigungsministerium (wie schon zuvor in Spanien Carm Chacón, die als Hochschwangere 2008 an einer Ehrenfront der Soldat*innen vorbeischritt und damit weltweit für Schlagzeilen sorgte). Insgesamt waren im März 2018 30,9 Prozent aller deutschen und 35,53 Prozent aller österreichischen Parlamentarier*innen Frauen*. In Belgien, Dänemark, Finnland, Frankreich, Italien oder Slowenien ist der Frauen*anteil höher. Schweden liegt mit 44 Prozent Frauen* unter den Parlamentarier*innen vorn. In Ungarn liegt die Zahl bei 10 Prozent; in Papua Neuguinea sind Frauen* derzeit gar nicht im Parlament vertreten.[146] In Finnland gibt es seit Dezember 2019 mit Sanna Marin nicht nur die jüngste Ministerpräsidentin, sondern auch ein Kabinett, das mit 11 Minister*innen und 7 Minister*n von Frauen* dominiert wird. Die pakistanische Ministerpräsidentin Benazir Bhutto bekam im Amt 1990 ebenso ein Kind wie 2018 die Neuseeländerin Jacinda Ardern – bis heute die einzigen beiden Frauen* unter den ohnehin wenigen Regierungschef*innen.

Zum Gesamtbild gehört, dass Frauen* deutlich umfänglicher von der Doppelbelastung Erwerbsarbeit und Familie gezeichnet sind als Männer*. Es sind 72 Prozent der Frauen* und nur 29 Prozent der Männer*, die täglich die im Haushalt anfallende Arbeit verrichten,[147] deswegen trifft die Mehrfachbelastung berufstätige Mütter stärker als Väter.

Selbst wenn Frauen* in Teilzeitarbeit gehen, was sich auch im unbereinigten Gender Pay Gap niederschlägt und sich häufig hinderlich auf Karrierepläne auswirkt, so bedeutet das keineswegs, dass die täglich anfallende Erwerbstätigkeit auch realiter um exakt jene Prozentpunkte gesenkt wird, die sich auf dem Gehaltszettel (und bei den Rentenpunkten) bemerkbar machen. In vielen Berufen ist es nicht möglich, die «nur 50 Prozent» stoisch einzufordern oder die Arbeit ab dem 51. Prozentpunkt im Büro oder Betrieb zu lassen. Entsteht ein Gefühl, nicht fertig geworden zu sein, bleibt ein schlechtes Gewissen als mentale Belastung, egal, ob eine Person 100 Prozent oder 50 Prozent arbeitet. Gleichzeitig kann das innerfamiliäre Verständnis für einen solchen «Stress» sinken, wenn der Partner qua Gehaltsbuchung mehr, also 100 Prozent, Stress (und entsprechend mehr Anrecht auf mehr Ruhe im Familienkreislauf) mit nach Hause bringen «darf». Teilzeitarbeit wiederum bringt eine Prekarität mit sich, die Existenzängste erzeugen und Trennungsabsichten ausbremsen kann. Wenn einkommensstärkere Haushalte ihre Hausarbeit an einkommensschwächere Personen, meist sind es Frauen*, auslagern, wird die Belastung von (oft rechtlich ungeklärten, unterbezahlten) Frauen* weiter potenziert: noch weniger Lohn, noch weniger Rentenpunkte, noch mehr durch Prekarität bedingter Stress.

Dennoch: Die Emanzipation von Frauen* in der und durch die Berufswelt geht voran – und mit sich wandelnden Moralvorstellungen und feministischen Interventionen einher. Diese strahl(t)en auch in die Instrumentalisierung der Körper von Frauen*. Dazu gehört etwa das Verständnis von Mutterschaft als Arbeit und die Frage, ob Prostitution als Arbeit gesehen werden kann oder ob dies sexuelle Gewalt legitimiere. Um beide Aspekte geht es im Folgenden.

3.2.3. Mutterschaftsarbeit im gesellschaftlichen Kontext

Ich bekam schreckliche Angst, als ich 1992 das erste Mal schwanger wurde. Ich hatte gerade angefangen zu promovieren und meine südafrikanisch-britische Betreuerin forderte mich auf, mich für das Kind oder die Arbeit zu entscheiden. Ich entschied mich für beides. Der deutsche Professor, den ich als nächstes als Doktorvater gewinnen wollte, schlug mir vor, mich erst nach vollbrachter Mutterschaft wieder bei ihm zu melden. Der Dritte schließlich unterstützte mich. Dennoch: Ich beobachtete, dass sich für meinen Freund scheinbar nichts änderte, für mich aber (gefühlt) fast alles. Ich war immer müde und wurde nicht müde auszurufen: Die Biologie ist so ungerecht. Die Entbindung meines ersten Kindes dauerte zwei Tage und brachte unser Kind schließlich in Lebensgefahr. Minutenlang wurde es direkt nach der Zangengeburt von uns getrennt versorgt. Wir hörten seine herzzerreißenden Schreie. Als unser Kind endlich auf meinen Oberkörper gelegt wurde, schaute er uns Eltern an, hörte unsere Stimmen. Unser aller Weinen wandelte sich nun in eine lächelnde Stille. Noch nie hatte ich etwas Schöneres erlebt. Diese Magie der ersten

Begegnung durfte ich vier Mal erleben, und es waren die glücklichsten Momente meines Lebens. Ähnlich wie mit der Schwangerschaft samt der Entbindungsqualen ist es wohl mit der Mutterschaft und prinzipiell der Elternschaft: Sie kosten Anstrengung und Schmerz – doch die Belohnung ist ein Band der Liebe, die ihresgleichen sucht.

Meine absolute Disney-Lieblingsszene ist aus *Maleficent – Die dunkle Fee* von Robert Stromberg aus dem Jahr 2014. Maleficent küsst ihre Adoptivtochter und erweckt sie damit aus dem Tiefschlaffluch (den sie selbst angeordnet hatte). Zuvor hatte sie den Prinzen geschickt. Doch sein Kuss konnte nichts ausrichten; wie auch: Dornröschen kannte ihn ja gar nicht. Das hat mich schon immer geärgert. Wieso küsst ein Fremder Dornröschen (ist ja eigentlich sexueller Missbrauch)? Dagegen finde ich an Maleficents Ende großartig, dass es die Liebe einer Mutter, einer Adoptivelternschaft als eine Form der wahren Liebe zeigt.

Doch ebendies ist Teil des Dilemmas: Einerseits ist meine Mutterschaft das Schönste, das mir im Leben passiert ist. Andererseits erzürnt (mich) der Mutterschaftskult. Denn wie stark wirken jahrtausendealte Sozialisierungsmuster in dieses Empfinden des demütigen Glücksgefühls hinein, wie stark ist dieses «Schönste» von Kants Idee von der Schönheit des Frauenzimmers infiziert? Ich fühle mich emanzipiert, weil ich Kinder und Beruf vereinbare; doch ist das nicht Augenwischerei? Zumindest bleibt das ewig schlechte Gewissen. Trotz meiner siebenundzwanzig Jahre Mutterschaft, die ich mit meinem Beruf vereinbaren konnte, oder gerade deswegen, lebe ich in einem permanenten Dauerkonflikt. Jede Arbeitszeit entziehe ich meinen Kindern, und die Zeit, die ich mit meinen Kindern verbringe, kann ich nicht in meine Arbeit investieren. Das nagende schlechte Gewissen und die stetige Sehnsucht nach meinen Kindern sind ein enormer Energiefresser und schlauchen mich fast noch mehr als meine Arbeit als Mutter *und* Wissenschaftlerin. Das schlechte Gewissen ist einerseits selbstgemacht und an den Interessen meiner Kolleg*innen, meiner Studierenden und v. a. meiner Kinder ausgerichtet, die zu Recht erwarten: keinen Theater- oder Chorauftritt verpassen, dem Tag der Kinder Struktur geben, keine Träne übersehen… Toxisch wird es aber vor allem dadurch, dass ich fremde Erwartungen an «so muss eine Mutter sein» inhaliere und mich an ihnen messe: «Wie kann sie nur abends eine Vorlesung halten, wie kann sie nur …» Es ist nicht nur die fehlende Zeit, sondern auch die Gedankenpolizei, die mich immer auf die Überholspur zwingt. Am Ende einer solchen Verfolgungsjagd steht immer ein frustriertes Kind, das meinen inneren Kampf nicht sieht, sondern nur die verpasste halbe Stunde, die mit den Worten begann: «Sorry, ich muss nur noch einen Gedanken zu Ende schreiben. Versprochen.» Diese soziale Hektik und die allseitige Enttäuschung gehören zu den größten Herausforderungen meiner sozialen Mutterschaft, in der die jahrtausendealte Erzählung immer mehr als ein Wörtchen mitredet.

Mutterschaft ist also beides: gleichzeitig privat und ein Politikum. Die lange Geschichte des Sexismus geschah auch in ihrem Namen. Jedenfalls eignete Sexismus es sich an, in ihrem Namen zu sprechen. Weil Frauen* Kinder gebären und stillen können, erklärten sich die Männer* zu Herrschern. Weil Frauen* gebären und stillen können, oblag ihnen das Private, das Zuhause, und deswegen musste das öffentliche Leben vor ihnen verschlossen werden. Frauen* investieren enorme Lebensenergien in Schwangerschaft, Geburt und Fürsorge für die Kinder – und wurden dafür von Kindheitsbeinen an ausgebildet. Dazu passt etwa die Puppenindustrie, die Babys simuliert und alle betreffende Arbeit von Windeln bis Ernähren in Lebensentwürfe von Mädchen* im wahrsten Sinne des Wortes «spielerisch» einprogrammierte – und dazu immer echter wirkende Modelle entwickelt. Gleichzeitig wurde und wird das so Anerzogene als «Natur» (im Sinne einer von Natur aus definierten Rolle) der Frau* deklariert. Deswegen wurde Mutterschaft entweder kaum honoriert oder aber, als anderes Extrem, auf ein garstiges Podest gestellt. Das fand im Mutterschaftskult des Nationalsozialismus seine Klimax: Er glaube nicht, schrieb Hitler 1935, «daß es eine Degradierung der Frau sei, wenn sie Mutter werde, sondern im Gegenteil, daß es ihre höchste Erhebung sei. Es gebe keinen größeren Adel für die Frau, als Mutter der Söhne und der Töchter eines Volkes zu sein.»[148] Und weil Frauen* Mütter waren, wurden ihre Frauenrechtsvereine verboten; sie erhielten die NS-Frauenschaft als Organisation der NSDAP. Am 21. Mai 1939 wurde erstmals das Mutterkreuz verliehen. Von da an erhielten Frauen* mit «überdurchschnittlicher Gebärleistung» am Muttertag das Ehrenkreuz der deutschen Mutter: für vier Kinder Bronze, ab sechs Kindern Silber und für acht und mehr Kinder das Ehrenkreuz in Gold. Im Umkehrschluss hieß das, Frauen* seien daran zu messen, wie viele Kinder sie dem «Volkskörper» zuführten. So sagte Hitler etwa in seiner Rede «Der Führer an die deutschen Frauen»:

> Was der Mann an Opfern bringt im Ringen seines Volkes, bringt die Frau an Opfern im Ringen um die Erhaltung dieses Volkes in den einzelnen Zellen. [...] Jedes Kind, das sie zur Welt bringt, ist eine Schlacht, die sie besteht für Sein oder Nichtsein ihres Volkes.[149]

Ebenso relevant war die Erziehung im Sinne der nationalsozialistischen Ideologie und seiner militaristischen Bedürfnisse. Die Erziehungsratgeber der böhmisch-deutschen Ärztin Johanna Haarers waren darauf bedacht, Kinder antisemitisch sowie mit und zu eisiger Härte zu erziehen. Es ging ihr nicht um das Wohl von Kindern, sondern darum, sie zu perfekten Gliedern der nationalsozialistischen Volksgemeinschaft auszubilden – etwa auch als patriotische Soldaten. Diesem Ziel mussten Mütter entsprechen und wurden zu Strenge angehalten, die Liebesentzug systematisch einschloss.[150] Sie erzog auch ihre eigenen Kinder so. Von der NS-Terminologie bereinigt, bleiben ihre «Erziehungsratgeber» Jahrzehnte nach 1945 in der Bundesrepublik maßgeblich und prägend.

Nicht nur in der Geschichte bis 1945 gab es das Gewohnheitsrecht, dass Frauen* Mütter waren und als solche Reproduktions- und Fürsorgearbeit zu verrichten hatten, samt aller Hausarbeit. Die DDR stigmatisierte Frauen*, wenn sie nicht arbeiten gehen wollten. Frauen* wurden gewissermaßen in die Arbeitswelt gezwungen, ohne jedoch dem Mann* eine Arbeitsteilung im Haushalt abzuverlangen. Im katholischen Konservatismus Kohl'scher Prägung galt es auch über das juristische Ende der Hausfrauenehe im Jahr 1977 hinaus als ungeschriebenes Gesetz, Kinder über Frauen*-Karrieren zu stellen.

Da die zunächst feministische Forderung nach Vereinbarkeit von Mutterschaft und Beruf in bestimmten Arbeitsmarktkontexten von Interesse ist, haben sich dafür Strukturen entfaltet. Zum einen lassen sich staatliche, kirchliche und private Betreuungsoptionen wie Kinderkrippe und Kindergarten bis zur Mitte des 18. Jahrhunderts zurückverfolgen. Wirklich breitenwirksam standen diese Strukturen erstmals in der DDR zur Verfügung. Ab 1950 konnten bereits sechs Wochen alte Babys in die Krippe gegeben werden (dafür gab es gleichfalls ab 1950 auch Wochenkrippen) und es gab einen enormen staatlichen und gesellschaftlichen Druck, wenn sich eine Mutter dagegen entschied, diese Strukturen zu nutzen. Spätestens wenn das Kind drei Jahre alt war, war es in der DDR-Gesellschaft eine Ausnahme, wenn Kinder nicht außerhalb des Haushalts betreut wurden. 1989 besuchten 80 Prozent der unter Dreijährigen eine Betreuungseinrichtung in der DDR, und für jedes Kind gab es einen Vorschulplatz.[151]

Im gesamtdeutschen Kontext nach 1990 wuchs die Zahl der in vorschulischen Betreuungseinrichtungen betreuten Kinder auch für die alten Bundesländer weiter stetig an, während die Betreuungsplätze in den sogenannten neuen Bundesländern zunächst abnahmen. 1994 gab es für 907 von 1000 Kindern zwischen drei und fünf Jahren einen Betreuungsplatz, aber nur für 63 von 1000 unter drei Jahren.[152] 2019 gab es eine Betreuungsquote bei drei- bis fünfjährigen von 93 Prozent und von 34,3 Prozent bei allen unter drei Jahren.[153] Ein Rechtsanspruch auf einen Kindergarten- oder Krippenplatz ist in Deutschland seit dem 1. August 2013 durch das Sozialgesetzbuch (§ 24) garantiert. Einen solchen Rechtsanspruch gibt es in Österreich und der Schweiz nicht. Allerdings existiert ein solcher Anspruch in der Schweiz in einigen Kantonen für einen zweijährigen Besuch der Kita. Zudem gibt es teilweise kantonal auch eine Kindergartenpflicht; was aber problematisch ist, sind die exorbitanten Betreuungskosten. Einen landesweiten Rechtsanspruch auf einen Hortplatz für Schulkinder ist in keinem der drei Länder vorgesehen – dafür aber in einzelnen Gebieten wie etwa in Brandenburg.

Im Sinne einer Vereinbarkeit von Mutterschaft und Beruf sollen zum anderen Beschäftigungsverbote vor und nach der Geburt des Kindes die berufstätige Mutter entlasten. Dieses wurde in Deutschland erstmalig 1878 eingeführt und seither häufig modifiziert. Zunächst ermöglichte es (ohne Garantie) eine dreiwöchige partielle Bezahlung; in der aktuellsten Fassung von 2017 regelt das Mutterschutzgesetz in Deutschland u. a., dass Mütter Kündigungsschutz genießen und sechs Wochen vor und mindestens acht Wochen nach der Geburt bei vollen Bezügen Zuhause bleiben müssen.

Ab 1986 gab es ein Recht auf Erziehungsgeld und Erziehungsurlaub für Mütter und Väter. In diesen ein oder zwei Jahren erhielt die Person im Erziehungsurlaub 300 Euro pro Monat für zwei Jahre oder 450 Euro pro Monat für ein Jahr, wenn ein Höchsteinkommen nicht überschritten wurde. Diese Regelung wurde mehrfach modifiziert, ab 2001 hieß der Erziehungsurlaub Elternzeit. Seit Anfang 2007 gibt es nun neben Elternzeit auch Elterngeld, was, wie bereits das Erziehungsgeld, von Müttern wie Vätern in Anspruch genommen werden kann, aber einen deutlich anderen Finanzrahmen hat. Danach werden 67 Prozent des Nettoeinkommens (bei sehr geringen Gehältern mehr, bei sehr hohen weniger – der Mindestsatz beträgt 300 Euro, der Höchstsatz 1800 Euro) für maximal 14 Monate bezahlt. Seit 2015 besteht die Möglichkeit nur die halbe Höhe für bis zu 28 Monate zu nutzen, was zusätzlich einen Zuverdienst erlaubt (Elterngeld Plus).

Neben der Forderung nach der Vereinbarkeit von Beruf und Familie für Frauen* werden vom Feminismus zwei weitere Forderungen erhoben: Zum einen soll Mutterschaft in Elternschaft umgedacht werden (was etwa Erziehungsgeld und -urlaub seit 1986 strukturell unterstützen), zum anderen sollen Mutter- und Elternschaft als «Arbeit» anerkannt werden.

Dafür wurde zunächst der Begriff der Reproduktionsarbeit von Karl Marx und Friedrich Engels adaptiert – und in verschiedenen Kontexten unterschiedlich verwendet. Während Marx ein eher allgemeines Verständnis von (Wieder)Herstellung von Leben und Arbeitskraft vertritt, ist Engels' Begriff der Reproduktion auf «Fortpflanzung» bezogen.[154] Im feministischen Gebrauch rekurriert er auf sämtliche Facetten von Mutterschaft von Geburt über Ernährung bis Pflege von Kindern und kann dabei die Forderung nach Lohn dafür einschließen. Vor diesem Hintergrund wird zunehmend von Pflegearbeit, Care-Work oder Hausarbeit sowie sexueller, emotionaler und affektiver Arbeit gesprochen. Care-Work meint letztlich aber auch allgemeiner die Pflege von Personen aller Altersgruppen innerhalb familiärer Strukturen – und zwar durch alle Generationen und Geschlechter. Auf diese Entwicklungen reagiert die Umbenennung von «Erziehungsurlaub» in «Elternzeit» im Jahr 2001: Damit wird der Arbeitscharakter unterstrichen und die gesamtelterliche Zuständigkeit. Im Begriff «Mutterschaftsurlaub», als Beschäftigungsverbot in den Wochen vor und nach Geburt bleibt der «Urlaub»sgedanke aber nach wie vor konserviert.

Väter können seit 1986 Erziehungsurlaub bzw. Elternzeit in Anspruch nehmen. Ab 1986 gab es zunächst nur einen Pauschalbetrag, der lohnte sich eher bei Frauen, weil sie tendenziell weniger Lohn bekamen. Seit

2007 gibt es einen Prozentsatz des Bruttolohns, was es für Männer attraktiver machen soll, in Elternzeit zu gehen. Außerdem gibt es zwei Monate, die nur ausgezahlt werden, wenn der oder die andere Partner*in, also zumeist der Mann*, sie nimmt – also ein weiterer Anreiz, dass Männer* Elternzeit nehmen. Während von 1986 bis 2007 nur circa 1/10 der in Elternzeit gehenden Personen Männer* waren, es also unüblich und unattraktiv, nicht aber unmöglich war, wendete sich das Blatt allmählich. Die Zahl der Väter, die Elterngeld bezogen, stieg von 21 Prozent im Jahr 2008 auf 37 Prozent im Jahr 2016, wobei die Mehrheit der Väter* deutlich kürzer in Elternzeit geht als die Mütter*. Dass die Nutzung von Elternzeit durch Männer* nach wie vor nicht gleichauf mit der mütterlichen Care-Arbeit ist, hängt primär mit Sozialisationsmustern und damit zusammen, dass Männer noch immer besser verdienen als Frauen* und beim stärkeren Gehalt weniger eingeschnitten werden soll. Doch auch die Tatsache, dass die meisten Programme und Debatten primär so angelegt sind, dass sie (allein) Mütter unterstützen, wirkt hier mit rein. Das mag erst mal naheliegend sein. Das Problem aber ist, dass es nicht zuletzt aus sexistischen Sozialisationsmustern heraus naheliegend ist, welche den Mann* von der sozialen Elternarbeit «freisprechen». Umgekehrt, und gegen den Mann* gewendet, bedeutet das aber auch, dass es keine Strukturen gibt, die ihn entlasten, wenn er sich genauso einbringt wie die Mutter seiner Kinder.

Wir haben uns die Betreuung unserer Kinder immer aufgeteilt, maßgeblich unterstützt von der Rund-um-die-Uhr-Arbeitskraft meiner Mutter. Mittlerweile ist auch mein ältester Sohn zu einer Bezugsperson meines jüngsten Kindes geworden. Nur ich allein aber bekomme die soziale Anerkennung, «Wow! Professorin und vier Kinder!», nur ich erhielt strukturelle Unterstützung – etwa durch Stipendien des Chancengleichheitsprogramms des Berliner Senats. Ein adäquates Programm für Männer* gibt es bestenfalls für alleinerziehende Väter. Mein Partner hatte weder eine analoge strukturelle Unterstützung, noch erfuhr er auch nur jemals ansatzweise Anerkennung für sein Vatersein. Ganz im Gegenteil. Er musste sich noch viel stärker als ich rechtfertigen – in Familie, Bekanntenkreis und Arbeitsleben. War ein Kind krank, und er war «dran», sich zu kümmern, investierte er lieber seine Überstunden, als mit einem Krankenschein vom Kinderarzt entschuldigt zu fehlen. Das schlauchte ihn und machte es nicht leichter.

Auch wenn Elternschaftsarbeit bislang noch immer mehr von Frauen* als von Männern* übernommen wird und Männer* weitaus häufiger als Frauen* nach Trennungen ohne die Kinder leben (müssen), ist es dennoch das falsche Zeichen, dass Väter weniger Anerkennung erfahren als Mütter. Gewissermaßen ein Teufelskreis. Solange soziale Vaterschaft und soziale Mutterschaft nicht die gleiche gesellschaftliche Anerkennung und Unterstützung genießen, sind Männer* nicht nur untermotiviert, diese Rollen einzunehmen, sie können es (sich) auch nicht leisten, etwa weil sie sich noch immer Arbeitgeber*innen gegenüber mehr rechtfertigen müssen als Frauen* (vor allem in der Privatwirtschaft; im öffentlichen Dienst und Beamt*innenwesen ist es «nur» der soziale Druck). Mehr noch: Solange soziale Vaterschaft und soziale Mutterschaft nicht die gleiche gesellschaftliche Anerkennung und Unterstützung genießen, fühlen Männer* sich im tautologischen Zirkelschluss legitimiert, auch die ganzen anderen Männer*rollen, von Herrschaft bis Privilegien, auszuüben – und das Pendant dazu: also den Verzicht darauf von Frauen* einzufordern. Jede *affirmative action*, also eine Vorteilszuschreibung als Nachteilsausgleich, die allein Müttern stärkende Strukturen anbietet, ist ebenso biographisch nachhaltig, wie von diesen ausgeschlossen zu sein. Ich plädiere hier nicht für eine Abschaffung der sozialen Anerkennung und finanziellen und strukturellen Unterstützung von (biologischer und sozialer) Mutterschaft, sondern für eine Komplettierung. Es gehört zum längst überfälligen Tenor des 21. Jahrhunderts, diese Arbeit adäquater und gleichberechtigt zu entlohnen – etwa auf der Basis eines Elternschaftsfonds, der Care-Arbeit nicht nur in den ersten Monaten nach der Geburt eines Kindes, sondern während der gesamten Familien-Care-Arbeits-Zeit entlohnt.

Allein Mutterschaft als Arbeit zu honorieren, bremst jedoch nicht nur die Pluralisierung und Dynamisierung von Elternschaft aus. Immer dann, wenn Mutterschaft eine ehrende Sonderbehandlung erfährt, wird Öl in das Feuer des Sexismus gegossen. Mütter auf ein Podest zu stellen, pflegt das tradierte Narrativ, dass Frauen von Natur aus zu Mutterschaft geboren seien (mit allen daraus gezogenen Schlussfolgerungen). Das wiederum diskriminiert Frauen*, die keine Mütter sind.

Während Männer* gemeinhin nicht darüber sozial positioniert werden, dass sie Nicht-Väter sind, gehört das zum Alltag von Frauen* ohne

Kinder. In den *Ifo*, den Märchen der Igbo, werden Frauen ohne Kinder als unfruchtbar verortet, und diese Unfruchtbarkeit gilt als Makel. Das geht damit einher, diese Charaktere mit allen möglichen schlechten Eigenschaften und Handlungen auszustatten, die dann wiederum deren soziale Ausgrenzung legitimieren. Letztere wird oft metaphorisch in ihrer Position als Stiefmütter aufgegriffen, die aus ihrem Neid auf Mutterschaft heraus den ihnen anvertrauten Kindern Böses antun.[155] Auch Grimms Märchen kennen dieses Muster, denken wir nur an Schneewittchens Stiefmutter oder die von Hänsel und Gretel. Frauen* ohne Kinder werden diskriminiert, bis heute. Auch und oftmals emotional wirkmächtig (im Namen) von Müttern: «Also, ich habe bzw. diese Frau* hat Kinder, deswegen musst du diese Schicht, diese Aufgabe übernehmen.»

Die daraus erfolgenden Schädigungen und vor allem die «Ich bin Mutter, wer bist du?»-Rhetorik potenzieren sich in ihrer Schmerzhaftigkeit in den Fällen, in denen Frauen* gar keine aktive Entscheidung gegen Mutterschaft treffen, sondern nicht schwanger werden können oder Fehlgeburten hatten. Solche Phantomschmerzen sind heftig; jede meiner unvollendeten Schwangerschaften hinterließ sehr tiefe Wunden, die noch immer keine Narben sind. Diesen Schmerz kennen auch Männer*, die ein Embryo verloren haben oder denen eine biologische Vaterschaft nicht möglich ist. Schon die Frage danach, ob jemand Kinder hat, kann hier in Wunden rühren. Nicht jeder Mensch ohne Kinder hat sich aktiv dafür entschieden. Deswegen sollte aus meiner Sicht auch das Versagt-Bleiben von biologischer und sozialer Mutterschaft (nicht allen ist es möglich, Kinder zu adoptieren) ein Kriterium der Chancengleichheitsförderung werden (es geht nicht um Kinderlosigkeit per se, sondern um Menschen, die vergeblich darum kämpften, Eltern zu werden, was ja nachweisbar ist). Dies komplettiert die Anerkennung von Mutter- und Elternschaft (als Arbeit) und kann etwa durch einen Spielraum offeriert werden, Anträge auf Umsetzung aus einem Büro, auf eine Rehabilitationszeit oder eine andere Unterstützung in schweren Zeiten stellen zu können.

Zum Gesamtbild gehört dabei auch die Frage der Reproduktivmedizin und der Leihmutterschaft. In seiner bisherigen Ausübung zeigt sie ein verheerendes kapitalistisch-ausbeuterisches Profil: Vor allem *weiße* westliche Paare können eine In-vitro-Fertilisation (IVF) finanzieren. Sie sind es auch, die es sich leisten können, einen Frauen*körper zu mieten, der die Arbeit leistet, ihr Kind auszutragen. Meist sind das Körper von Frauen* of Colour, denen insgesamt sechstausend bis zehntausend Euro bezahlt werden. Sie werden oft für die Zeit der Schwangerschaft eingesperrt und mit dem Phantomschmerz der Postschwangerschaft allein gelassen, wobei sich diese Schwangerschafts- und Gebärprozesse oft auch auf die Möglichkeit auswirken, eigene Kinder zu bekommen oder diese zu betreuen.[156] Leihmutterschaft ist letztlich nur ein weiteres Symptom der patriarchalischen Kontrolle des Körpers von Frauen* und ihrer Reproduktionsarbeit.[157]

3.2.4. Prostitution: «Sexarbeit» oder sexuelle Gewalt?

Die Geschichte der Prostitution kennt verschiedene Facetten: Personen, die sich gelegentlich prostituieren, oder solche, die dies beruflich tun. Personen, die zur Prostitution gezwungen werden, oder solche, die dies freiwillig tun. Personen, die auf der Straße arbeite(te)n, in Wirtshäusern, Bordellen oder Partys der organisierten Kriminalität. Die meisten Prostituierten sind Frauen*, aber es gibt auch Männer* (ca. 7 Prozent, nach Schätzung von 2008) und trans*geschlechtliche Personen (3 Prozent, 2008).[158] Hinzu kommt die Prostituierung von Kindern, die in allen Fällen ein Verbrechen darstellt und niemals ohne Zwang und Gewaltausübung erfolgt. Unabhängig davon, ob eine Minderheit von Personen in Prostitution ihren Traumberuf sieht und es entsprechend als abwertend empfindet, wenn ihr das Recht abgesprochen wird, dass sie selbst über sich entscheidet, wenn sie sich prostituiert: Prostitution als Sexarbeit zu sehen, verharmlost die sexistische Gewalt, die in Prostitution systemisch angelegt ist. «Diejenigen, die Prostitution als ‹Sexarbeit› bezeichnen, sollten berücksichtigen, dass es sich in der sozialen Realität weder um Sex noch um Arbeit handelt. Sex beinhaltet, wenn frei entschieden wird …» und könne daher keine «kommerzielle Transaktion» darstellen, schreibt Catherine MacKinnon.

> Sex ohne Gegenseitigkeit, Wechselseitigkeit oder gleichermaßen geteilte Intimität und Lust erreicht diesen Maßstab nicht… Einer vergewaltigten Frau Geld hinterherzuwerfen, verwandelt ihre Verletzung nicht in Arbeit. Das gilt auch jenseits dessen, dass der allergrößte Teil

> des Geldes, das in der Prostitution verdient wird, an Zuhälter und Frauenhändler geht, und über 90 Prozent der Prostituierten von Zuhältern kontrolliert werden.[159]

Prostitution ist vielmehr eine sexistische Institution, die zur Befriedigung der sexuellen Interessen fast ausschließlich des Mannes* dient (die meisten Konsument*innen sind Männer*)[160] und von Männern* kontrolliert wird: Das Zuhältersystem entspricht der Logik männlicher* Vormundschaft, wobei es zuweilen Zwischenstufen gibt, in der Frauen* andere Frauen* anleiten. Das Wort «Puffmutter» bezeichnet auf zynische Weise diese hierarchisch übergeordnete Position, die Frauen* über Frauen* einnehmen können. Weder sind diese Strukturen jedoch «mütterlich», noch haben die befehlenden Männer* ein Schutzprinzip im Sinn. Ganz im Gegenteil, wie etwa der Fall Jeffrey Epstein zeigt.[161] Prostituierung erwächst aus der sexistischen Überzeugung, dass Frauen* dazu auf der Welt seien, Männern* zu gehören. Zwar macht es in mancherlei Hinsicht einen Unterschied, auf der Straße oder im Bordell, als Mätresse, für die Ärmsten der Armen oder für Milliardäre zu arbeiten. Schutz vor sexueller Gewalt und Infektionskrankheiten aber bietet sich nirgendwo.

Ideologisch gesehen, ist Prostitution eine Erfindung des Sexismus und bedient dessen Weltbild. Wo fange ich da an? Frau* als Ware? Frau* als Körper, der (samt der erotisierenden Uniformen) männlichen* Fantasien zu entsprechen hat? Letztlich geht es bei Prostitution um nichts Geringeres als das Postulat, dass Körper, die nicht der Norm des heterosexuellen Mannes* entsprechen, von diesem definiert, angeeignet, besessen werden können und dass Frauen* (ewig willige) Objekte des Mannes* und seiner sexuellen Lust seien. Dabei ist der Grat zur Ausübung von (sexueller) Gewalt sehr schmal. Einige meinen, dass Prostitution dafür sorgen würde, dass es weniger Vergewaltigungen gäbe. Was für ein zynisches Argument! Es berücksichtigt nicht, dass auch Prostituierte vergewaltigt werden (können), ja, dass (zuhälter*kontrollierte) Prostitution eine «serielle Vergewaltigung»[162] darstelle, wie MacKinnon ausführt.

Diesem analytischen Befund zum Trotz werden Sexarbeiter*innen häufig, so Pumla Gqola, insofern als nicht vergewaltigbar gesehen, da ihnen das Selbstbestimmungsrecht über ihren Körper und ihre Sexualität abgesprochen wird:

> Viele glauben, dass Sexarbeiterinnen einen unersättlichen Appetit nach Geschlechtsverkehr hätten, um täglich ihrer Arbeit nachgehen zu können; … dieses Bedürfnis nach/diese Fähigkeit zu viel Sex aber sei abartig… Und sofern sie sexuell abartig seien, seien sie auch immer zu Sex bereit und könnten gar nicht Nein sagen. Deswegen seien sie nicht vergewaltigbar, weil sie immer Sex haben wollen.[163]

Hier zeigt sich, dass Prostitution die Vorstellung nährt, dass es legitim sei, sich Körper von Prostituierten anzueignen, bis hin dazu, sie (sexueller) Gewalt auszusetzen. Dafür spricht auch, dass 62 Prozent der zwischen 2008 und 2018 weltweit ermordeten trans*geschlechtlichen Personen Sexarbeiter*innen gewesen sind.[164] Wenn die Annahme bestärkt wird, dass (Frauen*)Körper kaufbar, also besitzbar seien, geht es letztlich nicht nur um die Körper von Prostituierten, sondern um alle Frauen* (und Personen, deren Körper als «anders» definiert werden). Am Ende werden Gewalt- und Überlegenheitsfantasien von Männern* genährt und deren Glauben daran, Frauen*, inter*sexuelle und trans*geschlechtliche Personen körperlich und sozial definieren (und ihnen Gewalt antun) zu können. Auch das hat wieder eine lange Geschichte. Mit Blick auf Trans*-Personen wird dies im Kapitel 3.6 beleuchtet, auf Frauen* konzentrieren sich die nachfolgenden Ausführungen.

Demosthenes schreibt Frauen drei Funktionen zu (alle mit Blick auf den Mann). Während er die Ehefrau und Mutter als Einheit denkt, teilt er die Versorgung des Mannes mit Sexualität in zwei Kategorien: «Die Hetären (‹Gesellin›, SuA) haben wir wegen des Genusses, die Huren (πόρνη pórnē, SuA) um der täglichen Pflege des Körpers willen.»[165] Weil Prostitution als Dienstleistung für den Mann verstanden wurde, findet sich dafür eine Nische in der Doppelmoral. Zum einen wird Prostitution als moralisch bedenklich verurteilt, und Prostituierte werden entsprechend verachtet. Zum anderen aber führt das dazu, dass das Gesetz ein Auge zukneift: Zwar werden Prostituierte weitgehend von strafrechtlicher Verfolgung ausgenommen (diese griff härter zu ab dem 17., vor allem aber vom ausgehenden 19. bis zur Mitte des 20. Jahrhunderts), das aber bedeutete in der Praxis immer auch, dass es keine Gesetze gab, die sie hätten schützen können – weil Frauen* im Allgemeinen und Prostituierte im Besonderen prinzipiell in den Gesetzestexten ausgespart wurden.

Insbesondere ab dem Spätmittelalter formierte sich Sexarbeit als patriarchalische Geschäftsstruktur – Konsument*innen und Geschäftsinhaber*innen sind vor allem Männer* (als Zuhälter*innen, Bordellbesitzer*innen) –, in der Prostituierte Männern* (und deren Gewalt) schutzlos ausgeliefert waren. Sie gehörten zu den rechtlosesten Personen ihrer Zeit. Das etwa spiegelt der damals gängige Begriff der «Dirne», der etymologisch auf das westgermanische *þéornōn, älteres urgermanisches *þewernōn, für «Unfreie, Dienerin» zurückgeht (umso bedenklicher, dass das Wort heute als Bezeichnung für Frauen* und im Kleidungsstück «Dirndl» fortbesteht). Aber auch der Begriff «Prostituierte» ist alles andere als unbedenklicher Herkunft. Er leitet sich aus *pro* und *statuere* – «nach vorn stellen, zur Schau stellen, preisgeben» (es geht also um Blicke auf auf Körperlichkeit reduzierte Personen) – her und wird in der lateinischen Literatur tendenziell abwertend gebraucht.[166]

Ab dem 17. Jahrhundert wird Prostitution mehr und mehr unter Strafe gestellt. Dabei geht es um Prostituierte, nicht um die Inanspruchnahme von Prostitution. Dafür steht etwa die Rechtsprechung von Ludwig XIV. aus dem Jahr 1658 und § 999 des Preußischen Allgemeinen Landrechts aus dem Jahr 1794, in dem von «liederlichen Weibspersonen» die Rede ist, «welche mit ihrem Körper ein Gewerbe treiben wollen.»[167] Das mündet in einer Verschlechterung der Lebenslage von Prostituierten, nicht aber in einem Rückgang von Prostitution.

Die zunehmende Industrialisierung, Proletarisierung und damit einhergehende Urbanisierung der Gesellschaft und die Auflösung traditioneller ländlicher (Familien-)Strukturen traf Frauen* besonders hart, weil sie noch schwerer als Männer* Arbeit fanden und noch schlechter bezahlt wurden. Manche flüchteten in die Prostitution. Die Zahl stieg ebenso an wie die der Geschlechtskrankheiten. Gesetze wurden erlassen, die Prostituierte dazu zwangen, sich registrieren und untersuchen zu lassen. Das war letztendlich dem Schutz der Männer* dienlicher als dem der sich prostituierenden Frauen*, weil sie meist ohnehin keine Alternative hatten und sich die Ausgrenzung nur verschlimmerte. Marx sah in der «Prostitution» nur einen «besondren Ausdruck der allgemeinen Prostitution des Arbeiters».[168] Damit spricht er zwar die Notlage von Frauen* an, die sich prostituieren müssen, um überhaupt überleben zu können. Doch er und Engels verharmlosten hier und in anderen Schriften die Spezifik sexueller

Gewalt, der Frauen* (nicht zuletzt auch durch Männer* der Arbeiterklasse) ausgesetzt sind. Sie waren auch nur Kinder ihrer Zeit, ihr Verhalten gegenüber Frauen* unterschied sich in nichts von dem anderer Männer* und stand im krassen Gegensatz zu ihrem Anspruch auf emanzipatorische Theorien.

Die bürgerliche Frauenrechtsbewegung hingegen thematisierte die patriarchalische Institutionalisierung von Sexarbeit und die prekäre Situation von Prostituierten. Dafür stehen etwa die Ladies' National Organisation und insbesondere Josephine Butler. Sie erwirkten beispielsweise die Schließung von Bordellen, was sich aber letztlich nachteilig für Prostituierte auswirkte. Nunmehr war die Arbeit auf der Straße noch gefährlicher – nicht zuletzt aufgrund männlicher* Polizeiwillkür. Langfristig aber konnte die Frauenbewegung eine höhere (Rechts)Sicherheit für Prostituierte erzielen. In der Weimarer Republik etwa wurde 1927 ein Reichsgesetz zur Bekämpfung der Geschlechtskrankheiten erlassen. Das entsprechende Gesetz verbot den Betrieb von Bordellen und damit die erwerbsmäßige Prostitution explizit. Zugleich wurden Gesundheitsschutzmaßnahmen eingeführt (die sicherlich auch als machtvolle Körperkontrolle zu deuten sind), die beispielsweise für «nicht-gewerbsmäßige» Prostituierte galten. Dies änderte nichts an der Sittenwidrigkeit von Prostitution, gab jedoch Prostituierten, die nicht in verbotenen Bordellen oder Kontrollstraßen arbeiteten und damit nicht gewerblich aktiv waren, insofern mehr Rechte, als auch Männer* zu Gesundheitskontrollen herangezogen wurden und die polizeilichen Sonderregelungen für Kontrollstraßen entfielen.[169]

Im Gewaltkontext des Nationalsozialismus wurde auch die der Prostitution innewohnende sexualisierte Gewalt eskaliert: Einerseits wurden Tausende von Frauen* zwangsprostituiert (so gab es eigene Bordelle für die SS in den besetzten Ländern, aber auch in einigen Konzentrationslagern Lagerbordelle als «Anreiz» für bestimmte Häftlingsgruppen); andererseits wurden diese Frauen* bei einer Infizierung mit Geschlechtskrankheiten sofort ermordet oder in Vernichtungslager deportiert.

Auch in der DDR wurde (die eigentlich strikt verbotene) Prostitution staatlich instrumentalisiert, etwa von der Staatssicherheit, um Menschen zu bespitzeln oder zu manipulieren. In der Bundesrepublik führte die so genannte sexuelle Revolution der 1968er-Bewegung insgesamt zu einer

Enttabuisierung von Prostitution, was letztlich in die Prostituiertenbewegung der 1980er- und 1990er-Jahre mündete. Diese erstritt Strukturen, in der Prostituierte nicht juristisch verfolgt, sondern geschützt werden können. Auch die Verbesserung der gesundheitlichen und sozialen Lage wurde erlangt.

In Schweden wurde 1999 das sogenannte Nordische Modell eingeführt. Das Vier-Säulen-Modell (1) entkriminalisiert jene, die prostituiert werden, und (2) bietet ihnen Unterstützung zum Aussteigen. Kriminalisiert werden hingegen nicht nur Menschenhändler*innen und Zuhälter*innen, sondern auch (3) jene, die Prostituierte aufsuchen. Dabei wird (4) auch auf die entsprechende Aufklärung der Bevölkerung gesetzt.

Zwar wird das Nordische Modell seit 2014 durch eine Resolution des Europäischen Parlamentes unterstützt. Doch bislang wurde es nur von Frankreich, Island, Nordirland, Norwegen, Kanada und Teilen Israels juristisch eingeführt.

In Deutschland gilt es nicht. Hierzulande ist es nach wie vor legal, Prostituierte aufzusuchen. Das Prostitutionsgesetz von 2002 ist eher darauf ausgerichtet, registrierte Prostitution arbeitsrechtlich zu stärken: Vereinbarungen über sexuelle Handlungen machen es seitdem möglich, Entgeltforderungen einzuklagen. Außerdem können Sexarbeiter*innen nun regulär Beiträge in die gesetzliche Kranken-, Arbeitslosen- und Rentenversicherung einzahlen. Die Große Koalition novellierte das Gesetz im September 2016 und verabschiedete das Prostituiertenschutzgesetz. Prostituierte sind nun verpflichtet, ihr Gewerbe anzumelden, Prostitutionsbetriebe müssen bewilligt werden. Weitere Regelungen verpflichteten zu einer regelmäßigen Gesundheitsberatung und schreiben Kondome vor.[170]

Auf Zuhälterei steht laut § 181 a Abs. 1 StGB eine Freiheitsstrafe von sechs Monaten bis zu fünf Jahren. Menschen, die Prostituierte aufsuchen, bewegen sich jedoch voll und ganz im Rahmen der Legalität – es sei denn, sie verletzten andere Paragraphen des StGB, etwa wenn sie Gewalt ausüben oder eine Zwangslage wie eine androhende Abschiebung ausnutzen (siehe § 177 Abs. 2 Nr. 4 StGB).

Im Kern geht es um folgende Fragen: Wie mit den Rechten jener umgehen, die sich prostituieren wollen? Was spricht dafür und dagegen, es als legal beizubehalten, Sex käuflich zu erwerben? Und auf wessen Kosten geht das alles eigentlich?

Viele Stimmen, die dagegen sind, die (Konsumption von) Prostitution zu verbieten, auch feministische und queere Stimmen, mahnen an, Sexualität nicht zu reglementieren und die Rechte von Menschen, die sich prostituieren möchten, ernst zu nehmen. Natürlich kann jede Person mit dem eigenen Körper tun, was sie will; und so gesehen, war es ein wichtiger Schritt, den Beruf anzuerkennen und tariflich zu schützen. Das klingt allerdings besser, als es ist. Natürlich gibt es Prostituierte, die sich aktiv dafür entscheiden. Das Gesetz ermöglicht es ihnen, autonom zu arbeiten und zu verdienen. Doch in der Realität haben die meisten Prostituierten keinen Zugriff auf diese Rechte, weil sie insgesamt recht- und schutzlos sind aufgrund unsicherer Existenzverhältnisse und gewalttätiger Abhängigkeitsverhältnisse zu Männern* («Zuhältern»). In Deutschland hatten 2017 nur ein Prozent der Prostituierten vorschriftsmäßige Arbeitsverträge.[171] Viele kommen aus familiären Kontexten, in denen es Drogen- und Alkoholprobleme gibt und Bildungsverläufe abgebrochen werden mussten. Viele arbeiten unterhalb des Mindestlohns. Umfragen ergaben, dass 80 bis 90 Prozent der Prostituierten in Deutschland sofort mit dem Beruf brechen würden, wenn ihnen dies möglich wäre.[172] Viele tun das, wenn es ihnen möglich ist.[173] Es existieren keine verlässlichen Zahlen darüber, wie viele Frauen* in die Prostitution gezwungen werden. Es gibt sie nicht, weil dies im Rahmen organisierter Kriminalität geschieht und daher die Dunkelziffer enorm hoch ist. Die International Organisation for Migration ging Ende der 1990er Jahre davon aus, dass in Europa jährlich ca. 500 000 Frauen* sexuell ausgebeutet werden, wobei viele keinen legalen Aufenthaltsstatus haben.[174]

Das organisierte Verbrechen hat perfide Netzwerke aufgebaut: Zuerst werden Frauen*, vor allem aus Osteuropa, aber auch aus asiatischen und afrikanischen Ländern, mit mehr oder minder großen Versprechungen nach Deutschland gelockt; dann werden sie vergewaltigt und/oder drogenabhängig gemacht. Damit werden sie dann wiederum erpresst – indem damit gedroht wird, dass dies gefilmt worden sei und den Eltern/Verwandten zugespielt werden könne.

Seit dem frühen 20. Jahrhundert gibt es Versuche, Menschenhandel im Allgemeinen und Zwangsprostituierung im Besonderen zu unterbinden. Dazu gehören etwa das Internationale Übereinkommen zur Gewährung wirksamen Schutzes gegen den Mädchenhandel (1904, aktualisiert 1948;

offiziell: «International Agreement for the Suppression of the White Slave Traffic») und die Konvention zur Unterbindung des Menschenhandels und der Ausnutzung der Prostitution anderer (1949). Die Globalisierung verstärkt jedoch den internationalen Menschen- und insbesondere Mädchen*- und Frauen*handel. Netzwerke wie die des Jeffrey Epstein, in dem sich die Reichsten der Reichsten und die Mächtigsten der Mächtigsten Mädchen* kaufen wie eine Kugel Eis, sind nur die Spitzen des Eisberges.

In Deutschland gehen im Schnitt nach Schätzungen 1 bis 1,2 Millionen Personen täglich zu Prostituierten. Der Jahresumsatz mit Prostitution liegt in Deutschland bei 14,5 Milliarden Euro.[175] Prostituierte aber werden nicht reich, sie werden oft vor allem krank – selbst dann, wenn sie nicht dazu gezwungen werden, bleiben Risiken bestehen: Neben seelischen sind Prostituierte häufig körperlichen Blessuren ausgesetzt, darunter akuten Infektionskrankheiten.[176] Es sind die patriarchalischen Strukturen dahinter, die finanziell profitieren.[177] Und profitieren tun auch jene, die Prostitution in Anspruch nehmen, um Grenzen zu überschreiten, die anderweitig strafrechtlich geahndet werden könnten.

Mitten in Deutschland werden solche eklatanten Menschenrechtsverletzungen hingenommen – und das Prostitutionsgesetz sieht letztlich zu. Damit habe ich ein Problem. Natürlich sind die Interessen jener ernst zu nehmen, die freiwillig und tariflich geschützt der Prostitution nachgehen. Doch das Problem ist, dass dies nur auf Kosten jener geht, die diese Möglichkeiten nicht haben und Gewalt und Zwang ausgesetzt sind. Letzteres aber ist kein zufälliges Nebenprodukt der Prostitution. Als Gesamtmaschinerie hat Prostitution noch nie als emanzipatives Projekt selbstbestimmter Frauen* existiert, sondern immer davon gelebt, dass viel zu viele Frauen* in die Prostitution gezwungen und durch deren vornehmlich männerdominierte Strukturen ausgebeutet wurden. Deswegen sehe ich nicht die Interessen jener als ausschlaggebend an, die gern als Prostituierte arbeiten oder gewaltfrei Prostitution in Anspruch nehmen (was letztlich, strukturell gesehen, unmöglich ist). Ich gehe da andersherum heran und denke, dass die Interessen von Menschen, die sich Sex kaufen möchten, sowie von Frauen* und Trans*Menschen, die aus ganz freien Stücken und mit Leib und Seele dem Beruf der Prostitution nachgehen, dem Wohl der Mehrheit der Personen untergeordnet werden müssen, die in und durch Prostitution Gewalt erfahren und (ab)sterben. So wie die Kohlebranche der Zukunft des Planeten zuliebe aufgegeben werden muss, gehört diese Berufsbranche der Freiheit des Menschen geopfert.

Ich glaube zwar nicht, dass ein Verbot Prostitution ein Ende bereiten kann – schon gar nicht der Zwangsprostitution und ihrem Menschenhandel. Ich denke jedoch auch nicht, dass sich die Situation der Menschen durch eine Kriminalisierung der Freier verschlechtern würde. Manche meinen, Verbote würden Prostitution nur unsichtbar und Prostituierte ungeschützter machen – das aber sind sie mehrheitlich schon längst. Ebendies versucht das Nordische Modell zu unterbinden. Manche denken, dass es ausreiche, Prostitution als legale, staatlich zertifizierte Struktur zu erhalten. Doch der Vorteil am Nordischen Modell ist dagegen, dass nicht nur Prostituierte, sondern alle Frauen* vor dem Menschenbild geschützt werden können, dass sexueller Zugriff auf Frauen* kaufbar und als Recht legitimierbar wäre. Die Stärke des Nordischen Modells besteht ja gerade darin, mit Informationen Sensibilität und Verständnis dafür zu erwirken, dass Prostitution (strukturell gesehen) mit sexueller Gewalt einhergeht. Frauen* können nur daran wachsen, wenn sie nicht mehr als Ware erhältlich sind – und die gesamte Gesellschaft samt ihrer Repräsentationsstrategien gleich mit. Am meisten zu verlieren haben letztlich eben doch die Männer*, die jährlich Milliarden von Euro dafür bezahlen, dass Frauen* machen müssen, was sie, die Männer*, wollen – und eben dieses Denken dann mit sich herum- und in die Gesellschaft tragen.

3.3. Repräsentation

In Repräsentation steckt zunächst einmal Präsenz im Sinne von Anwesenheit, die Abwesenheit bedingt. Die Vorsilbe «re» verweist ihrerseits darauf, dass das Präsente, Gegenwärtige, von Neuem oder wieder(holt) hervorgerufen wird; das Suffix «-tation» markiert ebendies als Handlung, die diskriminiert oder privilegiert, Gewalt ausübt oder heilt, reproduziert oder interveniert, Zugehörigkeit schafft oder aber diese verweigert. Durch die so zyklisch hergestellte (fehlende) Repräsentation reproduziert diese exakt jene Macht, die sie ausmacht. Denn wer (individuell und kollektiv) in Strukturen, Institutionen oder Diskursen präsent ist (dort also agieren, wirken, sprechen kann), wird umgekehrt von diesen repräsentiert: also in den eigenen Interessen und Perspektiven ernst genommen, gehört – oder aber angeeignet, verhindert, ignoriert, zerstört. So gesehen, stecken Respekt(ieren) und Anerkennung (oder das Verweigern davon) in der Repräsentation.[178]

Patriarchalische Repräsentation erzeugt eine Hyperpräsenz von Männern*, welche die Präsenz anderer Geschlechter be- oder verhindert. Das gilt für Strukturen und Institutionen, die immer exklusiver Männern* vorbehalten sind, je mehr sie in der Hierrachie übergeordnet und entsprechend kompetitiver zu erreichen sind, ebenso wie für Moralitäten und Wissensräume, welche (fehlende) strukturelle und institutionelle Präsenzen erzählen und reflektieren, begründen oder hinterfragen, verstärken oder schwächen.

Dieses Wechselspiel von Institution und Strukturen sowie Diskursen kann folgendes Beispiel illustrieren. Eine Universität X hat bislang keine Frau* als Präsidentin, Vizepräsidentin oder Kanzlerin gekannt, sie sind also in den Leitungsstrukturen nicht präsent. Der Weg zur Chefetage aber kann nicht beschritten werden, ohne an einer Galerie aller ehemaligen Präsidenten vorbeizuführen. Eine solche Repräsentation der Absenz von Frauen* kann ausbremsend bis demotivierend auf Frauen* wirken, die auf dem Weg zum Chef ihrer fehlenden Anwesenheit ins Auge sehen müssen. Als würden die abgebildeten Männer* – als sprechende Porträts wie in einem *Harry Potter* Film – ihnen die Devise ihrer Zeiten zurufen: Du gehörst hier nicht dazu, du kommst hier nicht rein.

Selbstverständlich lassen sich die Lücken, die der Sexismus in die (fehlende) institutionelle Präsenz von Frauen* riss, nicht im Nachhinein füllen. Jedoch ließe sich diese diskursiv diversifizieren: Warum nicht auch Personen in die Bildergalerie integrieren, die diskriminierend ausgeschlossen wurden (und dagegen Widerstand leisteten). Das ist mehr als bloße Symbolpolitik. Es drückt Wissen über Sexismus aus – und entsprechende Reflexion und Verantwortungsübernahme. Diese aber wird oft durch Machtverleugnung vermieden, etwa wenn ausgeblendet bleibt, dass patriarchalische Herrschaft und die Macht, welche (Zwei)Geschlecht(lichkeit) (heterosexuellen) Männern* verleiht, für die Hyperpräsenz von Männern* und die so bedingte fehlende Präsenz von Frauen* und Geschlechterpluralität hauptverantwortlich zeichnen.

So schrieb etwa der Präsident einer dieser Universitäten, die noch nie eine Frau* als Präsidentin oder auch nur Vizepräsidentin gehabt hat, alle Professorinnen an, sie mögen sich doch bitte mehr in die Leitungsorgane der Universität und öffentliche Debatten einbringen. Was als Motivation gemeint war, war eine Machtverleugnung, die sogar danach klang, sich an Männern* ein Vorbild zu nehmen. Das ist besonders zynisch, weil der betreffende Präsident selbst aktiv Einfluss nimmt auf die Besetzung der Positionen der Vizepräsidenten und eine Beschwerde darüber, dass er dabei Frauen* nicht einbezieht, bis heute unbeantwortet blieb. Dass in Sitzungen der Hochschulleitung immer eine Frau als Frauenbeauftragte anwesend ist, entspricht dem «Nur so tun als ob»-Modus, der in der Fachsprache als Token bezeichnet wird: Token meint eigentlich eine Ersatzwährung und bedeutet im politischen Sinne, dass Repräsentation nur vorgetäuscht oder angedeutet wird (des guten Anscheins wegen). Statt tatsächliche Perspektivenvielfalt oder gar -parität herzustellen, wird eine Frau oder eine Person of Colour in eine Struktur aufgenommen, um scheinbare Diversität vorzutäuschen. Wenn überhaupt geht es darum, gut dazustehen und/oder ökonomisch-effizienz-orientierte Vorteile aus Differenz zu ziehen, statt Ungleicheit in Bezug auf Ressourcen oder Macht anzugehen.

In solchen Strukturen oder Institutionen, in denen Männer* als Norm(alität) konstruiert werden – und Frauen* entsprechend fehlen oder zumindest als «Ausnahme» gelten –, steht ein heterosexueller *weißer* Mann in der Regel für sich selbst, während eine Frau* oder eine trans*gesschlechtliche Person ebenso unfreiwillig wie automatisch «alle Frauen*» bzw. «alle trans*geschlechtlichen» Personen repräsentiert. Der *weiße* heterosexuelle Mann* haftet nur für sich, mit seinem Namen, die einzelne Frau* aber wird in der Regel immer auch als «typisch Frau» gelesen. Viele sind sich dieser Repräsentations-Verantwortung bewusst und kennen die Erfahrung, aus dem «Ich repräsentiere alle Anderen»-Modus heraus Momente der Solidarisierung oder des Fremdschämens zu entwickeln. Immer wieder erlebe ich es, dass Frauen* ob einer peinlichen Handlung einer Kollegin Sätze wie «da zweifle ich gleich an meinem Geschlecht» ausrufen. Das hat natürlich auch viel mit der Wahrnehmung, ja Erfahrung zu tun, dass das Scheitern einer Frau* in einem gewissen Kontext gleich zu generalisierenden Rückschlüssen führt, die das Eintreten von weiteren Frauen* in diese (und andere) Institutionen und Strukturen behindern.

Mit anderen Worten: Repräsentation ist nicht nur eine Frage des Ob, sondern auch des Wie. Beides ist miteinander verwoben: Sind Frauen* in Strukturen, Institutionen und Diskursen präsent, und wenn ja, wie werden sie dort behandelt? Nachdem das vorangegangege Kapitel betrachtet hat, wie Frauen* systematisch an einer Präsenz in Strukturen und Institutionen von Bildung, Erwerbsarbeit und Karriere gehindert wurden und auch noch werden, soll es im Folgenden um Diskurse über Frauen* und Repräsentation gehen, am Beispiel visueller Repräsentation sowie Sprache und Kommunikation.

Für die Wechselwirkung fehlender und stereotyper visueller Repräsentation von Frauen* im Film hat sich in der jüngeren Filmkritik der sogenannte Bechdel-Test mit drei Testfragen etabliert: Gibt es mindestens zwei Frauen*figuren? Haben sie Namen? Und sprechen die beiden über etwas anderes als einen Mann*? Sehr viele Filme bestehen den Test nicht.[179] Männliche* Produzenten stellen männliche* Drehbuchautor*innen und Regisseur*innen ein, und am Ende reguliert ein männlicher* Blick («male gaze») das Zentrum des Geschehens. Dieser erzeugt, wie Laura Mulvey, Begründerin der feministischen Filmwissenschaft, aufzeigt, eine Schaulust, an der Frauen* nur dann partizipieren können, wenn sie sich mit dem männlichen* Blick samt seiner sexistischen Schau-Lust identifizieren.[180]

Dieses Schau-Lust-Paradigma koloriert etwa die Sympathie-Antipathie-Dynamik von Charakterkonstellationen: Wer agiert und wer reagiert, wer ist mutig und wer ängstlich, wer beschützt und wer wird beschützt, wer hat Ideen und wer ist einfältig usw. In der 1985er Verfilmung von Rider Haggards *King Solomone's Mines* («Quatermain – Auf der Suche nach dem Schatz der Könige») von J. Lee Thompson etwa zieht Alain Quartermain (Richard Chamberlain) mutig durch «Afrika»; in einer Shotsequenz werden alle «gefährlichen Tiere» gezeigt, und es gilt, viele Gefahren zu überstehen. In diesen Szenen handelt er stets beschützend, während die Frau* (Jessie Hutson, gespielt von Sharon Stone), die in der Verfilmung dem Charakterensemble zugefügt wurde, ununterbrochen ängstlich aufschreit und juchzt. Das Schaulust-Paradigma bestätigt das Paradigma *(weißer)* männlicher Überlegenheit.

Der Bechdel-Test lässt sich auch für andere Räume anwenden. Gemäldegalerien etwa. Nur vier Prozent der Künstler*innen im Metropolitan Museum of Modern Art in New York sind Frauen*, dagegen 76 Prozent der abgebildeten nackten Menschen.[181] Ich bin immer wieder darüber erstaunt, wie viele Männer* sich (halb)nackte Frauen* als «Kunst» in ihre Büros hängen – seien es nun Fotos aus dem «Playboy» oder Gemälde. Ganz besonders häufen sich «Kunstwerke», auf denen Frauen* ohne Oberbekleidung zu sehen sind; außerhalb von Gemäldegalerien (die die *weiße* Klassik repräsentieren) handelt es sich dabei häufig um afrikanische Frauen*. Vor Kurzem verteidigte eine nigerianische Promovendin ihre Doktorarbeit im Konferenzraum der Sport-Fakultät der Universität Bayreuth. In diesem großen Raum hing neben der Karte des Campus genau ein Bild. Dieses zeigte eine Gruppe von Afrikaner*innen, die barbusig kochten. Die Promovendin aus Nigeria musste ihre Doktorarbeit vor einem Bild verteidigen, das nicht sie, sondern eine *weiße* Fantasie ihres Körpers, ihrer Lebenswelt, repräsentierte. Das Bild wird nicht abgenommen. Es handele sich um Kunst, so das Argument. Aber auch Kunst kann diskriminieren. Vor allem wenn ich nicht (anders als etwa bei einem Rundgang durch den Louvre) darüber entscheiden kann, ob ich dieses Bild betrachten möchte. Wie immer ist der Kontext entscheidend und die Frage, ob ich etwas privat und freiwillig mache oder aber in der Öffentlichkeit (in diesem Fall der universitären Öffentlichkeit) zu etwas gezwungen werde.

Ähnlich verstört mich auch die Verkaufsstrategie von Print-Medien, Frauen* nackt in Szene zu setzen. Nicht nur der «Playboy» baut darauf, auch die Yellow Press. Ob das einer Marktforschung entsprang oder nur der Fantasie der Redakteur*innen, dass ihr Zielpublikum (allein) männlich-heterosexuell-schaulustig sei (und sie die anderen als Käufer*innen nicht bräuchten), kann ich nicht einschätzen. Aktfotos von Frauen* abzudrucken, war jedenfalls ein (der biederen vor-1968er-Jahre trotzender) aufsteigender und mittlerweile (als Reaktion auf zunehmende Proteste) abklingender Trend. Die «BILD»-Zeitung zeigte von 1973 an – erst unregelmäßig, ab Mitte der 1990er Jahre täglich – ein Aktfoto auf der ersten Seite. Ab 2012 wurde dieses weiter hinten im Heft platziert. Seit 2018 ist das Modell leicht bekleidet und nicht mehr «oben ohne». Auch in allen großen UK-Zeitungen werden die Page-3-Girls nur noch «bekleidet» abgedruckt. Auch der «Spiegel» präsentierte bis 2018 regelmäßig (halb) nackte Frauenkörper – selbstverständlich verpackt unter dem Vorwand kritischer Reflexion, wissenschaftlicher Themen, ästhetischer Andeutung von Bedecktheit und intellektuellem Esprit. Im Heft 5 aus dem Jahr 2006 etwa gibt es gleich vier nackte schlanke, blonde Frauen, die die Abfolge von «Auf die Plätze, fertig, los, sprinten» darstellen. Thematisch ging es um «Die Heilkraft der Bewegung»,[182] verkaufsstrategisch wohl einmal mehr um die sexistische Strategie, das nackte Frauenkörper das Kaufinteresse erhöhen sollen. Am problematischsten daran ist, dass Frauen auf ihre erotische Funktion und deren körperliche Präsenz reduziert werden und dadurch sexistische Schaulust auf einen nackten Frauen*körper (intellektuell: ich kaufe mir ja einen «Spiegel», ich interessiere mich für die Heilkraft von Bewegung) legitimiert wird.[183]

Werbestrategien sind insgesamt ein Heimspiel für Sexismus: weil Werbung Menschen anzusprechen versucht, repräsentiert sie tendenziell immer sehr dicht den Zeitgeist des Mainstreams einer Gesellschaft – oft auf Kosten jener, die vom Mainstream diskriminiert werden. So gesehen, bietet ein Blick darauf, welche Produkte über den vorgeführten Konsum welcher Personen beworben werden, Einblick in die Stereotypisierung von Geschlechterrollen der jeweiligen Gesellschaft.

Zwar haben sich dabei in den letzten Jahrzehnten Wandlungen eingestellt, wie etwa dass eine Autowerbung auch mal eine Frau* und eine Reinigungsmittelwerbung auch mal einen Mann* zeigt. Dennoch sind Kontinuitäten erkennbar und werden Haushalts- und Küchenmittel tendenziell noch immer von im Haushalt tätigen Frauen* visualisiert; tauchen Männer* auf, werden sie eher von Frauen* «beraten». Viele Werbeprodukte (von Zigaretten zu Körpersprays) setzen darauf, positive Gefühle zu wecken – Freiheit etwa wird dabei männlich* repräsentiert; Geborgenheit über Bilder heterosexueller Familien, deren Kinder aus dem Duo «Tochter und Sohn» besteht. Eine andere Werbestrategie ist es, Aufmerksamkeit auf das Produkt zu lenken. Dafür werden tendenziell Frauenkörper benutzt, die leicht bekleidet und erotisiert werden. Jüngst geriet etwa die Werbekampagne für Fahrradhelme des Verkehrsministeriums in die Kritik, weil das Frauenmodel nur leicht bekleidet war, ohne Zusammenhang zum Tragen eines Helmes.[184]

Präsenz allein reicht also nicht aus. Nichts zeigt das drastischer als Pornofilme. Quantitativ gesehen, sind Frauen* hier mehr anwesend als in den meisten anderen Filmen. Und doch gibt es kaum eine Repräsentationsform, welche Frauen* mehr entmenschlichen würde. Das aber heißt letztlich, dass nicht Frauen*, sondern sexistische Fantasien präsent sind. Nicht dass Sexualität abgebildet wird, ist das Problem, sondern wie.

Sexualität ist aus der jüngeren Filmindustrie kaum wegzudenken. Insbesondere männliche* Charaktere werden etwa in *Marseille* (2016–2018) von Pascal Breton (Produktion) und *Game of Thrones* darüber als gut oder böse eingeführt, charakterisiert und gewandelt, wie sie Sex haben (etwa romantisch-zärtlich oder dominant-besitzergreifend bis gewaltvoll). Zu häufig werden dabei betreffende Frauen*körper auf einen nackten Schauplatz seiner sexuellen Handlung reduziert.

Pornografie fährt eine andere «sex sells»-Strategie. Hier gilt das Hauptaugenmerk der heterosexuellen SchauLust des Mannes* und dessen Blick auf Frauen*, wobei diese auf Körperteile, v. a. Brüste und Genitalien, reduziert werden. Männer* sind die Akteur*innen, Frauen*körper deren Handlungsorte. Die Erzählhandlung ist karg und konzentriert sich auf traditionell heterosexuell ausgelegte sexuelle Begegnungen, die heterosexuelle Männerfantasien von sich berührenden Frauen* einschließen können.

Konsument*innen von Pornos werden von diesen Bildern nachhaltig geprägt, ob sie das nun so (wahrhaben) wollen oder nicht.[185] Als 19-Jährige bin ich mal ungefragt mit einem Pornofilm konfrontiert worden. Ich brauchte einige Sekunden, bevor ich verstand, was ich sah, und bin bis heute nachhaltig schockiert ob dieser Inszenierung einer Massenvergewaltigung.

Die Wirkmacht solcher Bilder kann auch Leistungs- oder Normalitätsdruck einschließen – in jedem Fall prägt Pornografie männliche* Blicke auf Frauen* sowie Selbstverständnisse von Sexualität.

Manche meinen, pornographische Erzählungen seien «nur» Fiktion. Fiktionen aber erwachsen aus dem Herzen gesellschaftlicher Dynamiken und wirken dynamisch in diese zurück. So wird jeder Porno zum Mosaikstein im Baufachwerk anderer fiktionaler oder faktualer Erzählungen über Frauen* (und Sexualität). Nicht mehr. Aber auch nicht weniger.

Jede Selbstfindung als individuelle Frau* muss sich letztlich immer auch an Erzählungen reiben, die bereits vor ihr die sozialen Räume dekorierten, in denen sie sich einrichten muss. Und Pornos sind sehr auffällige, einprägsame Dekoelemente dieser Welt. In diesem Sinne meint MacKinnon, dass in Gesellschaften, «die von Pornografie durchdrungen sind», Frauen systemisch durch sie definiert seien: «Das ist, was eine Frau will; das ist, was eine Frau ist.» Pornos sind der freiheitlichen (sexuellen) Selbstbestimmung der Frau* gegenläufig, weil sich jede (sexuelle) Selbstbestimmung von Frauen* letztlich auch immer mehr oder weniger an den Erzählungen abarbeiten muss, die Pornografie in den gesellschaftlichen Diskurs einspeist. «Das Medium für die Sprache und Meinung von Männern» und Objekt von deren Begierden zu sein, schreibt MacKinnon weiter, «überschattet jedes Recht, das Frauen haben könnten. Die Stimme der Frauen dagegen wird in Pornografie und dem Mißbrauch, der ihr integraler Bestandteil ist, zum Schweigen gebracht.»[186] Wenn etwa Frauen* in Szene gesetzt werden, die «Nein» sagen und damit «Ja» meinen, ist es oft nur ein kleiner Schritt, bis Vergewaltigungsszenarios verharmlost werden.[187]

Auf diese Weise trägt die Massenproduktion von Pornografie dazu bei, sexuelle Belästigungen, Nötigungen und Vergewaltigungen von Frauen* in etwas Bekanntes, Toleriertes, Legales einzubetten. Verteidiger*innen der Pornografie setzen auf das Prinzip der Meinungsfreiheit. Doch hat eine sexistische Repräsentation von Frauen*, die ihnen sexuelle Gewalt antut, Anspruch auf Meinungsfreiheit? Worte, Bilder, Fantasien und Taten kennen einander bekanntlich ebenso, wie sie sich beeinflussen. Deswegen sei Pornografie, so MacKinnon, eben mehr als einfach «nur Worte», Bilder oder Fantasie. Pornografie übe sexistische Gewalt aus, was für Repräsentation und deren Rezeption ebenso gelte wie für die Produktionsbedingungen[188] – von widerständigen und emanzipativen Ausnahmen abgesehen.

Eine solche Ausnahme stellt die relativ junge Produktion von Pornos dar, die sich an die Schaulust von Frauen* richten – quantitativ gesehen, ist diese allerdings bisher nicht relevant. Bereits seit den 1970er Jahren gibt es feministische Pornos. Ihnen geht es darum, frauen*- und menschenverachtende Bilder auszusparen und stattdessen die Lust von Frauen* in den Mittelpunkt zu stellen. Dabei wird Sexualität positiv und klischeefrei dargestellt. Zudem garantieren sie faire Arbeitsbedingungen und die Ermöglichung von Mitsprache während der Dreharbeiten.

Natürlich gibt es auch im Mainstream-Business leidenschaftliche Pornoschauspieler*innen. Viele aber tun dies nicht freiwillig bzw. werden nach Vertragsabschluss zu bestimmten Sexualpraktiken gezwungen. Viele haben erst gar keine Verträge.

So wie das Wort «Porno» etymologisch auf das griechische Wort πόρνη pórnē für «Hure» zurückgeht, verortet MacKinnon Pornografie auch als einen Ablegerin von Prostitution, als «eine technisch hoch entwickelte Form des Sex-Handels» und als «Missbrauch».[189] Zusammen mit der feministischen Aktivistin und Autorin Andrea Dworkin hat Catherine MacKinnon in der ersten Hälfte der 1980er Jahre einen zivilrechtlichen Gesetzesentwurf erarbeitet, der thematisiert und anklagbar machen soll, dass Pornografie sexualisierte Gewalt ausübt. Grob daran ausgerichtet, startete Alice Schwarzer 1987 die Initiative «PorNo», um auf Strafrechtsebene ein deutsches Gesetz gegen Pornografie zu erwirken. In der Generalklausel heißt es: «Wer Frauen oder Mädchen durch Herstellung, Verbreitung oder Öffentlichmachung von Pornografie in ihrem Recht auf Würde und Freiheit, körperliche Unversehrtheit oder Leben verletzt, ist zum Ersatz des daraus entstehenden Schadens und zur Unterlassung verpflichtet.»[190] Bis heute stehen Gesetze aus, die Pornografie als Missbrauch verstehen. Vielmehr gibt es auf der Welt de facto nur ein weitreichendes bis absolutes Verbot von Pornografie im Sinne einer Tabuisierung von Sexualität oder eine weitreichende Legalisierung. Es fehlt ein Ansatz, der Pornografie kritisch betrachtet, ohne in das Extrem der Tabuisierung von Sexualität abzudriften.

Juristisch verwehrt werden kann sich bislang allein gegen Pornos, die nachweislich gegen den eigenen Willen produziert und verbreitet werden. Dazu gehören die sogenannten «Revenge Porns», Rachepornos. Dabei handelt es sich um Sex-Videos, die gegen den Willen einer Person (etwa aus Frust darüber, dass diese eine Beziehung beendet hat, zum Teil sind solche «Revenge Porns» allerdings auch von vornherein geplant) ins Internet gestellt werden – etwa um eine Person zu demütigen oder zu erpressen. Für Deutschland gibt es keine verlässlichen Zahlen, doch wird die Situation in den USA als auch auf Deutschland übertragbar angesehen. Dort kam eine Studie 2016 zu dem Schluss, dass drei Prozent der Internetnutzer*innen schon einmal damit bedroht wurden, dass ein Revenge Porno oder entsprechende Bilder über sie publiziert werden – wobei 2 Prozent diese Erfahrung dann auch tatsächlich machten. Da sich die beiden Gruppen in Teilen überschneiden, ergab sich, dass eine*r von fünfundzwanzig Internetnutzer*innen bis 2018 schon Opfer von entsprechenden Veröffentlichungen oder Androhungen geworden ist.[191] Seit einigen Jahren wird versucht, dem Revenge Porn über Gesetze zu begegnen – auch solche, die sich spezifisch diesem Genre widmen.[192]

3.3.1. Sprachliche Repräsentation und Kommunikation

Sprache ist ein entscheidendes Medium von Repräsentation – sowohl im Sinne von Präsenz als auch im Sinne der diskursiven Auseinandersetzung mit dieser (fehlenden) Präsenz. Das trifft auf Wörter und deren lexikalische Struktur und ihren Bedeutungsinhalt ebenso zu wie auf Kommunikationsdynamiken. Wer mit Macht ausgestattet ist, wird durch lexikalische und grammatikalische Strukturen der Sprache (etwa das generische Maskulinum) eher repräsentiert; wer in einer Machtposition ist, ist bestens ausgestattet, um über Sprache zu diskriminieren und/oder zu beleidigen und Gesprächskontexte zu bestimmen (wer spricht, wer wird gehört?). Deswegen ist es ein gut investierter Aufwand, darüber nachzudenken, wie in und durch Sprache repräsentiert und gehandelt werden kann – und ebendies wollen die nachfolgenden Kapitel leisten.

3.3.1.1. Das generische Maskulinum

Das generische Maskulinum soll meinen, dass die männliche Form eines Nomens oder auch eines Pronomens oder Adjektivs sowohl das reine Maskulinum (es sind also nur Männer gemeint) als auch alle Menschen (im generischen, übergreifenden Sinne) umfasst. So sind beispielsweise Frauen mitgemeint, wenn von «Lehrern» die Rede ist, während «Lehrerinnen» wiederum nur Frauen meint. Ich verweigere mich dem Verständnis, wonach das generische Maskulinum etwas anderes repräsentiere als die Ansicht, Männlichkeit sei die «unsichtbar herrschende Normalität»,[193] der alles andere unterzuordnen sei. Das generische Maskulinum repräsentiert vielmehr die Hierarchie, welche Männer* über Frauen* stellt, sowie das daraus abgeleitete «Recht» von Männern*, im Namen von Frauen* sprechen zu können, ja zu müssen. Das generische Maskulinum ist daher weder genderneutral noch genderdivers, und jeder Versuch, das zu postulieren, verleugnet die Geschichte patriarchalischer Herrschaft, die von ihm ebenso repräsentiert wie reproduziert wird.

Dass das generische Maskulinum patriarchalisch repräsentiert und agiert, zeigt ein erster flüchtiger Blick auf die spanische oder französische Sprache: Bereits die Anwesenheit nur eines Mannes* verlangt zwingend danach, das Maskulinum (als generisches Maskulinum) zu benutzen. Dass die Präsenz nur eines Mannes* diese Auswirkung zeitigt, steht exemplarisch dafür, dass es dem generischen Maskulinum primär darum geht, Männer* und männliche* Interessen zu repräsentieren und denen von Frauen* überzuordnen. Letztlich funktioniert das im Deutschen ähnlich. Wenn von «Lehrerinnen» gesprochen wird, kann davon ausgegangen werden, dass es sich nur um Frauen* handelt. Häufig aber würde trotzdem das generische Pluralmaskulinum verwendet werden (können).

Ein anderes Beispiel sind Vokabeln für Berufsbezeichnungen. Oft ist die Rede von Technik, Politik und Wirtschaft als von Männern* geprägten Berufsständen. Der Punkt ist: Letztlich waren das alle Berufe einmal. Das manifestiert sich etwa darin, dass die meisten Berufsfelder das generische Maskulinum benutzen und damit männliche* Arbeitnehmer*innen als Norm/alität setzen. Bis heute zeugen Berufsbezeichnungen wie etwa Meister, Magister versus Krankenschwester oder Hebamme von ungeschriebenen Gesetzen bei der geschlechterbinären Berufsverteilung. Jede feminine Version behält (wie «Meisterin») die vermeintliche männliche Norm in ihrem Zentrum, allein ergänzt um eine feminine Endung. Die Studienabschlüsse Master, Magister und Bachelor tragen die Idee vor sich her, dass Bildung ein Metier von Männern* sei. Zwar sind es oftmals Anglizismen, das aber rechtfertigt nicht, dass sie im Deutschen nicht geschlechterdivers verwendet werden. Dieses Desiderat wird durch die gängigen Abkürzungen BA und MA nur verschleiert.

Ein anderes Beispiel ist die bereits zitierte Formulierung im § 1356 BGB: «(1) [1]Die Ehegatten regeln die Haushaltsführung im gegenseitigen Einvernehmen…(2) [1]Beide Ehegatten sind berechtigt, erwerbstätig zu sein.» Dieses generische Maskulinum «Ehegatten» ist ein Relikt der Geschichte männlicher* Vormundschaft, das nicht mehr zeitgemäß ist. Selbst «Ehegatte und Ehegattin» wäre nur eine minimale Verbesserung, wobei die Frau* nur ein Anhängsel des Gatten bliebe – denn Ehegatte (als historischer Träger des patriarchalischen Vormundschaftswesens) bleibt der normierende lexikalische Kern. «Ehepartner*innen» hätte diese historische Belastung nicht und klingt daher zeitgemäßer. Eheleute wäre ebenso einfach wie konsequent.

Noch abstruser wird es beim rassistischen Neologismus «Buschmänner» (der weder eine linguistische noch eine kulturelle Gruppe, sondern eine koloniale Angst vor afrikanischen Gesellschaften bezeichnet, die im Hinterland der Küste lebend, schwerer kontrollierbar sind). Jedenfalls schlägt der auf gendergerechte Sprache bedachte *Duden* seit 2011 die durch und durch abstruse Formulierung «Buschmannfrau» vor.[194] Dann muss es wohl auch Feuerwehrmannfrau heißen? Oder ist das dann die Ehefrau des Feuerwehrmannes?

Auch wenn es sich nicht in jedem Fall auf diese Weise äußert, im Kern bleibt das Problem, dass Männer* als überlegene Norm gesetzt sind – selbst bei der Bezeichnung von Gesellschaften, die mehrheitlich aus Frauen* bestehen (etwa Amazonen statt Amazoninnen) oder bei der Bezeichnung überwiegend von Frauen ausgeübter Berufe: Lehrer in seiner männlichen Form und als männlicher* Beruf ist die Norm, Frauen, also die Lehrerin, kam später, ist anders, weniger.

Im Singular wirkt das generische Maskulinum noch verstörender auf mich. Neulich sagte ein Arzt zu mir: «Sie als mein Patient». Vielleicht hätte es sein können, dass er das generische Maskulinum verwendet, weil er mich nicht einem Geschlecht zuordnen möchte. Allerdings glaube ich nicht, dass die quasi aus der Steinzeit stammende Verwendung des generischen Maskulinums geeignet ist, unser gegenwärtiges und zukünftiges Verständnis von Geschlechterpluralität zu benennen. Vor allem aber meinte es dieser spezielle Arzt auch gar nicht so, denn er hatte mich mit den Worten begrüßt: «Hallo, meine liebe Frau Arndt.»

Paradox ist das generische Maskulinum auch im Wort «Partnerschaft». Als ginge es nicht um eine Beziehung auf Augenhöhe, orientiert sich diese Bezeichnung an der Norm und dem Vormundschaftsrecht des Partners, des Mannes*. Partner*innenschaft geht anders.

Hier zeigt sich, dass diese Doppelwirkung von patriarchalischer Vormundschaft und männlicher* Norm auch unabhängig von Berufsbezeichnungen und nicht nur in Suffixen wirkt, sondern eben auch Wortstämmen. Ich denke da etwa auch an das englische «man» oder das lateinische «homo» samt der von ihm abgeleiteten Sprachen, etwa Französisch, wo es «homme» heißt. Aus «Menschen» wird also «Mann» abgeleitet, was den Mann* letztlich als synonym zu und identisch mit «Mensch» setzt. Was ist dann aber mit jenen, die keine Männer* sind? Sind sie etwa kein Mensch? Weniger Mensch? Dass diese Überlagerung nachteilig für Frauen* («femmes») ist, zeigt sich exemplarisch daran, dass Jean-Baptiste le Rond d'Alembert und Denis Diderot in ihrer *Encyclopédie ou Dictionnaire raisonné des sciences, des arts et des métiers* (1751–1780) nur Männer* aufnahmen. Denkende Frauen schließen sie kategorisch aus. Das lässt ahnen, dass sie in ihrer Definition von «homme» dann eben nicht Mensch, sondern nur Mann meinen, wenn sie schreiben: Er sei «jenes Wesen, das denkt, will und handelt.»[195] So gesehen, ist auch «Hommage» mit Männlichkeit* vorbelastet und kein guter Begriff, Menschen im Allgemeinen zu ehren. «Homme» meint Frauen* nicht immer mit, ja es entstammt sogar der Denktradition, dass Frauen nicht vollwertig zum Menschsein dazuzugehören. Dazu gehört auch die Opposition «der Junge» versus «das Mädchen» (statt wenigstens «die Mädchen»).

Dieses Verfahren schreibt sich auch in Ableitungen wie *woman* ein – stamme es nun von «man» plus «*wom*b» oder, plausibler, «weiblicher Mensch» oder «Frau-Mann» ab. Auch in Komposita wie etwa *mankind* (für Menschheit) oder in der hebräischen Ableitung *iššāh* (Frau) von *īš* (Mann) setzt es sich fort. Durch den sächlichen Artikel werden Mädchen zu einem Neutrum (eine Entsexualisierung, die der Verdinglichung dient) und damit zu einer Sache, die sie aus dem Menschsein auslagert; was mit dem Verfahren männlicher Vormundschaft und der betreffenden Besitzer-Besitz-Rolle korreliert.

Auch vermeintlich geschlechtsneutrale Pronomen wie «man» oder «jemand» oder im Französischen «on» tragen ihre Herleitung von «Mann» bzw. «homme» nur allzu unmissverständlich vor sich her – und doch sollen sie «Frauen» repräsentieren. Selbst de Beauvoir rezitiert es unkritisch, um zu sagen «Man [frz. *on*] kommt nicht als Frau zur Welt, man wird es.»[196]

Auch andere Pronomen und Wörter im Allgemeinen sind problematisch, weil sie sich einer adäquaten Repräsentation von Frauen* verweigern.[197] Das trifft fast alle Formulierungen, die im Nebensatz mit «wer» beginnen. In diesem «wer» steckt ein normierendes «er»– und «wer» erfordert vom Satzaufbau her auch immer ein «er» oder «der». Das wird auch an dem betreffenden Relativpronomen sichtbar: «Wer sich …, der …», Wolf Biermanns «Wer sich nicht in Gefahr begibt, der kommt drin um»,[198] kommt mir hier in den Sinn.

Exemplarisch zeigt sich, dass das generische Maskulinum nicht nur patriarchalische Macht reproduziert und ausübt, sondern dabei auch noch missverständlich ist. Luise Pusch benennt zahlreiche Beispiele, in denen sich das vermeintliche generische Maskulinum dann plötzlich als rein an Männer* gerichtet herausstellt: «Die Menschen unterteilen sich von den Tieren durch ihre Sprachfähigkeit… Ein Mensch ohne Frau ist überhaupt kein Mensch.»[199] Frauen* sehen sich also vom generischen Maskulinum häufig gezwungen, herausknobeln zu müssen, ob sie nun (mit)gemeint sind oder nicht.

Noch grundlegender und diffiziler wird dies mit Blick auf Pronomen, wie etwa im obigen Biermann-Zitat «Wer sich nicht in Gefahr begibt, der kommt drin um.» Meint Biermanns lyrisches Ich hier sein männliches* Selbst (also: «Wenn ich mich nicht in Gefahr begebe, dann komme ich drin um») oder ist es ein generisches «Wer/der», das alle Geschlechter meint («wenn wir uns nicht in Gefahr begeben, dann kommen wir drin um»)? Vermutlich liebt der dialektische Poet Biermann die Ambivalenz, dennoch, das Problem ist prinzipieller Natur. Dafür stehen etwa auch Adjektivkonstruktionen wie «einzige» oder «schnellste». «Ich war heute die Schnellste» meint für viele eindeutig: «Ich war die Schnellste der Mädchen*/Frauen*»; «Ich war heute der Schnellste» hingegen kann «den schnellsten Jungen*» meinen oder insgesamt «die schnellste Person». Wieder einmal ist das generische Maskulinum weder eindeutig noch geschlechtsneutral; und Mädchen* und Frauen* stehen vor einem Dilemma – entweder sich nicht als allgemein Schnellste markieren oder sich dem patriarchalischen Sprachdiktat unterwerfen? Das generische Maskulinum gibt es nicht zufällig (statt des generischen Femininums). Nein, es ist Ausdruck patriarchalischer Herrschaft und männlicher* Vormundschaft – samt seiner Geschichte, welche eben aus genau diesem Grund im Englischen auch *history, his story*, seine Geschichte, seine Erzählung, heißt.[200] Diese Idee steckt auch im deutschen Wort «seinerzeit» – das kein Pendant «ihrerzeit» kennt.

3.3.1.2. Sexistische Begriffe und Redewendungen

Was Victor Klemperer über die Sprache im Nationalsozialismus sagt, gilt auch für die Sprache des Sexismus: «Wörter können sein wie winzige Arsendosen: Sie werden unbemerkt verschluckt, sie scheinen keine Wirkung zu tun, und nach einiger Zeit ist die Giftwirkung doch da.»[201]

Redewendungen, die abwertend über Frauen* urteilen, indem sie gewaltvolle Handlungen an Frauen*körpern in Szene setzen, repräsentieren Frauen gezielt sexistisch. Dies umso mehr, wenn sie in Vulgärisch geäußert werden – etwa Trumps Lieblingssprache, wenn er über Frauen* spricht. Ich denke da beispielsweise an: «Grab 'em by the p****.»[202] Auch ohne Subjekt und Prädikat sind vulgäre Vokabeln sehr gebräuchlich – und sie gewinnen an Beliebtheit, je mehr ein Mann* darauf abzielt, eine Frau* zu verletzen.

Sollte eine Frau* einen Mann* beleidigen wollen, so gibt es dafür unzählige Wörter. Jedoch hat keine die geballte Kraft der Ich-habe-Macht-über-dich-weil-ich-ein-Mann-bin-Geschichte hinter sich. Aus ebendieser Rückendeckung durch den Sexismus erhebt sich oft genug die Ignoranz, gar nicht zu verstehen (bzw. verstehen zu wollen), warum ich das F-Wort als Gewalt empfinde – geschweige denn, dass eine Entschuldigung zu entlocken wäre. Umgekehrt aber gibt es kein Wortarsenal, das Cis-Männer über ihre Genitalien beleidigt – es sei denn, sie kommen aus zusammengesetzten Substantiven oder Sprüchen der Abteilung Diskriminierung von Homosexualität. Sexistische Wörter oder Sprüche dienen nie zu etwas anderem als dazu, Gewalt auszuüben. Das tun sie auch dann noch, wenn sie vielleicht spaßig gemeint oder einfach nur zitiert werden. Deswegen verzichte ich hier auf das Nennen (weiterer) expliziter Beispiele. Am Ende ist es auch ohne diese einfach zu verstehen: Wer gewaltvolle Begriffe aus dem Repertoire der Genitalien oder des Geschlechtsverkehrs benutzt, die Personen sexualisierend beleidigen bzw. herabwürdigen sollen, handelt sexistisch.

Es gibt allerdings auch Formulierungen, die wirken viel subtiler bis zu einem Grade, dass viele gar nicht wissen, was in ihnen steckt. Dazu gehört etwa die bis in die 1970er Jahre hinein gebräuchliche Wortpraxis, von Vergewaltigung als «Notzucht» zu sprechen.[203] Der Begriff leitet sich ab von mittelhochdeutsch «notzuhten» und althochdeutsch «notzogon»,[204] wobei «not» im Mittelhochdeutschen «bedrängnis, dringende veranlassung, dringende ursache» bedeutet.[205] Es gibt keine verlässlichen Hinweise darauf, ob «Not» nun die Gefühlslage der Frau* (Bedrängnis, Unglück, Notlage) meint oder die Handlung des Mannes* als Verzweiflungstat verortet (dringende Veranlassung, Bedürfnis). Insofern «Zucht» mittelhochdeutsch ist für «Erziehung» bzw. «Anstand, höfliche Umgangsformen», muss eher davon ausgegangen werden, dass hier Zucht im Sinne des patriarchalischen Rechtes gebraucht wird, das Eigentum des Mannes (samt seiner Kinder, Bediensteten und Frauen) «erziehen» (womit auch Schläge gemeint sind) zu dürfen. So oder so ist Notzucht ein verharmlosender Begriff. In greifbarer Nähe liegt etwa auch «unzüchtig» als Adjektiv für Frauen*, die außerhalb der Ehe Sex haben. Wortwörtlich also «nicht erzogen» meinend, ist das Wort auch im landwirtschaftlichen Umgang mit Tieren gebräuchlich, wo es sinngemäß «sich der Zucht entziehend» oder «zügellos» bedeutet. Frauen* werden hier also nicht nur metaphorisch als Tiere erzählt. Was dadurch zudem mitschwingt, ist, dass der Mann* Besitzer ihres Körpers sei und befugt, sie zu erziehen. Dabei ist entscheidend, dass es bis ins 19. Jahrhundert hinein für einen Mann* legal (und ohnehin normal) war, außerhalb der Ehe Sex zu haben. Im Wort «zügellos» steckt also nicht nur begrifflich, sondern auch ganz prinzipiell die Haltung, dass Geschlechtsverkehr außerhalb der Ehe (wie auch viele andere Handlungen) bei Männern* gesellschaftlich anders bewertet wird als bei Frauen*.[206]

Ein anderes veraltetes Wort ist «Weib». Die Wortherkunft, die sich das Wort mit dem englischen «wife» teilt, ist umstritten, jedoch in jedem Fall nicht per se sexistisch. Eine weit vertretene Meinung ist, dass im Mittelhochdeutschen «wîp» das generelle Wort für Frau war, das neutral verwendet wurde (neben «frouwe», «juncfrouwe», «maget», die jeweils spezifischere Bedeutungen hatten). Selbst wenn das nicht von jeher so angelegt ist und das Wort eine Bedeutungsveränderung durchlief, zumindest dadurch, dass es untrennbar mit der jahrhundertealten Diskriminierung von Frauen* (etwa in Gesetzestexten) verbunden ist, hängt dem Wort heute doch ein abwertender Beigeschmack an. «Weib» wirkt (mittlerweile) despektierlich bis beschimpfend, ähnlich wie Vokabeln jüngeren Ursprungs wie etwa «Biene», «Ische», «Tussi» oder «Tusse». Deswegen vermeide ich dieses Vokabular in diesem Buch.

Noch gebräuchlich ist wiederum «Bikini». Der Modedesigner Louis

Réard, der sich den Triangel-Bikini patentieren ließ, hielt es für eine passende Werbestrategie, diesen Namen zu wählen. Dass es sich von «Pikinni»: «surface of coconuts»[207], «Land der Kokosnüsse», ableitet und im Deutschen unter anderem als «Land der vielen Kokosnüsse»[208] gedeutet wird, wissen die wenigsten. Der Bikini-Atoll der Marshallinseln war übrigens in aller Munde, weil die USA dort ab 1946 Atomwaffentests durchgeführt hatten.[209] So gesehen verharmlost dieser Neologismus Hiroshima und Nagasaki ebenso wie die verheerenden Auswirkungen der Atombombentests auf die Bewohner*innen um das Bikini-Atoll. Zudem bedient er, in der Tradition von Kolonialfantasien Erotik und Exotik vermischend, westliche Imaginationen einer tropischen Insel, die darauf wartet, vom *weißen* Mann* erobert und besessen zu werden; wobei die Kokosnüsse metaphorisch auf den Punkt bringen, dass dabei Brüste im Zentrum stehen. Frauen* auf Brüste oder Genitalien zu reduzieren und dabei exotisierend zu erotisieren, ist zweifelsfrei sexistisch. Das gilt auch für Wörter wie «Perle» (dekorativ, Frau* als Anhängsel) oder deutlich figuraler und sexueller «Büchse», «Schnalle» oder «Pritsche».

Schließlich gibt es, wie oben bereits angesprochen, eine Palette von Begriffen und Redewendungen, die patriarchalische Weltsichten repräsentieren und bei jedem Gebrauch vitalisieren. Die Redewendung am «Busen von Mutter Natur» postuliert etwa, dass Frauen Natur und Emotion repräsentieren, was wiederum in der sexistischen Tradition als Abwesenheit von Vernunft und Rationalität gilt. Wenn umgekehrt etwa von einem «Kavaliersdelikt» gesprochen wird, klingt auch mit an, dass es eine gewisse Rechtsfreiheit für Männer* (die an sich die vorzügliche Moral von Kavalieren besäßen) gäbe/geben müsse – die es im System der juristischen Privilegierung von Männern* gab und gibt.

Mit Blick auf all diese Wendungen ist es gerade keine Legitimation, darauf zu verweisen, dass die Begriffe doch schon immer so verwendet wurden. Vielleicht wurden sie das – aber im Kontext welcher Geschichte, Macht- und Gewaltkontexte? Und wie wichtig ist es, diese Geschichte in der Gegenwart zu leben und in die Zukunft zu tragen? Es geht bei sprachlichen Handlungen niemals einfach nur darum, wie jemand etwas meint; es geht darum, was in dem Wort steckt, was es wie repräsentiert und wie es deswegen wirken kann. Egal, ob jemand es schon immer so sagte oder nicht; egal, ob das alle anderen auch so sagen, egal, ob es jemand spaßig meint oder nicht; egal, ob jemand eigentlich Frauen* «liebt» oder «kavalierlich» drauf ist: Wenn ein Wort oder eine Redewendung aus einem gewaltvollen Kontext stammt, dann behält es diese gewaltvolle Wirkung bei. Deswegen ist es unverzichtbar, individuelle Positionen ernst zu nehmen, die Nein zu einem Wort oder Spruch sagen. Dabei macht es aber systemisch gesehen einen entscheidenden Unterschied, ob (Gruppen von) Personen den Begriff aus einer Machtposition heraus verwenden (also eben Männer* oder Heterosexuelle) oder ob diskriminierte Gruppen und Individuen diesen Begriff verwenden. Tun sie dies, steckt dahinter in der Regel eine Widerstandsstrategie – wie etwa das N-Word in der Hip-Hop-Kultur zeigt, das in jederlei Hinsicht anders wirkt als ein N-Wort aus Kreisen der AfD. «Schwul» ist ein Wort, das von der queeren Widerstandsbewegung angeeignet wurde – dennoch kann es nach wie vor aus einem homophoben Munde sexistisch diskriminieren (eben weil es das soll). Auch im Jugendjargon, etwa in «Oah, hast du einen schwulen Musikgeschmack», bleibt es noch an die abwertende Bedeutung angedockt, die homophobe Stereotype ausdrücken und abrufen kann. Diese Widerstandsarbeit kann von einem Mann* nicht dadurch geleistet werden, dass er ein sexistisches Wort benutzt, oder von einer heterosexuellen Person, indem diese eine diskriminierende Äußerung über Homosexuelle macht. Im Gegenteil: Die Pussy Riots etwa eignen sich das Wort «pussy» an und wenden es, indem es mit «riot», «Aufstand», kombiniert wird. Das aber macht noch lange nicht aus einem Donald Trump, der zu einer Frau «Du p ....» sagt, einen Widerständigen gegen Sexismus; nein, es macht ihn zu einem, der Sexismus das Wort redet. Die wirksamste Widerstandsstrategie besteht darin, der Giftzufuhr, die von sexistischen Begriffen ausgeht, den Hahn abzustellen. Solche RepräsentationsGeschichten stecken aber auch in vermeintlich harmlosen, alltäglichen Sprachhandlungen.

3.3.1.3. «Herr und Frau». Tücken einer alltäglichen Anrede

«Herr und Frau». Eine alltägliche Anrede – mit Un_Tiefen. So wie bei einer Metapher die bildliche Bedeutung nicht im Zentrum steht (so sehe ich etwa bei «Motorhaube» kein weißes Schlafmützchen auf einem öligen Motor, sondern eine metallene Platte), sind die Fallstricke des mir alltäglich begegnenden «Frau Arndt» nicht offensichtlich und doch präsent. Nomen est omen, vor allem wenn es darum geht, Menschen durch Anreden zu Repräsentant*innen eines gesamten Geschlechtes im Pool der Zweigeschlechtlichkeit zu bestimmen.

Frau stammt von Althochdeutsch *frouwe* für «vornehme Frau» ab und gilt heute als sozial neutraler Begriff. In diesem Sinne wird Frau auch als standardisierte Anrede verwendet. Immerhin wird nicht mehr zwischen Fräulein (als noch nicht «vornehme» Frau) und Frau (weil sie verheiratet ist) unterschieden; kaum zu glauben, dass noch in den 1980er Jahren unverheiratete Frauen jedes Alters auf diese Weise angeredet und repräsentiert wurden. Doch selbst die vereinheitlichte Anredeform «Frau ...» ist nur ein Schritt von einem Minenfeld entfernt. Denn wieso identifiziert mich eine mir nicht bekannte Postbeamtin oder eine meiner Student*innen als Frau? Genau genommen tut die Person das, weil sie meinen Körper scannt und davon ausgehend eine Schlussfolgerung zieht. Dem Wort «Frau» geht also eine BlickGeschichte voraus, die ebenso sexualisiert wie sie interpretiert.[210]

Zu dem, was dieser Blick scannt, gehören meine Stimme, meine Gesichtszüge, meine Haarlänge, definitiv aber etwas noch Privateres: meine Brüste. Dieser Blick und die sich aus ihm ableitende Anrede stellt den Blick und mich in eine jahrhundertealte Maschinerie der Identifizierung und Interpretation von Frauen*Körpern, die von Aristoteles über Kant und Freud bis hin zu Trump reicht und den gesamten Assoziationssalat von emotional bis unterlegen abrufbereit hat. Zudem besteht die Möglichkeit, dass die Wahrnehmung des fremden Körpers nicht mit der Selbstwahrnehmung des so angesprochenen Ichs übereinstimmt. Was für eine Cis-Frau (also eine Frau*, die sich als Frau identifiziert) komfortabel bleiben kann, mag für eine trans*geschlechtliche Person bereits eine weitere übergriffige Erfahrung sein. Spätestens bei dem konsequenten Schritt, das dritte Geschlecht mit eigenen Pronomen, Nomen und Anreden sprachlich zu repräsentieren, wird offenbart, dass die Anrede nur scheinbar intuitiv ist, es zeigt sich die normative Macht, die in dieser Anrede enthalten ist.

Wie sehr solche Anreden durch die Machtachse des Sexismus aufgeladen sind, wird daraus ersichtlich, dass dem «Hallo, Frau Arndt» ein «Hallo, Herr Arndt» gegenübersteht. Während die Anrede «Frau» also mit der Kategorie Frau* identisch ist, heißt es nicht «Mann Arndt», sondern «Herr». Diese Anrede repräsentiert die patriarchalische Agenda,

Herrschaft, also die soziale Position des Herrschens, sei an den Mann gebunden. «Herr» als respektvolle Anrede suggeriert, dass es ein männliches* Privileg sei, an politischem Besitzstand (etwa an einer Nation) und politischer Entscheidungsmacht zu partizipieren – dass Männer* also Frauen* überlegen und daher legitimiert seien, über diese zu herrschen. Das setzt sich in «*herr*schen» oder «*Herr*scher» fort, weswegen «Herrscher*in*» letztlich auch ein Oxymoron ist (also ein in sich widersprüchlicher Begriff). Die gleiche Idee steckt in der Redewendung «Aus aller Herren Länder» und dem Wort «Beherrschtheit» – ein Nomen, das durch seinen Wortstamm mitten in der Erzählung steckt, dass nur Männer* die Befähigung hätten, vernünftig (also ohne Emotion) das öffentliche Leben zu gestalten. Dabei geht es bei diesem «Herr» immer auch um Vormundschaft und Besitzanzeige. Das zeigt etwa die Vokabel «herrenlos», die das BGB durchzieht. So heißt es etwa in § 960 Abs. 1: «[1]Wilde Tiere sind herrenlos, solange sie sich in der Freiheit befinden. [2]Wilde Tiere in Tiergärten und Fische in Teichen oder anderen geschlossenen Privatgewässern sind nicht herrenlos.» Freiheit wird als «wild» interpretiert, weil sie nicht besessen werden – von Männern als BeHERRschern.

In Begriffen wie «Frauenzimmer» oder «Dame» wiederum schreibt sich die Vorstellung fort, Frauen* seien dem Mann* von Natur aus unterlegen und außerhalb privater Räume nicht zugelassen. Etymologisch leitet sich «Dame» ab von lat. *domus*, also «Haus», und steht insofern für die Agenda, dass Frauen* nichts in der Öffentlichkeit und jenseits männlicher Vormundschaft zu suchen hätten. Die Assoziationen, die mit diesem Wort einhergehen, machen es nicht besser: Schließe ich die Augen, sehe ich eine viktorianische Bürgerliche oder eine aristokratische Frau* am Hof, samt der Kleiderordnung, die sie zu Schönheit und Keuschheit zugleich verdammt.[211]

3.3.1.4. AusSprechen und Unterbrechen, Reagieren oder Ignorieren?

Ich stehe in einem kleinen Buchladen und bin dabei, mein Buch zu bezahlen. Ein Mann* kommt herein, unterbricht die Verkäuferin und mich, spricht die Verkäuferin ohne zu zögern an. Er fragt unvermittelt, ob seine Vorbestellung bereits eingetroffen sei. Er nennt selbstbewusst Namen und Titel, und die Verkäuferin läuft schnurstracks in ihr Lager. Nach einer

Minute kommt sie wieder und sagt, dass sie das Buch nicht finde und sie ihre Kollegin fragen müsse, die die Bestellung entgegengenommen habe. Da bin ich dann doch verwundert. Es stellt sich heraus, dass die beiden gar kein Vorgespräch hatten. Ich dachte, der Mann* und seine Nachfrage seien der Verkäuferin bestens bekannt und die Unterbrechung unserer Interaktion so gerechtfertigt. Das aber ist nicht der Fall. Während ich verwundert schaue, stellt der Mann* weitere Fragen und Mutmaßungen darüber an, warum das Buch nicht lieferbar sei. Ich stehe daneben und werde unglücklicherweise dazu gezwungen, Zeit in dieser Situation zu verbringen. Diese nutze ich, um mich zu fragen, ob der hereinkommende Kunde die Verkaufshandlung zwischen mir und der Verkäuferin auch dann unterbrochen hätte, wenn eine von uns ein Mann* gewesen wäre – oder gar beide. Ich frage mich auch, ob es Frauen* gibt, die in einen Raum kommen und ein laufendes Gespräch komplett ignorieren und unterbrechen. Auf jeden Fall. Aber eben längst nicht so häufig und systematisch – und nicht weil, sondern obwohl sie eine Frau sind. Ich frage mich auch, warum ich mich eigentlich nicht empöre. Ich könnte einfach sagen, ich war zuerst dran; das klingt mir allerdings zu spießig. Ich könnte dem Mann* mitteilen, dass ich sein Verhalten patriarchalisch dominant finde. Vermutlich würde er seine Brauen hochziehen, einen genervten Blick oder Spruch auf mich loslassen, der mich ärgern würde. Ich habe keine Lust auf Streit und warte, bis der «Herr fertig hat». Das passiert mir regelmäßig. Leider habe ich mir aber auch angewöhnt, nicht zu intervenieren. Warum?

Ich mache das, glaube ich, aus Angst, die sich aus Erfahrungen speist. Wenn ich einen Mann* anspreche und sage, dass dies oder jenes mich verletzt habe, erlebe ich nur selten, dass die Person sagt: «Oh, Entschuldigung, tut mir leid.» In den allermeisten Fällen werde ich unterbrochen, kann also nicht aussprechen, und mir begegnet Unverständnis, Wut. Damit stehe ich dann in einem Konflikt, der sich toxisch in meinen Alltag drängelt und lange nachhallen kann. Deswegen erwäge ich in jedem einzelnen Fall, ob es mir die Sache wert ist, mich zu beschweren; meistens schweige ich. Das habe ich von der afrodeutschen Aktivistin und Wissenschaftlerin Peggy Piesche gelernt: «Pick your battles!» Weniger ist mehr; wähle die Kämpfe aus, die du führst, und führe sie richtig, verkämpfe dich nicht an zu vielen Fronten.[212]

Ähnlich verhält sich das mit meiner Grunderfahrung, dass mir Männer* ins Wort fallen, vor allem solche, die schreiend intervenieren, wenn ihnen das selbst einmal geschehen sollte. Manchmal passiert es auch, dass sich solche Männer* in einer zehnminütigen Philippika aufregen, dass das Gespräch redundant verlaufe und er keine Zeit für solche Spielchen habe. Beides folgt dem gleichen Muster: Gelebte Meinungsvielfalt und das Teilen von Räumen fallen vielen patriarchalisch sozialisierten Männern* noch immer schwer. Die Erwartung ist, dass sie sprechen und das von ihnen Gesagte sofort ehernes Gesetz werde, weil Kommunikation dazu da sei, ihre Interessen zu repräsentieren. Schon allein einer anderen Meinung zuhören zu müssen, widerspricht dieser ansozialisierten Erwartung. Hier bauen sich Frustration und Wut auf, vor allem wenn Frauen* ausufernd erzählen; aber nicht nur dann wird ihnen ins Wort gefallen. Meist geschieht das nach nur wenigen Sätzen, ja Worten. Ein Kollege von mir praktiziert diese Manterruption – ein Kofferwort aus «man» (für Mann) und «-terruption» (von *interruption*, Unterbrechung) – immer, regelmäßig, systematisch. Neulich fiel er mir ins Wort, als ich eine Idee äußern wollte, die er grundsätzlich ablehnt. Er war aggressiv, laut, gemein. «Ihr Problem ist, dass Sie immer den zweiten Schritt vor dem ersten machen», schrie er in gewohnter Manier. Doch dieses Mal ging ich weder in die Defensive noch ins Schweigen. Ich sagte einfach nur: «Und Ihr Problem ist, dass Sie Frauen* nie aussprechen lassen.» Ob seiner Reaktion war ich überrascht. Er war so geschockt, dass ihm die Worte fehlten. Ich nutzte seine Sprachlosigkeit, sprach zu Ende, und mein Vorschlag wurde in einem demokratischen Verfahren bewilligt.

Ein anverwandtes Phänomen ist es, dass Männer lange Redesequenzen haben und sie nutzen, um Frauen* etwas zu erklären, dass diese ohnehin schon wissen. Ich erlebte einmal in einer mehrstündigen Autofahrt, wie ein Mann* seiner Freundin erklärte, wie das parlamentarische System in Deutschland, Finnland und Europa funktioniere, warum parlamentarische Demokratie so toll sei und wie Wahlen abliefen. Der Vortrag dauerte an die vierzig Minuten. Ich war ziemlich verblüfft, im Rückspiegel zu sehen, dass die Frau* ihn die ganze Zeit anschaute und auch noch freundlich lächelte. Immerhin war sie eine überaus profilierte und prominente Politikerin, erfahrene Abgeordnete, damals gerade Mitglied des Europäischen Parlamentes und außerdem Präsidentschaftskandidatin in ihrem

Land. Männer*, die davon ausgehen, dass sie mehr über einen Gesprächsgegenstand wissen als die Frau*, die ihnen gegenübersitzt – und dabei auch gern herablassend den Klugen mimen –, sind leider ein Fall, der so häufig vorkommt, dass er eine eigene Vokabel bekommen hat: Mansplaining – von Erklären (*explaining*) des Mannes* (*man's*). Da steckt aber, ganz gemein, auch noch das Wörtchen *plain* drin: einfach, simpel.

Noch schlimmer aber wird es, wenn einer Frau* ein Fehler unterläuft und der Mann* diesen entdeckt. Er wird ihn ausschlachten, sich als Opfer inszenieren, nicht aufhören zu brabbeln, wie schlimm alles durch diesen Fehler geworden sei. «Das ist jetzt aber anstrengend, Susan» oder «Pardon, Susan, aber ich muss das noch mal richtigstellen»: Mein Maileingang ist voll von solchen paternalistischen Mails von Männern*. Deswegen müssen Frauen* immer besser sein als Männer*; und dieser Leistungsdruck (der auch beinhaltet, als eine alle zu repräsentieren) macht krank. Gerade weil es Teil der Sozialisierungsmaschinerie ist, dass Männer* davon ausgehen, dass ich als Frau* einen Fehler vor ihrer Nase mache, tappe ich nicht selten in die Nervositätsfalle und tue ihnen den Gefallen – was dann damit endet, dass ich Muster, die mir widerstreben, verfestige – als unfreiwillige Repräsentantin von Frauen im Allgemeinen.

3.4. Schönheit und Kleidung

3.4.1. Schönheit kann nicht dick sein

Schönheit ist subjektiv. Doch so individuell Schönheit auch Gestalt annimmt, sie ist gesellschaftlich kodiert – und als solche auch geschlechtsspezifisch. Zum einen gelten Frauen als «das schöne» Geschlecht. Das ist kein Kompliment, sondern eine Kette: Soziale Rollen von Frauen* werden über ihre Körperlichkeit definiert (z. B. sie sind schwächer und gehören deswegen ins Haus und vom Mann* beschützt) bzw. soziale Bewertungen von Frauen* werden deutlich grundlegender als bei Männern* auf ihren Körper (dessen Form oder kosmetischen Zustand) reduziert. Frauen* der Öffentlichkeit stehen ganz anders als ihre männlichen* Pendants im Visier von Blicken, die den Körper bewerten. Während sich Männer* als Schauspieler*innen oder Moderator*innen durchzusetzen vermögen, ohne gängige Schönheitsstandards zu erfüllen, ist das Frauen* kaum möglich. Nicht etwa, dass sie in ihrer Profession nicht gut sein müssen, sie müssen aufgrund systemisch gegebener struktureller Nachteile sogar besser als ihre männlichen* Kolleg*innen sein, um sich durchzusetzen oder zu etablieren. Zudem ist es eine entscheidende Trumpfkarte, zusätzlich noch gängigen Schönheitsstandards Genüge zu tun – und diese entsprechend modisch zu repräsentieren. So viel Aufmerksamkeit wie Merkels Dekolleté oder Hosenanzüge war ein Kohl trotz der Rede von der «Birne» nie ausgesetzt. Der Hashtag #dichterdran thematisiert wiederum, dass in journalistischen Texten über Frauen unter den Schriftsteller*innen Beschreibungen des Aussehens eine prominente Rolle spielen – jedenfalls deutlich dominanter, als das bei Männern* der Fall wäre.[213] Oder denken wir nur daran, dass der FPÖ-Politiker Christian Strache nur deswegen in Ibiza Zweifel an der Echtheit der vermeintlichen Tochter des Oligarchen bekam, weil er deren Fußnägel für «schmutzig» hielt (dabei ist Körperpflege im Sinne von Hygiene in westlichen Industriegesellschaften kaum an Einkommen oder ökonomischen Wohlstand gebunden, maximal daran, dafür Zeit aufwenden zu können). Eigentlich geht es um Straches Annahme, dass eine Oligarchen-Tochter in Pediküre und Fußpflege investieren würde. Ebenso scheint es dann nicht zufällig, dass die inszenierte Oligarchin eine Modelfigur hatte. Von hier ist es zu Kants bereits zitierter Überzeugung, dass Frauen «ein angeborenes stärkeres Gefühl für Alles, was schön» sei, hätten und sich deswegen gerne schon in der Kindheit «geputzt» und «geziert» hätten, nicht mehr weit.[214]

Das korreliert letztlich damit, dass Schönheit bei Frauen* wichtiger ist als die von Männern – und zwar deswegen, weil es ihr wichtigstes Kapital ist, um seinen «Schutz» (will sagen «Vormundschaft») zu gewinnen. Deswegen sei «die Frau», wie schon von Rousseau zitiert, «eigens geschaffen …, um dem Mann zu gefallen».[215] In umgekehrter Konsequenz beinhaltet Kants Schönheitsbegriff, dass die enthaltsame Fokussierung auf das Private und die Interessen des Mannes Frauen schön, Klugheit jedoch hässlich machten – während Klugheit, Vernunft und Macht ebendas Kapital des Mannes (und deswegen für ihn essenzieller als Schönheit) seien.[216] Vor diesem Hintergrund spricht aus der körperlichen Anpassung an Schönheitsstandards – auch als Visualisierung von (sexueller) Attraktivität – Gehorsam, der eine Einfügung in tradierte Geschlechterrollen versprechen lässt. Dabei schlägt allerdings auch die Ambivalenz zu Buche, das Unangepasste, Freie in Frauen* zu begehren und gleichzeitig zu fürchten. Das aber wurde viele Jahrhunderte lang dann vorzugsweise nicht in der Ehefrau, sondern anderweitig, etwa in der Prostitution, gesucht – und zugleich öffentlich verurteilt.

Dabei kodiert umgekehrt ebendiese Vorstellungen von Schönheit als Charakter auch das ästhetische Empfinden – also auch, wie diese Schönheit auszusehen hat. Wie stark Vorstellungen von «schön» ideologisiert sein können, zeigt folgendes Beispiel: Ich wuchs auf mit dem Satz «Grün und Blau schmückt die Sau.» Andere kennen es als «Grün und Blau trägt Kaspers Frau.» So oder so: Es schickt sich nicht, Grün und Blau zu tragen. Als Kind wäre ich mit dieser Farbkombination nicht aus dem Haus gekommen. Weder meine Mutter noch jemand sonst, von dem ich diesen Spruch hörte, kann jedoch erklären, warum das so sei. Trotzdem prägte es deren ästhetisches Empfinden. Sie fanden es schlichtweg hässlich, einen grünen Rock mit einem blauen T-Shirt zu kombinieren. Eine «Volksweisheit», die nicht hinterfragt wurde. (Nach langem Grübeln denke ich, dass dieses Grün und Blau eine Metapher dafür ist, dass jemand «grün und blau» geschlagen wurde; dann ginge es um soziales Fehlverhalten, das sich am Körper des Opfers abzeichnet, nicht um Kleidung.) Dass sich ein Dogma derart verselbstständigt, dass gar nicht mehr nach einem «Warum?» gefragt wird und der eigentliche Sinnzusammenhang verlassen wird, zeigt exemplarisch: Ideologische Grundsätze können so verinnerlicht werden, dass sie ästhetisch gefühlt werden können. So wurde eben auch die westliche Schönheitsästhetik nicht nur zu einem Ideal, sondern einem Dogma.

So dynamisch solche Kodierungen im Einzelnen auch sein mögen, geleitet werden sie von festen Koordinaten. Barbie-Puppen sehen nicht zufällig so aus wie Model-Dollys, die von blond bis Taille sich geklont ähnlich sehen – von wenigen Ausnahmen abgesehen. Und Ken ist nicht zufällig einen halben Kopf größer als sie. Insofern der Mann* die Schutzfunktion als Legitimation patriarchalischer Vormundschaft und Vorherrschaft zugesprochen bekommt, muss er das auch körperlich repräsentieren. Das Trainieren von Muskeln ist daher eine gute Investition, während gesellschaftlich wenig toleriert wird, wenn ein Mann* kleiner ist als die Frau*. Dieses Diskriminierungsmuster hat sogar eigene Begrifflichkeiten hervorgebracht. Es wird gesprochen vom Kleinen-Mann-Syndrom[217] bzw. Napoleon-Komplex, wie der Individualpsychologe Alfred Adler es nannte: Kleine Männer* würden danach streben, ihre geringe Körpergröße (die ihre Herrschaftsfähigkeit in Frage stelle) durch klar sichtbare Erfolge oder Zugang zu Herrschafts- und Statussymbolen zu kompensieren – oder auch durch besonders ausgeprägte Herrschaftsambitionen gegenüber Frauen*. Hier wirkt ebenfalls der übliche Zirkelschluss: Eine körperliche Eigenschaft wird als unterlegen erzählt, und darauf aufbauend kodieren sich Richtwerte von Normalität, die von Diskriminierenden wie Diskriminierten verinnerlicht werden.

Bei solchen normierenden Uniformierungen geht es um Größen/Längen von Körpern, aber auch Beinen, Penissen, Vulven oder Brüsten, um Formen von Nasen, Wangen, Kinn, Augen, Augenbrauen, Haaransätzen, Muttermalen, Beinen, Füßen, Fersen, Brüsten, Hals oder Fingernägeln – und es geht um Farben und Formen etwa von Haar, Augen, Augenbrauen sowie um Gewicht und Komplexionen. Schon kleinste Nuancen machen einen großen Unterschied. Niemand ist «schwarz», niemand ist «weiß», vielmehr sind es kleine Nuancen von beige oder braun, die die *weiße* Erfindung von Menschen«rassen» auf die eine oder andere Seite des Rassismus stellen.

In Apps zur Vermittlung von Partner*innenschaften werden komplexe Persönlichkeiten auf solche Informationen und ein Foto heruntergebrochen, was in sekundenschnelle Entscheidungen für oder gegen ein Kennenlernen mündet (oft noch vom Computer «errechnet», also von Menschen entsprechend vorgegeben programmiert).

Macht kodiert Schönheit und macht Schönheit (als Kapital, das Zukünfte erschließt) zu einer mächtigen Währung. Deswegen geben Menschen viel Geld dafür aus – und das betrifft zwar vornehmlich Frauen* –, jedoch, Kant und Rousseau zum Trotz, auch Männer*. So gibt es etwa einen ganzen Industriezweig, der Schuheinlagen oder Männerschuhe produziert, die flach aussehen, aber eigentlich kleine Stelzen sind. Als Produktmerkmal wird explizit angeführt, dass es um mehr «Selbstvertrauen» gehe – also darum, die Visualisierung des MännerKörpers in die überlegene Position intakt zu halten (damit er nicht das entsprechende Selbstbewusstsein einbüße).

Aufgrund der sexistisch motivierten und kapitalistisch strukturierten

Macht von Schönheit flossen im Jahr 2018 allein in Deutschland 13,8 Milliarden Euro in die Schönheitsindustrie – mit steigender Tendenz.[218] Unter den Topsellern kosmetischer Produkte sind viele, die vor allem einen optischen oder olfaktorischen Effekt haben. Um die 65 Prozent aller Frauen* verwenden neben Tagescremes regelmäßig Parfüm, bei Männern sind es etwa 15 Prozent[219]. Nächsthäufig genutzte Produkte sind Lippenstift und Make-up. Danach folgen beispielsweise Produkte für das Haar. Die Nutzungsraten blieben auf hohem Niveau in den letzten Jahren.[220] Weniger frequentiert, jedoch noch immer eine Gelddruckmaschine, sind Bräunungsstudios, Anti-Falten-Spritzen und kosmetische Operationen im Gesicht, an Brüsten und anderswo (bei Männern* etwa Waden). In den USA wurden 2018 16,5 Milliarden Dollar für solche kosmetischen Eingriffe bezahlt.[221] 92 Prozent der Patient*innen waren Frauen*. In Deutschland haben 2017 32 647 Personen einen kosmetischen Eingriff vornehmen lassen, davon waren 80,4 Prozent Frauen*.[222] Die Anzahl der Menschen, die sich solchen OPs unterzogen, nahm über die letzten Jahrzehnte immer mehr zu, während der Anteil der Männer* relativ konstant blieb.[223]

Der Kosmetikartikelmarkt boomt ebenfalls – und zwar exakt entlang der Linie der teils widersprüchlichen Erwartungen an Frauen*. Rouge imitiert die Kunst des Errötens als Manifestation von Tugend, während Lippenstift die erotische Ausstrahlung erhöhen soll. In Sonett 130 verweist William Shakespeare auf die Manipulationskraft von Kosmetik im Allgemeinen und dem Auftragen von Rouge im Besonderen und nennt es Verfälschung [«false compare»]. Während er in Sonnet 127 Schwarzsein als Schönheit preist,[224] hat der elisabethanische Hype um «fairness» (die helle Komplexion) Hochkonjunktur, der Schönheit fest verbunden mit Weißsein postiert. Bis heute gibt es so verursachte rassistische Entfremdungen vom eigenen Körper, aufgrund derer Kosmetikbranchen boomen, welche etwa auf Hautaufhellung oder Haarglättung spezialisiert sind.[225]

Auch die Enthaarungs- und v. a. Entbartungsindustrie prosperiert unter dem Druck der Inszenierung von *weißer*, junger Schönheit. Ohne diese würden die meisten Frauen* (spätestens ab sechzig) mit Bärten versehen sein. Frauen*, die ihre Bärte tragen, sind schalen Blicken und verletzenden Worten ausgesetzt. In einer körperlichen Selbstzensur rasieren sich Frauen* nicht, sie reißen sich die Barthaare aus; oder lassen sie (kostenaufwendiger) weglasern. Augenscheinlich geht es um Schönheit, doch darunter verbirgt sich das patriarchalische Streben, den Herrschaftsanspruch mit so vielen Alleinstellungsmerkmalen wie möglich zu fundieren. Das etwa erzählt ein Märchen der Igbo aus dem Südosten Nigerias. *Ifo*, die Märchen der Igbo, beginnen nicht mit «Es war einmal», sondern mit «Als die Frauen noch Bärte trugen» – und eines der *Ifo* weiß ausführlicher zu erzählen, warum: Männer regierten die Dörfer, aber den Frauen gefällt das nicht mehr. Sie konspirieren und verstecken ihre Widerstandsutensilien in ihren Bärten. Das Happy End des Märchens besteht darin, dass Männer die Revolution niederschlagen und zur Strafe (oder wohl besser zu ihrem eigenen Schutz) verfügen, dass Frauen fortan keine Bärte mehr tragen dürfen.[226] Nicht nur in Nigeria, auch in Europa und Deutschland sind Bärte zu einem Männlichkeits*- und Machtsymbol gewachsen, das Frauen* vorenthalten wird.

Eine weitere prosperierende Branche ist die Schlankheitsindustrie, die maßgeblich für die gesellschaftliche Diskriminierung übergewichtiger Menschen Verantwortung trägt – wobei diese Diskriminierung auch eine sexistische Agenda und Ausrichtung hat. In scannenden Erstbegegnungen und in Beschreibungen von Menschen (die uns unbekannt sind oder die wir Dritten beschreiben, die sie nicht kennen) gehört das Kriterium «dick» zu einem zentralen Indikator. Ähnlich funktionieren auch Kommentare über fremde oder lange nicht gesehene Personen. Dazu gehören etwa Sätze wie «Die ist aber dick!» oder rhetorische Fragen wie «Ist die dick geworden?(!)». Umgekehrt sind BMIs und Konfektionsgrößen wie das Gold oder Pech, das wir (uns) verdienen. Bei Frauen* tragen die Konfektionsgröße 32 bis 36 bzw. XXS bis max. S die Krone, weswegen jährlich Milliarden Euro und enorme Mengen an Lebensminuten investiert werden, um Teil der Premier League zu bleiben oder zu werden.

Die Bewertungen von Übergewichtigkeit differieren. Ich meine da nicht nur die Rubens- und Rembrandt-Schönheitsideale, die Rundungen am Frauenkörper («gebärfreudige Becken» und große StillBrüste) hervorheben und damit die Mütterlichkeits- und erotisierenden Rundungen zelebrieren. Vor allem geht es mir um die Geschlechtsspezifik dieser Bewertung. Die «Ach der ist aber unansehnlich dick»-Messlatte liegt immer deutlich höher als bei Frauen*. Schauen wir uns die A-Kategorie der Schönen und Reichen an, so gibt es nahezu keine übergewichtigen

Frauen* an der Seite von Prominenten. Diese Nische – «dick aber wow» – gibt es für Frauen* kaum. Ganz im Gegenteil. Adipositas bei Frauen* trifft weithin besonders stark auf gesellschaftliche Verurteilung.

Spätestens seit meiner Pubertät erfahre ich, wie wichtig meine Körpermaße und mein Gewicht sind, um soziale Anerkennung zu genießen. Ich erinnere mich noch daran, wie ich bereits zu Zeiten, in denen ich jeden Tag sportlich aktiv war und einen dem Standard entsprechenden BMI hatte, nahezu stündlich besorgt auf meinen Bauch schaute. Ich höre mich noch immer sagen: «Oje, man sieht ja jede Kartoffel», wenn sich der Darm in Bewegung setzte. Spürte ich Blicke auf mir, zog ich den Bauch ein. Tag für Tag. Irgendwann fing ich an, Mieder zu tragen. Eine Freundin sah das und sagte 1987 sehr streng: «Wir müssen reden!» Dann hielt sie mir eine feministische Standpauke, für die ich ihr bis heute dankbar bin. Ich trug daraufhin feministisch bewusst viel zu weite Kleidung aus Leinenstoff. Doch ich konnte mich nicht gegen die Sehnsucht von heterosexuellen Männern* nach schlanken Frauen* immunisieren. Ich erinnere mich noch an ein Gespräch, das Freunde in meiner Gegenwart Anfang der 1990er Jahre führten. Sie verkündeten, sie würden ihre Frauen* verlassen, würden diese dicker werden. Vermutlich war das nur Macho-Säbelgerassel, obwohl sie heute alle tatsächlich mit schlanken Frauen* zusammenleben, wobei sie selbst deutlich höhere BMIs haben als damals. Doch ihre Ansage saß. Ich war völlig genervt von diesem Gespräch, das sie so führten, als wäre ich nicht präsent. Es löste Panik in mir aus, was mich nur noch wütender machte. In meiner ersten Schwangerschaft fühlte ich mich mit jedem Tag, an dem mein Bauch wuchs, hässlicher; in späteren Schwangerschaften war ich zwar stolz auf meinen Bauch – jedoch wartete ich sehnsüchtig darauf, dass meine Gewichtszunahme endlich auch eindeutig als Schwangerschaft wahrgenommen werden konnte. Das ersparte mir nämlich die selbstauferlegte Qual, mein leicht gerundetes Bäuchlein immer und überall als Schwangerschaftsbauch zu erklären. In jeder Schwangerschaft nahm ich mehr als zwanzig Kilo zu, wobei ich diese danach zunächst wieder fast verlor. Ich erinnere mich noch, dass ich stolz und wütend zugleich war, als mein Vater sechs Monate nach der Geburt meines ersten Kindes sagte: «Das habe ich mir immer gewünscht, zwei schlanke Töchter.» Er meinte es stolz und lobend, doch ich erschrak. Was wäre, wenn ich nicht wieder abgenommen hätte? Kurz darauf sagte sein

Bruder zu meiner viel älteren Schwester: «Du siehst ja viel jünger aus als deine Schwester, vermutlich weil du so schön schlank bist.» Ich war feministisch sauer, vor allem auf mich: Wieso widerspreche ich nicht; wieso ist es mir nicht egal, was die da labern? Obwohl ich es besser wissen wollte, war ich trotz des abgelegten Mieders noch immer im Korsett des patriarchalischen Schlankheitswahns gefangen – ohne zu wissen, wie ich dieser Zensur entkommen konnte. Ich fühlte mich dick und deswegen hässlich und litt darunter.

Nach meinem vierten Kind verlor ich die Schwangerschaftskilos nicht mehr. Ganz im Gegenteil. Ich nahm zu. Gerade war ich zur Professorin berufen worden, meine Kinder waren zwei, sieben, elf und sechzehn Jahre alt. Ich war total überfordert und rutschte in eine Zucker- und Esssucht. Ich war viel zu hektisch, um meine graduelle Gewichtszunahme ernst zu nehmen oder gar zu bemerken. Ich erschrak immer wieder aufs Neue, wenn ich mich im Spiegel sah, vergaß das dann aber wieder für den Rest des Tages. Es dauerte eine Weile, bis mir gewahr wurde, dass ich jetzt «amtlich» übergewichtig war. Nicht einmal die unterstützenden Worte meines besten Freundes («Du hast eben unsere vier Kinder bekommen, mir macht das nichts aus») konnten die Situation verbessern. Ich stürzte mich in die Fänge des Diätkapitalismus; und im Eifer des überfordernden Alltags nahm ich schlussendlich noch mehr zu als ab. So lebte ich etwa fünf Jahre mit diesem Gewicht.

Ich erkrankte im Herbst 2017, am Tag meines fünfzigsten Geburtstages und nahm innerhalb eines halben Jahres zwanzig Kilo ab. Trotz der Krankheit und der Zeichen, die dieses rasante Abnehmen hinterließ, fühlte ich mich wie neugeboren. Ich merkte, wie ich von meiner Umwelt neu bewertet wurde, und genoss es.

Eine Episode soll dies verdeutlichen: Ich fuhr im ICE und musste drei Mal aufstehen und meinen etwa gleichaltrigen Nachbarn deswegen stören. Beim dritten Mal stolperte ich, und das Netzteil seines Laptops ging entzwei. Er blieb sehr freundlich, und zwei andere Männer* kamen zu meinem Schutz hinzu. Wäre mir das ein Jahr zuvor passiert, wäre meine Umgebung genervt gewesen von meiner Trottelig- und Tollpatschigkeit; jetzt aber sahen mich diese beiden Männer* als schützenswert an. Vielleicht ist es unfair. Vielleicht hätten die Männer* mir als dicker Frau ihre Schutzinstinkte nicht verweigert; vielleicht waren sie einfach insgesamt so zugewandt, und alles wäre auch ein Jahr zuvor genauso verlaufen, schließlich gab ich ja dem geschädigten Mann* mein Laptop-Ladekabel zur Entschädigung. Mir fiel in der Reflexion über diese Situation jedoch auf, dass ich in meinen übergewichtigen Jahren nie etwas Vergleichbares erlebt hatte. Andersherum habe ich oft gedacht, auch schon vorher: Wäre ich schlanker, wirkte ich zerbrechlicher, würde mir das nicht geschehen. Vielleicht reagieren Männer* auf schlanke Frauen* anders als auf übergewichtige; vielleicht hatte es nur mit mir und meinem veränderten Selbstbewusstsein zu tun, dass ich andere Reaktionen triggerte.

In jedem Fall steckt da noch sehr viel Kant drin, in dem Zusammendenken von zarten/schlanken Körpern und Schutz(bedürftigkeit) versus starken Männer*Körpern als Herzstück der Legitimation dafür, dass er überlegen sei und Vormund und Beschützer der Frau* sein «müsse». Wohl auch deswegen gehen Männer*bäuche als Marker von (ökonomischem) Erfolg und Macht durch. Das aber bedeutet nicht, dass (zu) dicke Männer nicht auch diskriminiert werden würden oder dass dies nicht auch patriarchalischen Erzählungen der Zweigeschlechtlichkeit folgen würde: Zu viele überflüssige Kilo münden beispielsweise in fehlende Mobilität und Fitness und damit die Unfähigkeit, die Rolle als «Alphatier» körperlich zu verteidigen.

Frauen* wiederum müssen Männern* gefallen (das ist ihre Aufgabe); das aber können sie nur, wenn sie schlank sind. Ihre Zierlichkeit untermauert aber nicht nur ihre vermeintliche Schwäche und eine dadurch bestehende Schutzbedürftigkeit; sie signalisiert auch die Anerkennung ebendieser. Schlankheit trägt die Akzeptanz der vermeintlichen körperlichen und sonstigen Unterlegenheit zur Schau. Sich dieser Agenda zu entziehen, verkörpert in vielerlei Hinsicht Ungehorsam (ich stelle deine Stärke in Frage, ich erkenne meine Schönheit und Schlankheit nicht als Währung an …), auf den das Patriarchat noch niemals gelassen reagiert hat. Laurie Penny stellt in «Fleischmarkt» die analoge These auf, dass Dicksein bei Frauen auch deshalb gefährlich für das Patriachat sei, weil sie ganz physisch mehr Raum einnehmen.[227]

Letztlich wird «Dicksein» dem Sexismus zu einem Affront gegen die sexistische Macht und deren Ideologisierung von (Frauen*)Körpern. Aus gesundheitlichen Aspekten[228] (ohne dass ich sagen würde, dass der Diskurs über Gesundheit nicht auch von gesellschaftlichen Normen geprägt wäre) sind bestimmte BMIs besser, das stimmt. Doch bei der Diskriminierung übergewichtiger Frauen* geht es nicht (nur) um Gesundheit; nein ihre gesamte soziale Rolle als Frau (die nicht/weniger als Mann ist) scheint zur Disposition zu stehen. Daraus wird auch kein gesellschaftlicher Hehl gemacht. Ganz im Gegenteil: Dicke Frauen* werden (deswegen) diskriminiert.

Das geht bereits damit los, dass sie im medialen Alltag nicht repräsentiert bzw. diskriminiert werden. Eine Mutmachende Ausnahme etwa ist Hella von Sinnen, die ihren Körper mit höherem BMI selbstbewusst im Fernsehalltag strahlen lässt. Besonders frustrierend sind Casting-Shows im Fernsehen, in der die Bewertung der äußerlichen Form von Frauen* im Zentrum stehen. Da müssen wir nicht mal Klums *Germany's Next Topmodel* schauen, von dem seit 2006 mittlerweile 218 Episoden in 14 Staffeln ausgestrahlt wurden. Immer noch führen sehr viele Serien, Filme, Romane oder Berichte Frauen*charaktere über deren Aussehen ein, wobei konventionelle Schönheits- und Schlankheitsideale (oder deren Fehlen) mehr als ein mitschwingender Subtext sind – und deutlich wird, dass beides (gerade in ihrer Verwobenheit) beim Sehen auf bzw. Sprechen über Frauen* relevant ist. Auch viele Männer* werden über ihr Aussehen eingeführt, aber nicht mit dem Automatismus wie bei Frauen*charakteren – und Schlankheit bleibt dabei ein weiches Kriterium.

Weiter geht es damit, dass Frauen* mit Konfektionsgrößen ab 40 durch Kommentare anderer und omnipräsente Diät- und Modeangebote dazu gebracht werden zu glauben, dass mit ihnen etwas nicht stimme. Sie seien dumm, arm, ungepflegt usw. Kaum eine Ausgabe einer Illustrierten für Frauen*, die nicht Tipps zum Abnehmen als Aufmacher wählt. Wenn Frauen* sich in Diäten stürzen und Geld und Lebenszeit dafür aufwenden, ist das also nicht einfach nur eine gesundheitsorientierte Lebensreform, sondern eine Anpassung an die sexistische Ideologisierung des Frauen*körpers und das Erfüllen von kapitalistischen Marktzwängen – die Diät-Industrie ist nicht gerade klein. So werden Entfremdungen vom eigenen Körper befördert, die in Selbsthass und Selbstzerstörung münden können.

Die eigentliche Tragweite dieser Schlankheitsideologie wird dadurch offensichtlich, dass die Schlankheitsindustrie Gesundheit letztlich nicht befördert, sondern gefährdet. Das beginnt mit der physischen Verformung von Organen, wie etwa vom Korsett bewirkt. Heutzutage schnüren sich Frauen mit Miedern und zu engen Hosen ein, was weniger nachhaltig schädigt, dennoch allemal ungesund ist. Noch dramatischer ist die psychische Nachhaltigkeit dieses «Nur wer schlank ist, ist schön»-Musters. Frauen* verlieren an Selbstbewusstsein, und das fehlende Selbstbewusstsein macht sie nachgiebiger und schränkt sie dabei ein, eigene Interessen zu formulieren oder durchzusetzen.

Wer sich schwach fühlt, kann sich nicht stark machen, schon gar nicht für eigene Interessen. Das kann sich bis in Formen der Anorexie oder Bulimie auswachsen, bei der die Wahrnehmung des eigenen Körpers drastisch verschoben wird und der vermeintlich «zu dicke Körper» letztlich einer Zerstörung durch Verhungern unterworfen wird. Von 2007 bis 2017 sind die in deutschen Krankenhäusern diagnostizierten Anorexie-Fälle, bei der die Patient*innen tatsächlich weiter abnehmen, drastisch angestiegen, um knapp 30 Prozent.[229] Bis zu 20 Prozent der 11- bis 17-jährigen Kinder und Jugendlichen in Deutschland zeigen Symptome von Essstörungen, wobei meistens Mischformen auftreten. Von 1000 betrachteten Personen litten etwa 10 bis 20 Frauen* unter 35 Jahren in ihrem bisherigen Leben an Magersucht, etwa 13 bis 17 an Bulimie und 20 bis 30 an Binge-Eating-Störungen; unter 1000 Männern* sind es ein bis zwei, ein bis fünf bzw. acht bis 20.[230] Insgesamt sind ca. 75 Prozent der insgesamt Betroffenen jedes Alters Frauen*.[231] Für diese Krankheiten gibt es komplexe Ursachen, etwa auch sexuellen Missbrauch oder Diskriminierungserfahrungen, aber Mitverantwortung trägt auch der sexistische Schlankheitswahn.

Die Idee des 68er-Feminismus, weite Kleidung zu tragen, widersetzt sich dem diskriminierenden und zuweilen gefährdenden Schönheitsideal. Jüngere feministische Strömungen nehmen diese weiten Hüllen ab und präsentieren Frauenkörper nackt bzw. mit entblößten Brüsten. Ich denke da etwa an feministische Performances der Femen. Andere verhüllen zwar ihre Gesichter, zeigen aber deutlich ihren bekleideten Körper als Frauenkörper, so Pussy Riot. Bereits ihr Name greift Sexismus auf, um ihn zu brechen. Sie präsentieren ihre jungen Körper mit Modelmaßen öffentlich, sichtbar und teilweise nackt. Aus ihrer Sicht ist es feministisch, unter anderem kirchliche Räume mit ihrer Nacktheit – so Femen im Kölner Dom – zu provozieren; oder andere Kirchen mit entsprechenden

Texten und Anspielungen zu provozieren; und das ist es auch: provokant. Doch inwiefern unterscheidet sich dieser Protest in letzter Konsequenz vom sexistischen Inszenieren schlanker, nackter Frauen*körper etwa im «Playboy» und an Spinden und Bürowänden? Würden sie auch dann ihre eigene Nacktheit als Widerstandsstrategie wählen, wenn ihre Körper nicht der sexistischen Norm entsprächen – und vor allem: Wie tragen sie zur feministischen Befreiung des Frauen*körpers bei?[232] Einige argumentieren hier, dass der sexistischen Körperdeutung, dem *male gaze*, eine eigene selbstermächtigte Körperdarstellung entgegengehalten wird, doch am Ende haben sie auch keine Kontrolle über die Rezeption ihrer Körper – und diese lässt eine Bejahung tradierter Sichtweisen mehr als zu.

Etwas anderes ist es wiederum, wenn Opfer von sexistischer Gewalt ihren Körper (nackt) inszenieren, um die Kontrolle über diesen zurückzuerlangen bzw. zu demonstrieren, dass sie über ihn autonom verfügen können und wollen. Lena Chen ist etwa in Reaktion auf die Demütigung durch ein Racheporno Aktmodell geworden, und Alice Phoebe Lou hat ein Aktfoto, im Kontext der dazugehörigen Geschichte, im Zuge der Aufarbeitung ihrer eigenen Vergewaltigung auf Instagram gepostet.[233]

Das Kunstprojekt «PositivelyGlittered» von Roseanne Mae wiederum inszeniert Frauen* (und Männer*) aller Gewichtsklassen nackt. Dabei geht es ihr darum, (Frauen*)Körper in gegebenen Individualitäten zu zeigen, um normierende Schlankheitsnarrative in Frage zu stellen und Norm/ierungen zu pluralisieren.[234] Denn nicht jeder gehobene BMI-Wert ist bereits ungesund – und schon gar nicht steht es dem sexistisch kodierten öffentlichen Blick an, Frauen*körper nach Attraktivitätsskalen zu sortieren – oder überhaupt Schönheit zu einem Kriterium zu erheben, das angeblich aussagekräftig für die Wertigkeit von Menschen sei.

Mein Plädoyer ist nicht naiv. Ich weiß, dass das erlernte Sehen von Körperformen nicht abzuschaffen ist, schon gar nicht kurzfristig (zumal Körpergewicht und Gesundheit verwoben sind). Worum es mir aber geht, ist, dass Medien und Imaginationsfabriken sowie Multiplikator*innen in Bildung und Politik dazu beitragen sollten, kritisch zu reflektieren, wie Bilder von und über Frauen*körper inszeniert und bewertet werden – und wie sexistisch geformte BlickErgebnisse unterwandert werden können. Samwell Tarly oder Tyrion Lennister aus *Game of Thrones* sind gelungene Beispiele, wie die Diskriminierung dicker Menschen bzw. von

Körpergröße angesprochen und gebrochen werden kann. Aber beides sind letztlich Männer* mit einer Herrschaftsposition (als Adlige, Maester und Hand des Königs). Analoge Schritte sind auch für Inszenierungen von Frauen*körpern notwendig. Es geht um die öffentliche Repräsentation von Menschen und eine proaktive Beförderung alternativer und pluraler Bewertungen nicht nur von Körpermaßen, sondern von Schönheit im Allgemeinen – Bewertungen, die zugleich breit genug sind, um trans*-geschlechtliche und transsexuelle Personen nicht in das zweigeschlechtliche Schönheitsmodell zu zwingen, weder körperlich noch modisch.

3.4.2. Kleidung

Vor Kurzem lief mir eine Schulklasse über den Weg, ich glaube, es waren aufgeregte Erstklässler*innen, die sich nach Jungen* und Mädchen* separierten. Das fiel vor allem deswegen ins Auge, weil die eine Gruppierung aussah wie ein riesengroßer rosafarbener Ballon. Durch die Herdensozialisierung glauben viele, dass dies nichts mit äußeren Umständen, sondern angeborenen Instinkten und entsprechend tief sitzenden Wünschen von «allen Mädchen» zu tun habe. Es gibt jedoch weder ein Rosa-Gen, noch greift die zuweilen vorgebrachte, jedoch im Kern unsinnige Erklärung, dass Urmenschenfrauen* Beeren sammelten und daher auf Rosa fixiert sind (sind Beeren nicht eher dunkelrot bis lila?). Tatsächlich wurden Babys im 19. und 20. Jahrhundert in Europa überwiegend in Weiß, der Farbe der «Reinheit», gekleidet. Rot als Farbe voller Kraft und Feuer galt als männlich. Blau als Farbe des Himmels und der Reinheit wurde zunächst eher mit Frauen assoziiert, etwa mit der «Jungfrau Maria». Es ist die Frage «Ist es ein Junge oder ein Mädchen?» und deren Auswirkung auf das Einkaufsverhalten und damit die Wirtschaft (immerhin kann nicht jedes Geschwisterkind nunmehr beliebig die Sachen anderer Kinder abtragen), die seit der zweiten Hälfte des 20. Jahrhunderts Jungen* anders einfärbt als Mädchen*. Jungen* werden jetzt in Blau gekleidet, weil die Farbe von Arbeitskleidung einschließlich Jeans und Uniformen, etwa die von Matrosen, neu kodiert wurde. Da Mädchen* entsprechend nicht mehr «blau» sein konnten (aber auch nicht mit dem «dominanten» Rot in Einklang zu bringen waren), wurde ihnen das aufgehellte, schwächere, weißere (unschuldigere) Rosa angedichtet.[235]

Dabei ist diese Blau-Rosa-Kluft nur eine Baustelle von vielen im Minenfeld der Inszenierung von Zweigeschlechtlichkeit durch Bekleidung. Zum Politikum wurden und werden auch die Rock-oder-Hose-Frage, der Bikini und der Hijab. Bei allen kommt eines der Markenzeichen dieser Inszenierung zum Tragen: Paradoxie. Einerseits soll Kleidung Frauen* als jungfräulich, keusch und unauffällig, als Verkörperung moralischer Güte und Tugend inszenieren. Auf der anderen Seite wird Frauen*Kleidung abverlangt, diese als attraktiv und dem Mann* heterosexuell verfügbar zu präsentieren – wobei der Grat zur Verurteilung als unmoralisch und tugendfern schmal war und ist. Dieses Paradox findet prominent im Schleier, etwa dem Brautschleier, Niederschlag. Er verschleiert, er irritiert und begrenzt also den Blick, wobei er mit seiner angedeuteten Durchlässigkeit zugleich auf das Dahinter verweist. Ebendies beflügelt erotische Fantasien, während es sie verhindern soll. Ähnlich und doch anders funktioniert das beim Hijab, dem Bikini und der Rock-oder-Hose-Frage – alles Gegenstände dieses Kapitels.

3.4.2.1. Hose und Hosentasche versus Rock, Korsett, Dekolleté und Handtasche

Vor Jahren sah ich den Film *Robin Hood* (1991) von Kevin Reynolds. Marianne, die sich als Mann verkleidet, wird als Frau* enttarnt, als sie bei einem ihr absichtlich falsch zugeworfenen Apfel die Beinbreite erweiterte. Wieso? Ich war verwirrt. Schon mal in einer S-Bahn gesessen oder eine Talk-Show gesehen? Frauen* sitzen meistens mit sich berührenden Beinen da, oft noch überschlagen, Männer* hingegen breitbeinig. Je mehr Macho- und Charisma-Aura, desto unerschrocken breitbeiniger. Das weiß auch die Filmbranche. Woran erkenne ich in einem Charakter einen Macho? Lass ihn zur Demonstration seiner bejahenden Haltung zur Herrschaft des Mannes* und seiner Bestimmung, so raumgreifend und phalluszentriert wie möglich zu leben, mit so weit wie möglich auseinandergeschobenen Beinen auf seinem Stuhl sitzen. Dieses Verhalten wird *Manspreading* genannt. In Istanbuler und New Yorker U-Bahnen bitten Poster darum, dass Männer* dies unterlassen.[236] In Madrid wurde es 2018 sogar in städtischen Verkehrsmitteln verboten.[237] Aus Protest gegen dieses Verhalten hat sich das sogenannte *Womanspreading* entwickelt. Es thematisiert die Übergriffigkeit des *Manspreading* und dass es zum kleinen Einmaleins der Frauen*normierung gehört, mit zusammengepressten Beinen dazusitzen. Selbst unter einem voluminösen Rock sitzen die meisten Frauen* nicht breitbeinig da, es sei denn, sie falten mal kurz den Rock zu einem kleinen Fangtuch auf – etwa um einen Apfel zu fangen. Diesen Reflex hätten in frühneuzeitlichen Kontexten nur Frauen* gehabt, und deswegen wird es Mariannes Verhängnis, als sie, obwohl sie eine Hose trug, den Apfel mit der Rock-Auffalt-Bewegung fangen wollte.

In germanischer Zeit und im Mittelalter war der Rock ein geschlechtsneutrales Kleidungsstück, mit dem kleinen und doch feinen, weil wichtigen Unterschied, dass der Rock des Mannes* maximal knielang und der Rock der Frau* knöchellang war. Bis ins 19. Jahrhundert hinein trugen auch Jungen* bis zum sechsten Lebensjahr lange Kleider, sogar mit Korsett und Schürze. Erst mit Einsetzen von Vernunft, die zur Männlichkeit gehören muss, durften sie dann die Kleidung der vernunftgesteuerten Wesen tragen: Hosen. Dass die Röcke von Kleinkindern und Frauen* lang waren, diente (in erschreckender Parallele zwischen Baby und Frau*) dazu, sie in ihrer Beweglichkeit und Mobilität einzugrenzen – was insofern Sinn macht, als die ganze «Mann ist unterwegs/öffentlich»- versus «Frau(und Kleinkind) ist nur zu Hause»-Binarität auf der Immobilität der schwangeren/stillenden Frau aufbaut. Zudem aber waren Frauenbeine zu verhüllen, um sie zu entsexualisieren.

Paradoxerweise etablierte sich gänzlich gegenläufig zu dieser Desexualisierungs-Strategie vom 16. bis 19. Jahrhundert das Korsett, das auch Mädchen* schon sehr früh angelegt wurde. Das Wort leitet sich etymologisch von einer Verniedlichungsform vom Körper ab. Es macht aus einem Körper ein Körperchen. Im Klartext dienten sie zu nichts anderem, als die Idealfigur eines bestimmten gesellschaftlichen Kontextes herzustellen. Dies konnte im Detail differieren, lief aber im Kern darauf hinaus, eine schmale Taille zu erzeugen, die die Hüfte hervorhebt und Brüste akzentuiert. (Gebärfreudige) Becken und große (Still)Brüste als Symbole der Mütterlichkeit sind hier unter Umständen mit suggeriert. Damit leistet das Korsett drei miteinander verschränkte Inszenierungen, welche letztlich miteinander verwoben sind: Erstens wird die Frau* als das schwache, gebrechliche Geschlecht hingestellt, das dem Mann* körperlich unterlegen ist (und wer wäre so eingeschnürt schon schnell oder agil?). Zweitens wird die Mütterlichkeit betont, und drittens bedienen so geformte Taillen, Hüften und Brüste die patriarchalische BlickLust nach «Rundungen».[238]

Letzteres wurde durch die Dekolleté-Mode (das Wort lässt sich zwar aus «Nacken zeigen» ableiten, primär geht es aber um die Exponierung von Brüsten) verstärkt. Die gesellschaftliche Bewertung dieser verlief ambivalent. In aristokratischen Kreisen etwa war das Dekolleté bis ins 18. Jahrhundert hinein gut angesehen, da es Status präsentierte und sich an die durch griechische (Nackt)Skulpturen repräsentierte Reinheit anlehnte. Im viktorianischen England und biedermeierlichen Deutschland galt es hingegen als zu anzüglich und verschwand vom Modeteller.[239]

Im Zuge der Kleiderreformen des 19. Jahrhunderts wurde für selbstbestimmte Kleidung gestritten, die (mehr) Beweglichkeit zuließ, bequem und nicht ungesund war. So verschob sich etwa bei Hauskleidern die Taillensetzung nach oben zu dem, was als Empire-Linie bekannt ist. Vor allem aber wurde die Unterwäsche grundlegend reformiert. Zwischen 1910 und 1915 setzte sich eine korsettlose Mode durch; wie sehr es ein sexualisierendes Kleidungsstück war, zeigt sich daran, dass in der Prostitution an ihm festgehalten wurde. Röcke, die «Anstandsröcke» genannt wurden, was auf deren rein disziplinierenden Charakter verweist, wurden auf einen Unterrock reduziert und dann ganz wegrationalisiert – und Beinkleider verkürzt.

Zudem begannen Frauen*, für ihr Recht zu streiten, Hosen zu tragen. Bis heute erinnert die Redewendung «Sie hat die Hosen an» daran, dass Hosen als männliches* Privileg und als ein Machtsymbol galten.[240] Ab dem frühen 20. Jahrhundert begannen Frauen*, Hosen zu tragen. Zunächst waren dies allerdings Hosenkleider, die pluderten. Hosenkleider oder Pluderhosen wurden insbesondere ab 1910 in Paris populär. Deutschland stieg später als die USA und England in die Reformkleidungsbewegung ein, und die Hosenfrage wurde zunächst ausgespart. Zwar trugen einzelne Frauen diese (Pariser) Hosen, doch sie erregten Aufsehen und Empörung. Noch mehr aber taten dies engere Hosen, die bei Frauen* als Sexsymbol galten, weil sie den Körper betonen und von der Form her zur Vulva/Vagina hochführen. Ebendeswegen wurden sie zunächst maximal als Accessoires der Kunst geduldet, etwa auf Theaterbühnen oder im Ballett (wo unter dem Rock eine Hose hervorschaut). Das Beweglichkeitsargument führte zur Duldung bei bestimmten Sportarten wie Reiten oder Radfahren oder in gewissen Arbeitsbereichen (wie etwa bei Frauen* als Minenarbeiter*innen oder Austernfischer*innen).[241]

Erst als Frauen* durch den Ersten Weltkrieg in sonst Männern* vorbehaltene BerufsRäume eintreten konnten, setzte sich das Tragen von Overalls und Uniformen – und schließlich (engeren) Hosen – langsam durch. 1934 produzierte Levi's das erste Hosendesign für Frauen*.[242] Viele Institutionen, etwa Schulen, bestanden jedoch weiterhin auf geschlechtsspezifischen Kleiderordnungen, zu denen das Tragen von Röcken gehört – auch noch nach dem Zweiten Weltkrieg. Seit den 1960er Jahren wurden Hosen so konsequent getragen, dass sie schließlich gesellschaftliche Akzeptanz fanden. Doch noch 1970 kam es zu öffentlichen Eklats, wenn Frauen in öffentlichen Ämtern Hosen trugen. Dennoch: Seit den 1970er Jahren ist der *point of no return* erreicht: Anzüge, Westen, Schlipse folgten. Mittlerweile sind sie wichtige Accessoires in Modehochglanzmagazinen (wobei Röcke wiederum heute in Europa nur noch in bestimmten Räumen, etwa Schottland, oder modisch/sozial kodierten Ausnahmefällen von Männern* getragen werden).

Im Zuge der nachfolgenden Jahrzehnte wurden Hosen für Frauen* immer enger – auch kurze Hosen gehören zum festen Moderepertoire der Gegenwart. Dabei übernehmen Hosen tendenziell die Funktion, die früher Korsetts innehatten. Frauen*hosen sind um Hüfte und Bauch herum so eng geschnitten, dass sie den Bauch platt drücken. Hier geht es nicht mehr um die Hosenziele der Feminist*innen um die Wende zum 20. Jahrhundert wie Beweglichkeit, Bequemlichkeit und Gesundheit, es geht um eine Anpassung an Schlankheitsideale. Zwar kann dem Tragen der Hose durchaus auch der Gedanke innewohnen, sich nicht aus der sexistischen Blickgewalt des Mannes* heraus in unförmige Kleidung zwingen zu lassen, was einen bewussten Bruch mit der Kartoffelsack-Strategie der 1970er Feminist*innen bedeutet. Doch steckt so eine kritische Reflexion letztlich tendenziell eher selten hinter dem Tragen enger Hosen – oder auch den T-Shirts, die zu Tops werden, die so viel wie nötig und so wenig wie möglich bedecken.[243]

Dieser Trend drückt sich auch in der (Hosen)Taschenfrage der Frauen*mode aus. Im Mittelalter gab es zwar vom Design, nicht aber von der Art her eine Geschlechterspezifik bei Taschen: Männer* und Frauen* trugen Taschen, die u.a. an Gürteln bzw. in der Taille befestigt waren –

zunächst auf, später unter der Tageskleidung (Hose oder Rock). Ab dem 17. Jahrhundert jedoch integrierte die Männer*mode Taschen in die Kleidung, während Frauen* Taschen (bis zu 20–25 cm lang) unter ihren Rockgewändern trugen.

Ab dem 18. Jahrhundert etablierten sich der Pompadour und andere in den Händen getragene Taschen. Seit dem frühen 19. Jahrhundert wurde eine Handtasche Standard bei Frauen*, während in Kleidung integrierte Taschen zu einem männlichen* Privileg avancierten. Diese neue Unterscheidung entspricht der Logik, dass Männer das Recht auf Selbstbestimmung hatten (und Privatsphäre – nach innen getragene Taschen hatten etwas Konspiratives) – während dies Frauen* nicht zugestanden wurde. Nach außen getragene Taschen (bzw. deren Inhalte) schränkten die Beweglichkeit ein und waren vor allem kontrollierbar. Dafür stehen auch die ab 1828 gebräuchlichen Chatelains, bei denen alle mitgeführten Utensilien an einen Gürtel gebunden wurden. Das machte das Mitgeführte sichtbar und kontrollierbar.[244] Das erinnert an das bereits erwähnte Igbo-Märchen, das davon erzählt, dass Frauen keine Bärte mehr tragen dürfen, weil sie darin Gegenstände trugen, die sie bei dem Kampf gegen das Patriarchat unterstützten. Dazu passt dann, dass Handtaschen klein waren und somit auch das Mitgeführte quantitativ begrenzten.

Deswegen widmete sich die feministische Kleidungsreform ab dem Ende des 19. Jahrhunderts auch der Taschenfrage. Die Forderungen nach in Röcken und (zunehmend auch) Hosen integrierten Taschen wurde schnell ein Politikum. In Kleidung integrierte Taschen wurden zu einem Symbol von Autonomie. Entsprechend war es Teil sexistischer Angstszenarien, dass HosenTaschen Frauen* die Möglichkeit bieten würden, Dinge zu verstecken und Maskulinität* zu performen. Tatsächlich gehörte es zur Selbstrepräsentation der Suffragetten, sich mit Händen in den HosenRocktaschen zu präsentierten. Einblick in die «Hände in die Hosentasche statt Hände an die Hosennaht»-Debatte gibt etwa die folgende Sequenz aus der illustrierten Wochenzeitung «The Graphic» (1894):

> Die Taschen der ‹Neuen Frauen›, so bewundernswert sie auch sein mögen, stellen augenscheinlich ihren neuen Fetisch unter Beweis, der Schüchternheit, Erröten und Scham ersetzt – denn wie könnte sie etwas davon sein, wenn sie mit Händen in den Taschen dasteht.[245]

Ab den 1960er Jahren, als das Tragen von Frauen*hosen einen Hauch Norm/alität erfuhr, bewegen sich (Hosen)Taschen in eine andere politische Richtung. Je enger die Hosen werden, umso mehr werden Taschen in Designs von Frauen*hosen (anders als Männer*hosen) nur angedeutet oder bestenfalls zu klein gestaltet, um praktisch sein zu können. Durchschnittlich sind Hosentaschen von Frauen* 48 Prozent kleiner als bei Männer*hosen.[246] Natürlich profitiert die Taschenindustrie von diesem Modetrend, verantwortlich sind aber vor allem sexistisch geprägte Schönheitsstandards, die es vielen Frauen* unmöglich machen, sich mit Hüfte und Bauch tendenziell aufblähenden Hosentaschen wohlzufühlen. Darauf reagiert die Hosenindustrie und verstetigt die Reinquetsch-Stretch-Hosenlogik ohne Taschen. Chelsea G. Summers kritisiert die von Christian Dior auf den Punkt gebrachte sexistische Handschrift der modischen Taschenpolitik: «Männer haben Taschen, um Dinge drinzubehalten, Frauen dient sie zur Dekoration», sagt Christian Dior.

> Männermode folgt dem Nützlichkeitsargument; Frauenkleider designen Schönheit. Von da aus ist es kein großer Schritt, zu erkennen, wie (fehlende) Hosentaschen, sexistische Ideen von Geschlecht immer wieder aufs Neue bestärken. Männer sind beschäftigt damit, wichtige Dinge zu tun – und Frauen damit, angeschaut zu werden.[247]

Vor diesem Hintergrund ist es inzwischen unter jungen Frauen* im Internet zu einem geflügelten Wort geworden, sich über Taschen in Röcken zu freuen. Etwa wenn man ein Kompliment für einen Rock oder ein Kleid bekommt zu sagen: «Ja, und er hat Taschen!»

Die diskutierte Zweigeschlechtlichkeit von Mode hat auch enorme Auswirkungen auf Trans*geschlechtlichkeit. Wenn es für trans*geschlechtliche Personen wichtig ist, dass ihr Körper als Mann* statt als Frau* (oder umgekehrt) gelesen wird, müssen sie oft mit den stereotypen Kodierungen von Kleidung operieren. Hier entsteht ein Dilemma. Obwohl es das Modell der Zweigeschlechtlichkeit ist, das sie diskriminiert, müssen sie sich ihm gemäß kleiden, damit ihre eigene Selbstwahrnehmung von Außenstehenden adäquater gelesen werden kann. Das gilt insbesondere auch für die binär gesetzte Bademode.

3.4.2.2. Vom Badeanzug zur Microkini-Entkleidung

Mit den Anfängen des Kur- und Badewesens stellte sich auch die Frage, wie Frauen* sich an diesen Orten kleiden sollten. Zunächst badeten Frauen* an von Männern* separierten Orten. Sie trugen lange Badekleider oder -röcke mit an Unter- und Nachtwäsche orientierten Designs, die durch Strümpfe/Strumpfhosen oder Gewichte in den Säumen komplettiert wurden. Solche Badeanzüge sind aus Modezeitschriften seit 1863 belegt. Dies entsprach dem gesellschaftlichen Duktus, Frauen*körper in öffentlichen Räumen zu verhüllen und so als keusch zu inszenieren. Auch wenn dieses Design den physikalischen Gesetzen des Wassers zuwiderlief, hätten sich so sozialisierte Frauen* wohl kaum damit wohlgefühlt, etwas anderes zu tragen.[248] Mit der im späten 19. Jahrhundert einsetzenden Kleiderreform wurde auch die Badebekleidung bewegungsfreundlicher und bequemer, blieb aber zumeist lang genug, um das Bein bis über das Knie hinweg zu bedecken – Männer* hatten zunächst auch noch Badeanzüge an, aber kürzere, engere, die größere Flächen des Körpers unbedeckt ließen –, und schließlich Badehosen. Diese Bademode war zunächst noch vornehmlich Sportler*innen vorbehalten und erregte noch bis in die 1920er Jahre Ärgernis. Davon zeugt etwa die Skandalisierung Friedrich Eberts und Gustav Noskes in einer Badehose. Viele sahen darin, Politiker «nackt» zu sehen (zudem ohne Körper einer stählernden Männlichkeit), eine Delegitimierung der Weimarer Republik.

Tatsächlicher Nudismus formierte sich im Deutschen Kaiserreich und dann in der Weimarer Republik als politische Bewegung lebensreformerischer Strömungen. Zwar wurde diese zunehmende Freizügigkeit kritisch gesehen und partiell gesetzlich unterbunden. Jedoch hielt sie sich. Im Nationalsozialismus, insbesondere repräsentiert von Heinrich Pudor und Leni Riefenstahl, wurde sie in eine Inszenierung von Nacktheit überführt, die in der antiken griechischen Tradition die eigentliche Reinheit sah und deswegen die Freikörperkultur befürwortete, solange diese dem nationalsozialistischen Rassismus folgte.[249] Dies reichte so weit, dass FKK irgendwann dort erlaubt wurde, wo angenommen werden konnte, dass die Nackten nicht von anderen gesehen wurden.[250]

Aus diesen nudistischen Kreisen heraus wurde auch eine aus dem Altertum bekannte Mode revitalisiert: die zweiteilige Bademode. Eine frühe Designform (um 1900) stammt von Valentin Lehr. Im Nationalsozialismus wurde sie verboten, und erst nach 1945 blühte sie erneut auf. Sie wurde nun bekannt unter dem Namen «Bikini». Der bereits diskutierten sexistischen und rassistischen Benennung zum Trotz gilt Bikini als unverdächtiges Kleidungsstück. Es beherbergt verschiedene Modelle und beinhaltet in seiner Extremform Microkinis, die so minimalistisch verdecken und Blicke begrenzen, dass erotische Gefühle (auf mehr hoffend) Raum haben können.

Das ist mehr als eine Bademode. Bildet die Yellow Press Frauen* nicht komplett ab, steckt sie diese etwa in Microkinis. Auch sind diese regelmäßig in einer der erfolgreichsten deutschen Fernseh-Shows zu sehen: Heidi Klums *Germany's Next Topmodel.* Die Models sollen Selbstbewusstsein aus ihren Körpern ziehen und dies ebenso ausstrahlen wie Begehrlichkeit. Dazu gehören Shootings in Microkinis (oder auch ganz ohne Oberteil). Scheitern die jungen Frauen* daran, wird ihnen schnell mal vorgeworfen, zickig und verklemmt zu sein. Klar, diese Frauen* treffen autonom die Entscheidung, ihren Körper zu verkaufen (und sei es auch nur für den Traum eines Modelvertrages). Dennoch ist es nichts Geringeres als das System des Sexismus, das hier angesprochen ist – und seine Wirkmächtigkeit. Denn natürlich setzen solche Sendungen Trends – und ich meine dabei nicht nur die Mitverantwortung an Hungerdiäten, die sich viel zu häufig in Magersucht auswachsen, oder die Diskriminierung von Frauen*, deren BMI 25 übersteigt. Auch die Be-, oder besser, Entkleidungskultur, die Frauen*körper sexistisch inszeniert, ist hier angesprochen. Diese allerdings löst außerhalb feministischer (oder bestimmter religiöser) Kreise kaum Ärger aus. Wut erzeugen nur Burkinis (unter selbsternannten Wächter*innen der Konstruktion eines christlichen Europas) – und zwar nicht nur außerhalb, sondern auch innerhalb feministischer Kreise. Zwar nahm das Oberste Gericht im August 2018 das Burkiniverbot in der französischen Gemeinde Villeneuve-Loubet zurück (ein Präzedenzfall, der auch andere Gemeinden mit entsprechenden Verboten betraf, welche nach dem Anschlag in Nizza am 14. Juli 2016 verhängt wurden), aber das Wissen, das nicht nur Entkleidungs-, sondern auch Bekleidungsverbote (also Vorschriften, was nicht getragen werden darf) überhaupt ausgesprochen werden können, ist erschreckend.[251] Dabei geht es letztlich weniger um den Burkini an sich, sondern um den Streit um den Hijab.

3.4.2.3. Die «Wer fürchtet den Hijab?»-Frage

Der Hijab hat verschiedene Designs und die Funktion, Haare, Gesichter und/oder Schulter und Dekolleté nicht zu betonen, sondern zu verschleiern (was auch seiner Wortbedeutung in Farsi und Arabisch entspricht). Bei der Burka geht es um die Verhüllung des gesamten Körpers. Der Hijab steht insgesamt in einer gemeinsamen religiösen Tradition mit dem Brautschleier, dem Kopftuch, das die Heilige Maria trug oder das katholische Nonnen, die mit Gott verheiratet sind, als Bekenntnis zu ihrem Zölibat anlegen.[252]

Muslimische Frauen* stehen im Zentrum einer Debatte darüber, wie mit dieser islamischen Konvention umzugehen sei. Bei der Debatte wird sehr viel über sie und wenig mit ihnen gesprochen. Es gibt viele islamische Frauen*, die keinen Hijab tragen, und zu viele davon werden dafür beschimpft, ausgegrenzt, kriminalisiert, verhaftet oder gar getötet – aus einer patriarchalischen Aneignung der Deutungshoheit über den Koran heraus.

Muslimische Feminist*innen bringen dies zur Sprache und kämpfen darum, dass muslimische Frauen* selbstbestimmt über sich, ihren muslimischen Glauben, ihren Körper und dessen Bekleidung entscheiden können. Dafür stehen etwa die drei Iranerinnen Monireh Arabshahi (Geburtsdatum nicht bekannt), ihre Tochter Yasaman Aryani und Mojgan Keshavarz. Im April 2019 stellten die drei Frauen ein Video ins Netz, in dem sie ohne Hijab durch eine Teheraner U-Bahn-Station laufen und Blumen verschenken. Während Monireh Arabshahi im Voice-Over sagt, dass der Tag kommen werde, an dem Frauen* nicht mehr kämpfen müssten, schenkt Yasaman Aryani einer Frau mit Hijab eine Blume. Sie sagt dann zu ihr, dass sie hoffe, dass sie eines Tages zusammenlaufen würden, die eine mit, die andere ohne Hijab.[253] Arabshahi, Aryani und Keshavarz wurden unter Ausschluss der Öffentlichkeit und ihrer Anwälte, unter dem Vorsitz von Richter Mohammad Moghiseh,[254] zusammen zu fünfundfünfzig Jahren und sechs Monaten Haft verurteilt. Derzeit wird von mindestens zehn Jahren Haft für jede der Frauen* ausgegangen. Ihnen wird Kollusion und Versammlung gegen die nationale Sicherheit, Propaganda gegen das Regime sowie Ermutigung und Wegbereitung für Korruption und Prostitution vorgeworfen. Der Richter Mohammad Moghiseh soll bei der Urteilsverkündung gesagt haben, dass er dafür sorgen werde, dass sie leiden. Seit April 2019 werden sie im Shahr-e Rey gefangen gehalten, wo sie Folter ausgesetzt sind, damit sie ein Video mit der entgegengesetzten Botschaft produzieren.

Auch in Saudi-Arabien gibt es seit Mai 2018 eine große Verhaftungswelle. Aktivist*innen und Feminist*innen, die sich gegen den Hijab-Zwang und Verbote, wie etwa dass Frauen* kein Auto fahren durften, aussprechen, werden verhaftet und gefoltert. Eine von ihnen ist Loujain al-Hathloul. Zwar wurde im Juni 2018 das Fahrverbot für Frauen* aufgehoben, eine Lockerung der Hijab-Politik oder gar eine Amnestie für die verhafteten Aktivist*innen ist aber nicht in Sicht.

Dieser Protest ist stark, wird aber geschwächt, wenn westliche Wutbürger*innen den Hijab (und den Protest dagegen) für ihre rassistische Verachtung des Islam missbrauchen. Das heißt nicht, dass sexistische Praxen in der Ausübung des Islam nicht thematisiert werden dürfen; ganz im Gegenteil: Sie dürfen nicht ignoriert werden. Alles, was bisher über die Normsetzung von binärer Zweigeschlechtlichkeit, männlicher Vorherrschaft, männlicher Vormundschaft, der Privilegierung des heterosexuellen Mannes* und seiner juristisch garantierten oder nicht sanktionierten Möglichkeit, Frauen*Körper zu besitzen, zu definieren und zu regulieren, gesagt wurde, lässt sich auch in der Geschichte und Gegenwart islamisch geprägter Gesellschaften finden – und in deren grundlegenden Texten wie etwa dem Koran.

Dennoch macht es einen Unterschied, ob Diskriminierung von Frauen* in islamischen Kontexten aufgrund von freiheitlichen und feministischen Beweggründen thematisiert und herausgefordert wird oder aber ob dies aus rassistischen Motiven heraus geschieht, denen Sexismus kein Ärgernis, sondern nur ein Mittel zum (rassistischen) Zweck ist. Die Kurzformel dieses Interesses am Wohlbefinden islamischer Frauen* lautet: «Du bist ein Sexist, also bin ich es nicht, deswegen bin ich dir überlegen.» Diese Macht- und Diskriminierungsverleugnung ist eine problematische Lüge. Dieser geht es nicht um das Wohl von Frauen*, sondern um die Selbsterhöhung und darum, rassistisch zu unterstellen, der Status von Frauen* im Islam symbolisiere die Mittelalterlichkeit des Islam – und weil der Westen/Deutschland dieses, das Mittelalter, hinter sich gelassen und sich säkularisiert habe, gehöre der Islam nicht zu Deutschland.

Mal abgesehen davon, dass es gar kein islamisches Mittelalter gab, der

Islam gehört seit dem 7. Jahrhundert zum Selbstverständnis des mediterranen Raums und, spätestens durch das Osmanische Reich (1299–1922), auch zu dessen (europäischem) Norden. So wie das Christentum zur Türkei, zu Syrien, Saudi-Arabien oder Iran gehört, ist der Islam eben schon lange auch eine in Europa beheimatete Religion – und mehrere Millionen in Deutschland lebende Muslim*innen machen es zu einer deutschen Religion. Und so wie es nicht nur ein Christentum gibt, ist es irreführend, von «dem Islam» zu sprechen oder ihn gar mit muslimischen Diktaturen oder islamistischen Auslegungen gleichzusetzen. Muslimische Personen sind ebenso vielschichtig wie die Gläubigen anderer Religionen, und sie können in jedem Fall komplementär zu ihrem Glauben auch feministisch sein.

Wenn Kritik am Sexismus im Islam rassistischen Motiven folgt, so bleibt sie meist im Sexismus verankert. Das zeigt schon ein flüchtiger Blick auf AfD-Wahlplakate. Auf vielen wird dem Islam unterstellt, dass er Frauen* gefährde und dass die AfD dem entgegentrete. Eines der Plakate postuliert: «Frauen brauchen Freiheit». Allerdings zeigt es germanisch-sexistisch eine blonde Frau* in einem schmalen Shirt.[255] Ein anderes Plakat entkleidet die Frau* gleich ganz nackt – fast nackt nur deswegen, weil ihre Brüste durch den Slogan bekleidet werden: «Pfefferspray hilft nicht immer. Gute Politik schon.»[256] AfD-Politik als Speerspitze gegen Sexismus – wohl kaum, wenn Frauen* entweder auf sexuelle Attraktivität für den Mann (wie in den obigen beiden Freiheits- und Sicherheitsplakaten) oder aber ihre Gebärfunktion reduziert werden – und Familien darauf, heterosexuell zu sein: «Neue Deutsche? Machen wir selber»[257] steht über dem Bauch einer Schwangeren, von deren Gesicht nur ihr geöffneter Mund zu sehen ist. Und schließlich, passend dazu, das Konterfei von Gauland, warum eigentlich nicht von Weidel mit ihrer Frau?, unter dem Spruch: «Die Ehe für alle macht gesellschaftlich keinen Sinn.»[258] Ein anderes Plakat macht deutlich, um wessen Interessen es im Kern geht: Es zeigt einen blonden Jungen* unter dem Spruch: «Europa braucht Vaterländer.»[259] Hier wird deutlich, dass die AfD-Rede von der «Frauenfeindlichkeit» aus einem patriarchalischen «Schutz»prinzip erwächst, das letztlich nur der Ermächtigung *weißer* männlicher* cis-geschlechtlicher Heterosexualität dient. Das Ablenkungsmanöver «Du bist ein Sexist, also bin ich es nicht» schlägt fehl, weil es der AfD gar nicht um einen Kampf gegen Sexismus geht, sondern darum, diesen im Kampf gegen den Islam zu instrumentalisieren, ohne dabei die Hände von bereits im Mittelalter geläufigen Sexismus-Strategien lassen zu können.

Auch im Namen des Feminismus gibt es in der kritischen Auseinanderetzung mit dem Islam regelrechte Totalausfälle, wie etwa regelmäßig seit vielen Jahren von Alice Schwarzer. So ist die einstige Lieblingsfeindin der Springer-Presse und konservativer Parteien geradezu zu deren Idol aufgestiegen. Sie sagt zum Beispiel: «Diese islamistischen Kreuzzügler sind die Faschisten des 21. Jahrhunderts. ... Das Kopftuch ist die Flagge des islamischen Kreuzzuges.»[260] Feminismus kann irren, er irrt besonders, wenn er Islam mit Islamismus gleichsetzt und unterstellt, dass Frauen* nur aus fehlender Autonomie heraus den Hijab tragen.

Es gibt autonome Entscheidungen für den Hijab, gerade weil er zum Symbol des rassistischen Kampfes gegen den Islam geworden ist, gerade weil feministische Stimmen, die den Hijab aus der muslimischen Gesellschaft heraus kritisieren, für diesen rassistischen Kampf angeeignet, ja instrumentalisiert werden. Vielen ist der Hijab gar zu einem Symbol des Widerstandes gegen Rassismus und pauschale Verurteilungen des Islam geworden. Die Publizistin Khola Maryam Hübsch hat Beispiele dafür gesammelt, um zu zeigen, dass das Tragen eines Hijab sowohl feministisch als auch gegen patriarchalisch-kapitalistische Strukturen gerichtet sein kann.[261] So kommt es immer wieder zu Protesten gegen die simple Gleichsetzung des Tragens eines Hijab mit Unterdrückung, Sexismus oder anderer Unfreiheit – dabei dient dann der Hijab als Symbol der Freiheit und des Widerstandes.[262]

Am Ende sind die Schwarzers ebenso wie die AfD ideologische Brandstifter*innen und befördern, dass sich rassistische Gewalt gegen Frauen* richtet, die sich mit dem Hijab identifizieren. Alex W. etwa identifizierte Marwa El-Sherbini als Repräsentantin von Islamismus und Terrorismus (das ist ihm eins) und folglich nicht zu Deutschland gehörend, weil sie einen Hijab trug. Deswegen bedrohte er, als in Russland geborener Deutscher auf seine Zugehörigkeit zum *weißen* Deutschland drängend, ihren Sohn auf einem Dresdner Spielplatz. Marwa El-Sherbini zeigte ihn an und wurde während des Verfahrens von Alex W. im Gerichtssaal erstochen. Ein Polizist schoss daraufhin auf ihren Ehemann, der ebenfalls durch Alex W. verletzt wurde. Der Polizist habe (trotz der 16 Messerstiche, die in El-Sherbini eindrangen?) nicht erkennen können, wer Täter und wer Opfer sei. Auch das ungeborene Kind der El Sherbinis starb, ihr Sohn wurde Zeuge dieser Gewalt an seinen Eltern.[263] Dieses Ereignis steht stellvertretend für die massiven verbalen und körperlichen Übergriffe, denen Frauen*, die einen Hijab tragen, tagtäglich ausgesetzt sind – und für deren Tragweite. Diese Atmosphäre der Angst nährt neue Angst. Je mehr der Hijab vom Rassismus stellvertretend für «den Islam» attackiert wird, desto mehr wird er als Symbol der muslimischen Identität gestärkt und verteidigt.

Der Hijab ist noch mehr als entweder autonomer Widerstand gegen Rassismus oder Ausdruck patriarchalischer Unterdrückung. Er ist Teil von Identitäten und Ergebnis komplexer Motive: Es gibt Frauen*, die tragen ihn allein gezwungenermaßen; andere aber würden, weil es Teil ihrer Sozialisation ist, sich nicht wohlfühlen können ohne den Hijab – sei es nun, weil er ihnen Gottes Schutz schenkt (nach Sure 33 Vers 53 wird dies von vielen als Wille Allahs verstanden), weil sie sich sicherer (vor Sexismus) fühlen (so wie etwa die Verhüllung auch eine feministische Strategie der 1970er Jahre war) oder weil sie ihn und sich so schön finden (jedes individuelle Schönheitsverständnis ist gesellschaftlich kodiert und dabei immer auch verwurzelt in patriarchalischen Erzählungen).[264]

Verbote helfen hier ebenso wenig weiter, wie den Hijab zu verharmlosen. Weder ist es angemessen, den Kampf von Frauen* gegen den Hijab zu ignorieren noch ihn sich anzueignen. Dieses Thema darf weder den Islamist*innen noch den Rassist*innen gehören, sondern vor allem den Frauen*, die es etwas angeht und die dies auch thematisieren möchten. Es geht nicht darum, vor Diskriminierung die Augen zu verschließen. Der Hijab ist ein brennendes Thema, das nur durch und mit muslimischen Frauen*, die darüber sprechen wollen, diskutiert werden kann und sollte. Dabei gilt es historische Kontexte ebenso mitzudenken wie Handlungsspielräume, die sich aus spezifischen biografischen Wegen und deren räumlichen Kontexten ergeben.[265]

Kleidung ist immer ein Statement, das mit und über den eigenen Körper kommuniziert. Egal, wie individuell dieses Statement auch gemeint ist, es ist kollektiv verortet und sozial kodiert, wobei Sexismus federführend designt und bekleidet – oder zumindest lautstark kommentiert. Das trifft auf den Hijab zu, aber auch auf so viele andere Wege, Frauen* zu be-

oder entkleiden. Diese Diskussion muss symmetrisch geführt werden, was für mich nicht nur einschließt, die Geschichte der Verhüllung, sondern auch die Geschichte der Enthüllung, die vom Sexismus ebenso geprägt wurde wie vom Feminismus, kritisch zu reflektieren. Das (feministische) Streiten für die Hose als bequeme, bewegungsfreundliche und vor allem selbstbestimmte Alternative zu Korsett und Rock mündete in einer Hosenmode, die einschnürt und sexistischen Paradigmen der Inszenierung von Begehrlichkeit folgt. Das Eintreten für eine praktische Bademode endete im Bikini, der der sexistischen Logik folgt, gerade so viel zu verdecken, dass erotische Enthüllungsfantasien bedient werden können. In beiden Fällen wurde die feministische Idee einer selbstbestimmten und emanzipierten Bekleidungsreform von der sexistischen Präsenz der Modeindustrie überschrieben, die nicht einfach nur sexistischem Marketing folgt, sondern sexistische Ideologiemuster von Frauen*Körpern revitalisiert. Dies geht mit dem Paradox einher, dass Frauen*, die Bikinis und baucheinschnürende Jeans tragen, glauben, sie seien frei, weil sie begehrlich aussehen dürfen. Frauen* können sich auch trotz (oder gerade wegen und mit) Hijab frei fühlen; und es ist fraglos diskriminierend, wenn sie deswegen aus rassistischen Gründen verlacht, eines Raumes verwiesen oder an der Ausübung ihres Berufes behindert werden. Feminismus kann das eine ebenso wenig wollen wie das andere. Er denkt Sexismus als System, das prinzipiell übergriffig Körper in Formen und Farben presst, um sie zu definieren. Trans*Frauen etwa können bis heute fast nirgendwo auf der Welt Röcke oder Kleider tragen, ohne diskriminiert zu werden. Zwar haben sich Westeuropa und Nordamerika so weit liberalisiert, dass Trans*Personen nicht mehr strafrechtlich verfolgt werden, doch die Angst vor Blicken, Sprüchen und physischen Übergriffe zwängt viele in die Kleidung, die sich für sie falsch anfühlt.

3.5 Diskriminierung von Homosexualität, Inter*sexualität und Trans*geschlechtlichkeit

Die Diskriminierung von Homosexualität sowie auch Inter*sexualität und Trans*geschlechtlichkeit ist ein zentrales Anliegen des Sexismus. Warum? Sie unterwandern alle Selbstverständnisse, die das Patriarchat als legitime Herrschaftsform postieren. Das ist zum einen der Primat der Reproduktion, wie sie Gottes Bestrafung Evas nach dem Sündenfall vorgibt (Genesis 1,28). So schreibt etwa Albertus Magnus, ein entschiedener Gegner der Homosexualität: Der «Geschlechtsakt» sei eine «von Gott gegebene Natureinrichtung zur Zeugung und Fortpflanzung».[266] Da Homosexualität nicht diesen Zweck erfüllt, wird es zum Kapitalverbrechen aufgebaut.

Die Verweigerung der Reproduktion wird, insbesondere ab der Aufklärung, als Gefährdung der Gesellschaft deklariert. Indem Homosexualität, wie auch Inter*- und Trans*geschlechtlichkeit, die Konzepte Mann* und Frau* verkomplizieren, wird zum anderen auch das Postulat der Zweigeschlechtlichkeit sowie die vermeintlich naturgegebene Differenz von Mann und Frau bzw. *FrauistnichtMann* angefeindet, samt den damit einhergehenden Bewertungen und deren Legitimierung männlicher Herrschaft.

In diesem Zusammenhang kommt ein weiterer Aspekt zum Tragen. Vom Mittelalter bis zur Gegenwart adressierten die meisten Strafgesetzgebungen nur Homosexualität von Männern*. Nicht etwa, weil lesbische Liebe erlaubt gewesen wäre. Zunächst einmal war sie tabuisiert – selbst in der griechischen Antike, wo Homosexualität von Männern* toleriert wurde. Vor allem aber, und das bedingte auch ebendiese Tabuisierung, musste lesbische Liebe beschwiegen werden, weil deren Existenz dem patriarchalischen Erzählstrang über die anatomische und sexuelle Konstitution von Frauen* widersprochen hätte: Frauen* könnten gar keine aktiv handelnden Sexualpartner*innen sein (weil sie ja keinen Penis haben), und sie können auch keine sexuelle Lust empfinden (weil sie ja keinen Penis haben).[267] Die Anschuldigung von «Sodomie» aber war an Penetration gebunden, und der Hauptvorwurf bestand darin, dass Sexualität nur der Lust statt der Fortpflanzung dienen würde. Deswegen passten die beiden Stränge nicht zusammen. Es wäre nur eines von beiden gegangen: Wenn also Sodomie eine rein auf Lust ausgerichtete Sexualität verkörpere, könnte sie bei Frauen*, die kein Lustempfinden kennen würden, auch nicht auftreten. Entweder hätte die eine Konstruktion nicht gepasst oder die andere; deswegen wurden in den Gesetzgebungen gleichgeschlechtliche Beziehungen unter Frauen* (bis auf einige Ausnahmen) ausgespart. Paradox daran ist aber zudem, dass es ja Teil von Evas Strafe ist, den Mann* zu begehren – was wiederum Lust als Fluch für moralische Verkommenheit (im gegebenen Teufelskreis) eigentlich als «fraulich» setzt. Ab dem 19. Jahrhundert wird lesbische Liebe, in Anlehnung an antike Modelle, wieder besprochen und benannt, nicht aber enttabuisiert oder gar gestattet.

Was Inter*sexualität und Trans*geschlechtlichkeit angeht, so lässt sich folgende Linie erkennen: Insofern das Ein-Geschlecht-Modell davon ausging, dass der Körper der Frauen den des Mannes nach innen hin spiegele, war die Idee, dass es dazwischenliegende Körperformen gab, zwar an sich mit dieser Theorie vereinbar. Da aber das soziale *Frauistnicht-Mann*-Paradigma so machtvoll war, war eine eindeutige Zuordnung zu Mann oder Frau Voraussetzung für dessen Überleben. Ab dem 14. Jahrhundert wurden inter*sexuelle und trans*geschlechtliche Menschen zunehmend systematisch strukturell verfolgt. Ab dem 18. Jahrhundert setzten sich eine Tabuisierung von Inter*sexualität und eine Ausblendung von Trans*sexualität durch. Dies geschah komplementär zur Etablierung des Zwei-Geschlechter-Modells, das noch besser zur rigiden Zweigeschlechtlichkeit passte. Inter*sexualität wurde nunmehr konsequent pathologisiert und (operativ) korrigiert.[268] Homosexualität, Inter*sexualität und Trans*geschlechtlichkeit galten fortan als verschränkte Tatbestände, und alles wurde unter «Drittes Geschlecht» subsumiert, verfolgt, unterdrückt und unterbunden.

3.5.1. Homosexualität

Ein Schulfreund von mir ist 2017 im Alter von nicht mal fünfzig Jahren gestorben. Seit der zehnten Klasse liebte er einen Mann*, und dieser liebte ihn. Beide kamen aus sehr konventionellen Familien, die eine war katholisch. Obwohl sie ihr Leben lang zusammen waren, lebten sie nie zusammen. Der Freund von mir führte hingegen zwei heterosexuelle Ehen (mit Kindern). Bei der Beerdigung meines Schulfreundes standen die beiden (Ex-)Frauen am Grab; sein Lebenspartner aber, der stand abseits und weinte sehr, sehr heimlich. Vor zwei Jahren hielt ich am 17. Mai einen Vortrag anlässlich des Internationalen Tags gegen Homo-, Bi-, Inter- und Transphobie; der Freund meines Schulfreundes kam, weil der Vortrag an seiner Arbeitsstätte stattfand. Beim nachfolgenden Empfang sagte er, dass er sich ängstlich und glücklich zugleich fühle, «hier gesehen zu werden». Wovor hatten er und mein verstorbener Schulfreund Angst? Es gibt keine Gesetze mehr, die sie hätten fürchten müssen. Der Schulfreund, der jüngst verstarb, fürchtete seine Eltern, vor allem dass diese ihm die Familienfirma nicht überantworten würden. Das war kein Hirngespinst, sondern eine offene Drohung ob des Gerüchtes, das die beiden liebenden Männer* in ihrer 30-jährigen Beziehung nicht verhindern konnten. Der andere fürchtete die Häme von Kolleg*innen und insbesondere, dass er beruflich behindert werden könnte. Das ist der Fallstrick des sogenannten «Coming Out»; es geht darum, mit der Neuigkeit herauszukommen: «Ja! Ich bin homosexuell.» Warum aber ist es dann nicht eine Neuigkeit, die ich mit Eltern, Freund*innen, Kolleg*innen teilen kann, sobald ich erkenne, dass ich heterosexuell bin? Ich habe mich total gefreut, dass meine damals neunjährige Tochter nach dem Fußballtraining zu mir kam und sagte: «Krass. Ich bin total in Roxy verknallt!» Das ist eben normal. So einfach ist das. Oder besser: So einfach könnte es sein, wäre da nicht die viel zu lange Geschichte der Diskriminierung von Homo- und Bisexualität – und um ebendiese (Begriffs)Geschichte geht es in diesem Kapitel.

3.5.1.1. Begriffe und Zahlen

Der Begriff «Homosexualität» geht auf Karl Maria Kertbeny (früher Karl Maria Benkert) zurück. Er prägte ihn im Rahmen seines Kampfes gegen die Diskriminierung homosexueller Männer* und wollte explizit mit dem tradierten Begriff der «Sodomie» brechen.[269] Dieser leitet sich ab von der Stadt Sodom, die im 1. Buch Mose Gott ob der Sünden ihrer Einwohner*innen zerstörte: «Aber die Leute zu Sodom waren böse und sündigten sehr wider den Herrn.» (1. Mose 13:13) Zwar werden die Sünden nicht weiter spezifiziert, in der Exegese aber ist (heute umstritten) davon die Rede, dass diese homosexueller Natur waren.[270]

Vom Kern her setzt der Begriff «Sodomie» Sexualität zwischen Männern mit der von Mann und Tier gleich. Dabei greift das tradierte Muster, Diskriminierung und Entrechtung darüber zu legitimieren, dass Menschen animalisiert werden, wodurch ihnen das Menschsein abgesprochen wird. Zunehmend wurde der Begriff breiter gefasst. Insofern «Sodomie» per se einen Moralverstoß (in Richtung Aufgabe des Menschlichen) darstellte, wurden zunehmend auch vermeintliche «Moralverstöße» unter diesem Begriff subsumiert, die nicht allein sexuelle Kontakte zwischen Männern betrafen. Parallel dazu wurde «Sodomie» allmählich radikaler interpretiert und verfolgt.[271]

Der Sexualwissenschaftler und Arzt Magnus Hirschfeld, der als Mitbegründer der Homosexuellen-Bewegung gilt, prägte die Rede von «Homosexualität» als «drittem Geschlecht». Letztlich aber setzte sich «Homosexualität» seit dem 19. Jahrhundert zur Bezeichnung «gleichgeschlechtlicher» Beziehungen durch; wobei sich «das dritte Geschlecht» zunächst als Bezeichnung für inter*sexuelle und trans*geschlechtliche Personen etablierte.

«Homo» leitet sich ab von griech. ὁμός (*homós*) für «gleich». Übersetzt würde es also «Gleichsexualität» heißen und ist somit inhaltsnah zum heutigen Begriff «gleichgeschlechtlich», etwa in «gleichgeschlechtlicher Liebe» oder «gleichgeschlechtlicher Beziehung». Gerade in seiner Absetzung zu Heterosexualität – aus dem altgriechischen Adjektiv ἑτερό (*héteros*), das «verschieden, anders» meint –, ergibt sich eine Normsetzung von Zweigeschlechtlichkeit, welche untrennbar mit der Normsetzung von fortpflanzungspotenter Sexualität und dem Paradigma *Mannoder-Frau* verbunden ist. Hinzu kommt, dass «homo» im Lateinischen «Mann» (in Übereinstimmung mit dem generischen Maskulinum «Mensch») bedeutet, wodurch irgendwie auch die lange Geschichte des Beschweigens lesbischer Liebe mitklingt. Dass «lesbisch» sich von einer Insel ableitet, der Insel Lesbos, auf der die Dichterin Sappho lebte, welche die Liebe zwischen Frauen* besungen haben soll, zeigt exemplarisch, dass dieses Phänomen «ausgelagert», isoliert wurde.

Homosexualität ist letztlich ein nicht unproblematisches Label, weil es Menschen auf deren Sexualleben reduziert, was viel zu eng ist, um eine komplexe Persönlichkeit zu beschreiben – und zwar unabhängig davon, ob eine Person schon jemals Sex hatte oder in einer Partner*innenschaft lebt. Durch die Fokussierung auf «Sex» bleibt suggeriert, dass so bezeichnete Menschen (wann immer sie sich treffen) sexuell handeln (wollen). Erst seit dem ausgehenden 20. Jahrhundert trägt der Begriff auch partner*innenschaftliches Zusammenleben und erotische Sehnsüchte mit – unabhängig davon, ob sie sexuell ausgelebt werden (können) oder nicht. Dabei bleibt ausgeblendet, dass es nicht um entweder Homo- oder

Heterosexualität geht, sondern gleichgeschlechtliche Liebe auch Bi- oder Pansexualität mit umfasst.

Eine Fokussierung auf (gleichgeschlechtliche) Sexualität nimmt auch das Modewort «sexuelle Orientierung» vor, dass Sex im Zentrum des Wortgebäudes hat. Es wird immer nur asymmetrisch verwendet und auf heterosexuelle Menschen maximal bezogen, wenn in dem Kontext auch von homosexuellen Menschen die Rede ist. Zudem ist «Orientierung» ein wabernder Begriff. Wieso überhaupt Orientierung? Steckt da nicht eigentlich der Gedanke drin, ja sie sind sexuell so ausgerichtet, aber das heißt ja noch lange nicht, dass sie auch diesen Weg gehen müssen – als sei Homosexualität nicht deutlich (etwa über die mitochondriale DNA) auch unabhängig vom individuellen Wollen festgelegt.[272] Natürlich gibt es kein eindeutig identifizierbares Gen, das Hetero- oder Homosexualität bestimmen würde, und sind soziale Faktoren gleichsam relevant. Doch vor allem geht es nicht um ein reversibles «Wollen», das beispielsweise durch eine Konversionstherapie oder Bestrafungen zu ändern wäre.

Letzten Endes tragen daher auch Begriffe wie etwa lesbisch, Homosexualität und sexuelle Orientierung, auch wenn sie nicht so offensiv diskriminierend ausgerichtet sind wie das S-Wort, die jahrhundertealte Diskriminierungsgeschichte in sich. Weil Homosexualität sich als widerständige Eigenbezeichnung etabliert und behauptet hat, findet das Wort in der breiten Bedeutungsdimension, die nicht nur sexuelles Handeln benennt, in emanzipativen Kontexten (und diesem Buch) Verwendung. Das gilt auch für «lesbisch» und «schwul», die zu den wenigen Beispielen gehören, in denen es einer emanzipativen Bewegung gelungen ist, Begriffe zurückzuerobern und als Eigenbezeichnung zu besetzen – obgleich sie aber auch noch gezielt abwertend verwendet werden. Analog dazu trifft das auch auf die Genese des englischen Begriffes «queer» zu, der als Anglizismus in viele Sprachen der Welt Einzug hielt.

In der emanzipativen Sprache gilt «queer» aktuell als ein Oberbegriff, der Bi- und Homosexualität ebenso umfasst wie Inter*- und Trans*sexualität sowie Trans*geschlechtlichkeit, wobei für dieses gesamte Spektrum mittlerweile das Akronym LSBTTIQ* (lesbisch, schwul, bisexuell, trans*-sexuell, trans*geschlechtlich, inter*sexuell und queer) bzw. das englische Original LGBTTIQ* (zuweilen ergänzt um A für Asexuell oder C für Curious und weitere mehr) international und zunehmend auch im deutschsprachigen Raum verwendet wird.[273] Am etabliertesten ist aber LGBTIQ*, wobei der Asterisk am Ende bedeutsam ist, um die Offenheit und Unabgeschlossenheit des Akronyms zu unterstreichen.

Diskriminierung von Homosexualität unter den Begriff «Homophobie» zu fassen, ist bestenfalls irreführend. Es geht nicht um eine «Angst» vor Homosexuellen. Wenn überhaupt «Angst» im Spiel ist, dann nur weil es zur Ideologie des Sexismus gehört, gleichgeschlechtliche Sexualität als bedrohlich zu inszenieren, um das Postulat der (reproduktiven) Zweigeschlechtlichkeit zu verteidigen. Angst aber müssen letztlich immer nur homo- und bisexuelle Menschen haben – und zwar vor heterosexuellen Menschen, die mit der Macht zur Diskriminierung und dem Normalitätsnimbus ausgestattet sind und daraus (verbale) Handlungen ableiten.

Letztlich ist es schwer bis unmöglich, genau zu belegen, wie Menschen sich verorten. Belegbar sind allein Eintragungen von Partnerschaften oder Eheschließungen. 2016 gab es 44 000 homosexuelle eingetragene Lebenspartnerschaften sowie 17,6 Millionen heterosexuelle Ehepaare. Nach Schätzungen des Lesben- und Schwulenverbandes gab es 2014 223 000 gleichgeschlechtliche Lebensgemeinschaften (also Haushalte homosexueller Paare, unabhängig davon, ob sie amtlich eingetragen wurden oder nicht).[274] Das wären also etwa 0,5 Prozent der Bevölkerung. Diese Zahlen sagen aber letztlich nichts darüber aus, wie viele Menschen hetero-, bi- oder homosexuell sind. Einer Umfrage von 2016 zufolge verorten sich 72 Prozent der Frauen und 81 Prozent der Männer als «ausschließlich heterosexuell». 2,6 Prozent der Frauen bzw. 2,5 Prozent der Männer sagen, dass sie «ausschließlich homosexuell» sind. Der Rest will entweder keine Angaben machen (14 Prozent der Frauen*, 10 Prozent der Männer*) oder sieht sich durch keine der Zuordnungen repräsentiert.[275] Gleichzeitig identifizierten sich 2016 7,4 Prozent der Deutschen als LGBT[276] – wobei hier neben Homo- und Bisexualität eben auch Trans*geschlechtlichkeit mit einberechnet ist. Dass es keine verlässlichen Zahlen gibt, liegt daran, dass niemand gezwungen wird und werden kann, LGBTIQ-Positionen offiziell zu registrieren – und viele Menschen dies nicht mal einer Statistik anvertrauen. Das geschieht aus gutem Grund und vor dem Hintergrund einer viel zu langen Geschichte der Diskriminierung von Homosexualität, die längst nicht Geschichte ist.

3.5.1.2. Historische Entwicklungen

Die griechische und römische Literatur und die visuelle Kunst erzählen von gleichgeschlechtlicher Liebe, vor allem von Männern*. Allerdings gab es weder die konzeptuelle Idee von Homosexualität (als geburtsbedingter prinzipiell möglicher erotischer Veranlagung), noch wurde diese anstandslos gebilligt. Insbesondere wurden lesbische Beziehungen tabuisiert. Auch homosexuelle Beziehungen zwischen gleichaltrigen Männern* wurden beschwiegen und diskriminiert. Eine Nische gab es allein für Beziehungen älterer Männer mit Jugendlichen zwischen zwölf und 18 Jahren oder Versklavenden und Versklavten. Hier war eine Zwangskonstellation gegeben, aus der sich eine Hierarchie ergab, die mit der Herrschaftstheorie von Aristoteles, also Mann erzieht Knaben, sowie der Ordnung von Aktivität versus Passivität, Freiheit versus Unfreiheit oder auch Überlegenheit versus Unterlegenheit vereinbar war. Dementsprechend musste auch der mächtigere (also versklavende) etablierte Mann* der penetrierende sein.

Diese Regelung kam einer De-facto-Halblegalisierung von Vergewaltigung im Allgemeinen und sexuellem Missbrauch an Jungen* und männlichen* Jugendlichen im Besonderen gleich. Das bewirkte wiederum, dass in nachfolgenden Jahrhunderten Homosexualität und «Knaben*-liebe» synonym gesetzt wurden. Schon im Alten und Neuen Testament taucht diese Vermengung von Homosexualität und Kindesmissbrauch auf. So heißt es im Brief des Paulus an die Korinther, vermutlich 53/54 n. u. Zt. geschrieben: «Weder Unzüchtige [...] noch Knabenschänder [...] werden das Reich Gottes ererben.» (1. Korinther 6:9–10) Diese Vermengung hatte verheerende Auswirkungen auf die Rechtsprechung noch im 20. Jahrhundert. Der Schutz von männlichen* Kindern und Jugendlichen vor sexuellem Missbrauch wurde in Gesetzen geregelt, die sich gegen Homosexualität richteten, wodurch es zu einer dramatischen Schieflage kam, als würden alle Homosexuellen Kinder missbrauchen und als gäbe es Kindesmissbrauch nicht auch von heterosexuellen Personen. Kindesmissbrauch, auch gleichgeschlechtlicher, ist ein Gewaltverbrechen, bei dem sexuelle Befriedigung der kriminellen Person in der Regel nicht das eigentliche und schon gar nicht das einzige Tatmotiv ist. Es geht immer um Gewalt, und sie äußert sich immer in Vergewaltigung. Indem Kindesmissbrauch aber fälschlich der Homosexualität zugeschrieben wurde, konnte Ersteres leichter verharmlost werden – und Letzteres einfacher (als wider die Natur) kriminalisiert werden.

Im Brief des Paulus an die Römer (geschrieben zwischen 54 und 57 n. u. Zt.) heißt es etwa: Wer «natürlichen Verkehr vertauscht mit dem widernatürlichen» (Römer 1:26), verdiene «nach Gottes Recht den Tod …» (Römer 1:32) Unabhängig davon, ob hier die Todesstrafe für Homosexualität verlangt oder ganz grundsätzlich die Seele als verdammt tituliert wird, es ist der alttestamentliche Duktus «Du sollst nicht bei einem Mann liegen wie bei einer Frau; es ist ein Gräuel» (3. Mose 18:22), der dieses Verhalten mit Auswirkung auf alle kommenden Gesetzgebungen und Verfolgungen als «widernatürlich» (*contra naturam*) verortet. Im Koran gibt es eine Minderheitenauslegung, die in Sure 4 Vers 15 und 16 ein Verbot homosexueller Akte zwischen Frauen (15) und zwischen Männern (16) festgeschrieben sieht, mit unterschiedlichen Strafen. Mehrheitsmeinung ist jedoch, dass der Text sich auf heterosexuellen Geschlechtsverkehr zwischen Unverheirateten bezieht. Ein Verbot von Homosexualität wird im Islam daher weniger auf den Koran denn auf Hadithe, also Überlieferungen, bezogen.

Kaiser Justinian, in dessen «Codex Justinianus» (529 n. u. Zt.) «S.» erstmalig im Sinne von männlicher* Homosexualität auftauchte, nutzte dieses Kriminalisierungsparadigma bereits innenpolitisch aus: Personen, die gleichgeschlechtliche Sexualität ausübten, machte er für Probleme seines Reiches verantwortlich und strafte sie entsprechend hart ab.[277] Papst Gregor VII. institutionalisierte eine strafrechtliche Verurteilung im Machtbereich der katholischen Kirche, die sich dann im *Concordia discordantium canonum* (1140) fortsetzte. «S.» wird hier als schlimmste Sünde verurteilt, wobei diese in diesem mittelalterlichen Kirchenrechtsverständnis auch, jeweils abgestuft, Bestialitas (Sex mit Tieren), Oral- und Analverkehr sowie Onanie mit einschließe – alles sexuelle Praktiken, die nicht der Fortpflanzung dienen.[278] Parallel zu dieser Rechtsprechung heizte sich auch die betreffende Moral-Rhetorik weiter auf. Ein Beispiel dafür ist Bischof Petrus Damanius, der in seinem Buch «Liber Gomorrhianus» (1049) schreibt, dass «S.» alle anderen Laster übertreffe, und, ganz im Duktus von Paulus, davon spricht, dass sie die Seele zerstöre und ein Leben im Himmel verwirke.[279] Im Zuge dieser Argumentationsführung wurde «S.» pathologisiert und als (vererbbare) Krankheit erzählt, so etwa von Albertus Magnus und seinem Schüler Thomas von Aquin.[280]

Zwischen 1250 und 1300 wurde Homosexualität sowohl in der religiösen wie auch der weltlichen Gesetzgebung «zu einem bei Todesstrafe untersagten Verbrechen».[281] Dabei kam es zu einer erneuten Ausweitung dessen, was unter «S.» subsumiert wird. Sie schließt nicht mehr nur auch Verkehr mit Tieren, Selbstbefriedigung und (heterosexuellen) Oral- und Analverkehr ein, sondern auch Nekrophilie, sexuellen Verkehr mit Nicht-Christ*innen oder die Nutzung von Objekten in der Sexualität.[282] Insofern Sexualität insgesamt tabuisiert wurde und insbesondere die sündhafte Sexualität vielen unsagbar war oder gemacht wurde, verstärkte sich im Spätmittelalter auch eine Art Tabuisierung von «S.» hin zu einer «Peccatum mutum» (stummen Sünde) – nicht zuletzt weil mittelalterliche Theolog*innen die sogenannte «passio ignominie» (Leidenschaft der Schande) etymologisch als «Unsagbarkeit» (ig-nominia) deuteten. Über stumme Sünden zu sprechen oder zu schreiben, war dabei selbst eine Sünde, konnte es doch zur stummen Sünde verführen. Auch wenn das Sprechen darüber eingedämmt wurde, milderte das nicht die Konsequenzen für dieser «stummen Sünde» angeklagte Personen.[283]

Zum einen verortete die aus Rom zentralistisch geführte Inquisition «S.» als Ketzerei. Das führte dann umgekehrt dazu, dass Häretiker*innen umgekehrt auch Homosexualität unterstellt wurde, um sie der Ketzerei zu überführen. Das eine wurde dabei auch dem anderen angedichtet. Davon zeugt etwa, dass das Verb «jemanden ketzern» sich auch als Ausdruck dafür entwickelte, die «aktive Ausübung des Koitus durch einen Mann mit einer Person gleichen Geschlechts»[284] zu meinen. Zum anderen lassen sich ab dem 13. Jahrhundert auch weltliche Verwaltungs- und Gerichtsordnungen sowie Prozesse gegen Homosexualität nachweisen, etwa in Augsburg (1276) oder ab dem 15. Jahrhundert in Bologna, Florenz, Siena und Venedig.[285]

Mit der *Constitutio Criminalis Carolina (CCC)*, auch bekannt als «Peinliche Gerichts- und Peinliche Halsgerichtsordnung Kaiser Karls V.», kam es 1532 zu einer regional übergreifenden Regelung, die auch Frauen mit einschloss. In § 16 heißt es, dass es «vnkeusch», also unkeusch, und «wider die Natur» sei, wenn «eyn mensch mit eynem vihe, mann mit mann, weib mit weib, vnkeusch treiben» würde. Darauf steht die Todesstrafe durch Verbrennen: «… die haben auch das leben verwürckt, vnd man soll sie der gemeynen gewonheyt nach mit dem fewer vom leben zum todt richten.»[286]

Die CCC diente bis weit ins 18. Jahrhundert hinein als Grundlage des deutschen Strafrechts. «[D]ie dreihundert Jahre zwischen 1500 und 1800 stellen die Epoche der intensivsten Aufspürung und Tötung tatsächlicher oder angeblicher ‹S.› im christlichen Abendland dar.»[287] Brutalen Hinrichtungen gingen brutale Folterszenarien voraus. Uneinig waren sich Richter*innen und Jurist*innen allein darin, ob Menschen eventuell vor dem Verbrennen enthauptet werden sollten, was das römische Recht anders als die CCC vorsah.[288] Kaum auszumalen, was das mit jedem einzelnen Jungen* machte, der erotische Gefühle für einen anderen Jungen* in sich entdeckte; oder mit Mädchen*, die sich in Mädchen* verliebten.

Protestantismus verfolgte Homosexualität nicht weniger intensiv. Ganz im Gegenteil, sie wurde als katholischer Sündenfall verortet und galt daher auch als unvereinbar mit dem protestantisch dekretierten Auserwähltsein zum Leben jenseits von Sünde. In den protestantischen Niederlanden wurden Homosexuelle als innere Staatsfeinde verfolgt; noch ab 1730 gab es eine Welle verstärkter Verfolgung, die zu etwa 250 bis 300 Gerichtsprozessen führte. Es gab mindestens 44 Hinrichtungen.[289]

Insgesamt aber kam es mit dem Säkularisierungsgeist der Aufklärung zu einer Emanzipation vom göttlichen Willen, die sich auch auf die Bewertung von Homosexualität auswirkte. So wie die patriarchalische Unterwerfung von Frauen* in eine modifizierte Morallogik überführt wurde, wurde auch die Diskussion um Homosexualität partiell neu aufgestellt. Zwar blieb die Aufklärung darin sehr bibelnah, dass vor allem die Gefährdung der Fortpflanzung und damit der Reproduktion des Staates als Hauptdelikt der Homosexualität angesehen wurde. Doch auch die Genesis-Idee, dass Lust den Geist schwäche, stand auf dem Tableau. Es ging um nichts Geringeres, als Homosexualität zu unterstellen, dass sie (wie in Sodom) den Moralverfall der Gesellschaft (etwa deren Maßlosigkeit) verursache – und dafür auch haften müsse.[290]

Allerdings wurde in der Aufklärung zugleich auch heftig für eine Liberalisierung des Strafmaßes gestritten. Zu den diesbezüglich wichtigsten Stimmen gehört Johannes Jakob von Cella. Er hielt «Ruthenstreiche, Gefängnis, und Anhaltung zur Fleis und Arbeit» geeigneter «als Feuer und Schwert», um «diesem Übel» zu begegnen.[291] Diese Diskussionen führten tatsächlich zu einer neuen Strafjustierung. Im Josephinischen Gesetzbuch, 1786/87 vom österreichischen Kaiser Joseph II. erlassen, werden «fleischliche Vergehen» «nur» mit Züchtigung und Zwangsarbeit geahndet. In der gelebten Konsequenz hieß das aber für nahezu die Hälfte der Bestraften noch immer zu sterben. Auch im Allgemeinen Landrecht für die Preußischen Staaten von 1794 war neben einer Zuchthausstrafe von einem «Willkommen und Abschied», also einer körperlichen Züchtigung zu Beginn und am Ende der Haftstrafe, die Rede.[292]

Zwar hielt die Mehrzahl der deutschen Kleinstaaten an der alten Gesetzgebung fest. Jedoch wurden freiwillige gleichgeschlechtliche Handlungen im Code Civile Napoleons (1804) sowie im Bayerischen Strafgesetzbuch von 1813 erstmals auch straffrei gestellt. Diese strafrechtliche Liberalisierung ging einher mit einem sich zunehmend auch öffentlich regenden Protest.[293]

Der Schweizer Heinrich Hössli verfasste mit seinem *Buch Eros. Die Männerliebe der Griechen* (1. Band 1836, 2. Band 1838) eine historisch wichtige Streitschrift zur Verteidigung von Homosexualität.[294] Karl Heinrich Ulrichs trat 1867 unter lautstarken Protesten auf dem deutschen Juristentag in München dafür ein, die Strafverfolgung homosexueller Handlungen zu beenden.[295] Diese Bewegung radikalisierte sich, als der berühmte britische Schriftsteller Oscar Wilde am 25. Mai 1895 zu zwei Jahren Zwangsarbeit verurteilt wurde, was später um ein Redeverbot, Schreibverbot und die Absetzung aller seiner Stücke ergänzt wurde. 1897 gründete Magnus Hirschfeld das «Wissenschaftlich-humanitäre Komitee (WhK)», die weltweit erste Organisation, die sich für die Gleichberechtigung von Homosexuellen einsetzte. Im selben Jahr initiierte er eine Petition an den Reichstag, § 175 StGB – die Strafbarkeit von sexuellen Handlungen unter Männern – abzuschaffen.[296] Dieser galt bis zum 11. Juni 1994, und auf seiner Grundlage wurden ca. 140 000 Männer* verurteilt.[297] Dabei gab es aber diverse Reformulierungen bzw. Versuche dazu. 1907 sollte § 175 etwa auch auf Frauen* ausgeweitet werden. In dem «Vorentwurf zu einem deutschen Strafgesetzbuch» (E 1909) hieß es: «Die Gefahr für das Familienleben und die Jugend ist die gleiche. Daß solche Fälle in der Neuzeit sich mehren, ist glaubwürdig bezeugt. Es liegt daher im Interesse der Sittlichkeit wie der allgemeinen Wohlfahrt, daß die Strafbestimmungen auch auf Frauen ausgedehnt werden.»[298] Diese Initiative versandete aber.

Das nationalsozialistische Regime verschärfte das Strafmaß von § 175 auf die Höchststrafe von fünf bzw. (für besonders schwere Fälle) zehn Jahren Zuchthaus; zudem schloss dessen Strafverfolgung sämtliche erotischen Handlungen einschließlich einer reinen Absicht ein – eine Wortäußerung etwa oder einen Blick, auch wenn es diese nur der Denunziation nach gab. Himmler und andere propagierten, dass Homosexuelle das nationalsozialistische Verständnis von der Überlegenheit arischer Männlichkeit gefährden würden. Am 7. Juli 1940 verfügte er, dass Personen, die wiederholt homosexuell agierten, in Konzentrationslagern eine «Vorbeugehaft» verbüßen müssten.[299] Am 15. November 1941 erließ Hitler einen Geheimerlass für Angehörige der SS und der Polizei: «Ein Angehöriger der SS und Polizei, der mit einem anderen Mann Unzucht treibt oder sich von ihm zur Unzucht missbrauchen lässt, wird mit dem Tode bestraft ...»[300] Insgesamt wurden ca. 50 000 Männer* inhaftiert und mehr als 15 000 davon in Lager deportiert, wo Tausende starben.[301] Das ideologische Argument dafür fasste Wenzeslaus Graf Gleispach, als Berichterstatter für eine Verschärfung von Paragraph 175 plädierend, wie folgt:

> Durch die Duldung der männlichen Homosexualität würde sich eine Verfälschung der Auffassungen und der Grundlage ergeben, auf der unser ganzes gesellschaftliches Leben ruht. Ein homosexueller Mann kann z. B. in seiner Betätigung im Amt durch Motive beherrscht werden, die nicht vorausgesehen werden können. Er ist sozusagen eine Frau im männlichen Gewand. Daraus entsteht das, was ich als Verfälschung des öffentlichen Lebens bezeichnen möchte.[302]

So wie im Mittelalter und der Frühen Neuzeit der Feuertod Homosexualität als pathologische Infektionskrankheit «brand»markte, änderte sich das Strafprofil im Zuge der Pathologisierung von Homosexualität als psychische Erkrankung. Entsprechend wurden neue «Therapien» entwickelt, darunter psychoanalytische, Hormon- und Konversionstherapien. Das berühmteste Beispiel ist der Mathematiker Alan Turing, der mit seiner Enigma-Entschlüsselung maßgeblich zum Sieg der Alliierten über den Nationalsozialismus beigetragen hatte. 1952 wurde er wegen «grober

Unzucht und sexueller Perversion» angeklagt. Nach dem Urteil wurde er vor die Wahl gestellt, eine Haftstrafe anzutreten oder sich hormonell behandeln zu lassen. Er ging den Weg der Hormontherapie und beging unter dieser 1954 Suizid.[303] Anders als Hormontherapien operieren Konversionstherapien mit Elektroschocks. In Anlehnung an Experimente der Pawlow'schen Konditionierung, welche Iwan Pawlow 1905 an Hunden praktiziert hatte, wurden den betreffenden Personen beispielsweise homoerotische Abbildungen gezeigt, während sie gleichzeitig Elektroschocks ausgesetzt wurden. Komplementär dazu wurden den Personen Bilder heterosexueller Sexualbegegnungen vor Augen gehalten – und zwar ohne begleitende Schmerzen. Auf diese Weise sollte bewirkt werden, homosexuelle Erotik abzulehnen und heterosexuelles Begehren positiv zu besetzen. Solche Konversions- oder Reorientierungstherapien wurden bis in die 1960er Jahre verordnet.[304] Noch in den 2010er Jahren gab es circa 2000 Personen pro Jahr, die in Deutschland freiwillig Konversionstherapien in Anspruch nahmen. Ende 2019 stimmte das Bundeskabinett einem Gesetzentwurf von Gesundheitsminister Jens Spahn zu, dass das Anbieten, Bewerben und Vermitteln von Konversionstherapien mit einer Geldstrafe von bis zu 30 000 Euro bestraft werden kann. Am 7. Mai 2020 verabschiedete der Bundestag dieses Gesetz.[305]

Entgegen diesen Tendenzen war Homosexualität in Frankreich und den Beneluxstaaten bereits im ausgehenden 18. Jahrhundert partiell legalisiert worden, wobei die finale juristische Gleichstellung jedoch auch erst im 21. Jahrhundert realisiert wurde.

Strafrechtliche Verurteilungen versiegten in Europa systematisch erst seit den späten 1960er Jahren. Nicht zuletzt im Zuge der 68er-Bewegung beendeten England und Wales die strafrechtlichen Beschränkungen homosexueller Beziehungen 1969, Norwegen folgte 1972.

In der DDR galt § 175 samt der NS-Rechtsänderungen bis zum Ende der 1950er Jahre. 1957 fand die letzte Verurteilung einer der Homosexualität angeklagten Person statt. Der Befund lautete, dass Homosexualität nicht der sozialistischen Idee widerspreche, und so wurde die strenge Bestrafung nach § 175 ausgesetzt. Es dauerte allerdings noch bis 1968, bis das neue Strafgesetzbuch der DDR § 175 strich. Allerdings wurde stattdessen § 151 eingeführt: Er regelte, dass Homosexualität unter Männern* und Frauen* unter achtzehn Jahren bestraft wird. In dem Paragraphen steckte auch das Bestreben, sexuellen Missbrauch an Jugendlichen zu verhindern. «§ 151. Ein Erwachsener, der mit einem Jugendlichen gleichen Geschlechts sexuelle Handlungen vornimmt, wird mit Freiheitsstrafe bis zu drei Jahren oder mit Verurteilung auf Bewährung bestraft.» Jedoch ist verwunderlich, warum dies getrennt nach Homo- und Heterosexualität geregelt wird. So wird § 151 durch § 149 gespiegelt. (1) «Ein Erwachsener, der einen Jugendlichen anderen Geschlechts zwischen vierzehn und sechzehn Jahren ... dazu mißbraucht, mit ihm Geschlechtsverkehr auszuüben ... wird mit Freiheitsstrafe bis zu zwei Jahren oder mit Verurteilung auf Bewährung bestraft.»[306] Nicht nur unterscheidet sich das Strafmaß (leicht) und wird für homosexuelle Handlungen ein höheres Schutzalter angesetzt als für heterosexuelle; dass überhaupt unterschieden wird, steht in der Tradition der antiken und biblischen Vermengung von Homosexualität und sexuellem Missbrauch von Kindern. Dadurch liest sich auch der 151er-Paragraph als Unterstellung, dass Homosexualität und sexueller Missbrauch an Kindern eng verzahnt seien. § 151 wurde 1989 gestrichen (beschlossen 1988) und in den § 149 und 150 die Formulierung «anderen Geschlechts» gestrichen, wodurch Kindesmissbrauch von Homosexualität entkoppelt wurde. Schätzungen der Magnus-Hirschfeld-Stiftung zufolge wurden in der DDR insgesamt rund 4300 Personen wegen ihrer Homosexualität verurteilt und mit bis zu drei Jahren Gefängnis bestraft.[307]

In der Bundesrepublik galt § 175 StGB samt der NS-Rechtsänderungen, bis es 1969 und 1973 Reformen gab. In seiner Fassung vom 23. November 1973 (gültig bis zu seiner Abschaffung im Jahr 1994) wurde in § 175 der Begriff «Unzucht» durch «sexuelle Handlungen» ersetzt, die alleinige Fokussierung auf Männer blieb bestehen. Es hieß dort: «(1) Ein Mann über achtzehn Jahren, der sexuelle Handlungen an einem Mann unter achtzehn Jahren vornimmt oder von einem Mann unter achtzehn Jahren an sich vornehmen läßt, wird mit Freiheitsstrafe bis zu fünf Jahren oder mit Geldstrafe bestraft.» Das konnte bedeuten, dass ein 21-Jähriger, der eine erotische Beziehung zu einem 17-Jährigen hatte, bestraft wurde. Das führte dem pensionierten Bundesanwalt Manfred Bruns zufolge sogar dazu, dass KZ-Häftlinge nach ihrer Befreiung wieder festgenommen wurden, da sie noch ihre «Reststrafe» abzusitzen hätten. Insgesamt wurden in der Bundesrepublik von 1949 bis 1965 ca. 45 000 Männer* wegen Homosexualität verurteilt.

Nach der Wiedervereinigung galt § 175 StGB (so wie auch § 218) nur für die alten Bundesländer – und zwar bis zur Streichung am 10. Juni 1994. Am gleichen Tag wurde mit dem neuen § 182 StGB «Sexueller Missbrauch von Jugendlichen» bis 16 Jahren als eigenständiger Straftatbestand verankert; zuvor bezog sich dieser Paragraph nur auf den «Beischlaf» mit einem «Mädchen» unter 16 Jahren, ab 1994 dann auf alle unter 16-Jährigen. Das war nicht nur insofern ein überfälliger Schritt zur rechtlichen Gleichstellung von Homosexuellen, als § 175 final abgeschafft wurde. Endlich wurde auch die jahrhundertealte, völlig falsche Unterstellung korrigiert, dass Homosexualität und Kindesmissbrauch das Gleiche seien – also Homosexuelle immer Kindesmissbrauch begehen würden oder könnten, während das auf Heterosexuelle nicht/weniger zuträfe.[308]

1990 strich die WHO Homosexualität von der Liste psychischer Erkrankungen. 2013 verurteilte der Weltärztebund Konversionstherapien als «Menschenrechtsverletzungen». Seit 2001 gibt es in Deutschland das «Lebenspartnerschaftsgesetz», das es homosexuellen Paaren ermöglicht, sich als Lebenspartner*innenschaft einzutragen. Seit Oktober 2017 gibt es die Möglichkeit einer Eheschließung. 2002 wurden jene in der NS-Zeit unter § 175 verurteilten Männer* vom Bundestag rehabilitiert. Im Juli 2017 wurde ein Gesetz zur strafrechtlichen Rehabilitierung der nach dem 8. Mai 1945 wegen einvernehmlicher homosexueller Handlungen verurteilten Personen erlassen.[309] Das Allgemeine Gleichstellungsgesetz (AGG) von 2006 regelt, dass Diskriminierung gegen Homosexualität sowie auch Inter*sexualität und Trans*geschlechtlichkeit angezeigt werden kann.

Weltweit existieren noch immer in sehr vielen Ländern restriktive und diskriminierende Gesetze, die insgesamt das Klima der Diskriminierung von LGBTIQ*-Personen anheizen – dabei gibt es auch (zeitweilige) Rückschläge wie etwa in Indien, wo 2013 Homosexualität wieder unter Strafe gestellt wurde, nachdem sie 2009 legalisiert worden war. Erst per Gerichtsbescheid wurde diese 2018 – gegen den Willen der Regierung – wieder legalisiert. In Europa stehen für solche Rückschritte insbesondere Erdogans Türkei, Orbans Ungarn, Kaczyńskis Polen und Putins Russland. 2013 unterzeichnete Wladimir Putin ein neues «Gesetz gegen Homosexuellen-Propaganda». Es stellt etwa unter Strafe, dass in der Anwesenheit von Minderjährigen positiv über homosexuelle Beziehungen gesprochen wird. Auf dieser Grundlage können (soziale) Medien oder Organisationen überwacht und verboten werden. In Uganda steht auf wiederholte homosexuelle Handlungen eine lebenslange Haftstrafe, in der Scharia-Gesetzgebung droht die Todesstrafe.[310]

Doch selbst da, wo strafrechtliche Konsequenzen nicht zu befürchten sind, wirkt die lange Diskriminierungsgeschichte bis heute fort. Vor Kurzem verkündete Kurienkardinal Gerhard Müller, dass «kein Mensch gottgewollt als Homosexueller geboren wird.»[311] Gesellschaftliches Umdenken wird durch die Politik und Bildung nicht konsequent befördert. «Mit der Entscheidung für die ‹Ehe für alle› wird die Welt sicherlich nicht zusammenstürzen», verlautbarte Annegret Kramp-Karrenbauer im Juli 2017. Die Welt bricht nicht zusammen, doch sie sieht sie offenbar als erschüttert an. Warum? «Man muss aber im Blick behalten», erklärt Kramp-Karrenbauer, «dass das Fundament unseres gesellschaftlichen Zusammenhalts dadurch nicht schleichend erodiert.»[312] Wie könnte Homosexualität den gesellschaftlichen Zusammenhalt gefährden? Spricht hier das 18. Jahrhundert und seine zweigeschlechtliche Reduzierung des Menschen auf Fortpflanzung? Oder hat sie im Namen des «man» Angst, dass die Herrschaft des Patriarchats «erodiert» werden könnte? Ich glaube, solche diskriminierenden Äußerungen, nicht aber das im Grundgesetz verbürgte Recht, nicht wegen seiner Sexualität diskriminiert zu werden, gefährden den gesellschaftlichen Zusammenhalt ebenso wie das Wohlbefinden Einzelner. Das betrifft auch die sexistische Diskriminierung von Inter*sexualität und Trans*geschlechtlichkeit.

3.5.2. Inter*sexualität und Trans*geschlechtlichkeit

Ein Kind kam auf die Welt. Wir hatten uns nicht vorher die Junge-oder-Mädchen-Frage stellen und beantworten lassen wollen; und doch ist es diese Information, die Eltern noch vor dem ersten Kontakt mit ihrem Kind ereilt. In unserem Fall war es der Satz «Jetzt ist sie da!», der mein Kind bereits einsortierte, bevor ich es selbst sah. Wir nannten unser Kind also Cecilia und Mädchen. Kurz nachdem Cecilia in den Kindergarten kam, nannte sie sich aber «Junge». Wir akzeptierten das, der Kindergarten aber forderte uns auf, «einen Psychologen» aufzusuchen. Solche pädagogischen Eingriffe von außen wiederholten sich. Diese konnten wir jedoch vor unserem Kind geheim halten und eine gemeinsame Routine entwickeln, unser Kind Manolo rufen und sein lassen zu können. Wer unser Kind nicht kannte, «sah» ohnehin einen Jungen. Dennoch gab es immer wieder anstrengende Momente. Das liegt etwa daran, dass die meisten Schulen sehr gender-binär aufgebaut sind – von Toiletten über Sport- und Schwimmunterricht bis zum Pausenhof. Es ist ein harter Kampf, als Kind, dessen standesamtlicher Name Cecilia ist, von Jungen in ihren Reihen damit geadelt zu werden, mitspielen zu dürfen. Cecilia wurde das lange verwehrt: «Mädchen dürfen hier nicht rein.» Immer wieder kam diese An- bzw. Absage – immer wieder, bis Manolos Trauer in so viel Wut umgekippt war, dass sers (so das Pronomen, das unser Kind sich wählt) den Rädelsführer körperlich angriff. Die traurige Wahrheit ist, dass Manolo genau deswegen seitdem als Junge akzeptiert wird. Rückschläge gibt es, weil sers beim Schwimmunterricht bei den Mädchen duschen und bei Klassenfahrten bei den Mädchen schlafen muss – obwohl doch alle Freund*innen Jungen sind. Das ist aber nicht nur für Manolo irritierend. Vor Kurzem läutete ein Mädchen in der Schule die Notglocke und schrie dabei um Hilfe, weil sie sich bedroht davon fühlte, einen «Jungen» auf der Mädchentoilette zu sehen. Cecilia verschanzte sich angesichts der Angst des Mädchens ängstlich in der Toilettenkabine. Es gab einen Aufruhr, der unser Kind und sehr private Anliegen ins Rampenlicht stellte. Uns stellte sich zunehmend die Frage, ob die Pubertät medizinisch ausgesetzt werden sollte, damit sich unser Kind mit 18 frei für einen Pubertätsweg entscheiden kann. In etlichen Gesprächen wurde immer klarer, dass unser Kind non-binär ist – sich also nicht grundlegend entscheiden möchte, ein Junge *oder* ein Mädchen zu sein. Sers sagt, ich bin «Aulo» (statt «Mann» oder «Frau»). Das aber brachte noch mehr Übergriffigkeit hervor – und Fragen über Fragen: «Warum kannst du dich nicht entscheiden? Es ist doch ganz klar, wer Junge und wer Mädchen ist!» – oder: «Wie siehst du denn untenrum aus?» So wie Schwarze Deutsche unaufhörlich gefragt werden «Wo kommst du her?», wobei eigentlich suggeriert wird, du gehörst nicht hierher, nach Deutschland – so werden Trans*Personen unaufhörlich mit genau dieser (intimen) BlickFrage oder (bestenfalls stillen) Fantasie konfrontiert. Dabei werden trans*geschlechtliche Personen in eine ewige Defensivrolle gedrängt, in der sie sich erklären und verteidigen müssen, und in eine Expert*innenrolle, Auskunft über Trans*geschlechtlichkeit (und gleich noch Inter*sexualität, Homosexualität, Genitalkunde und überhaupt Sexualität mit) geben zu müssen – egal, ob sie das können oder wollen. Das ist ebenso absurd, wie zu glauben, dass jede Person, die Fernsehen schaut, auch die Funktionsweise des Geräts erklären könnte. Dabei geht es letztlich zumeist doch nur scheinbar um Fragen und Wissen-Wollen und vielmehr tatsächlich darum, sich normierend daran auszurichten, dass es doch eigentlich eine (zweigeschlechtlich-binäre) Normalität gäbe. Viel zu viele Menschen sind viel zu fest davon überzeugt, dass es doch eigentlich gar kein Problem darstellen könne, sich selbst und alle anderen in die Entweder-Mann-oder-Frau-Schublade zu stecken – und machen daraus auch keinen Hehl: in Gesprächen mit und lästernden Bemerkungen über trans*geschlechtliche Personen. Damit aber stehen wir mitten in der sexistischen Diskriminierung von Inter*sexualität und Trans*geschlechtlichkeit. Um diese geht es in diesem Kapitel.

3.5.2.1. Begriffe und Zahlen

Inter*- wie auch Trans*sexualität bezeichnet körperliche Kontinuitäten sowie Kontinuitäten in der Selbstverortung mit Blick auf Geschlecht, die sich jenseits der vermeintlichen Zweigeschlechtlichkeit von Mann* oder Frau* vollziehen. Das Präfix «inter» (also «zwischen») in inter*sexuell ist insofern streitbar, als es letztlich bestätigt, dass es eine Norm/ativität von Mann oder Frau gäbe und etwas «dazwischen», so als sei das «dazwischen» eben nicht normal. Letztlich ist aber die Vielzahl die Kombinationsmöglichkeiten von Chromosomen, Hormonen, inneren und äußeren Geschlechtsmerkmalen, Genen, Keimdrüsen oder Gameten ein Kontinuum, dass die binäre Setzung Mann oder Frau an sich verhindert. Gleichzeitig besteht ein Bedarf, benennen zu können, dass es Normalitäten gibt, die sich dem Binarismus *MannoderFrau* entziehen. Deswegen ist es sinnvoll, von Inter*sexualität zu sprechen. Der Asterisk macht nicht nur deutlich, dass hierunter erfasst zu werden, ebenso normal ist, wie sich als Cis-Frau oder Cis-Mann zu identifizieren. Er markiert zudem, dass mehr als 4000 Formen von inter*sexuellen Körpern und betreffenden Identitäten bekannt sind – je nach Kombinationen von Genen, Hormonen, Keimdrüsen oder Gameten (Keimzellen) sowie von primären und sekundären Geschlechtsorganen und deren Auswirkungen auf Selbstverortungen. Lucie Veith, Vorsitzende des Vereins «Intersexuelle

Menschen», spricht davon, dass ca. 80 000 bis 120 000 inter*sexuelle Menschen in Deutschland registriert sind.[313] Schätzungen zufolge ist die Zahl weitaus höher. Viele Menschen tabuisieren oder beschweigen Inter*-sexualität – sogar so weit, dass Eltern eine operative «Korrektur» vornehmen lassen, von der ihre Kinder niemals erfahren. Auch gibt es Facetten von Inter*sexualität, die nicht wahrgenommen oder verdrängt werden.[314] Weltweit werden unterschiedliche Kriterien angelegt. Anne Fausto Sterling geht davon aus, dass weltweit 1,7 Prozent der Menschen inter*sexuell geboren werden.[315] Es gibt genetische Faktoren, die das einem Körper zu einem hohen Maße einschreiben (ohne dass es dafür das eine Gen gäbe), und es gibt soziale Faktoren, die persönliche Umgangsweisen und Ausgestaltungen von Inter*sexualität prägen.

Der Begriff «Intersexualität» geht auf den Genetiker Richard Goldschmidt zurück. Er verwendete ihn erstmalig 1915.[316] Zuvor fanden vor allem zwei Begriffe Verwendung, die (insbesondere aufgrund der gewaltvollen Diskriminierung von Inter*Menschen) nicht nur als veraltet gelten, sondern (schon immer) diskriminierend wirkten. Das betrifft insbesondere den spätestens seit Mitte des 18. Jahrhunderts gebräuchlichen Begriff «Zwitter». Er wurde aus dem Tier- und Pflanzenreich auf Menschen übertragen, wo er auch auf ein nicht-menschliches Fortpflanzungsverfahren rekurriert: nämlich darauf, dass ein Tier oder eine Pflanze mit sich selbst fortpflanzungsfähig ist. Zudem gibt es den Begriff «Hermaphrodit». Er ist der griechischen Mythologie entlehnt und erstmals bei Theophrastos von Eresos nachgewiesen. Ein*e Hermaphrodit weist klassische Merkmale eines Mannes und einer Frau auf – wobei die Fähigkeit zur Fortpflanzung nicht im Mythos enthalten ist. Problematisch ist, dass Hermaphrodit nicht die Fluidität von Geschlecht, sondern die Addition von zwei klar abgrenzbaren Geschlechtern benennt und zudem die Reproduktionsfähigkeit ausschließt; was über die Jahrhunderte hinweg als Säumen bis Sünde galt. Schließlich ist der Begriff «androgyn» geläufig, vor allem als Adjektiv. Es stammt von der Zusammensetzung der griechischen Substantive «ἀνήρ» (anir) für Mann und «γυνή» (gyne) für Frau ab. Insofern «andro» vom Genitiv «ἀνδρός» (andros) abgeleitet ist, heißt es eigentlich wortwörtlich «desMannesFrau» – und setzt «Mann» damit ganz im Sinne der patriarchalischen Zweigeschlechtlichkeit als Besitzenden. Wie Hermaphrodit ist «androgyn» der griechischen Mythologie entlehnt. Erstmals ist er in Platons Dialog *Symposion* (ca. 385–370 v. u. Zt.) belegt. Stärker als Hermaphrodit ist der Begriff entsexualisiert, weil es auch bereits Kleidung oder Gesichtszüge sind, die heute mit dem Attribut «androgyn» gemeint sein können. Seit der Antike wurden Körper inter*-sexueller Menschen diskriminiert: Das reichte von Tabuisierung, Spott und (unfreiwilliger) Zurschaustellung über drastische Bestrafungen bis hin zu Genitalbeschneidungen. Bis heute ist es gängige Praxis, dass Kinder sehr früh nach der Geburt operativ und/oder hormonell so reguliert werden, dass sie einem biologischen Normbild von entweder Mann oder Frau entsprechen. Diese erheblichen körperlichen Eingriffe orientieren sich an aristotelischen Modellen gespiegelter Genitalien: So werden etwa Hoden oder Klitoris abgeschnitten, was hormonell begleitet wird. Hormone werden auch zur Definierung von Körperbehaarung, Stimme oder Brustwachstum herangezogen. Nicht Körper und Würde, sondern dem Prinzip der Zweigeschlechtlichkeit gilt hier die Unantastbarkeit. Dabei werden Chromosomen oder aber die dominierende körperliche Tendenz innerhalb des Zweigeschlechtlichkeitsparadigmas als Maßgabe genommen, um sie in das Modell *EntwederMannoderFrau* zu pressen.

Diese Eingriffe haben nicht nur körperliche, sondern auch nachhaltige psychische und identitäre Folgen. Denn viele Personen können sich letztendlich nicht oder nur mit viel zu großen Anstrengungen mit dem Geschlecht identifizieren, das Ärzte und Eltern ihnen verordnen.

Zudem gibt es Menschen, die sich nicht (oder nicht nur) mit dem ihnen bei der Geburt zugewiesenen Geschlecht identifizieren können. Einige gehen den Schritt, durch operative oder hormonelle Eingriffe zum gefühlten Geschlecht «zu wechseln» (identitär sind sie ohnehin schon da); andere machen das, ohne körperliche Veränderungen zu unterwandern, und zudem gibt es Personen, die sich explizit der Kategorisierung als *MannoderFrau* entziehen. Zur Bezeichnung dieser Personen wurde lange Zeit auf den Begriff «Transsexualität» zurückgegriffen.

Erstmalig gebraucht wurde «Transsexualität» vom österreichischen Philosophen Otto Weininger. Sein «trans» bezog sich allerdings auf alles, was dem Sexuellen entgegenstünde, also in diesem Sinne über Sexualität (verkörpert durch den Phallus) hinausgehe: Bücher etwa oder Politik. Dabei postulierte er, dass nur das Sexuelle, der Phallus also, nicht aber Bücher und Politik auf Frauen anziehend wirken würden.[317] In seiner heutigen Bedeutung geht der Begriff «Transsexualität» auf Magnus Hirschfeld zurück. Zunächst sprach er 1910 von «Transvestiten», wobei er zwar vornehmlich auf *cross-dressing*, also auf Kleidung, rekurrierte, dabei aber die Selbstidentifikation mit dem anderen als dem zugeschriebenen Geschlecht einbezog. Er sprach vom «seelischen Transsexualismus» als Vorstufe zum «Hermaphroditismus».[318] 1949 gebrauchte David O. Cauldwell den Begriff in seinem Aufsatz «Psychopathia transexualis»[319] und 1953 machte dies auch Harry Benjamin unter Rückgriff auf Hirschfeld. Benjamins Studie *The Transsexual Phenomenon* (1966) etablierte den Begriff im aktuell gebräuchlichen Sinne.[320]

Das Präfix «trans» meint so viel wie «hinüber» – und bezeichnet in diesem Zusammenhang Personen, die von Mann* zu Frau* (oder umgekehrt) «hinüberwechseln»[321] oder aber sich dynamisch über das Entweder-oder der Zweigeschlechtlichkeit hinwegsetzen: sich also nicht in dem binären Entweder-Mann-oder-Frau verorten. Aufgrund seines Grundwortes «-sexualität» aber gerät der Begriff zunehmend in die Kritik. Denn im Kern geht es weder um Sexualität noch um das körperliche Geschlecht, sondern um eine identitäre Selbstverortung.

In diesem Sinne hat sich alternativ der Begriff «Trans*geschlechtlichkeit» oder auch «Trans*identität» etabliert. Gelegentlich wird noch eine Unterscheidung unternommen. Dabei steht Trans*sexualität für Personen, die sich nicht mit dem zugewiesenen Körper identifizieren und deswegen entscheiden können, ihren Körper hormonell oder operativ einem der beiden dualen Geschlechter, also dem jeweils anderen, anzupassen. Trans*geschlechtlichkeit (im Sinne von Trans*identität) hingegen bezeichnet das identitäre Hinüberwechseln in ein anderes Geschlecht oder eben auch die Weigerung, sich diesbezüglich verorten zu lassen: nicht-binär oder non-binär ist eine andere Vokabel dafür.[322] Da die Grenzen fließend sind, wird hier im Sinne beider Kategorien von Trans*geschlechtlichkeit gesprochen. Der Asterisk bricht die in der bisherigen Nutzung mitschwingende Normsetzung von Zweigeschlechtlichkeit; und der Wechsel von Sexualität zu Geschlechtlichkeit markiert, dass die innere identitäre Positionierung im Zentrum steht.

Wie viele trans*geschlechtliche Menschen es gibt, ist schwer in Zahlen zu fassen. Nicht zuletzt aus der Befürchtung heraus, dass sich die Geschichte (nicht nur die des Nationalsozialismus) wiederholen könnte, nehmen viele trans*geschlechtliche Personen davon Abstand, sich beim Personenstandsregister neu verzeichnen zu lassen. Vor der Einführung des «Dritten Geschlechtes» hätte dies für non-binäre Menschen ohnehin keinen Sinn gemacht. Im aktuellen Wikipedia-Eintrag (Februar 2020) zu «Transsexualität» wird ebendies berücksichtigt und ausgehend von vorhandenen jährlichen Fallzahlen und den jährlichen Geburten errechnet, dass «Transsexualität» 0,265 Prozent der Gesamtbevölkerung betreffe. Unter 377 Personen sei eine trans*geschlechtliche Person.[323] Das ist selbstverständlich kein neues Phänomen, sondern schon immer Teil der Menschheit, wobei bis ins 20. Jahrhundert hinein nicht zwischen Inter*sexualität und Trans*geschlechtlichkeit unterschieden wurde. Alles fiel im Begriff «Hermaphrodit» zusammen. Operative Eingriffe fanden zwar bei Inter*sexualität statt; bei Trans*geschlechtlichkeit sind sie aber vermutlich erst mit der modernen Chirurgie möglich geworden. Derzeit kann für Deutschland von etwa Tausend solcher Eingriffe pro Jahr ausgegangen werden.[324]

3.5.2.2. Historische Entwicklungen

Im antiken Griechenland und Rom war Trans*geschlechtlichkeit tabuisiert. Sie hätte in den allermeisten Fällen nur über Kleidung und Haarmode ausgetragen werden können, wofür es nur in privaten Räumen geheime Nischen hätte geben können. Kastrationen sind zwar überliefert, jedoch zumeist als Zwangskastrationen oder in religiösen Zusammenhängen, nicht trans*geschlechtlichen Motiven folgend.

Inter*sexualität wird in der Mythologie verhandelt, am prominentesten ist wohl Ovids Sage über Hermaphroditos (*Metamorphosen*, Buch 4). Er trägt die Gesichtszüge beider Elternteile: der Liebesgöttin Aphrodite und des Götterboten Hermes. Die Nymphin Salmakis verliebt sich in ihn, zieht ihn zu sich ins Wasser und vereint sich mit ihm körperlich. Die Götter erhören ihren Wunsch, dass sie sich nie wieder von ihm trennen müsse. So vereint, wurden sie zu Hermaphroditos.[325] Zum einen lässt sich Ovids Hermaphroditos als Beleg dafür heranziehen, dass Inter*sexualität als gottgewollte menschliche Körperlichkeit anerkannt wird, wobei es natürlich ein entscheidender Punkt ist, dass die Akteurin (ähnlich wie Eva) eine «Frau» ist, die zudem nicht göttlich ist. Genau in diesem Spannungsfeld wurden im antiken Griechenland und Rom zwar Hermaphroditen als (Mythengestalten als) androgyne Gottheiten verehrt, während inter*-sexuelle Menschen jedoch diskriminiert wurden.

Es ist überliefert, dass inter*sexuell geborene Kinder im antiken Rom (und noch lange danach) als «monstra» bezeichnet und entsprechend als Vorboten drohenden Unheils bewertet und, so sehen es einige Autor*innen, in Ritualen oder anderweitig ermordet oder ausgesetzt wurden.[326] Zum anderen gibt es ab 578 auch Überlieferungen von Regelungen, die zeigen, dass diese Menschen überlebten. Allerdings wurden sie gezwungen, sich für ein soziales Geschlecht zu entscheiden. Römische Juristen wie Ulpian machten sich Gedanken darüber, wie zu regeln sei, wer welches soziale Geschlecht einnehmen könne. Die Entscheidung oblag Sachverständigen, i. d. R. Ärzten. Das «überwiegende» Geschlecht[327] galt als ausschlaggebend, aber auch die Frage, wessen «Begierden sich in ihm regen».[328] Das wiederum zeigt, dass es im Bereich des Möglichen lag, die betreffenden Personen zu befragen und bis nach der Pubertät abzuwarten. Anatomisch wurde Hermaphroditismus mit der (zweigeschlechtlich angelegten) Hitzeentwicklung erklärt, die ja die Organe entweder nach außen stülpten oder nicht, wobei bei Hermaphroditen diesbezüglich eben etwas nicht «normal» verlaufen sei.[329]

Im Mittelalter, der Frühen Neuzeit sowie der Aufklärung ähneln sich die Rechtsprechungen, weltliche und kirchliche, darin, dass inter*sexuelle Menschen weiterhin systematisch gezwungen wurden, sich einem der beiden Geschlechter zuzuordnen. Auch der allmähliche Übergang zum Zwei-Geschlechter-Modell ab dem 16. Jahrhundert brachte hier keine Erleichterung. Das hatte auch rechtliche Gründe. Denn es machte im patriarchalischen Vormundschaftsrecht einen erheblichen Unterschied, wie in diesem Buch an vielen Beispielen gezeigt wurde, ein Mann* mit Rechten oder eine Frau* ohne Rechte zu sein.[330] In Raymundus Partenopensis' aus dem 14. Jahrhundert stammenden Lehrbuch zum weltlichen Recht werden Menschen in drei Kategorien unterteilt. «Allen menschen sein entweders man oder frawen oder ermofrodite, (verstee ains teils man, eins tails weib.)» [331] Jedoch war «ermofrodite» keine akzeptierte Position. «Entweder wurde die Existenz der Hermaphroditen akzeptiert und das duale Geschlechtersystem hinterfragt – oder umgekehrt das duale Geschlechtersystem akzeptiert und der Hermaphrodit in eine der beiden Kategorien eingeordnet.»[332] Letzteres aber war für die Gesellschaftsordnungen, so wie sie existierten und sich wechselseitig legitimierten, existenziell. So heißt es etwa in Anlehnung an das römische Recht weiter: «Die hermofrodite in irem Geschlecht, in welchen sie mehr taugent (oder vermugent), nach dem wirt er geacht.»[333] Dieses Paradigma musste eingehalten werden, sonst drohte das Todesurteil.

Vor dem Hintergrund der rechtlichen Bedeutungsschwere der Entscheidung oblag sie mehrheitlich juristischen, medizinischen und/oder religiösen Sachverständigen. Zuweilen wurde die Sicht der Betroffenen berücksichtigt. «Das Preußische Allgemeine Landrecht» (1794) räumte Eltern sowie der volljährigen inter*sexuellen Person zumindest Mitsprache ein.[334] Der genaue Wortlaut ist folgender:

> Von Personen und deren Rechten überhaupt
>
> §. 19. Wenn Zwitter geboren werden, so bestimmen die Aeltern, zu welchem Geschlechte sie erzogen werden sollen.
>
> §. 20. Jedoch steht einem solchen Menschen, nach zurückgelegtem achtzehnten Jahre, die Wahl frey, zu welchem Geschlecht er sich halten wolle.
>
> §. 21. Nach dieser Wahl werden seine Rechte künftig beurtheilt.
>
> §. 22. Sind aber Rechte eines Dritten von dem Geschlecht eines vermeintlichen Zwitters abhängig, so kann ersterer auf Untersuchung durch Sachverständige antragen.
>
> §. 23. Der Befund der Sachverständigen entscheidet, auch gegen die Wahl des Zwitters, und seiner Aeltern.[335]

Gerade weil es um das Zu- oder Absprechen von Rechten im Rahmen einer unterstellten Abweichung von der Norm ging, wurden die betreffenden Personen tendenziell dem vermeintlich ohnehin «verfehlten», «unvollständigen» Geschlecht zugeschrieben: der Frau. Zudem war es operativ gesehen einfacher, Körperteile abzuschneiden – und Frauen galten ja als weniger Mann/Mensch. Die Frage der Ehe- bzw. Reproduktionsfähigkeit spielte zudem eine entscheidende Rolle.

In jedem Fall, auch dann, wenn die betreffende Person Mitsprache hatte, gab es nur eine einmalige Entscheidungsmöglichkeit, wie Nussberger in *Zwischen Tabu und Skandal* (vgl. 261–262) darlegt. Die Person musste verbindlich dem nicht zugeschriebenen Geschlecht abschwören, wobei Zuwiderhandlungen hart bestraft wurden. Das korreliert damit, dass trans*geschlechtliche Wechsel sowohl im Mittelalter wie auch in der Frühen Neuzeit per se unmöglich waren. Es gab strenge Kleiderordnungen für Männer* und Frauen* aller sozialen Schichten, und diese zu übertreten, wäre lebensgefährlich gewesen: Das bedeutet eben auch, dass Trans*geschlechtlichkeit nur hätte gelebt werden können, wenn dies von der Gesellschaft entweder unbemerkt (also geheim, privat) vollzogen oder aber unterdrückt worden wäre. Zwar gab es Zwangskastrationen in anderen Kontexten (etwa Musik oder Zwangsprostitution); trans*geschlechtliche Operationen aber waren trotz der sich etablierenden chirurgischen Möglichkeiten, wenn überhaupt, Ausnahmen (vgl. 57–203).

Zwischen 1750 und 1844 entwickelten sich medizinische Möglichkeiten, die inneren Genitalien neu zu untersuchen und zu verstehen. Das wirkte sich auch auf das Verständnis von Inter*sexualität aus (vgl. 103–148). Die ab 1852 verfeinerte Mikroskopie eröffnete neue anatomische Erkenntnisse ebenso wie die Möglichkeit zu neuen operativen Eingriffen. Diese Erkenntnisse zeigten die Pluralität von Inter*sexualität auf und resultierten in Unterkategorisierungen, die zwischen «echtem» und «unechtem» Hermaphroditismus unterschieden. Die Möglichkeit, das Geschlecht operativ korrigieren zu lassen, gab Eltern und Ärzten Macht zu Korrekturmaßnahmen und legte sich als gesellschaftlicher Druck auf alle betroffenen Personen (vgl. 118–135 & 174–175). Zunehmend wurde Inter*sexualität auch als psychische Erkrankung betrachtet und entsprechend medizinisch «behandelt». So schreibt etwa Emile Laurent: «Auf intellektuellem Gebiete sind die Hermaphroditen fast immer inferiore Wesen. Der physischen Entartung entspricht sehr häufig eine psychische.»[336] Er sieht es als ursächlich an, dass eine psychische Erkrankung verantwortlich dafür sei zu glauben, dem anderen Geschlecht anzugehören. Dies wiederum würde die sexuelle Begehrlichkeit in die vermeintlich falsche Richtung lenken, womit er also Inter*sexualität und (die unter Strafe stehende) Homosexualität verschränkt und sie als «unsittlich» verortet. Im Vorwort zu diesem Buch stimmt Hans Kurella zu, dass inter*sexuelle Menschen kriminelle Neigungen hätten.[337] Analog dazu, jedoch mit einer anderen Ursache-Wirkung-Logik, hält der Gynäkologe Franz Ludwig Neugebauer die «Geisteserkrankung» für eine Folge der Scham und gesellschaftlichen Isoliertheit.[338] Einerseits ist es wichtig, die Traumatisierung durch jahrelange physische und psychische Misshandlungen zu benennen; andererseits aber trägt die Tatsache, dass er zu ähnlichen Schlüssen wie Laurent und Kurella kommt, nicht zur Linderung dieser Traumatisierung bei. Ganz im Gegenteil etabliert sich durch den Befund, dass inter*sexuelle Menschen psychisch krank seien, auch die Praxis, inter*sexuelle Personen zwangsweise psychiatrischen Tests und «Behandlungen» zu unterziehen.

Die Überantwortung von Inter*sexualität von der Rechtsprechung zur Medizin führte dazu, dass Inter*sexualität aus Rechtsregelungen verbannt wurde. 1900 wurde mit dem Inkrafttreten des BGB der sogenannte «Zwitterparagraph» gestrichen. In seinem «Commentar zum allgemeinen bürgerlichen Gesetzbuch» Österreichs hielt Franz Edler von Zeiller fest: Die Existenz von «Zwittern» werde «von neueren Aerzten bestritten».[339] Ähnlich sah es der einflussreiche Jurist Joseph Unger. «Zwitter, bei denen eine gleiche Mischung der Geschlechter stattfinden soll und welche daher in juristischer Beziehung weder als Mann noch als Weib anzusehen wären, werden vom Recht als nicht vorhanden angenommen.»[340] Das galt auch für das StGB von 1871 im Deutschen Kaiserreich.

So gerahmt, wurde 1876 ein Personenstandsregister eingeführt, das im § 22 («Gesetz über die Beurkundung des Personenstandes und die Eheschließung») rechtlich dazu verpflichtete, bei der Geburt eines Kindes dessen Geschlecht anzugeben. Dabei konnte nur zwischen «männlich» und «weiblich» gewählt werden.[341] So profitierte Trans*geschlechtlichkeit nicht von den Erkenntnissen der Medizin. Zwar gab es zunehmend private Räume, in denen Trans*geschlechtlichkeit ausgelebt werden konnte. Jedoch hing über diesen immer das drakonische Schwert der Homosexualität, unter der Trans*geschlechtlichkeit verhandelt wurde. Vor allem war dies bei Männern* der Fall; bei Frauen* stand eher die Aneignung von Männlichkeit* und des Phallus im Zentrum.[342] So wurde etwa die homo- und trans*sexuell lebende Catharina Margaretha Linck 1721 nicht primär für Homosexualität, sondern deren Vollzug, genauer mit der Begründung hingerichtet, dass sie einen künstlichen Phallus für sexuelle Handlungen benutzte, was einer Aneignung von Männlichkeit, der Überwindung der Zweigeschlechtlichkeit, einem Anspruch auf Lust (zudem bei abwesender Zeugung) gleichkam.[343]

Ab 1920 etablierte sich die Genetik sowie Technologien, die genaue

Hormonbestimmungen ermöglichten, welche dann neben operativen, auch hormonelle Behandlungen mit sich brachten. Zwar verfeinerte sich das Wissen um die Vielfalt der Inter*sexualität; doch statt sie zu akzeptieren, wurden inter*sexuelle Personen immer radikaler der Normierung in Richtung Mann oder Frau unterworfen und medizinischen Behandlungen unterzogen, die von Hormontherapien über Kastration bis zu (mehrfachen) Operationen reichten. Je mehr Inter*sexualität als medizinisch korrigierbar galt, umso mehr wurde sie auch unterbunden und tabuisiert. Dabei galt weiterhin als Faustregel, inter*sexuelle Personen tendenziell in Richtung Mädchen*/Frau* zu operieren. Sobald innere Organe wie Gebärmutter oder Eileiter nachgewiesen wurden, wurden die äußeren entfernt. Diese äußere Angleichung sollte bereits im Babyalter vollzogen werden, damit die Sozialisierung eindeutig verlaufen könne. Hierfür steht insbesondere John Money. Er behauptete, dass nicht nur der Körper, sondern auch die Seele in ein eindeutiges Geschlecht überführt werden könne. Dieses sogenannte Baltimore-Konzept schloss ein, die betreffenden Personen und auch z. T. deren Eltern nicht über alle operativen Eingriffe zu informieren.[344]

Ab den 1990er Jahren formierte sich eine Widerstandsbewegung gegen diese Behandlungsmethode, die sich zunehmend auch in die Öffentlichkeit wagte. Biographische Erzählungen wurden öffentlich geteilt, und durch diesen Schritt formierten sich Selbsthilfegruppen und Vereine. Eine der ersten war die 1985 zunächst in Australien, 1988 in Großbritannien gegründete und später auch anderswo aktive *Androgen Insensitivity Support Group*.[345] Für Deutschland sind insbesondere die *Arbeitsgemeinschaft gegen Gewalt in der Pädiatrie und Gynäkologie* (1996–ca. 2002)[346] sowie die *Deutsche Gesellschaft für Transidentität und Intersexualität* (1998) zu nennen.[347] Dabei geht es um Informationsarbeit, die die traumatisierten Biographien bekannt macht und das Recht auf den eigenen Körper unterstützt. Diese Bewegungen erwirkten schließlich auch ein Umdenken in der Medizin und neue Rechtsregelungen. Operative Eingriffe werden reflektierter erwogen oder ausgespart, das Wohlbefinden der Menschen wird zunehmend als entscheidendes Kriterium angesehen. Dazu leisten auch Forschungen jüngeren Datums einen entscheidenden Beitrag. Das wiederum korrigiert zunehmend auch gesellschaftliche Erzählungen, einschließlich von juristischen.

Im März 1994 wurde das sogenannte «Dritte Geschlecht» zu einer juristisch einklagbaren Kategorie in Deutschland. Seit dem 1. November 2013 sind deutsche Staatsbürger*innen nicht mehr verpflichtet, sich im Personenstandsregister als entweder Mann oder Frau zu identifizieren; und seit 2018 gibt es auch die juristische Verankerung des «Dritten Geschlechts» namens «Divers» im Personenstandsgesetz (PstG) § 22 Abs. 3.[348] In Österreich existiert noch keine gesetzliche Verankerung; allerdings kann bei inter*sexuell geborenen Kindern der Eintrag im PstG offengelassen werden, bis eine Klärung erreicht wird. Auch ist es seit Juni 2018 in Österreich einklagbar, in Geburtsurkunden «Divers» und in Reisepässen ein X für «unspezifisch/nicht spezifiziert» vermerken zu lassen.[349] In der Schweiz findet eine entsprechende Debatte seit 2017 verstärkt statt, als der Bundesrat sich mit dieser Thematik befasste. Erreicht wurden inzwischen eine Vereinfachung der Anpassung von Namen und ein Wechsel im binären Geschlechtssystem. Über ein «drittes Geschlecht» wird hingegen weiterhin kontrovers diskutiert und dies beispielsweise auch von Inter*sexuellenverbänden als weniger bedeutsam markiert. Dazu bleibt es in der Schweiz nach wie vor – Stand Anfang 2020 – bei einer Debatte, und entsprechende Gesetzesvorhaben sind weit entfernt.[350] Noch bleibt zu klären, wie mit Passeinträgen mit Blick auf Visa bzw. Einreisen in Länder umzugehen ist, in denen «Divers» keine anerkannte Kategorie ist oder Inter*- und Trans*sexualität strafrechtlich verfolgt wird.[351]

Dieser Versuch, die Pluralität inter*sexueller und trans*geschlechtlicher Menschen begrifflich zu bündeln, bleibt insgesamt ein schwieriger Kompromiss. Zum einen werden viele Facetten der Inter*sexualität und Trans*geschlechtlichkeit in einen Begriff gepresst. Zum anderen bleibt das Postulat der Zweigeschlechtlichkeit *MannundFrau* ist *FrauistnichtMann* auf diese Weise als nachgerade nicht «divers», sondern vermeintlich norm/al weitgehend unangetastet.

Diese juristischen Diskriminierungen sind aber nur ein Anfang, denn alltägliche sind nach wie vor virulent – verbale und non-verbale Übergriffe gehören zum Alltag von inter*sexuellen und trans*geschlechtlichen Personen; und auch physische Übergriffe lauern als stete Gefahr. Zwischen 2008 und 2018 wurden 2982 Trans*Gender-Personen in 72 Ländern ermordet, davon allein 868 in Brasilien. Zwischen 2008 und 2016 sind in der Türkei 43 Trans*- oder genderdiverse Personen ermordet worden, womit die Türkei laut dem Netzwerk Transgender Europe im europäischen Vergleich die höchste diesbezügliche Mordrate aufweist.[352] Viele Trans*-Gender-Personen werden (auch aus der Realität struktureller Diskriminierung heraus) in die Prostitution gezwungen und sind hier permanenter Gewalt und Erkrankungsrisiken ausgesetzt. Das alles begründet, warum die durchschnittliche Lebenserwartung von Trans*Menschen vielerorts deutlich unter der ihrer heteronormativen Nachbar*innen liegt.[353]

Auch jenseits von Gewalt wirkt die Macht der Zweigeschlechtlichkeit in Biographien hinein. Das geht schon los bei ganz basalen Prozessen wie etwa: Wie wird über eine non-binäre Person gesprochen, wie wird sie angesprochen? Wie etwa den Herr-oder-Frau-Binarismus überwinden – wie das Dilemma, dass die meisten Namen zweigeschlechtlich sortieren – weswegen sich non-binäre Personen non-binäre Vornamen (wie Karim) oder Pseudonyme (wie B) wählen – und es keine entsprechenden Pronomen gibt? Die omnipräsente Macht der Zweigeschlechtlichkeit manifestiert sich aber auch in Räumen wie Toiletten und Umkleideräumen, die binär geteilt bleiben und weder eine Divers- noch eine Alle-Geschlechter-Option anbieten. Auch in Institutionen wie Gefängnissen und Krankenhäusern bleibt die praktische Umsetzung noch auf der Strecke.

Ebenso eklatant ist das im Sport. Nahezu alle Sportarten sind geschlechterdual strukturiert, im Profi-Sport auch mit Richtlinien zur körperlichen Beschaffenheit. Dabei spielen Hormonspiegel eine Rolle, und das betrifft in der Leistungswelt des Sportes vor allem den von Frauen*. Der Weltleichtathletikverband IAAF etwa setzte, unterstützt durch den Internationalen Sportsgerichthof CAS und ein Schweizer Bundesgericht, 2019 eine Hormonregel durch, die letztlich schon praktiziert wurde. Frauen* dürfen einen bestimmten Testosteronwert nicht überschreiten. Das berechtigt die Sportverbände nicht nur, Untersuchungen anzuordnen, sondern auch Frauen* für Wettkämpfe zu sperren. Das solle Gerechtigkeit bei sportlichem Wettbewerb herstellen. Das ist natürlich verwunderlich, denn kein Körper einer Sportlerin gleicht dem einer anderen. Manche sind schneller als andere, und das hat nie nur mit objektiven Gründen wie investierten Trainingszeiten und -strategien zu tun. Manche haben kürzere oder längere Beine; manche haben mehr Testosteron als andere. Noch dürfen längere Beine länger bleiben, Testosteron aber, das wird beschnitten. Das aber kann nicht gerecht sein. Denn intersexuelle Frauen* können nicht für jene haften, die Hormondopings mit Testosteron vornehmen. Lösungsvorschläge (die zudem auch Hormondoping unterwandern würden) gibt es viele: Warum nicht etwa mehr als nur zwei Kategorien «Mann oder Frau» aufmachen und etwa diverse Testosteronstärken (verschränkt mit anderen Kriterien) gegeneinander antreten lassen? Solange das nicht möglich wird, werden Zweigeschlechtlichkeitsdiktate nicht nur Sportler*innenkarrieren (von Frauen*) zerstören, sondern auch deren Körper und Seelen nachhaltig beschädigt.

Erstmalig Schlagzeilen machte dies 2009, als die Südafrikanerin Caster Semenya im 800 m-Lauf die Weltmeisterschaft gewann. Im Anschluss wurde sie zu entwürdigenden Untersuchungen gezwungen, die ihren Status als «Frau» bestätigen sollten – und es taten; dabei wurde sie einer unappetitlichen Medienschlacht, einer monatelangen Unterbrechung ihrer Karriere und der Schmälerung ihrer Leistung unterzogen. 2012 wurde die Uganderin Annegret Negesa vom IAAF gesperrt, weil ihre Testosteron-Werte «zu hoch» waren. Daraufhin wurde sie zu einer Behandlung gezwungen, über deren Dimension sie nicht aufgeklärt wurde. In einer Gonadektomie wurden ihr, ohne ihre Zustimmung, innen liegende Hoden entfernt. Die dadurch erlittenen körperlichen Wunden halten sie davon ab, je wieder Leistungssport betreiben zu können.[354] Diese übergriffigen Regelungen sind nicht nur sexistisch, sie sind hochgradig rassistisch kontaminiert.

Schwarze Frauen*körper sowie inter*sexuelle und trans*geschlechtliche Menschen waren und sind in besonderem Maße Menschenrechtsverletzungen ausgesetzt. Leider ist der unsportliche Umgang mit inter*sexuellen Frauen* of Colour wie Negasa auch nur eine Spitze des prinzipiell unfairen, diskriminierenden Umgangs mit inter*sexuellen und trans*-geschlechtlichen Personen im Allgemeinen. Sie seien ja eine kleine Minderheit, und wieso sollte mensch nur ihretwegen Toiletten oder Umkleidekabinen oder gar Gefängnisse und Krankenhäuser umgestalten? Das denken viele. Aber geht es dabei tatsächlich um ein demokratisches Mehrheits-Prinzip – oder nicht doch eher um die inhalierte Geschichte des sexistisch konstruierten Zweigeschlechtlichkeit-Normativs?

So wie es legitim war und bleiben muss, sich als Cis-Mann oder Cis-Frau wohlzufühlen, so muss auch legitim sein, eben das nicht zu tun. Die

Zweigeschlechtlichkeit ist keine genetische Festlegung, sondern eine patriarchalische Erfindung, und wird sie als ideologisches Postulat überwunden, kann jeder Mensch so leben, wie sers geboren wurde – ohne sich im Diktat patriarchalisch vorgegebener Benennungen finden, abgrenzen oder verlieren zu müssen. Seine eigene Sexualität im sozialen Werden finden und gestalten zu können, gehört dazu.

4. Bewegungen und Strategien gegen Sexismus

4.1. Macht, Widerstand und Emotion

Macht ist eine Maschinerie, die unabhängig vom individuellen Wollen funktioniert. Auch individuelle Handlungsmöglichkeiten sind an Machtstrukturen gebunden. Individuen sind, so Michel Foucault in *Überwachen und Strafen* (1994: 228–236), in den inneren Mechanismen von Macht als Maschinerie oder Apparatur gefangen. Das gilt für das Innehaben von Macht ganz genauso wie für das Fehlen ebendieser. *Agency*, wie Handlungsfähigkeit in den Kulturwissenschaften genannt wird, bleibt erhalten. Zwar erlaubt sie es nicht, sich komplett der Macht-Apparatur zu entziehen. Jedoch bleiben innerhalb des Machtraums individuelle Spielräume erhalten. Jede*r Einzelne hat *agency* dabei, ob und wie mit Herrschaftsstrukturen und gesellschaftlichen Konventionen umgegangen wird. Je minimaler der Zugang zu Herrschafts- und Machtstrukturen, desto kleiner ist diese Handlungsfähigkeit. Die *agency* kann sich nicht außerhalb von Macht bewegen, jedoch kann die *agency* wachsen und dabei sogar an den Grenzziehungen der Macht rütteln, wenn sie beharrlich wiederholt und solidarisch getragen oder vervielfacht wird. Umgekehrt wächst die Handlungsfähigkeit proportional zum Zugang zu Herrschafts- und Machtstrukturen. Diese Machtstrukturen können nicht einfach abgelegt werden: Ein cis-geschlechtlicher, heterosexueller, *weißer* Mann* hat als solcher Macht und Privilegien, selbst wenn er sie nicht sieht oder möchte. Er kann aber entscheiden, in welchem quantitativen oder qualitativen Maße er die Macht ausübt und an so generierter Herrschaft aktiv partizipiert (vgl. 251–294). So liegt es etwa im Entscheidungsspielraum Einzelner, ob sie sich chauvinistisch verhalten, ob sie gewaltvolle Sprache verwenden, ob sie ihre Machtposition benutzen, um Lebensentwürfe anderer zu behindern – oder aber Emanzipationsprozesse und Widerstand zulassen, zu verstehen suchen und stärken.

«Wo es Macht gibt, gibt es Widerstand»,[1] schreibt Michel Foucault. Und doch oder vielmehr gerade deswegen liegt der Widerstand niemals außerhalb der Macht. Widerstand reibt sich an der Macht, um sie aufzureiben. Deswegen ist die Macht bestrebt, Widerstand zu konturieren und zu kontrollieren. Ebendeswegen zieht etwa die *weiße* westliche Welt einen Mahatma Gandhi und Martin Luther King Jr. einem Malcom X vor. Nicht nur sind die Wege Luther King Jr. und Gandhis friedlicher, sie rücken den *weißen* Komfortzonen behutsamer und reformbereiter an den Kragen, als radikaler Protest oder Revolutionen es zulassen können.

Widerstand ist wirkmächtig, egal, ob dieser gemäßigter oder radikaler (wobei das eine das andere stärkt), in privaten oder öffentlichen Räumen, individuell oder kollektiv, mündlich oder schriftlich, aus dem Machtzentrum oder aus diskriminierten Positionen heraus geäußert wird – jedoch ist er dies in unterschiedlichem Maße. Natürlich kann individuell und in privaten Räumen mündlich geäußerte Kritik nachhaltig und einflussreich widerständig sein. Doch wenn sich Handlungen Einzelner (auch wenn diese im Detail divergieren) bündeln, organisieren, kanalisieren und wiederholen, kann sich individueller Widerstand kollektivieren und verstetigen – und dadurch Widerstandsstrukturen oder -institutionen nachhaltig formieren. Das wiederum wirkt sich katalysatorisch diskursiv, strukturell und institutionell auf gesellschaftlichen Wandel aus. In totalitären Regimen steht dabei für alle Einzelnen und ihre solidarische Gemeinschaft nichts Geringeres als das physische Leben oder die Freiheit auf dem Spiel.

So viele Gesichter Widerstand auch haben mag und so wissend und argumentativ gewandt sich Widerstand auch entfaltet, Empörung und Wut sind gleichfalls wichtige Zutaten. Denn wer sich wehrt, ist oft wütend (gemacht worden). Widerstand beginnt im Erfahren von sich wiederholender und verstetigter Diskriminierung und Unterdrückung. Diese Erfahrung generiert in der Regel Wissen und Wut über das, was Diskriminierung ausmacht. Es gibt natürlich noch in viel mehr Lebensbereichen Wut, und nicht immer ist sie produktiv, vor allem dann nicht, wenn sie sich gegen eine diskriminierte Person richtet (ob nun in Autoaggression oder durch die Gewalt der Herrschenden). Dennoch: Widerstand nährt sich immer auch aus Wut und Enttäuschung, ebenso wie sie nur daran wachsen kann, zu wissen und argumentieren zu können, warum etwas, das verletzt und deswegen wütend macht, so wirkmächtig geworden ist und bleiben kann.

Dass Widerstand immer auch emotional ist, wird aus dem Machtzentrum heraus benutzt, um Widerstand zu diskreditieren. Unter Aufrufung des Paradigmas, dass Emotion Rationalität unterlegen sei, wird Widerstand als zu emotional und irrational abgetan, um ihn als unberechtigt zu denunzieren und nicht ernst nehmen zu müssen. Widerstand gegen Sexismus etwa wird, vor allem vom patriarchalischen Olymp herab und aus rechtskonservativen Motiven heraus, als überempfindlich-emotional abgetan. Frauen* oder LBGTIQs seien «Betroffene» und von daher befangen und zu subjektiv, um die Situation richtig einschätzen zu können.

Umgekehrt hat *weiße* heterosexuelle Cis-Männlichkeit* eine Vorliebe dazu, sich als objektiv und die einzige Sachlichkeit in diesen Debatten hinzustellen, die einfach nur ausdrücken würden, was eben sowieso gedacht werde. Doch sind jene, die Machtinteressen und Privilegien zu verteidigen haben und (deshalb) diskriminieren, etwa nicht betroffen, moralisch geprägt und von politischen Prinzipien kodiert, die persönliche Meinungen prägen – sowie wütend, wenn es anders läuft als gewohnt? Das aber muss geleugnet werden, um Widerstand delegitimieren zu können – und dafür wird Rationalität an- und das Recht aufgerufen und dem Anderen abgesprochen. «Wenn Recht sich auf die Seite der Machtlosen stellt», schreibt MacKinnon in «Auf dem Weg zu einer feministischen Jurisprudenz» (1993) in indirekter Replik auf den US-amerikanischen Juristen Herbert Wechsler, wird «behauptet, dass es etwas anderes täte, das als das, was Aufgabe des Rechtes sei, es betreibe Politik oder stelle Richtlinien auf oder verbreite persönliche Meinung und entlegitimiere sich damit selbst.» (6) In ebendiesem Duktus wird Widerstand als «moralischer Überschuss» oder «politische Korrektheit» abgetan. Diese Quantifizierung, es sei ein Zuviel an Moral oder ein Zuviel an politischer Korrektheit, unterstellt eine emotionale Übersteigerung von Moral und Politik, um die «Mainstream-Moral und -Politik» zu legitimieren. Dabei steckt unglaublich viel Wut in diesem Aufbegehren gegen Widerstand (die bestenfalls in Scham begründet ist). Hier zeigt sich die Begrenztheit des «rationalen Diskurses» (wie bei Habermas), bei dem Rationalität als Ideal gesetzt und zugleich immer wieder beansprucht, reklamiert, gern als «Objektivität» gesetzt wird, ohne dass widerstrebende Hierarchien hinterfragt oder emotionales Wissen oder Argumenten gleichberechtigt eingebettet werden würden.[2] Das berühmt berüchtigte «man (sic!) wird ja wohl noch sagen dürfen» verteidigt nicht defensiv eine aussterbende Meinungsspezies – nein, es besteht darauf, es sagen zu dürfen – und zwar mit dem Impetus, nicht einmal sagen zu müssen, warum – oder fragen zu wollen: «Warum sollte ich das nicht sagen?» Deswegen ist jedes «man (sic!) wird ja wohl noch sagen dürfen», (letztlich) eine moralische Haltung, ein Politikum. Auch keine Meinung zu Sexismus zu haben, ist eine moralische Haltung, ein Politikum.

Letztlich ist es ebenso politisch, moralisch und ethisch richtungsweisend, sich Diskriminierung zu widersetzen, wie diese durch patriarchalische Herrschaft und männliche Vormundschaft herzustellen und gegen Ansprüche auf Gerechtigkeit und Freiheit zu verteidigen.

Dennoch hat der (*weiße*/männliche*) Vorwurf, Widerstand gegen Sexismus oder auch Rassismus sei zu emotional, tatsächlich auch diesen Widerstand geprägt. Frühe Widerstandsbestrebungen haben sich bemüht, die Modelle der Peinigenden zu übernehmen und so sachlich wie möglich zu argumentieren sowie in den Medien der Machthaber*innen zu sprechen (politischen Reden, Autobiographien etc.). In den 1930er Jahren wendete sich dieser Ansatz. So postulierte Leopold Sédar Senghors *Negritude* etwa, dass Afrika Emotion sei und deswegen überlegen – ganz im Sinne einer Dekolonisierung Descartes' hin zu «Ich fühle, also bin ich.»[3] In gewisser Weise analog dazu funktioniert die *écriture féminine* (feminines Schreiben) aus den 1970er Jahren. Luce Irigaray[4] und Helene Cixous[5] gehen von einer Spezifik fraulichen Schreibens aus, die sich aus der Libido und Emotionalität von Frauen ergebe. Auch wenn Emotionalität als der Rationalität gleichberechtigt umgewertet wird, reproduziert dieser Differenzansatz Binarismen der sexistischen Ideologie: Frauen gleich Emotion meint letztlich Mann gleich Rationalität.

Ich glaube, dass diese widerständige Wendung der Emotion-Rationalität-Kluft in eine Sackgasse führt. Denn die duale Setzung bleibt unangefochten. Letztlich aber geht es nicht nur darum, solche Verknüpfungen aufzubrechen und sich gegen das Credo zu wenden, dass Emotionen Abwesenheit von Verstand, Vernunft, Widerstand oder Wissenschaft seien. Emotion muss zudem noch viel stärker als legitime Form des Wissens und Verstehens etabliert und als ebenso berechtigt wie produktiv verstanden werden.

Im Kern geht es wohl um eine doppelte Denkbewegung. Zum einen führt diese weg von Emotion als unterlegener Antipode zu Vernunft und Rationalität und hin zu Emotion als legitimer Ausdrucksform von Widerstand und Wissen. Mit diesem Ansatz kann auch anerkannt werden, dass Wissen immer in individuellen Aushandlungen mit kollektiven Rahmungen sozialisiert und damit situiert und subjektiv wie auch begrenzt, verhandelbar und dynamisch ist. Gerade deswegen hat «Vertraue deiner Wahrnehmung» Widerstandspotenzial, auch wenn (oder gerade), weil das, wogegen sich der Widerstand richtet, nur schwer oder gar nicht ausgesprochen werden kann.

Auch Schweigen kann Widerstand bedeuten. Schweigen kann sogar eminent widerständig sein, etwa weil die Bestätigung, die sich eine angreifende Person erhofft, ausfällt. Auf den Vorwurf, «Berufsopfer» zu sein, nicht zu reagieren, kann letztlich widerständiger sein, als in die Falle zu tappen und defensiv zu werden. Das Schweigen in einem Raum, die Bombe in der Wolfsschanze, die Kerze im Demonstrationszug, der poetische Tweet: Sie alle riskierten oder investieren Menschenleben, und ihnen geht es dabei um nichts Geringeres als mehr Gerechtigkeit und Freiheit für alle. Davon erzählt letztlich auch die Geschichte des Feminismus, der nach der Destabilisierung von Sexismus als System und Ideologie strebt, samt seiner Macht, Herrschaft, Gewalt, seinen Institutionen, Strukturen und seinem Wissen.

4.2. Feminismen

Widerstand gegen die Diskriminierung von Frauen* formierte sich zunächst individuell – oft in religiösen, philosophischen oder politischen Gruppen, die per se nicht die Rechte der Frauen* im Blickfeld hatten, dafür aber an der Peripherie Nischen boten. In Europa und Nordamerika begannen Frauen* im 19. Jahrhundert, sich in Strukturen zusammenzufinden, um eine gemeinsame Idee zu verfolgen, die sich primär und explizit gegen den Ausschluss von Frauen aus bürgerlichen Gesetzgebungen wendete. Aus diesem Grund wiesen diese Strukturen zunächst einmal ein

Selbstverständnis als «Frauenrechtsbewegung» auf – es ging um Rechte für Frauen in der Rechtsprechung und, eng damit verzahnt, um Mit- und Selbstbestimmung im Allgemeinen.

Der Begriff «Feminismus» taucht erstmals in den 1830er Jahren im gesprochenen Französisch auf; parallel etwa zu «socialisme».[6] Für 1882 gibt es erste schriftsprachliche Nachweise, etwa bei Hubertine Auclert in der von ihr gegründeten und herausgegebenen Zeitung «La Citoyenne» [Die Bürgerin]. In anderen europäischen Sprachen wird der Begriff dann nach und nach entlehnt. Im anglophonen Kontext ist die Verwendung «feminism» seit 1894/95 belegt. 1896 fand ein internationaler Frauen-Kongress in Berlin statt, von wo aus der Begriff weiter etabliert wurde und in neue Sprachkreise reiste.[7] Im deutschsprachigen Kontext fand er eher holprig Eingang. Das lag nicht zuletzt an den angespannten deutsch-französischen Beziehungen und daran, dass er zunächst noch stark davon geprägt war, die Frauenbewegung abwertend zu benennen. Im Sprechen über internationale Zusammenhänge nutzte der radikale Flügel der bürgerlichen Frauenbewegung um Anita Augspurg, Minna Cauer, Lida Heymann und Käthe Schirmacher ihn allerdings.[8] Wird Feminismus ab 1880 eher synonym und gleich häufig wie Frauenemanzipation verwendet, setzt sich der Begriff erst ab Mitte der 1970er Jahre durch und wird dann Ende der 1970er in seiner Verwendung populärer als «Frauenemanzipation».

In diesem Buch werden «Frauenemanzipation», «Frauen*rechtsbewegung» und «Feminismus» als einander prägend und überlagernd verstanden, wobei aber nicht jede Frauenrechtsbewegung bzw. -emanzipation automatisch feministisch ist. Der entscheidende Unterschied ist, dass Frauenrechtler*innen und die Frauenemanzipation eine konkrete Zielsetzung verfolgen (etwa das Frauenwahlrecht), dabei jedoch nicht grundlegend die patriarchalische Herrschaft kritisieren. Darum aber geht es beim Feminismus immer, wobei er nicht in jedem Fall die Änderung konkreter Rechtslagen als spezifische Zielsetzung formuliert.

Dem Wortkern nach handelt es sich beim Femin*ismus* um eine Ideologie, also um eine zentrale Idee, wobei die erste Worthälfte zeigt, dass es um eine spezifische Idee von «femme», also «Frau», geht. So gesehen, positioniert sich Feminismus als Gegenideologie zum Patriarchat als Herrschaft des Mannes*. Dabei vertritt er diverse Kritikpunkte, Emanzipations- und Widerstandsformen sowie Visionen. Diese sind kollektiven

Aushandlungsprozessen unterworfen, die sich in historischen Wandlungen und regionalen Differenzen ausdrücken. Feminismus bündelt individuelle Handlungen, ohne dass sich jede individuelle Handlung, die sich einer patriarchalischen Diktion widersetzt, zwangsläufig auch als feministisch versteht.

So gelesen, lässt sich Feminismus bis lange vor die eigentliche Geburtsstunde des Begriffes zurückverfolgen. Seit Menschengedenken gab es Personen, die sich patriarchalischen und heteronormativen Moralitäten, Vorgaben und Gesetzen widersetzten und dies individuell oder auch im Kollektiv artikulierten. Über die Jahrhunderte hinweg änderte sich graduell das Verständnis von Widerstand. War es für eine Jeanne d'Arc noch Widerstand, sich einem militärischen Bündnis anzuschließen, oder für Mary Wollstonecraft, auf Bildung für Frauen zu bestehen, so ist eine die Universität besuchende oder eine der Armee angehörige Frau* in vielen Ländern heute keine Widerstandskämpferin mehr – was aber nicht bedeutet, dass Universitäten oder Armeen nicht heute noch Frauen* oder queere Personen strukturell diskriminieren würden.

Im Folgenden möchte ich die Widerstandsgeschichte des Feminismus nachzeichnen – und zwar in enger Verzahnung mit der westlichen Frauenrechtsbewegung und einzelnen Frauenrechtsaktivist*innen (die in ihrer Zeit freilich noch nicht so hießen). Das kann hier nur skizzenhaft erfolgen, zumal es nicht den einen Feminismus gab und gibt, sondern viele. Ich werde auf bestehende Dynamiken und Unterschiede eingehen und dabei den Hauptfokus auf den deutschsprachigen Raum im europäischen Kontext legen.[9] So verfügbar, werde ich kursorisch auf einzelne Schriften dieser Frauen* eingehen, aber auch auf Frauen*, die sich jenseits von Gender-Konventionen in Religion, Politik, Wissenschaft einbrachten. Sie alle waren Sandkörner im Getriebe des Patriarchats – ebenso wie ihre fiktionalen Pendants. Schon «nur» fiktionale Erzählungen über wissende, streitende Frauen* zeigen, dass es solche Frauen* (oder zumindest die Sehnsucht danach) gab, wobei ebendies wiederum individuelles oder kollektives Ausbrechen aus patriarchalischen Strukturen bestärken konnte. Deswegen werde ich auch fiktionale Texte mit einbeziehen.

Im folgenden Abriss der Entwicklung von Frauen*bewegung und Feminismus (samt Vorkämpfer*innen) werden sich neben Kontinuitäten auch Diskontinuitäten abzeichnen und damit spezifische Schwerpunktsetzungen bei Zielen und Strategien. Ich zeichne zunächst gröbere Linien über Jahrhunderte und historische Epochen wie Antike, Mittelalter, Humanismus und Aufklärung hinweg, um ab 1840 etwas kleinschrittiger Zäsuren zu setzen. Dabei orientiere ich mich partiell an der gängigen Unterscheidung in die erste (ab der Aufklärung), zweite (ab den 1950er Jahren) und dritte (ab den 1990er Jahren) Welle des Feminismus, denke aber über diese Epochisierung hinaus. Denn letztlich gibt es insbesondere zwischen Aufklärung und 1950 so immense Brüche und Wendungen, dass es nicht viel Sinn macht, sie als nur eine Welle zu kartieren.[10] Auch deckt sich das gängige Verständnis der sogenannten «Dritten Welle» wenig mit meiner Lesart des Feminismus seit 1990 – insbesondere weil es in seiner deutschen Lesart der globalen Pluralisierung und der komplementären Einbettung von Geschlecht in intersektionelle Kontexte seit den 1980er Jahren in weiten Teilen des *weißen* Feminismus nur unzureichend Beachtung schenkt. Wenn ich im Folgenden von Frau statt Frau* spreche, dann handelt es sich um (in)direkte Zitate von Personen, die nicht an den biologischen Unterschieden von *FrauistnichtMann* zweifelten. Dabei ist es zudem wichtig, im Kopf zu haben, dass sie mit ihrem binär angelegten «Frau» nur *weiße* Mittelklassefrauen (plus Einzelne aus der Aristokratie) meinten. Das ging damit einher, dass Feminismus sich zunächst gar nicht und ab dem 20. Jahrhundert nur allmählich auch Rechten für LGBTIQ*-Communities oder Frauen of Colour widmete – und zwar aufgrund von queeren und Schwarzen Feminismen, die dies einforderten. Diesen Defiziten und den entsprechenden Kritiken daran wird daher am Ende dieses Kapitels nachgegangen. Nicht um dies auszugliedern, sondern als Folge davon, dass der (*weiße* westliche) Feminismus diese und andere Unterdrückungsaspekte des Sexismus viel zu lang aussparte.

4.2.1. Nicht Feminismus, aber kein Feminismus ist es auch nicht. Sich widersetzende Frauen* zwischen Antike und Renaissance

Von (griechischer) Antike bis Renaissance waren öffentliche Rollen und Herrschaftspositionen Männern* vorbehalten. Dennoch gab es immer auch einzelne Frauen*, die sich der patriarchalischen Strukturlogik widersetzten. In der Antike stehen dafür etwa Kleopatra, Sappho, Aspasia sowie Hypatia in Alexandria.[11] Vermutlich stammt der Satz «Verteidige dein Recht zu denken. Denken und sich zu irren, ist besser, als nicht zu denken» von Hypatia.[12] Daran zeigt sich exemplarisch, dass diese Frauen* sich nicht nur allein durch ihr Wirken im Bereich des Wissens dem patriarchalischen Duktus widersetzten, sondern ihr Wissen auch nutzten, um sich (wie auch immer subversiv) aktiv dem griechisch-römischen Postulat, dass Frauen unfähig zur Vernunft oder Bildung seien, entgegenzustellen. Schon durch ihre bloße Existenz widersprachen sie dem Postulat, dass allein Männer von Natur aus so geschaffen seien, vernunftorientiert zu agieren. Deswegen wurden sie diskriminiert und ermordet. So wird etwa nicht nur ein theologischer Meinungsstreit, sondern insgesamt ihre Existenz als Philosophin, die sich auch theologisch äußerte, als Motiv für die brutale Ermordung Hypatias durch Mönche vermutet.

Auch im Mittelalter waren Frauen*, die sich der heiligen Ordnung der Vorherrschaft des Mannes* entzogen, ebenso präsent wie ungewollt. Dazu gehören etwa die deutsche Äbtissin Hildegard von Bingen oder Guglielma von Mailand. Ab dem 13. Jahrhundert bot das Netzwerk der Beginen Raum für Frauen*, sich zu bilden und autonom zu leben. Allein der kollektiv gelebte Anspruch auf ein Leben jenseits direkter patriarchalischer Kontrolle sowie bestimmte Ansprüche und Handlungen (etwa medizinisches Wissen zur Verhütung von Schwangerschaften zu teilen) waren wichtige Schritte in Richtung der Reformierung von Rechten für Frauen*. Solche Entwicklungen repräsentierten, ja beförderten einen gewissen Grad an Autonomie von Frauen*, was wiederum einer Unterwanderung patriarchalischer Autoritäten gleichkam. Gerade deswegen wurden diese emanzipativen Strukturen größtenteils zerschlagen, in Europa vornehmlich mit Mitteln der Inquisition bzw. genauer gesagt der femizidalen «Hexenverbrennung».[13]

Wie sehr insbesondere Frauen*, die sich patriarchalischer Herrschaft widersetzten oder entzogen, davon gefährdet waren, wird etwa auch in Geoffrey Chaucers *Canterbury Tales* aus dem Jahr 1400 erzählt. Der Band vereint diverse Geschichten, die sich eine Gemeinschaft von dreißig Pilgernden zum Zeitvertreib erzählen. Chaucers Charakteren gehören sechsundzwanzig Männer und vier Frauen an, von denen drei Nonnen sind. Die vierte Frau, The Wife of Bath, repräsentiert eine Ausnahme von der Regel. Auch wenn sie als «wife», Ehefrau, tituliert wird (und damit patriarchalisch eingebunden positioniert wird), steht sie als fünffache

Witwe genau genommen außerhalb patriarchalischer Kontrolle – dies umso mehr, als sie wohlhabend und dadurch autonom ist und ihre Erzählung mit den Worten beginnt, dass Ehe «misery and woe», also nichts als Kummer und Sorgen, sei. Chaucer stellt jedoch insofern wieder die Geschlechterordnung her, als er seine Charakterin sagen lässt, dass sie aber auch einen sechsten Mann heiraten werde. Allerdings mutet das dadurch subversiv an, dass sie betont, dass es besser sei zu heiraten, «than to burn», als zu brennen – was gleichsam auf Hexenverbrennung und Hölle anspielt. Diese Gefahr mag ihr aber auch deswegen drohen, weil ihre Geschichte (als Einzige) gegen sexuelle Gewalt und für Autonomie von Frauen eintritt – und explizit Vergewaltigung verurteilt.[14]

Chaucers Geschichte repräsentiert die im 14. Jahrhundert einsetzende Debatte, die bis ins 18. Jahrhundert hinein europaweit geführt werden wird: die «Querelle des Femmes» – der Streit zur Frauenfrage. In den betreffenden Texten und Bildern werden verschiedene Ansätze laut. Ganz basal geht es erst einmal darum, das von der *chain of being* gesetzte Postulat zu widerlegen, dass Frauen weniger Mensch als Männer seien oder so sehr Tier/Natur/Emotion, dass sie keine (vollwertigen) Menschen seien. Daran anknüpfend, gehen einzelne Stimmen dieser Debatte schon spezifischer dazu über, Aspekte von Selbst- und Mitbestimmung von Frauen einzufordern. Frauen müssten mehr Rechte etwa auf Autonomie, Zugriff auf Bildung sowie Mitsprache in politischen Räumen erhalten, wobei diese Punkte oft eine argumentative Einheit bilden. Da ein immer wiederkehrendes sexistisches Argument paradox unterstellt, dass die bisherige Abwesenheit von Frauen in Bildung, Wissenschaft und Kunst deren fehlende Befähigung dafür belege, setzte die «Querelle des Femmes» genau hier an und erzählte von Frauen, die sich in Politik, Wissen(schaft), Kunst oder auch Militärwesen hervorgetan hatten. Es gab Frauen, die Nischen gefunden und Ausnahmen geschaffen hatten; und diese Ausnahmen wurden benutzt, um die These zu widerlegen, dass Frauen Vernunft nicht verstünden, noch nie zu Wissenschaft oder Kunst beigetragen hätten oder Wissen in ihren Händen gar gefährlich sei.

Die erste bekannte Frau, die sich in diese Debatte einbrachte, war die französische Philosophin und Schriftstellerin Christine de Pizan. Sie war von ihrem Vater unterrichtet worden und konnte später die Nische, die sie als Witwe besaß, nutzen, um philosophische und politische Texte zu verfassen. De Pizan schrieb mit «Le Livre de la Cité des Dames» (Das Buch von der Stadt der Frauen) (ca. 1405) eine Streitschrift gegen die (intellektuelle) Abwertung von Frauen. Sie erinnert an wichtige Frauen der Geschichte (auch der Literaturgeschichte) und schlussfolgert: «Diejenigen, die Frauen verleugnen, sind Kleingeister. Sie sind so vielen Frauen begegnet, die ihnen an Klugheit und Vornehmheit überlegen waren, dass sie beleidigt oder unwillig reagieren. Und wegen dieser Missgunst sagen sie allen Frauen Übles nach.»[15] Sie dreht das Argument, dass Frauen keine Rationalität und daher auch keine Befähigung zur Politik besäßen, um und schreibt, dass politische Ratssitzungen den Spielen kleiner Kinder ähnelten. So aufgestellt, fordert sie, dass Mädchen die Schule besuchen und Frauen die Künste und Wissenschaften erlernen sollten, weil sie den Fähigkeiten der Jungen und Männer in nichts nachstünden [16]

In der Literatur fanden sich zunehmend auch solche gebildeten Frauen. Denken wir etwa nur an William Shakespeares Portia aus *The Merchant of Venice* (1596). Als ihr Ehemann Bassanio in einen Konflikt mit Shylock verwickelt ist, verkleidet sie sich als Richter.[17] Niemand bemerkt dies, und zwar, weil Portia alles relevante Wissen (also auch die entsprechende Ausbildung) besitzt und dieses so anzuwenden weiß, dass sie der Situation intellektuell und moralisch vollauf gewachsen ist und diesbezüglich alle anwesenden Männer überstrahlt.[18]

Portias Name nach der Eheschließung, also Bassanio, und die Tatsache, dass vier von Shakespeares Charakteren Emilia heißen (wobei sie, wie auch Cleopatra oder Lady Macbeth, allesamt emanzipierte Frauen repräsentieren), verstehe ich als Hommage an eine feministische Zeitgenössin Shakespeares, die er vermutlich persönlich kannte: Emilia Bassano, die später Lanyer heißen wird. Sie lebte in einer Hofmusiker*innenfamilie (zunächst als Tochter, dann als Ehefrau) am Hofe von Elisabeth I. und hatte über diese Anbindung, vermutlich als Zofe Susan Berties, der Countess of Kent, Zugang zu Bildung.

1611 veröffentlichte sie das Langgedicht *Salve Deus Rex Judaeorum* (Heil, Gott und König der Juden). Nicht nur hatte sie sich damit einen Raum erobert, der Frauen* gemeinhin nicht zugänglich war: Sie gilt als erste englische Poetin. Hinzu kommt, dass sie im zweiten Teil ihres Werkes, der den Titel «Eve's Apology in Defence of Women» trägt, also «Evas Verteidigung (so ist *apology* hier zu verstehen) als Verteidigung von

Frauen», patriarchalische Geschlechterverhältnisse kritisiert. Wie auch Christine de Pizan schreibt Emilia Lanyer zur Widerlegung der vermeintlichen intellektuellen Unfähigkeit von Frauen über berühmte Frauen antiker Zeiten, darunter auch eine skythische Kriegerin. Aber auch biblische Frauen finden Anerkennung, darunter Eva, Deborah, Esther, die Königin von Saba, Maria, die galizischen Frauen, die Jesus bei der Kreuzigung unterstützten, und die Frau von Pontius Pilatus. Letztere hält in Emilia Lanyers Text ein Plädoyer wider die Kreuzigung von Jesus und wählt dabei die Worte so, dass sie auch zu einem Plädoyer für die Freiheit und Gleichheit von Frauen werden: «Lasst uns unsere Freiheit wieder besitzen.» [19] Das «wieder» («again») behauptet, dass Ungleichheit nicht von Natur aus gegeben, sondern gemacht sei.

Sie greift dabei die christliche Erzählung auf, dass Frauen für Evas Sündenfall büßen müssten – sieht aber mehr Schuld beim Mann, weil er ja das stärkere Geschlecht sei (dieses Paradigma greift sie also nicht an): «Wenn eine schwache Frau nun einmal einfach sündigte/so ist die eurige Sünde weder zu entschuldigen, noch ist sie vergangen» (105, eigene Übersetzung). Wie die Königin in «The Wife of Bath's Tale» verlangt sie schlussfolgernd nach *sovereignty* (Autonomie) [*Sov'raigntie*] von Frauen und spricht diesbezüglich bereits von *equality [being you equals*].

Akzeptiert Emilia Lanyer, dass Adam stärker (und deswegen auch stärker verantwortlich für den Sündenfall) sei, besteht die Französin Marie de Gournay auf der Gleichheit der «beiden Geschlechter». Zwar gebe es hinsichtlich der Fortpflanzung Unterschiede, schreibt sie in ihrem Aufsatz «L'egalité des hommes et des femmes» (1622). Doch würden Männer und Frauen über eine vernunftbegabte Seele verfügen. Damit stellt sie grundsätzlich in Frage, dass aus der unterschiedlichen Beschaffenheit der Körper abgeleitet werden könne, dass sich Männer und Frauen von Natur aus in ihrer Wertigkeit als Mensch unterscheiden würden: «Der Mensch wurde sowohl als Mann wie Frau geschaffen. Männer und Frauen sind eins. Wenn der Mann mehr ist als die Frau, dann ist die Frau gleichfalls mehr als der Mann.»[20]

4.2.2. Aufklärung

Auch wenn die aufklärerische Vision Frauen und alle People of Colour dezidiert ausschloss, beflügelte sie doch anti-koloniale und frauenrechtliche Argumentationen und Bewegungen. Zunehmend wurde die Idee von Gleichheit und Freiheit als Idee von Gleichberechtigung und Autonomie jenseits von Brüderlichkeit oder Weißsein verfochten. Der Widerstand gegen Kolonialismus und die europäische Versklavung von Afrikaner*innen ging in eine neue Phase über – denken wir nur an die erfolgreiche Revolution in Haiti (1791–1804) oder die Stärkung des Abolitionismus, die 1807 zum britischen Verbot des Handelns mit versklavten Menschen führte und damit langsam das Ende der «Maafa», also der europäischen Versklavung von mindestens 18 Millionen Afrikaner*innen, einläutete.[21] Mit der europäischen Frauenrechtsbewegung verhielt es sich ähnlich. Viele Frauen hatten in den Reihen der Französischen Revolution mitgekämpft, und viele fielen auch dem Jakobiner-Terror zum Opfer (wurden also in politische Verantwortung genommen, als seien sie doch irgendwie Rechtspersonen). Dennoch blieben sie von den drei Verfassungen von 1791, 1793 und 1795 ausgeschlossen. Das aber nahmen einige Frauen* nicht mehr hin, sondern zum Anlass, mehr Rechte für Frauen einzufordern. Diese Phase gilt auch als Beginn der «Ersten Welle des Feminismus».[22]

Zu den wichtigsten Vertreter*innen der Anfangsdekaden gehören die Französinnen Théroigne de Méricourt, Etta Palm d'Aelders und Olympe de Gouges, die Engländerinnen Catherine Macaulay und Mary Wollstonecraft sowie der Deutsche Theodor Gottlieb von Hippel. Sie alle standen unter direktem Einfluss der Französischen Revolution und aufklärerischer Debatten, wobei am Postulat, dass Frauen von Natur aus anders seien als Männer, noch gar nicht so handfest gerüttelt wurde. Die Aufklärung verfolgte einen Differenzfeminismus, der an der prinzipiellen Unterschiedlichkeit zwischen Mann und Frau festhielt (auch im biologischen Sinne), jedoch einforderte, dies neu zu bewerten. Mary Wollstonecraft ging es etwa in *Vindication of the Rights of Women [Eine Verteidigung der Rechte der Frau]* (1792) weniger darum, tradierte Rollenzuschreibungen grundsätzlich in Frage zu stellen. Wollstonecraft und andere Aufklärer*innen dachten eher aus der Idee einer Neudefinition von Mutterschaft und Ehe heraus. Wenn Reproduktion jetzt zu einer nationalen

Aufgabe werde, dann komme auch der Mutterschaft und Erziehung von Kindern eine neue Aufgabe zu. Dabei wird *liberty* (Freiheit) zur Voraussetzung für *virtue* (Tugend) erklärt – und ich zitiere aus der deutschen Übersetzung von *Eine Verteidigung der Rechte der Frau* (1989):

> Freiheit ist die Mutter der Tugend. Wenn Frauen allein durch ihre körperliche Beschaffenheit Sklavinnen sind und die scharfe, belebende Luft der Freiheit nicht atmen dürfen, dann müssen sie wie exotische Pflanzen dahinwelken und werden nur als schöne Fehler in der Natur gelten. (77)

Deswegen sei es unverzichtbar, Frauen Zugang zu Bildung zu gestatten. Es gehe darum, Frauen dazu zu ermächtigen, sich selbst zu reformieren, damit sie dazu beitragen können, die Welt zu reformieren: «Es ist an der Zeit, eine Revolution in den Sitten der Frauen herbeizuführen, ihnen ihre verlorene Würde wiederzugeben und sie als Teil der menschlichen Rasse zu veranlassen, durch ihre eigene Umgestaltung die Welt umzugestalten.» (89) Dabei wendet sich Wollstonecraft explizit auch gegen die (bis heute) oft vorgebrachte Unterstellung, dass der Anspruch auf Autonomie für Frauen in einer Umkehrung der Machtverhältnisse münden würde: «Ich will nicht, daß Frauen Macht über die Männer, sondern über sich selbst erlangen.» (113)

Olympe de Gouges setzte in *Déclaration des Droits de la femme et de la citoyenne* (1791) grundlegender an als Wollstonecraft: Der konsequente Ausschluss aller Frauen* von den politischen Entscheidungen der Französischen Revolution sei für sie nichts anderes als eine Tyrannei.[23]

Damit ist der Duktus des kommenden Jahrhunderts vorweggenommen. Erst im Zuge der 1848er-Revolution änderten sich dann die Organisationskultur, Argumentationsrichtung und die Kernargumente der Frauenbewegung. Deswegen halte ich es entgegen allgemeiner Tendenzen nicht für sinnvoll, diese Phase des Feminismus als «gemeinsame Welle» mit der Aufklärung zu verstehen.

4.2.3. Frauenbewegung und Feminismus zwischen 1848 und Nationalsozialismus

Das Eintreten für Frauenrechte erfolgte anfänglich, von den Beginen bis zur Aufklärung, aus der Peripherie religiöser, sozialer Gruppen oder politischer Bewegungen heraus, die keinen spezifischen Schwerpunkt in Frauen*rechten hatten. Ab der Mitte des 19. Jahrhunderts begannen Frauen*, sich explizit für den Kampf um «Frauenrechte» zu organisieren. Einer der frühesten Orte dieser Frauenbewegung war die Seneca Falls-Convention am 19./20. Juli 1848 im US-amerikanischen Bundesstaat New York, an der dreihundert Personen teilnahmen. Unter Bezugnahme auf die «Declaration of Independence» wurde eine «Declaration of Rights and Sentiments» verabschiedet. Auch in Europa gab es ähnliche nationale wie internationale Versammlungen, und zahlreiche Frauenvereine gründeten sich. 1843 formulierte Louise Otto-Peters ihre Vision dieser neuen Stellung der Frau so: «Die Teilnahme der Frau an den Interessen des Staates ist nicht ein Recht, sondern eine Pflicht.»[24] Diese Tendenz wurde durch die Revolution von 1848/49 katalysatorisch beschleunigt. Ähnlich wie bei der Französischen Revolution waren Frauen* wichtige Akteur*innen. Das waren vor allem bürgerliche Frauen wie Elise Blenker, Kathinka Zitz-Halein, Emma Herwegh, Amalie Struve oder Mathilde Franziska Anneke. Doch aus der Frankfurter Nationalversammlung blieben sie ausgeschlossen. Das empörte viele Frauen*. Louise Dittmar schrieb bereits 1847 zur Gesellschaftssituation der Frauen:

> Wohl spricht man viel von Freiheit für Alle, aber man ist gewöhnt, unter dem Wort ‹Alle› nur Männer zu verstehen und muß mißtrauisch fragen: ist auch das weibliche Geschlecht darunter begriffen, oder soll dieses jetzt, wo jeder edle Mensch, nach einer bessern Zukunft strebend, sich gehoben fühlt, soll dies Geschlecht jetzt darben?[25]

Der Protest von Frauen* unter den Arbeiter*innen lief letztlich in hohem Maße parallel, abgelöst von der bürgerlichen Frauenrechtsbewegung, aber auch von der Arbeiterbewegung. Unterstützt wurde diese vor allem von Frühsozialist*innen und Gewerkschaftler*innen wie Pauline Staegemann oder entsprechenden Theoretikerinnen wie Flora Tristan. Stellvertretend sei der Erdarbeiterinnenaufstand in Wien am 21. August 1848 genannt. Erdarbeiter*innen verrichten körperlich schwere Arbeiten, etwa bei der Aushebung von Gruben. Dafür erhielten Frauen* für dieselbe Arbeit fünf Kronen weniger Lohn als Männer*, die fünfundzwanzig Kronen am Tag bekamen. Als Arbeitsminister Ernst Schwarzer die Löhne der Frauen*, die bei Baumaßnahmen für Notstandsbauten (als Wohnraum für Arme und Obdachlose) mitarbeiteten, von zwanzig auf fünfzehn Kronen pro Tag senkte, kam es zum Aufstand. Diesem schlossen sich bald auch männliche* Kollegen an, bürgerliche Frauen* zeigten sich solidarisch. Nach zwei Tagen wurde der Streik mit zweiundzwanzig Toten und über dreihundert Verwundeten blutig niedergeschlagen.[26] Auch aus Empörung über diese sogenannte «Praterschlacht» gründete Karoline von Perin am 28. August 1848 den ersten österreichischen Frauenverein: den *Wiener demokratischen Frauenverein*. Ab 1849 formierten sich im Deutschen Bund (1815–1866) viele weitere solcher Vereine. Die Schriftstellerin Kathinka Zitz-Halein etwa gründete am 4. November 1849 in Mainz den Frauenverein *Humania*, der mit 1647 Mitgliedern schnell zum größten Frauenverein dieser Zeit heranwuchs.[27]

Die demokratische Entwicklung nach der Märzrevolution wurde vom Preußischen Vereinsgesetz (1850) gestoppt, das die meisten deutschen Staaten weitgehend übernahmen. Es deklarierte ein Versammlungs- und Vereinigungsverbot für Frauen – die diesbezüglich wie unmündige Schüler*innen und Lehrlinge behandelt wurden. Der Widerstand im Namen der Frauenrechte (einschließlich des Rechts, sich zu versammeln) und dessen Wille zur Organisation blieben trotzdem irreversibel. So kam es 1865 schließlich unter der Federführung von Louise Otto-Peters und Auguste Schmidt zur Gründung des *Allgemeinen Deutschen Frauenvereins* (ADF), der sich später dem 1894 gegründeten Dachverband *Bund deutscher Frauenvereine* anschloss.[28] Für eine noch kompromisslosere Widerstandspolitik steht der 1888 von Minna Cauer gegründete *Verein Frauenwohl*.

Das alles stieß auf massiven patriarchalischen Widerspruch, der wiederum Protest hervorrief. Dazu gehört etwa die als «Frauenlandsturm» (1896) diffamierte Flugblattaktion und Hedwig Dohms Buch *Die Antifeministen* (1902).[29]

Auch insgesamt nahm eine (politisierte) Autorinschaft in Prosa, Philosophie und Journalismus zu. 1849 gründete Louise Otto-Peters die erste deutsche Frauenzeitung: «Frauen-Zeitung – Ein Organ für die höheren weiblichen Interessen».[30] Ein neues Pressegesetz im Königreich Sachsen aus dem Jahr 1850 gestattete es nur Männern*, die Redaktion einer Zeitung zu übernehmen, was zu einer Einstellung der Zeitung und dazu führte, dass sie ab Februar 1851 unter der vermeintlichen «Verantwortlichkeit der Hofmeisterschen Zeitungs-Expedition in Gera» erschien. Als 1853 auch Preußen ein Pressegesetz einführte, das es Frauen verbot, eine Zeitschrift herauszugeben, wurde sie endgültig unterdrückt.[31]

Als wichtigster Text dieser Phase gilt Virginia Woolfs *A Room of One's Own* (1929). Ausgehend von einer vergleichsweise geringen Zahl von Schriftstellerinnen, begibt sich Woolf auf Ursachensuche für die Abwesenheit von Frauen im öffentlichen Raum, etwa der Kunst. Nicht unausgeprägter Intellekt oder mangelnde Kreativität seien dafür verantwortlich, sondern das Fehlen von Privatsphäre und Zeit zum Schreiben und, noch eklatanter, das Fehlen des Zugangs zu Bildung und der Möglichkeit, überhaupt öffentlich wirken zu können. Das aber sei ein immenser Kapazitätsverlust für die gesamte Gesellschaft.

Weltweit bekam die Frauenbewegung durch August Bebels überaus einflussreiche Schrift «Die Frau und der Sozialismus» Unterstützung. Erstmals 1879 erschienen, gab es bis 1909 allein in Deutschland fünfzig Auflagen. Sie ist in fünfzehn Sprachen übersetzt worden, ebenfalls häufig in mehreren Auflagen. Bebel ordnete allerdings die «Frauenfrage» (Nebenwiderspruch im Kapitalismus) der «Klassenfrage» (Hauptwiderspruch im Kapitalismus) unter. Dies stieß bei einigen Frauenrechtler*innen auch im Deutschen Kaiserreich auf Kritik. Doch insgesamt überwog eine positive Aufnahme von Bebels heute als eines der Klassiker der Arbeiter*innenbewegung schlechthin geltenden Buches. Wie die Verhältnisse für Frauen* im Kaiserreich beschaffen waren, zeigt folgende Begebenheit aus dem Berlin der Jahrhundertwende:

> Als ich, an die Bewegungsfreiheit der Schweiz gewöhnt, einem Vortrag von Bebel im überfüllten Saal von glücklich gesichertem Platz entgegensah, ertönte plötzlich der Ruf des überwachenden Polizeibeamten, daß ‹Frauen und Lehrlinge› den Saal zu verlassen hätten – und ich mußte mich fügen![32]

Öffentlich konnte über, es sollte aber nicht mit oder schon gar von Frauen selbst geredet werden. Politische Aktivistinnen wie Clara Zetkin, Rosa Luxemburg oder Louise Michel, um nur drei der Berühmtesten zu nennen, waren es dann, die sich diesen patriarchalischen Diktaten nicht länger beugten und nunmehr Theorie und Praxis einer Politik erfolgreich vertraten, die mit, für und von Frauen* und dabei zugleich für alle Menschen gemacht war.

Die inhaltlichen Forderungen der Frauenrechtsbewegung und deren argumentatives Fundament änderten sich ab 1848 ebenfalls grundlegend. In der Phase vor 1848 blieben viele der Sichtweise verhaftet, dass Männer und Frauen von Natur aus verschieden seien und sich dies auch in einer sozialen Differenz manifestiere. Neu interpretiert wurde allein die patriarchalische Bewertung dieser Differenz (es ging um Gleichheit trotz Unterschiedlichkeit). Diesem Tenor folgten jetzt nur noch Einzelne, wie etwa die Frühsozialistin Jeanne Deroin, die es für angemessen hielt, spezifische, Frauen angepasste Gesetze zu formulieren.[33]

Charakteristischer für die sich ab 1848 neu formierenden Frauengruppen und deren Schriften war es, dass sie konsequenter die Kausalkette in Frage stellten, dass Frauen körperlich und intellektuell unterlegen seien, ergo schwach, ergo schutzbedürftig, ergo «nur» für private Räume (Haushalt und Familie) zuständig sein konnten. Zwar folgten die meisten Frauenrechtler*innen dieser Zeit weiterhin der Position, dass die Befreiung der Frau im Einklang mit Ehe und Mutterschaft stehe (und sein müsse). Dennoch wurde, in Abgrenzung zu vorangegangenen Jahrhunderten, grundsätzlicher das Postulat durchbrochen, dass Frauen und Männer von Natur aus ungleich und daher zu Ungleichheit verpflichtet gleich seien. Dabei säkularisierte sich die Argumentation, und die Autor*innen arbeiteten sich weniger an der Bibel als vielmehr an modernen Politiktheorien und -verständnissen ab.

Seit der zweiten Hälfte des 19. Jahrhunderts ging es zunehmend prinzipieller um rechtliche Eigenständigkeit und Gleichberechtigung im öffentlichen wie privaten Raum. Als sich im Zuge der Reichsgründung der politische Wille nach einer vereinheitlichten Rechtsprechung etablierte, mahnte der ADF etwa in einer Petition 1877 an, Frauen Rechte einzuräumen und insbesondere die Ehe- und Vormundschaftsgesetzgebung zu novellieren.[34] Neben der Überwindung von diskriminierenden Ehegesetzen (etwa die ökonomische Abhängigkeit oder das Recht auf Scheidung betreffend) ging es um das Recht auf Erwerbstätigkeit, finanzielle Gleichberechtigung und höhere Bildung.

Während bürgerliche Frauen oft nicht arbeiten durften (und für das Recht auf Erwerbstätigkeit stritten), kamen Frauen aus der Arbeiter*innenklasse gar nicht umhin, arbeiten zu müssen. Daraus ergaben sich jeweils spezifische Forderungen. Frauen unter den Arbeiter*innen ging es primär um gleichen Lohn für gleiche Arbeit und soziale/gesundheitliche Absicherung, aber auch die Forderung, gewerkschaftlich vertreten zu werden. Bürgerliche Frauen* brachten sich hier nicht ein – was auch damit zu tun hatte, dass sie nicht die Arbeit von Arbeiter*innen ausüben wollten. Im Kern ging es ihnen nicht per se um das Recht auf Erwerbsarbeit, sondern um Erwerbsarbeit, die ihrem sozialen Status gerecht wurde – und die Möglichkeit ökonomischer Unabhängigkeit bot, was insbesondere mit Blick auf unverheiratete Frauen* diskutiert wurde. Louise Otto-Peters' 1866 erschienenes Buch *Das Recht der Frauen auf Erwerb* ist hierbei ebenso einschlägig wie der Einfluss auf das utilitaristische Denken durch Harriet Taylor Mill und Helen Taylor. Adressiert wurde nicht nur der Emanzipationseffekt, sondern auch der wirtschaftliche Nutzen für die Gesellschaft im Allgemeinen.

Bei Berufstätigkeit in sozial gehobenen Berufen hatten die bürgerlichen Frauenbewegten zunächst vor allem pädagogische Berufe im Sinn, wobei sie eine Befähigung zu diesen aus der Mutterrolle der Frau* ableiteten. Dafür war wiederum der Zugang zu (höherer) Bildung für Frauen eine wichtige Voraussetzung (die für Arbeiter*innen gar keine Option war). Dafür steht insbesondere Henriette Goldschmid, die neben der Ausbildung für Kindergärtner*innen auch für Kindergärten als Institution plädierte, um Mutterschaft und Arbeit vereinbar zu machen. Der von ihr sowie Louise Otto-Peters, Auguste Schmidt und Ottilie von Steyber gegründete *Frauenbildungsverein Leipzig* (FBV) veranstaltete die erste deutsche Frauenkonferenz, die sich auch dem Thema Bildung für Frauen* in Schulen und Universitäten widmete. Helene Langes *Die höhere Mädchenschule und ihre Bestimmung* (1887), die unter dem Namen «Gelbe Broschüre» bekannt wurde und sich für die Verbesserung der Lehrerinnenbildung und die Förderung von Schülerinnen in Preußen einsetzte, war für diese Kämpfe und deren Argumentationen wegbereitend.[35]

1888 reichte der ADF eine Petition beim preußischen Abgeordnetenhaus ein, Frauen zum Medizinstudium zuzulassen und künftige Lehrerinnen universitär auszubilden – damit sie auch gymnasial unterrichten könnten. Das schloss das Studium aller Fächer, auch der naturwissenschaftlichen, ein.[36] Unter dieser Maßgabe wurde 1890 der *Allgemeine Deutsche Lehrerinnen Verein* unter Federführung von Auguste Schmidt, Marie Loeper-Housselle und Helene Lange gegründet. Der *Frauenverein Reform* (1888) war diesbezüglich noch konsequenter und grundsätzlicher: Er forderte die Zulassung von Frauen* zu allen Fächern.[37]

Auch die Religion stand auf dem Prüfstand. Louise Otto-Peters vertrat die Idee der Gleichstellung von Frauen* in katholischen Gemeinden und forderte etwa, dass Frauen in Kirchenämter gewählt werden konnten. Grundsätzlicher trat aus einer frühsozialistischen Perspektive heraus Louise Dittmar gegen die christliche Religion auf.[38]

Vereinzelt erhoben sich auch erste Stimmen zur sexuellen Selbstbestimmung – etwa repräsentiert von den russischen Nihilistinnen oder, in Deutschland, Minna Cauer.[39] Auch die (Gesundheits)Reform von Kleidung etablierte sich aus der (bürgerlichen) Frauenrechtsbewegung heraus. Auf der Seneca Falls Convention 1856 wurde die *National Dress Reform Association* gegründet, und 1860 erschien das Grundlagenwerk der Engländerin Roxey Ann Caplin *Health and Beauty, or, Women and her Clothing* (1860).[40] Unterstützt durch die *National Health Society* gründete sich in England 1881 die *Rational Dress Society,* welche die *Rational Dress Campaign* federführend bestimmte.[41] In Deutschland gilt das Jahr 1896 als Beginn der öffentlichen Debatte darüber. Der Verein zur Verbesserung der Frauenkleidung gründete sich, und der Internationale Berliner Frauenkongresses von 1896 diskutierte erstmals öffentlich die Kleidungsfrage. Unter Bezugnahme auf medizinische Argumente wurde eine gesündere Kleidung für Frauen eingefordert, entsprechend designt und auf Modeschauen vorgestellt. 1897 gab es eine erste Ausstellung des *Vereins zur Verbesserung der Frauenkleidung* in Berlin, und ab 1899 existierte dort sogar eine Dauerausstellung. Neben gesundheitlichen Aspekten ging es um Bequemlichkeit und Beweglichkeit, auch mit Blick auf von Frauen zunehmend eingeforderte Möglichkeiten sportlicher Betätigung. Im Kern ging es bei dieser Reform um die emanzipative Selbstbestimmung über den eigenen Körper und dessen Repräsentation durch Kleidung. Das zeigt sich etwa daran, dass an der Frage, ob Frauen Hosen tragen dürften, eine Debatte entbrannte, an der sich die Bewegung intern entzweite – nicht zuletzt weil dabei die Segregation von Mann versus Frau auf den Prüfstand geriet. Schon 1846 trug die deutsche Schriftstellerin Louise Aston Hosen (und andere als männlich definierte Kleidungsstücke), und es gab Frauenrechtler*innen, denen dies missfiel. Kurz nach ihrer Ausweisung aus Berlin erschien Astons Buch *Meine Emancipation, Verweisung und Rechtfertigung* (1846), in dem sie auf für ihre Zeit radikale Weise für eine konsequente Gleichheit der Geschlechter eintrat – für die das Tragen der Hosen ein ebenso symptomatisches wie demonstratives Accessoire war.[42] Ende der 1860er Jahre trat in den USA Marie M. Jones für die Einführung von Hosenkostümen ein, wobei sie Kleider als geschlechtsspezifische Benachteiligung einordnete. Die englische *Rational Dress Society* einigte sich in ihrem jahrelangen Streit um die Hosenfrage 1888 auf ein Hosenrock-Kostüm als Kompromiss. Dabei ging es parallel auch um die Frage, ob Frauen in Kleidung (Kleider oder Hosen) integrierte Taschen tragen dürften, womit ein weiteres männliches Privileg angegriffen wurde. Nicht zufällig also trugen Suffragetten Hosen und vergruben sie (auf Fotos) demonstrativ ihre Hände in Hosen- bzw. Rocktaschen.

Suffragetten vertraten das wichtigste Kampffeld der 1848er-Bewegungen: das Frauenwahlrecht. Öffentlich am wirksamsten waren die britischen Suffragetten (von engl. *suffrage* – Wahlrecht), die juristisch wie aktionistisch (von Stürmungen des Parlaments, über Steinwürfe in Fenster bis zu Hungerstreiks) wirkten. In Deutschland wurde Hedwig Dohms Buch *Der Frauen Natur und Recht* (1876) wegweisend im Kampf um das Frauenwahlrecht. 1902 gründete sich der *Deutsche Verein für Frauenstimmrecht.*

Clara Zetkin brachte zur Sprache, dass es um viel mehr gehen müsse als um Wahlrecht für Frauen. Politische Mitbestimmung müsse auch Partizipation in Parteien und Parlamenten einschließen.[43] Auf der ersten sozialdemokratischen Reichsfrauenkonferenz 1900 in Mainz erklärte sie, dass Genossen und Genossinnen zwar der Theorie nach gleichberechtigt seien, in der Praxis die Ungleichheit unter den Sozialdemokrat*innen aber mit jener bei den schlimmsten «Spießbürgern» vergleichbar sei. Und selbst das Wahlrecht sei kaum mehr als der Beginn tatsächlicher Gleichberechtigung.[44] Das Drei-Klassen-Wahlrecht war in Preußen bis 1918 an den sozialen Status (Klasse) gebunden. Daher war das Thema Wahlrecht auch eng an das Thema Erwerbsarbeit für Frauen gebunden. Gefordert wurde aber auch das passive Wahlrecht, also die Möglichkeit, sich in politische Ämter wählen zu lassen. Dieses wurde erstmalig mit der Weimarer Nationalversammlung Realität. Die Wirren von Revolution und Neuanfang ermöglichten es nicht nur, einer «grundsätzlichen» Gleichheit von Männern und Frauen Verfassungsrang zu geben, sondern auch, die lange schon vorgebrachte Forderung nach einem Wahlrecht für Frauen zu realisieren. Und dies meinte sowohl das aktive wie das passive Wahlrecht.

Das Reichswahlgesetz, das Frauen ein aktives und passives Wahlrecht garantierte, trat am 30. November 1918 in Kraft. Ab Januar 1919 wurde es bei demokratischen Wahlen umgesetzt – zunächst bei der Verfassunggebenden Landesversammlung der Republik Baden sowie des Freien Württembergischen Volksstaats – und eben auch am 19. Januar 1919, als die Deutsche Nationalversammlung gewählt wurde. Frauen durften nicht nur erstmalig wählen, sie wurden auch gewählt: Immerhin wurden 37 der 423 Mandate von Frauen wahrgenommen. Bis 1933 gehörten 111 Frauen* und 1677 Männer* dem Reichstag an, was einem Frauenanteil von 6,2 Prozent entspricht und zugleich für die zahlenmäßig begrenzte, aber insgesamt überaus große Bedeutung des passiven Wahlrechts auf Reichsebene steht.[45]

Der Nationalsozialismus rüttelte an den wenigen Errungenschaften, welche die Frauenrechtsbewegung ab den 1840er Jahren und mit 1848 als erster Zäsur erreicht hatte, wobei 1918 zur größeren Zäsur wurde. So wurde das passive Wahlrecht de facto, nicht de jure abgeschafft. Auch wurde die (ohnehin begrenzte) Möglichkeit der Ausübung sozial gehobener Berufe weiter beschnitten. Strukturelle Errungenschaften wie etwa die Bildung von Vereinen der sozialistischen oder kommunistischen Frauenbewegung wurden ohnehin verboten und zwangsaufgelöst. Mit der nationalsozialistischen Diktatur kam die emanzipatorische Frauenbewegung in Deutschland und bald auch in den besetzten Staaten Europas zum Erliegen. In anderen westlichen Ländern lief sie bis in die 1950er hinein aus.

Jedenfalls gelten die 1950er Jahre als Beginn der zweiten Welle des Feminismus, wobei die 1968er-Bewegungen den eigentlichen Wellenkamm darstellen, der Ausläufer bis in die 1980er Jahre hat.[46]

4.2.4. Feministische Strukturen und Forderungen im geteilten Deutschland

Nach Nationalsozialismus und dem Zweiten Weltkrieg erstarkten feministische Strömungen, maßgeblich beflügelt durch die Demokratisierung im Westen Deutschlands und die 1968er-Bewegungen – aber auch in Protest und Abgrenzung zu diesen. Die 68er-Bewegungen waren im Wesentlichen männer*dominiert und ignorierten die Unterdrückung der Frau* systematisch. Das trifft etwa auf die westdeutsche «Studentenbewegung» (sic!) insofern zu, als die beteiligten Männer* diese Bewegung an sich rissen, sämtliche Führungspositionen bekleideten und die Themen setzten. Das so institutionalisierte Beschwiegen-und-nicht-ernst-genommen-Werden von feministischen Anliegen führte dazu, dass Frauen* autonome Strukturen von Frauen*gruppen und Netzwerke gründeten. So blühte eine feministische Infrastruktur auf, die zumeist nur Frauen* zugänglich war. Dazu gehörten Frauencafés und -kneipen, autonome Frauenprojekte, Buchläden, Frauenzentren (ab 1973), aber etwa auch der Aktionsrat zur Befreiung der Frau (1968–1970) und dessen Aufgehen (ab 1969) in den Sozialistischen Frauenbund West-Berlins. Als Helke Sander als Sprecherin des Aktionsrates auf der 23. Delegiertenkonferenz des Sozialistischen Deutschen Studentenbundes (1968) diesem vorwarf, die Diskriminierung von Frauen zu ignorieren, und ihre Rede vom vorsitzenden Gremium ignoriert wurde, warf ihre Mitaktivistin Sigrid Damm-Rüger aus Protest Tomaten in Richtung des allein männlichen Gremiums. Dieses Ereignis ging als «Tomatenwurf» in die Geschichte ein.

Wegweisend war auch die Gründung von Frauenverlagen und Journalen wie «Courage» (1976–1984) oder «Emma» (1977). Die Herausgeberin und Chefredakteurin der «Emma» Alice Schwarzer wurde zu einer der zentralen Repräsentant*innen des deutschen Feminismus. Von der Einstiegsauflage der «Emma» wurden 200 000 Exemplare gedruckt, und nach wenigen Tagen musste sie noch um weitere 100 000 ergänzt werden. Ende der 1990er Jahre betrug die Auflage noch 55 000 Exemplare, inzwischen ist sie auf unter 30 000 Exemplare gefallen.

Ein wichtiges Ergebnis der Ausgliederung feministischer Forderungen aus anderen Befreiungsbewegungen besteht darin, dass diese nunmehr prominenter als je zuvor in den journalistischen, akademischen und politischen Mainstream aufgenommen wurden. So entstanden etwa Frauen*-formate in Tageszeitungen, Radio und Fernsehen – etwa *Zeitpunkte* (1979) und *Mona Lisa* (1988–2017, ab 2011 zunehmend auch auf Männer* ausgerichtet).

In Frankreich stand die 1968er Bewegung gegen Diskriminierung auf. Dies meinte aber zunächst vor allem die Diskriminierung entlang sozioökonomischer Abgrenzungen. Darunter wurden auch in Teilen feministische Forderungen subsummiert, aber nie in den Vordergrund gestellt. Diese Bewegung richtete sich nicht gegen den Feminismus, hob diesen aber auch nicht hervor. Zugleich entstanden in Frankreich dezidiert feministische Aktivitäten und Gruppen aus 1968 heraus, am prominentesten wohl das *Mouvement de libération des femmes*, welches sich 1970 gründete, aber auf 1968 berief. Viele Mitwirkende waren bereits 1968 aktiv gewesen.

In Osteuropa wurden im Zuge von 1968 die kommunistischen Diktaturen angegriffen, wobei Frauen*rechte als Teil von Menschenrechten behandelt und nur partiell ausgelagert wurden. Vielmehr wurden sie von der Friedens- und Menschenrechtsbewegung aufgesogen. Wie in anderen Diktaturen auch war das Argument, dass spezielle Frauenrechte nur durchgesetzt werden könnten, wenn den Allgemeinen Menschenrechten, wie sie in der UNO-Menschenrechtscharta verankert sind, Geltung verschafft werden würde. Dennoch gab es auch innerhalb dieser Kontexte eigene Strukturen wie etwa die grenzüberschreitenden «Frauen für den Frieden» oder lesbische Gruppen wie «Lesben in der Kirche» – die evangelische Kirche bot allgemein Schutz für oppositionelle Gruppen. Angesichts der insgesamt fehlenden Versammlungs-, Rede- und Meinungsfreiheit wurde letztlich jede Versammlung von Frauen* als Angriff auf das System bewertet und entsprechend verfolgt. Bezugspunkt war dabei vor allem DDR-Verfassungsartikel 7, der die Gleichstellung von Frau und Mann garantieren sollte. Zwar beendete er die männliche Vormundschaft de jure, nicht aber die Diskriminierung der Frau*. Allerdings bewirkte er, dass mensch sich schon mit der Äußerung der Beobachtung verdächtig machte, dass es Sexismus gebe oder Feminismus vonnöten sei.

Von 1986–1989 war ich in einer Feminismusgruppe von Studierenden und Dozent*innen aktiv, die von den Dozentinnen Sabine Nathan und Hannah Behrend geleitet wurde und sich semi-offiziell jeden Freitagnachmittag bei Letzterer zu Hause traf, um feministische Romane und Theorietexte aus Großbritannien und Afrika zu diskutieren. Beide Frauen waren marxistische Feminist*innen, die aus der Emigration freiwillig in die SBZ/DDR gekommen waren und als kommunistische Dozent*innen an der Humboldt-Universität zu Berlin häufig mit dem System in Konflikt gerieten. 1988 wurde Sabine Nathan vom Ministerium für Bildung vorgeladen und zur Einschüchterung gefragt, ob wir eine feministische Gruppe seien, was sie verneinte. Zwar hatte es in den 1980er Jahren keine Konsequenzen mehr, dass wir uns heimlich als Feministinnen weiter trafen; jedoch ist es charakteristisch für die DDR, dass dies außerhalb der Universität inoffiziell geschehen musste.

Das erklärt, warum mensch noch Ende der 1980er Jahre im *Duden* der DDR erfahren konnte, dass Feminismus eine «Überbetonung des Weiblichen, weibische Art; Verweiblichung bei Männern» sei.[47] Das war eine Lesart, die Jahrzehnte in deutschen Wörterbüchern und Lexika stand – auch in der Bundesrepublik bis in die siebziger Jahre.[48] Das letzte in der DDR erschienene Universallexikon glaubte dann versichern zu müssen, es gebe zwei Bedeutungen von Feminismus. Die eine ähnelte der vom *Duden* mit dem Hinweis «bes. bei Homosexuellen». Man erfuhr aber auch, dass es sich um «eine vielgestaltige bürgl. Richtung der gegenwärtigen Frauenbewegung in kapitalist. Ländern» handele. Der Lexikoneintrag höhnte: «Statt sozialökonom. und polit. Ursachen macht der F. biolog. und psych. Eigenschaften des Mannes für die Unterdrückung der Frau im Kapitalismus verantwortlich; die Emanzipation der Frau wird als ein hauptsächlich psych. und sexuelles Problem dargestellt.»[49]

Während also ausgerechnet jener DDR-Verfassungsartikel, der die Gleichstellung von Frau und Mann garantieren sollte, benutzt wurde, um Feminismus zu delegitimieren und zu verbieten, war der seit 1924 unter der Federführung feministischer Jurist*innen und Politiker*innen forcierte Erfolg, den Gleichheitsparagraphen 1949 im Grundgesetz als Art. 3 Abs. 2 zu verankern, Auslöser eines langen feministischen Marsches hin zur rechtlichen Gleichstellung von Frauen*: Da etliche Paragraphen und Gesetze diesem Grundgesetzartikel widersprachen, mussten sie in mühseligen Einzelkämpfen ab 1954 abgeschafft oder umformuliert wurden. Die rechtliche Absicherung der männlichen Vormundschaft wurde nun sukzessive zu Grabe getragen.

Das legt den Finger auf eines der wichtigsten feministischen Themen seit dem Zweiten Weltkrieg: das Recht auf Selbstbestimmung über den eigenen Körper. Dabei ging es weiterhin auch um Kleidung. Zum einen sollten Frauen* von keinem Kleidungsstück mehr abgehalten werden. Zum anderen etablierte sich die «Kartoffelsackinitiative»: Frauen* kleiden sich in derbe Stoffe und extrem weit fallende Oberteile und Hosen, die jede Art von Figurbetontheit unterwandern.

Selbstbestimmung über den eigenen Körper zu fordern, schloss zudem maßgeblich ein, häusliche Gewalt zu thematisieren und zu bekämpfen. Es ging nicht um individuelle Erlebnisse, sondern darum, häusliche Gewalt als kollektive Erfahrung und damit als systemisches Problem des Patriarchats und seines Sexismus zu verorten. Dabei wurden Strukturen wie Selbsthilfegruppen, telefonische Notdienste und Frauenhäuser geschaffen – das erste Frauenhaus in Deutschland wurde aus der autonomen Frauenbewegung heraus 1976 in West-Berlin gegründet; andere folgten und wurden zur wichtigsten Schutzburg für Frauen und deren Kinder, die innerfamiliärer Gewalt ausgesetzt waren und sind. In der Bundesrepublik konnte erst ab 1976 eine staatliche Finanzierung solcher Strukturen/Frauenhäuser erwirkt werden.

Es ist dieser Kontext, der erklärt, warum der politische Kampf für Abtreibung als Kampf um körperliche Selbstbestimmung zu verstehen ist. Der Kampf für das Recht auf Abtreibung bewegt sich in der jahrtausendealten Tradition, dass Frauen* nur die Gefäße der Reproduktion seien, wobei dem Mann die aktive Rolle der Schöpfung zukomme. Die «Leibesfrucht» etwa gehöre, wie es etwa in der nationalsozialistischen und der frühen bundesdeutschen Gesetzgebung noch heißt, nicht der Frau*, sondern dem Mann*, der patriarchalischen Vormundschaft und dem von diesem vertretenen System (im Fall des NS etwa dem «deutschen Volke»).

Mit Blick auf globale Gesetzgebungen und Handhabungen in der zweiten Hälfte des 20. Jahrhunderts spricht MacKinnon davon, dass Frauen* die Kontrolle über Sexualität, Reproduktion und die Konsequenzen von Mutterschaft noch immer abgesprochen werde. Zum einen kontrollierten sie nicht «die Bedingungen», unter denen sie schwanger werden (häusliche Gewalt ist dafür ein Indikator, in Deutschland etwa wurde erst durch § 177 StGB Vergewaltigung in der Ehe 1997 zu einem eigenständigen Straftatbestand): «Wenn nicht angenommen werden kann, daß Geschlechtsverkehr von Frauen kontrolliert wird, dann gilt das auch für eine Schwangerschaft.»[50] Zum anderen würden Frauen*, so MacKinnon weiter, zwar auf ihre Rolle als Mutter reduziert und dadurch als hauptverantwortlich für die Kinder-Fürsorge positioniert; jedoch kontrollierten sie (in Deutschland etwa galt der Letztentscheid des Mannes bis 1959) oft nicht «die Bedingungen …, unter denen sie Kinder aufziehen – und daher auch nicht die Auswirkungen, die diese Bedingungen auf ihr eigenes Leben haben.»

Vor diesem Hintergrund, also «um ungleiche gesellschaftliche Umstände überleben zu können» (11), haben feministische Stimmen den straffreien Zugang von Frauen zu Abtreibung als notwendig deklariert. Dass die Entscheidung unmittelbar die Interessen des Fötus (und seines Vaters) sowie auch das weitere Leben der Frau berührt, da «alles, was einem Fötus angetan wird, einer Frau angetan wird» (11), ist ein Grund dafür, warum die Forderung nach einer Legalisierung von Abtreibungen auch innerhalb des Feminismus erst spät erhoben wurde und umstritten blieb, letztlich bis heute.

Für Europa und Nordamerika war es einschneidend, als im April 1971 knapp 350 französische Frauen*, darunter auch viele prominente, öffentlich in der Zeitung «Le Nouvel Observateur» angaben (nicht immer stimmte es), abgetrieben zu haben. Im Juni 1971 folgte auf Initiative Alice Schwarzers eine ähnliche Aktion im «Stern», an der 374 Frauen* teilnahmen.[51] So kam es zur «Mein Bauch gehört mir»-Kampagne. In den USA führte eine Massenklage gegen den Bundesstaat Texas 1973 dazu, dass der Oberste Gerichtshof der USA es für nicht zulässig erklärte, Schwangerschaftsabbrüche zu verbieten, bevor der Fötus außerhalb des Mutterleibes lebensfähig sei. Diese Initiativen setzten die bereits erwähnten Änderungen der Rechtsprechung im geteilten Deutschland in Gang: Die DDR hatte bereits ab 1950 Schwangerschaftsabbrüche unter medizinischer und ab 1965 auch unter sozialer Indikation legalisiert. Die Fristenregelung galt dort ab 1972. In der Bundesrepublik galt zunächst ab 1976 die deutlich rigidere Indikationsregelung, bis 1993 bundesweit die Fristenregelung übernommen wurde, die Abtreibung aber bis heute nicht entkriminalisiert. Damit ist Abtreibung innerhalb der ersten vierzehn Wochen nach der letzten Menstruation nicht strafbar, sie bleibt aber rechtswidrig – und die Kontrolle über den eigenen Körper kontrolliert. Deswegen ist Abtreibung bis heute ein feministisches Thema.

Analog gilt das auch für den seit den 1960er Jahren verstärkt geführten Kampf um die Anerkennung von Haushalts- und Fürsorgearbeit als solcher – sowie deren Neuorganisation. Sozial wurde die angebliche Berufung von Frauen* zur Mutterschaft noch grundlegender hinterfragt. Einzelne radikale Stimmen, wie die der US-amerikanischen Aktivistin Shulamith Firestone, verlangten gar nach der technischen Ersetzung jeglicher biologischen Mutterschaft.[52] Im Allgemeinen ging es aber um eine Aufwertung der Hausarbeit, eine Grundabsicherung für nicht erwerbstätige Mütter sowie ergänzende Strukturen der Kinderbetreuung – wie etwa gefordert vom «Müttermanifest» aus dem Jahr 1987.[53]

Gleichzeitig wurde aus dem bundesdeutschen Feminismus heraus uneingeschränkter Zugang zu Ausbildungen und Berufen, die höhere Schulbildung und Hochschulabschlüsse voraussetzten, gefordert – sowie die Überwindung des *Gender Pay Gap* und die gesetzliche Verankerung der Gleichbehandlung am Arbeitsplatz. Letzteres wurde 1980 in der Bundesrepublik durch eine entsprechende Gesetzgebung geregelt.

Diese Bewegungen wurden inhaltlich durch neue Ansätze in feministischer Publizistik und feministischer Wissenschaft getragen. Waren Frühe Neuzeit und Aufklärung vom Differenzfeminismus getragen und wurde dieser auch von der 1848er- und der Weimarer Generation nicht aufgebrochen (er ist sogar noch etwa in der *écriture feminine*-Bewegung der 1970er Jahre präsent), so etablierte sich nunmehr auch der Gleichheitsfeminismus: Beide Geschlechter (noch ging es um das zweigeschlechtliche *MannundFrau*) seien an sich gleich. Differenz entstehe nur durch Konstruktionen und sich daraus ergebende soziale Bewertungen. In der Auseinandersetzung mit Geschlecht als Konstruktion legte sich der Fokus auf die Sozialisierung der Frau.

Als federführende Pionierin dieser Debatte gelten Simone de Beauvoir sowie Betty Friedan. Simone de Beauvoirs berühmter Satz aus *Das andere Geschlecht* «Man kommt nicht als Frau zur Welt, man wird es» (1989: 265) bringt das Kernargument auf den Punkt: «Frau» sei keine biologische oder natürlich gegebene starre Kategorie, vielmehr sei es ein Konzept, das aus der patriarchalischen Wissenstradition entstamme. Zu diesem Zweck dekonstruierte Beauvoir vermeintliche biologische Eigenschaften und zeigte, wie sie aus sozialen Praxen und kulturhistorischen Kontexten erwachsen. Dies zeichnete sie in einem Ritt durch die Menschheits- bzw. westliche Kultur- und Philosophiegeschichte nach. Nicht nur Gesetzestexte, sondern auch literarische und religiöse Erzählungen hätten Moralvorstellungen und Norm/alitäten geprägt, die die Frau als Antipode des männlichen Standards konstruieren.

> Der Mann denkt sich ohne die Frau. Sie denkt sich nicht ohne den Mann... Sie wird bestimmt und unterschieden mit Bezug auf den Mann, dieser aber nicht mit Bezug auf sie; sie ist das Unwesentliche angesichts des Wesentlichen. Er ist das Subjekt, er ist das Absolute: sie ist das Andere. (11)

Geschlechter seien also keine biologische Naturgegebenheit, sondern eine kulturell geprägte Erfahrung. Dass diese so wirkmächtig seien, hätten auch Frauen* mit zu verantworten. Ein konkret von ihr forcierter Handlungsweg ist das sich Loslösen von Mutterschaft, das Kapazitäten freisetzen könne bei der beruflichen Verwirklichung. So könnten Frauen* ihre Kompetenzen besser demonstrieren, was wiederum die patriarchalischen Erzählungen revidieren würde.

Ähnlich argumentierte auch Betty Friedan in ihrem *The Feminist Mystique* (1963).[54] Ausgehend von Interviews mit US-amerikanischen Frauen* und Analysen von medialen und psychologischen (vor allem Freud'schen und Freudianischen) Texten seit dem späten 19. Jahrhundert, zeigte sie, dass Frauen* in die Rollen Ehefrau und Mutterschaft hineinsozialisiert werden und dass sie darin keineswegs (alleinige) Lebenserfüllung finden (können).

Diesen Ansatz verfolgten auch die Mitte des 20. Jahrhunderts begründeten Women's Studies bzw. Frauenstudien. Diese thematisieren vornehmlich die Diskriminierung von Frauen, um Emanzipationskonzepte zu erarbeiten. In Deutschland steht dafür die erste Sommeruniversität für Frauen an der FU Berlin 1976 und die Etablierung der feministischen Linguistik durch Senta Trömel-Plötz und Luise Pusch. Sie waren unter den Ersten, die u.a. das generische Maskulinum zur Diskussion stellten. Insbesondere Puschs *Das Deutsche als Männersprache* (1984) setzte hier neue Akzente. 1987 wurde in Deutschland die erste Professur für Frauen- und Geschlechterstudien eingerichtet und mit der Soziologin Ute Gerhard besetzt. In den 1980er Jahren begann zugleich auch der für die 1990er Jahre prägende Paradigmenwechsel, der weg von den Frauenstudien und hin zu den Geschlechterstudien führte und noch führt – und dabei eine intersektionelle Ausdifferenzierung von Geschlecht erfährt.

4.2.5. Feminismen ab 1990

Seit den 1990er Jahren werden Stimmen lauter, die behaupten, die Gleichberechtigung der Frau* sei erreicht und Feminismus sei ein antiquiertes, ja überflüssiges Modell. Die Rede ist vom Postfeminismus, einem rein westlichen Narrativ, das meint: Frau* könne sein, was Frau sein wolle. Solche Postulate stärken Antifeminist*innen (und werden von ihnen gestärkt); und sie schauen an der strukturellen und institutionellen Präsenz des globalen wie lokalen Sexismus vorbei – und an seiner Umfänglichkeit, die die Diskriminierung von LGBTIQ*-Personen einschließt. Auch hier ist viel Widerstands- und Emanzipationsarbeit geleistet worden – aber ein Ende des Sexismus ist auf keiner Ebene in Sicht.

Mit diesem sogenannten *Backlash*, Rückschlag, setzt sich Susan Faludi in ihrem gleichnamigen Buch (1991) auseinander. Kampagnen, die Sexismus verleugnen, verharmlosen bzw. glorifizieren, hätten dem Patriarchat neue Schubkraft gegeben und den Feminismus geschwächt. Daher sei es vonnöten, den Kampf vorheriger Generationen und Jahrzehnte offensiv fortzuführen.[55]

Es ist diese Agenda, aus der heraus Rebekka Walker, die Tochter Alice Walkers, die Notwendigkeit und das Selbstverständnis einer «Dritten Welle» des Feminismus ableitet.[56] Deren Beginn wird gemeinhin in den 1990er Jahren eingesetzt.

Eine tragende Idee dieser neuen feministischen Welle ist es, sich stereotype Geschlechter-Zuschreibungen anzueignen. In einer Abkehr von feministischen Dogmen, die etwa die Inszenierung von Körperbetontheit ablehnten, wird nunmehr die feministische Aneignung von sexistischen Körperinszenierungen zelebriert. Dazu gehören die Nacktauftritte der Moskauer Punkerinnen Pussy Riot. Auch etabliert sich Populärkultur als feministisches Medium. Dafür steht die 2008 gegründete Zeitschrift

«MISSY MAGAZINE für Pop, Politik und Feminismus» mit einer Auflage von 30 000 Exemplaren plus online-Präsenz, die populäre Kultur und Feminismus verbindet.[57]

Prägend für die Zeit seit den 1990er Jahren ist auch, dass soziale Medien beides allgegenwärtiger verlautbaren lassen: sexistische Stimmen und feministische Widerstände. Sexistische Meinungen grassieren in und dank der Anonymität des Internets; andererseits aber stellen die sozialen Medien auch feministischen Widerstand gegen virtuellen und analogen Sexismus auf breite internationale Füße. Dafür stehen insbesondere die Hashtags #aufschrei (2013) über sexistische Erfahrungen und #MeToo über sexualisierte Gewalt (seit 2017), die weltweit Debatten auslösten und somit ganz neue Solidarisierungsmöglichkeiten eröffneten: Nicht nur merken Frauen*, wie sehr ihre individuellen Erfahrungen Teil eines Systems sind; auch können sie sich in ganz neuen Netzwerken über nationale und Sprachgrenzen hinweg wechselseitig trösten, stärken und im Widerstand vereinen.

Während also die neuen medialen Ausdrucksformen (samt der Umwertung sexistischer Körperkodes und der Einbeziehung der Populärkultur) im Vergleich zur zweiten und ersten Welle des Feminismus neu sind, gibt es aber auch Kontinuitäten. Viele Prozesse, die 1968 (und früher) begonnen haben, tragen in den 1990er und frühen 2000er Jahren Früchte und strahlen auch in die Zukunft aus. Aus dieser Perspektive heraus sollen im Folgenden feministische Tendenzen erwähnt werden, die zusätzlich zum medialen Wandel den Feminismus seit 1990 prägen.

Zunächst einmal ist zu nennen, dass Beauvoirs einschneidende gleichheitsfeministische These von Geschlecht als sozialem Konstrukt verstetigt und weitergedacht wurde. Konzentriert sich Beauvoir dabei noch aus einer zweigeschlechtlichen Perspektive heraus allein auf die Konstruktion von «Frausein», gehen Judith Butlers *Gender Trouble* (1990) sowie *Bodies That Matter* (1993) in ein Polygeschlechter-Modell über, das die Idee von Geschlecht als solchem sowie aller Geschlechter als Konstruktion theoretisiert. Stellt *Gender Trouble* vor allem heraus, dass das soziale Geschlecht ein Konstrukt sei, das sich an biologische Konstruktionen anbindet, denkt *Bodies that Matter* dies komplementär weiter und betont, dass gerade auch das biologische Geschlecht konstruiert werde, um Binarität zu stabilisieren – die es außerhalb der Konstruktion nicht gebe. Es gebe diverse biologische Charakteristika, auch solche, die Männer* und Frauen* entlang von Idealtypen unterscheidbar machen, doch warum diese so sozial aufwerten? Zudem seien sie letztlich dynamisch: Alle hätten Testosteron in sich, alle hätten Östrogen in sich. Erst die soziale Bedeutung stelle aus dem Konglomerat von Genen, Hormonen, Keimdrüsen, Gameten sowie äußeren und inneren Geschlechtsteilen Körperlichkeiten und betreffende Performativität her. Butlers Begriff der Performativität bezieht sich darauf, dass geschlechtsstereotypisierende Zuschreibungen Erwartungen und Handlungen verursachen, die Identitäten prägen, welche wiederum gesellschaftskonforme Handlungen und so koloriertes soziales Auftreten gestalten. Andersherum ist Frau* oder Mann* nichts Statisches, sondern dynamisch, wobei ebendies in gesellschaftlichen Aushandlungsprozessen (oder Unterdrückungen dieser) geprägt wird. So gesehen, werden diese binären Geschlechterkategorien aus Machtkonstellationen heraus geschaffen, um ebendiese zu etablieren und aufrechtzuerhalten. Ein paradoxer Teufelskreis.

So aufgestellt, setzen sich erstens neue Zugänge in der Forschung durch: Nicht nur werden die Frauenstudien durch Männlichkeitsstudien komplettiert; die Frauenstudien weichen komplett der neuen Denomination Gender Studies/Geschlechterstudien. 1997 kam es zur Gründung der Gender Studies an der Humboldt-Universität zu Berlin unter Federführung der Kulturwissenschaftlerin Christina von Braun sowie der Germanistin Inge Stephan – heute lässt sich von einer irreversiblen Präsenz der Gender Studies in westlichen Universitätsstrukturen sprechen. Dass sie aber noch verletzbar sind, zeigt das ungarische Beispiel, wo der Staat massiv in die Universitätsautonomie eingreift und insbesondere Gender Studies den Geldhahn abdrehen und damit das Fach auslöschen möchte. So etwas droht auch in anderen Staaten, sobald autoritäre Regime demokratische Systeme verdrängen. So bezweifelt etwa der Bayreuther Islamwissenschaftler Hans-Thomas Tillschneider, dass Gender Studies überhaupt wissenschaftlich sein können. Er erklärte, dass «an meiner Fakultät in Bayreuth kaum noch Wissenschaften betrieben werden, sondern eher Karnevalsumzüge wie Gender Studies oder kritische Weißseins-Forschung».[58]

Zweitens galt der bisherige Kampf der juristischen Verankerung von politischer Mitbestimmung, Zugang zu Universitäten oder (ökonomischer) Unabhängigkeit vom Mann – also darum, Gleichheit vor dem Gesetz zu garantieren. Nunmehr aber wird die Rechtsprechung aufgefordert, Gesetze zum *Schutz dieser Rechte* als Strategie gegen verschiedene Facetten sexistischer Diskriminierung zu implementieren. Die Rede ist von Antidiskriminierungsgesetzgebungen wie dem Beschäftigtenschutzgesetz und dem AGG; und der Ausweitung des seit 1980 juristisch implementierten und von der Beijinger Weltfrauenkonferenz 1995 eingeforderten Gender-Mainstreaming. Mit dem Amsterdamer Vertrag von 1997/1999 wurde es fest in der EU-Politik verankert, was sich zunehmend auch strukturell in Gesetzgebungen der einzelnen europäischen Länder niederschlägt.[59] Hier ist eingeschlossen, dass die Debatten der feministischen Linguistik zunehmend dazu führen, dass geschlechtergerechte Sprache institutionell eingefordert wird, etwa durch Sprachleitfäden.

Drittens thematisiert Feminismus Modelle zur familiären Care-Arbeit, um diese weiter zu pluralisieren. Es geht nicht mehr nur allein darum, Erwerbsarbeit und Mutterschaft vereinbar zu machen. Es gilt, Care-Arbeit als (komplementäre) Erwerbsarbeit anzuerkennen – und diese entsprechend zu entlohnen. Im März 2014 fand ein Care-Revolution-Kongress statt, der ein Netzwerk hervorgebracht hat, das es sich zur Aufgabe gemacht hat, diesbezüglich Transparenz und Solidarität zu etablieren.[60]

Viertens widmet sich der neue Feminismus der ethischen Begutachtung neuer medizinischer Entwicklungen etwa in der Gentechnologie. Fünftens schließlich ist für den neuen Feminismus seit den 1980er/1990er Jahren charakteristisch, dass er sich pro-aktiv weiter in jeweils eigenen Räumen, Netzwerken, Verbänden, ja sogar Bewegungen global und thematisch ausdifferenziert – und zwar in gezielter Abgrenzung zu anderen Feminismen. Das geht einher, ja ergibt sich aus einer feministischen Kritik am Feminismus, die im Weiteren nachzuzeichnen ist.

4.2.5.1. Feministische Kritik am Feminismus

Seit den 1980er Jahren – und damit zieht sich dieses Phänomen durch die sogenannte zweite und dritte Welle des Feminismus – werden Frauenbewegung und Feminismus einer Kritik aus feministischen Perspektiven heraus unterzogen. Im Kern geht es darum, dass sich insbesondere die 68er-Feministinnen zwar darüber empörten, dass sie in den 68er-Bewegungen (etwa der Student*innenbewegung) marginalisiert und nicht gehört wurden – jedoch sie selbst wiederum nicht über ihren *weißen* heteronormativen Tellerrand hinausdachten. So wie sie sich selbst als Konsequenz ausgliederten, wird der Feminismus seit den 1980er Jahren mit diversen Auslagerungen konfrontiert. Diese sind ebenso notwendig, wie sie dissonant und konfliktreich verlaufen – wobei noch nicht abzusehen ist, ob und wie der Feminismus diese übersteht oder überstehen sollte.

Bis weit ins 20. Jahrhundert hinein präsentierte sich Feminismus ausschließlich als eine heteronormative Bewegung *weißer* Cis-Mittelklassefrauen*. Das beginnt damit, dass die meisten Theoretiker*innen und Aktivist*innen *weiße* heterosexuelle intellektuelle Cis-Mittelklassefrauen* waren – und sie ebendiese Frauen* meinten, wenn sie von «Frauen» sprachen. Allerdings wurde das nie explizit benannt. «Frau» wurde also implizit synonym gesetzt mit der *weißen* westlichen Frau* aus der Mittel- und Oberschicht. Jedoch implizit. Das wirkte sich auch auf thematische Schwerpunktsetzungen und sich so formende Strukturen aus. Das möchte ich im Folgenden mit Blick auf feministische Kritik am Feminismus aus queeren und People of Colour-Perspektiven aufzeigen – sowie am Beispiel der Marginalisierung von Arbeiter*innen.

4.2.5.1.1. Feminismus und Arbeiter*innen

Feministische Schwerpunktsetzungen ignorierten die Situation von Arbeiter*innen oder fielen gar nicht in deren Lebenswirklichkeit. Fehlende Hosentaschen oder Arbeitsverbot waren kein primäres Problem von Arbeiter*innen; für sie ging es auf einer viel existenzielleren Basis um eine Verbesserung der Arbeitsbedingungen, finanzielle Grundabsicherung, Lohnerhöhungen, Wohnraum oder Arbeits- und Gesundheitsschutz. So gesehen, standen arbeitende Frauen* feministischen Intentionen der Arbeiterbewegung näher als der feministischen Bewegung. Doch so wie diese vornehmlich bürgerlich tickte, war die Arbeiterbewegung patriarchalisch bis sexistisch strukturiert. Frauen*spezifische Forderungen wie etwa «gleicher Lohn für gleichwertige Arbeit» sowie die Möglichkeit, sich gewerkschaftlich organisieren und vor allem vertreten lassen zu können, wurden dort zu dieser Zeit ebenso vernachlässigt wie in der bürgerlichen Frauenbewegung. Die Gewerkschaften nahmen sich kaum dieser Probleme an, bestenfalls nachgeordnet. Zwar war es Frauen* nicht explizit verboten, in Gewerkschaften mitwirken zu können. Doch sie wurden von Funktionären ab 1848 immer seltener aufgenommen – natürlich auch vor dem Hintergrund des Verbots der politischen Beteiligung von Frauen sowie des Versammlungs- und Vereinigungsverbots (1848/49). Funktionen konnten sie ohnehin nicht bekleiden.[61] Dafür wurden aber vereinzelt spezielle Frauenverbände gegründet – wie etwa der *Zentralverein der Fabrik- und Handarbeiterinnen Deutschland* (1890) –, oder aber Gewerkschaften richteten, wie etwa der Fabrikarbeiterverband, Frauensekretariate ein (das taten auch Parteien wie SPD und KPD oder die Kommunistische Internationale).[62] Dafür steht etwa die Gewerkschaftlerin Emma Ihrer. So kam Arbeiter*innen immer nur der Platz zwischen zwei Stühlen zu, und es formierte sich eine Arbeiterinnenbewegung, die einerseits Gewerkschaften und Arbeiterverbände und andererseits die bürgerliche Frauenbewegung komplementär ergänzen musste – repräsentiert etwa von Pauline Staegemann oder Gertrude Guillaume-Schack.

Die frühsozialistische Theoretikerin Flora Tristan stellte in ihrem 1843 veröffentlichten Buch *Union ouvrière* (dt.: Arbeiterunion) einen analytischen Zusammenhang zwischen der Unterdrückung der Arbeiterklasse (im Allgemeinen) und der von Frauen (im Allgemeinen) her.[63] Inhaltlich fanden Arbeiterinnen vor allem Unterstützung durch Sozialdemokrat*innen und Sozialist*innen wie Clara Zetkin, Rosa Luxemburg oder Ottilie Baader und den Allgemeinen Deutschen Frauenverein um Louise Otto-Peters. Ihr Flügel des ADF unterstützte proaktiv die «Gleicher Lohn für gleiche Arbeit»-Agenda und betrieb unter anderem eine «Sonntagsschule» als Fortbildungsstätte für Mädchen* aller Schichten. Jedoch begnügte sich die bürgerlich-feministische Bewegung mehrheitlich damit, Frauen* der Arbeiter*innenklasse (ob erwerbstätig oder nicht) mit karitativen, wie etwa Speiseanstalten und Unterhaltungsabenden, und (paternalistischen) pädagogischen Maßnahmen zu bedenken. Zudem war Otto-Peters an der Gründung von Dienstbotinnen- und Arbeiterinnenvereinen beteiligt.[64] Um die Jahrhundertwende begann die Beschäftigung von Frauen immer mehr zum Thema für viele Gewerkschaften zu werden, von Fragen der Bezahlung zu Fragen der Qualifikation; dies bekam einen neuen Schub mit dem Ersten Weltkrieg und in der Weimarer Republik, erfuhr jedoch im Rahmen der Nationalsozialistischen Gleichschaltungspolitik einen deutlichen Rückschlag. Weitere Diskriminierungsfelder konnten sich erst sehr langsam nach dem Zweiten Weltkrieg als Gegenstand gewerkschaftlicher Arbeit etablieren. Mittlerweile gehören Geschlechtergerechtigkeit, LGBT*, aber auch Migration und globaler Kapitalismus etc. zu zentralen gewerkschaftlichen Themen. Es gibt etwa eine eigene DGB-Fachabteilung zu «Frauen, Gleichstellungs- und Familienpolitik», und alle zentralen Gewerkschaften haben Veranstaltungen und Aktionen zum Equal Pay Day oder zum Weltfrauentag.

Die Tendenz, eher über als mit Arbeiter*innen zu sprechen, prägte auch die 68er-Bewegungen. In Deutschland und den USA war sie per se eine intellektuelle Bewegung – auch in seinen feministischen Ausgliederungen. Vor allem in Frankreich gab es auch eine starke Arbeiter*innenbewegung, die «feministische» Arbeiter*innenforderungen publik machten, vor allem im Sinne von «gleicher Lohn für gleiche Arbeit».

Die elitäre Seite des Feminismus verschreckt bis heute bestimmte Berufs- und Bildungskreise. 1990 habe ich dies in Berlin selbst erlebt: Ostdeutsche Frauen* aller sozialen Schichten wollten aus der ostdeutschen Revolution heraus eine eigene Frauenbewegung gründen (die Zeitschrift «Ypsilon» ging daraus hervor); zum Gründungstreffen kamen auch etliche autonome und intellektuelle Feminist*innen aus West-Berlin. Als eine Berlinerin aufstand und sich mit den Worten «Ich bin Dreher» vorstellte, brach ein Empörungssturm aus den Kreuzberger Reihen los. Das Ergebnis war, dass die Metallarbeiterin und viele andere Arbeiterinnen dem nächsten Treffen fernblieben und nur Intellektuelle wie ich nicht vollends von dem abgeschreckt waren, was vielen damals im Angesicht von Existenzängsten (Stichwort: Arbeitslosigkeit) nebensächlich schien: geschlechtergerechte Sprache.

Auch in aktuellen politischen Debatten wird oft die Arbeiterin oder einkommensschwache Frau* nicht gesehen und dennoch instrumentalisiert. Im vergangenen Sommer traf unsere Hausgemeinschaft zu einem Fest zusammen. In dem Mietshaus wohnen mittlerweile nur noch einkommensstarke Personen wie etwa Ärzt*innen, Jurist*innen, Kommunikations- oder Designunternehmer*innen und etablierte Fernsehjournalist*innen. Bald kam zur Sprache, dass sich einige von Geflüchteten bedroht fühlen. Die übliche Leier von einer Krise, die nicht die eigentliche humanitäre Katastrophe benennt, sondern die Frage, warum diese die reichen Prenzlauer Berger in ihrer Blase etwas angehen sollte. Als ich eben diese alte Leier benannte, kam umgehend und lautstark das Schicksal der zum geflügelten Wort gewordenen Lidl-Verkäuferin zur Sprache, die alleinerziehend mit vier Kindern lebe und keine adäquate Wohnung finde, weil Geflüchtete diese bekämen (und sich angeblich leisten könnten). Das wisse der Sprecher deswegen so genau, weil es sich um seine Zweitwohnung handele. Dabei ging es natürlich weder dem Wohnungsbesitzer noch den anderen Anwesenden tatsächlich um prekär lebende Frauen*. Sonst würde er ja seine Zweitwohnung in Neukölln mietpreisgedeckelt an die «Lidl-Verkäuferin» vermieten. Das ist nicht einfach nur falsch verstandener Feminismus, das ist gar kein Feminismus, einfach nur Rassismus, der sich hinter Feminismus versteckt.[65]

4.2.5.1.2. Feminismus zwischen Heteronormativität und Queer Studies

Sexistische Diskriminierungen von Homosexualität wurden bis weit in die 1980er Jahre hinein vom Feminismus ignoriert oder gar selbst perpetuiert. Zwar waren queere Personen immer auch Akteur*innen im Feminismus. Jedoch hatte der Feminismus erst ab den 1960er Jahren auch sein diesbezügliches Coming-out. Personen benannten ihre Bi- oder Homosexualität und stellten sich daraus ergebende Forderungen.[66] Einen Meilenstein dafür bildeten die 1969er-Kämpfe um die Bar Stonewall Inn in der Christopher Street in New York. Aus dem Feminismus heraus und doch in kritischer Abgrenzung zu diesem etablierten sich nun queere Bewegungen, die für Rechte von LGBTIQ*-Personen eintraten und die Infragestellung von Heteronormativität in den Feminismus hineintrugen. In Deutschland etwa bot die Ausgliederung von autonomen Frauengruppen und Netzwerken aus anderen 68er- Bewegungen den Rahmen für die Gründung erster sogenannter Lesbengruppen. Diese fand später auch in der feministischen Frauen*Zeitschrift «Courage» (ab 1976) ein Sprachrohr.[67] Seit 1969 konnten entscheidende legislative Erfolge verzeichnet werden, wobei es erst im März 1993 zur vollständigen Streichung des § 175 kam, der Homosexualität illegalisierte.

Audre Lorde, Schriftstellerin* und Aktivistin* aus den USA, und Demet Demir, die in der Türkei wiederholt inhaftiert und gefoltert wurde, gehören seit den 1970er Jahren zu den wichtigsten und einflussreichsten Aktivist*innen, die für die Akzeptanz und Repräsentation der Interessen von lesbischen bzw. Trans*Personen eintreten. Die Brasilianerin Marielle

Franco verband ihren Kampf für die Rechte von Frauen*, insbesondere von Trans*Frauen, mit einer prinzipiellen Regimekritik und wurde daher 2018 (vermutlich unter Beteiligung von Regierungskreisen) auf offener Straße durch neun Schüsse ermordet.

Dass die queere Bewegung eigene und kritische Akzente im Feminismus setzte und diesen dadurch auch veränderte, zeigt sich insbesondere im wissenschaftlich-publizistischen Aktivismus. Die Dichterin und Essayistin Adrienne Rich fordert die «compulsory heterosexuality», verpflichtende Heterosexualität, heraus. Die vermeintliche Pflicht zur Heterosexualität ist eng an das Dogma gebunden, dass Frauen* verpflichtet seien, als Reproduktionskörper zur Verfügung zu stehen.[68] Hier setzte auch Monique Wittig an. Sie zeigte, dass lesbischen Frauen* zwar das Frau*sein abgesprochen werde, dies im Kern dennoch dazu beitrage, das Konzept «Frau» zu deessentialisieren – also aus einer starren (biologistisch-reproduktiven) Bedeutungszuschreibung zu befreien.[69] Adrienne Rich sprach 1981 vom «lesbischen Kontinuum». Es meint: Lesbische Personen stellen das Postulat in Frage, dass Frauen* nur in einer Beziehung mit einem Mann* Erfüllung finden könnten. Deswegen werden sie aus dem konventionellen «Frausein» ausgeschlossen. Das aber geht letztlich alle Frauen* etwas an. Denn indirekt wird hier ein Frau*sein entworfen, das alle Frauen* dominiert. Wenn also lesbische Frauen* als Teil der Norm/alität gesetzt werden, dann störe es insgesamt die Essentialisierung von «Frau» samt seinem patriarchalischen Postulat *FrauistnichtMann*. Das aber bringe Debatten zur Befreiung der Frau* insgesamt voran.[70]

Judith Butler argumentierte, Geschlecht sei sozial wie biologisch konstruiert, und widersprach dabei auch der «heterosexuellen Matrix», die als «heterosexuelle Hegemonie» performativ den Geschlechterdiskurs reproduziere – wobei das Modell der Zweigeschlechtlichkeit und die Heteronormativität einander bedingen und stärken. Die sich aus diesen und weiteren Texten formierenden Queer und Sexuality Studies mit ihren anti-heteronormativen Ansätzen und Perspektiven bilden mittlerweile sowohl einen stabilen Kern der Gender Studies als auch unabhängige Strukturen wie etwa Queer, Sexuality und Trans*Studies.

4.2.5.1.3. Feminismus zwischen Rassismus und Intersektionalität

Der Feminismus, seine queere Bewegung eingeschlossen, hat ein Rassismusproblem. Die Erfahrungen von rassistisch diskriminierten Frauen* werden nicht einfach nur bagatellisiert, nein sie werden konsequent und systemimmanent nicht mitgedacht und beschwiegen. Sprachen westliche Feministinnen von «Frau», so meinten sie bis weit ins 20. Jahrhundert hinein ausschließlich (wie aus den Argumentationskontexten hervorgeht) *weiße Frauen*. Das geht nicht nur mit Aussparungen von Diskriminierungsfeldern von Personen of Colour einher, sondern auch mit Ausübung von Macht und Diskriminierung gegenüber diesen sozialen Gruppen.

Feministische Stimmen der Aufklärung etwa strapazierten die Metapher, dass Frauen die «Sklaven der Welt» seien. Zwar zeugt dies davon, dass sie Sklaverei als eine Unterdrückungsstruktur ernst nahmen. So schrieb die Abolitionistin Mary Wollstonecraft in *Eine Verteidigung der Rechte der Frau* (1792), dass Sklaverei die abhängige Person ebenso wie den Master degradiere (34). Sie erkannte auch den Zusammenhang zwischen der Entrechtung von Frauen und der des versklavten Menschen an und legte etwa einem aristokratischen Mann das Argument in den Mund, dass die Befreiung der Frau dazu führen würde, dass Versklavte Ketten ablehnen würden (vgl. 99–100). Vor diesem Hintergrund räumte sie zwar ein, dass sie das Bild, dass Frauen die «slaves» der Welt seien, eher als politische Metapher verwende, denn letztlich hätten Frauen (sie meint *weiße* britische Frauen*) zu viel politischen Einfluss und Macht, um als «Sklavinnen» gesehen werden zu können; ja ihr Bestreben danach, «verbotenen Einfluss» auszuüben, spreche eigentlich dagegen, sie als «slave» zu erzählen (vgl. 265). Ihrer eigenen Reflexivität zum Trotz schreibt sie dennoch andernorts wiederholt von Frauen als Sklavinnen des Mannes. «Der weiblichen Seele» gehe es am schlechtesten. Frauen seien «wahrlich unter allen Kreaturen die bedauernswertesten!» (90) Wie sich Schwarze Frauen* hier einfügen würden, bindet sie nicht mit ein – sie gebraucht «Frau» immer als «*weiße* europäische Frau» (ohne dies aber zu benennen oder gar zu reflektieren).

Feministische Zeitgenoss*innen Wollstonecrafts verharmlosten die europäische Versklavung von Afrikaner*innen noch proaktiver. In ihrer feministischen Streitschrift «The White Slave Trade. Hints Towards Framing a Bill for the Abolition of the White Female Slave Trade, in the cities of London and Westminster» (ca. 1804) setzte Hannah More eine aristokratische Zwangsheirat mit der Rechtlosigkeit versklavter Menschen gleich. Ein Tanzball gleiche Orten, an denen versklavte Menschen, sie spricht von «slaves»/Sklaven, verkauft oder verschleppt werden. So aufgestellt, übertrug sie den Begriff «Abolitionismus» auf ihren feministischen Kampf und betonte, wie etwa auch Mary Ann Radcliffe, dass sie die Befreiung von Frauen für gewichtiger halte als die von Schwarzen (also letztlich auch von Schwarzen Frauen*).[71] Radcliffe verurteilte, dass der Abolitionismus für die Bildung von Schwarzen eintrete, wenn doch nicht einmal *(weiße)* Frauen dieses Recht hätten:

> Was sind die ungelehrten, wilden Vorstellungen von Sklaven im Vergleich zu den quälenden Empfindungen der britischen Frau, welche eine verfeinerte, wenn nicht gar klassische Erziehung erhält und daher der tiefsten Gefühle fähig ist, zu denen das menschliche Herz überhaupt in der Lage ist?[72]

Dieser differenzfeministische Ansatz bleibt in der Kant'schen Logik verhaftet, dass Frauen das «schöne» Geschlecht seien, weil sie so emotional und sensibel seien. Damit redet sie dieser sexistischen Ideologie das Wort. Indem sie Schwarzen diese Sensibilität abspricht, befördert sie die rassistische Entmenschlichung von Schwarzen. Zudem wird die genozidale Maafa verharmlost, und es bleibt zudem außer Acht, dass *weiße* Frauen* durch den Kolonialismus mit Macht und Privilegien gegenüber Schwarzen Männern* und Frauen* ausgestattet und sie Akteur*innen des Rassismus und Kolonialismus sind. Ein explizites Beispiel dafür etwa ist, dass der *Deutsche Frauenbund* einen *weißen* Heiratsmarkt aufbaute. Um sexuelle Verbindungen von *weißen* Männern mit einheimischen Schwarzen Frauen* zu verhindern (es ging ihnen dabei um Reproduktion und die Reinhaltung der «weißen Rasse»), vermittelten sie *weiße* Frauen zur Verheiratung in die Kolonien.

Doch nicht nur wird die eigene Mitverantwortung von *weißen* Frauen* im Kolonialismus und Rassismus unkritisch reproduziert (und Weißsein als Machtposition verleugnet); zudem erfährt die Mehrfachunterdrückung Schwarzer Frauen* auf der Basis von Rassismus, Geschlecht und ökonomischer Ausbeutung im *weißen* europäischen und nordamerikanischen Feminismus keinerlei Reflexion – schon gar nicht eine kritische. Das geht wiederum damit einher, dass Perspektiven von Schwarzen Frauen* zumeist ignoriert, in eigene Interessen gewendet angeeignet und bestenfalls als Token integriert werden.

So sprach etwa auf der *Women's Convention* in Akron, Ohio, im Jahr 1851, nur eine Schwarze Frau: Soujourner Truth. In ihrer Rede polemisierte sie gegen die These, dass Frauen schwach und schützenswert und daher unterlegen seien. Gerahmt von dem berühmten Chorus «And ain't I a woman», spricht sie dabei aus und über ihre Erfahrung einer ehemals versklavten Frau, die die gleiche Arbeit wie versklavte Männer verrichten musste – und dies trotz zwölffacher Mutterschaft. Dennoch positioniert sie sich hier (im Kontext der *weißen* Öffentlichkeitsstruktur) allein als Frauenrechtlerin, «I am a woman's rights»,[73] nicht auch als Abolitionistin. Das hat viel damit zu tun, dass *weiße* Frauen* dagegen protestierten, dass überhaupt eine Schwarze auf «ihrer» Convention sprechen dürfe. Hier reiht sich die rassistisch geäußerte Empörung einiger *weißer* Frauenrechtlerinnen darüber ein, dass Schwarze Männer* in den USA 1869 das Wahlrecht bekamen.

So wie die Frauenbewegung *weiß* blieb, war die Schwarze Bürgerrechtsbewegung patriarchalisch. Zwar hatte Frederic Douglas an der Seneca Falls Convention (1848) teilgenommen. Strukturell gesehen aber, lief die (erwachende) feministische Bewegung parallel zu und völlig losgelöst von der Schwarzen Bürgerrechtsbewegung, die sich mit der antikolonialen Bewegung verschränkte und auch die Black Studies hervorbrachte. Hier wurde die Diskriminierung von Schwarzen thematisiert und bekämpft. Das Sprechen über Schwarzsein wurde allerdings bis in die 1980er Jahre hinein vornehmlich auf männliche* Perspektiven zugeschnitten. Frantz Fanon etwa, einer der Gründerdenker des Postkolonialismus, spricht stets nur von «le Noir/le colonisé» oder «les Noirs/les colonisés». Vielerorts scheint Fanon diese Begriffe als generische Überbegriffe für Schwarze/kolonisierte Männer und Frauen zu gebrauchen. Doch gleichzeitig gibt es auch zahlreiche Beispiele dafür, dass er «le Noir/le colonisé» allein synonym mit «l'homme noir/colonisé» im Sinne von «der Schwarze/kolonisierte Mann» verwendet und Frauen damit ausschließt.[74] Gleichzeitig verzichteten feministisch Gesinnte noch immer nicht auf die «Frauen sind die Sklaven der Welt»-Metapher: 1972 gebrauchten, sogar mit dem N-Wort, Yoko Ono und John Lennon diese.[75]

Schwarze Frauen* und Frauen* of Colour hatten ihre Mehrfachdiskriminierung natürlich stets reflektiert und formuliert. Ab der zweiten Hälfte des 20. Jahrhunderts mündete dies in eine offensivere Kritik daran, dass Mainstream-Strukturen des Feminismus dies nicht entsprechend aufgriffen. Frauen*of Colour waren federführend in vielen Bewegungen, blieben dabei aber strukturell unterrepräsentiert und wurden in Forderungskatalogen beschwiegen.

Das wurde bereits bei der ersten UN-Weltfrauenkonferenz im Jahr 1975, zum Internationalen Jahr der Frau, deutlich. Diese erließ in Mexiko einen Welt-Aktionsplan, der sich die Gleichberechtigung von Mann und Frau auf die Fahnen schrieb und von der UN-Generalversammlung übernommen wurde. Allerdings brach unter den Delegierten aus 133 Ländern eine Kontroverse über Prioritätensetzungen und Auslassungen aus. Frauen* aus Lateinamerika und Afrika warfen den westlichen Bewegungen und Teilnehmenden ihre Fokussierung auf das Recht auf Schwangerschaftsabbrüche vor, weil diese zulasten der Adressierung von für sie vorrangigeren Themen gingen, wie sie sich etwa aus Diktatur, Krieg, Armut oder Zwangssterilisierung ergeben.

Ab den späten 1980er Jahren formierten Wissenschaftler*innen, Aktivist*innen und Künstler*innen nun auch eigene Strukturen und Kategorien, die Netzwerke und Gruppen für Schwarze etablierten – und zwar in internationaler Solidarität. In der Bundesrepublik Deutschland etwa war es ein Besuch Audre Lordes im Jahr 1984, dem weitere folgten, der eine Vernetzung Schwarzer Frauen* in Deutschland nachhaltig beförderte – es kam zur Gründung von ADEFRA (Afrodeutsche Frauen, heute Schwarze Frauen in Deutschland) um May Ayim, Katharina Oguntoye und Ika Hügel-Marshall. Sie klagten die kritische Auseinandersetzung mit der deutschen Rassismus- und Kolonialgeschichte ein. Aus solchen Strukturen heraus kritisierten Schwarze Frauen* den *weißen* Feminismus und auch die Schwarze Bürgerrechtsbewegung – wobei der Begriff «Feminismus» kritisch diversifiziert wurde und eine solidarisch-kritische Nähe zur Schwarzen Bürgerrechtsbewegung tragend blieb. So trug etwa ADEFRA zur Bildung von geschlechterübergreifenden Netzwerken wie der ISD (Initiative von Schwarzen Menschen in Deutschland) 1985 bei.

Hier zeigt sich exemplarisch, wie aus dem Schwarzen Feminismus heraus die Schwarze Bürgerrechtsbewegung und der Feminismus einer vernetzenden Pluralisierung unterzogen wurden, wobei sie wiederum mit anderen politischen Kämpfen wie denen des westlichen Marxismus und der queeren Bewegung verbunden waren. Indem sie sich an ihnen rieben, wirkten sie letztlich in diese zurück – zum Teil in Personalunion wie etwa, was die queere Bewegung angeht, durch Audre Lorde oder Peggy Piesche.

Die afrikanisch amerikanische Marxistin Angela Davis machte mit ihrem Buchtitel *Women, Race & Class* (1981) ebendiese Trias stark.[76] Die afrikanisch-amerikanische Schriftstellerin Alice Walker fasste dieses Miteinander verschiedener Diskriminierungsfelder im Erfahrungsraum Schwarzer Frauen* (und des Widerstands dagegen) mit «Womanismus» noch weiter. Dieser verhalte sich, wie sie in *In Search of Our Mothers' Gardens* (1983) schreibt, wie «purple to lavender», also «Lila zu Lavendel»[77] – verschieden und doch gleich. Ein*e Womanist*in sei eine Schwarze Feminist*in oder Feminist*in of Colour. Der Unterschied zum Feminismus liege vor allem darin, dass der Womanismus nicht «separatistisch» sei. Sie schließt sich also dem Vorwurf an, dass der *weiße* westliche Feminismus «männerfeindlich» sei, und setzt dem die Idee entgegen, dass Womanist*-innen sich «dem Überleben und der Ganzheit aller Menschen», «Männern und Frauen», verbunden sehe. Damit folgt sie auch der Binärsetzung von Mann und Frau. Außerdem reproduziert sie, dass Frauen* emotional seien (was sie bewundert); aber sie sieht zudem Stärke in Frauen*. Vor diesem Hintergrund beschreibe womanistisch «empörtes, kühnes, mutiges und willensstarkes Verhalten» von Frauen*, «die mehr und tiefgründiger wissen wollen, als ‹gut› für sie angesehen wird.» (xi, eigene Übersetzung)

Unabhängig von Walker proklamierte auch die nigerianische Literaturwissenschaftlerin Chikwenye Ogunyemi in «Womanism: The Dynamics of the Contemporary Black Female Novel in English» 1985/86 und anderswo *Womanism* als Alternative zum Feminismus.[78] Wie Walker beschrieb sie Parallelen und Brüche zum Feminismus. Beiden gehe es um «Freiheit und Unabhängigkeit von Frauen», jedoch strebe der Womanismus (anders als der Radikalfeminismus, wie sie eingrenzt) eine «sinnvolle Einheit zwischen Schwarzen Frauen und Schwarzen Männern und

Schwarzen Kindern» an. Dabei habe der Womanismus die Aufgabe, «dass Männer ihre sexistischen Positionen verändern».[79] Es gehe zudem um kommunales Wohlergehen. Diesbezüglich suche der Womanismus eine Nähe zum Marxismus. Knapp eine Dekade später wird Ogunyemi noch einmal expliziter, wobei sie ihren Womanismus auch von dem afrikanisch-amerikanischen Womanismus Walkers abgrenzt. Da dieser «afrikanische Spezifika übersieht, sei es vonnöten, einen afrikanischen Womanismus» zu konturieren. Für afrikanische Womanist*innen sei Mutterschaft ebenso wenig verhandelbar wie «caring», also Fürsorge – familiär und kommunal genauso wie national und international. Nicht nur Sexismus stelle ein Problem dar, auch andere Unterdrückungsmechanismen wie Totalitarismus, Militarismus, ethnische Konflikte, Kolonialismus und dessen Folgen, Rassismus und religiöser Fundamentalismus.[80] Zudem erklärt Ogunyemi, auch in Absetzung zu Walkers Plädoyer für Liebe zwischen Frauen*, dass Homosexualität eine aus dem Westen importierte, unafrikanische Lebenshaltung sei. Seit den 1990er Jahren kämpfen queere feministische Theoretiker*innen wie die Südafrikaner*in Pumla Gqola und feministische Organisationen wie die ugandische NGO FEMRITE gegen diese Position und Homophobie in afrikanischen Ländern. Dabei finden sie wiederum in Schwarzen Bewegungen im Westen (wie etwa Walkers *Womanism*, Lordes Gedichten und ADEFRA) Rückhalt.

Molara Ogundipe-Leslies *Stiwanism* sowie Obioma Nnaemekas *Negofeminism* sparen dieses Thema aus, setzen jedoch an der ganzheitlichen Idee des Kampfes gegen Sexismus an, ohne der Idee der dezidierten Abgrenzung vom afrikanisch-amerikanischen Feminismus zu folgen. *STIWANism* ist ein Akronym für Social Transformation Including Women in Africa, also «Soziale Änderungen unter Einschluss von Frauen aus Afrika»; und *Negofeminism* steht für «feminism of negotiations», also Verhandlungsfeminismus. Sexismus müsse zusammen mit anderen Herrschaftsstrukturen und im Gespräch mit Männern* bekämpft werden.[81]

Doch die Kritik am *weißen* westlichen Feminismus gilt nicht nur der Aussparung der spezifischen WiderstandsBedürfnisse von Frauen/Personen of Colour, sondern auch dem Sprechen-über-sie, das ebenso übergriffig wie aneignend sei. Die diesbezüglich einflussreichste Kritik am *weißen* westlichen Feminismus ist Gayatri Spivaks Essay «Can the Subaltern Speak» aus dem Jahr 1988. Sie thematisiert die «Sati», die sogenannte

«Witwenverbrennung», und zeigt, wie aus der Mitte des orientalistischen Rassismus heraus über diese Frauen* gesprochen wird, ohne ihre eigenen Stimmen und Sozialisierungsmuster ernst zu nehmen.[82] Einen ähnlichen Punkt machte Chikwenye Ogunyemi in den 1990er Jahren. Sie trete in Nigeria entschieden gegen die Beschneidung von Frauen* ein; doch es ärgere sie, dass sie im Westen stets auf dieses Thema reduziert werde – so als sei selbst der Sexismus im Westen ein überlegener. Weil sie in der Besorgnis *weißer* Feminist*innen über die Frauen*rechte in Nigeria immer auch Rassismus höre, komme sie zuweilen in die paradoxe Situation, sich gegen westliche Begriffe wie «Genitalverstümmelung» und überhaupt über die falsch verstandene Solidarität zu beschweren, ja sogar dazu, Beschneidungen zu rechtfertigen.[83]

Insgesamt geht es um die berechtigte Forderung, dass Feminismus sich eigene Standpunkte bewusst mache. Das ist eigentlich ein altes Konzept, nicht nur des jüngeren Feminismus, das betont, dass jedes Wissen und jeder politische Kampf standpunktabhängig sei. Dieses Konzept müsse von dem Standpunkt Frau* (was oft implizit *weiße* Frau meint) auf gegebene Komplexitäten von Frauen*-Standpunkten ausgeweitet werden. So betonte etwa die brasilianische Feministin Djamila Ribeiro, eine der wichtigsten Stimmen des aktuellen Schwarzen Feminismus, dass es ihr darum gehe, «sichtbar zu machen, dass wir alle aus historisch gewachsenen gesellschaftlichen Positionen sprechen. Traditionell galt der weiße Mann als universell, er erklärte die Welt. Aber Narrative, die sich universell geben, sind in Wirklichkeit sehr einseitig.» Das lasse sich auch auf den Feminismus übertragen: «Einige weiße Leute irritiert es, als weiß markiert zu werden. Sie fühlen sich ausgeschlossen. Dabei schließt Schwarzer Feminismus nicht aus, er schließt nur neue Stimmen mit ein.»[84]

Vor dem Hintergrund dieser Debatten formierten sich Ideen zu einem «Third World Feminismus», der sich aufgrund der problematischen Vokabel «Dritte Welt» zunehmend als *Transnationaler Feminismus* aufstellt. Dieser führt postkoloniale und feministische Positionen zusammen. Dafür steht etwa die in Vietnam geborene Theoretikerin Trịnh Thị Minh Hà in ihrem Buch *Women, Native, Other* (1989)[85] oder auch Amanda Lock Swarrs und Richa Nagars *Critical Transnational Feminist Praxis* (2010).[86] Dieses Festhalten am bzw. Zurückkehren zum Begriff des Feminismus lässt jedoch dessen Rassismusgeschichte weder unadressiert noch intakt. Denn die Idee des Transnationalen Feminismus fordert globale Dialoge auf Augenhöhe ein. Es geht darum, die bestehenden Machtverhältnisse nicht zu verschleiern, sondern zu reflektieren und proaktiv in Begegnungsprozesse einzubeziehen.

Diese Dynamiken zeigen, dass Diskriminierung komplex operiert und daher auch komplex unterwandert werden muss – in Theorien und deren GeWissenschaft (im Sinne einer Wissenschaft, die sich bewusst als im politischen Sinne kritisch, aktivistisch und ethisch versteht) wie in sozialen Bewegungen und deren Widerstand.[87]

Diese Überlegung bündelt Kimberlé Crenshaw im Begriff «Intersektionalität». In ihrem Artikel «Mapping the Margins: Intersectionality, Identity Politics, and Violence Against Women of Color» aus dem Jahr 1991 thematisiert die Juristin, dass sich unterschiedliche Formen der Unterdrückung und Diskriminierung überlagern. Sie arbeitet dabei mit der Kenntnis konkreter Rechtsfälle. Ausgangspunkt ist eine Klage aus den 1970er Jahren von fünf Schwarzen Frauen* gegen den US-amerikanischen Automobilhersteller General Motors. Die Klage fußte darauf, dass General Motors bis Mitte der 1960er Jahre keine Schwarzen Frauen* einstellte und es in nachfolgenden Jahren immer Schwarze Frauen* waren, die zuerst entlassen wurden. Der Richter hatte die Klage mit Verweis darauf abgewiesen, dass sowohl Frauen* als auch Schwarze Männer* bei General Motors arbeiten würden – es also in ihrem Unternehmen weder Rassismus noch Sexismus geben könne. Dies aber verkennt die Spezifik der Diskriminierung, die hier zu Buche schlägt. Frauen* wurden eingestellt, doch es waren *weiße* Frauen*; Schwarze wurden eingestellt, doch das waren Schwarze Männer*. Crenshaw zeigt, dass Rassismus und Sexismus hier nicht separat, sondern als sich kreuzend oder überlagernd (*intersecting*) am Werke sind. Es geht nicht um die beiden Wege an sich, sondern um den Punkt, an dem sie sich kreuzen. Hier hat die Schwarze Frau* de facto gar keine Grünphase – sie ist also immer Gefahr ausgesetzt. Dieser Punkt, an dem sich Rassismus und Sexismus treffen und der Schwarze Frauen* mit magnetischer Macht auf der diskriminierungskontaminierten Kreuzungsmitte fixiert, führt nicht zu einer simplen Addition von Diskriminierung, sondern zu einer von Überlagerung. Bei solchen Potenzierungen handelt es sich um eine multiple Diskriminierung – und das ist, was Intersektionalität im Kern seines Selbstverständnisses meint.

In konsequenter Fortführung des Anspruchs darauf, Diskriminierung in gegebenen Komplexitäten zu diskutieren, adressiert Intersektionalität in seiner aktuellen Dimension aber nicht nur die Verschränkung von Rassismus und Sexismus, sondern alle Facetten von Mehrfachdiskriminierung: Sexismus, rassistische Verortungen, Religion, soziale Schichten, Nation, Gesundheit, *Dis*ability*, Körpernormen, Ethnizität, Alter wirken ineinander, ohne auseinanderdividiert werden zu können.[88]

Intersektionalität bietet zudem das Potenzial, differenzierter und grundlegender in die Tiefenstruktur der Wechselwirkung von Diskriminiert-Werden einerseits und diskriminierendem Handeln und Privilegierung andererseits einzudringen. Weil Schwarze Frauen* bei GM auf der *intersection,* der Kreuzung, keine Grünphase erhalten, bietet sie für andere eine Art dauerhafte Grüne Welle; so wie sich die Diskriminierung von Schwarzen Frauen* dadurch potenziert, dass sie Schwarze und Frauen* sind, potenzieren sich auch Macht und Privilegierung für jene, die Weiße und Männer* sind. Dabei startet der *weiße* heterosexuelle Cis-Mann eben immer auf dem Podest der Olymp-Pyramide, während die soziale Position «Schwarze (queere) Frau» immer (mit) am niedrigsten positioniert ist.

Die Gleichzeitigkeit von Diskriminiert-Werden einerseits und diskriminierendem Handeln und Privilegierung andererseits vollzieht sich nicht nur in der Interaktion von Individuen, sondern auch innerhalb einer Subjektposition: Eine Person kann aus der einen Machtposition heraus diskriminiert werden und aus einer anderen heraus diskriminieren, woraus sich Privilegien ergeben oder auch nicht. *Weiße* heterosexuelle und/oder Cis-Frauen etwa werden zwar sexistisch diskriminiert, jedoch haben sie Teilhabe an *weißen* heteronormativen Herrschaftsstrukturen und deren Privilegien. Aus diesem Grund unterscheiden sich die sozialen Positionen und Erfahrungen mit Diskriminierung von *weißen* Frauen* und aus dem Weißsein heraus diskriminierten Frauen* ebenso grundlegend, wie sich die sozialen Positionen und Erfahrungen mit Diskriminierung von heterosexuellen und queeren Frauen* unterscheiden.

Intersektionalität offeriert die Expertise, Diskriminierung in gegebenen Komplexitäten zu thematisieren und zu analysieren. Dabei verschränkt sie GeWissenschaft[89] und Widerstandsbewegungen als zwei Seiten der gleichen Intervention. Intersektionalität denkt dabei Machtebenen in gegebenen komplexen Verschränkungen. Dabei geht es nicht nur um die Überlagerung verschiedener Diskriminierungserfahrungen. Intersektionalität umzusetzen, heißt zudem auch, ein Verständnis dafür zu entwickeln, dass eine Person auf der einen Machtachse diskriminiert werden kann, während sie auf einer anderen mit Macht und Privilegien ausgestattet sein kann und hier Teil davon ist, Diskriminierung auszuüben. So aufgestellt, beschreitet und beschreibt Intersektionalität Wege, Komplexitäten komplex zu behandeln – und Auslassungen zu benennen. Deswegen hat Intersektionalität das Potenzial, Feminismus und Widerstand weg von der einen, isolierten Agenda und hin zu einer solidarischen Emanzipation zu führen.

4.2.6. Die Zukunft des Feminismus

Trotz diverser Innovationsangebote und -tendenzen hat der *weiße* westliche Feminismus bislang keinen strukturellen Perspektivwechsel vollzogen. Aus seinem Zentrum heraus wird noch immer mehr über als mit Frauen* of Colour gesprochen. So kommt ihnen in *weißen* feministischen Räumen noch immer oft kaum mehr als eine Tokenrolle zu. Als Alice Schwarzer 1999 anlässlich des 50-jährigen Jubiläums von Beauvoirs *Das andere Geschlecht* zu einem internationalen Kongress des FMT (FrauenMediaTurm) nach Köln einlud und damit warb, dass Philosoph*innen, Schriftsteller*innen und Aktivist*innen aus fünf Kontinenten angereist seien, waren unter 700 Teilnehmer*innen nur zwei Frauen* vom afrikanischen Kontinent: die Algerierin Khalida Messaoudi und die in den USA lehrende Nigerianerin Obioma Nnaemeka.[90] Diese Praxis geht damit einher, dass es oftmals *weiße* westliche Paradigmen sind, die transnationale feministische Debatten normieren.

Ähnlich lief das zehn Jahre später auf der Konferenz «Celebrating Intersectionality. Debates in a Multi-Faceted Concept in Gender Studies» (22./23. Januar 2009) an der Goethe-Universität Frankfurt am Main ab. Zwar waren unter den 15 geladenen Vortragenden drei international renommierte Frauen of Colour (darunter Crenshaw), jedoch keine deutschen Wissenschaftler*innen of Colour – die allein aus dem Publikum heraus Präsenz zeigen konnten.[91] Als diese sich darüber empörten, wurden sie in den Kaffeepausen von den *weißen* Professorinnen aufgefordert, die Kritik zu unterlassen, weil sie damit das Klima der Konferenz vergiften würden. Nicht einmal ein intersektioneller Rahmen bot Raum, Auslassungen benennen und produktiv diskutieren zu können.

Ein anderes jüngeres Beispiel für das Fehlen eines Perspektivwechsels ist die hitzig geführte Debatte um den Hijab, bei der Kritiken von muslimischen Feminist*innen aus westlicher Perspektive simplifizierend bis rassistisch angeeignet werden – auch aus dem *weißen* deutschen Feminismus heraus. Auch hier ist Alice Schwarzer ein Beispiel, die den Islam im Schulterschluss mit der AfD und indirekt mit dem Papst undifferenziert auf seinen Sexismus reduziert. Auch in diesem Fall spricht sie über und für statt mit Frauen* anderer sozialer Gruppen, wobei sie «ihren Feminismus» als Norm/alität des Feminismus setzt.[92] Die eigenen Schablonen aufzulegen und die eigenen Normen zum Maß aller Dinge zu erheben, kann hier, gerade aufgrund der so massiven Präsenz von Rassismus in der Geschichte des Feminismus, Differenzen stärken, die letztlich dem globalen Patriarchat weniger schaden als den unterdrückten Frauen*. Oft ist es so, dass Menschen ihre Wut nicht an denen auslassen, über die sie sich ärgern, sondern an denen, die in der Herrschaftskette unter ihnen stehen. Die Wut der Schwarzers auf den Islam kann bei muslimischen Menschen Wut erzeugen. Die Wut beider aber trifft die muslimische Frau*.[93]

Feminismus hat nur dann eine Zukunft, wenn er sich dazu befähigt, über den *weißen* westlichen Tellerrand hinauszudenken und die vornehmlich *weiße* Geschichte des Feminismus (samt seiner rassistischen Elemente) kritisch zu reflektieren. Unverzichtbar dafür ist die Reflexion und Neuausrichtung der feministischen Herrschaftsrhetorik, die die Interessen *weißer* westlicher Intellektueller auf Kosten aller von ihnen als «anders» gesetzten privilegiert. Feministischer Widerstand muss sich der Intersektionalität von Herrschaft und Diskriminierung gemäß in intersektioneller, pluraler und polylogischer Komplexität formieren. Das schließt ein, dass etwa eine Form der Diskriminierung kritisch benannt, gleichzeitig aber andere nicht mehr (bewusst) übersehen oder gar bekräftigt werden. Die von Chimamanda Ngozie Adichie angemahnte «danger of a single story»[94] ist eine der größten Gefahren für den Feminismus und überhaupt jeden Protest gegen Diskriminierung.

Das kann eine Internetlegende illustrieren. Dieser zufolge begrüßte der konservative Moderator Joe Pyne in seiner *The Joe Pyne Show* (1965–

1968) den Musiker Frank Zappa in üblicher Pöbellaune mit den Worten: «Sie haben so lange Haare. Sind Sie etwa eine Frau?» Zappas Reaktion adressierte die Beinprothese seines Gegenübers: «Sie haben ein Holzbein. Sind Sie etwa ein Tisch?»[95] Vielleicht gab es diese Begegnung nie. Doch auch als Mythos weist sie darauf hin, wie intersektionell Diskriminierung und Widerstand sind. Auf den ersten Blick mutet Zappas widerständiger Reflex komisch an. Doch auf wessen Kosten? Nicht nur beleidigt er den Moderator zurück und damit, repräsentativ gesehen, Menschen mit körperlichen Beeinträchtigungen. Hinzu kommt, dass er die Gegensätzlichkeit von Frauen*- und Männer*bildern nicht wirklich aufbricht. Zwar besteht er darauf, dass er als Mann* lange Haare tragen könne; doch letztlich bricht er nicht die Logik, dass Frauen* charakteristischerweise lange Haare tragen würden. Denn die von ihm aufgemachte Analogie baut ja nachgerade darauf auf, dass ein Holzbein ebenso zu einem Tisch gehöre wie lange Haare eben nun mal zu Frauen. Zappa weiß ganz offenbar, wie Diskriminierung funktioniert: Ein Mensch wird auf etwas reduziert, mit dem er aus der Normsetzung einer Gesellschaft herausfällt – während sein Gegenüber (also die Person, die sein «Anderssein» benennt) sich ebendadurch als Norm generiert: Pynes kurze Haare und Zappas gesundes Bein eben. Strategisch entschied sich Zappa dafür, eine Diskriminierung durch eine andere zu erwidern. Das hat sicherlich bei Pyne schmerzhaft gesessen. Am Ende des Tages aber hilft es niemandem nachhaltig weiter. Denn letztlich verbleibt er in dem Paradigma, dass das eine «die Norm» und das andere «das Andere» ist und dass «die Norm» nicht nur Privilegien garantiert, sondern auch die Macht, das Andere zu diskriminieren.

Dieses Beispiel zeigt, dass Widerstand sich nur in der Solidarisierung produktiv diversifizieren kann. Das bedeutet nicht nur, dass Feminismus mit anderen Widerstandsbewegungen kooperieren sollte. Das hat auch Konsequenzen für das, was Feminismus im Innersten zusammenhält. Denn die diversen *stories* diversifizieren Feminismus. Deswegen bedarf Feminismus eines Polyloges, also eines vielstimmigen Gesprächsverlaufs, der Machtverhältnisse und sich daraus ergebende Konstellationen und Sprecher*innenpositionen ernst nimmt. Nicht das «Wir sind ja alle Frauen und daher gleich», der *myth of sameness* also, ist hier wegbereitend, sondern Dialoge, die bestehende Macht- und Herrschaftskonstellationen unter Frauen* und deren diverse Erfahrungsräume bewusst mitdenken und daraus Konsequenzen ziehen.[96]

Die UN-Weltfrauenkonferenzen sind dafür ein wegweisendes Format. Sie fanden bislang in Mexiko-Stadt (1975, 133 Länderdelegationen), Kopenhagen (1980, 1300 Delegierte aus 145 Ländern), Nairobi (1985, 1400 Delegierte aus 157 Ländern) und Beijing (1995, 6000 Delegierte aus 189 Ländern und insgesamt 47000 Teilnehmende) statt.[97] Seit 1995 tagt die UN-Weltfrauenkonferenz nur noch in Form von Arbeitssitzungen, doch immer mehr transnationale Konventionen dieser Art, gegen Gewalt und die Diskriminierung von Frauen*, werden international ratifiziert.

Nachdem in Mexiko der *weiße* Feminismus für seine Fokussierung auf Themen der westlichen Welt kritisiert wurde, konnten 20 Jahre später in der «Beijinger Aktionsplattform» strategische Ziele definiert und Maßnahmen aufgelistet werden, die in einem internationalen Polylog zur Realisierung der Rechte von Frauen* und zur Gleichstellung der Geschlechter führen sollen. Benannt wurden dafür zwölf Problemfelder, in denen spezifische Maßnahmen erforderlich sind: Armut, (Aus)Bildung, Gesundheit, Gewalt, bewaffnete Konflikte, Wirtschaft, Macht- und Entscheidungspositionen, institutionelle Mechanismen zur Förderung der Frau, Menschenrechte, Medien, Umwelt sowie Minderjährige, also Mädchen.[98] Kennzeichnend war dabei nicht zuletzt, wie kontrovers Frauenrechte diskutiert wurden. Solche Debatten sind schmerzhaft, aber lange nicht so schmerzhaft wie die Prozesse, die sie notwendig machen; deswegen müssen diese Diskussionen geführt werden. Ohne sie kann es keine Pluralisierung des Feminismus geben. Diese aber ist unverzichtbar.

Um sich global behaupten zu können, müssen übergreifende Schwerpunktsetzungen lokal oder sozial spezifizierte Interessen integrieren können. So neu aufgestellt, wird Feminismus zu einem Dach, unter dem die Gleichstellung aller Geschlechter verlangt wird – unter Berücksichtigung spezifischer Rahmenbedingungen (Bedürfnisse und Möglichkeiten), die regional differieren, und der sich daraus ergebenden Machtachsen.

Dieser Feminismus wird, wie oben erwähnt, oft «Transnationaler Feminismus» genannt.[99] Allerdings hat das Label «Nation» auch Nachteile, denn er rekurriert ja nur auf eine Binnendifferenzierung des Feminismus entlang von Grenzen von Nationen, wobei Letzteres alles andere als ein unumstrittenes Konzept ist. Globale Allianzen haben sich aber schon längst losgelöst vom Konzept der Nation und entlang von Interessen, Perspektiven und Schwerpunktsetzungen geformt – Öko-Feminismus, Queer-Feminismus, dekolonialer Feminismus. Auch hier sind Verbünde nicht nur möglich, sondern erforderlich, die sich in einen intersektionellen planetarischen (Spivak)[100] Feminismus einspeisen. Er adressiert und hinterfragt globale Macht- und Herrschaftsstrukturen des heteronormativen Patriarchats und die sich daraus ergebende Vielfalt von Diskriminierungs- und Privilegierungsmustern in gegebenen regionalen und sozialen Facetten – und zwar auf kollektiver wie individueller Ebene.

Zudem geht es diesem Feminismus um mehr als die soziale Position «Frau». Es geht um soziale Positionen von Frau*, Mann* oder Divers* sowie darum, diese im Kontext weiterer Macht- und Herrschaftskonstellationen und betreffender sozialer Positionierungen und Identitäten zu verstehen. Auch wenn es also weder «Frauen» noch «Männer» gibt, erhält der fortwährende Sexismus entsprechende soziale Positionen intakt. Doch auch innerhalb von gleichen Machtkonstellation geformten kollektiven Erfahrungsräumen und sozialen Positionen wie Mann und Frau gibt es enorme Unterschiede (individuell und darüber hinaus). Frau* ist nicht gleich Frau*, sondern Frauen* unterscheiden sich von Frauen* aufgrund von intersektionell jeweils anders gelagerten Diskriminierungsformen. Hinzu kommen divergierende Biographien und Charaktereigenschaften. Eine *weiße* heterosexuelle Cis-Frau, die schüchtern ist, betritt einen Raum anders als eine *weiße* heterosexuelle Cis-Frau mit ausgeprägtem Interesse daran, Aufmerksamkeit zu erregen. Weniger binär und unterschieden, mehr differenziert und pluralisiert.

Dabei besteht der Drahtseilakt darin, im Sinne von Spivaks «strategischem Essentialismus» [101] die soziale Position von Geschlecht zu benennen und dabei Differenzen innerhalb der daraus erwachsenden Kategorien mitzudenken und auszudrücken. Bei Macht geht es immer um die Herrschaft der Normalität – im Sinne von Normieren – und das Zähmen, ja, Verschweigen von multipler Menschlichkeit. Ebendaran reibt sich der Widerstand. Differenzen und Diskriminierungen werden benannt, um mehr Freiheit unter Anerkennung von der Normalität von Divergenz zu erstreiten. Dabei sollen Positionen nicht nur strategisch essentialisiert, sondern zudem verschränkt werden. Wie das zu leisten ist, ergibt sich aus einer aufmerksamen Analyse des jeweiligen Kontextes.

Zu diesem neuen Tenor gehört letztlich auch der Mut, sich einzugestehen, dass nicht immer alles gleichberechtigt adressiert werden kann. Es gibt die reale «danger of a single story» – ebenso wie es unvermeidbar ist, sie immer vermeiden zu müssen. Wird aber ein spezifischer Schwerpunkt auf einen Ausschnitt der Gesamtkonstellationen gelegt, so sollte dies entsprechend benannt werden. So wird klargemacht, dass in Abhängigkeit einer Perspektive, einer Fragestellung, eines bestimmten Kontextes jeweils andere Interessen im Mittelpunkt stehen und sich entsprechend auch HandlungsSpielräume konzentrieren und ArgumentationsStrategien verdünnen. Das kann durch eine Formulierung wie die folgende geschehen, die sich auf die Blickverengung dieses Buches auf Nur-Sexismus bezieht: Das Buch möchte in das Thema Sexismus einführen, und deswegen war es eine strategische Entscheidung, Muster der Zweigeschlechtlichkeit zunächst an Frauen* und dann an Inter*sexualität, Trans*geschlechtlichkeit und Homosexualität (mit Schwerpunktsetzung auf den deutschsprachigen Raum) durchzusprechen. Habe ich Verweise auf andere Diskriminierungsformen wie Rassismus oder Faktoren wie Alter oder Armut sowie andere geographische Räume nur am Rande behandelt? Ja. Finde ich das richtig? Nein. Warum habe ich es dennoch getan? Dies war eine methodische Entscheidung, weil die Einbeziehung aller Faktoren jeden einzelnen Satz vervielfacht und jedes einzelne Argument zwar runder, aber auch voller bis unzugänglicher gemacht hätte. Vor allem aber fehlt mir die Expertise, auch über Iran, Japan oder Chile zu sprechen.

Eine andere Möglichkeit ist es, die jeweils dominierende Perspektive als Attribut voranzustellen. So wird etwa von Schwarzem oder queerem oder auch südamerikanischem Feminismus gesprochen – oder eben von *weißem*, heterosexuellem Sexismus. Eine wichtige Strategie dabei ist das relationale, symmetrische Benennen: Spreche ich vom Schwarzen Feminismus, so muss ich auch vom *weißen* Feminismus sprechen, es gibt queeren und heteronormativen Feminismus.

Das aber ließe sich noch konsequenter denken: Insofern Sexismus mehr als «nur» die Unterdrückung der Frau umfasst und er im Kern die Ideologie der binären Zweigeschlechtlichkeit trägt und auf dieser Basis auch LGBTIQ-Personen diskriminiert, ist der Begriff des Feminismus (als von «Frau» aus gedacht) letztlich zu eng. So gesehen, wäre es korrekter, etwa von Geschlechterismus oder Genderismus zu sprechen. Im Sinne der obigen Ausführungen zu Ende gedacht, ist Genderismus wiederum mit anderen Diskriminierungsmustern wie etwa Rassismus, Klassismus oder Ableism/Ableismus (Diskriminierung behinderter Personen) verschränkt. Alles zusammen wird durch «Intersektionalität» benannt und angesprochen. So gesehen, wäre es auch möglich, alle emanzipativen Widerstandsbewegungen vom Begriff der Intersektionalität aus zu denken und etwa durch Attribute wie «genderfokussierte», «rassismusfokussierte» oder «behinderungsdiskriminierende Intersektionalität» auszudifferenzieren. Dann blieben verschiedene Widerstandsbewegungen gegen Diskriminierung unter einem Dach, könnten jedoch ihre spezifischen Räume betreten – ohne sich in einem inflationären Spiegelkabinett zu verlieren, dass nur noch ausruft: Alles ist Diskriminierung, und alle werden diskriminiert. Widerstand muss immer auch konkret sein können.

4.3. Strategien gegen Sexismus

Der lange Kampf für die Gleichberechtigung von Frauen* und queeren Personen galt zunächst der Abschaffung diskriminierender Gesetzgebungen. Erst darauf aufbauend (wenn auch zunächst noch einander überlappend), kam es zu Konventionen, Gesetzen und Strategien, die diese Gleichberechtigung herstellen und sowohl umsetzbar als auch einklagbar machen. Das setzte schon in den 1980er Jahren ein, wurde aber erst in den letzten beiden Dekaden, also nachdem diskriminierende Gesetze strukturell überwunden worden waren, dezidiert in Anti-Diskriminierungsgesetze wie auch Strategien von Empowerment, Maßnahmen des Diversity-Management oder sprachliches Umdenken übersetzt. Um diese drei Ebenen geht es im Folgenden, wobei sich der Blick auf den deutschsprachigen Raum fokussiert.

4.3.1. Internationale Konventionen und Antidiskriminierungsgesetze im deutschsprachigen Raum

Bereits die *Universal Declaration of Human Rights* (UDHR) von 1948 hatte Frauenrechte als Menschenrechte verteidigt. 1981 trat die 1979 verabschiedete *UN-Convention on the Elimination of all Forms of Discrimina-*

tion against Women (CEDAW) in Kraft, welche sich, wie die deutsche Übersetzung lautet, die «Beseitigung jeder Form von Diskriminierung gegen Frauen» auf die Fahnen schrieb und dabei Gesetzesänderungen ebenso einforderte wie ein Umdenken in Sozialisierungsmustern. Adressiert wurden dabei Staaten, die zum Handeln aufgefordert wurden, Gesetze zu erlassen, Maßnahmen zu ergreifen und Änderungen zu bewirken, wie beispielsweise die Durchsetzung eines Rechts auf gleiche Bildung oder die Abschaffung stereotyper Rollenmodelle zum Schutz vor Diskriminierung am Arbeitsplatz. Bestimmte Gruppen von Frauen* wurden dabei spezifisch herausgehoben, wie Schwangere, denen besonderer Schutz zukommen solle, aber auch Frauen* auf dem Lande. Zur Überprüfung der Fortschritte wurde ein Komitee eingesetzt.[102] Diese Konvention haben der Vatikan, Iran, Somalia, Sudan, Niue[103] und Tonga weder ratifiziert noch unterschrieben.[104] In diesen Ländern gilt bis heute das Prinzip männlicher Vorherrschaft, wobei sich die rechtliche Situation der Frauen* in der Islamischen Republik Iran unter Ali Chamenei jüngst sogar weiter verschlechterte.

Insofern international verschiedene Auffassungen davon bestehen, wann Diskriminierung von Frauen* beginnt oder wie sie zu überwinden sei, tun sich internationale Abkommen schwer mit einem Konsens zu konkreten Forderungskatalogen. International gelang dies bislang vor allem in so evidenten Feldern wie Gewalt gegen Frauen*. Die erste internationale Konvention gegen Gewalt gegenüber Frauen ist die *Inter-American Convention of the Prevention, Punishment and Eradication of Violence against Women*. Verabschiedet 1994 in Belem do Para, Brasilien, traten dieser Konvention bis zum 18. Dezember 1998 zweiunddreißig amerikanische Staaten bei, nicht aber die USA und Kanada. Sie haben jedoch eigene Gesetzgebungen.[105] 2000 verabschiedete der UN-Sicherheitsrat die Resolution 1325, welche sexuelle Kriegsgewalt gegen Mädchen und Frauen thematisiert und verurteilt sowie fordert, dass Frauen in Friedensverhandlungen und bei UN-Missionen gleichberechtigt eingebunden werden.[106] Im Dezember 2007 wurde diese von der Generalversammlung in Resolution 62/134 umformuliert, die prinzipiell der Beendigung von Vergewaltigung und anderen Formen sexueller Gewalt in allen Manifestationen, einschließlich inner- und interstaatlicher und religiöser Konflikte (v. a. Krieg), gewidmet ist.[107]

Auf europäischer Ebene ist die sogenannte Istanbul-Konvention bislang die weitreichendste Konvention. Dieser völkerrechtliche Vertrag des Europarates bzw. zunächst dreizehn seiner Mitgliedstaaten wurde am 11. Mai 2011 in Istanbul unterzeichnet und trat am 1. August 2014 in Kraft. Mittlerweile wurde er von sechsundvierzig Ländern unterzeichnet und von vierunddreißig Ländern ratifiziert. Österreich ratifizierte ihn am 14. November 2013, Deutschland am 12. Oktober 2017 und die Schweiz am 14. Dezember 2017.

Die Istanbul-Konvention baut auf einem Verständnis von Gewalt auf, das neben körperlichen, sexuellen und psychischen auch wirtschaftliche Schädigungen (wie etwa fehlende Unterhaltszahlungen) einschließt. Dafür sieht dieses Übereinkommen entsprechende Beratungs- und Bildungsangebote zur Sensibilisierung der Gesellschaft ebenso vor wie konkrete Rechtsberatung und andere konkrete unterstützende, präventive oder (forschungsgestützte) aufklärende Maßnahmen. Hierunter fallen etwa psychologische Betreuung, justizielle und finanzielle Beratung sowie konkrete Maßnahmen zur Beschäftigung, Aus- und Weiterbildung sowie Entschädigungszahlungen oder eine (temporäre) Unterbringung etwa in Frauenhäusern.[108] Erklärtes Ziel der Istanbul-Konvention ist es zudem, dass die Verfassungen und Rechtssysteme der ratifizierenden Länder die Gleichstellung der Frau* garantieren – was auch den Erlass neuer Gesetze einschließt. Allerdings ist die Konvention selbst auch schon im Range eines Bundesgesetzes in Deutschland wirksam. Sie hat also rechtsbindenden Charakter. Auch das Minister*innenkomitee des Europarates empfiehlt Gesetzesreformen, die Sexismus im Allgemeinen und auch sexuelle Gewalt und sexuelle Belästigung im Konkreten verurteilen.[109] Es geht dabei nicht nur um die Abschaffung diskriminierender Gesetze, sondern darum, Gesetze zu erwirken, die einen Schutz vor Diskriminierung juristisch einklagbar machen.

In Österreich wurde 1979 ein Bundesgesetz zur Gleichbehandlung von Männern und Frauen eingeführt. Allerdings war Österreich das erste europäische Land, welches ein Gesetz erließ zum Schutz vor häuslicher Gewalt – das Bundesgesetz zum Schutz vor Gewalt in der Familie, welches 1997 in Kraft trat. Eine Novelle erfolgte 2009.

In der Schweiz wurde erst 1996 das Bundesgesetz über die Gleichstellung von Frau und Mann eingeführt; 2004 folgte das Bundesgesetz zur

Beseitigung von Benachteiligungen von Menschen mit Behinderungen. Solche Gruppeneinteilungen (es gibt kein übergreifendes Gesetz) können intersektionelle Diskriminierung kaum erfassen. 2004 wurden im schweizerischen StGB Änderungen zur Gewalt in der Ehe eingeführt, und 2007 gab es Änderungen im Zivilgesetzbuch, die einen Schutz gegen Gewalt und Nachstellung bieten. Ein einheitliches Gesetz dazu gibt es jedoch nur auf kantonaler Ebene und nicht flächendeckend.

In der Bundesrepublik Deutschland kam es 1953 nach Beschluss des BVerfG dazu, dass alle Gesetze, die der Gleichberechtigung entgegenstanden, für ungültig erklärt wurden – also Mann und Frau nach Verständnis der Gesetze völlig gleich waren. Einzelfälle sollten Gerichte entscheiden. Gegen diese Einzelfallentscheidung stellte sich das Gesetz über die Gleichberechtigung von Mann und Frau auf dem Gebiet des Bürgerlichen Rechts von 1957. Es sollte erstmals die Gleichstellung von Mann und Frau gesetzlich regeln, gewissermaßen als Ausführungsbestimmung zum GG Art. 3 Abs. 2, versuchte jedoch teilweise, Gleichberechtigung differenzierend (wieder) einzuschränken – es galt also nicht auf allen Gebieten gleichermaßen. Bis 1992 etwa durften Frauen nicht nachts arbeiten.

In Deutschland gilt seit dem 1. Januar 2002 das so genannte Gewaltschutzgesetz (GewSchG), das vor häuslicher Gewalt schützen und Nachstellungen nach einer Trennung unterbinden soll. 2006 trat das Allgemeine Gleichbehandlungsgesetz (AGG), das umgangssprachlich als «Antidiskriminierungsgesetz» geläufiger ist, in Kraft. In Anlehnung an das Grundgesetz Artikel 3 regelt das AGG, dass Benachteiligungen «aus Gründen der Rasse … des Geschlechts … oder der sexuellen Identität zu verhindern oder zu beseitigen» sind.[110] Wie schon das Grundgesetz («Niemand darf wegen seines Geschlechtes, seiner Abstammung, seiner Rasse …») bleibt der Wortlaut des AGG insofern problematisch, als die Annahme reproduziert wird, es gäbe Menschen«rassen» und definierbare (Zwei)Geschlechter. Warum nicht treffgenau formulieren, dass Diskriminierungen wie etwa Rassismus und Sexismus «zu verhindern oder zu beseitigen» sind? In Österreich wurde das Bundesgesetz zur Gleichbehandlung von 1979 im Jahr 2004 novelliert. Dabei wurde auch geschlechtsneutral formuliert und auf den Begriff «Rassen» verzichtet. Allerdings ist von ethnischer Zugehörigkeit die Rede – wobei zu bedenken ist, dass Ethnie heute immer mehr zum Synonym für «Rasse» wird und in der Regel

Weißsein nicht einschließt und damit weiter als unsichtbare Norm/alität postiert.

Die strukturelle Verankerung des AGG führte zur Einrichtung von Antidiskriminierungsstellen auf Bundes-, Landes- und kommunaler Ebene. Sie leisten beratende Arbeit und haben begrenzte Ressourcen zur juristischen Beratung und Unterstützung sowie für bildungspolitische Veranstaltungen.[111] Juristisch ist ihre Handhabe begrenzt. Zwar kann durch § 1 des Allgemeinen Gleichstellungsgesetzes (AGG) von 2006 sexuelle Belästigung nunmehr im Zusammenhang mit arbeitsrechtlichen oder zivilrechtlichen Konsequenzen angezeigt werden. Die Übergriffe auf die beiden Grünen-Politiker*innen Renate Künast und Sigi Maurer zeigen aber, wie kompliziert das angesichts der geltenden Rechtslage ist. Die Grünenpolitikerin Maurer muss sich juristisch verantworten, weil sie sexistische Männer* zurückbeleidigte und dies (anders als jene, die mit der Beleidigung begannen) nicht anonym tat. Renate Künast wiederum wurde im September 2019 richterlich zunächst bescheinigt, dass Hasskommentare und vulgäre Bezeichnungen als Meinungsäußerungen im Kontext einer Sachauseinandersetzung zu gelten hätten. Nachdem Renate Künast diese Richter*innen wegen Rechtsbeugung anzeigte, sind im Januar 2020 mittlerweile sechs der 22 Kommentare als Beleidigungen eingestuft worden.

So wichtig solche Konventionen und Antidiskriminierungsgesetzgebungen auch sind: Am Ende sind sie bislang kaum mehr als «schlummerndes Recht».[112] Noch sind sie nur unzureichend in bestehende Rechtsprechungen im Allgemeinen und Strafgesetzbücher im Besonderen eingebunden. Gesetzgebungen müssen es konsequenter leisten, die Würde von Frauen* und queeren Personen anzuerkennen, schreibt MacKinnon in «Auf dem Weg zu einer feministischen Jurisprudenz» (1993). Dafür sei es notwendig, sich einzugestehen, dass es «bürgerliche Gleichheit» längst noch nicht vollumfänglich gebe. Gesetze sowie Grundlagen und der institutionelle Rahmen von Rechtsprechung müssten daher, so MacKinnon, mit Blick auf die Frage konsequent reformiert werden, ob sie dazu beizutragen vermögen, «männliche Vorherrschaft», und die der Heteronormativität, wie ich MacKinnon ergänzen möchte, «zu beenden oder zu verstärken» (12). Reagieren sie angemessen auf Wissen und Erfahrungen von diskriminierten Personen? Denn das scheint nicht nur MacKinnon relevant auf dem Weg dahin, die Gleichberechtigung der Geschlechter umfänglich zu garantieren.

Juristisch Schutz und Gerechtigkeit zu bieten, macht es erforderlich, dass sich das Strafrecht nicht nur des gesamten Repertoires an Gewaltverbrechen annimmt, sondern auch anderer Diskriminierungsformen – die bislang nur zivilrechtlich angezeigt werden können. Auch (verbal geäußerte) psychische Gewalt bedroht Menschen und deren (künftige) Lebensqualität. Zudem scheint es wichtig, dass es neben Strafe, die unter anderem der Abschreckung und Prävention dient, auch konsequent und niederschwellig die Möglichkeit gibt, Kompensationen für das Erfahren von sexistischer Diskriminierung zu erhalten. Dabei müssen alle Formen von Geschlechterdiskriminierung Berücksichtigung finden. Zwar wird das im AGG umgesetzt. Jedoch fassen viele internationale Konventionen, wie etwa die vom Minister*innenkomitee des Europarates verabschiedete Empfehlung zu Sexismus, diesen allein als Diskriminierung von «Frauen» durch «Männer». Es muss aber viel grundsätzlicher um einen Schutz vor Diskriminierung für Frauen* sowie alle Formen sexistischer Diskriminierung gehen.

4.3.2. *Empowerment, Awareness, Gender-Mainstreaming, Affirmative Action,* Frauenbeauftragte und geschützter Raum

Im Rahmen der vom Minister*innenkomitee des Europarates verabschiedeten Empfehlung zum Vorgehen gegen Sexismus äußert sich dieser konkret dazu, wie Sexismus erkannt und strukturell adressiert werden kann. Neben entsprechenden Gesetzgebungen wird auch die Bereitschaft eingefordert, sich Sexismus bewusst zu machen und ihn zu verurteilen. Dazu gehören umgehende verurteilende Reaktionen von öffentlichen Personen, insbesondere Politiker*innen, aber auch führenden Personen aus Religion, Wirtschaft und Gesellschaft.[113] Das ist ein wichtiger Beitrag dazu, den allgemeinen Debattenstil über Sexismus zu ändern und kompetent und zielführend zu gestalten – und vor allem dafür, das Beschweigen und Wegerklären von Sexismus zu überwinden.

Weisen Diskriminierte in Alltagskonstellationen darauf hin, dass sie diskriminiert werden, könnten sie Verständnis oder eine Entschuldigung ernten. Häufig aber treffen sie auf Leugnung, Beschweigen und Verharmlosung, ja sie werden ignoriert, ausgelacht und bestenfalls aufgefordert, ihre «Anschuldigung» zu begründen. Das könnte produktiv sein, jedoch geht das auf Kosten der Geschädigten, und zwar oft ohne Aussicht auf offenes Zuhören. Denn viel zu häufig wurzelt ein solches «man (sic!) wird ja noch mal fragen dürfen!» nicht in einem Wissen-, sondern einem Rechthaben-Wollen. Dabei wird dann die diskriminierte Person in die Defensive sowie die gewaltvolle Situation zurückgedrängt. Nicht nur der Diskriminierung Beschuldigte wiegeln häufig ab – auch vermeintlich Unbeteiligte neigen dazu, sich auf die Seite der Verharmlosung zu schlagen. *Jaja, das ist ja alles längst bekannt, alles durchgearbeitet, längst; nur das eben gerade, nun, das war eben nicht Sexismus. Naja, war ja bloß ein Joke. Hat er doch süß gemeint, ein Kompliment.* Nicht selten mündet das sogar in dem Gegenvorwurf, zu hypersensibel zu sein oder zu übertreiben. *Männer seien hyperpräsent in leitenden Funktionen, weil sie ihre Räume männlich halten? Nein, so pauschal kann man (!) das ja nicht sagen. Siehe Angela Merkel. Zudem werde ein Mann* doch nicht Vizepräsident, weil er ein Mann* ist, sondern weil er gerade in der Science einen Leitartikel veröffentlicht habe. Danach wird es ein Mann*, weil er das bereits an einer anderen Uni war. Auch beim nächsten Vizepräsidenten habe die Wahl gar nichts damit zu tun, dass er ein Mann* sei. Er sei eben schlichtweg … (engagiert und so). Und das ist ohnehin gerechter, weil es ja ohnehin mehr Männer als Frauen* unter den Professor*innen gibt.* Ja, und warum ist das so?

Ähnlich ist auch das Muster, wenn es um zivil- oder strafrechtsrelevante Diskriminierung, etwa um sexuelle Belästigung, eine verbale Beleidigung, geht. Beweise oder Zeug*innen werden zu Recht eingefordert. Diese aber können im Fall sexueller Belästigung oft nicht so einfach geboten werden. Vieles spielt sich in Unter-vier-Augen-Konstellationen ab. Selbst wenn es Zeug*innen und Beweise gibt, bleiben rechtsstaatliche Hürden. So wurde etwa im Fall Künast zunächst postuliert, dass es sich bei den vulgären, sexistischen Beleidigungen nicht um «eine Diffamierung der Person der Antragstellerin und damit keine Beleidigungen» handele. «Von einer Schmähung» könne «nicht ausgegangen werden», weil «die Äußerungen im Kontext einer Sachauseinandersetzung stehen».[114] Sachauseinandersetzung? Was kann denn an sexistischen Vokabeln sachlich sein? Hier gerät der Rechtsstaat eindeutig an Grenzen, die es gebieten, die Gesetzeslage dem Recht auf Schutz vor Diskriminierung anzupassen.

Wo Gewalt und Verletzung aber (juristisch oder anderweitig auf freie Meinungsäußerung und übertriebene Empfindlichkeit abgewälzt und heruntergespielt) nicht ernst genommen werden, werden sie nur vermehrt – das umso mehr, wenn die diskriminierte Person nicht solidarisch unterstützt, sondern ihrerseits mit Vorwürfen angegriffen wird: Frau* sehe oder inszeniere sich ohnehin gern als Opfer. Ich habe auch schon die Unterstellung «Berufsopfer» gehört. Das ist eine fiese Strategie. Denn sie bringt Diskriminierte in eine Verteidigungshaltung: Sie können schweigen oder reagieren. Reagieren meint meist: erklären, was eine*n verletzt hat, und dabei dann den Schmerz noch tiefer inhalieren müssen. Diskriminierte mögen unfreiwillig zu Expert*innen des Sexismus werden, sie sind aber nicht die Einzigen, die Bescheid wissen – und vor allem kann Wissen über Sexismus auch auf herkömmlichen Wegen, aus Büchern etwa, gewonnen werden. Es gibt keine Pflicht von Diskriminierten, jenen, die diskriminieren, das Einmaleins beizubringen: weder das kleine noch das des Sexismus. Und was das «Berufsopfer» angeht: Nur wenige gehen wohl darin auf, beleidigt zu werden; und wer nicht beleidigt werden möchte, hat kein Motiv, sich dies nur auszudenken. «Opfer» ist ohnehin ein schwieriger Begriff. Denn er imaginiert die Person, der Schlimmes angetan wird, als statisches Objekt mit stark begrenzter Handlungsmacht. Das aber gibt es nicht: Jede Person empfindet etwas, wenn sie diskriminiert, beleidigt, verletzt wird. Aber um dies artikulieren zu können, bedarf es Kraft und Mut. Viele können das aus sich selbst heraus generieren; andere brauchen dazu Unterstützung, Solidarität.

Beides fällt unter *Empowerment*. Wie auch *Awareness* und *Gender-Mainstreaming* ist das ein Anglizismus. Das steht exemplarisch dafür, dass sie aus Widerstandsbewegungen erwachsen, die angloamerikanisch geprägt und insgesamt noch wenig in Deutschland, Österreich und der Schweiz etabliert sind. *Empowerment* baut auf dem Wortkern «Power» auf, was Macht und Kraft heißt. Im Kontext von Empowerment heißt das so viel wie die Kraft, sich (machtvollen) Diskriminierungen zu widersetzen. Empowerment meint, dass Personen, die keine strukturelle, institutionelle oder diskursive Macht innehaben, darin bestärkt (also ermächtigt) werden, sich der Macht der Diskriminierung nicht einfach zu ergeben – sondern zu widerstehen. Das kann bedeuten, sich mit Strategien zu «bewaffnen», mit diskriminierenden Erfahrungen (in der Vergangenheit) so umzugehen, dass sie sich nicht der ganzen Biographie bemächtigen, sich in gegenwärtigen und künftigen diskriminierenden Situationen besser schützen und widersetzen zu können und/oder entsprechend eigene/sichere Räume einzufordern.

Das setzt *awareness* als Wissen darüber hinaus, dass es sich um Diskriminierung handelt und wie diese wirkt. Dabei hat *awareness* eine doppelte Zielsetzung. Zum einen werden sich Diskriminierte der strukturellen Eigenschaft von Diskriminierung bewusst. Darauf aufbauend, kann erkannt werden, dass das Erfahrene nicht einfach nur ein von Fehlwahrnehmung oder Hypersensibilität geprägtes individuelles Empfinden ist, sondern ein strukturelles Gefüge von Diskriminierung im Kontext von Macht und Herrschaft. Auf diese Weise können Diskriminierte klarer einordnen, was ihnen widerfährt – und ihre Interessen und Rechte entsprechend besser verteidigen. Zum anderen werden genau dadurch dann Diskriminierenden Grenzen gesetzt – und *awareness* bietet eine Möglichkeit, Reflexionsarbeit in Gang zu setzen. Das aber ist kein Automatismus, sondern Schwerarbeit, die letztlich durch einen weiteren Anglizismus angesprochen wird: *Gender-Mainstreaming.*

Gender-Mainstreaming wurde erstmals 1985, und zwar auf der 3. UN-Weltfrauenkonferenz in Nairobi, Kenia, aufgeworfen, von der Beijinger Weltfrauenkonferenz (1995) eingefordert und schließlich mit dem Amsterdamer Vertrag von 1997/1999 fest in der EU-Politik verankert.[115]

In der direkten Übersetzung ist *mainstreaming* eigentlich ein Kompositum aus *main*, das als «etabliert» bzw. «massenkompatibel» zu übersetzen wäre, und *stream(ing)* – also «strömen, fließen (lassen)». Im Sinne von Fluss von Norm/alität durch die Zeit und Raum. Dazu passt dann, dass sich *Mainstreaming* von «Mainstream» ableitet – im Sinne von: was ist etabliert, wer dominiert. Durch das Suffix «-ing» wird dabei betont, dass dieser Mainstream nicht einfach existiert, sondern hergestellt wird. So gesehen, meint Gender-Mainstreaming, dass die «Geschlechternorm» und ihr einverleibte Muster von Diskriminierung und sozialer Ungleichheit als etwas Hergestelltes verstanden werden – und zwar mit dem Ziel, diese benennen zu können, um deren basale Auswirkungen, im Sinne von Benachteiligung von Frauen* etwa, anzuerkennen und zu reflektieren. *Awareness* eben, plus Umsetzung in konkrete Änderungen.

Während Anti-Diskriminierungsgesetze Einzelnen die Möglichkeit geben, sich gegen Institutionen und Strukturen zu wenden und dortige (sowie private) Diskriminierungen anzuzeigen oder zumindest offenzulegen, offeriert das Gender-Mainstreaming Instrumentarien, Diskriminierung als strukturelles Phänomen einer Institution zu benennen – mit dem Ziel, dies zu diskutieren und zu intervenieren.

Gender-Mainstreaming wird oft auch mit Geschlechter-Gerechtigkeit gleichgesetzt. Der Plural bleibt aber genau genommen in der Praxis zumeist auf zwei Geschlechter beschränkt und der Begriff in der zweigeschlechtlichen Logik verhaftet. Er zielt also im Kern darauf ab, «Frauen» als gleichberechtigt(es Geschlecht) zu etablieren.

Das erklärt, warum Frauenbeauftragte ein konventionelles Instrumentarium des Gender-Mainstreaming sind. Waren Frauenbeauftragte zunächst für reines Mentoring und Monitoring zuständig, weiten sich deren Kompetenzen zunehmend zu Interventionskompetenzen aus, mit einem Budget für bildungspolitische Maßnahmen oder konkrete strukturelle Maßnahmen.[116] Je mehr Frauenbeauftragte an struktureller Macht gewannen, umso attraktiver wurde diese Position, und umso mehr wurde sie auch missbraucht. Vielerorts werden diese Ämter von Personen besetzt, die weder feministische Positionen einnehmen noch über Wissenserfahrungen im Bereich Sexismus und Diskriminierung verfügen. Ganz nach dem Motto: «Hauptsache Frau». Wobei es sogar längst keine Ausnahme mehr ist, dass *weiße* heterosexuelle Cis-Männer ohne entsprechendes Wissen oder entsprechende Kompetenzen diese Ämter bekleiden, weil sie auf diese Weise Einfluss nehmen können: Sie sitzen ja in jeder Kommission und Strukturebene. Leider habe ich wiederholt persönlich erleben müssen, wie sich solche Männer* als Frauenbeauftragte für Männer* engagierten («Selbst als Frauenbeauftragter muss ich einräumen, dass der Mann besser geeignet ist, leider …»).

Allein eine*n Frauenbeauftragte*n zu haben, setzt also noch längst kein Gender-Mainstreaming um. Manche sehen es sogar als gegenläufig an. Nicht nur weil die Intentionen schieflaufen können, sondern weil Gender-Mainstreaming nicht nur speziell dafür beauftragten Personen überantwortet werden soll und kann. Es geht zudem darum, diese Aufgabe auf breite Schultern zu stellen und kollektiv anzugehen – geschlechterübergreifend. Im Klartext: Auch Männer* sollen sich hierbei proaktiv engagieren.

Gender-Mainstreaming reicht von präventiven über reflektierende zu korrigierenden Maßnahmen. Schon 1980 wurden im § 611a BGB sowie durch das Gesetz über die Gleichbehandlung von Männern und Frauen am Arbeitsplatz präventive Maßnahmen eingeführt, die heute als Gender-Mainstreaming gelten. So wurde etwa geregelt, dass Stellenausschreibungen geschlechtsneutral formuliert werden müssen.[117] So kann der Erwartung vorgebeugt werden, dass Frauen* ohnehin keine Chance hätten. Eine verstetigende Steigerung dieses Ansatzes sind Auflagen, wie im öffentlichen Dienst, oder Vorgaben, beispielsweise im Sinne einer selbstgesetzten *Corporate Social Responsibility*, Frauen besonders zur Bewerbung einzuladen und zu postulieren, dass sie bei gleicher Eignung bevorzugt eingestellt würden. Das kann in der Praxis nur allzu leicht verhindert werden, denn wie ließe sich eine «gleiche Eignung» nachweisen? Aber es ist und bleibt ein politisches Ziel.

Prävention allein reicht also nicht, oder sie schlägt fehl. Deswegen setzt das Gender-Mainstreaming auf Reflexion, wobei es um die erwähnte *awareness* geht. Gender-Mainstreaming trägt dazu bei, die Bevorzugung von Männern* auf Kosten von Frauen* sichtbar zu machen. Dazu tragen etwa Checklisten bei, die erkennen lassen, ob Frauen* in der Verteilung von Führungspositionen und Ressourcen gleichberechtigt vertreten sind – oder ob bestimmte Aufgabengebiete nach tradierten Geschlechterkonventionen verteilt werden. Dafür bedarf es nicht immer ausgefeilter Statistiken. Allein schon ein Blick auf Organigramme oder Webseitenauftritte können zeigen, ob Frauen* gleichberechtigt repräsentiert sind. Doch Gender-Mainstreaming geht noch darüber hinaus und moderiert Monitoringmaßnahmen, die etwa die (fehlende) strukturelle Repräsentation von Frauen* oder Diskriminierungspraxen erfassen. Auch das Entgelttransparenzgesetz von 2017 ist eine Maßnahme des Gender-Mainstreamings: Es gestattet es Frauen*, aber auch Männern*, bei ihren Vorgesetzten oder anonym über den Betriebsrat zu erfragen, was Kolleg*innen (bei gleicher oder gleichwertiger Arbeit) verdienen – dabei wird nicht ein konkretes Gehalt genannt, sondern ein Mittelwert einer Vergleichsgruppe. Gender-Mainstreaming begnügt sich aber nicht mit solchen Erkenntnissen, sondern strebt auch Diskussionen zur (Neu-)Bewertung dieser tradierten Geschlechterrollen an.

Darauf reagierende regulierende oder reaktive Maßnahmen sind ein

Pfeiler des Gender-Mainstreamings. Schon 1980 wurde einklagbar, dass Arbeitgeber*innen bei Verdacht auf Benachteiligung von Frauen* beweisen müssen, dass es keine entsprechenden Verhaltensweisen und Entscheidungen gab. Zu reaktivem Gender-Mainstreaming gehören auch Gleichstellungsmaßnahmen, die Chancengleichheit (von Frauen*) befördern. Dazu gehört etwa, dass seit 2008 durch das Bundesministerium für Bildung und Forschung (BMBF) an Universitäten ein entsprechendes Programm finanziert wird. Bis zum Jahr 2022 werden 0,5 Milliarden Euro in das Programm investiert worden sein.[118] Es zielt darauf ab, Frauen unter den Nachwuchswissenschaftler*innen gezielt zu unterstützen. Dies geschieht etwa durch Coaching und Mentorinnenmaßnahmen, Stipendien, studentische Hilfskräfte oder aber Mittel zur Stärkung der wissenschaftlichen Biographie (etwa Konferenzmittel) und das sogenannte Professorinnenprogramm. Als Zuckerbrot-Politik wird Universitäten eine Prämie ausgezahlt, wenn sie ein entsprechendes Gleichstellungskonzept erarbeitet haben – dazu gehört eine Selbstverpflichtung, eine bestimmte Zahl an Frauen als Professor*innen zu berufen.

Zu den regulierenden Maßnahmen des Gender-Mainstreamings kann auch *affirmative action* gehören, welche jedoch leider immer wieder bei Einführung von Gender-Mainstreaming abgebaut wird, statt sie gleichfalls zu stärken und zu bewahren. Affirmative Action ist als «bejahende Aktionen» zu übersetzen. Dieser Begriff meint pro-aktive Quotenregelungen, die strukturell verbindlich regeln, dass ein bestimmter Prozentsatz von Stellen oder Positionen per se an diskriminierte Personengruppen vergeben wird – als Nachteilsausgleich und um die Bandbreite von Sozialisierungsmustern und sozialer Erfahrungsräume zu repräsentieren. In Europa geht das bisher (außer in wenigen Ausnahmen, so in Rumänien für Roma) zumeist nicht über eine Quotenregelung für Frauen* hinaus, und dies auch nur mit begrenzter Reichweite.

Was etwa die Besetzung von Parlamenten angeht, so haben nur zehn von 28 EU-Staaten gesetzlich beschlossen, den Frauenanteil in ihren Parlamenten paritätisch(er) zu regeln – darunter etwa Belgien, Finnland, Frankreich, Griechenland, nicht aber Deutschland oder Österreich. Auch nicht Schweden, dennoch steht es im EU-Kontext mit 44 Prozent am besten da.[119] Ein paritätisches Modell im Parteivorsitz wird in Deutschland von Bündnis 90/Die Grünen, und inzwischen auch in Teilen bei der

Linkspartei und der SPD vertreten. In der Schweiz verfolgen die Sozialdemokratische Partei und die Grüne Partei ein solches Modell, in Österreich Die Grünen und in Teilen die SPÖ und die ÖVP.

Doch Affirmative Action, die allein «Frauen» in die Strukturen pusht, greift ebenso zu kurz wie Gender-Mainstreaming: Diskriminierung von Frauen* stellt nur eine von vielen Achsen von Privilegierung und Diskriminierung dar.

Antidiskriminierungsarbeit muss Chancengleichheit intersektionell denken. Ich halte es daher etwa für an der Zeit, die Ära der «Frauenbeauftragten» zu beenden und sie in inklusivere Felder wie Diversität und Chancengleichheit zu überführen. In diese Richtung geht die Neuformierung solcher Institutionen als «Gleichstellungsbeauftragte», wobei auch dieser Ansatz in der Praxis zu oft begrenzt bleibt.

Hier bietet das zuweilen bereits etablierte Diversity-Management intersektionellere und komplettere Lösungsansätze an. Es folgt allen Mechanismen des Gender-Mainstreaming, nur eben vielschichtiger. So werden Ausgrenzungs- und Diskriminierungserfahrungen nicht nur von der Kategorie «Frau» aus gedacht. Beim Diversity-Management geht es dann tatsächlich um die Pluralität aller Geschlechter sowie um eine Einbeziehung von weiteren Machtachsen und Diskriminierungsmustern wie etwa denen des Rassismus, Klassismus oder Diskriminierung gegen Dis*ability – in gegebenen Überlappungen.

Zwar wird Diversity immer gern als Gewinn für alle erzählt – etwa mit Blick auf ein neues Arbeitsklima oder erweitere Kund*innenschaft. Dabei gibt es aber zwei Fallstricke. Zum einen meint Diversität zwar Multiplizität, also die Koexistenz von verschiedenen Sozialisationsmustern. Dabei aber wird heruntergespielt, dass dieses Miteinander immer auch von Machtstrukturen reguliert wird. Tatsächlich wird Diversität zunehmend zu einem Begriff, der Macht- und Diskriminierungskonstellationen verschleiert – und diese dadurch stärkt statt schwächt.

Vor diesem Grund wird zunehmend, wieder ein Anglizismus, von *Critical Diversity* (die diese beiden Fallstricke benennt und kritisch unterwandert) gesprochen und *Critical Diversity Literacy* eingefordert – also die Befähigung (Alphabetisierung im Sinne der Vermittlung von Grundkompetenzen) dazu, Diversität nicht als Heile-Welt-Kosmopolitismus in Regenbogenfarben misszuverstehen – sondern als Projekt, das Solidarität, Verantwortungsübernahme sowie das Bewusstmachen und Loslassen von Privilegien einschließt. Das beinhaltet auch das Eingeständnis, dass es alles andere als selbstverständlich und leicht ist, Ressourcen zu teilen und Privilegien aufzugeben (auch wenn sie unterschiedlich groß sind oder noch so klein seien: Im Kontext ansonsten analoger Konstellationen stehen Männer* immer über Frauen*). Wenn ich Macht und Privilegien habe, ist es Schwerarbeit, diese aufzugeben. Ein Versprechen, dass «bunt» alles schöner ist, wird wenig an dem Unbehagen der Privilegierten darüber ändern, dass sie vielleicht plötzlich (relational gesehen) weniger verdienen oder sich in neue Arbeitsdynamiken eingewöhnen müssen. Das muss angesprochen, ja betrauert werden können, um sich Neuem öffnen zu können. Vor allem aber muss mit dem Mythos aufgeräumt werden, dass es ausreiche, Diversität anzuerkennen und zu mögen – und dass (Critical)-Diversity-Management von jedem geleistet werden kann. Vielmehr ist es mehr als angemessen, dass nur solche Personen diese einflussreichen Positionen bekommen, die dafür relevante Qualifizierungen aufweisen können. Idealerweise werden fortan jene für solche Stellen eingestellt, die Geschlechter-, Intersektionalitäts- oder Postkoloniale Studien studiert haben. Diese Kompetenzen wären nicht nur für die Erarbeitung von Sprachleitfäden oder Schulungsworkshops vonnöten; sie werden auch benötigt, um konsequenter als bisher die betreffenden Arbeits- oder Lernorte zu diskriminierungsfreien Räumen umzugestalten und sprachliche Diskriminierung konsequent kritisch zu unterwandern.

Wer immer diese Projekte angeht, muss sich entsprechende Expertisen aneignen. Das gilt für Frauenbeauftragte und Chancengleichheitsprogramme ebenso wie für Menschen, die mit Moderationen und Coachings ihr Geld verdienen. In einer Arbeitsgruppe, der ich angehöre, gab es erhebliche Spannungen aufgrund von Rassismus und Sexismus. Das stellte sich in einer anonymen Umfrage heraus. Sieben von siebenundzwanzig Beteiligten hatten dies so zu Papier gebracht. Es wurde ein Coach eingeladen. Er thematisierte den angesprochenen Sexismus (Rassismus klammerte er aus). Als sich niemand dazu äußern wollte, sagte ein Kollege zu mir als der üblichen Verdächtigen: «Nun los, jetzt erklär doch mal!» Ich versuchte mein Bestes, basal, einfach, so diplomatisch (schmerzfrei für mein Gegenüber) wie möglich. Und es geschah das Übliche: Ein Sturm der Entrüstung brach über mich herein. Immer müsse ich mir so etwas ausdenken, alles übertreiben. Natürlich alles in patriarchalischem Schrei-Deutsch, das sich als Sachlichkeit ausgibt. Niemand sprang mir zur Seite. Keine der anderen sechs Personen, die dies in der Umfrage ebenfalls notiert hatten, auch nicht der Coach. Immer wieder forderte mich einer der Männer auf, doch mal ein Beispiel zu geben. Das hatte ich zwar bereits getan, aber ich gab ein anderes. Das wurde sofort wegerklärt, auf der Metaebene war ich das «Berufsopfer», und mir wurde unterstellt, ich hätte nicht einmal ein Beispiel. Ich führte ein weiteres an – und so drehte es sich weiter im Kreis. Irgendwann war ich den Tränen nahe und forderte den Coach auf, mir einen geschützten Raum zu bieten. Und obwohl er ausgebildeter Coach mit einem hohen Honorarsatz war, fragte er zurück: «Geschützter Raum, was meinen Sie?» Er dachte offenbar, es reiche, darauf zu achten, dass ich ausreden konnte, und mich regelmäßig nicht dranzunehmen, weil ich mehr redete als die meisten anderen in der Runde. Dabei war ich ja die Einzige, die Rassismus und Sexismus benannte, während die fünf bis sechs Männer*, die das Gegenteil behaupteten, sich gegenseitig Steilvorlagen zuspielen und die Wortführung abwechseln konnten. Geschützter Raum bedeutet, eine solche strukturelle Dynamik zu reflektieren; geschützter Raum bedeutet, aggressive Übergriffe und wütende Einwürfe während meiner Wortbeiträge rigoros zu unterbinden; geschützter Raum bedeutet, eine Position zu stärken, die sich gegen Diskriminierung wehrt, zu *empowern*. Das kann auch bedeuten, diskriminierenden Personen dann ihr Rederecht zu nehmen, wenn sie aggressive oder diskriminierende Äußerungen in Dauerschleife setzen – oder eine räumliche Trennung zu erwirken, die es zulässt, dass Argumente aneinander wachsen. Nur so kann die Rechtfertigungsposition, in die diskriminierte Personen gedrängt werden, durchbrochen werden. *Empowerment* heißt, der diskriminierten Person die Möglichkeit zu geben, die eigene Position darzulegen, ohne in Rechtfertigungsspiralen gedrängt und dadurch herabgesetzt zu werden.

Aus der systematischen Ermangelung dieser geschützten Räume haben feministische und Schwarze Bürgerrechtsbewegungen Strukturen und Institutionen begründet, in denen rassistische und sexistische Positionen per se nicht zu Wort kommen dürfen. Es sind zumeist jene, die ansonsten nahezu jeden Raum dominieren, die sich am meisten darüber empören: Hier werde Ausgrenzung betrieben, und das sei undemokratisch. Solange aber sexistische Gewalt oder andere Diskriminierungsformen in den Mainstream-Räumen die Wortführer sind und nicht einmal ausgebildete Moderator*innen solche Machtstrukturen erkennen (geschweige denn aufzubrechen vermögen), gibt es eine drängende Notwendigkeit für Räume, in denen konstruktiv statt defensiv über Sexismus diskutiert werden kann – ohne jedes Mal aufs Neue beim Anfang ansetzen und sich mit dem Wegerklären von Beispielen begnügen zu müssen. Es sind solche geschützten Räume, in denen Widerstandsstrukturen an sich selbst wachsen können und beispielsweise auch eine widerständige Sprache formiert werden kann.

4.3.3. Widerständige Sprache

Im Rahmen seiner jüngsten Empfehlungen verortet das Minister*innenkomitee des Europarates eine nicht-sexistische und gendergerechte Sprache als erforderliche Maßnahme, um der Hegemonie des maskulinen Modells entgegenzuwirken.[120] Dabei geht es speziell auch um die Unterbindung sexistischer Begriffe und *hate speech* (und darum, konkrete Kompensationen für Opfer solchen sexistischen Verhaltens anzubieten). Geschlechtergerechtigkeit umfasst auch den konsequenten Verzicht auf diskriminierende oder herabsetzende Vokabeln und eine Sprache, die alle Geschlechter zu repräsentieren weiß.

Jenen, die auf Änderungen und solche Bestrebungen in Richtung einer geschlechtergerechten Sprache bestehen, wird oft vorgeworfen zu *political correct*, «pc», zu sein oder «moralischen Überschuss» zu besitzen. Was aber ist falsch an «Korrektheit», und wer bestimmt, wann etwas zu moralisch ist – und mit welcher Begründung? Normalerweise haben Menschen weder etwas gegen Korrektheit noch gegen Moral, ganz im Gegenteil. Es geht also eher um das Politische in «pc» (wobei Politik hier mit politischem Widerstand, etwa dem des Feminismus, gleichgesetzt wird), und der «Überschuss» an Moral meint Emotionalität als Verlust von inhaltsbezogener Sachlichkeit. Dabei ist doch letztlich alles moralisch kodiert und ein Politikum. Auch die fehlende Repräsentation von Frauen* und Trans*gender-Personen oder die Verteidigung von sexistischen Begriffen folgen einer moralischen Idee und einer politischen Agenda – und emotional, will sagen aggressiv, habe ich auch diese Verfechter des generischen Maskulinums erlebt.

Ab Ende der 1970er Jahre stießen Vertreter*innen der feministischen Linguistik wie Senta Trömel-Plötz und Luise Pusch Debatten an, die das generische Maskulinum problematisieren und zu überwinden suchen. Sie analysierten das generische Maskulinum und zeigten, dass es Frauen systematisch aus sprachlichen Repräsentationen ausspare.[121] Luise Pusch machte Gegenentwürfe, denen es im Kern darum geht, den Oberbegriff weder mit der femininen noch der maskulinen Version eines Substantives übereinstimmen zu lassen, sondern beide Varianten symmetrisch mit sich unterscheidenden Suffixen zu benennen. Kurzum: Nicht nur feminine* Nomen, auch männliche* sollten einen Suffix erhalten. Das wird insbesondere im Feld von Berufsbezeichnungen virulent. Das diesbezüglich berühmteste Modell entlehnt Pusch Sprachmodellen aus der Fauna, wo bestimmte Tiergattungen die feminine Form als Oberbegriff verwenden – etwa Ente versus Enterich. Daher schlägt sie vor, mit dem Oberbegriff Pilot zu arbeiten und um das maskuline Piloterich und das feminine Pilotin zu ergänzen.[122]

Diese Variante setzte sich nicht durch. Doch wie so oft bewirkte die radikale Forderung minimale Reformen. Zwar wurde und wird in weiten Teilen der Gesellschaft, auch in Journalismus und Wissenschaft, noch an dem generischen Maskulinum festgehalten, also der Auffassung, dass «Historiker» oder «Schornsteinfeger» «Männer und Frauen» (oder neuerdings «alle Geschlechter» meine) – einige ließen sich sogar dazu hinreißen, dies im Anmerkungsbereich genauso zu deklarieren – oder auch so: «Die vereinfachte männliche Schreibweise steht stellvertretend für alle Geschlechter.» Das Argument, das am häufigsten zu hören ist, lautet: Alles andere wäre sprachlich ineffektiv, würde zu viele Zeichen erfordern und unnötig redundant, ja nicht lesbar sein. Diesem (Schein)Argument zum Trotz begannen sich seit den 1990er Jahren in vielen Bereichen ganz simple Formeln zu etablieren, etwa die Paarform.

Im Plural wird von Lehrerinnen und Lehrern gesprochen (wobei der gute alte Knigge-Paternalismus Frauen die Erstnennung gewährt). Für den Singular bedeutet das, dass mehr und mehr mit dem femininen Suffix operiert wird, etwa: «Ihnen als meiner Patientin rate ich …». Dass es nicht der Weisheit letzter Schluss ist, sehe ich an einem Trans*Mann*, der oft als Frau* adressiert wird. Wenn er also im Widerstand dazu emanzipiert sagt «Ich bin ein Gitarrist», so muss er sich doch gelegentlich ein feministisch-belehrendes «Gitarristin, so viel Zeit muss sein ...» anhören. Hier wird exemplarisch deutlich, dass die Paarform zwar aufgebrochen ist, um das Deutsche als Männersprache zu überwinden, es aber dem tradierten Geschlechterbinarismus *MannundFrau* das Wort redet. Deswegen ist dieses Modell seit den 2000er Jahren zunehmend in die feministische Kritik geraten.[123]

Für den Singular macht Lann Hornscheidt den Vorschlag, gänzlich auf Suffixe zu verzichten oder allgemein mit einem X zu ersetzen (also ProfessorX). Lann zielt darauf ab, das Gendern der deutschen Sprache gänzlich aufzugeben. So plausibel dieser Vorschlag auch ist, vielen griff er zu tief in die Prinzipien der deutschen Sprache ein. Grammatikalisch bereits im Repertoire der deutschen Sprache vorhanden ist das Partizipierungsverfahren (etwa Studierende). Einwände aber betonen, dass sie nur Tätigkeiten im Moment der benannten Ausübung bezeichnen, nicht aber Berufsfelder (ich denke, daran kann sich die deutsche Sprache gewöhnen) und dass sie nur begrenzt anwendbar seien, ohne dass es zu Doppelbelegungen käme (etwa könne Lehrende nicht für Lehrerin verwendet werden, das wäre zu missverständlich, da der Begriff bereits analog zu Studierenden im universitären Kontext benutzt wird). Das Hauptproblem aber ist, dass viele grammatikalische Konstruktionen einen Artikel verlangen und dann die «der oder die?»-Falle entsteht. Insgesamt haben sich allerdings geschlechterplurale Modelle bereits entfalten und in öffentliche Sprach-Räume einschreiben können.

Die späten 1990er und 2000er standen zunächst im Zeichen des großen Binnen-Is zur Bildung der Pluralform. Dabei wird beim Sprechen pausiert: also Polizist_(Pause)_Innen. Gerade durch die visuelle Brechung des großen I aber, das wie eine Zeichenmauer zwischen «Mann» und «Frau» steht, wird noch zu sehr an der konträren Setzung Mann versus Frau festgehalten, weswegen sich der fluidere Schrägstich etablierte (Künstler/innen). Er sprang weniger ins Auge, wurde aber ebenfalls als letztlich zu binär und zu wenig fluid und symmetrisch kritisiert. Andere Verfahren bleiben im Modus der Schrägstrichs, versuchen diesen aber noch mal transparenter zu gestalten. Die Rede ist vom Unterstrich und dem Gender-Sternchen. Sie funktionieren ähnlich: Zwischen den

Geschlechterpolen «Mann und Frau» gibt es andere Geschlechter, und dies wird durch die Fluidität des Unterstrichs und noch mehr durch die «In alle Richtungen offen»-Logik des Gender-Sternchens repräsentiert, das etwa aus der patriarchalischen Partnerschaft eine divers offene Partner*innenschaft macht. Dabei finde ich es konsequent, wenn auch Gruppen von nur Frauen* als Lehrer*innen bezeichnet werden.

Während sich die meisten Sprachleitfäden an Universitäten oder öffentlichen Institutionen mittlerweile gerade mal im Duktus der 1980er zur Paarform (also «Liebe Leserinnen und Leser») durchringen können, statt auf das Gender-Sternchen zu vertrauen, hat es dieses immerhin schon mal in einen Ratgeber des Duden-Verlags geschafft (*Richtig gendern*, 2017). Auch von der Deutschen Forschungsgemeinschaft (DFG) wird es in Grenzen institutionell gestärkt. So meint, allen Widernissen zum Trotz, die kurze gesprochene Klick-Pause vor dem Suffix «-innen» mittlerweile auch statt des Binnen-Is das «In alle Richtungen offen»-Sternchen.

Manche allerdings tun sich noch schwer mit dem Gender-Sternchen. Am 8. Juni 2018 etwa meinte Claus Kleber nach einem ausgewogenen Bericht im «Heute-Journal» zu diesem: «Mir scheint es, als würden sich jene am Sternchen festhalten, denen ansonsten jede Orientierung fehlt.» Mal abgesehen von ein paar Online-Kommentaren kam er mit dieser Aussage, die Trans*Menschen diskriminiert, glimpflich davon.

All diese Reformen betreffen aber erst einmal nur Nomen; darüber hinaus gibt es auch Bestrebungen, andere Wortarten wie Artikel, Pronomen und Adjektive umzugestalten. Lann Hornscheidt schlägt vor, die Anrede «Liebe, Lieber, Liebe*r» durch «Hallo» zu ersetzen («Hi» ginge auch) – und in vielen Kontexten hat sich dieses Verfahren bereits etabliert.[124]

In Anlehnung an die Transformationsprozesse, denen Substantive unterworfen werden, beginnen sich auch für Personalpronomen Alternativen zu etablieren. Zum Beispiel kann für alle Pronomen, die auf «-er» enden, das genderfluide Sternchen Raum bahnen: keine*r, jede*r, welche*r.

Komplizierter wird es bei Personalpronomen. Um die Verortung als «he» oder «she» zu vermeiden, wird im Englischen dafür das Pronomen «they» benutzt. Ein analoges Verfahren ist im Deutschen keine Option, denn der Plural «sie» ist identisch mit dem femininen Singular «sie».

Deswegen verwenden einige auch im Deutschen «they» oder aber die Möglichkeit, konsequent den Vornamen zu benutzen. Möglich sind aber auch weitergehende Innovationen, die vor allem in der Deklination notwendig sind. Im Nominativ könnte zur Überwindung des «er oder sie»-Binarismus der Neologismus «sers» (als zirkulare Verschmelzung von *s*ie *er* *s*ie) Verwendung finden. Für die Genitiv-, Dativ- und Akkusativ-Varietäten sowie die Relativpronomen gibt es noch keine etablierte Lösung. Neologismen könnten sich durchsetzen: *Ich mache das für sers. Ich brauche sers; ich helfe sers.* Oder auch Bedeutungserweiterungen, etwa von «person» oder «mensch». *Ich mache das für person. Ich brauche mensch. Ich helfe person.* Zudem kann so das generisch maskuline «man» ersetzt werden – also etwa: «mensch wird ja wohl noch sagen dürfen.» Auch bei der Frage, ob ich heute nun der oder die Schnellste war, hilft «Person»: «Ich war die Schnellste» oder «Ich war die schnellste Person».

Artikel warten auch noch auf Innovationen wie *di*er*, wobei auch die Möglichkeit debattiert wird, sie ganz wegzulassen. Letztlich ist es ein selbstverständliches Verfahren, dass sich Sprache gesellschaftlichen Dynamiken anpasst und sich dabei samt neuer Vokabeln neu erfindet. Doch gut Ding will Weile haben; und das wird es.

Das schließt etwa auch ein, die rechtliche Anerkennung des dritten Geschlechtes auch sprachlich konsequent und in gegebener Breite umzusetzen. «Divers» ist dafür bei Weitem zu eng. Zwar postuliert der Begriff Vielfalt, zwängt diese dann aber wieder in nur eine einzige Vokabel. Dazu gibt es verschiedenste Initiativen wie etwa die des TransInterQueer-Projektes «Antidiskriminierungsarbeit & Empowerment für Inter», das 2015 ein Glossar zur Benennung queerer Lebenswelten erarbeitete.[125] Dazu gehören etwa die Begriffe «LGBTIQ*» oder «queer». Einerseits ist es wichtig, sich sprachlich zu präsentieren und repräsentiert werden zu können – und dies spricht für eine weitaus konsequentere Ausdifferenzierung bestehender Begrifflichkeiten; andererseits jedoch steckt in jedem Benennen, egal, wie multipel, eine Zuschreibung, die festschreibt – und dabei soziale Erfahrungsräume von Geschlecht ausblendet. In ebendiesem Spannungsfeld bewegen sich lexikalische Neuerungen, die sich im Sinne einer gleichberechtigten Sprache symmetrisch vollziehen müssen. Zur symmetrischen Benennung aller Geschlechter zur Verfügung stehen etwa Begriffe wie «Cis-Mann» und «Cis-Frau» oder aber heterosexuell bzw. *straight: Straight* heißt wortwörtlich übersetzt «gerade» und meint «heterosexuell», wobei die ursprünglich abwertende Bedeutung des englischen Wortes *queer* als «merkwürdig», ironisiert werden soll.

Ja, Sprache lebt davon, sich an die Bedürfnisse ihrer Menschen, aller Menschen, anzupassen. Wörter der digitalen Revolution wie googeln, Computer oder Bitcoins zeigen, dass Sprache davon lebt, sich zu wandeln und gesellschaftliche Änderungen durch Neologismen zu begleiten – selbst wenn sie (falsch) aus anderen Sprachen entlehnt werden wie etwa beim deutschen Wort «Handy». Um auch dies mit Wolf Biermann zu sagen: «Nur wer sich ändert, bleibt sich treu.»[126]

Doch sobald Neologismen statt aus dem von ökonomischen Interessen getragenen Warenmarkt aus emanzipativen Bewegungen heraus erwachsen, fühlen sich viele berufen, Sprache vor Neuerungen «zu bewahren» und Änderungen als nicht durchsetzbar zu deklarieren. Oft heißt es: «Dann kann ich ja gar nichts mehr sagen.» Ebendeswegen aber gibt es etwa Sprachleitfäden: um emanzipative Sprachbewegungen zu verfolgen, die bereits bestehende Alternativen aufzeigen, und zugleich dazu zu ermutigen, Menschenrechte proaktiv umzusetzen. Die vermeintlich fehlende Durchsetzbarkeit entsteht ja letztlich erst daraus, dass aus privilegiengesättigten Ressentiments (zumindest dem, nicht auf der Seite des Diskriminierten zu stehen) massive Widerstände im Namen eines tautologischen «Das muss so bleiben, weil es immer so war» erwachsen. Dieses Buch versteht sich als Gegenbeweis. Denn ich habe alles gesagt, *wie* ich es sagen wollte. Zwar habe ich zuweilen die maskuline und heteronormative Sprachtradition reproduziert (etwa in direkten und indirekten Zitaten); ich habe sie aber auch konsequent gebrochen. Vielleicht habe ich zwischendurch irritiert, aber genau darum geht es: Irritationen können, ja wollen Denkanstöße setzen. Mir wird oft gesagt, nur weil sich Wörter ändern oder Sternchen gesetzt werden, ändere sich doch die Welt nicht. Das stimmt, Sprache ist nur ein Feld des Sexismus, doch ein wichtiges. Ohne ihre Sprache zu modifizieren, wird sich die Gesellschaft nicht ändern und wenn sie sich ändern will, bedarf sie dafür einer neuen Sprache. Immer wenn eine neue Sprache erlernt wird, tritt automatisch ein Perspektivwechsel ein. Gendergerechte Sprache wird neue Blicke auf die viel zu lange Geschichte des Sexismus ermöglichen und sich dieser zugleich in den Weg stellen.

Während sich die Klebers durch solche sprachlichen Bereicherungen als bedroht inszenieren (zumindest unterstellt er dem Gender-Sternchen ja, dass es fehlende Orientiertheit symbolisiere, was nicht nur jene abwertet, die dieses nutzen, sondern damit zugleich auch (angeblich) seine Ordnung bedrohe), sind es jene, die wie Lann Hornscheidt für diese Neuerungen eintreten, die viel riskieren und verlieren können. Lann Hornscheidt kündigte schließlich die Arbeit als ProfessorX auf, und die Geschäftsstelle des Zentrums für transdisziplinäre Geschlechterforschung hielt fest: «Die sprachpolitischen Interventionen von Lann Hornscheidt wurden in der medialen Öffentlichkeit breit aufgenommen und kontrovers diskutiert. Sie waren und sind Teil des Genderbashings und diffamierender persönlicher Angriffe, denen es weiterhin auf allen Ebenen zu begegnen gilt.»[127]

Es ist so wie bei jenen, die sich von der juristischen Weichenstellung für die gleichgeschlechtliche Ehe oder das dritte Geschlecht bedroht sehen, nur weil sie neu sind. Dabei ändert sich doch vor allem etwas für jene, die bislang diskriminiert wurden. Die anderen mögen an Privilegien und damit an Macht verlieren. Sie mögen ein paar neue Vokabeln für ihren Wortschatz erlernen; aber es sind weitaus weniger neue Vokabeln, als die digitale Revolution oder die Corona-Krise abverlangen. Letztlich ist viel mehr zu gewinnen, als zu verlieren – vorausgesetzt, mensch sieht den Zugewinn an Freiheit und neuen Horizonten und Worten und ein Weniger an Diskriminierung als ein Plus für alle an. Sich dem aktiv zu widersetzen, ist eine politische Einstellung. Es ist nicht nur politisch, geschlechtergerechte Sprache einzufordern, sondern ebenso politisch, sich ihr zu verweigern.

Ich bin überzeugt, dass Meinungen nicht aus Zwängen heraus gedeihen können, aber aus Wissen. Debatten über Sexismus und diskriminierungsfreie Sprache werden noch immer unerbittlich diskutiert und können dabei Wort-Gewalt ausüben. Deswegen müssen Debatten über Diskriminierung (in und durch Sprache) bestehende Expertisen ernst nehmen, die Möglichkeiten unterbreiten, dass und wie Sprache inklusiver und gerechter werden kann.

Das mag vielen anstrengend vorkommen. Aber es ist nicht unmöglich, nicht einmal schwer. Ich sehe das an meinen Kindern, die meiner Suche nach einer praktikablen gendergerechten Sprache ausgesetzt waren. Zwar bestand ich nicht auf Luise Puschs «Piloterich». Dennoch hätten meine Kinder wohl jedes Recht zu meinen, dass ich es zuweilen übertrieb. Dieser Gedanke jedenfalls kam mir erstmalig 1997, als mein damals vierjähriger Sohn beim Anblick einer Londoner Polizistin ausrief: «Schau mal, Mami, eine Bobbyerin!» Dass ich ihn mit meinem ständigen Gender-Nörgeln an seinem wachsenden Wortschatz dazu gebracht hatte, englische Wörter mit deutschen Genus-Flexionen zu versehen, erschreckte und beeindruckte mich zugleich. So schwer war es also gar nicht, Frauen* adäquater zu repräsentieren. Ja, wir können das schaffen – und wenn sich die Suche nach diskriminierungsfreiem Sprechen an Machbarem orientiert, wird es umso schneller gehen.

Die Freiheit einer Gesellschaft muss sich immer daran messen lassen, wie sie mit Interessen von Minderheiten und Rechten von Diskriminierten umgeht. Dazu zählt schon der Wille zu respektieren, wer wie repräsentiert und genannt werden möchte. Freiheit kann sich letztlich gar nicht verwirklichen, ohne nicht auch Denk- und Sprach(r)evolutionen zuzulassen – das eine geht nicht ohne das andere. Diese münden nicht in Sprachlosigkeit, sondern in neuen Sprachwegen, die gelernte Denkweisen irritieren dürfen, ja müssen.

5. Kann es eine Welt ohne Sexismus geben. Kein Resümee

5.1. Sind Frauen* die besseren Menschen?

Nein.

Dieser Gedanke schließt unbedingt auch ein, dass es ein Irrglaube ist, dass Frauen* per se gerechter, sozialer, friedliebender seien als Männer* – für alle diese befriedenden Eigenschaften gibt es kein menschliches Gen, und es gibt etliche Beispiele aus der Geschichte und Gegenwart dafür, dass Frauen* weder die besseren Männer* noch die besseren Menschen sind.

Ich könnte hier, wie am Anfang, lang darüber schreiben, was mir von Frauen* widerfuhr. Als ich zwanzig war, lud mich beispielsweise eine Dozentin zu sich nach Hause ein. Sie goss mir Wein ein und verschwand im Bad. Kurz darauf stand sie nackt vor mir und wunderte sich, dass ich erschrak. Ohne Sex gehen lassen wollte sie mich ebenso wenig wie kurz darauf ein Kommilitone, der mir eigentlich nur ein Buch schenken wollte, dann aber seine Wohnungstür hinter mir abschloss. Mit einer Freundin wurde ich mal von Männern* in Georgien verschleppt. Ich wollte bei einer geeigneten Gelegenheit wegrennen, doch sie bat mich, das nicht zu tun, weil sie wegen ihres Asthmas nicht rennen könne. Ich blieb. Wir wendeten eine List an, so dass die eine bleiben musste, während die andere «kurz was holen» sollte. Sie übernahm letzteren Job und brachte sich in Sicherheit. So rannte ich dann am Ende doch. Allein. Kurz nach meiner Promotion erhielt ich meine erste Anstellung an einer Universität. Meine Chefin forderte von mir, eine gepflegtere Frisur zu tragen, berichtete mir unaufhörlich von ihrem Sexualleben und erpresste mich schließlich, was mich meinen Job kostete. Ebendiese Frau* hatte zuvor keine Rücksicht darauf genommen, dass ich als damals bereits zweifache Mutter und Wissenschaftlerin eigentlich keine Kapazitäten hatte, einfach nur der Präsenz willen in einem völlig überfüllten, lauten Büro zu sitzen – und mir ein Home Office verweigerte. Fehlendes Verständnis für meine Mutterschaft von Frauen* gehört zu meinem täglichen Brot – und es kommt maßgeblich von Frauen*.

In der Phase, in der ich dieses Buch schrieb, traf ich auf viele Frauen*, die wütend auf mich und darüber waren, dass Feminismus behauptet, sie würden diskriminiert werden. Manche finden es praktisch, den Kasten Wasser nicht tragen zu müssen und stattdessen lieber zu kochen. Neulich sprach mich eine ca. 30-jährige Frau*, die von diesem Buch hörte, an und fragte, ob es nicht ihr gutes Recht sei, sich in der jetzigen Geschlechterordnung wohlzufühlen – sie hätte gern eine klare Struktur, weil sie gern wüsste, was sie tun und lassen dürfe und wo sie hingehöre. Das ist natürlich privat gesehen eine legitime Haltung.

Gesellschaftlich gesehen aber hat auch diese Position Konsequenzen für alle. Sexismus hat noch nie ein Leben ausgespart, und Frauen* (und queere Personen) sind darin definitiv diskriminierter als heterosexuelle Männer*. Es geht nicht um Einzelne, es ist das System, dass diese Einzelnen zu dem macht, was sie sind. Umgekehrt entscheidet letztlich jede einzelne Meinung am Ende darüber, ob Sexismus als systemisches Problem in die Zukunft dieses Landes und dieses Planeten getragen wird oder nicht. Vor diesem Hintergrund spricht die deutsche Sozialwissenschaftlerin Christina Thürmer-Rohr in ihrem Buch «Mittäterschaft und Entdeckungslust» (1989) diesbezüglich von «Mittäterinnenschaft» von Frauen:[1] Frauen hätten Sexismus und seine Richtlinien nicht nur internalisiert, sie selbst seien dazu sozialisiert worden, Handlungsträger*innen dieser Sozialisation zu werden. Ein Zirkelschluss. Frauen* seien sexistisch normiert und kennen die betreffenden Spielregeln nicht nur, sie spielen danach und halten sie dadurch intakt. Mittäterinnenschaft ergebe sich dadurch, so Thürmer-Rohr, nicht nur direkt aus aktivem Wollen, sondern auch durch Passivität gegenüber sexistischer Sozialisation. Dennoch: Widerstand ist ein Recht; Feminismus eine Wahl.

5.2. Ist Sexismus vorüber?

Im März 2015 blickte die UN-Kommission für die Gleichstellung und Ermächtigung von Frauen in New York auf die «Beijiinger Aktionsplattform» aus dem Jahr 1995 und konstatierte, dass kaum ein Ziel erfüllt wurde.[2] Im März 2019 sprach das Minister*innenkomitee des Europarates in seiner Empfehlung zur Überwindung von Sexismus davon, dass die «historischen Machtverhältnisse der Ungleichheit» die «volle Weiterentwicklung von Frauen in der Gesellschaft» verhindere.[3] Zunächst einmal klingt «Weiterentwicklung» («advancement») so, als seien es die Frauen*, die sich entwickeln müssten – was wenig wertschätzend gegenüber der Tatsache ist, dass es neben LGBTIQ*-Aktivist*innen vor allem Frauen* zu verdanken ist, dass es im System des Sexismus überhaupt kriselt. Zudem ist es problematisch, von «voll» («full») zu sprechen. Es suggeriert, dass Gleichberechtigung in den Mitgliedsländern des Europarates schon sehr weit fortgeschritten sei. Natürlich hat sich in den letzten Jahrhunderten viel bewegt; aber das «full» nimmt den Dampf aus dem Kochtopf. Ganz nach dem Motto: Wir haben nach vielen Jahrhunderten schon was erreicht, gehen wir es weiter langsam an.

Eine Studie der Organisation *Equal Measures 2030* untersuchte anhand von Aspekten wie Armut, Bildung und Gesundheit, wie weit Geschlechtergerechtigkeit in verschiedenen Ländern realisiert wurde. Westeuropa, Nordamerika und Australien liegen dabei am weitesten vorn. Deutschland steht bei den hier angelegten Kriterien bei 86,2 Prozent erreichter Geschlechtergerechtigkeit, gemessen etwa an Zugang zu Bildung und Rechten, ökonomischer Unabhängigkeit, Kontrolle über Familienplanung, Gesundheitsprogrammen oder sexueller Gewalt.[4] Nur skandinavische Länder, die Niederlande und Slowenien schneiden besser ab. Die Schweiz und Österreich liegen mit 85 Prozent bzw. 84,8 Prozent auf Platz zwölf und dreizehn. In den meisten Regionen der Welt geht es Frauen* also schlechter als hierzulande, wobei (zum Vergleich) der Tschad, das Land mit dem schlechtesten Wert, bei 33,4 Prozent liegt. Auch die Diskriminierung von Homosexualität, Inter*sexualität und Trans*geschlechtlichkeit fällt in den meisten anderen Ländern entschieden drastischer aus als im deutschsprachigen Raum.

Dennoch ist das kein Grund, sich auszuruhen. Deutschland, Österreich und die Schweiz gehören zu den reichsten Ländern der Welt und haben ausreichend Kapazitäten, die hundert Prozent Geschlechtergerechtigkeit anzugehen. Erst Werte ab 90 werden auch als «exzellent» verbucht, Werte, die auch Dänemark als führendes Land nicht erreichte.[5] Zudem sprechen solche Zahlen natürlich vor allem über Erfolge bei der strukturellen und institutionellen Fundierung der Gleichberechtigung von Frauen* in Beruf, Bildung, Gesetz.

Doch gibt es auch Studien, die ein etwas anderes Bild zeichnen. So verbuchte das World Economic Forum Deutschland in Bezug auf Gleichberechtigung 2019 auf Platz 10, hinter skandinavischen Ländern, Nicaragua oder Ruanda. Gerade die mangelnde, teilweise sogar rückläufige Gleichberechtigung in der Wirtschaft wurde dabei kritisch unterstrichen.[6]

Alle diese «Erfolge» heißen noch lange nicht, dass Sexismus tatsächlich überwunden worden wäre. Gewalt, auch häusliche, ist ein bleibendes Thema. In Deutschland wurden 2018 mindestens 122 Frauen* von männlichen* (Ex)Partner*innen in ermordet,[7] insgesamt sind 324 derartige versuchte Tötungsdelikte in der Bundeskriminalstatistik registriert worden.[8] Der Staat wiederum antwortet darauf noch längst nicht konsequent genug. 2017 standen nur 6800 Frauenhausplätze zur Verfügung, obgleich laut dem in Artikel 23 der Istanbul-Konvention vorgegebenen Schlüssel 10 950 erforderlich wären, mindestens.[9] Staatliche Maßnahmen garantieren auch anderweitig nicht immer ausreichenden Schutz für alle. So schließt beispielsweise der von Theresa May zum Schluss ihrer Amtszeit vorgelegte Gesetzestext zum Schutz von Frauen* vor häuslicher Gewalt geflüchtete Frauen* aus. Der Gesetzestext empfiehlt, dass es besser sein könnte, diese in ihr Heimatland zurückzuschicken.[10]

Sexistische Gewalt wiederum war und ist schon immer nur die Spitze des Eisberges. Sexuelle Belästigung, fehlende Repräsentation oder die Diskriminierung von queeren Personen, ja das gesamte Repertoire sexistischer Weltbilder wirkt – aus der Tiefe der Geschichte – weiter fort.

Das ist es, was mich immer am meisten verstört. Der Nachschub an Jungen*, die sexistisches Vokabular ausposaunen und Mädchen* sexistisch berühren, geht leider nicht aus. Und obwohl der digitale Raum in jederlei Hinsicht ohne die Präsenz menschlicher Körper existiert, besteht er auf zweigeschlechtlichen Zuordnungen – sei es nun beim Shopping oder Gaming – und beherbergt auf dieser Grundlage Räume, die Männer* männlich* halten. Ein eklatantes Beipsiel sind die männlich* dominierten E-Sports-Communities. Es passiert nicht selten, dass der Präsenz einer Gamerin während des gesamten Spiels das Hauptaugenmerk gilt – in der gesamten Breite von Anbaggerungsversuchen über Witze bis zu Hasskommentaren. Auch eventuelle Fehler werden unumwunden ans Geschlecht gebunden – eine Frau* wird zur Repräsentantin aller Frauen*. Deswegen verzichten viele Frauen* darauf, ihrem Avatar oder Account einen Frauen*namen zu geben oder den Sprachchatraum zu nutzen. Das ist nur ein Grund dafür, warum die Zahl von Frauen* als E-Sport-Profis gegen Null geht. Zu Buche schlägt hier auch, dass es E-Sportler*innen schwerer haben, gesponsert zu werden. Das mündet wiederum darin, dass es bei vielen E-Sportarten wie bei den analogen Sportarten (im Profisport) eine zweigeschlechtliche Trennung gibt – quasi ohne jede Not. Nach Kantischer Manier und entsprechender Sozialisation wird dann die Abwesenheit von Frauen* als Beleg für (intellektuelle) Inkompetenz fehlgelesen – und bleiben Mädchen* und Frauen* abgeschreckt, solche digitalen Räume überhaupt erst zu betreten.

5.3. «Die Geschichte war eben so» – und wie weiter?

«Die Geschichte war eben so.» Dieser Satz wird gern benutzt, um Geschichte als etwas Abgeschlossenes abzutun, das sowieso nicht mehr geändert werden kann. Doch was für eine Geschichte ist das denn? Bis vor Kurzem war in dieser Geschichte Vergewaltigung in der Ehe nicht strafbar, während homosexuelle Menschen für ihre erotischen Gefühle bestraft, gefoltert und getötet wurden. Bis heute wütet diese Geschichte in Schulbüchern, Straßennamen und Ehrenhallen, etwa wenn ein Philosoph wie Immanuel Kant als Deutschlands klügster Denker gefeiert wird, ohne zu erwähnen, wie offen und unverblümt er Frauen* Dummheit und Vernunftferne unterstellte.

Und es ist diese Geschichte, die sich gerade jetzt in die Programmierung der Zukunft, in die Künstliche Intelligenz, einschreibt. Algorithmen werden geschaffen, um Interessen von Menschen zu dienen. Sie werden befähigt, aus menschlichen Handlungen und Erfahrungen zu lernen, um daraus Rückschlüsse für die analoge Welt abzuleiten. Das aber tun sie nicht etwa aus einem Vakuum (der Objektivität) heraus. Algorithmen werden mit Informationen erschaffen, die menschengemacht sind. Diese Menschen aber sind positioniert. In den westlichen Ländern ist die IT-Branche vor allem *weiß* und männlich*, was bedeutet, dass die Algorithmen aus einer *weißen*, männlichen* Perspektive heraus kodiert werden. Es sind ihre Paradigmen und Erfahrungswerte, etwa was rentabel bei der Personalpolitik einer Firma ist, die sich hier einschreiben und aus der Geschichte heraus Zukunft schaffen.

Vor diesem Hintergrund ist es nicht gut, zu sagen: Die Geschichte war eben so. Sie war es, aber genau genommen nur bis eben. Geschichte ist letztlich das, was wir mit ihr anfangen: Wie wir im Jetzt mit ihr umgehen und wie wir die Zukunft aktiv gestalten. Schon richtig. Sexismus hat eine jahrtausendealte Gesellschaftsgeschichte im Gepäck und kann daher nicht einfach so mir nichts, dir nichts überwunden werden. Doch auch Widerstand hat in dieser Geschichte seine Zeichen und Spuren hinterlassen. Feminismus hat die Welt bewegt und nachhaltig verändert. Das schlägt sich in Gesetzestexten ebenso nieder wie in sich wandelnden Moralitäten, im großen Gesellschaftlichen wie im Privaten.

Als ich meinen Freund 1990 kennenlernte, hatte er es nicht leicht. Ich befand mich im feministischen Dauerstreik hinsichtlich aller Klischees, was Frauen* gern täten oder zumindest eben tun müssten. Ich weigerte mich ziemlich hartnäckig, abzuwaschen, staubzusaugen oder Fenster zu putzen, und tat das mit dem kecken Satz: «Ich habe eine 2000-jährige Geschichte von sexistischer Ausbeutung in meinem Rucksack, so viel kann ich gar nicht alle fünfe gerade sein lassen, um das wieder auszugleichen.» Dass es ihn – den Falschen – traf, lag daran, dass ich mit ihm den Richtigen traf. Er war neben einem gemeinsamen Freund der einzige Mann*, dem ich je begegnet war, der nicht herablassend, arrogant, übergriffig mit mir verfahren wäre. Auch wenn diese Erlebnisse oft nur kleine Sequenzen waren, irgendwann erkannte ich jedes einzelne davon als Teil des Problems – arbeitete mich aber lieber an meinem Partner ab als an «dem Rest der Welt». Dreißig Jahre und vier Kinder später habe ich mich beruhigt. Es gilt also irgendwie, wie bei fast allem, das richtige Maß zu finden.

Wie also Diskriminierung widersprechen? Widerstand und Wut sind ebenso wichtige Wegbegleiter wie Wissen, Kommunikation und Argumente, und zwar in gegebener Verschränkung. Dabei ist es wichtig, sein Gegenüber abzuholen und mitzunehmen. Setze ich zu viele Vorkenntnisse voraus, steigt mein Gegenüber aus; erhebe ich den moralischen Zeigefinger, erzeuge ich Schuld, aus deren Schamgefühl nur allzu schnell Wut und der Unwille wuchern, weiter zuzuhören. Denn natürlich geht es nicht primär um ein «das hast DU falsch gemacht», sondern darum zu besprechen, warum dies geschehen ist und dass dies in der Regel eher mit Sozialisationsmustern als mit bösem Willen zu tun hat. Dabei hilft es immens, sich selbst als Teil dieser Sozialisation, als diskriminierte und diskriminierende Person, als verLernende und lernresistente Person zu begreifen.

Mein Lieblingsbeispiel dafür ist, dass ich trotz meiner radikalen Jahre und noch lange nachdem die Tinte dieses Buches getrocknet ist, panisch in die Küche renne, um sie zu putzen, sobald meine Schwiegermutter naht. Der Witz beginnt bereits damit, dass mein Freund und ich ja eigentlich gleichermaßen dafür zuständig sind. Aber am Besuchstag meiner Schwiegermutter ist alles anders. Ich performe. Da ich die Küche allerdings nie so hinbekomme, dass sie glänzt, und meinem Freund das völlig egal ist, übernimmt dann oft noch meine Mutter diese Aufgabe. Sie fühlt sich als meine Mutter dafür verantwortlich, dass ich als «Frau im Hause» in den Augen meiner Schwiegermutter nicht zur Hausfrau tauge. Als Mutter des Mannes* hat meine Schwiegermutter da immer die Nase vorn, egal wie die Küche aussieht. Deswegen übernahm meine Mutter «meinen Job» (jedenfalls, was sie dafür hält) aus der gleichen Erwartung wie meine Schwiegermutter– und der gleichen Versagensangst wie ich – heraus. Egal wie gut wir die Ursache dieser Erwartungen und Ängste reflektieren oder kritisch sehen mögen, im Alltag sind meine Schwiegermutter, meine Mutter und ich eben doch eine Frau geworden, wie Simone de Beauvoir es nennen würde.

Die Kunst besteht dabei darin, in solchen einzelnen Erfahrungen Muster zu erkennen und aus dem Einzelnen heraus das Systemische und Strukturelle sichtbar zu machen. Denn dies erklärt, warum wir etwas aus sexistischen Kodierungen heraus tun und warum etwas nicht einfach nur als sexistisch oder diskriminierend empfunden wird (denn als Einzelerfahrung lässt sich alles wegerklären), sondern warum es systembedingt sexistisch diskriminiert. Um aber das Systemische und Strukturelle sichtbar machen zu können, benötige ich Wissen und das Wissen darüber, wie dieses Wissen vermittelt werden kann: Wissen darüber, wie Macht funktioniert, und darüber, wie sie historisch etabliert und unterwandert wurde, sich selbst reproduzierte und doch in ihren Herrschaftsmanifestationen Änderungen nicht ausweichen konnte.

Die Grundsätze und Ziele solcher Anstrengungen sind eigentlich klar:

1) Alle Menschen sind nicht gleich. Sie sind unterschiedlich. Jedoch passen diese Unterschiede nicht in Schubladen und schon gar nicht in Dualismen und deren Hierarchien. Unterscheidungen ja, aber ohne Gegensatzpaare und entsprechende Differenzmythen aufzumachen. Es gibt keine Zweigeschlechtlichkeit; Geschlechter sind wesentlich pluraler und immer auch intersektionell mit anderen Macht- und Herrschaftsformen verwoben. Wegen dieser Machtstrukturen aber gibt es keine Gleichheit, sondern Diskriminierung, die Differenz herstellt, um Menschen ungleich zu positionieren und einige (im Fall von Sexismus Männer, Heterosexualität und Cis-Geschlechtlichkeit) mit Privilegien ausstattet.

2) Männer* sowie cis-geschlechtliche und heterosexuelle Personen sollen nicht länger, etwa in der Rechtsprechung, in Leitungsfunktionen oder in der medialen Repräsentation, bevorzugt werden. Alle Menschen müssen in allen Räumen gleichberechtigt wirken können, sich dort gleichermaßen repräsentiert fühlen können. Das betrifft das quantitative «Ob?» ebenso wie das qualitative «Wie?». Frauen* sind nicht die besseren Präsident*innen, Dirigent*innen, Regisseur*innen oder Astronaut*innen, trans*geschlechtliche Personen nicht die besseren Menschen; aber das gilt umgekehrt auch für (heterosexuelle und/oder Cis-)Männer*: Es gibt kein Gen, dass sie per se zu den klügeren Menschen oder legitimeren Akteur*innen dieses Planeten macht. Sexismus ermächtigt sie aber dazu.

3) Belege Menschen nicht mit diskriminierenden Wörtern. Das schließt auch ein, nichtdiskriminierend über Frauen* oder Homosexualität, Inter*sexualität und Trans*geschlechtlichkeit zu sprechen. Kommentiere weder Körper noch Kleidung anderer Menschen, es sei denn, du wirst darum von dieser Person unmissverständlich und aus einer freiheitlichen Position heraus gebeten, oder der Kontext (etwa der Vertrautheitsgrad der betreffenden Personen) gibt es unzweifelhaft her, dass ein Kommentar angemessen ist. Und, nein, kein hierarchisches Verhältnis gibt einen solchen Vertrautheitsgrad her. Fasse andere Körper nicht an, es sei denn, die

Person erklärt unmissverständlich und aus einer freiheitlichen Position heraus ihr Einverständnis. (Auch ein «Ja, ok» ist letztlich kein Garant für eine Zustimmung; es kann binnen von Sekunden schwinden oder aus verschiedenen Gründen nicht so gemeint sein. Das schließt auch ein, dass ein Übergriff oftmals ein subjektives Empfinden ist. Subjektivität aber macht einen Übergriff nicht weniger schwerwiegend.)

4) Kurzum: Das Recht auf Autonomie ist unantastbar, und es gilt für alle Bereiche des Körpers wie der Biographie. Menschen haben ein Recht auf körperliche und mentale Unversehrtheit. Dafür müssen Gesetze, Strukturen und Institutionen ebenso Sorge tragen wie die Sprache. Es geht um ein Lernen, das in der Lage ist zu verlernen – und eine verantwortliche Solidarität, die Änderungen (etwa auch im Vokabular) in Kauf nimmt, damit sich diskriminierte Personen sicherer fühlen können – auch wenn dies aus einer privilegierten Position heraus erst mal gar nicht so nachvollziehbar scheint. Erst die Bereitschaft, Ressourcen und Privilegien, Institutionen und Strukturen, Macht und Herrschaft zu teilen, wird Zukünfte neu ausrichten.

Diese Grundprinzipien sind vielen ohnehin vertraut und wären andernfalls an sich schnell zu lernen. Dennoch werden sie längst nicht konsequent und immer umgesetzt – nicht mal von denen, die denken, dass sie es tun. Das Hauptproblem ist also nicht mal das scheinbar ebenso gelegentliche wie zufällige «Ja, aber» derer, die weder Lust noch Interesse (dafür aber die Macht) haben, die obigen Prinzipien konsequent ernst zu nehmen oder umzusetzen. Wer etwa bewusst Gewalt ausübt, mag sich lieber einreden, dabei im Recht zu sein.

Schwerer wiegt, dass selbst unter jenen, welchen die obigen Prinzipien einleuchten, es viele gibt, die verkennen, dass sie diese Prinzipien verletzen. Sexismus hat sich oft so tief in Glaubensgrundsätze eingebohrt, dass viele erst merken, dass sie mitten in seinem Sumpf stehen, wenn sie dessen Untiefen erreichen. Ist sich jemand nicht darüber im Klaren, warum (s)eine Handlung sexistisch verletzte, könnte es in der besten aller Welten eigentlich sehr einfach sein: «Was hat dich daran verletzt?» – «Ach so! Bitte akzeptiere meine Entschuldigung!» In der Realität aber setzt meist eher ein Scham- bis Schuldgefühl ein, das Unbehagen verursacht. Denn zumeist geht es nicht um eine einzelne Situation, sondern es schwingt die mehr oder weniger klare Erkenntnis mit, dass dies (so oder analog) eine sich wiederholende Handlung ist. *Andere haben das auch getan, tun dies, und, ja ich tue dies selbst auch häufiger.* Wenn also die Erkenntnis aufglimmt, dass eine bestimmte Handlung tatsächlich sexistisch war, und der Person gleichzeitig gewahr wird, dass dies alles andere als neu (in ihrem eigenen Handeln oder dem anderer) ist, könnte sie sich schämen. Dann aber müsste sie sich irgendwie auch zurückblickend und grundsätzlich in Frage stellen – ohne aber die eigene Vergangenheit ändern zu können. Oft wiegt die Scham darüber so stark, dass dieses Eingeständnis schwerfällt und dann fast schon folgerichtig im Jetzt in Verleugnung und/oder Wut umschlägt. *Ich will nicht sexistisch sein, und wenn das jetzt wirklich sexistisch wäre, dann wäre ich es doch schon immer gewesen. Also ist es besser: es war nicht sexistisch, und damit bin ich auch jetzt nicht sexistisch. Basta.* Es steht nichts Geringeres auf dem Spiel als das eigene SelbstWert-Gefühl – also sich selbst als wertvoll zu empfinden und sich dadurch (selbst) «Wert» zuzuschreiben. Deswegen wird häufig ein Verteidigungsmodus angeschaltet, der das alte Ich vor dem Neuen schützt, zumal wenn das alte Narrativ mehr Wertschätzung garantiert als das Neue. Es ist die so vermachte Machtposition, die ins Ohr flüstert: *Ich lasse mir doch von dir nichts sagen, schon gar nicht lasse ich mir von dir mein SelbstWert-Gefühl nehmen; in der Position bist du (als Frau*/als queere Person) ja gar nicht. Das ist ja mein Recht. Und außerdem bin ich längst nicht so schlimm wie… Ich habe ja auch viele weibliche Freunde (sic!). Ja, aber, es gibt doch Frauen*, die Macht haben! Aber ich wurde auch schon auf meine Figur angesprochen. Und überhaupt: das ist doch alles längst bekannt, ja durchgekaut, gähn…* So oder anders wird die Kritik dann von sich gewiesen. Oder es wird um Erklärung gebeten, damit sie wegerklärt werden kann – und um Wissen, damit es am Ende doch besser gewusst werden kann. Das passiert oft noch im Verbund damit, dass der sich widersetzenden Person unterstellt wird, zu sensibel, zu pc oder «Berufsopfer», also gerne «Opfer», zu sein. Auf die Dauer verselbstständigt sich dieses Muster. Das kann sogar bewirken, dass diskriminierte Personen ihre Erfahrungen gar nicht mehr ansprechen, ja dass sie diese und sich selbst verleugnen und etwa ein Scham- bis Schuldgefühl für ihre Erfahrungen entwickeln – die MachtPosition, die sie nicht machen lässt, quasi verinnerlichend. *Ich bin eben zu sensibel. Ist ja jetzt auch nicht so wichtig, als dass sich darüber ein Konflikt lohnen würde. Am Ende kann ich ohnehin nichts ändern. Naja,* *das kann einfach jedem passieren. Diskriminierung? Nein. Das ist eben normal.*

Deswegen ist das alles so kompliziert. Es geht nicht einfach nur um Wissen und gute Vorsätze; es geht um verborgene, inhalierte Handlungsmuster, die Menschen wie eine zweite Haut umgarnen. Es geht nicht nur darum, Sexismus verlernen zu wollen, sondern darum, es auch zu können. Egal wie lange ich schon über Sexismus reflektiere, immer wieder tappe ich in seine Fallen – ebenso unvermittelt wie aktiv und sehenden Auges. Sehe ich ein schreiendes Kind, denke ich, kann die es nicht mal trösten – und meine die Mutter, obwohl auch der Vater in der Nähe ist. Dann setzt mein Denken ein, und ich bin peinlich berührt von mir. Kein Fremdschämen, sondern Selbstscham. Treffe ich einen Trans*Mann möchte ich unbedingt seine Geschichte hören, die mich gar nichts angeht. Selbstscham ist hier noch das Mindeste; ich werde folglich wütend auf mich. Es geht um das Wollen Einzelner und die Kontexte, die uns ausmachen. Es geht um die Macht von Institutionen, Strukturen und Wissenssegmenten, die wie unsere Knochen sind, unser Skelett, unsere DNA.

Sexismus ist eine Machtstruktur mit System, in das alle strukturell und diskursiv eingebunden sind, ganz egal, ob das nun jemand will oder nicht. Alle durchlaufen in gemeinsam geteilten Räumen konkreter historischer Zeiten ähnliche Sozialisierungsmuster; alle werden unterschiedlich stark davon geprägt und gebrochen. Alle stecken ein und alle teilen aus. Manche werden sexistisch diskriminiert, andere sexistisch privilegiert. Natürlich ist es unproduktiv, Heteronormativität und Männlichkeit* pauschal auf ein Schuldpodest zu stellen. Andererseits ist es weder sinnvoll, Sexismus wegzuerklären, noch hilfreich, eine Entlastungsstrategie aufzufahren, die tautologisch verkündet: Das ist nun mal so, weil es immer so war. Es geht also nicht um Schuldzuschreibungen, aber es geht um MitVerantwortung. Und je mehr eine Person vom Sexismus mit HandlungsMacht ausgestattet ist, umso größer ist auch die jeweilige individuelle Verantwortung am eigenen und systemischen Sexismus. Diese Verantwortung zu übernehmen, ist ebenso wichtig wie kompliziert. Denn Sexismus kann nicht einfach so verlernt und damit überwunden werden. Er ist ein System mit Macht und baut auf einer viel zu langen Geschichte mit Zukunft auf. Das aber klingt letztlich fatalistischer und ohnmächtiger, als es ist.

Denn was in der Feminismus-Geschichte getan wurde und was weiter getan werden kann, ist, überhaupt erst einmal zuzugeben, dass es ein Sexismus-Problem gibt, und zwar eines, das System und Macht hat. Dabei kommt es auf jede einzelne Person an – und auf jeden einzelnen Schritt.

Der *erste* ist ebenso herausfordernd wie alle anderen: Zunächst geht es darum zu erkennen, was Sexismus im Innersten zusammenhält. Es geht darum zu verstehen, wie er zu erkennen ist – in jeder einzelnen Faser seines riesigen Gewandes. «Zu erkennen» heißt dabei, dass nicht jede einzelne Faser immer wieder aufs Neue erklärt werden muss, sondern ein Abstraktionsvermögen einsetzt, das von einem Detail aufs nächste rückschließen kann. *Learning by doing* ist dabei eine Möglichkeit. Das Problem ist aber, dass dies viel zu häufig auf Kosten von Anderen geht. Frauen* oder queere Personen werden dann etwa gefragt: «Findest du, dass dies oder das sexistisch ist? Verletzt es dich?» Das kann Einzelne überfordern oder gar verletzen. Es kann auch nicht die Aufgabe Einzelner sein, sich und (allen) anderen jeden Tag aufs Neue und in Auseinandersetzung mit immer wieder neuen Personen einen Weg in eine weniger sexistische Welt zu bahnen. Wissen kann über herkömmliche Wege generiert werden: Bibliotheken sind voller Bücher, soziale Medien voller Informationen darüber, was Sexismus ist und wie er wirkt.

Wird in die Chemie des Sexismus eingedrungen, so hält mensch, *zweitens*, ein Instrumentarium in der Hand, mit dem sers sich selbst auf den Sexismus in sich zu befragen und zu sehen vermag, wie er sich ins eigene Denken, Handeln, Leben eingeschrieben hat. *Drittens* geht es nicht nur darum zu lernen, was Sexismus ist und wie er mich ausmacht; was zudem geleistet werden muss, ist ein Verlernen-Wollen. Das aber ist oft noch schwieriger als die Generierung (neuen) Wissens. Dieses Wissen dann in Handeln zu übersetzen, ist ein *vierter*, unverzichtbarer Schritt. Das ist nicht damit allein getan, diskriminierende Handlungen, die ich als sexistisch identifiziere, zu unterlassen. Es geht auch darum, darüber zu reflektieren und Sexismus auch viel allgemeiner anzusprechen. Das kann etwa auch einschließen, Privilegien zu teilen. In jedem Fall geht es um Verzicht.

Diese vier Schritte können individuell gegangen werden, doch am Ende lässt sich Sexismus im Alleingang zu wenig erschüttern. Nicht mal dann, wenn sich das Streben Einzelner, sich neu aufzustellen, solidarisiert und wiederholt, ist das wirkmächtig genug. Änderungen stellen sich ein,

ein Ende bedeutet dies deswegen noch nicht. Sexismus ist wirkmächtig, weil Einzelne Gewalt ausüben, diskriminieren und Privilegien abzocken. Sexismus ist aber noch wirkmächtiger, weil alle Einzelnen dies im Rahmen einer Macht- und Herrschaftsstruktur sowie einer Ideologie tun, die sie dazu ermächtigt. Unverzichtbar ist es daher, individuelle Wege und Ambitionen in Konventionen oder Gesetzgebungen sowie gesamtgesellschaftliche Wissenshorizonte zu übersetzen. Erst dann werden Strukturen und Institutionen umgestülpt und MoralWelten neu konturiert. Das heißt nicht, dass individuelles NeuHandeln sinnlos ist. Ganz im Gegenteil. Die vielen einzelnen Veränderungen sind unverzichtbare Rädchen im Getriebe, welches den Motor neu justiert. Verlernen alleine aber genügt nicht, ja es ist nicht einmal möglich, ohne dass das System bricht. Andersherum machen es erst individuelle Bestrebungen, Sexismus verstehen, sehen, verlernen und aufgeben zu wollen, möglich, Sexismus als Machtstruktur mit System und einer viel zu langen Geschichte zu verstehen; und erst so verortet, kann seine Präsenz in individuellen wie kollektiven Räumen effektiv diskutiert werden – und zwar mit Fokus darauf, was wie geändert werden kann, um Änderungen nicht partiell, sondern ebenso systematisch wie nachhaltig umzusetzen. Hier schlägt dann Veränderung als Anfang vom Ende zu.

Das ist ein langer Weg. Und er ist steinig dazu. Auf ihm darf und muss gestritten und gestolpert werden, auch Umwege und sogar Sackgassen gehören dazu. Doch beschritten wird er auf den Schultern von Ries*innen. Die Freiheitsbewegungen der vergangenen Jahrhunderte tragen – in dem für das 21. Jahrhundert generell so charakteristischen Beschleunigungsmodus – ihre Früchte. Die vielen kleinen Schritte haben aus einem Trampelpfad eine Allee erblühen lassen. Zwar stößt diese zuweilen noch an die Monumente, mit der die *weiße* heteronormative Männlichkeit* diesen Planeten bepflasterte, und all die Olympe des Sexismus. Die Trumps, Putins, Bolsonaros und Orbans und die al-Azizs, Assads, Dutertes und Débys mögen zwar auf diesen thronen. Doch ihr wütendes Streben, die Zukunft in der Vergangenheit zu suchen, zeigt, dass auch sie wissen, dass alles endlich ist, selbst ihre Monumente. Sollen sie ruhig wüten. Ihre Wut zeigt, wie wichtig es ist, für Selbstbestimmtheit innerhalb von demokratisch verfassten Grundrechten und -pflichten, die Sexismus überwinden, einzutreten. Zu den wichtigsten Zutaten gehören Gleichheit vor dem Gesetz, gerecht geteilte Privilegien und Zukünfte, Liebe und Verantwortung statt Hass und Gewalt – kurzum ein Recht auf Selbstbestimmung bei Wahrung ebendieses Rechtes anderer. Das sind die Fundamente einer Allee, die eine Zukunft betritt, die sich an die Vergangenheit nur erinnert, um das Beste aus ihr zu machen.

Danksagung

Dieses Buch verdanke ich nicht nur wirklich miserablen Erfahrungen. Ich verdanke es vor allem wunderbaren Menschen. Es gibt viele Menschen in meinem Leben, von denen ich lernte, wie ich über Diskriminierung sprechen kann – allen voran sind dies Peggy Piesche und Dilan Zoe Smida, die am Ende an dieser Welt verzweifelte.

Ohne Sascha und Max wäre nicht nur dieses Buch nie entstanden; ich wäre nicht die, die ich bin. Max hat mir gezeigt, dass mensch dem Sexismus abgewandt zum Mann* werden kann. Er ist die Zukunft, auf die ich so lange gewartet habe. Nicht nur das. Er hat mein Buch in jederlei Hinsicht bereichert. Er hat Berge an Büchern aus Bibliotheken geschleppt, gelesen und genial durchdacht. Vom ersten bis zum letzten Wort war Max der beste BuchWissenBringer, den ich mir hätte wünschen können; den sich jede*r wünschen kann. Dann hat er das Buch gelesen und gelesen und es durch seine Gedanken und sein Wissen mitgestaltet. In jeder einzelnen Version, auf jeder einzelnen Seite. Zum Dank durfte er sich dann noch tagelang mit Formatierungsarbeiten beschäftigen. Und überhaupt ist er der beste SupportCoach, den sich ein Mensch wünschen könnte. Ich war nicht nur einmal am Boden zerstört. Dann kam Max und hat mich mit seinem Humor und seiner Zugewandtheit nicht nur aufgehoben, sondern verstanden, um was es geht. Wie haben wir gelacht, als er sagte: «Nicht mal ein Buch über die Geschichte der Astronomie zählt auf seinen Seiten so viele Sterne wie deines.» Er zeigt mir, was Liebe kann. Füreinander da sein im Kleinen, und dann wird die Welt im Großen gemeinsam herausgefordert. Danke für diese große Liebe und die visionäre GeWissenschaft in dir! Sascha ist das Buch nicht nur deswegen zu verdanken, weil er die Idee dafür hatte. Mit ihm wurde ich erwachsen, weil ich an ihm gewachsen bin. Wie auch dieses Buch, das er mehrfach gründlich las. An seiner feinfühligen Liebe zur Sprache und historischer und argumentativer Präzision ist das Buch gewachsen – und an seiner Skepsis gegenüber jedem sich wiederholenden, sich widersprechenden oder sich ihm widerstrebenden Gedanken. Seit 30 Jahren ist er meiner feministischen Neugier, Nörgelei und Nostalgie für eine gerechtere Zukunft – sowie meiner Liebe – ausgesetzt. Er hat sie nicht nur ausgehalten; er hat sie geteilt. So sind wir zu politischen Weggefährt*innen geworden. (Den Asterisk mag er dennoch ebenso wenig wie Sätze in Klammern.) Sein Widerspruch aber ist der klügste und wundervollste Lehrer, den ich je hatte. Dieses Buch gäbe es nie und nimmer, wenn ich ihn nicht getroffen hätte.

Mario Faust-Scalisi verdanke ich, dass das Buch so und jetzt erscheint. Es war ein Glücksfall, dass ich auf diesen ebenso klugen wie gründlichen GeWissenschaftler* traf. Fehler, die ich machte, hielten ihm nicht stand (ich hoffe, er hat keine übersehen;-)); und keine Recherchelücke würde seine Genauigkeit je überleben können. Wir haben vieles ähnlich gedacht, und alles, was ich schrieb, wuchs an seinen Überlegungen, Recherchen und wissenden Bemerkungen. Zudem hat Mario enormes Coaching und Empowerment als Care-Arbeit geleistet. Ich glaube, ohne dich hätte ich mir nie zugetraut, dieses Buch zu einem Ende zu bringen. Auch dem Lektor des C.H.Beck-Verlags, Sebastian Ullrich, gilt mein aufrichtiger Dank. Seine sprachlichen Polierungen trugen Glanz in die Seiten, und viele seiner zweifelnd-kritischen Einwände zwangen mich, das Argument zu präzisieren und nach Wegen zu suchen, die ich zuvor nicht sah. Auch Urte Schröder fand Fehler, die es dank ihr nicht mehr gibt. Ich hatte noch zwei weitere wunderbare Erstleser*innen, zwei Freund*innen: Georg forderte argumentative Klarheit ein: Ist das jetzt Festlegung, Argument oder nur Meinung? Warum soll ich dein Buch überhaupt lesen? Motivierend war er auch: «… ist jedenfalls viel besser lesbar als» hat mich aufgebaut; und «‹geht Logik geht› geht nicht» sollte er sich patentieren lassen. Karo ist die weiseste 19-jährige Person, die ich kenne. Mit ihren Fragen hat sie immer richtig gelegen, mit ihrer Kritik ebenso – im Kleinen wie im Großen. Sie nannte die Datei mit dem Lesefeedback «Kissenschlacht». Was für ein schöner Name für tolle Gedanken beim Lesen meines Textes. Ein Freund von ihr und von mir ist mein Sohn Joshi; und ihm verdanke ich weitaus mehr als eine verrückte Radtour durch Berlin, weil ich ohne ein bestimmtes Buch vom anderen Ende der Stadt noch heute schreibblockiert in der Ecke sitzen würde. Und er hat mir auch so viele Buchseiten über bestimmte soziale Medien schicken müssen. Unvergessen bleiben auch die gemeinsamen Lieder, Träume und Gespräche am See und die Cappuccinos und Tees. Diese Momente sind es, in denen ich lebendig bin; und diese Momente verdanke ich auch Camillo, dessen sanfte, zugewandte, liebevolle Weise – und wunderbare Beats – mir auch in dieser Zeit, in der ich viel zu wenig für ihn da war, mit seiner tollen Energie Kraft verlieh. Seine ruhige, präzise und ausdauernde Energie hat er mir geschenkt, als er meine Bibliographie erstellte, Fußnote um Fußnote. Ein Erstkontakt mit der Wissenschaft, die ihn hoffentlich nicht nachhaltig verschreckt. Denn diese könnte ihn gut gebrauchen. Zudem danke ich Dilan Zoe Smida, die das Buch seit der ersten Idee dazu begleitet hat. Die Kapitel, die sie las, haben von ihrer Scharfsinnigkeit profitiert. Zu jedem Satz fällt ihr eine kluge Seite ein, die tiefer blickt als tief. Komplexitäten kann sie so gut verstehen wie sonst kaum jemand, den*die ich kenne. Leider nahm sie sich wenige Tage vor der Abgabe des Buches das Leben. Sie ist an dieser Welt verzweifelt, dabei waren es ihre Visionen, die diese Welt hätten verbessern können. Wir haben mehr verloren als einen geliebten Menschen, wir haben einen Fels in der Brandung im Kampf für Frieden und Solidarität, Liebe und Empathie, Gerechtigkeit und Freiheit verloren. Ich danke auch Stephan Ruhland für seine sehr gründlichen Recherchen, seine herausfordernden kritischen Anmerkungen und seine Luchsaugen auf die Fußnoten. Mein Dank gilt auch Bernd Kannowski, der sich als rechtswissenschaftlicher Leser passagenweise tief in das Buch reindachte und es produktiv bereicherte. Last, but not least danke ich Amélie*Amadeo: Ich habe so lange auf dieses Kind warten müssen, und je älter sers wurde, umso mehr habe ich verstanden, wie sehr mich Sexismus zerrissen hatte. Amélie*Amadeo hat mich mit tollen Fragen und frischen Ideen wieder zusammengesetzt. Erst durch Amélie*Amadeo habe ich überhaupt gelernt, dieses Buch schreiben zu können. Wie blöd, dass wir uns in den letzten Monaten so viel weniger sahen, weil ich das Buch schrieb. Das gilt auch für die Person, der das Buch gewidmet ist: meiner Mama, Ingrid Arndt, einem der wundervollsten Menschen überhaupt.

Anmerkungen

Wie ein Vorwort.
Mein Leben hat mich auf dieses Buch vorbereitet

1 Erstmals 1976 erschienen und danach mehrmals wieder aufgelegt. Vgl. Brückner, Heinrich; Blauschmidt, Ingrid & Arnold, Ingo. *Denkst du schon an Liebe? Fragen des Reifealters, dargestellt für junge Leser*. Berlin: Kinderbuchverlag, 1976.

2 Ich schreibe *weiß* kursiv, um zu benennen, dass Weißsein auf einer rassistischen Konstruktion fußt.

Zum Anliegen und Aufbau des Buches

1 Homosexuelle, inter*sexuelle und trans*geschlechtliche Personen werden heute oft unter dem Akronym LSBTIQ oder LSBTTIQ zusammengefasst: lesbisch, schwul, bisexuell, trans*geschlechtlich, trans*sexuelle (manchmal wird dies ausgespart), inter*sexuell und queer. Geläufiger ist zuweilen das englische Pendant LGBT(T)IQ oder auch kurz: LGBTIQ*.

2 Vgl. dazu bspw.: Gerhard, Ute (Hrsg.). *Frauen in der Geschichte des Rechts: Von der Frühen Neuzeit bis zur Gegenwart*. München: Beck, 1997; Menschik-Bendele, Jutta. *Feminismus: Geschichte, Theorie, Praxis*. Köln: Pahl-Rugenstein, 1977; Rendall, Jane. *The Origins of Modern Feminism*. New York: Schocken, 1984.

3 Vgl. dazu bspw.: Arendt, Hannah. *Macht und Gewalt*. München & Zürich: Piper, 1994 (1970); Butler, Judith. *Gender Trouble. Feminism and the Subversion of Identity*. New York u. a.: Routledge, 1990; Butler, Judith. *Bodies that Matter: On the Discursive Limits* of *«Sex»*. New York u. a.: Routledge, 1993; Crenshaw, Kimberly. «Mapping the Margins: Intersectionality, Identity Politics, and Violence Against Women of Color.» *Stanford Law Review* 43 (1991): 1241–1299; Foucault, Michel. *Überwachen und Strafen: Die Geburt des Gefängnisses*. Frankfurt am Main: Suhrkamp, 1994 (1975).

4 Vgl. dazu bspw.: Rambo Ronai, Carol; Zsembik, Barbara A. & Feagin, Zoe R. *Everyday Sexism in the Third Millennium*. New York: Routledge, 1997; Solnit, Rebecca. *Men Explain Things to Me*. London: Granta, 1985; Bates, Laura. *Everyday Sexism*. London u. a.: Simon & Schuster, 2014.

1. Von Sexismus und anderen Begriffen

1 Vgl. Council of Europe / Committee of Ministers. *Recommendation CM/Rec(2019)1 of the Committee of Ministers to Member States on Preventing and Combating Sexism.* coe.int, 2019. URL: https://search.coe.int/cm/pages/result_details.aspx?objectid=090000168093b26a (letzte Überprüfung: 27.08.2019). Alle nachfolgenden Zitate entstammen dieser Quelle.

2 Vgl. dazu etwa: Sanyal, Mithu M. *Vergewaltigung: Aspekte eines Verbrechens.* Hamburg: Nautilus, 2016: 88–100.

3 Jäger, Margarete & Jäger, Siegfried. *Deutungskämpfe: Theorie und Praxis kritischer Diskursanalyse.* Wiesbaden: VS, 2007.

4 Kant, Immanuel. «Beobachtungen über das Gefühl des Schönen und Erhabenen.» In: Kant, Immanuel. Kritik der Urtheilskraft. Beobachtungen über das Gefühl des Schönen und Erhabenen. Gesamtausgabe. Band 7. Leipzig: Modes und Baumann, 1839 (1764): 406.

5 Zentrale Werke dazu sind beispielsweise: Beauvoir, Simone de. *Das andere Geschlecht: Sitte und Sexus der Frau.* Reinbek bei Hamburg: Rowohlt, 1989 (Erstveröffentlichung in Französisch 1949) oder Said, Edward. *Orientalism.* New York: Pantheon Books, 1978.

6 Douglas, Mary. *Natural Symbols: Explorations in Cosmology.* London: Routledge, 2003 (1970): 70. Eigene Übersetzung.

7 Vgl. zur historischen Entwicklung dieser klassifizierenden Unterscheidungen: Stahnisch, Frank & Steger, Florian (Hrsg.). *Medizin, Geschichte und Geschlecht: Körperhistorische Rekonstruktionen von Identitäten und Differenzen.* Stuttgart: Steiner, 2005.

8 Hier lehne ich mich an Albert Memmis Rassismusdefinition aus dem Jahr 1980 an, da Rassismus kongruent zu Sexismus funktioniert: Memmi, Albert. *Rassismus.* Frankfurt am Main: Athenäum, 1987 (Erstveröffentlichung in Französisch 1982): 164.

9 Barthes, Roland. *Mythologies.* Paris: Éd. de Seuil, 1957: 239.

10 Vgl. Beauvoir, *Das andere Geschlecht*, 1989: 265.

11 Barthes, *Mythologies*, 1957: 96.

12 Vgl. Lovejoy, Arthur O. *The Great Chain of Being: A Study of the History of an Idea.* Cambridge, Mass: Harvard University Press, 1964.

13 Vgl. bspw.: Hegel, Georg Friedrich Wilhelm. *Vorlesungen über die Philosophie der Geschichte.* Stuttgart: Universal Bibliothek, 1961 (1837): 159.

14 MacKinnon, Catherine. *Feminism Unmodified.* Cambridge: Massachusetts, 1987: 8.

15 Vgl. Arendt, *Macht und Gewalt*, 1994 (1970): 36–56.

16 Arendt, *Macht und Gewalt*, 1994 (1970): 45.

17 Vgl. Homer. *Odyssee.* Griechisch und deutsch, mit Urtext, Anhang und Registern (Sammlung Tusculum). 9. Auflage. München u. a.: Artemis, 1990.

18 Foucault, *Überwachen und Strafen*, 1994 (1975): 229.

19 Arendt, *Macht und Gewalt*, 1994 (1970): 53.

20 Vgl. Crenshaw. «Mapping the Margins», 1991.

21 Dies vereinfacht zunächst die komplexe Abgrenzung von Macht und Herrschaft beziehungsweise die zugehörigen Diskurse, spitzt Zusammenhänge aber für die hier diskutierte These zu, um zu zeigen, dass und wie Macht und Herrschaft sich bedingen und beeinflussen.

22 Martin, George R. R. *Das Lied von Eis und Feuer*. Band 3: Der Thron der Sieben Königreiche. München: Blanvalet, 2010: 168.

23 Vgl. etwa «Die Männer jagen, die Frauen sammeln. Dieser Arbeitsteilung war nicht die logische, wohl aber die historische Folge dieser Belastung [die Versorgung der Kinder, SuA] der Frauen.» (Wesel, Uwe. *Geschichte des Rechts: Von Frühformen bis zur Gegenwart*. München: C.H.Beck, 2001: 22); vgl. auch: Engels, Friedrich. «Der Ursprung der Familie, des Privateigentums und des Staats. (Vorwort zur ersten Auflage)» In: Marx, Karl & Engels, Friedrich. *Werke*. Band 21. Berlin: Dietz 1984 (1884): 27–29; Beauvoir, *Das andere Geschlecht*, 1989 (1949); Harari, Yuval Noah. *Eine kurze Geschichte der Menschheit*. München: DVA, 2013.

24 Dem steht keineswegs entgegen, dass es matriarchale Gesellschaften gab. Zwar erklärten einige Autor*innen, dass das Matriarchat sogar der Normalzustand prähistorischer Zeit war (vgl. Bachofen, Johann Jakob. *Das Mutterrecht: Eine Untersuchung über die Gynaikokratie der alten Welt nach ihrer religiösen und rechtlichen Natur*. Stuttgart: Krais & Hoffmann, 1861), oder erhoben dieses zu einer Entwicklungsstufe, aber mit der Ausbreitung von Arbeitsteilung wurde es spätestens zu einer Ausnahme, wenn es denn mehr war. Hingegen wurde die historische Zeit – bis heute – vom Patriarchat geprägt.

25 Vgl. Gilligan, Carol & Snider, Naomi. *Why does Patriarchy Persist?* Cambridge & Medford: Polity Press, 2018.

26 ETCSL Project. Faculty of Oriental Studies. Oxford University. «Father Enki's Amber Waves of Grain.» *Lapham's Quarterly*. URL: https://www.laphamsquarterly.org/food/father-enkis-amber-waves-grain (letzte Überprüfung: 29.08.2019). Eigene Übersetzung.

27 Matthäusevangelium 6, 9–13. Soweit nicht anderweitig ausgewiesen, werden Bibeltexte nach der Lutherbibel zitiert.

28 Vgl. Paret, Rudi (Übersetzung). *Der Koran*. Stuttgart: Kohlhammer, 2014: Sure 4.34.

29 Vgl. Bobzin, Hartmut (Übersetzung). *Der Koran*. München: C.H.Beck, 2019: Sure 4.34.

30 Vgl. Bauer, Karen. «‹Traditional› Exegesis of Q 4:34.» In: *Comparative Islamic Studies* 2.2 (2006): 129–142; Issaka-Toure, Fulera. *Islamic Construction of Gender in Accra: The Role of Islamic Religious Authorities in Mediating Marital Conflicts*. PhD-Thesis, BIGSAS, University of Bayreuth, 2017: 42–52.

31 In einigen afrikanischen und asiatischen Gesellschaften gibt es Ordnungen, bei denen Familienrechte und -besitz über den mütterlichen Familienstrang

weitergegeben werden. Solche matrilinearen Systeme stehen jedoch dem Patriarchat nicht antithetisch gegenüber. Ganz im Gegenteil bleibt die Vorherrschaft des Mannes* insofern intakt, als ein Vater das Erbe an die Enkel seiner Tochter (statt die seines Sohnes) weitergibt. Ein entscheidender Unterschied ist aber die Matrilokalität: Töchter bleiben am Wohnort, der angeheiratete Mann* zieht zu ihr, was in letzter Konsequenz auch bedeutet, dass ihre Brüder ggf. wegziehen. (Vgl. bspw.: Wagner-Hasel, Beate. «Matriarchat. Metamorphosen einer Idee.» In: Kortendiek, Beate; Riegraf, Birgt & Sabisch, Katja (Hrsg.). *Handbuch Interdisziplinäre Geschlechterforschung*. Wiesbaden: Springer VS, 2019: 211–220, hier 215–216.)

32 Aristoteles. *Politik* (Philosophische Schriften in sechs Bänden, Band 4). Hamburg: Felix Meiner, 2019: 9–14 (1252a–1254a).

33 Dass «Mutter Natur» etwa im deutschen Sprachgebrauch antithetisch «Vaterland» gegenübersteht, ist dabei nur die Spitze des Eisberges. Mutterländer wie «mère patrie» (frz., «Mutterland») oder «Матушка Россия» (russ., «Mütterchen Russland») wurzeln in der schützenden, nährenden Rolle der Mutter; hier ist kein Herrschaftsprinzip impliziert.

34 Kempcke, Günter. *Wörterbuch Deutsch als Fremdsprache*. Berlin & New York: Walter de Gruyter, 2000: 224.

35 MacKinnon, Catherine. «Auf dem Weg zu einer feministischen Jurisprudenz.» *Streit* 1–2 (1993): 4–13, 8.

36 Vgl. Eribon, Didier. *Gesellschaft als Urteil*. Frankfurt am Main: Suhrkamp, 2017 (Erstveröffentlichung in Französisch 2013): 48.

37 Vgl. Fanon, Frantz. *Peau noire, masques blancs*. Paris: Editions du Seuil, 1952: 69–89.

38 Vgl. bspw.: Statistisches Bundesamt. «Qualitätsbericht: Statistik der Hochschulräte (2018).» *destatis.de*. URL: https://www.destatis.de/DE/Methoden/Qualitaet/Qualitaetsberichte/Bildung/hochschulraete.html (letzte Überprüfung: 29.08.2019).

39 Vgl. Maier, Maja S. «Bekennen, Bezeichnen, Normalisieren: Paradoxien sexualitätsbezogener Diskriminierungsforschung.» In: Hormel, Ulrike & Scherr, Albert (Hrsg.). *Diskriminierung: Grundlagen und Forschungsergebnisse*. Wiesbaden: VS, 2010: 151–172.

40 Vgl. Bourdieu, Pierre. *Die männliche Herrschaft*. Frankfurt am Main: Suhrkamp, 2005 (Erstveröffentlichung in Französisch 1998); Theweleit, Klaus. *Männerphantasien*. Berlin: Matthias Seitz Verlag, 1977.

41 Vgl. bspw.: Engelfried, Constance. *Männlichkeiten: Die Öffnung des feministischen Blicks auf den Mann*. Weinheim u. a.: Juventa, 1997.

42 Person of Colour, PoC, ist ein politischer Begriff, der Menschen bezeichnet, die rassistisch diskriminiert und auf dieser Basis aus den Privilegien, Handlungsmöglichkeiten und Machträumen des Weißseins ausgeschlossen werden. Seit den 2010er Jahren etabliert sich dafür aus dem US-amerikanischen Kontext heraus auch BIPOC für Schwarze (Black), Indigene (Indigenous)

und People of Colour. PoC und BIPOC sind damit breiter aufgestellt als «Schwarz». Dieser Begriff rekurriert im aktuellen Gebrauch v. a. auf Personen aus afrikanischen Ländern und deren globale Diasporas. Schwarz und of Colour werden dabei großgeschrieben, um zu benennen, dass Rassismus «Hautfarben» erfunden hat – und dieses Konstrukt zugleich widerständig unterwandert wird. Deswegen schreibe ich *weiß* auch nicht groß, sondern kursiv. Es ist ein Konstrukt des Rassismus, dem kein Widerstand innewohnt. Vgl. dazu Arndt, Susan. *Rassismus. Die 101 wichtigsten Fragen*. München: C.H.Beck, 2012.

43 Vgl. Lenin, Wladimir Iljitsch. *Werke. August 1916–März 1917* (Band 23). Berlin: Dietz, 1972: 87.

44 Vgl. Hoffmann, Ulrich. *Sprache und Emanzipation. Zur Begrifflichkeit der feministischen Bewegung.* Frankfurt am Main u. a.: Campus, 1979: 83–85.

45 Vgl. Weinstein, Jami. «Transgenres and the Plane of Language, Species, and Evolution.» *Lambda Nordica: Tidskrift om homosexualitet* 16–4, (2011): 85–111, hier 86–86.

46 Spivak, Gayatri Chakravotry. «Subaltern Studies: Deconstructing Historiography.» In: Spivak, Gayatri Chakravotry. *Other Worlds: Essays in Cultural Politics*. New York u. a.: Methuen, 1987: 197–221, hier 210.

47 Vgl. zum «Dritten Geschlecht» im deutschen Recht: Lesben- und Schwulenverband. «Ratgeber für inter- und transgeschlechtliche Menschen.» *lsvd.de*, 2019. URL: https://www.lsvd.de/recht/ratgeber/intersexuelle/ratgeber-fuer-inter-und-transgeschlechtliche-menschen.html (letzte Überprüfung: 13.09. 2019).

48 Vgl. bspw.: Kelly, Natasha A. «Weil wir weitaus mehr als nur ‹Frauen› sind! Eine Einleitung.» In: Kelly, Natasha A. (Hrsg.). *Schwarzer Feminismus. Grundlagentexte*. Münster: Unrast, 2019: 9–16, hier 14–15.

49 Glissant, Édouard. *Introduction à une Poétique du Divers*. Paris: Gallimard, 1996: 12.

50 Ein radikales Beispiel für solche Verärgerung über den Asterisk ist beispielsweise Kubelik, Tomas. *Genug gegendert! Eine Kritik der feministischen Sprache*. Jena: Projekte Verlag, 2015.

2. Das Drei-Säulen-Fundament des Sexismus: FrauistnichtMann. Erfindungen des biologischen und sozialen Geschlechts und deren juristische Verankerung

1 Vgl. ETCSL Project. Faculty of Oriental Studies. Oxford University. «Father Enki's Amber Waves of Grain.»

2 Vgl. dazu: Budin, Stephanie Lynn. «Fertility and Gender in the Ancient Near East.» In: Masterson, Mark; Sorkin Rabinowitz, Nancy & Robson, James (Hrsg.). *Sex in Antiquity: Exploring Gender and Sexuality in the Ancient World*. New York & London: Routledge, 2014: 30–49, hier 33.

3 Vgl. etwa: Laqueur, Thomas. *Making Sex: Body and Gender from the Greeks*

to Freud. Cambridge, Mass. & London: Harvard University Press, 1992: 25–62, 25; Laqueur, Thomas. *Auf den Leib geschrieben: Die Inszenierung der Geschlechter von der Antike bis Freud*. Frankfurt am Main & New York: Campus, 1992: 80–133.

4 Vgl. als Überblick dazu auch: Schipper, Mineke. *Heuvels van het paradijs: Een Geschiedenis van Macht en Ohnmacht*. Buffalo: Prometheus 2018.

5 Galen. *On the Usefulness of the Parts of the Body*. II. Translated from the Greek with an Introduction by Margaret Tallmadge May. Ithaca, New York: Cornell University Press, 1968 (1. Jahrhundert): 628. Eigene Übersetzung.

6 Vgl. Galen, *On the Usefulness of the Parts of the Body*. II, 1968: u. a. 56–58.

7 Vgl. Aristoteles. *Über die Zeugung der Geschöpfe*. Paderborn: Schöningh, 1959 (4. Jahrhundert v. u. Z.): 178 (Buch IV.1).

8 Aristoteles, *Politik*, 2019: 9–14 (1252a–1254a).

9 Aristoteles. *Historia animalium*. Buch X, 5. Übersetzung nach Hopfner, Theodor. *Das Sexualleben der Griechen und Römer: Von den Anfängen bis ins 16. Jahrhundert nach Christus*. New York: AMS Press Inc, 1975 (1886): 112.

10 Friedman, David. *A Mind of Its Own: A Cultural History of the Penis*. New York u. a.: Free Press, 2001: 18–19.

11 Aristoteles, *Über die Zeugung der Geschöpfe*, 1959: 178 (Buch IV.1).

12 Aischylos. «Die Eumeniden.» In: Aischylos. *Die sieben Tragödien. Die Perser: Der gefesselte Prometheus. Die Sieben gegen Theben. Die Schutzflehenden. Agamemnon. Die Grabesspenderinnen: Die Eumeniden*. Berlin: Sammlung Hofenberg, 2016: 248–283, hier 270.

13 Censorinus. *Betrachtungen zum Tag der Geburt: ‹De die natali› mit deutscher Übersetzung und Anmerkungen*. Leipzig: B. G. Teubner/Weinheim: VCH, 1988: 25, 27 (6. (7)).

14 Vgl. Lesky, Erna. *Die Zeugungs- und Vererbungslehre der Antike und ihr Nachwirken*. Wiesbaden: Steiner, 1950: 36 [1260]; 28 [1252].

15 Berriot-Salvadore, Évelyne. «Der medizinische und andere wissenschaftliche Diskurse.» In: Duby, Georges; Perrot, Michelle; Farge, Arlette & Davis, Natalie Zemon (Hrsg.). *Geschichte der Frauen*. Band 3: Frühe Neuzeit zu der Entwicklung der Ansicht der weiblichen Natur. Frankfurt am Main u. a.: Campus, 1994: 367–407, hier 368–385.

16 Vgl. Chrystal, Paul. *In Bed with the Ancient Greeks: Sex & Sexuality in Ancient Greece*. Stroud, Gloucestershire: Amberley, 2016: 162–170.

17 Chrystal, *In Bed with the Ancient Greeks*, 2016: 162.

18 Aristophanes. «Die Wolken (Nephelai).» In: Aristophanes. *Sämtliche Komödien*. Band 1. Zürich: Artemis-Verlag, 1952: 167.

19 Augustinus. «Zweiundzwanzig Bücher über den Gottesstaat.» In: Augustinus. *Des Heiligen Kirchenvaters ausgewählte Schriften*. Band 2, Kempten u. a.: Kösel, 1914 (verfasst von 413 bis 426): 14. Buch 16.

20 Vgl. Augustinus. *Zweiundzwanzig Bücher über den Gottesstaat*, 1914: 14. Buch.

21 אֱלֹהִים ׀ אֶת־הַצֵּלָע אֲשֶׁר־לָקַח מִן־הָאָדָם לְאִשָּׁה וַיְבִאֶהָ אֶל־הָאָדָם׃ heißt wortwörtlich

übersetzt: «Und Yahweh brachte die Seite, welche er vom Mann genommen hatte, in die Frau und er brachte sie zum Mann.» *Das erste Buch Mose.* Genesis 2, 22. Hebräisch nach der Tora.

22 Vesal(ius), Andreas. *Von des menschen cörpers Anatomey. Ein kurtzer aber vast nützer außzug auß D. Andree Vesaly von Brussel bücheren. Von ihm selbs in Latein beschriben vnnd durch D. Albanum Torinum verdolmetscht.* Basel: Johann Oporinus, 1543: Bl. Gr. Reprint Leipzig 1983.

23 Vgl. Benedetti, Allessandro. «History of the Human Body.» In: Lind, Levi R. *Studies in Pre-Vesalian Anatomy: Biography, Translations, Documents.* Philadelphia: American Philosophical Society, 1975 (1497): 81–140.

24 Vgl. Avicenna. *Liber canonis.* Hildesheim: Olms, 1998 (Erstveröffentlichung unbekannt, Nutzung seit dem 14. Jahrhundert nachweisbar; Nachdruck der Ausgabe von 1507).

25 Vgl. Willam, Michael. *Mensch von Anfang an? Eine historische Studie zum Lebensbeginn im Judentum, Christentum und Islam.* Fribourg: Academic Press/Herder, 2007: 61–67.

26 Benedetti, *History of the Human Body*, 1975 (1497): Kapitel 18 (De semine).

27 Vgl. Fisher, Will. *Materializing Gender in Early Modern English Literature and Culture.* Cambridge u. a.: Cambridge University Press, 2006: 1–5.

28 Aquin, Thomas von. *Summa theologica: Sammlung.* Band 7. Graz: Styria, 1941 (verfasst 1265 bis 1273): Buch 1, Frage 92.

29 Vgl. Martin, Hubert & Martin, Waltraud. *Vier Jahrhunderte Mikroskop.* Wiener Neustadt: Weilburg-Verlag, 1983.

30 Vgl. Colombo, Matteo Realdo. *De Re Anatomica. Libri XV.* Venedig: Beuilacqua, 1559.

31 Dies erfolgte etwa analog zu Aristoteles. Zu entsprechenden Deutungen und ihren Entwicklungen vgl. Aldersey-Williams, Hugh. *Anatomien: Kulturgeschichte vom menschlichen Körper.* München: Hanser, 2013: 255–268.

32 Vgl. Aldersey-Williams, *Anatomien*, 2013: 255–268.

33 Vgl. Graaf, Regnier de. *On the Human Reproductive Organs.* Oxford u. a.: Blackwell, 1972.

34 Vgl. dazu Lesky, *Die Zeugungs- und Vererbungslehre der Antike*, 1950: 24 (1248).

35 Roussel, Pierre. *Physiologie des weiblichen Geschlechts.* Berlin: Vieweg, 1786: 1.

36 Vgl. Roussel, *Physiologie des weiblichen Geschlechts*, 1786. Das Konzept «Hysterie» gibt es mindestens seit der Antike. Es wird im alten Ägypten erwähnt, und auch Platon wie Hippokrates beschäftigen sich damit. Konzeptionell wurde es von ihnen mit einer «kranken» Gebärmutter verbunden, die mit Samen «gefüttert» werden sollte, sonst würde diese wandern und sich im Gehirn festsetzen. Daher galten Sex und Heirat als Behandlungsempfehlung.

37 Kant, «Beobachtungen über das Gefühl des Schönen und Erhabenen», 1839 (1764): 406.

38 Vgl. Rousseau, Jean-Jacques. *Emil oder über die Erziehung*. Paderborn u. a.: Schöningh, 1998 (1762): v. a. 385–530.

39 Vgl. etwa: Hopfner, Theodor. *Das Sexualleben der Griechen und Römer*, 1975 (1886): 110–112.

40 Vgl. Moreau, Jacques-Louis. *Naturgeschichte des Weibes: Ein Handbuch für Ärzte und gebildete Leser und Leserinnen aller Klassen*. 3 Bände, Leipzig: Hinrichs, 1810.

41 Vgl. Freud, Sigmund. «Über infantile Sexualtheorien.» In: Freud, Sigmund. *Gesammelte Werke: Chronologisch geordnet*. Band 7: Werke aus den Jahren 1906–1909. Frankfurt am Main: Fischer, 1955 (1908): 169–190; Freud, Sigmund. *Drei Abhandlungen zur Sexualtheorie und verwandte Schriften*. Frankfurt am Main: Fischer Bücherei, 1976 (1905).

42 Vgl. Freud, *Drei Abhandlungen zur Sexualtheorie und verwandte Schriften*, 1976 (1905); Breuer, Josef & Freud, Sigmund. *Studien über Hysterie*. Frankfurt am Main: Fischer, 2007 (1895).

43 Vgl. Abraham, Karl. *Klinische Beiträge zur Psychoanalyse aus den Jahren 1907–1920*. Leipzig u. a.: Internationaler psychoanalytischer Verlag, 1921.

44 Vgl. Horny, Karen. «Zur Genese des weiblichen Kastrationskomplexes.» *Internationale Zeitschrift für Psychoanalyse* IX–1 (1923): 12–26.

45 Zu beachten ist hier, dass auch in der Antike das Fehlen eines Penis negativ bewertet wurde – der Penis war zentrales Merkmal von Rationalität und Intellekt, nur eben kontrolliert und damit klein. Modern ging es dann nicht mehr nur um das Vorhandensein eines Penis – als notwendige Bedingung –, sondern eines großen Penis als hinreichende Bedingung für Stärke und Macht.

46 Käptn Peng & die Tentakel von Delphi. «Gelernt.» Auf: *Das nullte Kapital*, 2017.

47 Demosthenes. *Neaeram. Rede gegen Neära*. Stuttgart: Metzler, 1841 (circa 355–340 v. u. Zt.): (LIX) 1386.

48 Vgl. zur Diskussion über die Übersetzung: Got Questions. «Is ‹Virgin› or ‹Young Woman› the Correct Translation of Isaiah 7:14?» *gotquestions.org*, 2019. URL: https://www.gotquestions.org/virgin-or-young-woman.html (letzte Überprüfung: 11.09.2019).

49 Vgl. Woolf, Virginia. *A Room of One's Own*. Hogarth Press, London: Hogarth Press, 1991 (Erstveröffentlichung in Englisch 1929).

50 Austen, Jane. *Mansfield Park*. London: Penguin, 2003 (1814): 151, 181, 184, 232, 236–237, 242, 256, 454, 278, 305, 308, 343, 477, 488.

51 Vgl. Rousseau, *Emil oder über die Erziehung*, 1998 (1762): 386.

52 Vgl. Grönemeyer, Herbert. «Männer.» Auf: *4630 Bochum*. 1984.

53 Rousseau, *Emil oder über die Erziehung*, 1998 (1762): 386.

54 Wachendorfer, Ursula. «Weiß-Sein in Deutschland: Zur Unsichtbarkeit einer herrschenden Normalität.» In: Arndt, Susan (Hrsg.). *AfrikaBilder: Studien zu Rassismus in Deutschland*. Münster: Unrast, 2001: 87–101, 87.

55 Gournay, Marie le Jars de. «Beschwerde der Frauen.» In: Gournay, Marie le

Jars de. *Zur Gleichheit von Frauen und Männern*. Aachen: ein-Fach-verlag, 1997 (1626): 73–86, 75.

56 MacKinnon, «Auf dem Weg zu einer feministischen Jurisprudenz», 1993: 5.

57 Vgl. Düll, Rudolf. *Das Zwölftafelgesetz: Texte, Übersetzungen und Erläuterungen*. München: Heimeran, 1959: Paragraph 1.

58 Vgl. Mielke, Jörg. *Der Dekalog in den Rechtstexten des abendländischen Mittelalters*. Aalen: Scientia, 1992: 28–223.

59 Codex Urnammu zit. nach Haase, Richard. *Die keilschriftlichen Rechtssammlungen in deutscher Fassung*. Wiesbaden: Harrasowitz, 1979: Paragraph 1.

60 Wenn im Folgenden der männliche Vormund angesprochen ist, so mit Verweis darauf, dass zunächst meist Vater oder Ehemann gemeint sind, es aber auch Onkel, Schwager oder Sohn sein könnten.

61 Vgl. Freudiger, Jürg. «Platon und die Sache der Frau.» *Kriterion* 10 (1995): 14–27, hier 14.

62 Vgl. Höbenreich, Evelyn. «Familie und Gesellschaft.» In: Höbenreich, Evelyn & Rizzelli, Giunio Scylla. *Fragmente einer juristischen Geschichte der Frauen im antiken Rom*. Köln u. a.: Böhlau, 2003: 11–190, hier 40–45.

63 Vgl. Höbenreich, «Familie und Gesellschaft», 2003: 11–31.

64 Vgl. Weishaupt, Arnd. *Die lex Voconia*. Köln u. a.: Böhlau, 1999.

65 Vgl. Wesel, *Geschichte des Rechts*, 2001: 135–299.

66 Einzelne Stadtrechte wie etwa Handelsstädte der Hanse oder das Freiburger Stadtrecht (1520) weisen Sonderfälle auf, in denen Frauen* partielle Bürgerrechte bzw. Handelsrechte ausüben konnten – wohl aber stets nur unter der Bedingung, dass die Frau* Witwe war (und auch dann noch war die Verfügung über Land beschränkt) oder aber über eine familiäre Konstruktion in solche Rechte kam (Erbschaft und Verbleib ohne Heirat etwa). Aber dies sind Ausnahmen, in denen Frauen an manchen Orten unter bestimmten Bedingungen erben oder selbst Handel treiben durften; sie ändern nichts daran, dass Frauen* aus den meisten Männern* garantierten Rechten systematisch ausgeschlossen blieben.

67 Bodin, Jean. *Sechs Bücher über den Staat. Buch I–III*. München: C.H.Beck, 1981 (1576): 570 (Buch III, Kapitel 8), meine Hervorhebung.

68 Vgl. Lorenz, Sönke & Midelfort, H. C. «Hexen und Hexenprozesse, ein historischer Überblick.» *Praxis Geschichte* 4 (1991): 4–12.

69 Vgl. Kawerau, Waldemar. *Die Reformation und die Ehe: Ein Beitrag zur Kulturgeschichte des sechzehnten Jahrhunderts*. Halle: Verein für Reformationsgeschichte, 1892.

70 Rousseau, *Emil oder über die Erziehung*, 1998 (1762): 386.

71 Rousseau, Jean-Jacques. *Abhandlung über die Politische Ökonomie*. Paderborn: Schöningh, 1977 (1762): 11.

72 Kant, Immanuel. *Metaphysik der Sitten: Erläuternde Anmerkungen zu den metaphysischen Anfangsgründen der Rechtslehre*. (Kant im Original, Band 17). Erlangen: Harald Fischer, 1990 (1797): 110 (Teil 1, Zweites Hauptstück, § 26).

73 Kant, Immanuel. «Entwürfe zu dem Colleg über Anthropologie.» In: Kant, Immanuel. *Kants Gesammelte Schriften*, hrsg. von Königlich Preußische Akademie der Wissenschaft. Berlin: de Gruyter 1923, Band 15: 655–899, hier 878.

74 Kant, *Metaphysik der Sitten*, 1990 (1797): 167 (Teil 2, Abschnitt 1, § 46).

75 «Erklärung der Menschen- und Bürgerrechte (von 1789).» Art. 1.verfassungen.eu. o.J. URL: http://www.verfassungen.eu/f/ferklaerung89.htm (letzte Überprüfung: 03.09.2019).

76 Ohne Autor*in. *Code civil des Français. Édition originale et seule officielle*. Paris: Imprimerie de la République, 1804.

77 Vgl. Furet, François & Halévi, Ran. *La monarchie républicaine. La constitution de 1791*. Paris: Fayard, 1996.

78 Wollstonecraft, Mary. *Eine Verteidigung der Rechte der Frau*. Leipzig: Verlag für die Frau, 1989 (1792): 89.

79 Vgl. Wollstonecraft, *Eine Verteidigung der Rechte der Frau*, 1989 (1792): 89–98.

80 Gouges, Olympe de. *Die Rechte der Frau*. Aachen: ein-Fach-verlag, 1995 (1791): 111.

81 Vgl. Vahsen, Mechthilde. «Wie alles begann – Frauen um 1800». *Bundeszentrale für politische Bildung*, 09.08.2008. URL: https://www.bpb.de/gesellschaft/gender/frauenbewegung/35252/wie-alles-begann-frauen-um-1800?p=all (letzte Überprüfung: 03.09.2019).

82 Otto-Peters, zit. n. Müller, Ursula G. T. *Dem Feminismus eine politische Heimat – der Linken die Hälfte der Welt: Die politische Verortung des Feminismus*. Wiesbaden: Springer VS, 2013: 28.

83 Dohm, Hedwig. *Der Frauen Natur und Recht. Zur Frauenfrage. Zwei Abhandlungen über Eigenschaften und Stimmrecht der Frauen*. Berlin: Wedekind & Schweiger, 1876: 172.

84 Vgl. Daude, Paul. *Das Strafgesetzbuch für das Deutsche Reich vom 15. Mai 1871. Mit den Entscheidungen des Reichsgerichts*. München: H. W. Müller, 1921.

85 Vgl. Allgemeiner Deutscher Frauenverein. «Petition des Allgemeinen Deutschen Frauenvereins an den Reichstag.» *Neue Bahnen* 8 (1877): 57–59.

86 Vgl. Holthöfer, Ernst. «Die Geschlechtsvormundschaft. Ein Überblick von der Antike bis ins 19. Jahrhundert.» In: Gerhard, Ute (Hrsg.). *Frauen in der Geschichte des Rechts. Von der Frühen Neuzeit bis zur Gegenwart*. München: Beck, 1997: 390–451.

87 Vgl. Deutsches Reichsgesetzblatt. 1871, Nr. 24: 127–205, §§ 218 und 219.

88 Vgl. Schüler, Anja. «Bubikopf und kurze Röcke: In der Weimarer Republik veränderten sich die Frauenrollen und die Frauenbewegung kam in die Jahre.» *Bundeszentrale für politische Bildung*, 2008. URL: https://www.bpb.de/gesellschaft/gender/frauenbewegung/35265/weimarer-republik?p=all (letzte Überprüfung: 03.09.2019).

89 Vgl. Willing, Matthias. «Frauenbewegung und Bewahrungsgesetz: Weibliche Initiativen zur Zwangsbewahrung ‹Asozialer› in der Weimarer Republik.» In: Hardtwig, Wolfgang (Hrsg.). *Politische Kulturgeschichte der Zwischenkriegszeit 1918–1939*. Göttingen: Vandenhoeck & Ruprecht, 2005: 279–306, hier 279–290.

90 Vgl. Behren, Dirk von. *Die Geschichte des § 218 StGB*. Tübingen: Ed. Diskord, 2004.

91 Zit. n. Lange, Helene. *Die Frauenbewegung in ihren gegenwärtigen Problemen*. Nikosia: TP Verone, 2016 (1907; diese Ausgabe ist der Nachdruck der 3. Aufl. von 1924): 205.

92 Vgl. Gerhard, Ute. *Für eine andere Gerechtigkeit: Dimensionen feministischer Rechtskritik*. Frankfurt am Main & New York: Campus, 2018: 20–21.

93 Vgl. Wagner, Leonie. «Ein Ende mit Schrecken: Die Frauenbewegung wird ‹gleichgeschaltet›». *Bundeszentrale für politische Bildung*, 2008. URL: https://www.bpb.de/gesellschaft/gender/frauenbewegung/35269/frauen-im-nationalsozialismus (letzte Überprüfung: 03.09.2019).

94 Vgl. Wagner, *Ein Ende mit Schrecken*, 2008.

95 Vgl. «Reichserbhofgesetz vom 29. September 1933.» *verfassungen.de*. 2019. URL: http://www.verfassungen.de/de33-45/reichserbhof33.htm (letzte Überprüfung: 24.09.2019).

96 Hitler, Adolf. «Rede auf dem ‹Parteitag der Ehre› 1936.» In: Kade, Franz. *Die Wende in der Mädchenerziehung. Ein Beitrag aus der Praxis der dorfeigenen Schule*. Dortmund u. a.: Crüwell, 1937: 5.

97 Hegel, Georg Wilhelm Friedrich. *Grundlinien der Philosophie des Rechts*. Berlin: Holzinger, 2013 (1820): 5.

98 Hoher Kommissar der Vereinten Nationen für Menschenrechte. «Resolution 217 A (III) der Generalversammlung vom 10. Dezember 1948. Allgemeine Erklärung der Menschenrechte, 1948: Art. 1.» *ohchr.org*. 1948/2020. URL: https://www.ohchr.org/EN/UDHR/Documents/UDHR_Translations/ger.pdf (letzte Überprüfung: 25.09.2019).

99 Vgl. Hoher Kommissar der Vereinten Nationen für Menschenrechte, «Resolution 217 A (III) der Generalversammlung vom 10. Dezember 1948, 1948: Art. 2.»

100 *Gesetzblatt der DDR*. Berlin, Jahrgang 1949, Nr. 1: 6.

101 Vgl. Grandke, Anita. «Die Entwicklung des Familienrechts der DDR.» *HU Berlin*. 16.06.2008. URL: https://edoc.hu-berlin.de/bitstream/handle/18452/10164/20eFhgZyFh7H2.pdf?sequence=1&isAllowed=y (letzte Überprüfung: 03.09.2019): 22.

102 *Gesetzblatt der DDR*, Berlin, Jahrgang 1949, Nr. 1: 8.

103 Vgl. Schütrumpf, Jörn. «Propagierung von Rechten der Frauen». In: *Die Grundrechte im Spiegel des Plakats von 1919–1999*. Berlin: DHM, 2000: 93–94. URL: https://www.dhm.de/archiv/ausstellungen/grundrechte/katalog/93-95.pdf (letzte Überprüfung: 03.09.2019).

104 Vgl. Bundesministerium der Justiz und für Verbraucherschutz & Bundesamt für Justiz. «Grundgesetz». (GG). Gesetze im Internet, 2020. URL: https://www.gesetze-im-internet.de/gg/BJNR000010949.html (letzte Überprüfung: 04.05.2020): Art. 3. Abs. 2.

105 Vgl. Kannewurf, Tim. *Die Höfeordnung vom 24. April 1947: Entstehungsgeschichte und Einordnung in die Entwicklung des Anerbenrechts.* Frankfurt am Main u. a.: Lang, 2004.

106 Vgl. dazu eine Zeitstrecke, ab wann Frauen was durften: Henkenberens, Carolin. «100 Jahre Frauenwahlrecht. Frauen in Deutschland – wann sie was durften.» *Weser Kurier*, 07.03.2019. URL: https://www.weser-kurier.de/deutschland-welt/deutschland-welt-fotos_alerie,-frauen-in-deutschland-wann-sie-was-durften-_mediagalid,38821.html (letzte Überprüfung: 25.09.2019).

107 Vgl. bis 2009 § 40 Gesetz über Freiwillige Gerichtsbarkeit (FGG); und auch im juristischen Diskurs (etwa dem wissenschaftlichen Dienst des Deutschen Bundestages) wird dieser Begriff als «Sachstand» verwendet: Wissenschaftliche Dienste des Deutschen Bundestages. «Sachstand: Der Schutz des ungeborenen Lebens in Deutschland (WD 7–3000–256/18).» bundestag.de 2018. URL: https://www.bundestag.de/resource/blob/592130/21e336d47580c1faa15dbe23d999b62c/WD-7-256-18-pdf-data.pdf (letzte Überprüfung: 27.02.2020).

108 Vgl. Jerouschek, Günter. «Die juristische Konstruktion des Abtreibungsverbots.» In: Gerhard, Ute (Hrsg.). *Frauen in der Geschichte des Rechts. Von der Frühen Neuzeit bis zur Gegenwart.* München: C.H.Beck, 1997, 248–264, hier 260–261.

109 Vgl. Behren. *Die Geschichte des § 218 StGB*, 2004; Gindulis, Edith. *Der Konflikt um die Abtreibung: Die Bestimmungsfaktoren der Gesetzgebung zum Schwangerschaftsabbruch im OECD-Ländervergleich.* Wiesbaden: Westdeutscher Verlag, 2003.

110 Vgl. Korbik, Julia. «Gesetz über die Gleichbehandlung am Arbeitsplatz: Was lange währt.» *Vorwärts*, 14.08.2015. URL: https://www.vorwaerts.de/artikel/gesetz-gleichbehandlung-arbeitsplatz-lange-waehrt (letzte Überprüfung: 18.09.2019).

111 Vgl. Bundesministerium für Familie, Senioren, Frauen und Jugend. «Beschäftigtenschutzgesetz in der Praxis». *bmfsfj.de*, 2006. URL: https://www.bmfsfj.de/bmfsfj/beschaeftigtenschutzgesetz-in-der-praxis/80792 (letzte Überprüfung: 18.09.2019).

112 Bundesministerium der Justiz und für Verbraucherschutz & Bundesamt für Justiz. *Grundgesetz für die Bundesrepublik Deutschland: Art. 3 (2).* Zu den juristischen Schritten hin zu Gleichberechtigung vgl. Landeszentrale für politische Bildung Baden-Württemberg. «Die wichtigsten Etappen zur Gleichberechtigung. Auswirkungen von Artikel 3 des Grundgesetzes.» *lpb-bw.de.* URL: https://www.lpb-bw.de/publikationen/stadtfra/frauen4.htm (letzte Überprüfung: 18.09.2019).

113 Vgl. Haraway, Donna. «Situated Knowledges. The Science Question in Feminism and the Privilege of Partial Perspective.» *Feminist Studies* 14.3 (1988): 575–599.

114 Vgl. etwa Las Tesis. «Un violador en tu camino.» *YouTube*, 26.11.2019. URL: https://youtu.be/aB7r6hdo3W4 (letzte Überprüfung: 04.05.2020).

3. Manifestationen des Sexismus

1 Vgl. Paret, 2014: Sure 4.34.

2 FRA – Agentur der Europäischen Union für Grundrechte. *Gewalt gegen Frauen – eine EU-weite Erhebung. Ergebnisse auf einen Blick*. Luxemburg: Amt für Veröff. der Europ. Union, 2014.

3 Vgl. Wissenschaftliche Dienste des Deutschen Bundestages. *Vergewaltigung in der Ehe*, 2008: 8–9. Es hätte vorher bestraft werden können, wenn ein Mann* seine Frau* totgeschlagen hätte, dies wäre dann generell als Tötungsdelikt behandelt worden, Vorstufen jedoch wären nicht anzeigbar gewesen, sondern als «Züchtigung» durchgegangen.

4 Vgl. Russel, Diana. «The Origin and Importance of the Term Femicide.» *diana-russell.com*, 2011. URL: https://www.diana- russell.com/origin_of_femicide.html (letzte Überprüfung: 13.02.2020).

5 Vgl. Radford, Jill & Russel, Diana E. H. *Femicide: The Politics of Woman Killing*. Buckingham: Open University Press, 1992: 26.

6 Russel, «The Origin and Importance of the Term Femicide», 2011.

7 Vgl. zur Definition, Spannbreite und globalen Auftreten: Russel, Diana. *Feminicide in Global Perspective*. New York u. a.: Teachers College Press, 2001.

8 Vgl. MacKinnon, Catherine. «Women's September 11th: Rethinking the International Law of Conflict.» *Harvard International Law Journal* 47.1 (2006): 1–32, hier 1–4.

9 Arndt, Max. «Femizide – Gegenbewegungen und Rechtsprechung.» *Forum Recht* 2 (2020).

10 Vgl. Evelyn, Rose. «A Feminist Reconceptualisation of Intimate Violence Against Women: A Crime Humanity and a State Crime.» *Women's Studies International Forum* 53: 31–34; Dawson, Myrna; Gartner, Rosemary (2016). «Differences in the Characteristics of Intimate Femicides.» *Homicide Studies* 2.4 (2016): 378–399.

11 UNODOC. «Global Study on Homicide: Gender-Related Killing of Women and Girls.» (2018): 10. *unodc.org*. 2018. URL: https://www.unodc.org/documents/data-and-analysis/GSH2018/GSH18_Gender-related_killing_of_women_and_girls.pdf (letzte Überprüfung: 21.04.2020).

12 Vgl. UNODC. «Global Study on Homicide», 2018.

13 Vgl. Chao, Fengqing; Gerland, Patrick; Cook, Alex R. & Alkema, Leontine. «Systematic Assessment of the Sex Ratio at Birth for all Countries and Estimation of National Imbalances and Regional Reference Levels.» *PNAS* 116.19

(2019): 9303–9311. URL: https://doi.org/10.1073/pnas.1812593116 (letzte Überprüfung: 25.09.2019).

14 Vgl. ohne Autor*in «The 50 Million Missing Campaign: Fighting Female Genocide in India.» *genderbytes.wordpress.com.* 2015. URL: https://genderbytes.wordpress.com/about/ (letzte Überprüfung: 17.09.2019).

15 Vergewaltigungen von Kindern treffen alle Geschlechter, wobei die Zahl bei Mädchen* (verstanden als jünger als 18 Jahre) höher liegt als bei Jungen*. Ich finde es falsch und verharmlosend, auf verschleiernde Weise von Pädophilie, also «Kinderliebe», zu sprechen. Es geht hier um alles andere als Liebe für oder zu Kindern. Zwar gibt es Menschen, die damit geboren werden, erotische und sexuelle Gefühle für Kinder zu hegen. Doch sie müssen sich selbst stellen und Verantwortung übernehmen, ihre Gefühle einhegen und sie bekämpfen, auch mittels dafür ausgebildeter Profis. Wenn nicht, sind sie gewöhnliche Schwerstverbrecher, die Leben zerstören. Sex mit Kindern zu haben, bedeutet immer Gewaltausübung mit lang anhaltenden Folgen für die Opfer. Denn die autoritäre Position von Erwachsenen gegenüber Kindern steht jeder Form von mündigem Einverständnis entgegen. Weil sie in einem autoritären Verhältnis stehen, befürchten Kinder von Erwachsenen selbst dann ein «empfindliches Übel», wie es im StGB als Kriterium formuliert wird, als Konsequenz, wenn ihnen nicht direkt gedroht wird. Das aber ist zusätzlich häufig der Fall; Kindern wird mit schlimmen Konsequenzen für sie oder andere Familienmitglieder gedroht, sollten sie von der Vergewaltigung erzählen. Hier wird Scham und Schuld erzeugt, wenn Schutzbefohlene keinen Schutz erfahren und keinerlei Grund zu Scham oder Schuld haben. Vertrauensverlust stellt sich ein, zusammen mit einer nachhaltigen Schädigung an Körper und Seele, Gesundheit und sozialen Kompetenzen.

16 Vgl. Terre des Femmes. «Sexuelle Gewalt in Deutschland.» *frauenrechte.de. o.J.* URL: https://www.frauenrechte.de/images/downloads/hgewalt/Sexuelle-Gewalt-in-Deutschland.pdf (letzte Überprüfung: 04.2019). Aber auch Männer* und Jungen* werden vergewaltigt. Männer* vergewaltigen Männer*, etwa um sie zu demütigen und hierarchisch zu unterstellen (etwa in Gefängnissen).

17 Vgl. MacKinnon, «Auf dem Weg zu einer feministischen Jurisprudenz», 1993: 5.

18 MacKinnon, «Auf dem Weg zu einer feministischen Jurisprudenz», 1993: 10.

19 Gqola, Pumla Dineo. *Rape: A South African Nightmare.* Auckland Park: MF-Books Joburg, 2015: 21.

20 Vgl. als Studie zu diesen Zusammenhängen und deren kultureller Bindung: Kersten, Joachim. *Gut und (Ge)schlecht: Männlichkeit, Kultur und Kriminalität.* Berlin u. a.: de Gruyter, 1997.

21 Vgl. Gqola, *Rape*, 2015: 21.

22 Vgl. Rousseau, *Emil oder über die Erziehung*, 1998 (1762): 386.

23 Vgl. Chaucer, Geoffrey. «The Wife of Bath's Tale.» In: Chaucer, Geoffrey. *The Canterbury Tales. The General Prologue and Twelve Major Tales in Modern Spelling*. Lanham: University Press of America, 1991 (ca. 1400): Zeilen 1044–1047.

24 Gqola, *Rape*, 2015: 21.

25 Diese Taten werden nahezu ausschließlich von Männern* begangen. Das ist aber keine homosexuelle Handlung, denn es geht nicht primär um Sexualität und Lust, sondern um Macht und Gewalt.

26 Vgl. Goedelt, Katja. *Vergewaltigung und sexuelle Nötigung: Untersuchung der Strafverfahrenswirklichkeit*. Göttingen: Göttinger Universitätsverlag, 2010: 211–231.

27 Vgl. Ohnona, Laetitia (Regie). *Vergewaltigt! Der lange Weg zur Gerechtigkeit*, 2018.

28 Vgl. European Union Agency for Fundamental Rights. *Violence Against Women: an EU-wide Survey.fra.europa.eu.*, 2014. URL: https://fra.europa.eu/sites/default/files/fra_uploads/fra-2014-vaw-survey-main-results-apr14_en.pdf (letzte Überprüfung 29.09.2019).

29 Vgl. Johr, Barbara. «Die Ereignisse in Zahlen.» In: Johr, Barbara & Sander, Heike. *BeFreier und Befreite: Krieg, Vergewaltigungen, Kinder. Die Zeit des Nationalsozialismus*. Frankfurt am Main: Fischer 2005: 46–73, hier 48 & 54–55; Ilko-Sascha Kowalczuk und Stefan Wolle gehen allein von 110 000 bis 800 000 Fällen in Berlin im Jahr 1945 aus. Vgl. Kowalczuk, Ilko-Sascha & Wolle, Stefan. *Roter Stern über Deutschland: Sowjetische Truppen in der DDR*. Berlin: Ch. Links, 2001: 38.

30 Vera, Yvonne. *Eine Frau ohne Namen*. Zürich: Unionsverlag, 1999: 33, 35.

31 Vgl. Tacitus, Cornelius. *Germania. Lateinisch/Deutsch*. Stuttgart: Reclam, 2016 (ca. 98): Kapitel 19.

32 *Des allerdurchleuchtigsten großmechtigste vnüberwindtlichsten Keyser Karls des fünfften: vnnd des heyligen Römischen Reichs peinlich gerichts ordnung. Auff den Reichsztägen zu Augspurgk vnd Regenspurgk, inn jaren dreissig, vn zwey vnd dreisssig gehalten, auffgericht vnd beschlossen*. Mainz: Schöffer, 1533: Art. 119. Bayerische Staatsbibliothek digital. https://reader.digitaleSammlungen.de (letzte Überprüfung: 26.05.2020).

33 Dies sah nicht notwendigerweise das Gesetz vor, sondern wurde zu einer gewohnheitsmäßigen Strafe bei «Unzucht». Vgl. Genesis, Marita. «Scharfrichter in der Stadt Brandenburg. Betrachtung eines Berufsbildes.» Magisterarbeit Universität Potsdam, 2006. URL: http://hvbrb.de/fileadmin/user_upload/dokumente/Scharfrichter.pdf (letzte Überprüfung: 27.01.2019): 51.

34 Feuerbach, Anselm Ritter. *Lehrbuch des gemeinen in Deutschland gültigen Peinliches Rechts*. Hrsg. von Dr. C. J. A. Mittermaier. Gießen: Georg Friedrich Heyer Verlag, 1847 (1826): 446.

35 Feuerbach, *Lehrbuch des gemeinen in Deutschland gültigen Peinlichen Rechts*, 1847 (1826): 445.

36 Feuerbach, *Lehrbuch des gemeinen in Deutschland gültigen Peinlichen Rechts,* 1847 (1826): 446.

37 Vgl. Moritz, Werner & Schroeder, Klaus-Peter (Hrsg.). Carl Joseph Anton Mittermaier. *1787–1867: Ein Heidelberger Professor zwischen nationaler Politik und globalem Rechtsdenken im 19. Jahrhundert.* Basel u. a.: Verlag Regionalkultur, 2009.

38 Vgl. Tacitus. *Germania,* 2016 (ca. 98): Kapitel 19.

39 Vgl. Paetow, Barbara. *Vergewaltigung in der Ehe.* Freiburg i. Br.: MPI für Strafrecht, 1987: 7.

40 Basierend auf Hales Aufzeichnungen erschien 1736 posthum: Hale, Matthew. *Historia Placitorum Coronae. The History of the Pleas of the Crown. Now First Published from his Lordship's Original Manuscript, and the Several References to the Records Examined by the Originals, with Large Notes by Sollom Emlyn.* London: E. & R. Nutt & R. Gosling, 1736: 629. Eigene Übersetzung.

41 Feuerbach, *Lehrbuch des gemeinen in Deutschland gültigen Peinlichen Rechts,* 1847 (1826): 445.

42 Schaffenstein, Friedrich. «Vom Crimen vis zur Nötigung» In: Warda, Günter; Waider, Heribert & Meurer, Dieter. *Festschrift für Richard Lange zum 70. Geburtstag.* Berlin: De Gruyter, 1976: 986.

43 Mittermaier, Carl Joseph Anton. «Note I. des Herausg. (zu § 268).» In: Feuerbach, Anselm Ritter. *Lehrbuch des gemeinen in Deutschland gültigen Peinliches Rechts.* Hrsg. von Dr. C. J. A. Mittermaier. Gießen: Georg Friedrich Heyer Verlag, 1847 (1826): 445–446, 446.

44 Vgl. zur gesetzlichen Lage: Wissenschaftliche Dienste des Deutschen Bundestages. «Vergewaltigung in der Ehe: Strafrechtliche Beurteilung im europäischen Vergleich – Ausarbeitung – (WD 7–307/07).» bundestag.de. 2008. URL: https://www.bundestag.de/resource/blob/407124/6893b73fe226537fa85e9ccce444dc95/wd-7-307-07-pdf-data.pdf (letzte Überprüfung: 04.09.2019).

45 In Tröndle & Fischers Kommentar zum Strafgesetzbuch wird «sexuell» dabei als synonym mit «das Geschlechtliche betreffend» definiert und Handeln als das Tun ebenso betreffend wie das Unterlassen einer Aktivität. Vgl. Tröndle, Herbert; Fischer, Thomas & Dreher, Eduard. *Strafgesetzbuch: Mit Nebengesetzen.* München: C.H.Beck, 2019: § 177.

46 Vgl. Gödtel, Reiner. *Sexualität und Gewalt.* Hamburg: Hoffmann und Campe, 1992.

47 Vgl. Coetzee, J. M. *Disgrace.* London: Vintage Books, 2000 (1999).

48 Vgl. Kantor, Jodi & Twohey, Megan. *She Said: Breaking the Sexual Harassment Story that Helped Ignite a Movement.* London: Bloomsbury Circus, 2019.

49 «Unbelievable.» Netflix 2019.

50 Vgl. Armstrong, Ken & Miller, T. Christian. «An Unbelievable Story of Rape.» *propublica.org,* 2015. URL: https://www.propublica.org/article/false-rape-accusations-an-unbelievable-story (letzte Überprüfung 29.09.2019).

51 Temme, Jodocus Donatus Hubertus. *Lehrbuch des gemeinen deutschen Strafrechts*. Goldbach: Kelp, 1997 (1876): 266–267.

52 Temme, *Lehrbuch des gemeinen deutschen Strafrechts*, 1997 (1876): 267–268.

53 Vgl. Gqola, *Rape*, 2015: 1–36.

54 Vgl. bspw.: Jacob, Harriet Ann. *Incidents in the Life of a Slave Girl*. Boston: Harriet Ann Jacob, 1861.

55 Vgl. Lutz, Tom. «Cristiano Ronaldo Will Not Face Criminal Charges Over Rape Allegations.» *The Guardian*, 22.07.2019. URL: https://www.theguardian.com/football/2019/jul/22/cristiano-ronaldo-rape-allegations-no-criminal-charges-las-vegas (letzte Überprüfung: 04.09.2019).

56 Vgl. European Union Agency for Fundamental Rights. *Violence against Women: an EU-wide Survey*. 2014. URL: https://fra.europa.eu/sites/default/files/fra_uploads/fra-2014-vaw-survey-main-results-apr14_en.pdf (letzte Überprüfung 29.09.2019).

57 Vgl. Naidoo, K. «Rape in South Africa: A Call to Action.» *The South African Medical Journal* 103–4 (2013): 201–211; Statista. «Anzahl der Sexualstraftaten in Südafrika in den Jahren von 2006 bis 2018.» statista.com. 2019 URL: https://de.statista.com/statistik/daten/studie/156675/umfrage/sexualstraftaten-in-suedafrika-seit-april-2003/ (letzte Überprüfung: 04.09.2019).

58 Vgl. National Crime Records Bureau. *Crime in India 2012 Statistics*. Delhi: Ministry of Home Affairs, 2014: 385 & Tahhan, Zena. India: «More than 34,000 cases of rape reported in 2015.» *aljazeera.com*, 31.08.2016. URL: https://www.aljazeera.com/news/2016/08/india-34000-cases-rape-reported-2015-160831140518208.html (letzte Überprüfung: 25.09.2019).

59 Vgl. Eurostat. «Violent Sexual Crimes Recorded in the EU.» (ec.europa.eu.2017) URL: https://ec.europa.eu/eurostat/web/products-eurostat-news/-/EDN-20171123-1?inheritRedirect=true&redirect=%2Feurostat%2F (letzte Überprüfung: 11.02.2020).

60 Vgl. Statista. «Anzahl der Opfer von Vergewaltigung und sexueller Nötigung in Deutschland von 2000 bis 2018.» statista.com. 2019. URL: https://de.statista.com/statistik/daten/studie/37486/umfrage/opfer-von-vergewaltigung-und-sexueller-noetigung-in-deutschland-von-1999-bis-2008/ (letzte Überprüfung: 25.09.2019).

61 Wetzels, Peter & Pfeiffer, Christian: «Sexualisierte Gewalt gegen Frauen im öffentlichen und privaten Raum.» In: *Materialien zur Frauenpolitik*. Band 48. BMFSFJ, Bonn 1995.

62 Vgl. Ohnona, Laetitia (Regie). *Vergewaltigt! Der lange Weg zur Gerechtigkeit*, 2018.

63 Vgl. Ohnona, *Vergewaltigt!*, 2018.

64 Vera, Yvonne. *Eine Frau ohne Namen*. Zürich: Unionsverlag, 1999: 33.

65 Vgl. Boddenberg, Sophia. «Von Valparaiso in die Welt. Feministischer Protest aus Chile.» *TAZ*, 07.12.2019. URL: https://taz.de/Feministischer-Protest-aus-Chile/!5644620/ (letzte Überprüfung: 28.01.2020).

66 Vgl. Doha, Saskia Aleythe. «War bei der Entwicklung dieser Blöcke eine Frau beteiligt?» *Süddeutsche Zeitung*, 29.09.2019. URL: https://www.sueddeutsche.de/sport/leichtathletik-wm-kamera-startblock-1.4620125 (letzte Überprüfung: 29.09.2019).

67 MacKinnon, Catherine A. & Baer, Susanne. «Gleichheit, realistisch.» In: *Jahrbuch des öffentlichen Rechts der Gegenwart* (JÖR). Band 67. Mohr Siebeck, Tübingen 2019: 361–377, hier: 365.

68 Vgl. Ndlovu, Lubalethu. «Gender Commission Calls for Dress Code Policy at Universities.» *CITE*, 15.10.2019. URL: https://www.cite.org.zw/gender-commission-calls-for-dress-code-policy-at-universities/ (letzte Überprüfung: 28.01.2020).

69 faq. «Grapschen, Sprüche, schlechte Witze. Studie zu sexueller Belästigung im Job.» *Spiegel Job & Karriere*, 25.10.2019. URL: https://www.spiegel.de/karriere/sexuelle-belaestigung-jeder-elfte-arbeitnehmer-betroffen-a-1293230.html (letzte Überprüfung: 28.01.2020).

70 MacKinnon & Baer. *Gleichheit, realistisch*, 2019: 365.

71 Bergmann, Julia. «Petition will heimliches Unter-den-Rock-Fotografieren verbieten lassen.» *Süddeutsche Zeitung*, 26.04.2019. URL: https://www.sueddeutsche.de/muenchen/upskirting-petition-fotografien-1.4423810 (letzte Überprüfung: 28.01.2020).

72 Vgl. Chipuriro, Rejoice & Batisai, Kezia. «Unsung Heroines and Violence for the Land. Narratives of Elderly Women Farmers' Experiences in South Africa and Zimbabwe.» *Agenda* 32.1 (2018): 1–11. Vgl. dazu auch die neueste Forschung zu Simbabwe von Rejoice Chipuriro.

73 Kant, «Beobachtungen über das Gefühl des Schönen und Erhabenen», 1839 (1764): 407.

74 Vgl. Konrad, Franz-Michael. *Geschichte der Schule: Von der Antike bis zur Gegenwart*. München: C.H.Beck, 2007: 7–21.

75 Vgl. Watts, Edward J. *Hypatia: The Life and Legend of an Ancient Philosopher*. Oxford: Oxford University Press, 2017.

76 Perikles, zit. in: «Thukydides.» In: Campe, J. F. E. *Des Thukydides Geschichte*. Stuttgart: Metzler, 1856: 2. 45.2.

77 Dieses Zitat wird Thukydides zugeschrieben, wobei es eher eine sinngemäße Aussage nach Thukydides mit Verweis auf die Sätze aus der Begräbnisrede des Perikles ist. Ob Thukydides diesen Satz tatsächlich sprach oder schrieb, muss offenbleiben. Für die These der Ableitung aus der Begräbnisrede vgl. Wieland, Christoph Martin; Molschmann, Uta; Scheibe, Siegfried & Wiener, Hans. *Wielands Briefwechsel*. Band 9. Ausgabe 2. Berlin: Akademie-Verlag, 1997 (Band 1. Ausgabe 1: 1963): 384.

78 Johannes von Nikiu. *The Chronicle of John, Bishop of Nikiu*. London: Williams & Norgate, 1916: LXXXIV 87–103. Eigene Übersetzung.

79 Vgl. Konrad, *Geschichte der Schule*, 2012: 22–41.

80 Paolo da Certaldo, zit. in: James Bruce Ross. «Das Bürgerkind in den italie-

nischen Stadtkulturen zwischen dem vierzehnten und dem frühen sechzehnten Jahrhundert.» In: DeMause, Lloyd. *Hört ihr die Kinder weinen: Eine psychogenetische Geschichte der Kindheit.* Frankfurt am Main: Suhrkamp, 1977: 263–325, 296.

81 Vgl. dazu: Voigt, Jörg; Schmidt, Bernward & Sorace, Marco A. (Hrsg.). *Das Beginenwesen in Spätmittelalter und Früher Neuzeit.* Fribourg: Academic Press/Stuttgart: Kohlhammer, 2015.

82 Vgl. Duby, Georges; Perrot, Michelle; Farge, Arlette & Davis, Natalie Zemon (Hrsg.). *Geschichte der Frauen,* Band 3: Frühe Neuzeit zu der Entwicklung der Ansicht der weiblichen Natur. Frankfurt am Main u. a.: Campus, 1994: v. a. 27–60; 119–150.

83 Edelstein, Benjamin. «Schulgeschichte bis 1945: Von Preußen bis zum Dritten Reich.» *bpb.de.* 2017. URL: https://www.bpb.de/gesellschaft/bildung/zukunft-bildung/229629/schulgeschichte-bis-1945?p=all (letzte Überprüfung: 04.09.2019).

84 Schiller, Johann Christoph Friedrich. «Brief an Christian Gottfried Körner: Weimar, 6. Oktober 1787.» In: Goedecke, Karl (Hrsg.). *Schillers Briefwechsel mit Körner: Von 1784 bis zum Tode Schillers.* Teil 1: 1784–1792. Leipzig: Veit & Comp., 1878 (1874): 123–125, hier 124.

85 Vgl. Jacobi, Juliana. «Wer ist Sophie?» *Pädagogische Rundschau* 44 (1990): 303–319, hier 305.

86 Rousseau, *Emil oder über die Erziehung,* 1998 (1762): 420.

87 Diderot, Denis. «Über die Frauen.» In: Diderot, Denis. *Gründe, meinem alten Hausrock nachzutrauern. Über die Frauen. Zwei Essays.* Berlin: Friedenauer Presse, 1992: 14–29, hier 29.

88 Rousseau, *Emil oder über die Erziehung,* 1998 (1762): 394.

89 Kant, *Beobachtungen über das Gefühl des Schönen und Erhabenen,* 1991 (1764): 407.

90 Vgl. Hippel, Theodor Gottlieb von. *Über die bürgerliche Verbesserung der Weiber.* Frankfurt am Main & Berlin: ohne Verlag, 1794 (1792): u. a. 70–80, 290–308.

91 Vgl. Otto, Rose. *Über Fabrikarbeit verheirateter Frauen.* Barsinghausen: Unikum-Verlag 2012 (1910): 10–14, 76–82; Stiftung Jugend und Bildung. «Frauenarbeit, Frauenfrage, Frauenbewegung.» In: Stiftung Jugend und Bildung (Hrsg.). *Sozialgeschichte: Ein Arbeitsheft für die Schule.* Band 1: Vom späten Mittelalter bis zum Zweiten Weltkrieg. Wiesbaden: Eduversum, 2014: 38–41.

92 Vgl. Panke-Kochinke, Birgit. *Die anständige Frau: Konzeption und Umsetzung bürgerlicher Moral im 18. und 19. Jahrhundert.* Pfaffenweiler: Centaurus, 1991.

93 Vgl. Felschow, Eva-Marie. «Der lange Weg in die Universität: Zum Beginn des Frauenstudiums in Gießen.» *Giessener Universitätsblätter* 31 (1998): 9–22.

94 Vgl. Felschow, *Der lange Weg in die Universität,* 1998: 9–10.

95 Vgl. Koerner, Marianne. *Auf die Spur gekommen: Frauengeschichte in Göttingen*. Neustadt am Rübenberge: Calenberg Press, 1989: 104–110.

96 Vgl. Büttner, Ursula. *Weimar: Die überforderte Republik: 1918–1933. Leistung und Versagen in Staat, Gesellschaft, Wirtschaft und Kultur*. Stuttgart: Klett-Cotta, 2008: 253–257.

97 Vgl. Handschell, Tobias. *Die Schulpflicht vor dem Grundgesetz: Geschichte der Schulpflicht und ihre verfassungsrechtliche Bewertung vor dem Hintergrund des sogenannten Homeschooling*. Baden-Baden: Nomos, 2012: 65–111.

98 Vgl. Felschow, *Der lange Weg in die Universität*, 1998: 14–15.

99 Vgl. Felschow, *Der lange Weg in die Universität*, 1998: 14–20.

100 Vgl. Bendel, Carolin. «Die deutsche Frau und ihre Rolle im Nationalsozialismus.» *zukunft-braucht-erinnerung.de*, 2007. URL: https://www.zukunft-braucht-erinnerung.de/die-deutsche-frau-und-ihre-rolle-im-nationalsozialismus/ (letzte Überprüfung: 09.09.2019).

101 Vgl. und Zitat nach Notz, Gisela. *Frauen in der Mannschaft: Sozialdemokratinnen im Parlamentarischen Rat und im Deutschen Bundestag 1948/49 bis 1957*. Mit 26 Biografien. Bonn: J. H. W. Dietz Nachfolger, 2003: 18–19.

102 Vgl. Gerlach, Alexandra. «Frauen in der DDR: Gleichberechtigung – ein Mythos.» *deutschlandfunk.de*, 2017. URL: https://www.deutschlandfunk.de/frauen-in-der-ddr-gleichberechtigung-ein-mythos.1310.de.html?dram:article_id=380443 (letzte Überprüfung: 09.09.2019).

103 Viele Zahlen bietet: Winkler, Gunnar (Hrsg.). *Frauenreport '90*. Berlin: Verlag die Wirtschaft Berlin GmbH, 1990; Hartmut Wendt: *Familienbildung und Familienpolitik in der ehemaligen DDR*. (Bundesinstitut für Bevölkerungsforschung, Materialien zur Bevölkerungswissenschaft, Sonderheft 22) Wiesbaden: VS-Verlag, 1993; Gerlach, *Frauen in der DDR. Gleichberechtigung – ein Mythos*, 2017.

104 Vgl. Stiftung Haus der Geschichte der Bundesrepublik Deutschland. «Frauen im Sozialismus.» *hdg.de*, 2016. URL: https://www.hdg.de/lemo/kapitel/geteiltes-deutschland-gruenderjahre/wirtschaft-und-gesellschaft-im-osten/frauen-im-sozialismus.html (letzte Überprüfung: 25.02.2020).

105 Vgl. Kaminsky, Anna. *Frauen in der DDR*. Berlin: Ch. Links, 2016: 59–107.

106 Vgl. Gerlach, *Frauen in der DDR*, 2017; Kaminsky, *Frauen in der DDR*, 2016: 69–71.

107 Vgl. Bundesministerium der Justiz und für Verbraucherschutz & Bundesamt für Justiz. *Bürgerliches Gesetzbuch (BGB) § 611 a Arbeitsvertrag*. Gesetze im Internet, 2020. URL: https://www.gesetze-im-internet.de/bgb/__611a.html (letzte Überprüfung: 18.09.2019).

108 Vgl. Bundesministerium für Familie, Senioren, Frauen und Jugend. «Beschäftigtenschutzgesetz in der Praxis.» *bmfsfj.de*, 15.12.2006. URL: https://www.bmfsfj.de/bmfsfj/beschaeftigtenschutzgesetz-in-der-praxis/80792 (letzte Überprüfung: 18.09.2019).

109 Vgl. «Turning Promises into Action: Gender Equality in the 2030 Agenda for

Sustainable Development.» *unwomen.org*, 2018. URL: https://www.unwomen.org/en/digital-library/publications/2018/2/gender-equality-in-the-2030-agenda-for-sustainable-development-2018 (letzte Überprüfung: 21.04.2020); vgl. dazu auch: Global Education Monitoring Report. *Migration, Displacement and Education: Building Bridges, not Walls*. Paris: UNESCO Publishing 2019. URL: https://unesdoc.unesco.org/in/documentViewer.xhtml?v=2.1.196&id=p::usmarcdef_0000265866&file=/in/rest/annotationSVC/DownloadWatermarkedAttachment/attach_import_22fa29ce-95b1-4046-88ae-9dd1436c9022%3F_%3D265866eng.pdf&locale=en&multi=true&ark=/ark:/48 223/pfo 000 265 866/PDF/265866eng.pdf#p29 280 792 (letzte Überprüfung: 18.04.2020).

110 Vgl. «Turning Promises into Action», 2018.

111 «Frauen erledigen zwei Drittel der Arbeit weltweit.» *welt.de*, 25.06.2020. URL: https://www.welt.de/wirtschaft/article8185028/Frauen-erledigen-zwei-Drittel-der-Arbeit-weltweit.html (letzte Überprüfung: 21.04.2020).

112 Vgl. zu den Angaben in diesem Absatz: Wiemann, Caroline. «Geschlechtergerechtigkeit weltweit: ‹Arm an Rechten, Chancen, Macht›.» *Spiegel Online*, 06.09.2019. URL: https://www.spiegel.de/politik/ausland/geschlechtergerechtigkeit-frauen-werden-weltweit-benachteiligt-a-1280543.html (letzte Überprüfung: 25.09.2019).

113 Vgl. Wiemann, Caroline. «Geschlechtergerechtigkeit weltweit», 2019.

114 GIZ (Deutsche Gesellschaft für Internationale Zusammenarbeit). Verbesserung der Arbeitsbedingungen für Frauen in der MENA Region. *giz.de* 2020. URL: vgl. Wiemann, Caroline. «Geschlechtergerechtigkeit weltweit. ‹Arm an Rechten, Chancen, Macht›.» *Spiegel Online*, 06.09.2019. URL: https://www.spiegel.de/politik/ausland/geschlechtergerechtigkeit-frauen-werden-weltweit-benachteiligt-a-1280543.html (letzte Überprüfung: 21.04.2020).

115 Berichtspunkt Arbeit. «Die Arbeitsmarktsituation von Frauen und Männern 2018.» Berichte. Blickpunkt Arbeitsmarkt. 2019: 9. URL: https://statistik.arbeitsagentur.de/Statischer-Content/Arbeitsmarktberichte/Personengruppen/generischePublikationen/Frauen-Männer-Arbeitsmarkt.pdf (letzte Überprüfung: 20.04.2020).

116 Vgl. Statista. «Erwerbsquote in Österreich nach Geschlecht von 2008 bis 2018.» *statista.com, 2020*. URL: https://de.statista.com/statistik/daten/studie/292880/umfrage/erwerbsquote-in-oesterreich-nach-geschlechtern/ (letzte Überprüfung: 18.04.2020).

117 Vgl. Statista. «Erwerbstätigenquote in der Schweiz nach Geschlecht von 2010 bis 2019.» *statista.com*, 2020. URL: https://de.statista.com/statistik/daten/studie/292954/umfrage/erwerbstaetigenquote-in-der-schweiz-nach-geschlechtern/ (letzte Überprüfung: 18.02.2020); vgl. auch: Bundesamt für Statistik. «Erwerbsquote der Frauen – Anteil der 15- bis 64-jährigen Frauen an der gleichaltrigen ständigen Wohnbevölkrung, in Vollzeitäquivalenten –

in Prozent (2019).» *bfs.admin.ch.* 2019. URL: https://www.bfs.admin.ch/bfs/de/home/statistiken/querschnittsthemen/monitoring-legislaturplanung/querschnittssicht/gleichstellung/erwerbsquote-frauen.assetdetail.10207137.html (letzte Überprüfung: 18.02.2020).

118 Vgl. Wiemann, «Geschlechtergerechtigkeit weltweit», 2019.

119 Vgl. International Labour Organization. «Global Wage Report 2018/19.» *ilo.org.* 2020. URL: https://www.ilo.org/global/about-the-ilo/multimedia/maps-and-charts/enhanced/WCMS_650829/lang--en/index.htm.

120 Vgl. bspw.: Fink, Mariette. *Erwerbstätige Frauen in Frankreich und der Bundesrepublik Deutschland: Die Rolle der Europäischen Gemeinschaft und nationaler Akteure von 1969–1986.* Wiesbaden: Springer, 2019.

121 Glassdoor. «Progress on the Gender Pay Gap 2019.» *glassdoor.com*, 2019. URL: https://www.glassdoor.com/research/gender-pay-gap-2019/ (letzte Überprüfung: 18.04.2019).

122 Wolter, Ute. «Bereinigter Gender Pay Gap – Deutschland auf dem vorletzten Platz.» *personalwirtschaft.de.* 2019. URL: https://www.personalwirtschaft.de/verguetung/gehaltsstudien/artikel/deutschland-hat-den-zweithoechsten-bereinigten-gender-pay-gap.html (letzte Überprüfung: 26.04.2019).

123 Vgl. Landeszentrale für politische Bildung Baden-Würtemberg. «18. März 2019: Equal Pay Day.» *lpb-bw.de*, 1996. URL: https://www.lpb-bw.de/equalpayday.html (letzte Überprüfung: 09.09.2019).

124 Vgl. Kampagne Equal Pay Day. «Startseite» *equalpayday, 2019.* https://www.equalpayday.de/startseite/ (letzte Überprüfung: 21.04.2019).

125 Vgl. Statista. «Frauenanteil in verschiedenen Berufsgruppen in Deutschland am 30. Juni 2017.» 2019. *statista.com, 2019.* URL: https://de.statista.com/statistik/daten/studie/167555/umfrage/frauenanteil-in-verschiedenen-berufsgruppen-in-deutschland/ (letzte Überprüfung: 09.09.2019).

126 Vgl. Bundesagentur für Arbeit. *MINT-Berufe* (Berichte: Blickpunkt Arbeitsmarkt). Nürnberg: Bundesagentur für Arbeit, 2019: 24.

127 Vgl. Bundesagentur für Arbeit, *MINT-Berufe*, 2019: 20–25. Das Statistische Bundesamt sprach hingegen von 34,56 Prozent. Vgl. Statistisches Bundesamt. «Studierende in MINT-Fächern (2018).» *destatis.de.* URL: https://www.destatis.de/DE/Themen/Gesellschaft-Umwelt/Bildung-Forschung-Kultur/Hochschulen/Tabellen/studierende-mint-faechern.html (letzte Überprüfung: 09.09.2019).

128 Vgl. Statista. «Frauenanteil in verschiedenen Berufsgruppen in Deutschland am 30. Juni 2017.» *statista.de*, 2019.

129 Vgl. Belwe, Katharina. «Editorial.» *Aus Politik- und Zeitgeschichte* 24–25 (2008): 2.

130 Vgl. Bundesministerium für Bildung und Forschung. «Geschlechterunterschiede bei Bildungsverhalten und Bildungserfolg (Verbundvorhaben).» *bmbf.de*, 2019. URL: https://www.empirische-bildungsforschung-bmbf.de/de/511.php (letzte Überprüfung: 09.09.2019).

131 Vgl. rei/dpa. «Wo Frauen im Topmanagement gefragt sind – und wo nicht.» *manager magazin*, 01.08.2019. URL: https://www.manager-magazin.de/unternehmen/artikel/dax-konzerne-61-frauen-und-640-maenner-als-vorstaende-a-1279965.html (letzte Überprüfung: 09.09.2019); Riedel, Katja. «Meilensteine der Frauenemanzipation in Deutschland.» (Focus Online 8.3.2020). URL: https://www.focus.de/wissen/mensch/geschichte/tid-21578/das-erste-mal-die-erste-frau-in-der-vorstandsetage-eines-dax-unternehmens_aid_605623.html (letzte Überprüfung: 09.09.2019): 6.

132 Vgl. Amt für Statistik Berlin-Brandenburg. «Gender Datenreport Berlin 2017: Hochschulbildung. 2019.» *statistik-berlin-brandenburg.de*. 2020. URL: https://www.statistik-berlin-brandenburg.de/gender/kapitel/Bildung_2.htm (letzte Überprüfung: 09.09.2019).

133 Vgl. Statista. «Frauenanteil in verschiedenen Berufsgruppen in Deutschland am 30. Juni 2017.», 2019.

134 Vgl. Statistisches Bundesamt. «Personal an Hochschulen (Vorbericht 2018).» *destatis.de*, 2019. URL: https://www.destatis.de/DE/Themen/Gesellschaft-Umwelt/Bildung-Forschung-Kultur/Hochschulen/Publikationen/Downloads-Hochschulen/personal-vorbericht-5213402188004.html (letzte Überprüfung: 25.09.2019).

135 Vgl. Statistisches Bundesamt. «Frauenanteil in Professorenschaft steigt weiter auf über 18 Prozent.» *komm-mach-mint.de*, 2010. URL: https://www.komm-mach-mint.de/MINT-News/News-Archiv/destatis-Frauenanteil-Prof-18 (letzte Überprüfung: 09.09.2019).

136 Vgl. Riesmeier, Marabel. «Weibliche Berufung: Frauenanteile in der deutschen ProfessorInnenschaft.» *einfacherdienst.de*, 2019. URL: https://einfacherdienst.de/weibliche-berufung-frauenanteile-in-der-deutschen-professorinnenschaft (letzte Überprüfung: 09.09.2019).

137 Vgl. Bundesministerium für Bildung und Forschung. «Das Professorinnenprogramm.» *bmbf.de*, 2018. URL: https:// www.bmbf.de/de/das-professorinnenprogramm-236.html (letzte Überprüfung: 09.09.2019).

138 Vgl. FAZ Wissen. «Die Nobelpreise 2019 bis 1901.» *faz.net*, 2020. URL: https://www.faz.net/aktuell/wissen/nobelpreistraeger-von-1901-bis-2019-13833922.html (letzte Überprüfung: 09.05.2020).

139 Vgl. Museum Frieder Burda. «Künstlerverzeichnis.» *museum-frieder-burda.de*, 2019. URL: https://www.museum-frieder-burda.de/de/museum/sammlung/kuenstler-a-z/ (letzte Überprüfung: 10.09.2019).

140 Vgl. Hans-Böckler-Stiftung & Archiv der sozialen Demokratie der Friedrich-Ebert-Stiftung. «Die Frauenpolitik der Gewerkschaften.» *gewerkschaftsgeschichte.de*, 2016. URL: https://www.gewerkschaftsgeschichte.de/frauenpolitik-der-gewerkschaften.html (letzte Überprüfung: 09.09.2019).

141 Vgl. Husmann, Wenke. «Wonderwomen muss man suchen.» *Zeit Online*, 30.07.2018. URL: https://www.zeit.de/kultur/film/2018-07/frauen-film-gleichstellung-frauenfoerderung-usa-schweden (letzte Überprüfung: 09.09.2018).

142 Diese Umfrage von Stacy Smith, Professorin für Medien- und Genderstudien an der University of Southern California, diskutiert Husmann, «Wonderwomen muss man suchen», 2018.

143 Vgl. ohne Autor*in «Nur bei sieben Prozent der Hollywood-Filme führten Frauen Regie.» *Süddeutsche Zeitung Kultur*, 13.01.2017. URL: https://www.sueddeutsche.de/kultur/gleichstellung-nur-bei-sieben-prozent-der-hollywood-filme-fuehrten-frauen-regie-1.3331643 (letzte Überprüfung: 09.09.2019).

144 Vgl. kae. «Film- und Fernsehregie: Männer bleiben weiter unter sich.» *Spiegel Online*, 07.11.2016. URL: https://www.spiegel.de/kultur/tv/frauen-in-film-und-tv-regie-maenner-unter-sich-a-1120155.html (letzte Überprüfung: 09.09.2019).

145 Vgl. Die Bundesregierung. «Das Bundeskabinett.» *bundesregierung.de*. 2019. URL: https://www.bundesregierung.de/breg-de/bundesregierung/bundeskabinett (letzte Überprüfung: 29.08.2019).

146 Vgl. Wissenschaftliche Dienste des Deutschen Bundestages. «Geschlechterparität in nationalen Parlamenten der EU-Staaten – Ausarbeitung – (WD 1–3000–016/18).» *bundestag.de*, 2018. URL: https://www.bundestag.de/resource/blob/575544/d40660e40b8b07c8c0f710d97b7d73e3/wd-1-016-18-pdf-data.pdf (letzte Überprüfung: 25.09.2019).

147 Vgl. Nier, Hedda. «Gleichstellung: So ungleich ist Hausarbeit verteilt.» *Statista*, 2019. URL: https://de.statista.com/infografik/15857/verteilung-von-hausarbeit-bei-maennern-und-frauen/ (letzte Überprüfung: 17.09.2019).

148 Adolf Hitler am 13. September 1935. Zit. n. Domarus, Max. *Hitler. Reden und Proklamationen 1932–1945. Kommentiert von einem deutschen Zeitgenossen.* Band 2: 1935–1938. Wiesbaden: Löwit, 1963: 531.

149 Hitler, Adolf. *Reden an die deutsche Frau. Reichsparteitag.* Nürnberg, 8. September 1934. Berlin: Schadenverhütung, 1934: 2.

150 Vgl. dazu Erziehungsratgeber wie etwa Haarer, Johanna. *Die deutsche Mutter und ihr erstes Kind.* München: Lehmann, 1934; Haarer, Johanna. *Unsere kleinen Kinder.* München: Lehmann, 1936, sowie das Kinderbuch Haarer, Johanna. *Mutter, erzähl' von Adolf Hitler! Ein Buch zum Vorlesen, Nacherzählen und Selbstlesen für kleinere und größere Kinder.* München & Berlin: Lehmann, 1939.

151 Israel, Agathe. «Frühe Fremdbetreuung in der DDR: Erfahrungen mit der Krippenerziehung.» *Bundeszentrale für politische Bildung*, 2017. URL: https://www.bpb.de/geschichte/zeitgeschichte/deutschlandarchiv/259587/erfahrungen-mit-der-krippenerziehung (letzte Überprüfung 17.02.2020).

152 Vgl. Baureiß, Renate; Bayer, Hiltrud & Bien, Walter. «Vorschulbetreuung.» In: Baureiß, Renate; Bayer, Hiltrud & Bien, Walter (Hrsg.). *Familien-Atlas II: Lebenslagen und Regionen in Deutschland.* Wiesbaden: VS, 1997: 90–95.

153 Vgl. Statistisches Bundesamt. «Kindertagesbetreuung: Betreuungsquote von Kindern unter 6 Jahren nach Bundesländern.» *destatis.de*, 2019. URL: https://

www.destatis.de/DE/Themen/Gesellschaft-Umwelt/Soziales/Kindertagesbetreuung/Tabellen/betreuungsquote-2018.html;jsessionid=88B100DFC5D23648A7BE955B4DEC91E2.internet731 (letzte Überprüfung: 17.02.2020).

154 Vgl. Engels, «Der Ursprung der Familie, des Privateigentums und des Staats», 27–28.

155 Vgl. Arndt, Susan. *African Women's Literature, Orature and Intertextuality: Igbo Oral Narratives as Nigerian Women Writer's Models and Objects of Writing Back*. Bayreuth: Bayreuth African Studies, 1998: 220–225.

156 Vgl. Schulz, Sandra. «Schwangerschaften. Die Fabrik des Lebens.» *Der Spiegel* 38 (2008): 72–78.

157 Vgl. MacKinnon, Catherine. «Auf dem Weg zu einer feministischen Jurisprudenz.» *Streit* 1–2 (1993): 4–13, hier 12.

158 Vgl. zu den Zahlen: European Network for HIV/STI Prevention and Health Promotion among Migrant Sex Workers. *Sex Work in Europe: A Mapping of the Prostitution Scene in 25 European Countries.* (TAMPEP VIII). Amsterdam: TAMPEP, 2009: Annex 4. National Reports. Germany: 109; vgl. zu männlicher Prostitution international: Aggleton, Peter. *Men Who Sell Sex: International Perspectives on Male Prostitution and AIDS.* London: UCL Press, 1999.

159 MacKinnon & Baer, *Gleichheit, realistisch*, 2019: 367–368.

160 Dass Frauen* Prostitutierte aufsuchen, ist ein eher jüngeres und selteneres Phänomen vor allem bestimmter sozialer Kleinstgruppen. Daher steht die heterosexuelle Prostituierung der Frau* als häufigste Form im Zentrum der folgenden Ausführungen.

161 Vgl. Coaston, Jane; North, Anna & Prokop, Andrew. «Jeffrey Epstein, the Convicted Sex Offender Who Was Friends with Donald Trump and Bill Clinton, Explained: The Money Manager was Found Dead in Jail in August, but the Investigation into his Case Continues.» *Vox*, 04.09.2019. URL: https://www.vox.com/2018/12/3/18116351/jeffrey-epstein-case-indictment-arrested-trump-clinton (letzte Überprüfung: 10.09.2019).

162 antifra*. «Unser Standpunkt zur Prostitution: Pro Nordisches Modell.» antifra.blog. 2014. (04.08.2014) URL: http://antifra.blog.rosalux.de/unser-standpunkt-zur-prostitution-pro-nordisches-modell/ (letzte Überprüfung: 28.01.2020). Vgl. auch: MacKinnon & Baer, *Gleichheit, realistisch*, 2019: 365.

163 Gqola, *Rape*, 2015: 31. Eigene Übersetzung.

164 Vgl. «Transgender Murder Monitoring: TMM Absolute number (2008 – June 2016).» transrespect.org. 2019. URL: https://transrespect.org/en/map/trans-murder-monitoring/ (letzte Überprüfung: 12.09.2019).

165 Demosthenes, *Neaeram*, 1841: (LIX) 1386.

166 Vgl. Hartmann, Markus. «Zur Herkunft der Benennungen für Prostituierte innerhalb der Indogermania.» In: Hacob, Frank (Hrsg.). *Prostitution: Eine Begleiterin der Menschheit/A Companion of Mankind.* Frankfurt am Main u. a.: Peter Lang, 2016: 119–142, hier 119–140.

167 Zit. n. Gräff, H.; Koch, C. F.; Rönne, L. v.; Simon, H. & Wentzel, A. (Hrsg.). *Ergänzungen und Erläuterungen der Preußischen Rechtsbücher durch Gesetzgebung und Wissenschaft: Unter Benutzung der Justiz-Ministerialakten und der Gesetzrevisions-Arbeiten*. Teil 2: Ergänzungen des Titel 20. Theil II. des Allgemeinen Landrechts. Breslau: Philipp Aderholz, 1838: 622.

168 Marx, Karl. «Ökonomisch-philosophische Manuskripte aus dem Jahre 1844.» In: *MEW: Ergänzungsband 1*. Berlin: Karl Dietz Verlag, 1973: 538, Anm. 1.

169 Vgl. Ross, Julia. *Weimar through the Lens of Gender: Prostitution Reform, Woman's Emancipation, and German Democracy*, 1919–1933. Ann Arbor: University of Michigan Press, 2010: 14–57.

170 Vgl. dazu: Bargen, Henning von. «Von Welle zu Welle: Schlaglichter auf die Geschichte des Feminismus: Was hat sich in Deutschland verändert seit Beginn der ersten Frauenbewegung?» *Böll. Das Magazin der Böll Stiftung* 2.18 (2018). URL: https://www.boell.de/de/2018/07/03/von-welle-zu-welle (letzte Überprüfung: 25.09.2019).

171 Vgl. Prange. Astrid. «Erst anmelden, dann anschaffen.» *Deutsche Welle*. 01.07.2017. URL: https://www.dw.com/de/erst-anmelden-dann-anschaffen/a-39489735 (letzte Überprüfung: 10.09.2019).

172 Vgl. Deutscher Bundestag. Ausschuss für Familie, Senioren, Frauen und Jugend. «Wortprotokoll der 64. Sitzung. Protokoll-Nr. 18/64» bundestag. de (6.6.2016). URL: https://www.bundestag.de/resource/blob/428742/bfac78f72e5d72982079ab7f9cdd5d35/64--sitzung_06-06-2016_wortprotokoll-data.pdf (letzte Überprüfung: 10.09.2019): 28–33.

173 Vgl. Mau, Huschke. «‹Ich habe die Schnauze voll von euch› – ein offener Brief einer Prostitutionsüberlebenden an die Prostitutionslobby.» In: Sigel, Mira; Schon, Manuela; Panther, Ariane; Werner, Caroline & Mau, Huschke (Hrsg.). *Störenfriedas: Feminismus radikal gedacht*. Norderstedt: Books on Demand, 2018: 131–140, 139.

174 Vgl. Stiftelsen Kvinnoforum & Foundation of Women's Forum. *Crossing Borders Against Trafficking in Women*. Final Report. 98/057/W. Stockholm: Stiftelsen Kvinnoforum & Foundation of Women's Forum, 1999: 5.

175 Berufsverband erotische und sexuelle Dienstleistungen e. V. «Zahlen zur Sexarbeit.» Berufsverband, 2017. https://berufsverband-sexarbeit.de/index.php/sexarbeit/berufsbild-2/zahlen-zur-sexarbeit/ (letzte Überprüfung: 10.09.2019).

176 Vgl. Kraus, Ingeborg. «Prostitution und Gesundheit.» *Trauma und Prostitution*, 2018. URL: https://www.trauma-and-prostitution.eu/2018/05/11/prostitution-und-gesundheit/ (letzte Überprüfung: 28.01.2020).

177 Vgl. Nagel, Lars-Marten. «Prostitution – hier noch mehr Zahlen.» Welt-investigativ. 3.11.2013. URL: https://investigativ.welt.de/2013/11/03/black-box-prostitution/ (letzte Überprüfung: 10.09.2019).

178 Vgl. bspw.: hooks, bell. *Black Looks: Race and Representation:* Boston: South

End Press, 1992; Hall, Stuart. *Representation. Cultural Representations and Signifying Practices*. London: Sage, 2011.

179 Vgl. zum Bechdel-Test u. a: Shabbar, Andie. «Alison Bechdel (1960-).» In: Savage, Ann. M. (Hrsg.). *Women's Rights: Reflections in Popular Culture*. Santa Barbara/Denver: Greenwood, 2017: 157–159, 158.

180 Vgl. Mulvey, Laura. «Visual Pleasure and Narrative Cinema.» *Screen* 16.3 (1975): 6–18.

181 Vgl. Guerilla Girls. «Do Women Still Have to be Naked to Get into the MET. Museum?» *guerillagirls.com*, 2019. URL: https://www.guerrillagirls.com/naked-through-the-ages/ (letzte Überprüfung: 10.09.2019).

182 Vgl. zur Darstellung und ihrer Einordnung bspw. Markus. «SPIEGEL Cover Volkssport.» *der-5-minute-blog*, 25.09.2016. URL: https://der-5-minuten-blog.de/spiegel-cover-volkssport (letzte Überprüfung: 26.09.2019).

183 Für die Ausgabe 2/2018 «Männer, Frauen und alles Andere» wird mit einer Frau geworben, deren nackte Brüste nur angedeutet durch ihren nackten Arm verdeckt werden; dann Heft 47/2018, in dem ausgerechnet «Leben ohne Schmerz» mit einer vollkommen unbekleideten Frau* beworben wird (auch wenn sie nur von hinten zu sehen ist, der erotisierte Voyeurismus wird dadurch nicht gemindert). In früheren Jahren war das noch eklatanter, wie etwa 50/2015, als eine nackte Frau durch eine Chipkarte hindurch zu sehen ist.

184 Vgl. Pauer, Nina. «Peinlich und altbacken: Helm-Kampagne.» *Zeit Online*, 27.03.2019. URL: https://www.zeit.de/2019/14/helm-kampagne-verkehrsministerium-radfahren-werbeplakat (letzte Überprüfung: 28.01.2020).

185 Freitag, Tabea. «Wirkungsforschung: Pornos schaden dreifach.» In: Tabea Freitag. *Praxisbuch zur Prävention von Internet-Pornografie-Konsum*. Diakoniewerk Kirchröder Turm. Fachstelle Mediensucht Hannover, 2013: 36–55; Kimmel, Birgit; Rack, Stefanie; Schnell, Constantin; Hahn, Franziska & Hartl, Johann. *Let's talk about Porno. Jugendsexualität, Internet und Pornografie*. Co-financed by the Connecting Europe. Facility of the European Union, 2018 (2011); Nitschke, Jörg. «Jugend und Pornografie: Herausforderungen für die sexualpädagogische Arbeit mit Jungen.» In: Farin, Klaus & Möller, Kurt (Hrsg.). *Kerl sein: Kulturelle Szenen und Praktiken von Jungen*. Berlin: Archiv der Jugendkulturen, 2014: S. 109–128.

186 MacKinnon, «Auf dem Weg zu einer feministischen Jurisprudenz», 1993: 11.

187 Vgl. so auch: Konrad, Sandra. *Das beherrschte Geschlecht: Warum sie will, was er will*. München: Piper, 2018: 145–184; *Die Pornographie der Gesellschaft*, 2012: 141–145. Das lässt es zynisch klingen, wenn Intellektuelle Pornos eine subversive Darstellung von Geschlecht zuschreiben.

188 Vgl. MacKinnon, Catherine A. *Nur Worte: Only Words*. Frankfurt am Main: Fischer Taschenbuch, 1994.

189 MacKinnon & Baer, *Gleichheit, realistisch*, 2019: 365–366.

190 Ohne Autor*in. «Pornografie: Das Gesetz.» *Emma*, 01.12.1987. URL: https://

www.emma.de/artikel/pornografie-das-gesetz-264424 (letzte Überprüfung: 28.01.2020).

191 Vgl. Lenhart, Amanda; Ybarra, Michele & Price-Feeney, Myeshia. «Nonconsensual Image Sharing: One in 25 Americans has been a Viction of ‹Revenge Porn›.» Data and Society Research Institute, 2016. URL: https://datasociety.net/pubs/oh/Nonconsensual_Image_Sharing_2016.pdf. Vgl. dazu: Keats Citron, Danielle & Franks, Mary Anne. «Criminalizing Revenge Porn.» *Wake Forest Law Review* 345 (2014): 345–391.

192 Die Cyber Civil Rights Initiative listet derartige und andere Cyber-Gesetze und fokussiert dabei auf Revenge Porn. Vgl. Cyber Civil Rights Initiative. «Revenge Porn laws.» cybercivilrights.org. 2020. https://www.cybercivilrights.org/revenge-porn-laws/ (letzte Überprüfung: 20.04.2020). In Deutschland ist es etwas komplizierter, weil es nicht das eine Gesetz gegen Revenge Porns gibt, aber diese über das Recht auf Vergessenwerden (Online-Löschung), das Recht am eigenen Bild oder auch Sexualbeleidigung oder Cyber-Mobbing verfolgt werden können. Insofern gibt es hier rechtliche Handhabe und teilweise sogar entsprechende explizite Rechte, wie in den USA.

193 Wachendorfer, «Weiß-Sein in Deutschland», 2001: 87.

194 Vgl. Duden. «Buschmannfrau, die.» duden.de, 2019. URL: https://www.duden.de/rechtschreibung/Buschmannfrau (letzte Überprüfung: 10.09.2019).

195 Diderot, Denis & d'Alembert, Jean-Baptise. «Homme.» *Artikel aus der von Diderot und d'Alembert herausgegebenen Enzyklopädie.* (Naumann, Manfred (Hrsg.). Leipzig: Reclam, 1972 (1751–1780): 674.

196 Beauvoir, *Das andere Geschlecht*, 1989 (1949): 265.

197 Vgl. zur zugehörigen Diskussion bspw.: Pusch, Luise F. *Das Deutsche als Männersprache: Aufsätze und Glossen zur feministischen Linguistik.* Frankfurt am Main: Suhrkamp, 2013 (1984): 46–68; Trömel-Plötz, Senta; Guentherodt, Ingrid; Hellinger, Marlis; Pusch, Luise F. «Richtlinien zur Vermeidung sexistischen Sprachgebrauchs.» In: Heuser, Magdalene (Hrsg.). *Frauen – Sprache – Literatur: Fachwissenschaftliche Forschungsansätze und didaktische Modelle und Erfahrungsberichte für den Deutschunterricht.* Paderborn u.a.: Schöningh, 1982: 84–90.

198 Vgl. Biermann, Wolf. «Wer sich nicht in Gefahr begibt, der kommt drin um.» In: Biermann, Wolf. *Alle Lieder.* Köln: Kiepenheuer & Witsch, 1991: 225–226.

199 Pusch, Luise. «Von Menschen und Frauen.» In: Pusch, Luise F. *Das Deutsche als Männersprache,* 2013: 15–19, hier: 18.

200 Etymologisch gibt es auch andere Herleitungen zu diesem Begriff, vgl. etwa: Online Etymology Dictionary. «history (n.)». etymonline.com. o.J. URL: https://www.etymonline.com/word/history (letzte Überprüfung: 26.09.2019); vgl. zur Debatte, warum und wie *history* als *his story* gelesen werden kann: Steinmetz, Katy. «This is Where the Word ‹History› Comes From.»

Time, 23.06.2017. URL: https://time.com/4824551/history-word-origins/ (letzte Überprüfung: 26.09.2019).

201 Klemperer, Victor. *LTI. Notizbuch eines Philologen*. Nach der Ausgabe letzter Hand hrsg. von Elke Fröhlich. Stuttgart: Reclam, 2015 (1947): 26.

202 Vgl. Makela, Mark. «Transcript: Donald Trump's Taped Comments About Women.» *The New York Times*, 08.10.2016. URL: https://www.nytimes.com/2016/10/08/us/donald-trump-tape-transcript.html (letzte Überprüfung: 25.09.2019).

203 Auch danach noch wurde diese Vokabel verwendet. Vgl. bspw. folgende Pressetexte: «Von den ermittelten etwa 6500 Notzuchtverbrechen werden also auch noch über 5000 von Rückfalltätern begangen.» *Die Zeit*, 23 (09.06.1967). «Am nächsten Morgen aber gibt er die ersten sechs von einem Dutzend ihm zur Last gelegten Notzuchtverbrechen zu.» *Die Zeit*, 16 (10.04.1987). oder: «Schon einmal, als 14jähriger, war er am Versuch eines Notzuchtverbrechens beteiligt.» *Bild*, 14.04.1999. Aber auch in der Wissenschaft war der Begriff lange noch gebräuchlich. Vgl. die Aussage: «Und tatsächlich legte dieser Mann ein Geständnis ab, an mehreren Mädchen Notzuchtverbrechen versucht zu haben.» (Zimmermann, Theo. *Der praktische Rechtsberater*. Gütersloh: Bertelsmann, 1968: 630).

204 Vgl. Roth, Andreas. *Notzucht*. In: Cordes, Albrecht u. a. (Hrsg.) Handwörterbuch zur deutschen Rechtsgeschichte, (HRG). 2. Aufl. 2004 ff., Band III, 24. Hg., Berlin: Erich Schmidt Verlag, 2018; Sp. 2010–2012. URL: https://www.hrgdigital.de/id/notzucht/_sid/SPKZ-150747-mjh6/stichwort.html (letzte Überprüfung: 26.09.2019).

205 Vgl. Benecke, Georg Friedrich; Müller, Wilhelm & Zarncke, Friedrich. Mittelhochdeutsches Wörterbuch. Zweiter Band. Erste Abteilung M–R: Leipzig: S. Hirzel, 1863:407.

206 Vgl. dazu u. a. Leonhardt, Rudolf Walter. «Unfug mit Unschuld und Unzucht.» *Die Zeit*, 18.04.1969. URL: https://www.zeit.de/1969/16/unfug-mit-unschuld-und-unzucht/komplettansicht (letzte Überprüfung: 10.09.2019).

207 Vgl. Marshallese-English Online Dictionary. «Pikaar Pikinni.» trussel2.com 2020. URL: http://www.trussel2.com/MOD/LocP.htm#Pikinni (letzte Überprüfung: 26.09.2019): Pikinni.

208 Vgl. ohne Autor*in. «Bikini.» Wiktionary, 2020. URL: https://de.wiktionary.org/wiki/Bikini (letzte Überprüfung 10.05.2020).

209 Vgl. Kennedy, Sarah. *The Swimsuit: A Fashion History from 1920s Biarritz and the Birth of the Bikini to Sportswear Styles and Catwalk Trends*. London: Carlton, 2007.

210 Vgl. Breiner, Ingeborg. *Die Frau im deutschen Lexikon: Eine sprachpragmatische Untersuchung*. Wien: Ed. Praesens, 1996.

211 Vgl. Breiner, *Die Frau im deutschen Lexikon*, 1996: 85–88; Klann-Delius, Gisela. *Sprache und Geschlecht: Eine Einführung*. Stuttgart u. a.: Metzler, 2005: 19–25.

212 Vgl. bspw.: Piesche, Peggy. «Gegen das Schweigen: Diasporische Vernetzungen Schwarzer Frauen in transnationalen Begegnungen. Eine Würdigung.» In: Piesche, Peggy (Hrsg.). *Euer Schweigen schützt Euch nicht: Audre Lorde und die Schwarze Frauenbewegung in Deutschland.* Berlin: Orlanda, 2012: 7–16.

213 Vgl. Reichwein, Marc. «Dürfen Kritiker über das Aussehen von Autorinnen schreiben?» *Welt*, 10.09.2019. URL: https://www.welt.de/kultur/literarische-welt/article200063622/dichterdran-Darf-man-ueber-das-Aussehen-von-Schriftstellerinnen-schreiben.html (letzte Überprüfung: 28.01.2020).

214 Vgl. Kant, *Beobachtungen über das Gefühl des Schönen und Erhabenen*, 1839 (1764): 406.

215 Rousseau, *Emil oder über die Erziehung*, 1998 (1762): 386.

216 Vgl. Kant, *Beobachtungen über das Gefühl des Schönen und Erhabenen*, 1839 (1764): 406–419.

217 Vgl. Deutschlandfunk Nova. «Stressverhalten: Das Kleiner-Mann-Syndrom existiert.» *deutschlandfunknova.de*, 25.08.2015. URL: https://www.deutschlandfunknova.de/nachrichten/stressverhalten-das-kleiner-mann-syndrom-existiert (letzte Überprüfung: 26.09.2019).

218 Vgl. Industrieverband Körperpflege- und Waschmittel e.V. «Schönheitspflegemittelmarkt in Deutschland 2018 zu Endverbraucherpreisen.» *IKW. org. 2019.* URL: https://www.ikw.org/ikw/der-ikw/fakten-zahlen/marktzahlen/ (letzte Überprüfung: 11.09.2019). Es gibt allerdings in diesem Rahmen stets Unsicherheiten bezüglich der Zahlen, auch davon abhängig, was diesem Markt zugerechnet wird. Global wurde der Markt 2017 auf 532,43 Milliarden US$ geschätzt. Vgl. dazu Reuters. «Global Cosmetics Products Market Expected to Reach USD 805.61 Billion by 2023: Industry Size & Share Analysis.» *Reuters*, 13.03.2018. URL: https://www.reuters.com/brandfeatures/venture-capital/article?id=30351 (letzte Überprüfung: 11.09.2019).

219 Vgl. Statista. «Welche dieser Kosmetik-, Haar- und Körperpflegeprodukte haben Sie (Frauen) in den letzten 7 Tagen verwendet?» *statista.com.* 2019. URL: https://de.statista.com/statistik/daten/studie/181262/umfrage/haeufigkeit-verwendung-von-parfum-bei-maennern/ (letzte Überprüfung: 21.04.2019).

220 Vgl. Statista. «Welche dieser Kosmetik-, Haar- und Körperpflegeprodukte haben Sie (Frauen) in den letzten 7 Tagen verwendet?» *2019.*

221 Vgl. American Society of Plastic Surgeons. «Plastic Surgery Statistics Report 2018.» *plasticsurgery.org. 2018.* URL: https://www.plasticsurgery.org/documents/News/Statistics/2018/plastic-surgery-statistics-full-report-2018.pdf (letzte Überprüfung: 26.09.2019): 22.

222 Vgl. «Zahl der Schönheitsoperationen weiter gestiegen.» *Ärzteblatt*, 27.04.2018. URL: https://www.aerzteblatt.de/nachrichten/94803/Zahl-der-Schoenheitsoperationen-weiter-gestiegen (letzte Überprüfung: 13.09.2019); Statista. «Geschlechterverteilung bei Patienten von Schönheitsoperationen in Deutschland in den Jahren 2012 bis 2018» (2019). *statista.com. 2019.* URL:

https://de.statista.com/statistik/daten/studie/243144/umfrage/geschlechterverteilung-bei-patienten-von-schoenheitsoperationen-in-deutschland/ (letzte Überprüfung: 11.09.2019). Trans*sexualitäts-OPs gehören hier nicht dazu; sie stellen keine kosmetische Maßnahme dar.

223 Vgl. «Zahl der Schönheitsoperationen weiter gestiegen», *Ärzteblatt*, 2018.

224 Vgl. Shakespeare, William. *Shakespeare's Sonnets (The Arden Shakespeare)*. London: Thomson Learning, 2001: Sonnette 127 & 130.

225 Vgl. dazu auch Hasters, Alice. *Was weiße Menschen nicht über Rassismus hören wollen: aber wissen sollten*. München: hanserblau, 2019.

226 Vgl. ohne Autor*in. «Why Women do not Grow Beards.» In: Nnagbo Egudu, Romanus. *The Calabash of Wisdom and Other Igbo Stories*. New York: NOK Publishers, 1983 (1973): 33.

227 Vgl. Penny, Laurie. *Fleischmarkt: Weibliche Körper im Kapitalismus*. Hamburg: Edition Nautilus, 2012: 45–68.

228 Seit Ende des 20. Jahrhunderts überwiegen in Westeuropa Erzählungen, wonach übergewichtige Menschen zu viel essen würden und sie sich ungesund (mit Fast-Food) ernähren (weil sie arm sind). Dabei wird außer Acht gelassen, dass es viele andere Ursachen geben kann. Zudem werden gesundheitliche Bedenken angeführt (Fettleber, Kreislaufprobleme etc.), wobei oft nicht ausreichend einbezogen wird, dass Krankheiten eine Gewichtszunahme bedingen oder eine Gewichtsabnahme verhindern können.

229 Vgl. Statista. «Anzahl der in deutschen Krankenhäusern diagnostizierten Fälle von Anorexie und Bulimie in den Jahren 2000 bis 2017» (2019). *statista.com. 2019*. URL: https://de.statista.com/statistik/daten/studie/28909/umfrage/in-krankenhaeusern-diagnostizierte-faelle-von-anorexie-und-bulimie/ (letzte Überprüfung: 11.09.2019).

230 Vgl. Bundeszentrale für gesundheitliche Aufklärung. «Wie häufig sind Essstörungen?» *bzga.de. o.J.* URL: https://www.bzga-essstoerungen.de/wie-haeufig-sind-essstoerungen/?L=0 (letzte Überprüfung: 11.09.2019).

231 Vgl. Meinrenken, Susanne. «Wie häufig ist Bulimie?» *Hausarztwissen Online*, 04.07.2019. URL: https://deximed.de/home/b/kinder-und-jugendpsychiatrie/patienteninformationen/bulimie/bulimie-haeufigkeit/ (letzte Überprüfung: 26.09.2019).

232 Vgl. zu Pussy Riot: Engelmann, Jonas & Peglow, Katja. «Revolution auf Russisch: Wie aus Pussy Riot die neuen Riot Grrrls wurden.» In: Engelmann, Jonas & Peglow, Katja (Hrsg.). *Riot Grrrl Revisited: Geschichte und Gegenwart einer feministischen Bewegung*. Mainz: Ventil, 2011: 179–185; Reich, Lena. *Miss GULAG und die Rolle des weiblichen Körpers in der russischen Lagerliteratur:* Von Anton Čechov bis Evgenija Ginzburg. Frankfurt am Main: Lang, 2013: 91–94.

233 Vgl. Weber, Benjamin. «Lena Chen holt sich ihren Körper zurück.» *Deutschlandfunk Nova*, 27.07.2018. URL: https://www.deutschlandfunknova.de/beitrag/lena-chen-harvard-studentin-wird-opfer-von-revenge-porn (letzte Über-

prüfung 24.09.2019); Lou, Alice Phoebe. «My Body Manifesto.» *Instagram*, 12.09.2019. URL: https://www.instagram.com/p/B2Tn1uJC5fx/ (letzte Überprüfung 24.09.2019).

234 Vgl. Positivelyglittered. «Homepage.» *positivelyglittered.com*, 2019. URL: https://www.positivelyglittered.com (letzte Überprüfung: 11.09.2019).

235 Vgl. Schnerring, Almut & Verlan, Sascha. *Die Rosa-Hellblau-Falle: Für eine Kindheit ohne Rollenklischees*. München: Kunstmann, 2014: 40–48.

236 Vgl. Fitzsimmons, Emma G. «A Scourge is Spreading: M. T. A.'s Cure? Dude, Close Your Legs.» *The New York Times*, 20.12.2014. URL: https://www.nytimes.com/2014/12/21/nyregion/MTA-targets-manspreading-on-new-york-city-subways.html (letzte Überprüfung: 27.09.2019).

237 Vgl. Ahluwalia, Ravneet. «Madrid Bans Manspreading on Public Transport.» *The Independent*, 08.06.2017. URL: https://www.independent.co.uk/travel/news-and-advice/mandspreading-madrid-spain-ban-public-transport-bus-metro-behaviour-etiquette-a7779041.html (letzte Überprüfung: 27.09.2019).

238 Vgl. Barbe, Josephine. *Figur in Form: Geschichte des Korsetts*. Bern u. a.: Haupt, 2012.

239 Vgl. Zander-Seidel, Jutta. *Kleiderwechsel: Frauen-, Männer- und Kinderkleidung des 18. bis 20. Jahrhunderts*. Nürnberg: Germanisches Nationalmuseum, 2002.

240 Vgl. Loschek, Ingrid. *Mode im 20. Jahrhundert: Eine Kulturgeschichte unserer Zeit*. München: Bruckmann, 1988 (1978): 57–76.

241 Vgl. Metken, Sigrid. *Der Kampf um die Hose: Geschlechterstreit und die Macht im Haus: Die Geschichte eines Symbols*. Frankfurt am Main u. a.: Campus, 1996.

242 Vgl. Wolter, Gundula. *Hosen, weiblich: Kulturgeschichte der Frauenhose*. Marburg: Jonas Verlag, 1994.

243 Vgl. Gaugele, Elke. «‹Ich misch das so.› Jugendmode: ein Sampling von Gender, Individualität und Differenz.» In: Gaugele, Elke & Reiss, Kristina (Hrsg.). *Jugend, Mode, Geschlecht: Die Inszenierung des Körpers in der Konsumkultur*. Frankfurt am Main u. a.: Campus, 2003: 34–53.

244 Vgl. Johnson, Anna. *Handtaschen: Die Geschichte eines Kultobjekts*. Potsdam: h. f.ullmann publishing, 2013: xi-xxiv; TrendMag. «Die Geschichte der Handtasche», *trendmag. today 2019*. URL: https://trendmag.today/posts/die-geschichte-der-handtasche/ (letzte Überprüfung: 11.09.2019).

245 Greville, Violet. «Place aux Dames.» *The Graphic*, 01.09.1894: 13. Eigene Übersetzung. URL: https://www.britishnewspaperarchive.co.uk/search/results/1894-09-01?NewspaperTitle=The%2BGraphic&IssueId=BL%2F9000057%2F18940901%2F&County=London%2C%20England (letzte Überprüfung: 11.09.2019).

246 Diese Zahlen basieren auf einer Untersuchung von VOX von 160 Männer- versus FrauenHosen von 80 verschiedenen Anbietern. Mass, Kimberly.

«Why Women's Pockets Suck.» *Vox*, 05.12.2018. https://www.youtube.com/watch?v=Vi2Vgym6lbw (letzte Überprüfung: 11.09.2019).

247 Summers, Chelsea G. «The Politics of Pockets. The History of Pockets isn't Just Sexist, It's Political.» *Vox*, 19.09.2016. URL: https://www.vox.com/2016/9/19/12865560/politics-of-pockets-suffragettes-women (letzte Überprüfung: 11.09.2019). Eigene Übersetzung.

248 Vgl. Schmidt, Christine. *The Swimsuit: Fashion from Poolside to Catwalk*. London & New York: Berg, 2012: 6–11.

249 An der Inszenierung nackter Nubier*innen durch Leni Riefenstahl wird deutlich, dass Nacktheit im nationalsozialistischen Ästhetikpool in gegebener Ambivalenz auch als naturverbundene, unterlegene Form des animalisierten Menschseins galt.

250 Vgl. Martin, Richard & Koda, Harold. *Splash! The History of Swimwear*. New York: Fashion Institute of Technology, 1990 & Schmidt 2012: 11–17.

251 Vgl. Deutschlandfunk Kultur. «Frankreich. Gericht kippt Burkini-Verbot.» *Deutschlandfunk Kultur*, 26.08.2018. URL: https://www.deutschlandfunkkultur.de/frankreich-gericht-kippt-burkini-verbot.1895.de.html?dram:article_id=364177 (letzte Überprüfung: 26.09.2019).

252 Vgl. Almila, Anna-Mari & Inglis, David (Hrsg.). *The Routledge International Handbook to Veils and Veiling Practices*. London & New York: Routledge, 2018.

253 Vgl. Alinejad, Masih. «Ohne Titel.» *Instagram*, 03.03.2019. URL: https://www.instagram.com/p/Buv38GbhDAf/ (letzte Überprüfung: 11.09.2019).

254 Vgl. zu Moghiseh: Iran Press Watch. «Human Rights Violator: Judge Mohammad Moghiseh.» *iranpresswatch.org. 30.06.2017.* URL: http://iranpresswatch.org/post/17764/judge-mohammad-moghiseh/ (letzte Überprüfung: 11.09.2019).

255 Vgl. Reichart, Johannes. «AfD-Wahlprogramm: ‹Europa der Vaterländer›.» *BR24*, 15.03.2019. URL: https://www.br.de/nachrichten/deutschland-welt/afd-wahlprogramm-europa-der-vaterlaender,RKbYv8M (letzte Überprüfung: 19.09.2019).

256 Vgl. Wüstenberg, Daniel. «Pfefferspray hilft nicht immer: Sachsen-AfD will Wahlwerbung mit an Heizung geketteter Frau machen.» *Stern*, 04.07.2019. URL: https://www.stern.de/politik/deutschland/afd-plakat-sorgt-fuer-empoerung---dass-das-motiv-polarisiert--ist-klar--8783942.html (letzte Überprüfung: 19.09.2019).

257 Vgl. Rößner, Jörg. «AfD-Wahlplakat abgehängt: ‹Ich habe diese gezielte Provokation nun abgestellt.›» *Welt*, 07.09.2017. URL: https://www.welt.de/politik/deutschland/article168437761/Ich-habe-diese-gezielte-Provokation-nun-abgestellt.html (letzte Überprüfung: 19.09.2019).

258 Vgl. AfD. «Facebook-Auftritt: Zur Debatte um die ‹Ehe für alle› erklärt AfD-Spitzenkandidat Alexander Gauland.» *Alternativefürde*, 28.06.2017. URL: https://www.facebook.com/alternativefuerde/posts/1544306238933043/ (letzte Überprüfung: 19.09.2019).

259 Vgl. AfD Kreisverband Hannover-Land. «Europa braucht Vaterländer!.» AfD Hannover-Land, 2019. URL: https:// www.afd-hannover-land.de/veranstaltungen/7Z-wahlparty-zur-eu-wahl/ (letzte Überprüfung: 09.05.2020).

260 Alice Schwarzer. *Alice im Männerland: Eine Zwischenbilanz*. Köln: Kiepenheuer und Witsch, 2002: 293, 299.

261 Vgl. bspw.: Hübsch, Khola Maryam. «Das rote Tuch: Feminismus Reloaded.» *kmhuebsch.de*, 09.10.2018. URL: https://www.kmhuebsch.de/2018/10/09/das-rote-tuch-feminismus-reloaded/ (letzte Überprüfung: 26.09.2019).

262 Vgl. Aschenbrenner, Sophie. «Studierende protestieren gegen Konferenz zum Thema Kopftuch: Sie werfen der Initiatorin antimuslimischen Rassismus vor. Die wehrt sich.» *jetzt*, 08.05.2019. URL: https:// www.jetzt.de/politik/schroeter-raus-debatte-um-kopftuch-konferenz-an-der-goethe-uni-frankfurt (letzte Überprüfung: 26.09.2019).

263 Vgl. Dernbach, Andrea. «Mordprozess im Fall Marwa el-Sherbini. Stiche ins Herz.» *Zeit Online* & *Der Tagesspiegel*, 27.10.2009. URL: https://www.zeit.de/gesellschaft/zeitgeschehen/2009-10/prozess-marwa-dresden (letzte Überprüfung: 11.09.2019).

264 Vgl. Smida, Dilan Zoe. «Knowledge in (E)motion: Mattering Beyond a Critical Feminism.» MA-Arbeit, Universität Bayreuth, Juni 2019.

265 Vgl. dazu Sirri, Lana. *Einführung in islamische Feminismen*. Berlin: w_orten & meer, 2017: 81–88.

266 Zit. n. Spreitzer, Brigitte. *Die stumme Sünde: Homosexualität im Mittelalter. Mit einem Textanhang*. Göppingen: Kümmerle, 1988: 36.

267 Vgl. Giffney, Noreen. *The Lesbian Premodern*. New York: Palgrave Macmillan, 2011.

268 Vgl. Stern, Caroline. *Intersexualität: Geschichte, Medizin und psychosoziale Aspekte*. Marburg: Tectum, 2010: 26–36.

269 Eine andere begriffliche Alternative wurde 1867 von Karl Heinrich Ulrichs vorgeschlagen: Uranismus bzw. Urning (für männliche Homosexuelle), Urninde (für homosexuelle Frauen) und Dioning für den heterosexuellen Mann (in Anlehnung an die Göttin Aphrodite Dionea). Während Dionea aus einer heterosexuellen Beziehung stammte, wurde die Namensgeberin der Urnings, die Göttin Aphrodite Urania, aus abgetrennten Körperteilen ihres Vaters geschaffen, was zwar irgendwie an die Erschaffung Evas aus dem Körper des Mannes* erinnert, für Ulrichs aber war die Erschaffung aus nur einem Körper der entscheidende Aufhänger. Vgl. Ulrichs, Karl Heinrich. *Forschungen über das Räthsel der mannmännlichen Liebe* (12 Bände). Berlin: Rosa Winkel, 1994 (1864–1879).

270 Vgl. Spreitzer, *Die stumme Sünde*, 1988: 5–11.

271 «Sodomie» wird heute nur noch verwendet, wenn eine Person gezielt beleidigend über Homosexualität sprechen möchte. Deswegen wird im Folgenden außerhalb von (indirekten) Zitaten konsequent (wenn ich von «S.» spreche) von Homosexualität gesprochen, auch wenn in den betreffenden

Zeiträumen der Begriff «S.» gebraucht wurde. Ich mache das, weil ich die Gewalt, die in dem Begriff «S.» steckt, nicht reproduzieren möchte. Und ich mache das im Wissen, dass die gesamte Gewaltgeschichte der «S.» letztlich dem Begriff «Homosexualität» einverleibt wurde («Homo» etwa ist bis heute ein beleidigend gemeintes Schimpfwort), er also letztlich auch nicht unkritisch zu sehen ist.

272 Vgl. bspw.: Ermann, Michael. *Identität und Begehren: Zur Psychodynamik der Sexualität*. Stuttgart: Kohlhammer, 2019: 128–157.

273 Vgl. Ippolito, Enrico. «LGBT. LGBTI. LGBTIQ. LGBTIQQ. LGBTIQQ*.» In: *Jahrbuch Sexualitäten*. Göttingen: Wallstein, 2016: 183–188.

274 Vgl. Lesben- und Schwulenverband. «Statistik: Wie viel eingetragene Lebenspartnerschaften gibt es?» *lsvd.de*, ca. 2018. URL: https://www.lsvd.de/de/recht/ratgeber/lebenspartnerschaft-gesetz/statistik (letzte Überprüfung: 24.02.2020).

275 Statista. «Umfrage in Deutschland zur sexuellen Orientierung im Geschlechtervergleich 2016.» *statista.com*, 2017). URL: https://de.statista.com/statistik/daten/studie/823538/umfrage/umfrage-in-deutschland-zur-sexuellen-orientierung-im-geschlechtervergleich/ (letzte Überprüfung: 19.04.2020).

276 Vgl. Statista. «Statistiken zu LGBT*» (22.06.2018). *statista.com*. 2018. URL: https://de.statista.com/themen/4641/lgbt/ (letzte Überprüfung: 19.04.2020).

277 Vgl. Bleibtreu-Ehrenberg, Gisela. *Homosexualität: Die Geschichte eines Vorurteils*. Frankfurt am Main: Fischer, 2015: 188–196.

278 Vgl. Hehenberger, Susanne. *Unkeusch wider die Natur: Sodomieprozesse im frühneuzeitlichen Österreich*. Wien: Löcker, 2005: 44.

279 Vgl. Spreitzer, *Die stumme Sünde*, 1988: 15.

280 Vgl. Spreitzer, *Die stumme Sünde*, 1988: 36–41.

281 Hergemöller, Bernd-Ulrich. «Sodomiter – Schuldzuschreibungen und Repressionsformen im späten Mittelalter.» In: Hergemöller, Bernd-Ulrich (Hrsg.). *Randgruppen der spätmittelalterlichen Gesellschaft: Ein Hand- und Studienbuch*. Warendorf: Fahlbusch, 1990: 316–356, hier 321.

282 Vgl. Hehenberger. *Unkeusch wider die Natur*, 2005: 15–34.

283 Vgl. Michaelis, Beatrice. *(Dis-)Artikulation von Begehren: Schweigeeffekte in wissenschaftlichen und literarischen Texten*. Berlin & New York: Walter de Gruyter, 2011: 62–70.

284 Spreitzer. *Die stumme Sünde*, 1988: 58.

285 Vgl. Hergemöller, Bernd-Ulrich. *Einführung in die Historiographie der Homosexualitäten*. Tübingen: Ed. Diskord, 1999: 75.

286 § 116 der Constitutio Criminalis Carolina von 1532, zit. n. «Die Peinliche Gerichtsordnung Kaiser Karls V. von 1532 (Carolina).» In: Radbruch, Gustav. *Strafrechtsgeschichte*. Gesamtausgabe Band 11. Heidelberg: Müller, 2001: 255–338, hier 286.

287 Hergemöller, Bernd-Ulrich. *Sodom und Gomorrha: Zur Alltagswirklichkeit*

und Verfolgung Homosexueller im Mittelalter. Hamburg: Männerschwarm, 2000 (1998): 43.

288 Vgl. Hergemöller. *Sodom und Gomorrha*, 2000 (1998): 35–76.

289 Vgl. Meer, Theo van der. *Sodoms zaad in Nederland: het ontstaan van homoseksualiteit in de vroegmoderne tijd*. Nijmegen: SUN, 1995.

290 Vgl. Bleibtreu-Ehrenberg, *Homosexualität*, 2015: 297–340.

291 Cella, Johann Jakob. *Verbrechen und Strafe in Unzuchtsfällen*. Saarbrücken: Hofbuchhandlung, 1787: 69.

292 Vgl. Bleibtreu-Ehrenberg, *Homosexualität*, 2015: 307–311.

293 Vgl. Bleibtreu-Ehrenberg, *Homosexualität*, 2015: 314–318.

294 Vgl. Hössli, Heinrich. *Eros: Die Männerliebe der Griechen, ihre Beziehungen zur Geschichte, Erziehung, Literatur und Gesetzgebung aller Zeiten*. Berlin: Rosa Winkel, 1998 (1836 & 1838).

295 Vgl. bspw.: Herzer, Manfred & Féray, Jean-Claude. «Karl Maria Kertbeny.» In: Lautmann, Rüdiger (Hrsg.). *Homosexualität: Handbuch der Theorie- und Forschungsgeschichte*. Frankfurt am Main u. a.: Campus, 1993, 42–47.

296 Vgl. Herzer, Manfred. *Magnus Hirschfeld und seine Zeit*. Berlin & Boston: De Gruyter Oldenbourg, 2017: 66–80.

297 Vgl. bspw.: Grimm, Matthias & Herzer, Manfred. Die Geschichte des § 175: *Strafrecht gegen Homosexuelle*. Katalog zur Ausstellung in Berlin und in Frankfurt am Main 1990. Berlin: Rosa Winkel, 1990.

298 Zit. n. Baumann, Jürgen. *Paragraph 175: Über die Möglichkeit, die einfache, nichtjugendgefährdende und nichtöffentliche Homosexualität unter Erwachsenen straffrei zu lassen*. Neuwied: Luchterhand, 1968: 125.

299 Vgl. Grau, Günter. «Verfolgung, ‹Umerziehung› oder ‹Ausmerzung› homosexueller Männer 1933–1945: Folgen des rassehygienischen Konzepts der Reproduktionssicherung.» In: Grau, Günter & Schoppmann, Claudia. *Homosexualität in der NS-Zeit: Dokumente einer Diskriminierung und Verfolgung*. Frankfurt am Main: Fischer, 1993: 29–34.

300 Erlass zur Reinhaltung von SS und Polizei (15.11.1941). Zit. n. Zinn, Alexander. *Aus dem Volkskörper entfernt? Homosexuelle Männer im Nationalsozialismus*. Frankfurt am Main/New York: Campus, 2017: 325.

301 Vgl. Zinn, *Aus dem Volkskörper entfernt?*, 2017: 243–499.

302 Wenzeslaus Graf Gleispach. «Stellungnahme zur Verschärfung von § 175.» Zit n. Zinn, *Aus dem Volkskörper entfernt?*, 2017: 281.

303 Vgl. Miller, Neil. *Out of the Past: Gay & Lesbian History from 1869 to the Present*. New York: Alyson, 2006: 265–266.

304 Vgl. Tosh, Jemma. «Kritische Feministische, Queer- & Trans-Psychologie: Zur Dekonstruktion von Geschlecht und Sexualität.» In: Heseler, Denise; Iltzsche, Robin; Rojon, Olivier; Rüppel, Jonas & Uhlig, Tom David (Hrsg.). *Perspektiven kritischer Psychologie und qualitativer Forschung: Zur Unberechenbarkeit des Subjekts*. Wiesbaden: Springer, 2017: 127–156, hier 131–132.

305 Vgl. Bundesministerium für Gesundheit. «Konversionstherapieverbot.»

bundesgesundheitsministerium.de. 2020. URL https://www.bundesgesundheitsministerium.de/Konversionstherapieverbot.html (letzte Überprüfung: 12.05.2020).

306 Verfassungen.de. *§ 149 (1) Strafgesetzbuch der DDR vom 12. Januar 1968. verfassungen.de.* o.J. URL: http://www.verfassungen.de/ddr/strafgesetzbuch74.htm (letzte Überprüfung: 12.09.2019).

307 Hofmann, Inga. «Noch keine lesbische Frau entschädigt.» *Der Tagesspiegel*, 27.09.2019. URL: https://www.tagesspiegel.de/gesellschaft/queerspiegel/wegen-verfolgung-in-der-ddr-noch-keine-lesbische-frau-entschaedigt/25059038.html (letzte Überprüfung: 30.01.2020). Allerdings unterschied § 176, der den Missbrauch von Kindern regelt, in der Bundesrepublik nicht zwischen Homo- und Heterosexualität.

308 Vgl. dazu: Bundeszentrale für politische Bildung. «1994: Homosexualität nicht mehr strafbar.» *bpb.de*, 2014. URL: https://www.bpb.de/politik/hintergrund-aktuell/180263/24-jahre-homosexualitaet-straffrei (letzte Überprüfung: 12.09.2019).

309 Vgl. Bundesministerium der Justiz und für Verbraucherschutz. «Strafrechtliche Rehabilitierung und Entschädigung von Betroffenen des Verbots einvernehmlicher homosexueller Handlungen.» *bmjv.de.* 2020. URL: https://www.bmjv.de/DE/Themen/FamilieUndPartnerschaft/175/RehabilitierungVerurteilterHomosexuellerPersonen.html (letzte Überprüfung: 30.01.2020).

310 Vgl. Bundeszentrale für politische Bildung. *1994: Homosexualität nicht mehr strafbar*, 2014.

311 Müller, Gerhard Ludwig. «Kein Mensch wird gottgewollt als Homosexueller geboren.» *Spiegel Online*, 16.02.2019. URL: https://www.spiegel.de/panorama/kardinal-gerhard-ludwig-mueller-kritisiert-papst-franziskus-a-1253447.html (letzte Überprüfung: 12.09.2019).

312 Kramp-Karrenbauer, Annegret. In: Quadbeck, Eva. Interview mit Annegret Kramp-Karrenbauer, «Jamaika kann im Bund funktionieren.» *Rheinische Post*, 31.07.2017. URL: https://rp-online.de/politik/deutschland/annegret-kramp-karrenbauer-jamaika-kann-im-bund-funktionieren_aid-17919403 (letzte Überprüfung: 12.09.2019).

313 Vgl. Veith, Lucie. «Interview mit Sandra Stalinski: Genitaloperationen müssen verboten werden.» *Tagesschau*, 23.02.2019. URL: https://www.tagesschau.de/inland/intersexualitaet100.html (letzte Überprüfung: 31.08.2019).

314 Vgl. Voß, Heinz-Jürgen. «Intersexualität/Intergeschlechtlichkeit: Überblick über die aktuellen Debatten in der Bundesrepublik Deutschland.» *Femina politica. Zeitschrift für feministische Politik-Wissenschaft* 22.2 (2013): 135–140.

315 Fausto-Sterling, Anne. *Sexing the Body: Gender Politics and the Construction of Sexuality.* New York: Basic Books, 2000: 53.

316 Vgl. Goldschmidt, Richard. «Vorläufige Mitteilung über weitere Versuche zur Vererbung und Bestimmung des Geschlechts.» *Biologisches Centralblatt* 35 (1915): 565–570, 566–569.

317 Vgl. Weininger, Otto. *Über die letzten Dinge*. Wien & Leipzig: K. u. K. Hof- u. Universitäts-Buchhandlung, 1904.
318 Vgl. und Zitate v. Hirschfeld, Magnus. «Die intersexuelle Konstitution.» *Jahrbuch für sexuelle Zwischenstufen* 23 (1923): 3–27, 14–15.
319 Vgl. Cauldwell, David O. «Psychopathia transexualis.» *Sexology* 16 (1949): 274–280.
320 Vgl. Benjamin, Harry. *The Transsexual Phenomenon*. New York: Julian Press, 1966.
321 Vgl. Rauchfleisch, Udo. *Transsexualität – Transidentität: Begutachtung, Begleitung, Therapie*. Göttingen: Vandenhoeck & Ruprecht, 2016: 14–27.
322 Vgl. Lesben- und Schwulenverband. *Ratgeber für inter- und transgeschlechtliche Menschen*, 2019.
323 Vgl. Wikipedia. «Transsexualität.» *wikipedia.org*, 2019. URL: https://de.wikipedia.org/wiki/Transsexualität#cite_note-13 (letzte Überprüfung: 12.09.2019).
324 Vgl. Statista. «Anzahl von Operationen für Geschlechtsumwandlungen in Deutschland im Vergleich der Jahre 2005 und 2012» (2019). URL: https://de.statista.com/statistik/daten/studie/272600/umfrage/anzahl-von-operationen-fuer-geschlechtsumwandlungen-in-deutschland/ (letzte Überprüfung: 26.09.2019).
325 Vgl. Ovid. *Metamorphosen: Das Buch der Mythen und Verwandlungen*. Zürich/München: Artemis, 1989: 93–96 (Buch 4).
326 Vgl. Kolbe, Angela. *Intersexualität, Zweigeschlechtlichkeit und Verfassungsrecht: Eine interdisziplinäre Untersuchung*. Baden-Baden: Nomos, 2010: S. 73–75; Wacke, Andreas. «Vom Hermaphroditen zum Transsexuellen: Zur Stellung von Zwittern in der Rechtsgeschichte.» In: Eyrich, Heinz & Rebmann, Kurt (Hrsg.). *Festschrift für Kurt Rebmann zum 65. Geburtstag*. München: C.H.Beck, 1989: 861–903, 877.
327 Im Original: «Quaeritur: hermaphroditum cui comparamus? Et magis puto eius sexus aestimandum, qui in eo praevalet.» In: *Ulpianus: Libro primo ad Sabinum* (Lateinischer Text nach Mommsen). *Université Grenoble Alples*, o. J. URL: https://droitromain.univ-grenoble-alpes.fr/Corpus/d-01.htm#5 (letzte Überprüfung: 13.09.2019): 1.5.10.
328 Im Original: «Hermaphroditus an ad testamentum adhiberi possit, qualitas sexus incalescentis ostendit.» In: *Ulpianus: Paulus libro tertio sententiarum* (Lateinischer Text nach Mommsen). URL: https://droitromain.univ-grenoble-alpes.fr/Corpus/d-22.htm#5 (letzte Überprüfung: 13.09.2019): 22.5.15.1.
329 Vgl. Nussberger, Erika. *Zwischen Tabu und Skandal: Hermaphroditen von der Antike bis heute*. Köln u. a.: Böhlau, 2018: 31–56.
330 Vgl. Kolbe. *Intersexualität, Zweigeschlechtlichkeit und Verfassungsrecht*, 2010: 75–82.
331 Zit. n. Raymundus Partenopensis. *Die Summa legum brevis levis et utilis des sogenannten Doctor Raymundus von Wiener-Neustadt*. Weimar: Böhlau, 1926: 153.
332 Nussberger, *Zwischen Tabu und Skandal*, 2018: 263–264.

333 Zit. n. Raymundus Partenopensis, *Die Summa legum brevis levis et utilis*, 1926: 153.

334 Vgl. Kolbe, *Intersexualität, Zweigeschlechtlichkeit und Verfassungsrecht*, 2010: 78–81.

335 Zit. n. OpinioIuris. *Allgemeines Landrecht für die Preußischen Staaten vom 1.06.1794. Erster Theil. Erster Titel. Von Personen und deren Rechten überhaupt. Opinio Iuris*, o. J. URL: https://opinioiuris.de/quelle/1622#Erster_Titel._Von_Personen_und_deren_Rechten_ueberhaupt (letzte Überprüfung: 13.09.2019): § 19–23.

336 Laurent, Emile. *Die Zwitterbildungen: Gynaekomastie, Feminismus, Hermaphrodismus*. Leipzig: Wigand, 1896: 226.

337 Vgl. Kurella, Hans. «Einleitung.» In: Laurent, Emile. *Die Zwitterbildungen: Gynaekomastie, Feminismus, Hermaphrodismus*. Leipzig: Wigand, 1896, IX–XX.

338 Vgl. Neugebauer, Franz Ludwig von. *Hermaphroditismus beim Menschen*. Leipzig: Klinkhardt, 1908.

339 Zeiller, Franz Edler von. *Commentar über das allgemeine bürgerliche Gesetzbuch für die gesammten Deutschen Erbländer der Oesterreichischen Monarchie*. Wien & Triest: Geistinger Verlagshandlung, 1811: 117.

340 Unger, Jospeh. *System des österreichischen allgemeinen Privatrechts*. Leipzig: Breitkopf und Härtel, 1856: 279.

341 Vgl. «Gesetz über die Beurkundung des Personenstandes und die Eheschließung» (6.02.1875). *Deutsches Reichsgesetzblatt*, 1875, Nr. 4: 23–40, § 22.

342 Vgl. Nussberger, *Zwischen Tabu und Skandal*, 2018: 149–202.

343 Vgl. Steidele, Angela. *In Männerkleidern: Das verwegene Leben der Catharina Margaretha Linck alias Anastasius Rosenstengel, hingerichtet 1721*. Biografie und Dokumentation. Köln: Böhlau, 2004.

344 Vgl. Nussberger, *Zwischen Tabu und Skandal*, 2018: 217–222.

345 Heute etwa in den USA auch die Androgen Insensitivity Syndrome – Differences of Sex Development (AIS-DSD) Support Group. Vgl. zur australischen NGO: Androgen Insensitivity Syndrome Support Group Australia. *Homepage*, 2020. URL: http://aissga.org.au (letzte Überprüfung: 13.09.2019).

346 Vgl. Zehnder, Kathrin. *Zwitter beim Namen nennen: Intersexualität zwischen Pathologie, Selbstbestimmung und leiblicher Erfahrung*. Bielefeld: transcript, 2010: 169–174.

347 Vgl. «Deutsche Gesellschaft für Transidentität und Intersexualität.» *dgti.org*, 2019. URL: https://www.dgti.org (letzte Überprüfung: 13.09.2019).

348 Vgl. Wissenschaftliche Dienste des Deutschen Bundestages. «Sachstand. Personenstandsrechtliche Regelungen bei intersexuellen Menschen in verschiedenen Rechtsordnungen (WD 7-3000-098/18).» *bundestag.de*, 2018. URL: https://www.bundestag.de/resource/blob/565996/50dee81f312fc665923f7068f834a8dd/WD-7-098-18-pdf-data.pdf (letzte Überprüfung: 26.09.2019).

349 Vgl. Die Presse. «Erste Urkunden mit drittem Geschlecht ausgestellt.» *die-*

presse.com, 14.05.2019. URL: https://diepresse.com/home/panorama/oesterreich/5627949/Erste-Urkunden-mit-drittem-Geschlecht-ausgestellt (letzte Überprüfung: 26.09.2019); *vimoe.at*, 2019. URL: https://vimoe.at/faq/ (letzte Überprüfung: 13.09.2019).

350 Vgl. dazu, dass der Bundesrat in seiner Sitzung vom 6. Dezember 2019 die Vernehmlassungsergebnisse zu einer entsprechenden Änderung des Zivilgesetzbuches zur Kenntnis genommen und die entsprechende Botschaft zuhanden des Parlaments verabschiedet hat: Schweizerische Eidgenossenschaft. Der Bundesrat. «Geschlecht und Vornamenn im Personenstandsregister unbürokratisch ändern.» *admin.ch*, 06.12.2019. URL: https://www.admin.ch/gov/de/start/dokumentation/medienmitteilungen.msg-id-77406.html (letzte Überprüfung: 24.02.2020).

351 Die weitgehend bestehende Unklarheit zeigt sich auch in juristischen Kommentaren. Staudingers Kommentar zum Bürgerlichen Gesetzbuch ist mit Bezug auf die hierbei relevanten Paragraphen, vor allem §§ 1626, 1631 c, 1899 und 1905 BGB, nicht auf dem Stand von 2018. Es gibt nur Neubearbeitungen von 2015 (zu §§ 1626 und 1631 c BGB sowie von 2017 zu §§ 1899 und 1905 BGB). Ich danke Michael Kannowski für seine kritische Kommentierung und Berichtigung dieser Abschnitte.

352 Vgl. Transgender Murder Monitoring, *TMM Absolute Number*, 2016.

353 Vgl. bspw. dazu TransX. «Brasilien ist frei!» *News Archiv*, 19.03.2018: URL: https://www.transx.at/Pub/TransX_NewsArchiv.php (letzte Überprüfung: 24.02.2020) oder Naundorf, Karen. «Sie sind transsexuell?» *fluter*, 20.12.2015. URL: https://www.fluter.de/sie-sind-transsexuell (letzte Überprüfung: 24.02.2020).

354 Sviridenko, Olga; Edmund Willison & Hajo Seppelt (Regie). *Kampf ums Geschlecht: Die verstoßenen Frauen des Sports*. ARD-Dokumentation, 2019.

4. Bewegungen und Strategien gegen Sexismus

1 Foucault, Michel. *Sexualität und Wahrheit 1: Der Wille zum Wissen*. Frankfurt am Main: Suhrkamp, 1983: 96.

2 Vgl. zum Konzept des «rationalen Diskurses»: Habermas, Jürgen. *Faktizität und Geltung: Beiträge zur Diskurstheorie des Rechts und des demokratischen Rechtsstaats*. Frankfurt am Main: Suhrkamp, 1992: 138–139.

3 Vgl. dazu bspw.: Rabaka, Reiland. *The Negritude Movement: W. E. B. Du Bois, Leon Damas, Aime Cesaire, Leopold Senghor, Frantz Fanon, and the evolution of an insurgent idea*. New York u. a.: Lexington, 2015.

4 In «Speculum de l'autre femme» (1974) (dt. als: «Speculum: Spiegel des anderen Geschlechts») besteht Luce Irigaray auf Unterschieden, die Frauen im Vergleich zu Männern ausmachen würden. Es sei wichtig, dass sich Frauen auf ihre eigenen Spezifika besännen und sich aus diesen heraus definierten, statt sich über die patriarchalisch geprägte Norm/alität (die sich an Männ-

lichkeit) orientiert als gleichberechtigt zu positionieren. Vgl. Irigaray, Luce. *Speculum de l'autre femme*. Paris: Ed. De Minuit, 1974.

5 Vgl. Cixous, Hélène. «Le Rire de la Méduse.» *L'Arc* 61 (1975): 39–54; Irigaray, Luce. *Ce sexe qui n'en est pas un*. Paris: Éditions de Minuit, 1977.

6 Vgl. Offen, Karen. «On the French Origin of the Words Feminism and Feminist.» *Feminist Issues* 8.2. (1988): 45–51, hier 45–48.

7 Vgl. Offen, «On the French Origin of the Words Feminism and Feminist», 1988: 45–48.

8 Vgl. Streubel, Christiane. *Radikale Nationalistinnen: Agitation und Programmatik rechter Frauen in der Weimarer Republik*. Frankfurt am Main: Campus, 2006: 63–64.

9 Für eine detaillierte Studie des deutschen Feminismus im internationalen Vergleich vgl.: Ferree, Myra Marx. *Feminismen: Die deutsche Frauenbewegung in globaler Perspektive*. Frankfurt am Main: Campus Verlag, 2018.

10 Vgl. Bargen, «Von Welle zu Welle», 2018.

11 Vgl. Salisbury, Joyce E. *Encyclopedia of Women in the Ancient World*. Santa Barbara: ABC-CLIO, 2001.

12 Vgl. dazu bspw.: FemBio. «Hypatia.» *fembio.org*, 2019. URL: http://www.fembio.org/biographie.php/frau/biographie/hypatia/ (letzte Überprüfung: 13.09. 2019).

13 Vgl. Patu & Antje Schrupp. *Kleine Geschichte des Feminismus im euro-amerikanischen Kontext*. Münster: Unrast, 2015: 10–13; Voigt, Schmidt & Sorace, *Das Beginenwesen in Spätmittelalter und Früher Neuzeit*, 2015.

14 Vgl. Chaucer, *The Wife of Bath's Tale*, 1991 (ca. 1400).

15 Pizan, Christine de. *Das Buch von der Stadt der Frauen*. München: Deutscher Taschenbuchverlag, 1990 (ca. 1405): 51–52.

16 Vgl. Pizan, *Das Buch von der Stadt der Frauen*, 1990 (ca. 1405): 51–52.

17 Auf Shakespeares Bühne hatte dies einen besonderen Flair. Ein Mann*, der die Rolle einer Frau* spielt, hätte sich als Mann* verkleiden müssen, der eigentlich eine Frau* ist.

18 Vgl. Shakespeare, William. *The Merchant of Venice (The Arden Shakespeare)*. London: Bloomsbury, 2010: 4.1163–335.

19 Lanier, Emilia. «Salve Deus Rex Judaeorum.» In: Lanier, Emilia. *The Poems of Shakespeare's Dark Lady: Salve Deus Rex Judaeorum*. London: Cape, 1978 (1611): 39–136, hier 105. Eigene Übersetzung.

20 Vgl. Gournay, Marie le Jars de. «Zur Gleichheit von Frauen und Männern.» In: Gournay, Marie le Jars de. *Zur Gleichheit von Frauen und Männern*. Aachen: ein-FACH-Verlag, 1997 (1622): 29–72, hier 55.

21 Vgl. dazu: Arndt, Susan. *Rassismus: Die 101 wichtigsten Fragen*. München: C.H.Beck: 52.

22 Vgl. Bargen, «Von Welle zu Welle», 2018; Stephan, Inge & Henry, Ruth. *Die Marseillaise der Weiber: Frauen, die Französische Revolution und ihre Rezeption*. Berlin & Hamburg: Argument, 1989.

23 Gouges, *Die Rechte der Frau*, 1995 (1791): 111.

24 Louise Otto-Peters hielt dies auch retrospektiv fest: Otto-Peters, Louise. *Das Recht der Frauen auf Erwerb: Blicke auf das Frauenleben der Gegenwart*. Hamburg: Hoffmann und Campe, 1866: 76.

25 Dittmar, Louise. «Vier Zeitfragen: Beantwortet in einer Versammlung des Mannheimer Montag-Vereins.» In: Möhrmann, Renate (Hrsg.). *Frauenemanzipation im deutschen Vormärz*. Stuttgart: Reclam, 1980 (1847): 92–93, hier 92.

26 Vgl. Erster Wiener Protestwanderweg. «Zeittafel zu Kapitel 2: März bis Oktober 1848.» *protestwanderweg.at*, o.J. URL: https://www.protestwanderweg.at/parlm/parlament_04.php (letzte Überprüfung: 16.09.2019).

27 Vgl. Gerhard, Ute. *Frauenbewegung und Feminismus: Eine Geschichte seit 1789*. München: C.H.Beck, 2009: 37–40.

28 Vgl. Hauch, Gabriella. «Frauen-Räume in der Männer-Revolution von 1848.» In: Dowe, Dieter (Hrsg.). *Europa 1848: Revolution und Reform*. Bonn: Dietz, 1998: 841–900.

29 Vgl. Dohm, Hedwig. *Die Antifeministen: Ein Buch der Verteidigung*. Berlin: Dümmler, 1902.

30 Vgl. Otto-Peters, Louise (Mitwirkende). *Die Frauen-Zeitung: Ein Organ für die höheren weiblichen Interessen*. Gera: Illgen & Großenhain bei Leipzig: Matthes, 1849–1852: 1. 1849, 2. 1850, 3. 1851, 4. 1852.

31 Gerhard, *Frauenbewegung und Feminismus*, 2009: 33–37.

32 Baum, Marie. *Rückblick auf mein Leben*. Heidelberg: F. H. Kerle Verlag, 1950: 90.

33 Vgl. zu Deroin: Scott & Wallach, Joan. *Only Paradoxes to Offer. French Feminists and the Rights of Man*. Cambridge u. a.: Harvard University Press, 1996: 57–89.

34 Allgemeiner Deutscher Frauenverein. *Petition des Allgemeinen Deutschen Frauenvereins an den Reichstag*, 1877.

35 Vgl. Lange, Helene. *Die höhere Mädchenschule und ihre Bestimmung: Begleitschrift zu einer Petition an das preußische Unterrichtsministerium und das preußische Abgeordnetenhaus*. Berlin: Oehmigke, 1887.

36 Vgl. Glaser, Edith. «Der Einbruch der Frauenzimmer in das gelobte Land der Wissenschaft: Die Anfänge des Frauenstudiums am Beispiel der Universität Tübingen.» In: Schlüter, Anne (Hrsg.). *Pionierinnen – Feministinnen – Karrierefrauen? Zur Geschichte des Frauenstudiums in Deutschland*. Pfaffenweiler: Centaurus, 1992: 63–85, 63.

37 Vgl. Glaser, *Der Einbruch der Frauenzimmer in das gelobte Land der Wissenschaft*, 1992: 64.

38 Vgl. Dittmar, Louise. «Vier Zeitfragen, 1980 (1847): 92–93; Dittmar, Louise (unter dem Pseudonym «Von Einem Weltlichen»). *Der Mensch und sein Gott in und außer dem Christenthum*. Offenbach am Main: G. André, 1846.

39 Vgl. Patu & Schrupp. *Kleine Geschichte des Feminismus im euro-amerikanischen Kontext*, 2015: 30–43.

40 Vgl. Caplin, Roxey Ann. *Health and Beauty: or, Women and her Clothing: Considered in Relation to The Physiological Laws of the Human Body*. London: Kent and Co., 1984 (1860).

41 Vgl. Chapman, Don. *Wearing the Trousers: Fashion, Freedom and the Rise of the Modern Woman*. Stroud: Amberly, 2017: 132–148.

42 Vgl: Aston, Louise. *Meine Emancipation, Verweisung und Rechtfertigung*. Brüssel: Vogler, 1846.

43 Vgl. Schröder, Hannelore. *Widerspenstige, Rebellinnen, Suffragetten: Feministischer Aufbruch in England und Deutschland*. Aachen: ein-Fach-Verlag, 2001: 152–164.

44 Vgl. «Bericht über die Frauenkonferenz am 16. und 17. September in Mainz.» In: *Protokoll über die Verhandlungen des Parteitages der Sozialdemokratischen Partei Deutschlands. Abgehalten zu Mainz vom 17. bis 21. September 1900. Mit einem Nachtrag: Bericht über die Frauenkonferenz am 16. und 17. September in Mainz*. Berlin: Buchhandlung Vorwärts, 1900: 254–257.

45 Vgl. Projekt Frauenwahllokal. 100 Jahre Frauenwahlrecht. «Die ersten Politikerinnen der Weimarer Nationalversammlung», 2019. *frauenwahllokal.com*, o. J. URL: https://frauenwahllokal.com/ausstellung-das-gehoert-noch-dazu/ (letzte Überprüfung: 17.09.2019).

46 Vgl. Bargen, «Von Welle zu Welle», 2018.

47 *Der große Duden*. 18. Neubearbeitung 1985. Leipzig: Duden-Verlag, 1985: 151.

48 Vgl. bspw.: *Der Große Brockhaus: Handbuch des Wissens in zwanzig Bänden*. 6. Band: F – Gar. 15., völlig neubearb. Aufl., Leipzig: Duden-Verlag, 1930: 133.

49 *BI Universallexikon in fünf Bänden*. Band 2: DOM-INTA. Leipzig: Bibliographisches Institut, 1986: 139.

50 MacKinnon in «Auf dem Weg zu einer feministischen Jurisprudenz», 1993: 11.

51 Vgl. Schwarzer, Alice. «Die Stern-Aktion & ihre Folgen» *Emma*, 01.04.2011. URL: https://www.emma.de/artikel/wir-haben-abgetrieben-265457 (letzte Überprüfung: 17.09.2019).

52 Vgl. Firestone, Shulamith. *The Dialectic of Sex: The Case for Feminist Revolution*. New York: Morrow, 1970.

53 Vgl. Jaenke, Susanne; Pieper, Christiane & Teichmann, Susanne. *Dokumentation zum Müttermanifest*. Hamburg: Archivgruppe im Frauenbildungszentrum Denkträume, 1987.

54 Vgl. Friedan, Betty. *The Feminine Mystique*. New York: Norton, 1963.

55 Vgl. Faludi, Susan. *Backlash: The Undeclared War Against American Women*. New York: Crown, 1991.

56 Vgl. Walker, Rebecca. «Becoming the Third Wave.» *Ms. Magazine* 11–2 (1992): 39–41.

57 Vgl. Missy Magazine. *Homepage*. 2019. URL: https://missy-magazine.de (letzte Überprüfung: 17.09.2019).

58 Zitat nach Cortiel, Jeanne und Hanke, Christine. «Universität und Neue

Rechte: Geisteswissenschaftliche Positionierungen.» *Zeitschrift für Medienwissenschaft* 11–20 (2019): 163–174, hier 163.

59 Vgl. Europäische Kommission. Referat Bekämpfung von Diskriminierungen, Zivilgesellschaft. *Gleichberechtigung und Antidiskriminierung in der Europäischen Union vermitteln*. Luxemburg: Amt für Amtliche Veröffentlichungen der Europäischen Gemeinschaften, 2008.

60 Vgl. Patu & Schrupp, *Kleine Geschichte des Feminismus im euro-amerikanischen Kontext*, 2015: 68–69.

61 Vgl. Werner, Claudia S. *Die Frauenerwerbtätigkeit in Deutschland: Entwicklung von der Industrialisierung bis heute*. Saarbrücken: VDM Verlag Dr. Müller, 2006: 21–23.

62 Vgl. Hans-Böckler-Stiftung & Archiv der sozialen Demokratie der Friedrich-Ebert-Stiftung. *Die Frauenpolitik der Gewerkschaften*, ca. 2016.

63 Vgl. Tristan, Flora. *Union ouvrière*. Paris: Prévot, 1843.

64 Vgl. dazu: Twellmann, Margrit. *Die deutsche Frauenbewegung: Ihre Anfänge und erste Entwicklung 1842–1889*. Meisenheim: Hain, 1993: 139–177.

65 Vgl. dazu Arndt, *Rassismus*, 2012.

66 Vgl. dazu bspw.: Karsch, Margret. *Feminismus: Geschichte – Positionen*. Bonn: Bundeszentrale für politische Bildung, 2016: 128–138.

67 Vgl. dazu: Marti, Madeleine. *Hinterlegte Botschaften: Die Darstellung lesbischer Frauen in der deutschsprachigen Literatur seit 1945*. Stuttgart: Metzler, 1992: 122–134.

68 Vgl. Rich, Adrienne. «Compulsory Heterosexuality and Lesbian Existence.» *Signs* 5.4 (1980): 631–660.

69 Vgl. Wittig, Monique. «La pensée straight.» *Questions Féministes* 7 (1980): 45–53.

70 Vgl. Rich, «Compulsory Heterosexuality and Lesbian Existence», 1980: 631–660, hier 648–659.

71 Vgl. More, Hannah. «The White Slave Trade: Hints Towards Framing a Bill for the Abolition of the White Female Slave Trade, in the Cities of London and Westminster.» In: More, Hannah. *The Works of Hannah More in Eleven Volumes*. Vol. III. London: T. Cadell, 1830: 385–396.

72 Radcliffe, Mary Ann. *The Female Advocate or an Attempt to Recover the Rights of Women from Male Usurpation*. New York: Garland Publishing, 1974 (1792): 469. Eigene Übersetzung.

73 Vgl. zum Redetext und unterschiedlichen Transkriptionen dieses: The Soujoruner Truth Project. «Compare the Two Speeches.» *thesojournertruthproject.com*, o. J. URL: https://www.thesojournertruthproject.com/compare-the-speeches/ (letzte Überprüfung: 26.09.2019).

74 Vgl. Fanon, Frantz. *Les damnes de la Terre*. Paris: Maspero, 1968 (Erstveröffentlichung in Französisch 1961): 8; Fanon, Frantz. *Schwarze Haut, weiße Masken*. Frankfurt am Main: Suhrkamp, 1985 (Erstveröffentlichung in Französisch 1952): 33.

75 Lennon, John & Ono, Yoko. «Woman is the N. of the World.» Auf: *Some Time in New York City*, 1972.

76 Vgl. Davis, Angela Y. *Women, Race & Class*. New York u. a.: Random House 1981.

77 Walker, Alice. «Introduction.» In: dies.: *In Search of Our Mother's Garden: Womanist Prose*. San Diego: Jovanovich, 1983: xi-xii, hier xii; Walker, Alice. *Auf der Suche nach den Gärten unserer Mütter: Essays*. München: Frauenbuchverlag, 1987: 9.

78 Vgl. Ogunyemi, Chikwenye Okonjo. «Womanism: The Dynamics of the Contemporary Black Female Novel in English.» *Signs: Journal of Women in Culture and Society* 11 (1985/86): 63–80.

79 Ogunyemi, Chikwenye Okonjo. «Women and Nigerian Literature.» In: Ogunbiyi, Yemi (Hrsg.). *Perspectives on Nigerian Literature: 1700 to the Present*. Lagos: Guardian Books, 1988, 60–67, hier 64–65. Eigene Übersetzung.

80 Vgl. Ogunyemi, Chikwenye Okonjo. *Africa Wo/Man Palava: The Nigerian Novel by Women*. Chicago u. a.: University of Chicago Press, 1996: 114.

81 Vgl. Ogundipe-Leslie, Molara. «Stiwanism: Feminism in an African Context.» In: Ogundipe-Leslie, Molara. *Re-Creating Ourselves: African Women & Critical Transformations*. Trenton: Africa World Press, 1994: 207–242, hier 229–230; Nnaemeka, Obioma. «Nego-Feminism: Theorizing, Practicing, and Pruning Africa's Way.» *Signs: Journal of Women in Culture and Society* 29.2 (2004): 357–386, hier 382. Als Überblick über diese Debatten vgl.: Arndt, Susan. The Dynamics of African Feminism: Defining and Classifying African Feminist Literatures. Trenton, NJ; Asmara: Africa World Press, 2002.

82 Vgl. Spivak, Gayatri Chakravorty. «Can the Subaltern Speak?» In: Nelson, Cary & Grossberg, Lawrence. *Marxism and the Interpretation of Culture*. Urbana u. a.: University of Illinois Press, 1988: 271–316.

83 Vgl. Arndt, Susan. «African Gender Trouble and African Womanism: An Interview with Chikwenye Ogunyemi and Wanjira Muthoni.» *Signs* 25.3 (2000): 709–726.

84 Prado, Simon Sales. «Gewalt wird unsichtbar gemacht.» *TAZ* 29.09.2019. URL: https://taz.de/Feministin-ueber-Brasilien/!5626553/ (letzte Überprüfung: 10.09.2019).

85 Vgl. Trịnh Thị Minh Hà. *Woman, Native, Other: Writing Postcoloniality and Feminism*. Bloomington u. a.: Indiana University Press, 1989.

86 Vgl. bspw.: Lock Swarr, Amanda & Nagar, Richa (Hrsg.). *Critical Transnational Feminist Praxis*. Albany: State University of New York Press, 2010.

87 Aus den mäandernden Dynamiken der Geschlechter- und postkolonialen Studien heraus werden in der GeWissenschaft zunehmend breitere Spektren von Diskriminierungsformen thematisiert und widerständig herausgefordert. Parallel machen dies auch neuere Theoriefelder wie die Dis*ability Studies oder auch die Posthumanismusstudien. Letztere thematisieren die Natur-Kultur-Kluft und nehmen deren Einfluss auf alle Diskriminierungsformen in den Blick. Dabei ergänzen sie konkret auch Speziesismus (also die Diskri-

minierung, die Menschen über Tiere und Pflanzen und Säugetiere über Insekten setzt usw.) und Anthropozentrismus (der Mensch steht im Zentrum) als Gegenstände der Forschung. Die einzelnen Kritischen Studien der Ge-Wissenschaft wachsen daran, dass sie sich ausdifferenzieren. Zugleich aber werden Synthesen benötigt – und diese werden offeriert durch das, was Kimberlé Crenshaw im Begriff «Intersektionalität»(sstudien) bündelt.

88 Vgl. dazu: Meyer, Katrin. *Theorien der Intersektionalität: Zur Einführung.* Hamburg: Junius, 2017: 61–120.

89 Zunächst wurde Intersektionalität in der feministischen (und auch der antirassistischen) Arbeit – maßgeblich getragen von Wissenschaftler*innen, Aktivist*innen und Künstler*innen of Colour wie Audre Lorde, Gayatri Spivak, Chimamanda Ngozi Adichie, Jasbir Puar oder Sumi Cho – als eine Art Prisma oder Sichtweise benutzt, um verschiedene Diskriminierungsformen in ihrer Wechselwirkung sehen und verstehen zu können. In ihrer wissenschaftlichen Genese wuchs sich Intersektionalität dabei von einem Konzept zu einer Theorie aus, die inter- und transdisziplinär angelegt ist und sich zunehmend als eigenständige Disziplin formiert.

90 Vgl. FrauenMediaTurm. «Philosophischer Kongress. 50 Jahre nach ‹Das andere Geschlecht› von Simone de Beauvoir.» *frauenmediaturm.de*, o. J. URL: https://frauenmediaturm.de/veranstaltungen/kongress-simone-de-beauvoir/ (letzte Überprüfung: 27.09.2019); Schwarzer, Alice. *Man wird nicht als Frau geboren: 50 Jahre nach dem «Anderen Geschlecht» ziehen Schriftstellerinnen und Politikerinnen gemeinsam Bilanz: wo stehen die Frauen heute?* Köln: Kiepenheuer & Witsch, 2000.

91 Vgl. Lewis, Gail. Editorial. «Celebrating Intersectionality? Debates on a Multi-faceted Concept in Gender Studies: Themes from a Conference.» *European Journal of Women's Studies* 16–3 (2009): 203–210.

92 Vgl. Schwarzer, *Alice im Männerland*, 2002: 293–301.

93 Solche Reaktionsketten zeigen sich empirisch beispielsweise immer wieder bei Studien zu Jugendlichen. Vgl. Ammann, Birgit & Kirndörfer, Elisabeth. *Jugendliche im Kontext von Migration und Postmigration: Zwischen Heimatgefühl und Alltagsdiskriminierung.* Weinheim & Basel: Beltz Juventa, 2018.

94 Ngozie Adichie, Chimamanda. «The Danger of a Single Story.» *TEDGlobal Talk*, 2009. URL: https://www.ted.com/talks/chimamanda_ngozi_adichie_the_danger_of_a_single_story?language=de (letzte Überprüfung: 25.02.2020).

95 Vgl. die Ausführungen dazu bei: Halper, Donna L. *Icons of Talk: The Media Mouths that Changed America.* Westport: Greenwood Press, 2008: 187.

96 Vgl. Carbado, Devon W. & Harris, Cheryl I. «Intersectionality at 30: Mapping the Margins of Anti-Essentialism, Intersectionality, and Dominance Theory.» *Harvard Law Review* 132–8 (2019): 2193–2239.

97 Vgl. UN Women. «World Conferences on Women.» *unwomen.org*, 2019. URL: https://www.unwomen.org/en/how-we-work/intergovernmental-support/world-conferences-on-women (letzte Überprüfung: 18.09.2019).

98 Vgl. United Nations. *Bericht der Vierten Weltfrauenkonferenz. Anlage II. Aktionsplattform.* URL: https://www.un.org/Depts/german/conf/beijing/anh_2.html (letzte Überprüfung: 27.09.2019). Vgl. dazu auch: Bargen. «Von Welle zu Welle», 2018.

99 Vgl. dazu als Überblick: Bash, Sherman & Harcourt, Wendy (Hrsg.). *The Oxford Handbook of Transnational Feminist Movements.* Oxford u. a.: Oxford University Press, 2015.

100 Spivak, Gayatri Chakravorty. «Imperatives to Re-Imagine the Planet – Imperative zur Neuerfindung des Planeten.» In: Goetschel, Willi (Hrsg.). *Gayatri Chakravorty Spivak: Imperative zur Neuerfindung des Planeten: Imperatives to Re-Imagine the Planet.* Wien: Passagen Verlag, 2013: 34–95.

101 Spivak, Gayatri Chakravotry. *Subaltern Studies*, 1987: 210. Eigene Übersetzung.

102 Vgl. Hoher Kommissar der Vereinten Nation für Menschenrechte. *Convention on the Elimination of All Forms of Discrimination against Women. ohchr.org*, 1979/1981. URL: https://www.ohchr.org/Documents/Professional Interest/cedaw.pdf (letzte Überprüfung: 18.09.2019).

103 Neuseeland unterzeichnete für Niue, nach der Unabhängigkeit wurde dies nicht erneut vorgenommen.

104 Die USA unterzeichneten, ratifizierten die Konvention aber nie. Das erklärt sich wohl mit der prinzipiellen Weigerung, sich der Kontrolle anderer Staaten zu unterziehen.

105 In den USA gibt es den *Violence against Women Act* von 1994, der 2019 auslief. Vgl. The United States Department of Justice. «Office on Violence against Women.» *justice.gov*, 2019. URL: https://www.justice.gov/ovw (letzte Überprüfung: 18.09.2019). Kanada weist unterschiedliche nationale und bundesstaatliche Regelungen dazu vor. Vgl. Department of Justice. *Family Violence Laws*, 2019. URL: https://www.justice.gc.ca/eng/cj-jp/fv-vf/laws-lois.html (letzte Überprüfung: 18.09.2019).

106 Vgl. United Nations. «Resolutionen und Beschlüsse des Sicherheitsrates im Jahr 2000.» *Resolution 1325* (2000) vom 31. Oktober 2000. *unorg*, 31.10.2000. URL: https://www.un.org/depts/german/sr/sr_00/sr1325.pdf (letzte Überprüfung: 18.09.2019).

107 Vgl. United Nations. *Resolutions and Decisions Adopted by the General Assembly During its Sixty-Second Session.* Vol. 1: Resolutions 18. September–22. December 2007 (A/62/49 (Vol. I)). New York: United Nations, 2008: 328–331. Dabei geht es um alle Formen von Gewalt, auch häusliche, auch gegen Kinder, und es wird Gewalt gegen Migrant*innen explizit angesprochen. Zudem werden auch Fragen der Verhütung, Bekämpfung und juristischen Verfolgung von Gewalt gegen Frauen* angesprochen.

108 Vgl. Council of Europe. *Council of Europe Convention on Preventing and Combating Violence Against Women and Domestic Violence. coe*, 2011. URL: https://www.coe.int/en/web/conventions/full-list/-/conventions/rms/090000168008482e (letzte Überprüfung: 18.09.2019).

109 Council of Europe, *Recommendation*, 2019.

110 Antidiskriminierungsstelle des Bundes. *Allgemeines Gleichbehandlungsgesetz (AGG): § 1.* In: Allgemeines Gleichbehandlungsgesetz. Berlin: Antidiskriminierungsstelle des Bundes, 2019, 12. Aufl.

111 Vgl. bspw.: Antidiskriminierungsstelle des Bundes. *Bericht über Schwerpunkte und Arbeit der Antidiskriminierungsstelle des Bundes. Für die Sitzung des Ausschusses für Familie, Senioren, Frauen und Jugend des Deutschen Bundestages am 21. April 2010.* Berlin: Antidiskriminierungsstelle des Bundes, 2010; allgemeiner vgl. Becker, Manfred. *Systematisches Diversity Management: Konzepte und Instrumente für die Personal- und Führungspolitik.* Stuttgart: Schäffer-Poeschel, 2015: 96–97.

112 Für diesen mindestens bis in die Mitte des 19. Jahrhunderts zurückverfolgbaren juristischen Begriff vgl. Naumann, Friedrich. *Demokratie und Kaisertum: Ein Handbuch für Innere Politik.* Berlin: Buchverlag der «Hilfe», 1905 (1900): 54.

113 Vgl. Council of Europe, *Recommendation*, 2019.

114 Media Kanzlei Frankfurt am Main/Hamburg. «Das Landgericht Berlin und die zulässige Meinungsäußerung: Beschluss.» 18.09.2019. URL: https://media-kanzlei-frankfurt.de/anwalt/das-landgericht-berlin-und-die-zulaessige-meinungsaeusserung (letzte Überprüfung: 27.02.2020).

115 Vgl. Sauer, Arn T. *Equality Governance via Policy Analysis?*, The Implementation of Gender Impact Assessment in the European Union and Gender-Based Analysis in Canada. Bielefeld: transcript-verlag, 2018: 286–287.

116 Vgl. Krüger, *Frauenförderung und Gender Mainstreaming im Personalmanagement: Beschreibung einer Seminarreihe für Frauenbeauftragte der Behörden des Bundes.* Brühl: Fachhochschule des Bundes für Öffentliche Verwaltung, 2001.

117 Vgl. bspw. Fink, Mariette. *Erwerbstätige Frauen in Frankreich und der Bundesrepublik Deutschland: Die Rolle der Europäischen Gemeinschaft und nationaler Akteure von 1969–1986.* Wiesbaden: Springer, 2019.

118 Vgl. Bundesministerium für Bildung und Forschung. *Das Professorinnenprogramm*, 2018.

119 Vgl. Wissenschaftliche Dienste des Deutschen Bundestages. «Geschlechterparität in nationalen Parlamenten der EU-Staaten», 2018 (Stand 22.3.2018).

120 Vgl. Council of Europe, *Recommendation*, 2019.

121 Vgl. Trömel-Plötz, Senta. «Linguistik und Frauensprache.» *Linguistische Berichte* 57 (1978): 49–68.

122 Vgl. Pusch, Luise F. «Der Piloterich: Ein Beitrag der außerirdischen Linguistik.» In: Pusch, *Das Deutsche als Männersprache*, 2013: 43–45.

123 Vgl. Hornscheidt, Lann. *Feministische W_orte: Ein Lern-, Denk- und Handlungsbuch zu Sprache und Diskriminierung, Gender Studies und feministischer Linguistik.* Frankfurt am Main: Brandes & Apsel, 2012: 137–221.

124 Vgl. Hornscheidt & Oppenländer, *Exit Gender*, 2019: 379–427.

125 Vgl. TransInterQueer-Projekt. «Antidiskriminierungsarbeit & Empower-

ment für Inter*.» *Inter* & Sprache. Von «Angeboren» bis «Zwitter»*. Berlin: TransInterQueer, 2015.

126 Vgl. Biermann, Wolf. *Alle Lieder.* Köln: Kiepenheuer & Witsch, 1991: 439–440.

127 Geschäftsstelle des Zentrums für transdisziplinäre Geschlechterstudien der Humboldt-Universität zu Berlin. «Lann Hornscheidt: Kündigung der Professur für Gender Studies und Sprachanalyse.» *Bulletin-Info* 54 (2017): 4–5, hier 5.

5. Kann es eine Welt ohne Sexismus geben. Kein Resümee

1 Vgl. Thürmer-Rohr, Christina. *Mittäterschaft und Entdeckungslust.* Berlin: Orlanda Frauenverlag, 1989: 187, 199.

2 Vgl. dazu UN Women. *CSW59 / Beijing +20, www.unwomen.org*, 2015. URL: https://www.unwomen.org/en/csw/previous-sessions/csw59-2015 (letzte Überprüfung: 19.09.2019).

3 Beide Zitate vgl. Council of Europe, *Recommendation*, 2019. Eigene Übersetzung.

4 Vgl. Equal Measures 2030. «Harnessing the power of data for gender equality: Introducing the 2019 EM2030 SDG Gender Index». *Woking: Equal Measures 2030*. 2019: 12.

5 Vgl. *Equal Measures 2030. Harnessing the Power of Data for Gender Equality*, 2019.

6 Vgl. Werner, Kathrin. «Gleichberechtigung erst im Jahr 2276.» *Süddeutsche Zeitung*, 17.12.2019. URL: https://www.sueddeutsche.de/wirtschaft/global-gender-gap-report-wef-gleichberechtigung-1.4725336 (letzte Überprüfung: 31.01.2020).

7 Vgl. Raether, Elisabeth & Schlegel, Michael. «Von ihren Männern getötet.» *Die Zeit*, 04.12.2019. URL: https://www.zeit.de/2019/51/frauenmorde-gewalt-partnerschaft-bundeskriminalamt (letzte Überprüfung: 16.02.2020). Raether wertet Zahlen des BKA aus.

8 BKA. *Partnerschaftsgewalt: Kriminalstatistische Auswertung – Berichtsjahr 2018*. Wiesbaden, 2019.

9 Zentrale Informationsstelle Autonomer Frauenhäuser. *Stellungnahme zum Referentenentwurf des Bundesministeriums für Familie, Senioren, Frauen und Jugend*. 2017; Feuerbach, Leonie. «Zu wenig Frauenhausplätze in Deutschland.» *Frankfurter Allgemeine Zeitung*, 23.04.2019. URL: https://www.faz.net/aktuell/gesellschaft/menschen/zu-wenig-frauenhausplaetze-in-deutschland-16152263.html (letzte Überprüfung: 10.09.2019).

10 Parliament of the United Kingdom. «Domestic Abuse Bill (HC Bill 422).» *publications.parliament.uk*, 2019. URL: https://services.parliament.uk/bills/2017-19/domesticabuse.html https://publications.parliament.uk/pa/bills/cbill/2017-2019/0422/cbill_2017-20190422_en_1.htm (letzte Überprüfung: 29.09.2019).

Auswahlbibliographie

Eine ausführliche Bibliographie findet sich auf den Internetseiten des Verlages unter www.chbeck.de/arndt-sexismus.

Aggleton, Peter. *Men Who Sell Sex: International Perspectives on Male Prostitution and AIDS*. London 1999

Almila, Anna-Mari & Inglis, David (Hrsg.). *The Routledge International Handbook to Veils and Veiling Practices*. London & New York 2018

Arndt, Max. «Femizide – Gegenbewegungen und Rechtssprechung.» *Forum Recht*, 2 (2020): www.chbeck.de/arndt-sexismus

Arndt, Susan. *African Women's Literature, Orature and Intertextuality. Igbo Oral Narratives as Nigerian Women Writers' Models and Objects of Writing Back*. Bayreuth 1998

Arndt, Susan. *The Dynamics of African Feminism: Defining and Classifying African Feminist Literatures*. Trenton, NJ; Asmara 2002

Arndt, Susan. *Rassismus: Die 101 wichtigsten Fragen*. München 2012

Barbe, Josephine. *Figur in Form: Geschichte des Korsetts*. Bern u. a. 2012

Bash, Sherman & Harcourt, Wendy (Hrsg.). *The Oxford Handbook of Transnational Feminist Movements*. Oxford u. a. 2015

Bates, Laura. *Everyday Sexism*. London u. a. 2014

Beauvoir, Simone de. *Das andere Geschlecht: Sitte und Sexus der Frau*. Reinbek bei Hamburg 1989

Becker, Manfred. *Systematisches Diversity Management: Konzepte und Instrumente für die Personal- und Führungspolitik*. Stuttgart 2015

Behren, Dirk von. *Die Geschichte des § 218 StGB*. Tübingen 2004

Benjamin, Harry. *The Transsexual Phenomenon*. New York 1966

Bleibtreu-Ehrenberg, Gisela. *Homosexualität: Die Geschichte eines Vorurteils*. Frankfurt/M. 2015

Bourdieu, Pierre. *Die männliche Herrschaft*. Frankfurt/M. 2005

Breiner, Ingeborg. *Die Frau im deutschen Lexikon: Eine sprachpragmatische Untersuchung*. Wien 1996

Butler, Judith. *Gender Trouble: Feminism and the Subversion of Identity*. New York u. a. 1990

Butler, Judith. *Bodies that Matter: On the Discursive Limits* of «*Sex*». New York u. a. 1993

Carbado, Devon W. & Harris, Cheryl I. «Intersectionality at 30: Mapping the

Margins of Anti-Essentialism, Intersectionality, and Dominance Theory.» *Harvard Law Review* 132–8(2019): 2193–2239

Chapman, Don. *Wearing the Trousers: Fashion, Freedom and the Rise of the Modern Woman.* Stroud 2017

Chipuriro, Rejoice & Batisai, Kezia. «Unsung Heroines and Violence for the Land. Narratives of Elderly Women Farmers' Experiences in South Africa and Zimbabwe.» *Agenda* 32.1 (2018): 1–11

Chrystal, Paul. *In Bed with the Ancient Greeks: Sex & Sexuality in Ancient Greece.* Stroud, Gloucestershire 2016

Crenshaw, Kimberly. «Mapping the Margins: Intersectionality, Identity Politics, and Violence Against Women of Color.» *Stanford Law Review* 43 (1991): 1241–1299

Davis, Angela Y. *Women, Race & Class.* New York u. a. 1981

Dawson, Myrna & Gartner, Rosemary. «Differences in the Characteristics of Intimate Femicides.» *Homicide Studies* 2.4 (2016): 378–399

Douglas, Mary. *Natural Symbols: Explorations in Cosmology.* London 2003 (1970)

Duby, Georges; Perrot, Michelle; Farge, Arlette & Davis, Natalie Zemon (Hrsg.). *Geschichte der Frauen*, Band 3: Frühe Neuzeit zu der Entwicklung der Ansicht der weiblichen Natur. Frankfurt/M. u. a. 1994

Engelfried, Constance. *Männlichkeiten: Die Öffnung des feministischen Blicks auf den Mann.* Weinheim u. a. 1997

Eribon, Didier. *Gesellschaft als Urteil.* Frankfurt/M. 2017

Evelyn, Rose. «A Feminist Reconceptualisation of Intimate Violence Against Women: A Crime Humanity and a State Crime.» *Women's Studies International Forum* 53 (2015): 31–34

Faludi, Susan. Backlash. *The Undeclared War Against American Women.* New York 1991

Fanon, Frantz. *Peau noire, masques blancs.* Paris 1952

Fanon, Frantz. *Les damnes de la Terre.* Paris 1968

Farin, Klaus & Möller, Kurt (Hrsg.). *Kerl sein: Kulturelle Szenen und Praktiken von Jungen.* Berlin 2014

Fausto-Sterling, Anne. *Sexing the Body: Gender Politics and the Construction of Sexuality.* New York 2000

Ferree, Myra Marx. *Feminismen: Die deutsche Frauenbewegung in globaler Perspektive.* Frankfurt/M. 2018

Fink, Mariette. *Erwerbstätige Frauen in Frankreich und der Bundesrepublik Deutschland.* Wiesbaden 2019

Firestone, Shulamith. *The Dialectic of Sex: The Case for Feminist Revolution.* New York 1970

Fisher, Will. *Materializing Gender in Early Modern English Literature and Culture.* Cambridge u. a. 2006

Foucault, Michel. *Sexualität und Wahrheit 1. Der Wille zum Wissen.* Frankfurt/M. 1983

Foucault, Michel. *Überwachen und Strafen: Die Geburt des Gefängnisses*. Frankfurt/M. 1994

Friedan, Betty. *The Feminine Mystique*. New York 1963

Friedman, David. *A Mind of Its Own: A Cultural History of the Penis*. New York u. a. 2001

Gerhard, Ute (Hrsg.). *Frauen in der Geschichte des Rechts. Von der Frühen Neuzeit bis zur Gegenwart*. München 1997

Gerhard, Ute. *Frauenbewegung und Feminismus: Eine Geschichte seit 1789*. München 2009

Gerhard, Ute. *Für eine andere Gerechtigkeit: Dimensionen feministischer Rechtskritik*. Frankfurt/M. & New York 2018

Giffney, Noreen. *The Lesbian Premodern*. New York 2011

Gilligan, Carol & Snider, Naomi. *Why does Patriarchy Persist?* Cambridge & Medford 2018

Glissant, Édouard. *Introduction à une Poétique du Divers*. Paris 1996

Goedelt, Katja. *Vergewaltigung und sexuelle Nötigung: Untersuchung der Strafverfahrenswirklichkeit*. Göttingen 2010

Gqola, Pumla Dineo. *Rape: A South African Nightmare*. Auckland Park 2015

Grau, Günter & Schoppmann, Claudia. *Homosexualität in der NS-Zeit: Dokumente einer Diskriminierung und Verfolgung*. Frankfurt/M. 1993

Hall, Stuart. *Representation: Cultural Representations and Signifying Practices*. London 2011

Haraway, Donna. «Situated Knowledges: The Science Question in Feminism and the Privilege of Partial Perspective.» *Feminist Studies* 14.3 (1988): 575–599

Hehenberger, Susanne. *Unkeusch wider die Natur: Sodomieprozesse im frühneuzeitlichen Österreich*. Wien 2005

Hergemöller, Bernd-Ulrich. *Sodom und Gomorrha: Zur Alltagswirklichkeit und Verfolgung Homosexueller im Mittelalter*. Hamburg 2000

Herzer, Manfred. *Magnus Hirschfeld und seine Zeit*. Berlin & Boston 2017

Höbenreich, Evelyn & Rizzelli, Giunio Scylla. *Fragmente einer juristischen Geschichte der Frauen im antiken Rom*. Köln u. a. 2003

hooks, bell. *Black Looks: Race and Representation*. Boston 1992

Hornscheidt, Lann. *Feministische W_orte: Ein Lern-, Denk- und Handlungsbuch zu Sprache und Diskriminierung, Gender Studies und feministischer Linguistik*. Frankfurt/M. 2012

Initiative Queer Nations (Hrsg.). *Jahrbuch Sexualitäten*. Göttingen 2016

Issaka-Toure, Fulera. *Islamic Construction of Gender in Accra: The Role of Islamic Religious Authorities in Mediating Marital Conflicts*. PhD-Thesis, BIGSAS, University of Bayreuth 2017

Johnson, Anna. *Handtaschen: Die Geschichte eines Kultobjekts*. Potsdam 2013

Johr, Barbara & Sander, Heike. *BeFreier und Befreite: Krieg, Vergewaltigungen, Kinder. Die Zeit des Nationalsozialismus*. Frankfurt/M. 2005

Kaminsky, Anna. *Frauen in der DDR*. Berlin 2016

Kantor, Jodi & Twohey, Megan. *She Said: Breaking the Sexual Harassment Story that Helped Ignite a Movement*. London 2019

Karsch, Margret. *Feminismus: Geschichte – Positionen*. Bonn 2016

Kelly, Natasha A. (Hrsg.). *Schwarzer Feminismus. Grundlagentexte*. Münster 2019

Klann-Delius, Gisela. *Sprache und Geschlecht: Eine Einführung*. Stuttgart u.a. 2005

Kolbe, Angela. *Intersexualität, Zweigeschlechtlichkeit und Verfassungsrecht: Eine interdisziplinäre Untersuchung*. Baden-Baden 2010

Konrad, Sandra. *Das beherrschte Geschlecht: Warum sie will, was er will*. München 2018

Laqueur, Thomas. *Making Sex: Body and Gender from the Greeks to Freud*. Cambridge, Mass. & London 1992

Lautmann, Rüdiger (Hrsg.). *Homosexualität: Handbuch der Theorie- und Forschungsgeschichte*. Frankfurt/M. u.a. 1993

Lewis, Gail. Editorial. «Celebrating Intersectionality? Debates on a Multi-faceted Concept in Gender Studies: Themes from a Conference.» *European Journal of Women's Studies* 16–3 (2009): 203–210

Lock Swarr, Amanda & Nagar, Richa (Hrsg.). *Critical Transnational Feminist Praxis*. Albany 2010

MacKinnon, Catherine A. «Auf dem Weg zu einer feministischen Jurisprudenz.» *Streit* 1–2 (1993): 4–13

MacKinnon, Catherine A. *Feminism Unmodified*. Cambridge 1987

MacKinnon, Catherine A. *Nur Worte: Only Words*. Frankfurt/M. 1994

MacKinnon, Catherine A. & Baer, Susanne. «Gleichheit, realistisch.» In: *Jahrbuch des öffentlichen Rechts der Gegenwart* 67(2019): 361–377

Maier, Maja S. «Bekennen, Bezeichnen, Normalisieren: Paradoxien sexualitätsbezogener Diskriminierungsforschung.» In: Hormel, Ulrike & Scherr, Albert (Hrsg.). *Diskriminierung. Grundlagen und Forschungsergebnisse*. Wiesbaden 2010: 151–172

Marti, Madeleine. *Hinterlegte Botschaften: Die Darstellung lesbischer Frauen in der deutschsprachigen Literatur seit 1945*. Stuttgart 1992

Masterson, Mark; Sorkin Rabinowitz, Nancy & Robson, James (Hrsg.). *Sex in Antiquity: Exploring Gender and Sexuality in the Ancient World*. New York & London 2014

Memmi, Albert. *Rassismus*. Frankfurt/M. 1987

Metken, Sigrid. *Der Kampf um die Hose: Geschlechterstreit und die Macht im Haus: Die Geschichte eines Symbols*. Frankfurt/M. u.a. 1996

Meyer, Katrin. *Theorien der Intersektionalität: Zur Einführung*. Hamburg 2017

Miller, Neil. *Out of the Past: Gay & Lesbian History from 1869 to the Present*. New York 2006

Naidoo, K. «Rape in South Africa: A Call to Action.» *The South African Medical Journal* 103–4 (2013): 201–211

Ngozie Adichie, Chimamanda. «The Danger of a Single Story.» *TEDGlobal*

Talk, 2009. URL: https://www.ted.com/talks/chimamanda_ngozi_adichie_the_danger_of_a_single_story?language=de (letzte Überprüfung: 25.02.2020)

Nnaemeka, Obioma. «Nego-Feminism: Theorizing, Practicing, and Pruning Africa's Way.» *Signs: Journal of Women in Culture and Society* 29.2 (2004): 357–386

Nussberger, Erika. *Zwischen Tabu und Skandal: Hermaphroditen von der Antike bis heute*. Köln u. a. 2018

Ogundipe-Leslie, Molara. «Stiwanism: Feminism in an African Context.» In: Ogundipe-Leslie, Molara. *Re-Creating Ourselves: African Women & Critical Transformations*. Trenton 1994: 207–242

Ogunyemi, Chikwenye Okonjo. *Africa Wo/Man Palava: The Nigerian Novel by Women*. Chicago u. a. 1996

Patu & Antje Schrupp. *Kleine Geschichte des Feminismus im euro-amerikanischen Kontext*. Münster 2015

Penny, Laurie. *Fleischmarkt: Weibliche Körper im Kapitalismus*. Hamburg 2012

Piesche, Peggy. «Gegen das Schweigen: Diasporische Vernetzungen Schwarzer Frauen in transnationalen Begegnungen. Eine Würdigung.» In: Piesche, Peggy (Hrsg.). *Euer Schweigen schützt Euch nicht: Audre Lorde und die Schwarze Frauenbewegung in Deutschland*. Berlin 2012: 7–16

Pusch, Luise F. *Das Deutsche als Männersprache: Aufsätze und Glossen zur feministischen Linguistik*. Frankfurt/M. 2013

Radford, Jill & Russel, Diana E. H. *Femicide: The Politics of Woman Killing*. Buckingham 1992

Rambo Ronai, Carol; Zsembik, Barbara A. & Feagin, Joe R. *Everyday Sexism in the Third Millennium*. New York 1997

Rendall, Jane. *The Origins of Modern Feminism*. New York 1984

Ross, Julia. *Weimar through the Lens of Gender: Prostitution Reform, Woman's Emancipation, and German Democracy*, 1919–33. Ann Arbor 2010

Russel, Diana. *Feminicide in Global Perspective*. New York u. a. 2001

Salisbury, Joyce E. *Encyclopedia of Women in the Ancient World*. Santa Barbara 2001

Sanyal, Mithu M. *Vergewaltigung: Aspekte eines Verbrechens*. Hamburg 2016

Schnerring, Almut & Verlan, Sascha. *Die Rosa-Hellblau-Falle: Für eine Kindheit ohne Rollenklischees*. München 2014

Scott & Wallach, Joan. *Only Paradoxes to Offer: French Feminists and the Rights of Man*. Cambridge u. a. 1996

Sirri, Lana. *Einführung in islamische Feminismen*. Berlin 2017

Smida, Dilan Zoe. «Knowledge in (E)motion: Mattering Beyond a Critical Feminism.» MA-Arbeit, Universität Bayreuth 2019

Spivak, Gayatri Chakravorty. «Can the Subaltern Speak?» In: Nelson, Cary & Grossberg, Lawrence. *Marxism and the Interpretation of Culture*. Urbana u. a. 1988: 271–316

Stahnisch, Frank & Steger, Florian (Hrsg.). *Medizin, Geschichte und Geschlecht:*

Körperhistorische Rekonstruktionen von Identitäten und Differenzen. Stuttgart 2005

Stern, Caroline. *Intersexualität: Geschichte, Medizin und psychosoziale Aspekte.* Marburg 2010

Thürmer-Rohr, Christina. *Mittäterschaft und Entdeckungslust.* Berlin 1989

Tosh, Jemma. «Kritische Feministische, Queer- & Trans-Psychologie: Zur Dekonstruktion von Geschlecht und Sexualität.» In: Heseler, Denise; Iltzsche, Robin; Rojon, Olivier; Rüppel, Jonas & Uhlig, Tom David (Hrsg.). *Perspektiven kritischer Psychologie und qualitativer Forschung: Zur Unberechenbarkeit des Subjekts.* Wiesbaden 2017: 127–156

TransInterQueer-Projekt «Antidiskriminierungsarbeit & Empowerment für Inter*». *Inter* & Sprache: Von «Angeboren» bis «Zwitter».* Berlin 2015

Trịnh Thị Minh Hà. *Woman, Native, Other: Writing Postcoloniality and Feminism.* Bloomington u. a. 1989

Twellmann, Margrit. *Die deutsche Frauenbewegung: Ihre Anfänge und erste Entwicklung 1842–1889.* Meisenheim 1993

Wagner-Hasel, Beate. «Matriarchat: Metamorphosen einer Idee.» In: Kortendiek, Beate; Riegraf, Birgt & Sabisch, Katja (Hrsg.). *Handbuch Interdisziplinäre Geschlechterforschung.* Wiesbaden 2019: 211–220

Wacke, Andreas. «Vom Hermaphroditen zum Transsexuellen: Zur Stellung von Zwittern in der Rechtsgeschichte.» In: Eyrich, Heinz & Rebmann, Kurt (Hrsg.). *Festschrift für Kurt Rebmann zum 65. Geburtstag.* München 1989: 861–903

Walker, Alice. *In Search of Our Mother's Garden: Womanist Prose.* San Diego 1983

Weinstein, Jami. «Transgenres and the Plane of Language, Species, and Evolution.» *Lambda Nordica: Tidskrift om homosexualitet* 16–4 (2011): 85–111

Wolter, Gundula. *Hosen, weiblich: Kulturgeschichte der Frauenhose.* Marburg 1994

Zehnder, Kathrin. *Zwitter beim Namen nennen: Intersexualität zwischen Pathologie, Selbstbestimmung und leiblicher Erfahrung.* Bielefeld 2010

Zinn, Alexander. *Aus dem Volkskörper entfernt? Homosexuelle Männer im Nationalsozialismus.* Frankfurt/M. & New York 2017

Personenregister